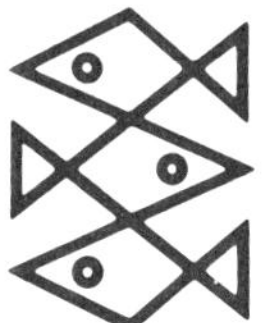

D1677224

Das Große Fischer Lexikon in Farbe

Bandaufteilung

Band 1 A–Aßmann
Band 2 Assonanz–Bluhm
Band 3 Blum–Colombo-Plan
Band 4 Colón–Dzierzon
Band 5 E–Felddiebstahl
Band 6 Feldeffekt–Geißraute
Band 7 Geist–Halbzeug
Band 8 Haldane–Informelle Kunst
Band 9 Infrarot–Kazinczy
Band 10 Kea–Kythnos
Band 11 L–Markstein
Band 12 Markt–Nativität
Band 13 NATO–Pariser Vorortverträge
Band 14 Parität–Rauhnächte
Band 15 Rauke–Schaffhausen
Band 16 Schaffner–Spanien
Band 17 Spanische Geschichte–Tiepolo
Band 18 Tierasyl–Voucher
Band 19 Vox–z. Z.
Band 20 Register

Rauke–Schaffhausen

Fischer Taschenbuch Verlag

Zehntausende von Namen und Begriffen sind, obwohl im Textteil nicht als fettgedrucktes Stichwort enthalten, in anderen Artikeln erklärt oder erwähnt. Man findet sie mit Hilfe des Registers im letzten Band; dort weitere Erläuterungen. Z. B.: 'Tukane' finden Sie nicht unter T, doch steht im Register 'Tukane = → Pfefferfresser'. Unter diesem Stichwort sind die Tukane behandelt.

Dritte überarbeitete Auflage 51. bis 66. Tausend
Fischer Taschenbuch Verlag GmbH, Frankfurt am Main

Umschlagentwurf: Bender Mielke Meffert Konzeption, Düsseldorf
Satz: F. Bruckmann KG, München
Reproduktion: Mandruck, München und Repro-Union, Augsburg
Druck: aprinta, Wemding
Einband: R. Oldenbourg, München
Printed in Germany 1977
ISBN 3 436 02345 0

Rauke, versch. →Kreuzblütler; 1. (*Ruke*; *Eruca sativa*), mediterrane 1jährige Ölpflanze; 2. (*Sisymbrium*), als Schuttpflanzen und Ackerunkräuter z. T. verbreitete Gattung; 3. (*Knoblauchs-R.*), →Knoblauchshederich.

Raum, die Bedingung des Vorhandenseins ausgedehnter Dinge und ihres Nebeneinanderseins; nach naiver, unreflektierter Ansicht als zunächst 'leerer' R. das Gefäß, das alles Seiende birgt; für die neuere Wiss. und Philos. entweder eine notwendige Form unseres Erkennens oder ein an das Vorhandensein von Materie gebundenes und durch ihre Verteilung strukturiertes Kontinuum. **1)** *Philos.*: In der europ. philos. Tradition wird der R. (i. S. des phänomenalen, d. h. anschaulich erlebten R.) als dreidimensionale, zusammenhängende, homogene Größe aufgefaßt. Drei Probleme stehen dabei im Vordergrund: seine Endlichkeit oder Unendlichkeit; die Möglichkeit oder Unmöglichkeit eines leeren R.; schließlich die 'Realität' bzw. 'Subjektivität' des R. – Die Vorstellung eines unendl. R. wurde erst in der Neuzeit vorherrschend. Einen leeren R., in dem die Atome sich bewegen, nahm schon →Demokrit an; später, bes. im MA, setzte sich (in Anlehnung an →Aristoteles) die Auffassung durch, daß es keinen leeren R. geben könne (*horror vacui*). →Kant bestimmte (im Ggs. zu →Descartes, der die Ausgedehntheit als Grundbestimmung der Dinge ansah) den R. ebenso wie die Zeit als bloß subjektive Anschauungsform der Erfahrungsdinge. Neuerdings wird auch die Problematik des R.-Zeit-Kontinuums in die philos. Erörterung einbezogen (→Palágyi). **2)** *Math.*: In der klass. (euklidischen) →Geometrie ist der R. durch drei →Dimensionen, also z. B. durch Angabe von Länge, Breite und Höhe, charakterisiert. Durch ein →Koordinatensystem lassen sich Lage und Ortsveränderung der Punkte im R. festlegen: man ordnet jedem Punkt 3 Raumkoordinaten zu. Räuml. Beziehungen zw. den Punkten (z. B. ihr Abstand) lassen sich mit den Methoden der analyt. Geometrie gewinnen. Dieser unserer Anschauung entspr. R. läßt sich auf beliebig viele Dimensionen erweitern. An die Stelle der Punkte können beliebige Elemente, z. B. math. →Funktionen, treten. Ein R. mit n Dimensionen ist durch ein Koordinatensystem mit n Achsen charakterisiert (n-dimensionaler *Vektor-R.*). Er ist unserer Anschauung nicht zugänglich. Kann man Abstände zw. den Punkten angeben, liegt ein *metr. Raum* vor. R. beliebiger Dimensionen finden bes. in der →Quantenmechanik Verwendung (*Hilbertraum*) sowie zur math. Darstellung der allg. →Relativitätstheorie (*Riemannscher R.*). **3)** *Physik*: Nach I. →Newton ist der R. absolut, d. h. unabhängig von den in ihm befindl. Körpern, kontinuierl. und unendlich. Jeder beliebige Punkt kann demnach durch seine Lage in einem raumfesten Koordinatensystem und durch die Angabe der ebenfalls absoluten (vom R. unabhängigen) →Zeit definiert werden. A. →Einstein zeigte jedoch, daß die Gesetze der euklidischen Geometrie, durch die obiger Sachverhalt dargestellt werden kann, nur in der uns durch die Anschauung vertrauten näheren Umgebung gelten. Im Bereich kosmischer Dimensionen und bei großen Geschwindigkeiten tritt an die Stelle der getrennten Begriffe von R. und Zeit ein vierdimensionales Auffassungsschema, das *Raum-Zeit-Kontinuum* (Deutung der Relativitätstheorie durch →Minkowski). R. und Zeit hängen vom jeweiligen Bewegungszustand ab. Nach Einstein ist der vierdimensionale Weltraum in sich gekrümmt; die →Krümmung hängt von der Verteilung der Sternmassen im R. ab. Die *Unendlich*keit des Weltalls wird dadurch zur *Unbegrenzt*heit, d. h. der Weltraum besitzt einen endlichen Rauminhalt. Dies ist vergleichbar der endlichen, aber doch unbegrenzten Oberfläche einer dreidimensionalen Kugel. **4)** *Psychol.*: Der R. gehört zu den Urerlebnissen des Menschen. Während der kindl. Entwicklung (→Entwicklungspsychologie) erweitert (Mundraum, Greifraum, Sehraum, Fernraum) und strukturiert er sich zugleich mit der Koordination der Möglichkeiten seiner sinnl. Erfassung.

Rauma (schwed. *Raumo*), eine der ältesten Städte Finnlands (gegr. 1442), an der SW-Küste, mit 26000 E. (1973); Hafen; große Cellulosefabrik, Sägewerke.

Raumakustik, die Lehre von der

Ausbreitung, →Reflexion und Absorption von →Schall in geschlossenen Räumen (→Akustik). Die Schallausbreitung und Reflexion kann geometr. behandelt werden, wenn die Schallwellenlänge wesentl. größer als die Rauhigkeit der Wände und kleiner als die Abmessungen der Wände ist (geometr. R.). Mit der statist. R. wird vor allem die Absorption des Schalls an den Wänden und die durch die *Nachhallzeit* charakterisierbare zeitl. Abnahme der Schallenergie berechnet. Die wellentheoret. R. behandelt die →Interferenz-Erscheinungen der Schallwellen. Die Ergebnisse der R. sind vor allem für den Bau von Konzert- und Theatersälen, Kirchen und Hörsälen von Bedeutung (→Stereophonie).

Raumanzug, luftdichter, allseitig geschlossener Spezialanzug mit Sichthelm für Weltraumfahrer (→Weltraumfahrt), der im luftleeren Raum den biol. notwendigen Gasdruck aufrechterhält, die Atmung ermöglicht, durch Metallfolienüberzug gegen Strahlung schützt sowie heiz- und kühlbar ist.

Raumbildverfahren, Aufnahme und Wiedergabe von Photographien und Filmen, bei der ein natürliches dreidimensionales Sehen ermöglicht wird. Zur Aufnahme sind Spezialkameras notwendig; im einfachsten Fall zwei aneinandergesetzte Einzelkameras. Die Stereobildpaare werden mit dem →Stereoskop oder mit Brillen betrachtet, die jeweils nur *ein* Teilbild *einem* Auge sichtbar machen (z. B. unter Verwendung von polarisiertem Licht). Beim freisichtigen R. übernimmt ein vor dem Film angebrachter Raster die Funktion der Brille (→Drei-D-Film). In der Filmtechnik sind auch andere R. üblich (→Cinemascope, →Cinerama).

Raumfahrt, der Betrieb von unbemannten und bemannten Fahrzeugen außerhalb der Erdatmosphäre; im eigtl. Sinne das Kreisen von Raumfahrzeugen um die Erde nach den Gesetzen der →Himmelsmechanik und das Vordringen zu anderen Himmelskörpern (Mond, Planeten); →Weltraumfahrt.

Raumfahrtmedizin, med. Sonderfach, das die physiol. Auswirkungen der Raumfahrt auf den Menschen erforscht und Schädigungen durch Vorbeugungs- und Behandlungsmaßnahmen zu begegnen sucht. Die bisherigen Untersuchungen führten u. a. zu folgenden Ergebnissen: Einschränkung der Körperbewegungen und Schwerelosigkeit haben Verringerung des Knochenkalks um 10 bis 15% im Verlauf einiger Tage zur Folge; die Beatmung mit reinem Sauerstoff läßt in der gleichen Zeit die Zahl der roten Blutkörperchen um etwa 20% sinken; auch vermehrte Wasserausscheidung wird beobachtet. Atmung, Herzfrequenz und Blutdruck steigen während des Starts kurz an.

Raumfahrzeuge, Bez. für unbemannte oder bemannte Flugkörper, die sich außerhalb der Erdatmosphäre nach den Planetengesetzen bewegen oder zu anderen Himmelskörpern gelenkt werden (→Weltraumfahrt).

Raumgleiter (*Space Shuttle*), ein Raumfahrzeug, das nach Eindringen in die Erdatmosphäre gleitflugfähig ist und flugzeugähnlich gelandet werden kann; erlaubt die Wiederverwendung von Weltraumfahrzeugen und Raketenstufen. Die bislang entwickelten Modelle und Versuchskörper stellen im Prinzip eigenstabile Tragflächensektoren dar, also in gewissem Sinn →Nurflügelflugzeuge mit hohen Gleitgeschwindigkeiten. 1977 sind erste Probeflüge von R. in der Atmosphäre geplant.

Raumkurve, im Raum verlaufende Kurve; ist durch ein dreidimensionales (räuml.) →Koordinatensystem darstellbar; kann als Schnittlinie von zwei gekrümmten Flächen aufgefaßt werden. Charakterist. Größen einer R. sind ihre →Krümmung (gegenüber einer Tangente) und ihre Windung (*Torsion* gegenüber einer Ebene).

Raumladung, räumlich verteilte →elektr. Ladung in der Atmosphäre, in Flüssigkeiten, Gasen oder im Vakuum. In →Elektronenröhren entsteht z. B. um die Kathode infolge ihrer Elektronenemission eine negative R., die einen weiteren Elektronenaustritt beeinträchtigt.

Raumordnung, Entwicklung der räuml. Struktur eines Gebietes zur Schaffung von gesunden Lebens- und Arbeitsbedingungen sowie ausgewogenen wirtschaftl., sozialen und kulturellen Verhältnissen unter Beachtung der natürl. Gegebenheiten; in der BRD geregelt im R.-Gesetz vom 8.4. 1965.–*Schweiz*: kantonal geregelt.

Raumschiff (*Raumkapsel*), Bez. eines Raumfahrzeugs für den bemannten Raumflug (→Weltraumfahrt).

Raumsonde, unbemannter Raumflugkörper (→Weltraumfahrt); durch eine →Rakete gestartet und in den interplanetarischen Raum gesteuert; ausgerüstet mit Steuerungssystemen, Registrier- und Aufnahmegeräten und Übertragungsanlagen; z. B. die amerik. R. *Mariner*, mit denen prakt. die gesamte Oberfläche von Mond, Mars und Merkur sowie die Jupiter- und Venusatmosphäre photographiert und durch Fernsehbilder zur Erde übertragen wurde.

Raumwelle, der sich oberhalb der Erdoberfläche im freien Raum ausbreitende Teil der von einer Sendeantenne abgestrahlten →elektromagnet. Wellen; wegen der geradlinigen Ausbreitung verläßt die Strahlung nach relativ kurzer Laufstrecke die Erdoberfläche (Grenze der →Bodenwelle). Bei Frequenzen bis etwa 30 MHz (→Kurzwelle) wird die R. an der →Ionosphäre zur Erdoberfläche reflektiert und ermöglicht durch mehrmalige Reflektionen zw. Erdoberfläche und Ionosphäre transkontinentalen Funkverkehr mit kleinen Sendeleistungen.

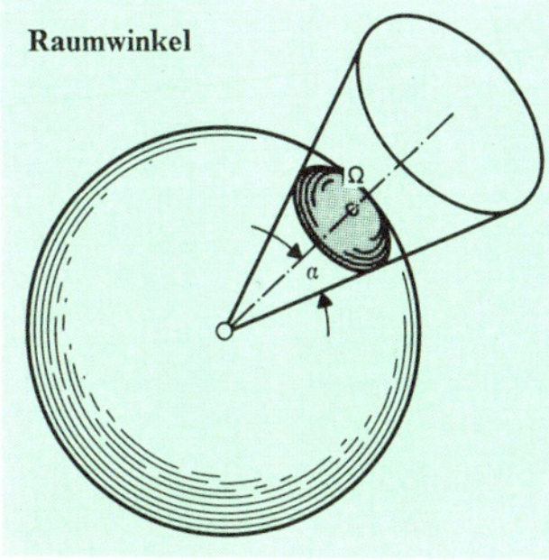

Raumwinkel, Symbol Ω, räuml. Winkelmaß; die Fläche des Kugelsegments, das ein Kreis-→Kegel mit dem Öffnungswinkel α aus einer Kugel mit dem Radius 1 ausschneidet. Da die Kugeloberfläche $F = 4\pi r^2$, ist der volle R. 4π. Der R. eines →Oktanten beträgt $4\pi/8 = \pi/2$. Der R. wird meist in *Steradianten* angegeben: 1 st entspricht dem von einem Kreis-Kegel mit $\alpha = 32° 40'$ gebildeten R.

Raupe, 1) Larve der →Schmetterlinge; Kopf mit Punktaugen, kleinen Fühlern, kauenden Mundwerkzeugen; 3 Brustglieder mit je 1 Paar gegliederten Beinen, bis 11 Hinterleibssegmente mit meist 4 Paar ungegliederten Bauchfüßen (→Blattwespen-Larven 6–8 Paar). Oft bunt gefärbt, mit Warzen, Dornen, Haarbüscheln; paarige Spinndrüsen, deren Sekret an der Unterlippe austritt, bes. bei →Spinner-R. stark entwickelt (→Seidenspinner). R. ist das Freßstadium in der Entwicklung der Schmetterlinge, nach meist 4 oder 5 Häutungen Umwandlung zur →Puppe. **2)** Volkstüml. Bez. für →Gleiskettenfahrzeug.

Raupenfliegen (*Tachinidae*), Fam. der →Zweiflügler, Larven entwickeln sich in anderen Insekten, bes. Schmetterlingsraupen; als Vertilger von Schadinsekten verwendet zur →biol. Schädlingsbekämpfung.

Rauris, Marktgemeinde und Fremdenverkehrsort im *Rauriser Tal*, einem Seitental der →Salzach in den Hohen Tauern, Land Salzburg, 948 m ü. M., mit 2500 E. (1975); Goldbergbau.

Rausch, Vergiftungszustand durch Einwirkung von Alkohol oder Narkosemitteln (z. B. Äther) auf das Zentralnervensystem, auch durch Ernährungsstörung des Gehirns auf Grund von Sauerstoffmangel (*Höhenrausch*). Bei Alkoholvergiftung zunächst seel. Enthemmung, vermehrter Sprech- und Bewegungsdrang; häufig Übergang in →Depression oder →Aggression, die sich bis zur Zerstörungswut steigern kann (entspr. Erregungsstadium bei Narkose). Körperl. Zeichen: gestörte Sinnes- und Muskelfunktionen, Übelkeit, Erbrechen. Es folgt Schlaf, bei exzessivem Alkoholgenuß manchmal →Koma, bei Atemzentrumslähmung Tod. Nach Abklingen des R. zeigen sich oft noch als *Kater* bezeichnete Vergiftungsnachwirkungen (Übelkeit, niedriger Blutdruck, Kopfschmerz u. a.) sowie depressive Reaktionen. Bei *patholog. R.* (z. B. bei Epileptikern, Psychopathen, gewohnheitsmäßigen Trinkern) oft durch nur kleine Menge Alkohol schlagartig schwere Bewußtseinsstörungen, Sinnestäuschungen, angst- oder aggressionsbestimmte Gewalttätigkeit (→Rauschgifte).

Rauschbeere, 1. (*Moorbeere*; *Vaccinium uliginosum*), →Heidekrautgewächs, 15–90 cm hoher Halbstrauch; schwarzblaue, heidelbeerähnl. Früchte (Fleisch jedoch weiß, Saft farblos); Hochmoore und alpine Zwergstrauchheiden. 2. →Krähenbeere.

Rauschbrand (*Gasbrand*, *Flugkrankheit*), durch R.-Bazillus (*Clostridium feseri*) verursachte, anzeigepflichtige Seuche bei Rind und Schaf; gashaltige Schwellungen der Haut, die bei Berührung knistern (rauschen); meist tödl.; Vorbeugung durch Impfen.

Rausche, →Brunst des Wildschweins, tritt im allg. Ende Nov. ein.

Rauschen, störender Nebeneffekt in der Nachrichtentechnik. R. wird an nahezu allen elektr. Bauelementen, z. B. an einem →elektr. Widerstand beobachtet: infolge der Wärmebewegung der Elektronen entstehen am Ende des Widerstandes kleinste elektr. Spannungen (*Rauschspannungen*), die sich sehr schnell ändern und deren Frequenzen statistisch verteilt sind. In Elektronenröhren wird R. (*Röhren-R.*) verursacht durch die statistische Verteilung der Elektronenemission in der Glühkathode. Gewitterstörungen in der Atmosphäre verursachen ein R. in Antennen. Jeder Verstärkungsvorgang ist mit R. verbunden; Signale, die nicht oder nur wenig größer sind als die Rauschspannungen, lassen sich normalerweise nicht mehr verstärken; ein besonders rauscharmer Verstärker ist der →Maser.

Rauschenberg, Robert, nordamerikan. Maler, *22.10.1925 Port Arthur (Tex.); Montagen, die die Gleichzeitigkeit der Ereignisse des modernen Lebens wiedergeben. (→pop art, Bild)

Rauschgifte (*Rauschmittel*, *Rauschdrogen*), getrocknete Pflanzenteile, -extrakte u. dgl., tierische und auch synthet. Stoffe, die Rauschzustände erzeugen, bei wiederholter Einnahme schwere Schäden nach sich ziehen (z.B. an Leber, Zentralnervensystem) und zum körperl. wie auch seel. Verfall führen können; wirken bereits in sehr geringen Dosen; erhöht gefährl. bes. dadurch, daß sie oft verunreinigt oder mit anderen Stoffen vermischt angeboten werden. R. führen zu psych., phys. oder beiderlei Abhängigkeit. Im allg. kann man drei Phasen abgrenzen: experimentelle Phase, period. Genußphase, zwanghafte Suchtphase. Bei phys. Abhängigkeit wird die →Droge in den Stoffwechsel eingebaut, so daß der Organismus nach plötzl. Entzug mit quälenden Abstinenzerscheinungen reagiert. Schwangere, die R. zu sich nehmen, können (so nach LSD und Opiaten) geschädigte Kinder zur Welt bringen. Symptome des *Drogenmißbrauchs* (nicht immer eindeutig): Müdigkeit, Appetitlosigkeit, Übelkeit, Gewichtsabnahme, trockener Mund, gerötete Augen, abnorm weite oder enge Pupillen. Heilungsaussichten: bei fortgeschrittener →Sucht nur in geschlossener Anstalt; Erfolgsquote zw. 0 und 10%, bei *Polytoxikomanie* (Sucht gegenüber mehreren Drogen) bes. gering; selbst nach erfolgreicher Entziehung Spätschäden möglich. – Herst. und Vertrieb der R. in fast allen Staaten gesetzl. streng geregelt (→Betäubungsmittelgesetz).

Bekannte R. sind →Haschisch (im Vorderen Orient), Marihuana (in Mexiko); *Halluzinogene* (halluzinationsartige Zustände hervorrufend): →LSD, →STP, →Mescalin, →Psilocybin; klass. R.: →Cocain, Opiate (→Opium). Eine bes. Stellung nimmt →Alkohol ein: durch alte Erfahrung hat man z. T. gelernt, ihn ohne Schaden zu genießen. Auch →Schlafmittel, Schmerz- und Beruhigungsmittel (→Psychopharmaka) führen leicht zu Sucht und Schäden, ebenso Weckmittel (→Stimulantia). Seltene R.: *Ololiuqui* (mexikanisch), dem LSD verwandt, aber 50mal schwächer; *Bufotin*, aus der Krötenhaut und einer südamerik. Pflanze gewonnen; *Yakee*, aus einer Baumart im Orinocogebiet; *Kawa* (Kawa-Kawa), hergestellt aus Kawa- oder Rauschpfeffer (Piper methysticum) auf Südseeinseln; *Caapi* in Südamerika. Die *Muskatnuß*, in hohen Dosen genossen, kann Delirium und Benommenheit hervorrufen. Meist nur noch hist. Bed. haben die alkaloidhaltigen Drogen versch. →Nachtschattengewächse: →Alraune, →Stechapfel, →Bilsenkraut, →Tollkirsche; auch der →Fliegenpilz war (z. B. bei den →Tungusen) als R. begehrt.

Als R.-Ersatz werden neuerdings Teile von *Bananenschalen* (gelegentlich *Mellow Yellow* gen.) geraucht,

die auf Grund ihres hohen Gehalts an →Serotonin Halluzinationen verursachen können. Weiterhin sind *Schnüffelstoffe* bes. unter Kindern bekannt: Dämpfe leichtflüchtiger Lösungsmittel (Äther, Aceton, Benzol, halogenierte Kohlenwasserstoffe u. a.) werden inhaliert (*Glue-sniffing*); bei längerem Gebrauch Schädigungen des Knochenmarks und der Leber.
In der Med. werden versch. R. (in kleinsten Dosen) zu therapeut. Zwekken verwendet, so →Morphin und Cocain.

Rauschning, Hermann, dt. Politiker, *7.8.1887 Thorn; 1933 nat.-soz. Präs. des Senats der Freien Stadt Danzig, trat Nov. 34 zurück, emigrierte 36; schrieb u. a. Werke über Hitler und den Nat.-Soz. ('Gespräche mit Hitler', 1939).

Raute, 1) *allg.*: gleichseitiges →Parallelogramm (→Rhombus). **2)** *Bot.*: Gattung *Ruta* (→R.-Gewächse), auch Bez. für dieser ähnl. Pflanzen (z. B. →Edel-R.) und solche mit rautenförmigen Blättern (z. B. →Mauer-R.).

Rautengewächse (*Rutaceae*), vorwiegend in wärmeren Gebieten verbreitete Pflanzenfamilie; meist Holzpflanzen mit 5zähligen, strahligen Blüten, deren Achse scheibenförmig erweitert ist (*Diskus*). Pflanzen reich an äther. Ölen, bes. in Blättern und Fruchtschalen, daher Verwendung als Heilmittel und Gewürze; so z. B. die Blätter der mediterran heim. *Weinraute* (*Ruta graveolens*) und die *Jaborandiblätter* (→Pilokarpus); bes. ölreich der →Diptam. Wichtigste Gattung ist *Citrus* mit →Mandarine, →Orange, →Zitrone.

Rauwolfia, Gattung der →Hundsgiftgewächse, ben. nach dem dt. Arzt und Botaniker *L. Rauwolf* (1540–96). R.-Präparate aus der Wurzel der südasiat. *Schlangenwurz* (R. serpentina), die zahlr. →Alkaloide (bes. *Reserpin*) enthält, werden als Kreislauf- und Beruhigungsmittel, bei →Schizophrenie und →Hochdruckkrankheit verwendet.

Maurice Ravel

Karl Ravens

Ravenna: Basilika Sant'Apollinare in Classe und Augustus-Statue

Ravel, Maurice, frz. Komponist, *7.3.1875 Ciboure (Dép. Basses Pyrénées), †28.12.1937 Paris; vereinte naive Spielfreudigkeit mit feinstem Klangreiz und berechneter Formgebung. – *W*: 'Jeux d'eau' (1901), 'Miroirs' (05), 'Gaspard de la Nuit' (08); Quartett (05), Trio (14); 2 Klavierkonzerte (31), 'Rhapsodie espagnole' (07); Ballette: 'Daphnis et Chloë' (12), 'La Valse' (19), 'L'Enfant et les Sortilèges' (20–25), 'Boléro' (28); Oper: 'L'heure espagnole' (11).

Ravelin [frz., rawlã] *der*, Wallschutz, ein die Verbindung zw. zwei →Bastionen deckendes Außenwerk einer Festung.

Ravello, ital. Stadt in der Prov. Salerno, auf steilem Vorgeb., 2600 E. (1973); Kirche S. Giovanni del Toro (ab 975), Dom (ab 1086); im Palazzo Rufolo (11. Jh.) erlebte R. →Wagner die Anregung zu Klingsors Zaubergarten im 'Parsifal'.

Ravenna, Hptst. der nordital. Prov. *R.* (1862 km², 356000 E.) in der →Romagna, südl. der *Valli di Comacchio*, mit 135000 E. (1973); Erzbischofssitz; bed. Kunst- und Kulturzentrum mit zahlr. frühmittelalterl. Bauten (5./6. Jh., berühmte Mosaiken); Kirchen: S. Vitale, Sant'Apollinare Nuovo, Sant'Apollinare in Classe, Baptisterium der Orthodoxen, Baptisterium der Arianer, Mausoleum der Galla Placidia, Grabmal Theoderichs d. Gr.; aus späterer Zeit: S.

Maria in Porto fuori, Dom Sant' Orso und Grabmal Dantes. Akademien, bed. Sammlungen; Seidenraupenzucht mit Seiden-Ind., Musikinstrumenten-Herst., Glas-, chem. Ind., Erdölraffinerie, durch Erdgasleitung mit anderen Methanfeldern der Poebene verbunden; Weinbau. Einst Seehafen der röm. Flotte, hat R. durch Anschwemmungen des Podeltas den Hafen verloren, seit 1736 durch den 12 km langen *Canale Corsini* mit dem Hafen und Badeort *Porto Corsini* verbunden. An der Adriaküste nordöstl. von R. das moderne Seebad *Marina di R.*
Geschichte: In vorgeschichtl. Zeit Ansiedlung auf zahlr. Inseln am S-Rand des Podeltas, später unter etrusk. Einfluß, seit dem 2. Jh. v. Chr. mit Rom verbündet, 49 v. Chr. Munizipium. Kaiser →Augustus baute ab 38 v. Chr. R. neben Misenum zum Hafen der Kaiserflotte aus; →Honorius erhob es um 404 zur Residenz, da es als See- und Sumpffestung gegen die Gotengefahr mehr Schutz als →Rom oder →Mailand bot. 476 Hptst. →Odowakars, 493 des Ostgotenkönigs →Theoderich. Nach Vernichtung der Gotenherrschaft in Italien (535 bis 553) Sitz des oström. →Exarchen und Zentrum oströmischer Kultur im W. 751 von →Langobarden erobert, 754 von →Pippin III. dem Papst zugesprochen. Ab 1275/97 unter der Herrschaft der Polenta, 1441 venezian., 1509 von Papst →Julius II. erobert und wieder dem Kirchenstaat eingegliedert, 1860 an das Kgr. Italien. (Bild S. 4936)

Ravens, Karl, dt. Politiker (SPD), *29.6.1927 Achim (Unterweser); Schlosser; 1961 MdB, 69 parlamentar. Staatssekretär im Bundes-Min. für Städtebau und Wohnungswesen, 72 im Bundeskanzleramt; 74 Bundes-Min. für Raumordnung, Städtebau und Bauwesen. (Bild S. 4933)

Ravensburg, Krst. im Reg.-Bz. Tübingen, Baden-Württ., nördl. des Bodensees, 43 300 E. (1975); mittelalterl. Stadtbild mit Ummauerung, drei got. Kirchen (14. Jh.), spätgot. Rathaus (14.–16. Jh.); Maschinenbau, Metall-, Holz-, Textil- und Nahrungsmittelindustrie. – Entstand bei der Burg *R.*, dem Stammsitz der Welfen, 1276 Reichsstadt, Blüte im späten MA als Sitz der *Ravensburger Handelsgesellschaft*, der Zentrale des süddt. Leinenfernhandels; 1810 an Württemberg.

Ravioli [ital.], mit einer Fleischfarce gefüllte Nudelteigflecke, mit Tomatensoße oder brauner Butter serviert.

Rawalpindi, bis 1966 Hptst. von →Pakistan (seither →Islamabad), am Fuße des westl. Himalaja, 560 m ü. M., mit 487000 E. (1973); Garnisonstadt; Seiden-, Eisen- und chem. Ind., Erdölraffinerie.

Rawi (*Ravi*), einer der fünf Ströme des →Pandschab, rd. 700 km lang, entspringt im nordwestl. Himalaja, mündet oberhalb →Multan in den →Tschinab.

Rax *die*, (auch *Raxalpe*), Kalkstock nordwestl. des →Semmering, an der Grenze von Niederösterr. und Steiermark, in der *Heukuppe* 2007 m hoch; Seilbahn.

Raxlandschaft, Bez. für eine flachwellige Mittelgebirgslandschaft in den Ostalpen, die im Jungtertiär in der Höhe der heutigen Gipfel lag; von ihr sind nur noch kleinere Teile erhalten, z. B. die Hochflächen der →Rax und des →Dachstein.

Rayé [frz., raje] *der*, Gewebe mit Längsstreifenmusterung.

Rayleigh [re[i]li], Lord, John William (vor 1873 *John William Strutt*), engl. Physiker, *12.11.1842 Langford Grove (Essex), †30.6.1919 Terlin Place (Essex); erhielt 1904 mit W. →Ramsay den Nobelpreis für seine Arbeiten über die Dichte von Gasen und die Entdeckung des Edelgases →Argon. Weitere Arbeiten auf vielen Gebieten der klass. Physik.

Raymond, Fred (eigtl. *Friedrich Vesely*), Komponist, *20.4.1900

Ravensburg: 'Mehlsack' und Oberstadttor

Re: Der Sonnengott, hier mit Widderkopf dargestellt, fährt auf der Sonnenbarke durch die Unterwelt. Theben-West, Tal der Königsgräber, am Eingang zum Grab König Sethos' I.

Wien, †10.1.54 Überlingen; Schlager sowie die Operetten 'Ball der Nationen' (1935), 'Maske in Blau' (37) und 'Saison in Salzburg' (38). (Bild S. 4940)

Raynal [ränal], Paul, frz. Schriftst., *25.7.1885 Narbonne, †20.8.1971 Paris: erfolgreiche Dramen, bes. über den I. Weltkrieg: u. a. 'Das Grabmal des unbekannten Soldaten' (Le tombeau sous l'Arc de Triomphe, 1924), 'Die Marne' (La Francerie, 33).

Raynaudsche Krankheit [räno-], wiederholt auftretende Durchblutungsstörungen in Extremitäten, bes. in den Fingern, vorwiegend bei Frauen. Gehört zu den Vasoneurosen. Durch Ernährungsschäden des Gewebes kann es zur →Nekrose (→Gangrän) kommen. Zugrunde liegt wahrsch. eine Störung vegetativer Zentren, die sich auf Ganglien und Gefäßnerven (zuweilen auch der Herzkranzgefäße) auswirkt. →Wärmebehandlung, gefäßerweiternde Mittel können im Anfangsstadium erfolgreich sein; schädl. sind Rauchen und Kälteeinwirkung.

Rayon [frz., räjõ] *der*, Bezirk, Dienstbereich, Abteilung; in der UdSSR der unterste Verwaltungs-Bezirk, dem dt. Kreis entsprechend.

Rayski, Ferdinand von, Maler, *23.10.1806 Pegau, †23.10.90 Dresden; Porträts, Landschaften, Tierbilder; Vorläufer des Impressionismus. (Bild S. 4937)

Razzia [frz.-arab. 'Kriegszug'] *die*, polizeil. Durchsuchung von Vergnügungsstätten, bestimmten Gebieten usw. nach verdächtigen Personen.

Re, altägypt. Sonnengott, der in der Morgen- und Abendbarke den Himmel überquert; in der 5. Dynastie Staats- und Weltgott, Hauptkultstätte →Heliopolis. →Amun und andere Götter mußten sich ihm verbinden, um sich die universelle Herrschaft im ägyptischen Pantheon zu sichern.

Ré (*Île de Ré* [il de re]), Insel vor der Küste SW-Frkr., westl. von →La Rochelle, rd. 80 km², 10000 E. (1973), Hauptort *Saint-Martin-de-Ré*; Frühgemüse, Weinbau, Austernzucht, Salzgewinnung, Fremdenverkehr.

Rea, Domenico, ital. Schriftst., *8.9. 1921 Nocera Inferiore (bei Neapel); sozialkrit., neoverist. Erzählungen aus seiner neapolitan. Heimat.

Read [rid], Sir Herbert, engl. Schriftsteller, *4.12.1893 Kirbymoorside (Yorkshire), †12.6.1968 Stonegrave (Yorkshire); experimentelle Lyrik in freien Versen: 'Collected Poems' (1946); von der Psychoanalyse bestimmte kunstkrit. Essays: 'Wurzelgrund der Kunst' (Grass Roots of Art, 48); 'Die Kunst der Kunstkritik' (The Tenth Muse, 57); 'Henry Moore' (65).

Reader's Digest [ridérs daidsehéßt], amerik. Monatsschrift, gegr. 1921 in New York, druckt allg. interessierende Zschr.-Aufsätze und Auszüge aus Büchern nach. Weltweite Verbreitung in versch. Ausgaben, z. B. dt. 'Das Beste aus R. D.' (seit 1948).

Reading [reding], **1)** Hptst. der südengl. Gft. →Berkshire, an der Themse,

Ravenna: Abrahams Opfer (Mosaik, 2. Hälfte 6. Jh.) in S. Apollinare in Classe

westl. von London, 132000 E. (1973); Univ., landw. Hochsch., Museen; Maschinen-, Nahrungsmittelindustrie. **2)** Stadt in Pennsylvania (USA), nordwestl. von →Philadelphia, 90000 E. (1973); Univ.-Institute, vielseitige Industrie.

Reagens [lat. 'Rückwirkendes'] *das*, Mz. *-genzien*, Chemikalie, die zum Nachweis oder zur Mengenbestimmung von Substanzen dient.

Reagenzglas (*Probierglas*), einseitig verschlossenes, dünnwandiges Röhrchen für chemische Versuche. (→chemische Laborgeräte, Bild)

Reagenzpapier, mit der Lösung eines →Reagens getränkter Filterpapierstreifen, der sich bei Einwirkung des nachzuweisenden Stoffes färbt oder in eine andere Farbe umschlägt (→Indikator).

Reaktanz (*Blindwiderstand*), bei Kapazitäten und Induktivitäten in Wechselstromkreisen auftretender frequenzabhängiger Widerstand, der keine elektr. Energie verbraucht und durch vektorielle Addition mit dem →Wirkwiderstand den *Scheinwiderstand* (→Impedanz) ergibt. Der Betrag des Blindwiderstands ist ωL bei Spulen und $1/\omega C$ bei Kondensatoren (L Induktivität in Henry, C Kapazität in Farad, ω Kreisfrequenz).

Reaktion [lat.], **1)** *allg.*: Rückwirkung. **2)** *Politik*: Bestrebungen, zu überholten Institutionen zurückzukehren. **3)** *Chemie*: Vorgang, der durch chem. Veränderungen der beteiligten Stoffe gekennzeichnet ist; wird beschrieben durch die R.-Gleichung (→chem. Formeln), R.-Geschwindigkeit und →Wärmetönung; z. B. →Neutralisation einer Säure durch eine Base unter Entstehung von Salz und Wasser. **4)** *Biol.*: erkennbare Beantwortung eines Reizes, z. B. Lautäußerungen und Bewegungen; R. des Erbgutes auf Entwicklungsbedingungen zeigt sich in Ausbildung oder Unterdrückung bestimmter Merkmale. **5)** *Psychol.*: das Verhältnis zw. Reizen und den durch sie hervorgerufenen R. wird bes. vom →Behaviorismus untersucht, vor allem die Faktoren, die beim Menschen und auch bei versch. Tierarten R.-Bereitschaft (R.-Potential), R.-Zeit usw. beeinflussen (z. B. frühere Erlebnisse, Denkvorgänge; →bedingter Reflex).

Reaktionsbildung, nach S. →Freud ein tiefenseel. →Abwehrmechanismus, bei dem ein (abgelehnter) Antrieb durch Überbetonung des Gegenteils unterdrückt bzw. verdeckt werden soll (z. B. Aggressivität durch übertriebene Höflichkeit).

Reaktionsnorm, die Art und Weise, wie ein Lebewesen in seinen Entwicklungsstadien auf entspr. Bedingungen (→Entwicklung) reagiert; wird durch das Erbgefüge (→Idiotypus) festgelegt.

Reaktionsturm, säure- und feuerfest ausgekleideter Turm zur Durchführung chem. Reaktionen im großtechn. Verfahren.

Reaktionszeit, Zeitraum zw. dem Erfassen einer Situation (z. B. im Straßenverkehr) und der darauf erfolgenden Reaktion. Die *Schreckzeit* (0,3–1,7 s) verlängert die R. um den Zeitraum, der bei einer plötzl. auftretenden Gefahr zur Überwindung des Schrecks benötigt wird. Die jeweilige Länge beider Zeiträume hängt von Veranlagung, Gesundheitszustand, Alter u. a. ab. Bei der Bremsung eines Kfz legt während der R. der Wagen ungebremst den Reaktionsweg zurück, der den →Anhalteweg vergrößert.

reaktivieren [lat.], wieder in Tätigkeit setzen, wieder einstellen (→aktiv).

Reaktor [lat.], Sammel-Bez. für kessel- oder behälterartige Geräte, in denen eine physikal. oder chem. Reaktion abläuft; →Kernreaktor. *Gas-R.* sind Reaktionsgefäße zur Umwandlung fester oder flüssiger Stoffe in Gase durch Molekülspaltung oder →Destillation. (Bilder S. 4938/39)

Real [lat. regalis (moneta) 'Königsmünze'] *der,* alte Münze in Spanien (1 Silber-R. = $^1/_8$ Peso = 2 Kupfer-R.) und in den Niederlanden (Gold und Silber); in Portugal (bis 1911) und Brasilien (bis 1927) kleine Kupfermünze (Mz. *Reis*).

real [von lat. res 'Ding'], wirklich, sachlich, dinglich (Ggs.: →irreal, →ideal).

Realeinkommen, der Gegenwert von →Einkommen in Gütern und Dienstleistungen (→Geldwert). Bei steigenden Preisen und gleichbleibendem Geldeinkommen (*Nominaleinkommen*) sinkt das R.

Realgar [arab.-frz.] *der,* (*Rauschrot*), glänzendes, rotes Mineral; chem. Arsensulfid.

Realgewerberecht, mit dem Eigentum an einem Grundstück verbundenes Recht zur Ausübung eines bestimmten Gewerbes, z. B. Fischerei, Apotheke. Die Begründung neuer R. nach der GewO nicht mehr möglich.

Realismus [lat.], **1)** *allg.*: wirklichkeitsnahe Einstellung; **2)** in der *Philos.* die Auffassung, daß es eine vom Menschen unabhängige Wirklichkeit (Realität) gibt und daß diese Wirklichkeit für uns erkennbar ist. Der *naive R.* behauptet die unverfälschte Erkennbarkeit der Dinge durch die Sinneswahrnehmung. Der *kritische R.* behauptet die Existenz einer subjektunabhängigen Außenwelt, schränkt aber deren Erkennbarkeit ein oder macht sie von Bedingungen abhängig. – I. e. S. heißt R. die (auf →Plato zurückgehende) Richtung der mittelalterl. Philos. (→Scholastik), die den Allgemeinbegriffen ein selbständiges Sein vor den Einzeldingen zusprach (Ggs. →Nominalismus). – Der in England entwickelte, antiidealist.

Ferdinand von Rayski: Max von Fabrice (um 1860)
Köln, Wallraf-Richartz-Museum

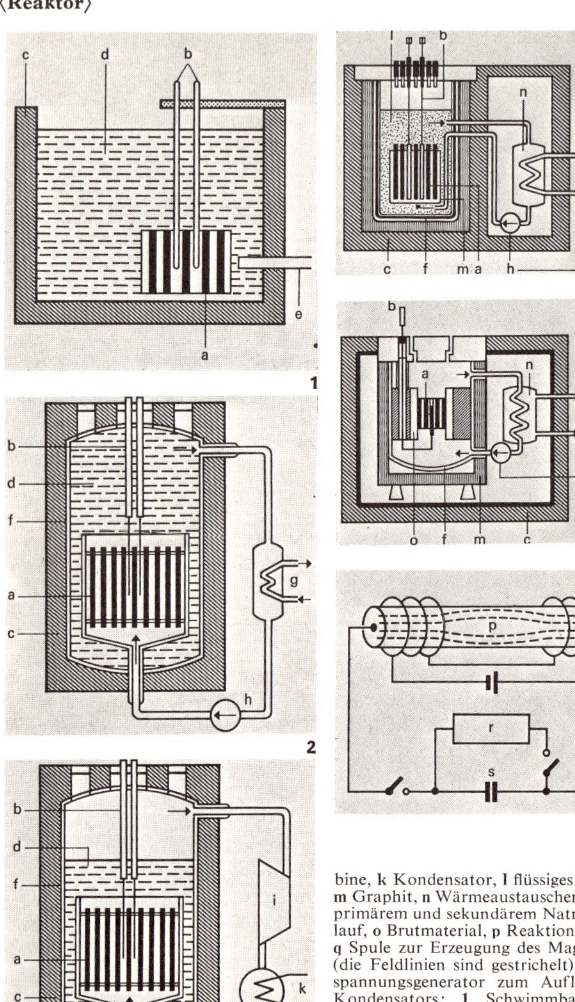

1-6 Prinzipzeichnungen der wichtigsten Reaktortypen (Erklärungen: **a** Brennstäbe, **b** Kontrollstäbe, **c** Betonabschirmung, **d** Wasser, **e** Experimentierkanal, **f** Druckkessel, **g** Wärmeaustauscher mit Dampfleitungen zur Turbine, **h** Pumpe, **i** Turbine, **k** Kondensator, **l** flüssiges Natrium, **m** Graphit, **n** Wärmeaustauscher zwischen primärem und sekundärem Natriumkreislauf, **o** Brutmaterial, **p** Reaktionskammer, **q** Spule zur Erzeugung des Magnetfeldes (die Feldlinien sind gestrichelt), **r** Hochspannungsgenerator zum Aufladen des Kondensators: **1** Schwimmbadreaktor, **2** Druckwasserreaktor, **3** Siedewasserreaktor, **4** Graphitreaktor mit Natriumkühlung, **5** Schneller Brutreaktor, **6** Fusionsreaktor

Rechte Seite: **1** Forschungsreaktor (Garching): von allen Seiten laufen die Experimentierkanäle auf den Core des Schwimmbadreaktors zu; **2** derselbe Reaktor, *links oben* Steuerungszentrale; **3** Modell der Kernforschungsanlage Kahl, *rechts* Reaktor, *links* Dampfkraftwerk; **4** Reaktorhalle der Kernforschungsanlage in Jülich

1

2

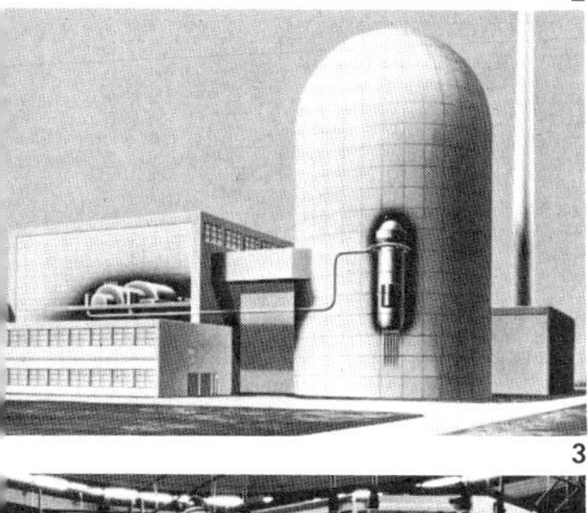
3

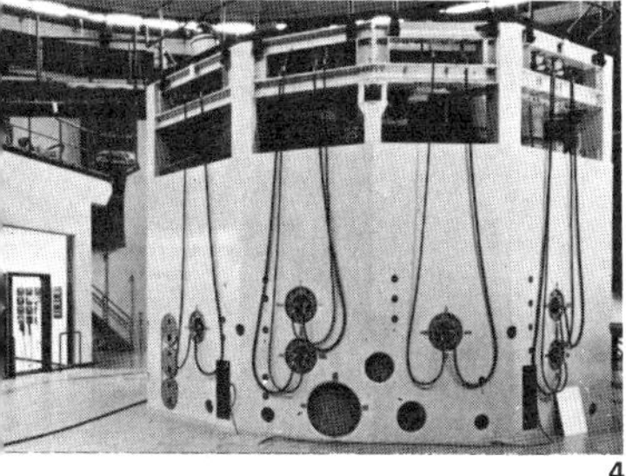
4

Neu-R. (G. E. →Moore, G. →Ryle, A. N. →Whitehead, S. →Alexander u. a.) bemüht sich vor allem um eine philos. Klärung der Grundfragen der Einzelwissenschaften; **3)** *Kunst*: nicht eindeutig; strebt nach vorbehaltloser Darstellung der Wirklichkeit, betont aber das Charakteristische (im Unterschied zum →Naturalismus und zum →Neuen Realismus); **4)** *Lit.*: europ. Lit.-Strömung zw. →Romantik und →Naturalismus (um 1830–80); wirklichkeitsgetreue Darstellung der menschl. Umwelt in Abkehr vom →Idealismus der Klassik und Romantik, begünstigt durch die naturwissenschaftl. Denkformen des alltagszugewandten Publikums, im beginnenden Industriezeitalter Wendung zu sozialen Fragen. Vertreter des R. in Frkr.: →Balzac, →Stendhal, →Flaubert; England: →Dickens, →Thackeray; Rußland: →Gontscharow, →Turgenjew, L. →Tolstoj, →Dostojewskij; Norwegen: →Ibsen; Dtld.: →Gotthelf, G. →Keller, →Stifter, →Storm, →Raabe, →Fontane (Erzählung); →Hebbel, O. →Ludwig (Drama).

Realität, Wirklichkeit, Vorhandensein in der Außenwelt (objektive R., empirische R.) bzw. in der Vorstellung (subjektive R.); Ggs. →Idealität.

Realkonkurrenz, die Verletzung mehrerer Strafgesetze oder die mehrfache Verletzung desselben Strafgesetzes durch mehrere selbständige Handlungen (→Idealkonkurrenz). Es wird eine *Gesamtstrafe* gebildet, die in einer Erhöhung der verwirkten schwersten Strafe besteht (§§ 74ff. StGB). – Ähnl. in *Österr.* (§ 34 StG) und in der *Schweiz* (Art. 68 StGB).

Realkredit, ein gegen dingl. oder rechtl. Sicherung (Faustpfand, Hypothek) gewährter →Kredit. Mit der Gewährung langfristiger R. befassen sich bes. Kreditinstitute (*R.-Institute, Bodenkreditbanken*; →Hypothekenbank).

Reallast, Belastung eines Grundstücks in der Weise, daß an den Berechtigten wiederkehrende Leistungen aus dem Grundstück zu entrichten sind. Das Grundstück haftet für die fällig werdenden Leistungen. Daneben haftet der Eigentümer persönl. Die R. wird begr. durch Einigung und Eintragung im Grundbuch. – *Schweiz*: Bestimmungen über die Grundlast, jedoch ohne persönl. Haftung des Grundeigentümers (Art. 782ff. ZGB).

Realrechte, Grundstücksrechte, die dem jeweiligen Eigentümer eines anderen Grundstücks zustehen, z. B. Grunddienstbarkeiten.

Realschule (früher: *Mittelschule*), sechsklassige allgemeinbildende weiterführende Schule, die auf die Grundschule aufbaut und im Vergleich zum Gymnasium mehr praktisch orientiert ist. Teilweise Differenzierung und Wahlmöglichkeit eines Schwerpunkts. Pflichtfremdsprache ist Englisch. – Der R.-Abschluß ('mittlere Reife') berechtigt zur Weiterbildung an Berufsfachschule, höherer Fachschule und Ingenieur-Akad. sowie zum mittleren und gehobenen öffentlichen Dienst. – Die R. entfällt bei Einführung der →Gesamtschule.

Fred Raymond

R.-A. Ferchault de Réaumur

Realsteuern (*Objektsteuern*), Steuern, die auf einzelnen Vermögensgegenständen lasten; werden von Eigentümern der Vermögensobjekte erhoben (z. B. →Grundsteuer).

Realteilung, Erbsitte, nach der der Boden eines landw. Betriebs zu gleichen Teilen an die Erben übergeht; führt zu →Bodenzerstückelung.

Realunion, verfassungsrechtl. Verbindung zweier Staaten, die durch gemeinsame Institutionen (meist für auswärtige, finanzielle und militär. Angelegenheiten) weit über eine bloß dynast. bedingte Gemeinsamkeit (→Personalunion) hinausgeht.

Realwert, der tatsächl. Wert einer Sache, z. B. bei einer Münze der Metallwert, bei Wertpapieren der Börsenwert (Ggs. →Nennwert).

Réaumur [reomür], René-Antoine, Ferchault de, frz. Physiker und Biologe, *28.2.1683 La Rochelle, †17.10. 1757 Schloß Bermondière (Maine); schuf die nach ihm benannte Temperaturskala; die *R.-Skala* setzt den Schmelzpunkt des Eises zu 0° R (= 0° C) und den Siedepunkt des Wassers zu 80° R (= 100° C) fest (n° R = $^5/_4$n° Celsius). Arbeiten u. a. über Insekten und ihre Beziehungen zu den Pflanzen sowie über die Bildung der →Perlen.

Rebbach [jidd.] *der*, (*Reibach*), Gewinn, Vorteil.

Rebe, 1. zwei Gattungen der Fam. Weinrebengewächse: *Wilder Wein* (→Jungfern-R.), kletternde Ziersträucher mit roter Herbstfärbung, und →*Wein-R.*, sortenreiche Nutzpflanze, auch verwildert; 2. versch. rankende und kletternde Gewächse, z. B. *Wald-R.* (→Clematis).

Rebec (*Rubebe*), mittelalterl., geigenähnl. Streichinstrument arab. Ursprungs.

Rebekka, Frau →Isaaks, Mutter →Esaus und →Jakobs (Gen. 24).

Rebell [lat.] *der*, Aufständischer, Empörer, Aufrührer; *rebellieren*, sich auflehnen, empören, widersetzen.

Rebellion [lat.] *die*, Auflehnung, offene Empörung. Bei einer R. wird in der Regel das Herrschaftssystem selbst in seinen Grundlagen nicht angetastet; andernfalls →Revolution.

Rebenstecher (*Rebstichler*; *Bytiscus betulae*), grüner oder blauer →Rüsselkäfer, 7 mm lang; Weibchen bohrt vor allem Weintriebe an, wikkelt die welken, als Brutnahrung dienenden Blätter zus. und belegt sie mit Eiern.

Rebhuhn (*Perdix perdix*), zu den →Fasanen zählender, etwa 30 cm langer, bräunl. Standvogel Europas und Westasiens; gesellig auf Feldern, Weiden, Mooren; fliegt niedrig.

Rebhun (*Rebhuhn*), Paul, Dramatiker, *um 1505 Waidhofen (Niederösterr.), †1546 Ölsnitz oder Voigtsberg (Sachsen); prot. Schuldramen; in seiner strengen Versbehandlung Vorläufer von →Opitz.

Reblaus (*Viteus vitifolii*), zu den gefährlichsten Pflanzenschädlingen zählende Art der →Blattläuse; um 1850 aus Amerika eingeschleppt. Sie vollzieht im Normalfall einen Wirtswechsel zw. Blättern und Wurzeln des Weinstocks. Der beim Saugen ausgeschiedene Speichel verursacht →Gallen. Vermehrung durch →Parthenogenese: die *Blatt-Reblaus* wird bis 1,5 mm lang, gelbgrün, flügellos, 4–5 Generationen; *Wurzel-R.*, etwa 1,35 mm lang, gelbbraun, 5–6 Generationen; im Herbst geflügelte Weibchen, die den Boden verlassen u. eine Generation ungeflügelter Geschlechtstiere erzeugen; deren Weibchen legen an oberird. Rebteile befruchtete Wintereier, aus denen im Frühjahr die 'Stammütter' schlüpfen. In Mitteleuropa meist nur Wurzel-R.-Generationen; Bekämpfung durch →Kontaktgifte, bes. aber durch Pfropfung der europ. Reben auf gegen R. widerstandsfähige nordamerik. Unterlagen (→Amerikanerreben).

Rebound [engl., ribaund 'Rückschlag'] *der*, beim Basketball der vom Spielbrett oder Korbring abprallende Ball.

Reboux [-bu], Paul, frz. Schriftst., *21.5.1877 Paris, †14.2.1963 Nizza; Gedichte, Liebes- und Abenteuerromane, Theaterstücke; lit. Parodien, z. T. mit *Charles Muller* (1877–1914).

Rebreanu, Liviu, rumän. Schriftst., *27.11.1885 Târlisina (Siebenbürgen), †(Freitod) 1.9.1944 Pitesti; Begr. des psychol.-realist. Romans in der rumän. Lit.; Darstellung des rumän. Bauerntums: 'Die Erde, die trunken macht' (Ion, 1920).

Rebus [lat.] *der* oder *das*, Bilderrätsel, bei dem aus aneinandergereihten Bildern ein Wort oder Satz erraten werden soll.

Rebutia, argentin.-bolivian. Kakteengattung; kleine, zylindr. oder kugelige Pflanzen mit spiralig angeordneten niederen Warzen und meist kurzen Stacheln; viele Arten in Kultur, so *R. senilis* mit karminroten oder gelben Blüten.

Rebhühner

Récamier [rekamje], Julie, *4.12. 1777 Lyon, † 11.5.1849 Paris; Gattin des Pariser Bankiers R.; einflußreich durch ihren polit. Salon; Gegnerin →Napoleons I., der sie von 1811 bis 14 aus Paris verbannte; oft gemalt. Nach ihr wurde das Liegesofa des Directoire R. genannt.

Recanati, mittelital. Stadt in der Region Marken, südl. von Ancona, mit rd. 20000 E. (1973); Bischofssitz, Kathedrale (14. Jh.); Seidenraupenzucht.

Rechaud [frz., r^{e}scho] *der* oder *das*, kleiner Kocher, Wärmeplatte.

Rechen, 1. gärtnerisches Gerät mit Zinken zum Säubern von Wegen usw.; 2. landw. Gerät zum Sammeln von Grünfutter, Heu, Stroh u. dgl.; 3. Gitter in Kanälen bei Mühlen, Wasserkraftwerken u. a., zum Auffangen von Verunreinigungen.

Rechenmaschine, Gerät oder Maschine zum halbautomat. oder automat. Rechnen. 1. *Mechan. R.*: arbeitet (im Prinzip) durch den einzelnen Zahlenwerten entspr. Drehen von Zahnrädern und Bewegen von Hebelwerken. *Addiermaschinen* zum Addieren und Subtrahieren, *Vierspe-*

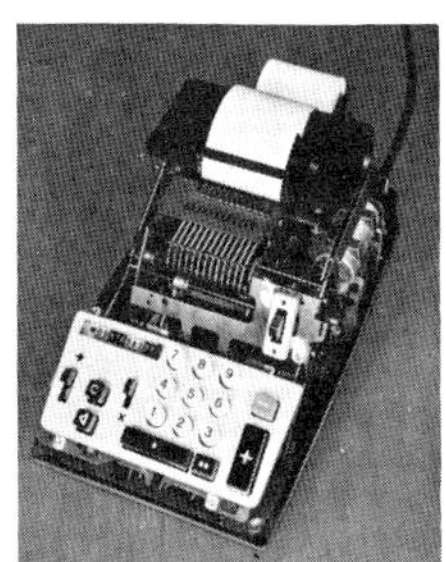

Rechenmaschinen für einfachere bürotechnische Rechenarbeiten: mechanischer Tischrechner (geöffnet); Fakturiermaschine, mit elektronischem Rechner gekoppelte Schreibmaschine

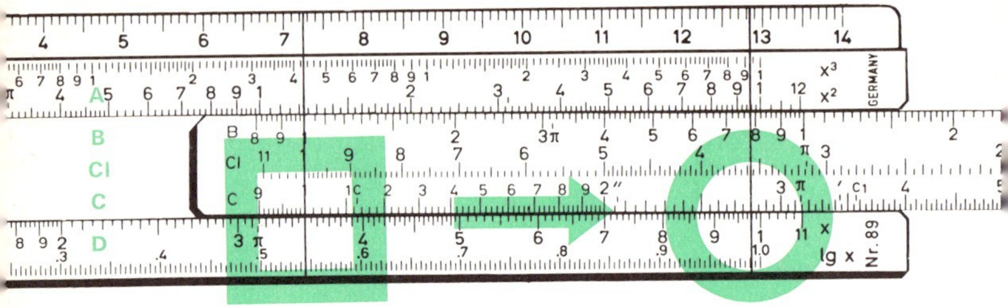

Rechenschieber: Berechnung des Produktes aus 3,5 und 2,8: Ziffer 1 der Skala C wird über die Ziffernfolge 35 der Skala D geschoben (Viereck in Farbe), der Läufer kommt auf Ziffernfolge 28 der Skala C. Auf der Skala D wird das Ergebnis abgelesen (Ziffernfolge 98, farbiger Kreis), Ergebnis (3 × 3 = 9): 9,8

zies-R. auch zum Multiplizieren und Dividieren durch wiederholtes Addieren bzw. Subtrahieren. Die zu verarbeitenden Zahlen werden meist durch Tasten eingestellt. Durch Handkurbel oder Elektromotor wird das Rechenwerk bewegt, das Ergebnis durch das Zahlenwerk angezeigt oder durch ein Druckwerk auf Papierstreifen gedruckt. R. werden oft mit anderen Einrichtungen kombiniert, z. B. bei →Registrierkasse und *Fakturiermaschine* (→Faktura). – Mechan. R. für die vier Grundrechnungsarten wurden schon von →Leibniz (1671) gebaut. 2. *Elektronische R.*: Die Berechnung durch Verarbeitung von elektr. Impulsfolgen, die den Zahlenwerten entsprechen (→Computer, →Zuse). – Kleine elektron. R. mit Tastatur und Ziffernanzeige, vielfach für Batteriebetrieb, haben mechan. R. fast verdrängt.

Rechenschieber, mechan. Rechengerät aus Stäben mit logarithm. Teilungen, die gegeneinander verschiebbar sind. Multiplikation und Division erfolgen durch Addition bzw. Subtraktion einander gegenübergestellter Teilstrecken, deren Längen den jeweiligen Logarithmen (→Logarithmus) der Faktoren der Rechenaufgabe entsprechen. *Körper* (Stab) und verschiebbare *Zunge* (Schieber) des R. besitzen üblicherweise jeweils zwei einander gegenüberstehende Teilungen, die obere Teilung entspricht dabei dem Quadrat der unteren Teilung, wodurch Quadrieren und Wurzelziehen ermöglicht werden. Weiterhin sind meist eine kubische Teilung und Teilungen für →trigonometr. und →Exponentialfunktionen vorhanden. Die Kommastellen müssen bei mehrstelligen Rechenergebnissen durch Überschlagsrechnung bestimmt werden. Durch entsprechende Kennzeichnung der Teilungen lassen sich Spezial-R. für viele techn. Anwendungsgebiete herstellen. R. in Scheibenform mit einer drehbaren auf einer feststehenden Scheibe heißen *Rechenscheiben*; sie entsprechen einem R. von der 3,14-fachen Länge des Scheibendurchmessers und haben eine entspr. erhöhte Ablesegenauigkeit. (Die Ablesegenauigkeit eines 25-cm-R. beträgt etwa $1^0/_{00}$.)

Recherche [frz., reschärsch^e] *die,* Nachforschung, Ermittlung; Ztw. *recherchieren.*

Rechenschieber: Berechnung des Quotienten aus 7,5 und 5: Über Ziffernfolge 75 auf Skala D wird die Ziffernfolge 50 auf C geschoben (Viereck in Farbe), auf Skala D wird unter der Ziffer 1 von C das Ergebnis abgelesen (Ziffernfolge 15), Ergebnis (5:5 = 1): 1,5

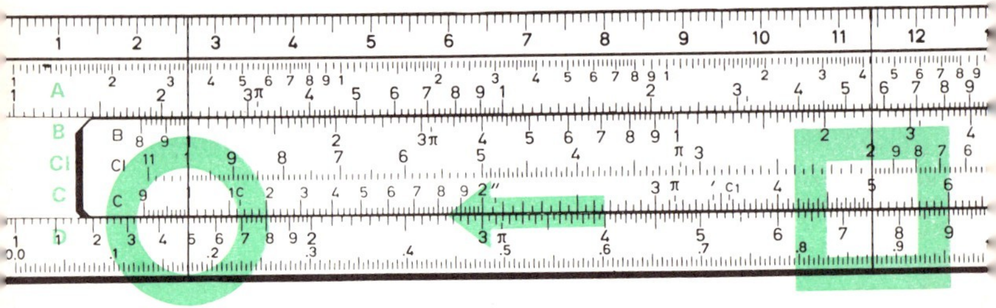

Rechnen, Ausführen mathematischer Operationen mit benannten, unbenannten oder allg. Zahlen (Buchstaben) und Ausdrücken, die durch eine Vorschrift miteinander verbunden sind (→Rechnungsarten). Zur Erleichterung dienen oft *Rechentafeln* (meist an Logarithmentafeln angeschlossen) und Nomogramme (→Nomographie) sowie gewisse *Rechenkniffe* (→Mathematik).

Rechnung, die dem Käufer vom Erbringer einer Leistung überreichte Aufstellung über die aus der Leistung sich ergebende Geldforderung; enthält Art, Menge und Preis der Leistung und die Zahlungsbedingungen.

Rechnungsabgrenzung, die zeitl. Abgrenzung von Aufwand und Ertrag im Hinblick auf die period. Erfolgsrechnung. In die →Bilanz dürfen nur die Posten der R. aufgenommen werden, bei denen einem Zahlungsvorgang in der vorangegangenen Periode Aufwand oder Ertrag in der folgenden Periode gegenüberstehen, z. B. im voraus gezahlte bzw. im voraus erhaltene Miete. Dagegen müssen nach dem →Aktiengesetz Geschäftsvorfälle, die erst in der folgenden Periode einen Zahlungsvorgang auslösen, entweder unter den sonstigen Forderungen oder den sonstigen Verbindlichkeiten ausgewiesen werden.

Rechnungsabschluß, in Österr. jährl. Überprüfung der Ausgaben- und Einnahmengebarung des Bundes durch den Rechnungshof.

Rechnungsarten, die vier *Grundrechnungsarten* (Addition, Subtraktion, Multiplikation, Division), dazu das Potenzieren (→Potenz), Radizieren (→Wurzel), Logarithmieren (→Logarithmus), Fehlerrechnung und die höheren R.: Differentialrechnung, Integralrechnung, Vektorrechnung und Wahrscheinlichkeitsrechnung.

Rechnungsgeld, 1. als *Rechnungseinheit* (Wertmesser), nicht als Tauschmittel verwendetes Geld; in Zeiten starker Geldentwertung meist eine stabile ausländ. (z. B. Dollar) oder eine nicht mehr umlaufende Währungseinheit (Goldmark); 2. eine weder als Münze noch als Papiergeld umlaufende fiktive Währungseinheit (Goldfranken, Guinea); 3. Rechnungseinheit im internat. Zahlungsverkehr.

Rechnungshof, unabhängige Behörde zur Überprüfung des Rechnungswesens der öffentl. Verwaltungen. In der BRD der Bundesrechnungshof in Frankfurt a. M.; in den Ländern Länder-R. – In *Österr.* ist der R. dem Nationalrat unterstellt; in der *Schweiz* wird die Kontrolle unmittelbar durch die eidgenöss. Finanzkontrolle und die eidgenöss. Finanzdelegation (je 3 Vertreter des Stände- und Nationalrats) ausgeübt.

Rechnungsjahr (*Haushaltsjahr*, *Finanzperiode*), 1. Zeitraum, für den der →Haushaltsplan Gültigkeit hat. In der BRD, in *Österr.* und der *Schweiz* fällt es mit dem Kalenderjahr zusammen. 2. →Geschäftsjahr.

Rechnungslegung, geordnete Darlegung der Einnahmen und Ausgaben einer Verwaltung und Nachweis des vorhandenen Rechnungssaldos. R. ist vorgeschrieben für Beauftragte (§ 666 BGB, *Österr.*: § 1012 ABGB, *Schweiz*: Art. 400 OR), Geschäftsführer, Vermögensverwalter, Vormünder, Pfleger (§§ 1890, 1915 BGB, *Österr.*: § 238 ABGB, *Schweiz*: Art. 413 ZG, 450 OR) u. a. (→Bilanz).

Rechnungswesen, Begriff aus der Betriebswirtschaft: umfaßt alle Kapitalrechnungen eines Betriebs. Zum R. zählen →Buchführung und →Bilanz, Betriebsbuchführung, →Kalkulation und →Plankostenrechnung.

Recht, 1. im objektiven Sinne die Gesamtheit aller Vorschriften (Rechtsnormen), die das Verhalten der Menschen und die Lebensverhältnisse in der staatl. Gemeinschaft regeln (R.-Ordnung). Man unterscheidet geschriebenes (Gesetz, R.-Verordnung, autonome Satzung) und ungeschriebenes R. (→Gewohnheits-R.). 2. im subjektiven Sinne die sich für den einzelnen aus dem objektiven R. ergebende Befugnis; z. B. Persönlichkeits- oder Individual-R. (R. auf Leben, Gesundheit, Freiheit, Ehre, Name u. a.), Beherrschungs-R. (Eigentum, Nießbrauch).

Rechteck (*Orthogon*), ebenes Viereck mit paarweise parallelen Seiten und 4 rechten Innenwinkeln; seine Diagonalen sind gleich lang und halbieren sich; ihr Schnittpunkt ist Mittelpunkt des Umkreises; Flächeninhalt ist $F = a \cdot b$; Umfang $U = 2 (a + b)$. (Bild S. 4944)

Rechtfertigung, (*Rechtfertigungslehre*), in der christl. Theologie Wie-

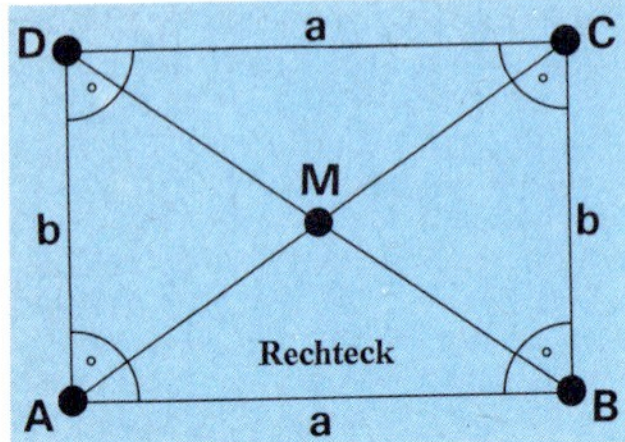

derherstellung der Verbindung von Gott zum sündhaften Menschen. Nach kath. Lehre Gnadengeschenk Gottes und Reinigung der Seele durch die heiligmachende Gnade, kann durch die →guten Werke vorbereitet werden. In der ev. Lehre nach M. →Luther nur R. aus dem Glauben. Geht auf den →Römerbrief zurück.

rechtläufig, Bez. für den Drehsinn, den die Umlauf- und Rotationsbewegungen der meisten Körper des Sonnensystems (Ausnahmen: Rotation der Venus, Umlauf einiger Satelliten, Kometen und Meteoriten) aufweisen: vom Nordpol der →Ekliptik aus betrachtet entgegen dem Uhrzeigersinn. Ggs. *rückläufig* (*retrograd*). Von der sich innerhalb des Systems bewegenden Erde gesehen führen manche Planeten zeitweilig scheinbar rückläufige und schleifenförmige Bewegungen aus. Dies hat bis →Kopernikus den Einblick in die wahren Bewegungsverhältnisse im Sonnensystem versperrt.

Rechtlosigkeit, die Unfähigkeit, Träger von Rechten und Pflichten zu sein, z. B. im german. Recht die Geächteten (→Acht, →Friedlosigkeit), im röm. Recht die Sklaven.

Rechtsantragstelle, bei den Amtsgerichten eingerichtete Stelle zur Entgegennahme von Anträgen und Klagen.

Rechtsanwalt, freiberufl. →Jurist, der als unabhängiges Organ der Rechtspflege in Rechtsangelegenheiten aller Art vor Gerichten, Schiedsgerichten oder Behörden aufzutreten berechtigt ist. Jeder R. muß bei einem bestimmten Gericht der ordentl. Gerichtsbarkeit zugelassen sein. Zur Rechtsanwaltschaft wird nur zugelassen, wer die Befähigung zum Richteramt erlangt hat. Die Zulassung wird von der Landesjustizverwaltung erteilt (Bundes-R.-Ordnung vom 1.8.1959). Standesorganisation der R. ist die R.-Kammer. Sie hat Mitwirkungsrecht bei der Zulassung. Die R. unterstehen einer bes. Ehrengerichtsbarkeit. – *Österr.*: Voraussetzung: österr. Staatsbürgerschaft, jurist. Doktorat, 7jährige Praxis, R.-Prüfung u. a., Eintragung in die Liste der R. bei der zuständigen R.-Kammer. Das Vertretungsrecht des R. erstreckt sich auf alle Gerichte und Behörden Österr. in allen gerichtl. und außergerichtl., öffentl. und Privatangelegenheiten (R.-Ordnung vom 6.7.1868). – *Schweiz*: kantonal geregelt (*Fürsprech*, *Advokat*).

Rechtsbeistand, Person, die geschäftsmäßig fremde Rechtsangelegenheiten besorgt, ohne Rechtsanwalt zu sein (*Prozeßagent*). Die Tätigkeit ist erlaubnisbedürftig (§ 157 Abs. 3 ZPO). – Ebenso in den meisten *schweiz.* Kantonen. – In *Österr.* befugter, sachkundiger Vertreter vor Gericht.

Rechtsberatung, Besorgung fremder Rechtsangelegenheiten, die Rechtsberatung und die Einziehung fremder oder zu Einziehungszwecken abgetretener Forderungen; darf geschäftsmäßig nur von Personen betrieben werden, denen von der zuständigen Behörde die Erlaubnis erteilt ist (Gesetz zur Verhütung von Mißbräuchen auf dem Gebiet der Rechtsberatung vom 13.12.1935; *Österr.*: Art. IV, Ziff. 5 Einführungsgesetz zur ZPO; ähnl. in den meisten *schweiz.* Kantonen). Die Tätigkeit der Rechtsanwälte, Notare, Prozeßagenten (→Rechtsbeistand), Konkurs-, Nachlaß- und Zwangsverwalter und die R. durch die Behörden im Rahmen ihrer Zuständigkeit werden hiervon nicht berührt.

Rechtsbeschwerde, ein der →Revision entspr. →Rechtsmittel: R. an den →Bundesfinanzhof gegen die Berufungsentscheidungen der Finanzgerichte, in der Arbeitsgerichtsbarkeit an das →Bundesarbeitsgericht gegen die Beschlüsse der Landesarbeitsgerichte, in Gebrauchsmustersachen an den →Bundesgerichtshof gegen Beschlüsse der Patentgerichte in Beschwerdesachen. Im →Bußgeldverfahren R. gegen die Entscheidung des Amtsgerichts zum →Oberlandesgericht.

Rechtsbeugung, vorsätzl. Verletzung von Rechtsvorschriften durch Beamte oder Schiedsrichter bei der

Leitung oder Entscheidung einer Rechtssache.

Rechtsbücher, im MA private Aufzeichnungen von Rechtssätzen und Gewohnheiten. Der Inhalt betraf zumeist Land-, Lehens- und Prozeßrecht. Das bedeutendste und älteste der R. ist der →Sachsenspiegel; weitere R.: →Schwabenspiegel, →Deutschenspiegel.

Rechtsfähigkeit, Fähigkeit, Träger von Rechten und Pflichten zu sein. Rechtsfähig sind alle Menschen (sog. natürl. Personen) und bestimmte Personenvereinigungen und Vermögensmassen (sog. →jurist. Personen). Die R. des Menschen beginnt mit Vollendung der Geburt und endet mit dem Tode (§ 1 BGB, *Österr.*: §§ 16, 18 ABGB, *Schweiz*: Art. 1 ZGB). Die jurist. Personen des Privatrechts erlangen ihre R. durch staatl. Verleihung (bei wirtschaftl. Vereinen) oder durch Genehmigung (bei Stiftungen) oder durch Eintragung in ein öffentl. Register (bei nichtwirtschaftl. Vereinen und Handels-Ges.).–Ähnl. in *Österr.–Schweiz*: Alle Vereine sind ohne Eintragung in ein Register rechtsfähig.

Rechtsfrage, die Frage der Anwendung einer Rechtsvorschrift auf einen bestimmten Tatbestand; Ggs. *Tatfrage*, die die Feststellung des Tatbestandes selbst betrifft.

Rechtsgebiet, der örtl. Bereich, für den eine Rechtsquelle Geltung hat.

Rechtsgeschäft, im bürgerl. Recht die auf die Herbeiführung eines bestimmten Rechtserfolges gerichtete Willenserklärung. *Einseitige R.* (z. B. Testament, Kündigung) kommen durch die Willenserklärung allein einer Person, *zweiseitige R.* (Verträge) durch übereinstimmende wechselseitige Erklärungen mehrerer Personen zustande. R. können entgeltl. (z. B. Kauf) oder unentgeltl. (z. B. Schenkung), formbedürftig (z. B. bedürfen Grundstücksgeschäfte notarieller Beurkundung) oder formlos gültig sein. R. von Geschäftsunfähigen, Schein- oder Scherzgeschäfte, formwidrige oder gegen die guten Sitten verstoßende Geschäfte sind nichtig.

Rechtsgeschichte, Teilgebiet der Rechtswissenschaft zur Erforschung und Darstellung der Entwicklung des Rechts. Die durch die →Historische Rechtsschule begr. Forschung geht von den Rechtsquellen aus.

Rechtshängigkeit, das Schweben eines Rechtsstreits vor Gericht. Die R. tritt ein mit Klageerhebung und dauert bis zur Beendigung des Prozesses. Eine Klageänderung ist nur beschränkt zulässig.

Rechtshilfe, die Vornahme einer richterl. Handlung durch ein anderes Gericht auf Ersuchen des damit befaßten Gerichts (z. B. Vernehmung eines entfernt wohnenden Zeugen). Die Gerichte sind zur R. verpflichtet (§§ 156 ff. Gerichtsverfassungsgesetz); *Österr.*: §§ 32-38 Jurisdiktionsnorm, Art. 22 BVerfG). Internat. R. in Verträgen geregelt.

Rechtskraft, die Unanfechtbarkeit einer gerichtl. Entscheidung. R. tritt ein, wenn gegen die Entscheidung kein Rechtsmittel mehr eingelegt werden kann (äußere oder formelle R.); hat zur Folge, daß das Gericht und die Parteien an die Entscheidung gebunden sind (innere oder materielle R.). Eine Durchbrechung der R. ist nur möglich im Wege der Abänderungsklage (§ 323 ZPO) oder der Wiederaufnahme des Verfahrens (§§ 578ff. ZPO; §§ 359ff. StPO), in *Österr.* der Nichtigkeits- und Wiederaufnahmeklage (§§ 529ff. ZPO) und der Wiederaufnahme des Strafverfahrens (§§ 352 ff. StPO). *Schweiz*: ähnl. in den kantonalen Prozeßordnungen und im Bundesprozeßrecht (für eidgenöss. Instanzen) geregelt.

Rechtsmißbrauch, die Ausübung eines Rechts nur zu dem Zweck, einem anderen Schaden zuzufügen; unzulässig (§ 226 BGB; *Österr.*: § 1295 ABGB; *Schweiz*: Art. 2 ZGB).

Rechtsmittel (*Rechtsbehelf*), Mittel zur Korrektur beschwerender Entscheidungen der Verwaltungsbehörden und der Gerichte. *Förml. R.* sind in der Regel fristgebunden und geben ein Recht auf Bescheidung (→Einspruch, →Widerspruch, Antrag auf Wiedereinsetzung in den vorigen Stand). Dagegen sind die *formlosen R.* an keine Frist gebunden und geben auch kein Recht auf Bescheidung (Gegenvorstellung, Dienstaufsichtsbeschwerde); →Berufung, →Revision, →Beschwerde, →Rechtsbeschwerde.

Rechtsnachfolge (*Sukzession*), Eintritt einer Person in ein bestehendes Rechtsverhältnis. Von *Sondernachfolge* (*Singularsukzession*) spricht man, wenn nur einzelne Rechte übergehen, von *Gesamtnachfolge* (*Univer-*

salsukzession), wenn alle Rechte übergehen (z. B. →Erbschaft).

Rechtsnormen, die einzelnen Vorschriften der Rechtsordnung. Die Gesamtheit der R. bezeichnet man als Recht im objektiven Sinne.

Rechtsöffnung, *Schweiz*: Beseitigung des vom Schuldner erhobenen →Rechtsvorschlages. Definitive R. (Art. 80 SchKG) wird vom Richter erteilt, wenn der Gläubiger ein vollstreckbares Urteil besitzt. Beruht die Forderung auf einer durch öffentl. Urkunde festgestellten oder durch Unterschrift bekräftigten Schuldanerkennung, so kann der Gläubiger die provisor. R. verlangen (Art. 82 SchKG), gegen die der Schuldner innerhalb von 10 Tagen auf Aberkennung der Forderung klagen kann (Art. 83 Abs. 2 SchKG). Besitzt der Gläubiger keinen R.-Titel, so muß er seinen Anspruch auf dem ordentl. Prozeßweg geltend machen.

Rechtspflege, Tätigkeit der Justizbehörde (→Gerichtsbarkeit).

Rechtspfleger, Beamter des gehobenen Justizdienstes, dem bestimmte richterl. Aufgaben, u. a. Nachlaß-, Teilungs-, Güterrechtsregister-, Handels-, Verschollenheits-, Grundbuch-, Vereinssachen übertragen sind (Rechtspflegergesetz vom 8.2.1957; ähnl. in *Österr.* das R.-Gesetz von 1962; *Schweiz*: unbekannt).

Rechtsphilosophie, Teil der Philosophie, der sich mit dem Begriff, der Herkunft, dem Wesen und dem bleibenden Inhalt des Rechts befaßt und sich mit der Idee der Gerechtigkeit auseinandersetzt. Wichtigste Strömungen in der R. sind die Naturrechtslehre, die →Historische Schule, der →Rechtspositivismus.

Rechtspositivismus, seit der 2. Hälfte des 19. Jh. vorherrschende Rechtsauffassung, die das Recht mit den in einem Staate tatsächl. (positiv) geltenden, d. h. angewandten und überwiegend befolgten, Verhaltensnormen gleichsetzt und nach der diese Normen keinerlei Rechtfertigung bedürfen. Extremste Form des R. ist der Gesetzespositivismus, der lehrt, daß der Staat jedes beliebige Gesetz willkürl. erlassen könne, wenn er die Befolgung durchsetzen könne.

Rechtsschulen, 1. im Altertum und MA Schulen für Rechtsunterricht, z. B. Berytos (Beirut), Konstantinopel, Pavia, Bologna; 2. Juristengruppen, die bei der Rechtsbehandlung und -findung gleichen Methoden folgen; so im Altertum bei den Römern die *Sabinianer* und *Prokulianer*, im MA die →Glossatoren und →Postglossatoren, in der Neuzeit in Dtld. die Naturrechtsschule, die →Historische Rechtsschule sowie die →Freirechtsschule.

Rechtsschutzversicherung (*Prozeßkostenversicherung*), Versicherung gegen Kosten, die aus Rechtsstreitigkeiten vor Gerichten und Behörden erwachsen.

Rechtssoziologie, Zweig der →Soziologie, der sich mit den sozialen Grundlagen, Wirkungen und Funktionen des Rechts beschäftigt. Recht wird dabei als ein System von Normen und Regeln definiert, die durch Androhung von Zwang durch den Staat (Rechtsprechung) durchgesetzt werden oder deren Verletzung mit Strafen belegt wird. – Im Ggs. zur Rechtsphilos. geht die R. nicht davon aus, daß Rechtsnormen eine absolute ethische oder naturrechtl. Gültigkeit haben, sondern von sozialen und kulturellen Faktoren abgeleitet werden können und bestimmte gesellschaftl. Funktionen erfüllen.

Rechtssprichwörter, überlieferte Rechtssätze in Sprichwortform, z. B. 'Wer zuerst kommt, mahlt zuerst', 'Der Tote erbt den Lebendigen' (macht ihn zum Erben).

Rechtsstaat, Staat, dessen Tätigkeit an eine Rechtsordnung gebunden ist, die im Prinzip unabänderl. ist. Notwendige Elemente des modernen R.: Verfassung, die die Rechte des Staates definiert, die Freiheitssphäre des einzelnen schützt; gerichtl. Schutz gegen staatl. Willkür durch unabhängige Gerichte. BRD: sozialer R. (Art. 20, 28 GG): eine Ordnung soll geschaffen werden, die sozialen Frieden wahrt und menschenwürdiges Dasein für alle ermöglicht.

Rechtssubjekt, Träger von Rechten und Pflichten (→Rechtsfähigkeit).

Rechtssymbole, Handlungen oder Gegenstände, durch die (hauptsächl. im älteren german. Recht) Rechtsvorgänge oder -verhältnisse versinnbildlicht wurden.

Rechtsverweigerung, die Weigerung eines zuständigen Gerichts, in einer Rechtssache, in der es angerufen ist, tätig zu werden. Gegen R. ist Dienstaufsichtsbeschwerde gegeben.

Rechtsvorschlag, *Schweiz*: Erklärung des Schuldners nach Art. 74 SchKG, mit der er sich der Zwangsvollstreckung widersetzt. Erhebt der Schuldner R., so kann die Betreibung nur weitergeführt werden, wenn im Rechtsöffnungsverfahren durch den Richter →Rechtsöffnung erteilt worden ist.

Rechtsweg, Zuständigkeit der Gerichte; im engeren Sinne Zulässigkeit eines Verfahrens vor den Zivil- und Strafgerichten (ordentl. R.) im Ggs. zu den Verwaltungsgerichten. Vor die ordentl. Gerichte gehören alle bürgerl. Rechtsstreitigkeiten und Strafsachen, für die nicht entweder die Zuständigkeit von Verwaltungsbehörden oder Verwaltungsgerichten begr. ist. Streitigkeiten über die Zulässigkeit des ordentl. R. (Kompetenzkonflikt) werden von den ordentl. Gerichten entschieden.

Rechtswidrigkeit (*Widerrechtlichkeit*), Verstoß einer Handlung gegen das geltende Recht. Die Unterlassung einer Handlung ist nur rechtswidrig, wenn gesetzl. oder vertragl. eine Pflicht zum Handeln bestand. R. kann Schadensersatzpflicht nach sich ziehen und Strafbarkeit zur Folge haben. R. ist ausgeschlossen z. B. bei →Notwehr, übergesetzl. →Notstand.

Rechtswissenschaft, wissenschaftl. Erkenntnis des Rechts; umfaßt: Rechtsdogmatik (wissenschaftl. Erforschung, Darstellung und Begründung des geltenden Rechts), Systematik des Rechts (Gliederung und Abgrenzung der einzelnen Rechtsgebiete), →Rechtsgeschichte, →Rechtsphilosophie, →Rechtssoziologie (Erforschung des Einwirkens des Rechts auf die Gesellschaft) und Rechtspolitik (Erarbeitung von Gesetzesvorschlägen). Die vergleichende R. greift in alle diese Zweige ein und vergleicht verschiedene Rechtsordnungen. Zu unterscheiden von der R. sind Rechtssetzung und Rechtsanwendung. *Geschichte*: Die R. in Dtld. entwickelte sich mit der →Rezeption des röm. Rechts. Im 17. Jh. setzte mit der Naturrechtsschule eine Gegenbewegung ein. H. →Conring mahnte zur Rückbesinnung auf das einheim. Recht. Bed. Gesetzgebungswerke des 17. und 18. Jh. gehen auf die naturrechtl. Schule zurück (Preuß. Allgemeines Landrecht, Österr. Allg. BGB). Gegen diese Bestrebungen wandte sich die von C. F. v. →Savigny Anfang des 19. Jh. begründete →Historische Schule; später fortgeführt u. a. von L. Mitteis, K. v. →Amira, H. →Brunner, O. v. →Gierke und *R. Sohm*. Die Begriffsjurisprudenz versuchte das Recht unter formallog. Gesichtspunkten ohne Berücksichtigung wirtschaftl. oder sozialer Verhältnisse zu sehen (B. Windscheid, F. v. Liszt, K. →Binding, F. Stein). Im Ggs. hierzu forderte die →Freirechtsschule die freie Rechtsschöpfung des Richters. Die Interessenjurisprudenz verlangt bei der Auslegung des Gesetzes die Berücksichtigung der diesem zugrunde liegenden Interessen. Die moderne Straf-R. wurde entscheidend geformt von P.J.A.→Feuerbach.

Reck: Kehre

rechtwinklig (*orthogonal*), einen Winkel von 90° bildend, aufeinander senkrecht stehend, z. B. von Geraden, Vektoren, i. w. S. auch von Funktionen.

Recife [portug., reßifi 'Riff'] (früher *Pernambuco*), Hptst. des nordostbrasilian. Staats →Pernambuco und bed. Hafenstadt am Atlant. Ozean, 1,16 Mio. E. (1972); Erzbischofssitz, Univ., Fachschulen; wichtigster Industrieort in NO-Brasilien (Zucker-, Baumwoll-, Holz-, Leder-, Tabak-Ind.); große Bed. im Übersee- und Weltluftverkehr. (Bild S. 4948)

Reck *das*, von F. L. →Jahn eingeführtes →Turngerät: zw. zwei Pfosten waagrecht befestigte, in der Höhe verstellbare Stahlstange.

Recken, Dehnen von Werkstücken

Recife: Inmitten der modernen Hochhäuser die kleine Kirche Santo Antonio

durch Zug oder Hämmern mit dicht nebeneinandergesetzten Schlägen.

Recklinghausen, Kreisstadt im Reg.-Bz. Münster, Nordrh.-Westf., im nördl. Ruhrgebiet, Hafen am →Rhein-Herne-Kanal, 123000 E. (1975); Petruskirche (13. bis 18. Jh.); Fachschulen, Museen, Volkssternwarte; →Ruhrfestspiele; Steinkohlenbergbau, Textil-, Metall-, Maschinen- und chem. Industrie.

Recklinghausensche Krankheit, 1. durch Überfunktion der →Epithelkörperchen ausgelöste, vorwiegend bei Frauen auftretende Systemerkrankung des Skeletts, die in Auftreibung der Knochen, Zystenbildung, Entkalkung und erhöhter Bruchneigung besteht. 2. (*Neurofibromatose*), über den ganzen Körper verstreute Hautnervengeschwülste.

Reck-Malleczewen [-tsche-], Friedrich Percyval, Schriftst., *11.8.1884 Gut Malleczewen (Ostpreußen), †16. 2.1945 Dachau (KZ); kritisierte in der hist. verkleideten, romanhaften Studie ‘Bockelson’ (1937) den nat.-soz. Massenwahn; ferner ‘Tagebuch eines Verzweifelten’ (47) aus der Zeit des Nat.-Soz. und Romane.

Reclam jun., Philipp, Verlag, gegr. 1828 in Leipzig von *Ph. R. jun.* (1807 bis 96); seit 1947 in Stuttgart; gibt seit 1867 ‘Reclams Universal-Bibliothek’ heraus; daneben weitere schöngeistige und geisteswissenschaftl. Literatur.

Reconquista [span., -ki- ‘Wiedereroberung’], der von nationalen und relig. Motiven getragene Kampf der christl. Bev. Spaniens gegen die Araber (8. bis Ende 15. Jh.).

Recycling [engl., rißaikling ‘Rückführung in den Kreislauf’] *das*, Wiederverwendung gebrauchter Stoffe, um die begrenzten Rohstoffvorräte der Erde zu schonen; trägt durch die damit verbundene Abfallbeseitigung zum →Umweltschutz bei.

Redakteur [frz., -tör] (*Redaktor, Schriftleiter*), leitender Angestellter bei Ztg., Zschr., Rundfunk usw., der über Veröffentlichungen und ihre Formulierung entscheidet. Ztw. *redigieren. Redaktion*, Gesamtheit der R. eines Publikationsorgans; auch der Vorgang des Redigierens. *Chef-R.*, Leiter einer Redaktion.

Redbridge Richmond upon Thames [-bridsch ritschmend epon täms], seit 1965 westl. Stadtbezirk von London, England, mit 176000 E. (1973); normann. Schloß, Observatorium, Park; bekanntes Ausflugsziel.

Rederijkers [rederäikerß], gegen Ende des 14. Jh. in den Niederlanden (bes. S-Prov.) entstandene Lit.-Vereinigungen, die Mirakel- und Mysterienspiele aufführten und später ähnl. den dt. Meistersingern (→Meistersang) dichterische Wettkämpfe (*Landjuweelen*) austrugen. Verfall Ende des 16. Jh.

Redi, Francesco, ital. Dichter, *18.2. 1626 Arezzo, †1.3.98 Pisa; natur- und sprachwissenschaftl. Arbeiten; Oden, Sonette und Dithyramben.

Redisfeder®, Bez. für bes. geformte Schreibfedern für Blockschriften.

Rediskontierung, Weiterverkauf eines durch die Bank diskontierten Wechsels an eine Zentralbank. Zum Rediskont sind nur Handelswechsel mit einer Laufzeit von bis zu 3 Monaten zugelassen (→Diskont, →Diskontpolitik).

Redistribution [lat.], die Umverteilung von Einkommen und Vermögen durch wirtschaftspolit., steuer- und ausgabenpolit. Maßnahmen zugunsten der wirtschaftl. Schwächeren (→Einkommensteuer, →Einkommensverteilung).

redivivus [lat.], wiedererstanden.

Rednitz *die*, Fluß in Mittelfranken, 40 km lang, entsteht aus dem Zusammenfluß von Fränk. und Schwäb. →Rezat und bildet ab Fürth mit der →Pegnitz die →Regnitz.

Redon [redõ], Odilon, frz. Maler und Radierer, *20.4.1840 Bordeaux, †6.7. 1916 Paris; stand der Gruppe antinaturalist. Maler (→Nabis) nahe;

Vertreter des →Symbolismus; Gemälde, Aquarelle, Pastelle, Graphiken steigern sich oft ins Traumhaft-Visionäre, Religiös-Mystizistische.

Redondilla [-dilja], span. Strophenform: 4 achtsilbige Zeilen mit der Reimfolge abba (→Reim).

Redouté [r^edute], Pierre Joseph, frz. Zeichner, *10.7.1759 St. Hubert (bei Bastogne), †19.6.1840 Paris; naturgetreue Pflanzenbilder.

Redoute [frz., r^edut^e] *die*, **1)** [nach dem venezian. Spielhaus 'Ridotto'] große Tanzveranstaltung, bes. Maskenball; **2)** geschlossene, oft trapezförmig gebaute →Schanze.

Redoxsystem (Red*uktions*-Ox*idations-System*), System, bei dem sich ein Oxidations- und ein Reduktionsmittel im chem. Gleichgewicht befinden, dessen Lage durch das →Massenwirkungsgesetz bestimmt ist. R. spielen in der Physiologie (z. B. bei der Zellatmung, im Haushalt von Vitaminen und Enzymen), bei der →Gärung, bei →Polymerisationen (z. B. →Buna), beim Färben mit →Küpenfarbstoffen u. a. eine wichtige Rolle.

Red River, 1) (*R. R. of the South*), der südlichste westl. Nebenfluß des Mississippi, 1640 km lang, entspringt im nördl. Texas, mündet oberhalb von →New Orleans. **2)** (*R. R. of the North*), Fluß im N der USA, 876 km lang, entsteht durch Vereinigung des *Bois de Sioux River* und des *Otter Tail River* bei *Breckenridge* (Minn.), mündet in den Winnipegsee (Kanada).

Reduit [frz., redüi] *der* oder *das*, Kernwerk einer Festung; *R. national*, in der Schweiz unter General →Guisan im II. Weltkrieg eingerichtete Armeestellung, die sich auf die Festungen St. Maurice, St. Gotthard und Sargans stützte.

Reduktion [lat.], **1)** Zurückführung; Verringerung, Herabsetzung. **2)** *Math.*: Zerlegung in nicht weiter zerlegbare (irreduzible) Einheiten, z. B. einer Linie in unendlich viele Punkte. **3)** *Chemie*: Reaktion, die mit einer Zufuhr von Elektronen verbunden ist; i. e. S. der Entzug von Sauerstoff, die Umkehrung der →Oxidation. Wichtige R.-Mittel sind →Kohlenstoff, →Wasserstoff, →Quecksilber, →Hydrazin, →Zink; auch an der →Kathode spielen sich R.-Vorgänge ab. **4)** *Biol.*: 1. Rückbildung

Odilon Redon: Geschlossene Augen
Paris, Louvre

von Organen (→Rudiment); 2. Verringerung des →diploiden Chromosomensatzes zum →haploiden bei der Meiose (→Kernteilung). **5)** *Technik*: Verminderung des Querschnitts von Werkstücken, meist spanlos durch →Recken. **6)** *Meteorologie*: das Umrechnen von Meßgrößen auf bestimmte Bedingungen.

Reduktionsmittel, Stoffe, die in einer chem. Reaktion mit anderen Substanzen diese reduzieren (→Reduktion).

Redundanz [lat.-engl.], Maß für denjenigen Teil einer Information, um den diese reduziert wurde oder reduzierbar ist, ohne ihren Inhalt zu beschränken oder zu verstümmeln; von großer Bed. in der →Informationstheorie, da durch verminderte R. Informationskanäle besser genutzt werden können. Populäres Beispiel einer Information mit verminderter R.: Telegrammtext verglichen mit derselben Mitteilung im Briefstil.

Reduplikation [lat. 'Verdopplung'], **1)** *Sprachlehre*: Wiederholung eines Lautes bzw. einer oder mehrerer Silben zur Formen- und Wortbildung. **2)** →Replikation.

reduzieren [lat.], zurückführen; verringern, herabsetzen (→Reduktion).

Reduzierventil (*Druckminderer*), Ventil zum Herabsetzen des Druckes in Leitungen, z. B. bei einer Druckflasche mit 120 bar auf einen Ausgangsdruck zwischen 0 und 10 bar.

Reed [rid], Carol, engl. Filmregisseur, *30.12.1906 London, †25.4.76 ebenda; vor allem bekannt durch die Filme 'Ausgestoßen' (1947), 'Kleines Herz in Not' (1948) und 'Der dritte Mann' (1949).

Reede (*Rhede*), Ankerplatz für Schiffe; die *innere R.* ist geschützt, die *offene* liegt nahe der offenen See.

Reeder, Eigentümer eines dem Erwerb dienenden Schiffes; Kaufmann im Sinne des HGB; im Binnenschifffahrtsrecht: *Schiffseigner.*

Reederei, Unternehmen, das die Beförderung von Personen und Gütern auf eigenen Schiffen mit kaufmänn. Zielsetzung betreibt. I. e. S. eine Erwerbs-Ges., bei der mehrere Personen ein oder mehrere ihnen gemeinsam gehörende Schiffe in gemeinsamer Rechnung in der Seeschiffahrt betreiben (§ 489 HGB). Man unterscheidet *Linien-R.* (→Linienschiffahrt) und *Tramp-R.* (→Trampschiffahrt).

Reedereiflagge (*Haus-, Kontorflagge, Reedereizeichen*), im Großtopp eines Schiffes geführte, private Flagge als Kennzeichen der Reedereizugehörigkeit. (Bilder S. 4953)

reell [frz.], 1. wirklich, begründet; 2. ehrlich, anständig, zuverlässig.

Reemtsma Cigarettenfabriken GmbH, Holding-Ges., Sitz Hamburg, mit in- und ausländ. Beteiligungen in der Zigaretten- (Marktanteil: 37,3%) und Getränke-Ind.; Konzernumsatz: 6,0 Mrd. DM; Beschäftigte: 17500 (1975).

Reep [niederdt.], Schiffstau, Seil, starke Leine; *R.-Schläger*, Seiler.

Reeperbahn, bekannte Hamburger Straße im Vergnügungsviertel St. Pauli; früher Straße der Seiler (→Reep).

REFA, Abk. für den 1924 gegr. R*eichsausschuß* für A*rbeitszeitermittlung*, seit 1936 *Reichsausschuß für Arbeitsstudien*, seit 1948 *Verband für Arbeitsstudien, REFA e. V.* Sitz: Darmstadt. Der Verband wird von Arbeitgebern und Gewerkschaften unterstützt; Aufgabe: Förderung der Grundlagenforschung und der Ausbildung von Fachleuten auf dem Gebiet der →Arbeitsstudien.

Refakti|e [niederländ.], 1. Vergütung für durch Verunreinigung, Zerbrechen usw. unbrauchbar gewordene Ware; 2. Rückvergütung von Frachtkosten an große Verfrachter durch die Eisenbahnen; in Dtld. verboten.

Refektorium [lat.] *das*, Speisesaal in Klöstern.

Referendar [lat. 'Berichterstatter'] *der*, BRD: der nach Ablegung der ersten Staatsprüfung im Vorbereitungsdienst stehende Anwärter auf die Befähigung zur höheren Beamtenlaufbahn (z. B. Gerichts-R.).

Referent [lat.], Vortragender, Berichterstatter; Sachbearbeiter; *Referat*, Bericht, Vortrag; Ztw. *referieren.*

Referenz [lat.] *die*, Empfehlung, Auskunft über eine Person.

Reff *das*, Vorrichtung zur Verkleinerung der Segelfläche bei höherer Windstärke.

Refinanzierung, Geldbeschaffung eines Kreditgebers bei Mangel an eigenen Mitteln. Die →Kreditinstitute betreiben die R. bei der →Zentralbank durch →Rediskontierung von Wechseln oder Beleihung oder Verkauf von Wertpapieren.

reflektieren [lat.], 1. zurückwerfen, widerspiegeln; 2. nachdenken; 3. *auf etwas r.*, etwas anstreben, sich bewerben. *Reflektant*, Bewerber.

Reflektor, 1) Vorrichtung aus spiegelnden Flächen oder Metallstäben zur →Reflexion und Bündelung elektromagnet. Wellen, insbes. von Licht (→Parabolspiegel); bei →Antennen zur Erhöhung der Richtwirkung. **2)** Hülle z. B. aus Beryllium um spaltbares Material (→Kernreaktor), die das Entweichen von Neutronen verhindern soll.

Reflex [lat.], *Biol.*: unbedingte, unwillkürl. Reizbeantwortung; nach dem sichtbaren Erfolg als motor., sekretor. oder hemmender R. bezeichnet. Der *R.-Bogen* besteht aus der Nervenbahn vom peripheren Aufnahmeorgan zum Zentralnervensystem, den dort gelegenen Verarbeitungs- und Umschaltstellen und der die beantwortende Erregung zum Erfolgsorgan leitenden Nervenbahn. Beim direkten oder einfachen R. wird nur eine Umschaltstelle in Anspruch genommen, der indirekte oder zusammengesetzte R. läuft über mehrere Umschaltstellen. Beim *Eigen-R.* ist das gereizte Organ auch das Erfolgsorgan (im Ggs. zum *Fremd-R.*).

Die menschl. Lebensvorgänge sind zum großen Teil reflektorischer Natur, insbes. die vom vegetativen →Nervensystem gesteuerten. Durch die Prüfung bestimmter R. (z. B. →Patellarsehnen-R.) kann man Hinweise auf Art und Sitz einer Störung im Nervensystem gewinnen. Der angeborene *unbedingte* ist vom erworbenen →*bedingten R.* zu unterscheiden.

Reflexion [lat. 'Zurückbeugung'], **1)** in Philos. und Psychol. die auf die eigenen Bewußtseinsinhalte und das →Ich bezogene Erkenntniseinstellung; i. w. S. auch Nachdenken. **2)** *Physik*: die Erscheinung, daß Teilchen oder Wellen (z. B. Schall, Licht) an Grenzflächen zw. versch. Medien (z. B. zw. Luft und Glas) zurückgeworfen werden. Bei sehr glatter Grenzfläche gilt das *Reflexionsgesetz*: der Einfallswinkel α ist gleich dem Reflexionswinkel α'; der einfallende, der reflektierte Strahl und das Einfallslot L liegen in einer Ebene, der *Einfallsebene*. Eine solche reguläre Reflexion erfährt z. B. Licht an einem Spiegel. Sind die Oberflächenrauhigkeiten größer als die Strahlenwellenlänge, so erfolgt diffuse R.: die Strahlen werden in alle Richtungen reflektiert. Durch die diffuse R. werden Körper dem Auge sichtbar. Sie erscheinen in den Farben, die sie reflektieren; die anderen Farben des weißen Tageslichtes absorbieren sie (*Selektive R.*). Meist wird nur ein Teil der einfallenden Strahlung reflektiert, der andere wird absorbiert oder gebrochen (→Brechung). Beim Übergang von einem dichteren zu einem dünneren Medium (Glas–Luft) tritt ab einem bestimmten Einfallswinkel →Totalreflexion ein. Bei →Transversalwellen ist R. mit →Polarisation verbunden. Das *Reflexionsvermögen* eines Stoffes ist der (von seiner Brechzahl abhängige) Bruchteil der Strahlung, der von seiner Oberfläche reflektiert wird. Zur Vermeidung der R. kann man die Oberfläche mit einer Schicht, die die Dicke einer Viertel-Wellenlänge haben muß (→Interferenz), versehen. Kristallgitter reflektieren nur in bestimmte Richtungen (→Röntgenspektroskopie). Sich periodisch ausbreitende Wellen (z. B. Licht) können durch R. an ortsfesten Oberflächen stehende Wellen werden.

Reflexiv [lat.] *das*, *Sprachlehre*: **1)** Verbum, das mittels des R.-Pronomens (→Pronomen) auf das Subjekt des Satzes zurückweist, z. B.: das Kind *freut sich*; **2)** Kurzform für das R.-Pronomen selbst.

reflexiv, rückbezüglich, sich auf das Subjekt beziehend; in der Logik und Grammatiktheorie: Relation zw. einem Element und sich selbst.

Reflexstrahlung, der Teil der einfallenden →Globalstrahlung, der von der Erdoberfläche sofort reflektiert wird (etwa 40%), also nicht zur Erwärmung des Erdbodens bzw. der Luft dient.

Reform [lat.] *die*, Neuordnung, Verbesserung; Ztw. *reformieren. Soziol.*: Planmäßige und schrittweise Umwandlung von polit.-sozialen Systemen (oder Teilbereichen) ohne →Revolution (Hochschul-R., Verwaltungs-R. usw.). R. sind auf Grund des schnellen →sozialen Wandels der Industriegesellschaften ständig notwendig und von wachsender Bed., um Spannungen und Diskrepanzen zw. Bereichen mit unterschiedl. Entwicklung zu vermindern. – Im Sozialismus führte die Frage, ob die Lage der Arbeiterschaft durch Reform des kapitalist. Systems oder nur durch dessen radikale Beseitigung zu erreichen sei, zur Spaltung in →Revisionismus und →Kommunismus.

Reformatio in peius [lat. 'Abänderung zum Schlechten'], Abänderung einer angefochtenen Entscheidung

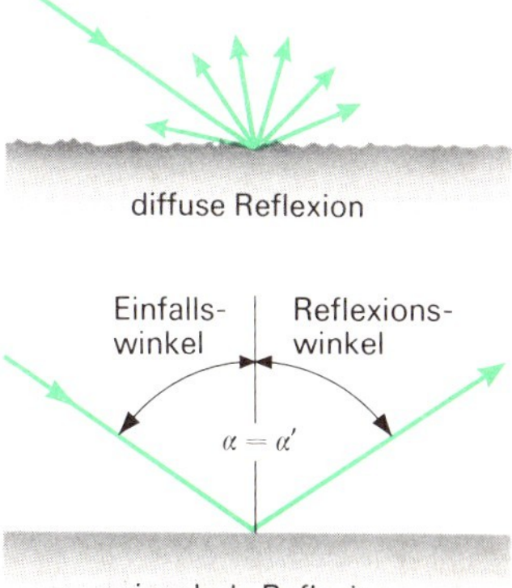

Reflexion (Gesetzmäßigkeiten): Bei der diffusen Reflexion (*oben*) wird das reflektierte Licht in alle Raumwinkel abgestrahlt, die größte Intensität erreicht es in senkrechter Richtung zur angestrahlten Fläche. Bei der spiegelnden Reflexion (*unten*) bleibt ein Lichtstrahl gebündelt, der Einfallswinkel ist gleich dem Ausfallswinkel

zum Nachteil des Anfechtenden; im Zivilprozeß und Strafprozeß grundsätzl. unzulässig.

Reformation [lat. 'Wiederherstellung'], i. w. S. Wiederherstellung eines urspr. Zustands, vom *Reformator* meist damit begründet, daß ein polit., sozial. oder relig. Gebilde seinem eigtl. Sinn untreu geworden und daher umzugestalten sei; i. e. S. die von M. →Luther, →Zwingli und →Calvin eingeleitete relig. Bewegung des 16. Jh., die als Reform innerhalb der röm. Kirche begann, schließl. jedoch neue kirchl. Gemeinschaften (→Protestantismus) schuf und damit die kirchl. Einheit des Abendlandes zerstörte. Die R. wirkte bis in die Ggw. auf die alte Kirche ein und trug wesentl. zu deren Verinnerlichung und Selbstverständnis bei. Durch die schon früh einsetzende Vermischung von relig. und machtpolit. Motiven wurde allerdings vielfach der primär relig. Charakter von R. wie auch →Gegenreformation (kath. Reform) verfälscht. Die Wurzeln der R. sind zu suchen in dem starken Spiritualismus des Spät-MA, in den allg. Mißständen der Kirche (insbes. der Verweltlichung des Renaissancepapsttums), in der Zersetzung der Kirchenlehre durch die spätscholast. individualisierende Philos. (W. von →Ockham) sowie im →Humanismus, der mit der Weckung des Nationalgefühls die bis dahin singuläre Bed. Roms relativierte und mit seiner auch vor der Hl. Schrift nicht Halt machenden Quellenkritik viel an naivem Väterglauben zerstörte. Voraussetzung für die rasche Durchsetzung der R. waren das im 15. Jh. ausgebildete landesherrl. Kirchenregiment und die eine schnelle Verbreitung neuer Ideen ermöglichende Buchdruckerkunst. Luthers Thesenanschlag (1517), der unmittelbare Anlaß der R., entsprang aber primär einer ganz persönl. Gewissensnot. Das Papsttum verkannte zunächst die Tragweite der Bewegung völlig (→Leo X.). Schließlich zögerte es aus Furcht vor einem Wiederaufleben des →Konziliarismus die Einberufung eines allg. Konzils immer wieder hinaus, bis sich schließl. bei Eröffnung des →Tridentin. Konzils (1545) der Protestantismus institutionalisiert hatte. Kaiser →Karl V. konnte die Ausbreitung der Lehre Luthers nicht verhindern, bes. weil sich viele Landesfürsten ihrer annahmen.

1531 schlossen sich die prot. Reichsstände zum →Schmalkald. Bund zusammen; das Luthertum schien sich nun über das ganze Röm.-Dt. Reich und darüber hinaus ausbreiten zu können. Doch in den bayer. Wittelsbachern und den Habsburgern fand die röm. Kirche starke Bundesgenossen. Nach Zerschlagung des Schmalkald. Bundes (1547) scheiterte der Kaiser allerdings mit dem Versuch, durch das →Augsburger Interim (1548) einen Kompromiß zw. Katholiken und Protestanten herzustellen. Die prot. Fürstenverschwörung unter →Moritz von Sachsen erzwang im →Passauer Vertrag (1552) die Aussetzung des Interims. Im →Augsburger Religionsfrieden (1555) mußte schließl. den Landesherrn das Recht der Konfessionswahl sowie der Aufrichtung von Glaubens- und Kirchenordnungen überlassen werden. Die R. hatte sich damit durchgesetzt; die konfessionelle Spaltung des Reiches war besiegelt. Außerhalb von Dtld. kam die R. in Skandinavien

Reedereizeichen: 1–9 *größte Reedereien der BRD*: **1** Hapag-Lloyd AG, Hamburg und Bremen; **2** Esso Tankschiff Reederei GmbH, Hamburg; **3** Deutsche Dampfschiffahrts-Gesellschaft Hansa, Bremen; **4** Seereederei Frigga AG, Hamburg; **5** Egon Oldendorff, Lübeck; **6** Deutsche Shell Tanker-Gesellschaft mbH; **7** Hamburg-Südamerikanische Dampfschiffahrt-Gesellschaft Eggert & Amsinck, Hamburg; **8** Schulte & Bruns, Emden/Hamburg; **9** John T. Essberger, Hamburg; **10–27** *Auswahl größerer internationaler Reedereien* (davon **10**, **18** und **20** staatlich): **10** Handelsflotte der UdSSR **11** BP Tanker Co Ltd. (Großbritannien); **12** Navegação Riograndense (Brasilien); **13** A. P. Moller, Maersk Line (Dänemark); **14** Mitsui Sempaku K.K. (Japan); **15** Algot Johansson (Finnland); **16** Anders Jahre (Norwegen); **17** Berge Sigval Bergesen (Norwegen); **18** Polskie Linie Oceaniczne (Polen); **19** Furness, Withy & Co Ltd. (Großbritannien); **20** Deutsche Seereederei, VEB (DDR); **21** Peninsular Oriental Steam Navigation Co (Großbritannien); **22** British India Steam Navigation Co Ltd. (Großbritannien); **23** Westcott & Laurence Line Ltd. (Großbritannien); **24** Naess Shipping Co Inc. (USA); **25** Petroleo Brasileiro-Petrobras (Brasilien); **26** Cie. Générale Transatlantique, Paris (Frankreich); **27** American Export Isbrandtsen Line Inc. (USA)

1
ESSO
R
2
3
F
4
EO
5
6
H
S
D
G
7
S&B
8
E
9
10
BP
11
NRG
12
13
14
A.J.
15
16
17
PL
18
F
19
D.S.R.
20
21
22
JRE
W&L
23
N
24
PETROBRAS
FNP
25
C ie G le
Transatlantique
26
27

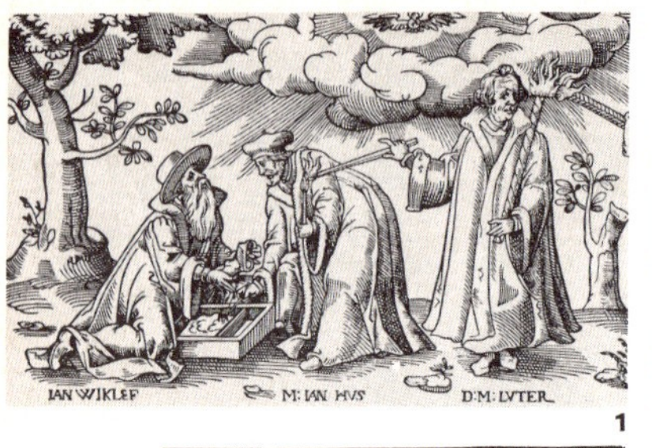

1

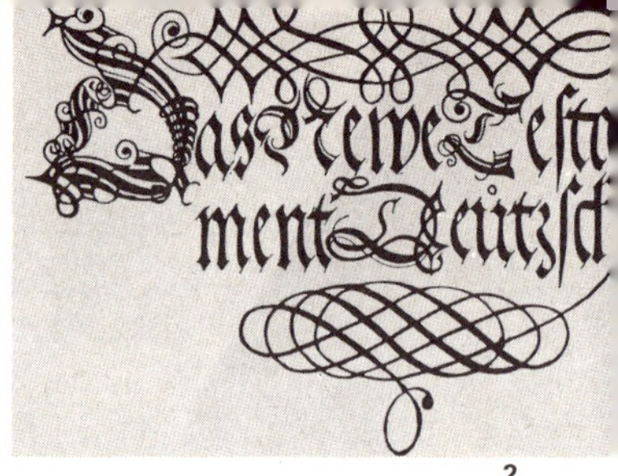

2

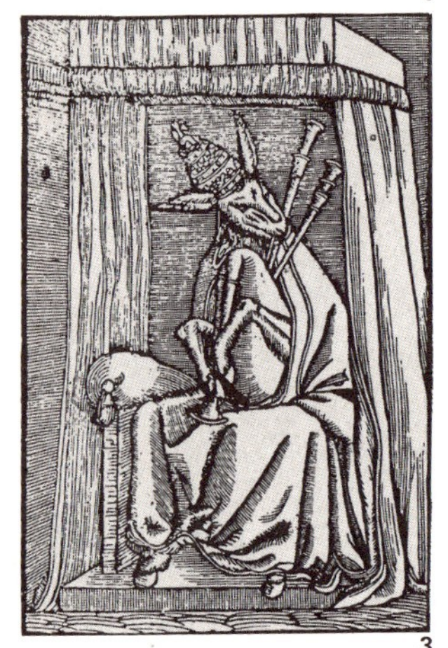

3

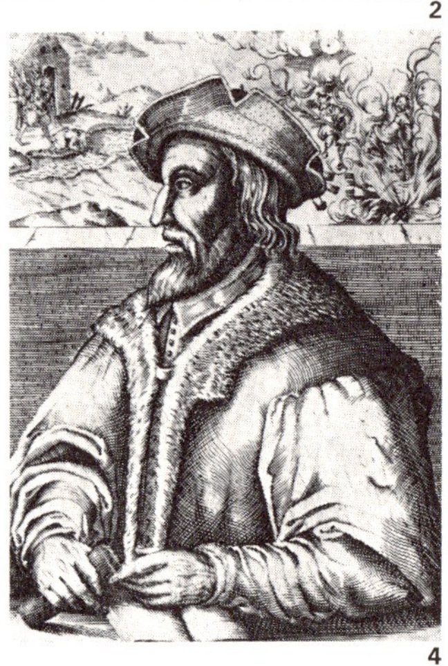

4

Der Römischen Kaiserlichen Maiestat
Edict wider Martin Luthers Bücher vnd leere seine anhenger
Enthalter vnd nachfolger/vnd etlich ander schmeliche schrifften. Auch gesatz der Truckerey.

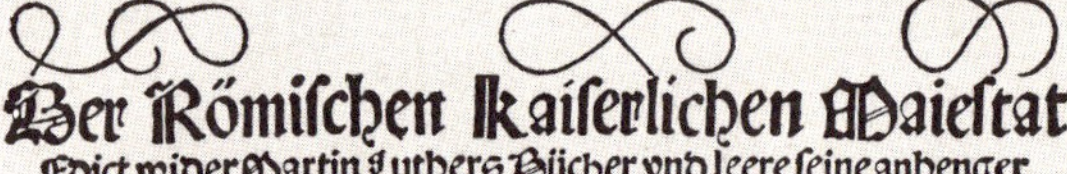

5

Reformation: **1** Weitergabe der reformatorischen Fackel von Wiclif über Hus an Luther, symbolischer Holzschnitt der Reformationszeit; **2** Titel des von Luther auf der Wartburg übersetzten N. T. (September-Testament); **3** Spottbild auf den Papst, Holzschnitt von Lukas Cranach d. Ä. (1545); **4** Balthasar Hubmaier, Führer der süddeutschen Täufer; **5** Titel der gedruckten Ausgabe des Wormser Edikts von 1521

und England zum Zug. In England wurde sie als Regierungsmaßnahme König →Heinrichs VIII. eingeführt (→anglikan. Kirche). In Westeuropa fand sie teilweise in der von Calvin geprägten Form Eingang. In Frkr. wurde die R. (→Hugenotten) zwar im 17. Jh. wieder ausgeschaltet; dagegen faßte sie damals auch in Nordamerika Fuß.

Reformationsfest, Fest der ev. Kirche am 31.10. oder dem darauf folgenden Sonntag zum Gedächtnis an die Reformation, die mit M. →Luthers Thesenanschlag am 31.10.1517 begonnen hat.

Reformhaus, Einzelhandelsgeschäft, das möglichst naturreine und vollwertige Nahrungsmittel, gesundheitsfördernde Auszüge und Konzentrate aus Pflanzen und Früchten u. a. anbietet. Das erste R. wurde 1887 in Berlin gegr. im Zusammenhang mit einer die gesamte Lebensgestaltung umfassenden Reformbewegung (*Lebensreform*). Zusammenschluß der R. in der Vereinigung Deutscher R. GmbH (*NEUFORM*).

Dis zeichen ſey zeuge / das ſolche bucher durch meine hand gangen ſind / den̄ des falſchē druckēs vnd bucher verderbens / vleyſſigen ſich ytzt viel

Gedruckt zu Wittemberg.

6

7

8

9

6 Wappen und Druckvermerk Luthers auf einer Wittenberger Schrift; **7** Zürcher Großmünster, Stätte von Zwinglis Predigten, Ausschnitt aus einem Gemälde von Hans Leu d. Ä. (um 1500), Zürich, Schweiz, Landesmuseum; **8** Verhaftung von Katholiken unter Elisabeth I. von England (1581); **9** Religionsgespräch von Poissy zw. Katholiken unter Karl IX. von Frankreich und Katharina von Medici einerseits und Protestanten unter Theodor Beza andererseits am 9. 12. 1561

reformierte Kirche, durch die Reformation →Zwinglis und →Calvins geprägte Form des →Protestantismus. Die Bez. *Reformierte* tauchte zum erstenmal im →Westfälischen Frieden (1648) auf. Die Spaltung in Lutherische und Reformierte gründet sich nicht nur auf bestimmte Lehren (→Abendmahl, →Prädestination), sondern auch auf polit. und soziale Unterschiede. Der Calvinismus faßte vor allem in der Schweiz, Frkr., den Niederlanden, England und Schottland Fuß, wo →Presbyterialverfassung und Glaubens- und Gewissensfreiheit sich in z. T. schweren Kämpfen durchsetzten. Die Reformierten schlossen sich im *Ref. Weltbund*, dem ältesten konfessionellen Weltverband, zusammen, der 1877 seine erste Generalversammlung abhielt. 60 Mio. Anhänger; 127 Kirchen in 75 Ländern; Präs. seit 1970 *W. P. Thompson.*

Reformkatholizismus, Bestrebungen innerhalb des Katholizismus, mit der Moderne (insbes. Philos. und Naturwissenschaften) zu Ausgleich und Verständigung zu kommen (2. Hälfte des 19. Jh. bis Mitte 20. Jh.); führte im Unterschied zum ähnl. gerichteten →Modernismus nicht zum Bruch mit der Kirche.

Reformkleidung, um 1900 von Ärzten und Künstlern propagierte, lose fallende Damenkleidung ohne

Reformkleidung

Korsett und einengende Taille. Konnte sich als Mode nicht durchsetzen.

Reformpädagogik, die Erziehungsbewegung von 1900 an, die in Dtld. Ausdruck fand in innerer und äußerer →Schulreform, →Jugendbewegung, Kunsterziehungsbewegung, →Arbeitsschule, Jugendpflege, Volksbildungsbewegung (→Erwachsenenbildung) und im Ausbau sozialpädag. Einrichtungen (→Kindergarten).

Reformverein, Deutscher, Okt. 1862 in Frankfurt a. M. gegr. polit. Verein, im Ggs. zum →Nationalverein →großdeutsch orientiert, trat für eine Reform des →Dt. Bundes im Sinne der Vorschläge Österr. und der süddt. Staaten ein. 1866 aufgelöst.

Refrain [frz., r^e^frã] (*Kehrreim*), in Musik und Dichtung gleichbleibende Melodie bzw. Strophe oder Zeile, die, durch Zwischensätze unterbrochen, mehrfach wiederkehrt; entstammt dem Tanzlied und Rundgesang und führte zumal in der Klassik zum Thema des instrumentalen →Rondos.

refraktär [lat.], widerspenstig; unempfänglich, unbeeinflußbar; *Biol.*: Bez. für das Verhalten eines Gewebes, dessen normale Reaktion auf einen Reiz ausbleibt (*absolut r.*) oder stark abgeschwächt ist (*relativ r.*); z. B. *Refraktärphase* bei Muskel- und Nervenfasern unmittelbar nach Ablauf einer Erregungsphase. So beträgt die absolute Refraktärphase des menschl. Herzmuskels 0,3–0,5 s.

Refraktion [lat.], Ablenkung des Sternenlichtes durch →Brechung in der Erdatmosphäre; bewirkt eine

scheinbare Vergrößerung der Höhe (→astron. Koordinaten) des Gestirns: am Horizont um ≈ 35′; im Zenit um 0°; die Beträge der R. sind abhängig von Temp., Luftdruck und Feuchtigkeit.

Refraktometer (*Brechzahlmesser*), opt. Gerät zur Bestimmung der Brechzahlen von Flüssigkeiten oder festen Körpern (→Brechung). Man mißt meist den Grenzwinkel der →Totalreflexion an der Fläche zw. einem →Prisma bekannter Brechzahl und der zu untersuchenden Substanz. Geringe Brechzahldifferenzen lassen sich mit Hilfe von →Interferenz bestimmen. Ein wichtiges R. konstruierte E. →Abbe.

Refraktor, Keplersches →Fernrohr für astron. Beobachtungen mit parallaktischer →Fernrohrmontierung. Die *visuellen R.*, meist mit →Öffnungsverhältnis 1:12 bis 1:16, sind mit Sucherfernrohr und Uhrwerk bzw. elektr. Antrieb ausgestattet; *photograph. R.* und →Astrographen (1:8 bis 1:4), zusätzl. mit Leitfernrohr meist gleicher Brennweite. Der größte visuelle R. hat einen Linsendurchmesser von 102 cm, Brennweite 19,4 m (Yerkes-Sternwarte), der größte Astrograph 80 cm bei 12 m Brennweite (Potsdam). Wegen der Durchbiegung der Linsen werden große Instrumente heute als →Spiegelteleskope bzw. →Schmidt-Spiegel gebaut, doch leisten R. bei Planetenbeobachtungen mehr als entsprechend große Spiegelteleskope (da weniger Streulicht), bes. für Doppelsternbeobachtungen.

Refugié [frz., refüsehje 'Flüchtling'], wegen seines Glaubens aus Frkr. ausgewanderter →Hugenotte.

Refugium [lat.] *das*, Zufluchtsort.

Rega *die*, Küstenfluß in Hinterpommern, 190 km lang, entspringt auf dem Balt. Landrücken, mündet bei *Deep* in die Ostsee; im Mittellauf der *R.-Stausee* und die Talsperre *Lebbin.*

Regal [lat.] *das*, **1)** Gestell für Bücher, Waren u. a.; **2)** kleine →Orgel mit Zungenpfeifen.

Regali|en [lat.], im MA die urspr. dem König zustehenden nutzbaren Hoheitsrechte, z. B. Zoll, Münz-, Marktrecht, Geleitschutz, Forst-, Jagd-, Fischerei-, Berg-, Salz-, Judenschutzregal, Recht auf erblosen Nachlaß (Constitutio de regalibus von Roncaglia, 1158). R. waren das Fundament der Reichsfinanzen vor der Ausbildung der Steuern. Die R. gelangten seit dem 13. Jh. zum großen Teil in die Hand der Landesherren. Im 19. Jh. meist beseitigt; heute noch einige R. als →Monopol des Staates.

Regatta [ital.] *die*, sportl. Wettkampf zw. Kanus, Segel-, Ruder- oder Motorbooten.

Regel [von lat. regula 'Richtschnur'], ein Satz, der die Gleichförmigkeit eines Geschehens (ohne naturgesetzl. Notwendigkeit) oder eine Vorschrift für das Verhalten ('praktische R.') ausdrückt.

Regelation [lat.], Wechsel von Auftauen und Wiedergefrieren bei Eiskörpern infolge Druckschwankungen (Veränderung des Schmelzpunktes); ermöglicht das Fließen von →Gletschern.

Regelblutung (*Menstruation, Menses, Periode*; *Unwohlsein*), in etwa 28tägigen Abständen bei der gesunden geschlechtsreifen Frau auftretende Gebärmutterblutung durch Abstoßung der für eine Schwangerschaft vorbereiteten Gebärmutterschleimhaut; entspricht dem Rhythmus der Eireifung (→Follikel), der seinerseits von den gonadotropen (auf die Keimdrüsen wirkenden) Hormonen aus dem Vorderlappen der →Hypophyse gesteuert wird. Angeregt wird diese Hormontätigkeit durch das *Sexualzentrum* im Zwischenhirn, auf das zahlr. Reize aus dem Gehirn, dem übrigen Organismus und der Außenwelt einwirken. Die gonadotropen Hormone bewirken innerhalb 12–14 Tagen im Eierstock das Heranreifen mehrerer Follikel, die durch ein ins Blut abgegebenes Hormon den Aufbau der Gebärmutterschleimhaut anregen. Der zur Reife gelangte Follikel (die anderen werden zurückgebildet) produziert nach dem Follikelsprung als →Gelbkörper das *Progesteron*, das die Gebärmutterschleimhaut in weiteren 14 Tagen zur Einnistung des befruchteten Eies vorbereitet. Unterbleibt die Befruchtung, so bildet sich der Gelbkörper im Eierstock rasch zurück; nach Wegfall der hormonalen Anregung zerfällt die hoch aufgebaute Gebärmutterschleimhaut, wird durch →Enzyme verflüssigt und bis auf einen dünnen Rest abgestoßen, wobei Blutgefäße eröffnet werden. Die Blutung hört auf, sobald von der stehengebliebenen Basalschicht aus die Schleimhaut für einen neuen Zyklus aufgebaut wird. Durch regelmäßige Messung der →Basaltemperatur lassen sich die Stadien des Eireifungsprozesses feststellen. Erstes Auftreten der R.: *Menarche*, endgültiges Ausbleiben: *Menopause*.

Regelkreis, geschlossener Wirkungskreis, bestehend aus der *Regelstrecke* (z. B. zu regelnde Anlage) und einem →Regler. Ein *Meßglied* mißt die einzuhaltende Regelgröße (z. B. Temperatur). Eine Abweichung vom Sollwert x bewirkt einen Regelbefehl (z. B. Stromerniedrigung im Temperaturfühler), der über den Regler ein *Stellglied* (z. B. →Servomotor, Ventil) so steuert, daß die Abweichung y aufgehoben wird; →Automation, →Kybernetik.
Zahlr. *biol. Systeme* erfüllen die Kriterien für Regelkreise; daher werden die betreffenden Begriffe auch hier verwendet. So ist z. B. bei der Aufrechterhaltung einer konstanten Körper-Temp. der Wärmehaushalt die Regelstrecke; Sinnesorgane und Zentralnervensystem stellen die Regeleinrichtung dar, wobei Durchblutungsänderungen, Schweißbildung u. a. die Stellglieder sind. Weitere Beispiele: Steuerung der Pupillenweite in Abhängigkeit von der Helligkeit, Konstanthaltung des Blutzuckerspiegels. R. bilden auch viele Systeme des öffentl. Lebens, z. B. Bevölkerungen, einzelne Firmen (→Systemdynamik).

Regelungstechnik (*Regeltechnik*), Sammelbegriff für Einrichtungen, die automat. Einhaltung vorgegebener Betriebswerte (z. B. Temperatur, Druck, Drehzahl) auch bei störenden äußeren Einflüssen bewirken. Die *Regelung* geschieht über einen →Regelkreis.

Regen, 1) bayr. Krst. im Reg.-Bz. Niederbayern, in der R.-Senke, 9000 E. (1975); opt., Glas- und Textilindustrie. **2)** *der*, li. Nebenfluß der Donau, 165 km lang, entsteht aus dem Zusammenfluß von *Weißem* und *Schwarzem R.*, die im Böhmerwald und Bayr. Wald entspringen, mündet in Regensburg.

Regen, Bez. für →Niederschlag in flüssiger Form, dessen Tröpfchen größer sind als 0,5 mm (∅ bis 7 mm mögl.); die Fallgeschwindigkeit beträgt je nach Größe 1–8 m/s. Fällt R. bei Temp. unter 0° C (*unterkühl-*

ter R.), so bildet sich →Glatteis. Man unterscheidet Land-R., Stark-R. (→Wolkenbruch) und R.-Schauer. Künstl. R. zum Bewässern von Feldern, Plantagen (*Beregnungsanlagen*), Ziergärten (*Rasensprenger*).

Regenbogen, Barthel, mhd. bürgerl. Spruchdichter und Minnesänger, Ende des 13. Jh.; als Schmied in Mainz bezeugt; trat in dichter. Wettstreit mit →Heinrich von Meißen (Frauenlob); Vorläufer des →Meistersangs.

Regenbogen, Lichterscheinung, die sich auf einem Vorhang niedergehenden →Regens in Form von einem oder mehreren konzentr. Kreisbögen zeigt, deren Mittelpunkt im sog. Gegenpunkt der Sonne liegt. Von diesem sieht man den Haupt-R., der innen violett und außen rot gefärbt ist, unter einem Winkel von 42°, den Neben-R. (entgegengesetzte Farbfolge) unter einem Winkel von 51°. Sowohl beim Haupt-R. wie auch beim Neben-R. können sich an das Violett weitere sekundäre R. anschließen. R. entstehen durch Brechung und Spiegelung des Sonnenlichts in den Regentropfen, wobei das Sonnenlicht in sein →Spektrum aufgelöst wird; je nach Größe der Regentropfen ist der R. mehr oder weniger farbenprächtig.

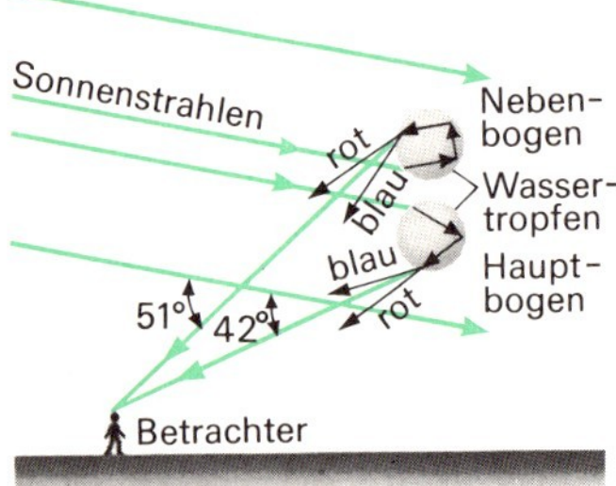

Regenbogen: Die Bildung des Regenbogens beruht im Hauptbogen auf einer zweimaligen Brechung und einmaligen Reflexion der Sonnenstrahlen in den Regentropfen, im lichtschwächeren Nebenbogen werden die Lichtstrahlen in den Tropfen zweimal reflektiert

Régence [frz., resehãß], Kunststil, nach der Regentschaft Philipps von Orléans (1715–23) benannt; Übergang vom schweren Barock zum leichten Rokoko.

Regency [engl., ridsehenßi], Stil der engl. Kunst, nach der Regentschaft (1811–20) des späteren Königs →Georg IV. benannt.

Regeneration [lat.], *Biol.*: Neubildung zerstörter oder verlorener Zellen, Gewebe und Körperteile; so entwickeln sich ruhende →Knospen (*Schlafende Augen*) nach Blatt- oder Triebverlusten; bei Blattstecklingen (z. B. Begonie) geht aus einer Zelle der →Epidermis eine ganze Pflanze hervor. *Ersatz-R.* (*traumatische R.*, *Reparation*) nach Verletzungen und *physiologische R.* zur Erneuerung verbrauchter Teile finden sich im ganzen Tierreich und auch beim Menschen, z. B. Verheilung von Wunden, Nachwachsen der Nägel, Haare. Durch *Teilungs-R.* kann bei niederen Tieren aus einem kleinen Stück der ganze Körper neu gebildet werden, z. B. beim →Strudelwurm aus $^1/_{100}$, bei der Hydra (→Hydrozoen) aus $^1/_{200}$ des urspr. Körpervolumens. Das *R.-Vermögen* nimmt im allg. mit steigender Organisationshöhe und zunehmendem Alter ab.

Regenerator, Luftvorwärmer bei Industriefeuerungen, bestehend aus einem Speichersystem (Kanäle aus feuerfesten Steinen, Blechpakete), das im Wechsel von den heißen Feuerungsgasen einer *Regenerativfeuerung* und von Luft durchströmt wird, die sich dabei erwärmt. Im Gegensatz hierzu der *Rekuperator*, ein Luftvorwärmer, bei dem die Luft in Rohren oder feuerfesten Kanälen aus Stein strömt, die außen im Gegenstrom von den heißen Feuerungsgasen einer *Rekuperativfeuerung* erhitzt werden. Die Vorwärmung der Verbrennungsluft erlaubt höhere Feuerungstemperaturen und spart Brennstoff (→Wärmeaustauscher).

Regenerosion, Materialabtragung (mögl. bis zur Zerstörung) an der Metallverkleidung schneller Flugzeuge durch hart aufschlagende Regentropfen; von bes. Bedeutung beim Überschallflug.

Regenmesser (*Ombrometer*, *Pluviometer*), Gerät zur Messung fester und flüssiger →Niederschläge. Üblich ist die Messung der Tagessummen, indem man die Wassermenge sammelt, die auf eine 200 cm^2 große Auffangfläche in 1 m Höhe fällt.

Regenpfeifer (*Charadriidae*), moorige Wiesen, Ufer und Küsten bewohnende Vogelfamilie; Kulturflüchter, in Mitteleuropa selten geworden; schnelle Läufer, Bodenbrüter, leben von Kleintieren. Etwa taubengroß die bunten ->*Kiebitze*; kaum drosselgroß die ->*Steinwälzer* (*Arenariinae*). Selten größer als Lerchen, unscheinbar gefärbt die *Echten R.* (*Charadriinae*) mit 36 Arten; 5 Arten brüten auch in Mitteleuropa, z. B. ->*Fluß-R.* und, nur noch in wenigen Paaren, *Gold-R.* (*Pluvialis apricaria*), in Skandinavien und den Alpen *Mornell* (*Eudromias morinellus*). Die R. wandern oft weit zum Winterquartier. (Bild S. 4960)

Regens [lat.] *der*, Mz. *Regentes* oder *Regenten*, Vorsteher, Leiter (bes. eines kath. Priesterseminars).

Regensburg, Hptst. des bayr. Reg.-Bz. Oberpfalz, kreisfreie Stadt und Hafenstadt am Donauknie, gegenüber der Einmündung des ->Regens, mit 133000 E. (1975); altes Stadtbild: gotischer Dom (13. bis 16. Jh.), ehem. Dompfarrkirche (13. Jh.), ehem. Benediktinerstift *St. Emmeram* (das Stiftsgebäude ist seit 1812 Residenz der Fürsten von Thurn und Taxis), Alte Kapelle (11., 15. Jh.), Dominikaner- (13. Jh.) und Karmelitenkirche (17. Jh.), Altes Rathaus (14. bis 18. Jh.), Steinerne Brücke (1135–46), patriz. Geschlechtertürme. R. hat Hafenamt, Wasser- und Schiffahrts-, Bundesbahn- und Oberpostdirektion; kath. Bischofssitz, Univ. (seit 1967), Pädag. Hochsch.; Umschlagplatz und wichtigster dt. Donauhafen. Schiffswerften, Fahrzeug- und Maschinenbau, elektrotechn., Textil- und Nahrungsmittel-Ind. (Zuckerfabriken), Brauereien. – Der kelt. Siedlung *Radasbona* schloß sich um 70 n. Chr. ein röm. Kastell an, 179/180 das Legionslager *Regina Castra*; seit Ende des 7. Jh. nachweisl. Bischofssitz (739 durch Bonifatius neu organisiert). Vom 6. bis ins 13. Jh. Sitz der bayr. Herzöge, im 9. Jh. Vorzugsresidenz der ostfränk. Karolinger. 11.–13. Jh. wirtschaftl. Blüte; als Reichsstadt (1245) Schauplatz zahlr. Reichs- und Fürstentage, 1663–1806 Sitz des 'immerwährenden ->Reichstages'; 1810 an Bayern, das Bistum 1818 München-Freising unterstellt. (Bild S. 4961)

Regensburger Domspatzen, bekannter Knabenchor, mit eigenem Musikgymnasium in Regensburg; geht auf die Domsingschulen des MA (bis ins 7. Jh.) zurück. Seit 1964 unter der Leitung von *G. Ratzinger*.

Régence: Galerie dorée in der Banque de France, Paris

Regenschatten, niederschlagsarmer Raum auf der Leeseite, d. h. auf der der vorherrschenden Windrichtung (in Mitteleuropa W) abgekehrten Seite von Gebirgen.

Regent, derjenige, der in monarch. Staaten während der Unmündigkeit oder Regierungsunfähigkeit des Monarchen die Regierungsgewalt ausübt; meist der nächst erbberechtigte, regierungsfähige ->Agnat oder ein Kollegium als Regentschaftsrat.

Regentag, in der *Meteorologie* festgelegt: Tag, an dem mindestens 0,1 mm ->Niederschlag gefallen ist.

Regenversicherung, Versicherung gegen Ertragsausfall durch zu häufige oder zu starke Niederschläge. *Reisewetterversicherung*: deckt die Auslagen eines verregneten Urlaubs.

Regenwald, immergrüner Urwald, die typ. Vegetationsform der Tropen bei 25–30° C mittl. Jahres-Temp. und sehr hohen Niederschlägen; artenreich und undurchdringlich; Verbreitungsgebiet: Äquatorialgebiete Amerikas, Afrikas und Asiens.

Regenwürmer (*Lumbricidae*), Fam. der ->Ringelwürmer; zwittrig, befruchten sich wechselseitig; fressen Humus und Pflanzenstoffe; durch Umarbeiten und Düngen des Bodens sehr nützlich; in Mitteleuropa bis 30 cm lang. Trop. *Riesen-R.* (*Megaloscolecidae*) bis 3,3 m lang.

Regenzeit, die Jahreszeit reicher →Niederschläge; bes. in den →Tropen in ausgeprägtem Wechsel mit →Trokkenzeit, abhängig von der Lage der →Innertrop. Konvergenz.

Reger, 1) Erik (eigtl. *Hermann Dannenberger*), Schriftst., *8.9.1893 Bendorf a. Rh., †10.5.1954 Wien; 1945 bis 54 Hrsg. des Berliner →Tagesspiegel; zeitkrit. Erzähler der →Neuen Sachlichkeit; satir. Schlüsselromane aus dem Rhein-Ruhr-Gebiet über das Bündnis zw. Großindustrie und reaktionärer Politik sowie über den Opportunismus der Inflationszeit: 'Union der festen Hand' (31), 'Das wachsame Hähnchen' (32).

Max Reger

J. F. Reichardt

2) Max, Komponist, *19.3.1873 Brand (Oberpfalz), †11.5.1916 Leipzig; Dirigent und Pianist, Kompositionslehrer in Wiesbaden, München, ab 1907 Leipzig, 11–14 auch Hofkapellmeister in Meiningen. Belebte die romant. Harmonik durch polyphone Gestaltung im Anschluß an J. S. →Bach und bediente sich einer erweiterten →Tonalität. Meister der Variationsform. – *W*: Orchesterwerke, u. a. Hiller- und Mozart-Variationen, Böcklin-Suite und ein 'Konzert im alten Stil'; 1 Klavier- und 1 Violinkonzert; Kammer-, Klavier- und Orgelmusik; Lieder und Chorwerke.

Regenpfeifer: Mornell

Regest [lat.] Mz. *-ten*, knappe Zusammenfassung des wesentl. Inhalts einer Urkunde mit Angabe des Ausstellers, Empfängers, der Besiegelungsart, Datierung und des Ausstellungsorts.

Reggio di Calabria [redseho], Hptst. der südital. Prov. *R. di C.* (3183 km², 616000 E.) in Kalabrien, am Ostufer der Straße von →Messina, mit 164000 E. (1973); Erzbischofssitz, Univ. (gegr. 1968), roman.-byzantin. Dom, Kastell, Nationalmuseum mit sehenswerten Sammlungen; Fährhafen für Sizilien; Seiden-Ind., bed. Bergamottölgewinnung, Ausfuhr landw. Erzeugnisse, vor allem Wein und Südfrüchte.

Reggio nell'Emilia [redseho], Hptst. der nordital. Prov. *R. n. E.* (2291 km², 385000 E.) in der →Emilia, am *Crostolo* zw. Parma und Modena, mit 132000 E. (1973); Bischofssitz mit Dom (13. Jh.) und Kirche Madonna della Ghiaira (16./17. Jh.) in Form eines griech. Kreuzes; Zentrum einer reichen Agrarregion (bes. Weinbau); Verkehrsknotenpunkt als Apennin-Randstadt.

Regie [frz. reschi], **1)** *Verwaltungsrecht*: 1. unmittelbare Verwaltung öffentl. Unternehmen (→Regiebetriebe) durch öffentl. Körperschaften (Staat, Gem.); 2. staatl. Ausnutzung einer Einnahmequelle durch Errichtung eines →Monopols, in Österr. z. B. *Tabak-R.* **2)** Inszenierung von Theaterstücken, Filmen, Hörspielen u. a. (→Regisseur).

Regiebetrieb, ein →öffentl. Betrieb ohne eigene Rechtspersönlichkeit als unselbständiger Zweig der Verwaltung. Der Erfolg wird mittels kameralist. →Buchführung ermittelt, die Rechnungsführung bildet einen Teil der Haushaltsrechnung. Fachpersonal zur Leitung des Betriebes ist in der Regel nicht vorhanden. R. sind heute nur noch als nicht wirtschaftl. Unternehmen, meist im Gemeindebereich, anzutreffen; die meisten früheren R. sind in →Eigenbetriebe umgewandelt.

Regierung [lat.], 1. das die Spitze der Exekutive bildende kollegiale Verfassungsorgan (Bundes-R., Lan-

Regensburg: Stadtzentrum mit Dom

des-R.); 2. Teil der Staatsgewalt, die auf grundlegende Fragen des Staatslebens gerichtet ist; 3. Verwaltungsbehörde eines →Regierungsbezirks.

Regierungsbezirk, BRD: in Ländern mit dreistufigem Verwaltungsaufbau der Verwaltungsbezirk der Mittelinstanz; Verwaltungsbehörde eines R. ist die Regierung (Baden-Württemberg: *Regierungspräsidium*, Rheinland-Pfalz: *Bezirksregierung*), mit einem Reg.-Präs. an der Spitze.

Regierungsdevise, von den chines. Kaisern von 163 v. Chr. bis 1911 ausgegebene Deklarationen zur Charakterisierung ihrer Regierungspolitik; im Westen häufig mit dem Namen des Kaisers verwechselt.

Regierungsrat, 1. Dienst-Bez. für den Beamten in der Eingangsstufe des höheren Verwaltungsdienstes (→Verwaltung); 2. *Österr.*: Amtstitel für Beamte der allg. Verwaltung; 3. *Schweiz*: die auf Zeit gewählte oberste kollegiale Behörde eines Kantons; auch Bez. für seine Mitglieder.

Regime [frz., -schim] *das*, Herrschaft, Leitung, Regierungsform; *Ancien Régime*, absolute Monarchie in Frkr. vor 1789.

Regiment [lat.], urspr. Macht- oder Befehlsbefugnis; seit dem 16. Jh. Truppenkörper von mehreren →Fähnlein; heute meist von einem →Oberst befehligter Verband mehrerer →Bataillone gleicher →Waffengattung.

Regina [ridschainᵉ], Hptst. der kanad. Prov. →Saskatchewan, westl. von Winnipeg, mit 140000 E. (1973), viele dt.-stämmige Siedler; kath. Erzbischofssitz; Verarbeitungs-Ind. der landw. Produkte, Ölraffinerien, Brauereien. Gegr. 1882.

Régio, José (eigtl. *José Maria dos Reis Pereira*), portug. Dichter, *17.9. 1901 Vila de Conde, †22.12.69 ebenda; schrieb zum Psychol. und Myst. neigende Gedichte, Dramen und Romane ('Joga da cabra cega', 1935; 'A velha casa', 45–66).

Regiomontanus [lat. 'der Königsberger'] (eigtl. *Johannes Müller*), Mathematiker und Astronom, *6.6. 1436 Königsberg (Ufr.), †6.7.76 Rom; verfaßte eine Tafel der trigonometr. Funktionen und ein Lehrbuch der →Trigonometrie; gründete in Nürnberg die erste dt. Sternwarte und berechnete Bahnen von Sonne, Mond und Planeten sowie Finsternisse.

Region [lat.] *die*, Bereich, Gegend, Gebiet; Eigw. *regional*.

Regionalforschung, Untersuchung räuml. ('regionaler') Zusammenhänge und Bedingungen wirtschaftl. und

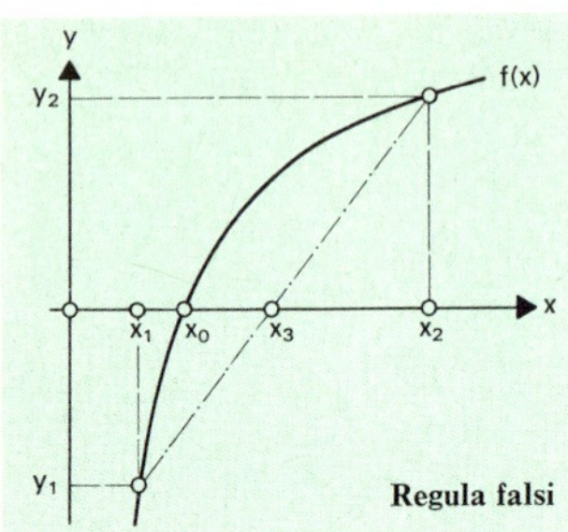

Regula falsi

sozialer Art: wirtschaftl. Verflechtungen, Stadt-Umland-Beziehungen, Standortbedingungen, Bevölkerungsstruktur und -entwicklung (z. B. Pendelwanderer), Verkehrserschließung u. a. Die R. ist ein Grenzgebiet zw. Geogr., empir. Wirtschafts- und Sozialforschung und →Demographie.

Regionalismus, Bez. für Bestrebungen, die Besonderheiten größerer geschichtl. Gebiete herauszustellen und zu fördern; vor allem in den roman. Staaten seit dem 19. Jh. als Reaktion auf den zentralist. Einheitsstaat; ausgebildet z. B. bei Bretonen und Elsässern in Frkr., Katalanen und Basken in Spanien.

Regionalmetamorphose *die*, Umwandlung (→Metamorphose) von ausgedehnten Gesteinsmassen in größerer Tiefe der →Erdkruste durch die Einwirkung von hoher Temp. und von Druck. Nach der Intensität der Umwandlung unterscheidet man 3 Stufen: am schwächsten ist die R. in der der Erdoberfläche am nächsten gelegenen *Epizone*; in der mittl. Zone der Erdkruste, der →*Mesozone*, ist die Umwandlung, bes. auf Grund von Temp. über 500° C intensiver; in der →*Katazone*, im untersten Bereich der Erdkruste, entstehen durch hohen Druck zahlr. neue Mineralien. Eine Erhöhung der Temp. auf etwa 1200° C führt zur teilweisen Aufschmelzung der Gesteine (*Anatexis*) und zur Bildung von Mischgesteinen (→Migmatit). Bei weiterer Temp.-Erhöhung werden die Gesteine schließl. ganz aufgeschmolzen (→Palingenese); Ggs. →Kontaktmetamorphose.

Regionalpolitik, Summe aller Maßnahmen zur Beeinflussung der räuml. Siedlungs- und Wirtschaftsstruktur unter gesamtwirtschaftl. oder regionalen Zielsetzungen. Ziele der R. sind Ausgleich der Lebensverhältnisse, Verhinderung der Bev.-Ballung, Erhaltung von Kulturlandschaften. Mittel der R.: neben rechtl. Maßnahmen Ausbau der →Infrastruktur, gezielte Subventionen zur Ansiedlung von Ind., Finanzausgleich. Träger der R. sind in erster Linie der Bund und die Länder, Bundesoberbehörden und die Gem. (→Raumordnung).

Regisseur [frz., resehißör], Spielleiter für Theater, Film, Funk, Fernsehen. Tätigkeitsbereich: Einrichtung und Ausdeutung des Spieltextes, Anordnung des Bühnenbildes, Besetzung der Rollen, Abhalten der Proben bis zur Aufführung u. a.

Registan, Sandwüste im S von →Afghanistan.

Register [lat.] *das*, **1)** *allg.*: Verzeichnis, Liste; auch systemat., insbes. alphabet., Kennzeichnung von Abschnitten in Katalogen, Nachschlagewerken, Geschäfts-, Notizbüchern; **2)** bei Büchern (→Index) und Zschr.-Jahrgängen alphabet. geordnetes Verzeichnis der darin vorkommenden Personen-, Ortsnamen, Sachen (*Personen-* und *Sach-R.*). **3)** *Recht*: amtl. geführtes Verzeichnis über rechtserhebl. Tatsachen, z. B. die bei den Gerichten und Behörden geführten *Handels-*, *Güterrechts-*, *Vereins-R.*, *Grundbücher*, *Straf-R.*; →Standesamt, →Patent. **4)** *Musik*: 1. bei der →Orgel eine Reihe von Pfeifen, die gleichen Klangcharakter haben; 2. beim Sänger der Tonbereich, der mit gleicher Stimmbandeinstellung gesungen werden kann. **5)** Abschrift (meist um die Formalien gekürzt) von Kanzleiausgängen, gesammelt in *R.-Büchern*; wichtige Gesch.-Quelle (insbes. die R. der päpstl. Kurie).

Registergericht, Gericht, bei dem die amtl. Register geführt werden; BRD: →Amtsgericht. – *Österr.*: Gerichtshof erster Instanz (Handelsgericht); in der *Schweiz* werden die amtl. Register von Ämtern außerhalb der Gerichtsorganisation geführt.

Registratur, 1. Abteilung, in der die geordnete Ablage des Schriftverkehrs erfolgt; 2. die Ablage selbst. *Registrator*, Leiter einer R.; buchführender Beamter oder Angestellter.

Registrierballon, unbemannter Ballon mit Geräten zur Messung von Luftdichte, Temperatur und Feuchtigkeit (→Radiosonde).

registrieren [lat.], in ein →Register eintragen, aufzeichnen; ins Bewußtsein aufnehmen, wahrnehmen; geeignete →Register-Stimmen mischen (Orgel, Harmonium).

Registriergerät, Meßgerät zum Aufzeichnen von Meßwerten auf Registrierpapier in ihrem zeitl. Ablauf. Beim →Linienschreiber wird durch einen Schreibstift laufend registriert (z. B. →Barograph), beim →Punktschreiber werden in gewissen Zeitabständen Meßpunkte ausgedruckt. R. für schnell ablaufende Vorgänge sind →Oszillographen.

Registrierkasse (*Kontrollkasse*), Ladenkasse, die jeden getasteten Betrag anzeigt, auf den Kassenzettel und den Kontrollstreifen als Quittungsvermerk aufdruckt, selbständig addiert oder subtrahiert und den Rechnungsbetrag auf der Quittung und in einem Schauwerk angibt. Ein *Gesamtaddierwerk* zeigt den Kassenbestand an.

Reglement [frz., regl^e mã] *das*, Dienstvorschrift, Geschäftsordnung; *reglementieren*, durch Vorschriften regeln, behördl. überwachen; Hptw. *Reglementierung*.

Regler, Glied eines →Regelkreises (*Regelung*), das eingestellte Größe und Meßwert vergleicht. Ein *Zweipunkt-R.* (→Temperaturregler) gibt nur die Befehle 'Aus' oder 'Ein', z. B. bei temperaturgeregelten Bügeleisen. Die dadurch geregelte Temperatur pendelt ständig zwischen den beiden Grenzwerten hin und her. Beim *stetigen R.* erfolgt die Änderung kontinuierlich. Je nach Zeitverhalten unterscheidet man proportional (P-R.), integral (I-R.) und proportional-integral (PI-R.) wirkende R.

Régnard [renjar], Jean-François, frz. Dramatiker, *7.2.1655 Paris, †4.9.1709 Chateau de Grillon (Normandie); schwungvolle, elegante Komödien ('Le joueur', 1696; 'Le distrait', 97), auch Harlekinaden für die ital. Komödianten.

Régnier [renje], **1)** Henri de, frz. Schriftst., *28.12.1864 Honfleur (Dép. Calvados), †23.5.1936 Paris; beeinflußt von →Leconte de Lisle, →Hérédia, →Verlaine, gilt als Hauptvertreter des →Symbolismus. Lyrik, Märchen, Romane ('Le mariage de minuit', 1903), Erzählungen.

2) Mathurin, frz. Dichter, *1573 Chartres, †22.10.1613 Rouen; zeitkrit. Satiren nach antikem Vorbild: '16 Satiren' (Seize Satires, 1608), Episteln, Elegien, Gedichte.

Regnitz *die*, li. Nebenfluß des oberen Mains, 68 km lang, entsteht bei Fürth aus dem Zusammenfluß von →Pegnitz und →Rednitz und mündet unterhalb von Bamberg; die Tallinie der R. bestimmt den Verlauf des →Rhein-Main-Donau-Kanals zwischen Bamberg und Nürnberg.

Regreß [lat.] *der*, *Philos.*: Zurückgehen, →Regressus. Im *Schuldrecht*: Rückgriff einer zunächst in Anspruch genommenen verpflichteten auf eine ihr haftende Person; im *Wechsel-* und *Scheckrecht*: unter gewissen Voraussetzungen der Rückgriff des Inhabers des Papiers auf den Aussteller, die Indossanten und etwaige Wechselbürgen bei Nichteinlösung; im *Amtshaftungsrecht*: Rückgriff des Staates auf den verantwortl. Beamten. – Eigw. *regressiv*.

Regression [lat.], **1)** *Geol.*: Zurückweichen des Meeres gegenüber dem Lande, wodurch ehem. Meeresboden zu Land wird. Ggs. →Transgression. **2)** *Psychol.*: nach S. →Freud das Zurückfallen in eine frühere (frühkindl.) Stufe der Triebbefriedigung, meist wenn die angemessene Art der Befriedigung nicht möglich ist (→Frustration). **3)** *Finanzwiss.*: die prozentual abnehmende steuerl. Belastung bei steigender Leistungsfähigkeit. Im Hinblick auf das Einkommen sind z. B. →Kopfsteuern regressiv, aber auch die →Verbrauchsteuern für sich betrachtet, da die Bezieher niedriger Einkommen größere Teile ihres Einkommens verbrauchen als die Bezieher hoher Einkommen. Ein regressives Steuersystem wäre mit den heutigen Steuergrundsätzen nicht vereinbar. Ggs. →Progression.

Regressus [lat.], in der Philos. der Rückgang vom Bedingten zum Bedingenden (Ggs. →Progreß). *R. in infinitum*, das denkende Zurückverfolgen einer als unendlich vorgestellten Reihe von Bedingungen.

regulär [lat.], von Regeln bestimmt, gesetzl. geregelt; regelrecht (Ggs. →irregulär).

Regula falsi [lat. 'Regel des Falschen'], numerisches →Näherungs-Verfahren für die Lösung einer →Gleichung ($f(x) = 0$) mit einer Unbekannten x; die Gleichung wird dabei als eine →Funktion von x angesehen: f(x) = y. Zwei vorhandene Näherungswerte für die Lösung (x_1 und x_2), die positives und negatives y ergeben, werden durch die R. f. dadurch verbessert, daß der Schnittpunkt x_3 einer durch die beiden Näherungswerte (x_1, y_1) und (x_2, y_2) führenden Geraden (Sehne der Kurve) dem wahren Wert x_0 (für y = 0, d. h. dem Schnittpunkt der Kurve mit der x-Achse) näher liegt als mindestens einer der Ausgangspunkte (hier x_2, y_2).

Regularkleriker, i. w. S. alle Priester eines →Ordens oder einer →Kongregation; i. e. S. nur Geistliche, die einer der im 16./17. Jh. gegr. Ordensgenossenschaften zur Förderung der kirchl. Reform angehören (z. B. →Jesuiten); mit Rücksicht auf ihre Aufgabe ohne Verpflichtung zu der strengen Lebensweise der Mönchsorden, der →Stabilitas loci und dem Chorgebet.

Regulation, Ausgleichung, Regelung; *Biol.*: in der →Entwicklung vielzelliger Organismen das Wirken ausgleichender Wachstums- und Differenzierungsvorgänge (z. B. nach Verlust eines Keimteiles), die zur Wiederherstellung der Norm, d. h. des typ. proportionierten Individuums führen.

Regulativ [lat.] *das*, regelnde Vorschrift, Verordnung.

Regulatorgen *das*, Abschnitt der →DNS, der für die Bildung eines →Repressors verantwortlich ist; liegt meist in einem →Genom-Abschnitt entfernt vom zugehörigen →Operator.

regulieren [lat.], regeln, ordnen; steuern, (aufeinander) abstimmen; (einen Fluß) begradigen. Hptw. *Regulierung* (*Regulation*).

Regulus [lat. 'kleiner König'], **1)** bei der Metallgewinnung aus Erzen ausgeschiedener zusammengeschmolzener Metallklumpen von oft schönem Glanz; **2)** Vogelgattung, →Goldhähnchen; **3)** Stern im Sternbild →Löwe.

Regur [hindustan.] *der*, (*Regar*), trop. Schwarzerde; fruchtbarer Boden, der sich in trop. Klima mit ausgeprägter Trockenzeit, bes. auf vulkan. Gestein, bildet, z. B. im Hochland von →Dekkan (Vorderindien).

Reh (*Capreolus capreolus*), Art der →Trughirsche; bis 75 cm hoch, Fell (Decke) im Sommer rotgelb, im Winter graubraun; →Brunst Juli/August; das befruchtete Ei entwickelt sich erst ab Dez., im Mai/Juni werden 1–2 gefleckte Junge (*Kitze*) geboren (gesetzt) und bis zum Winter von der Rehgeiß (*Ricke*) geführt, dann treten die R. zu Rudeln (*Sprüngen*) zusammen; der →Spiegel erleichtert das Erkennen der Artgenossen. Das Weibchen, bevor es Junge hatte, heißt *Schmalreh*. Der *Rehbock* trägt ein →Geweih (waidmänn.: *Gehörn*, *Gewicht*), das im Spätherbst abgeworfen wird; er entwickelt sich gewöhnlich vom *Spießer* über *Gabler* nur bis zum *Sechsender*. (→Fährten, Bild; →Geweih, Bild)

Rehabeam, erster König von Juda (926–910 v. Chr.), Sohn →Salomos.

Rehabilitation [lat.] (*Rehabilitierung*), Wiederherstellung der ursprüngl. Lage: 1. Rechtfertigung, Ehrenrettung; 2. Rückführung von Kranken und Verletzten mit schweren Dauerschäden (Amputationen, Lähmungen, geistige Schädigungen u. a.) zu größtmögl. Leistungsfähigkeit und seel. Wohlbefinden sowie ihre Wiedereingliederung in Beruf und Gesellschaft. – R. erfordert Mitwirkung aller med. Spezialfächer, insbes. von Orthopädie und Psychiatrie, von seiten des Kranken einen starken Selbstbehauptungswillen,

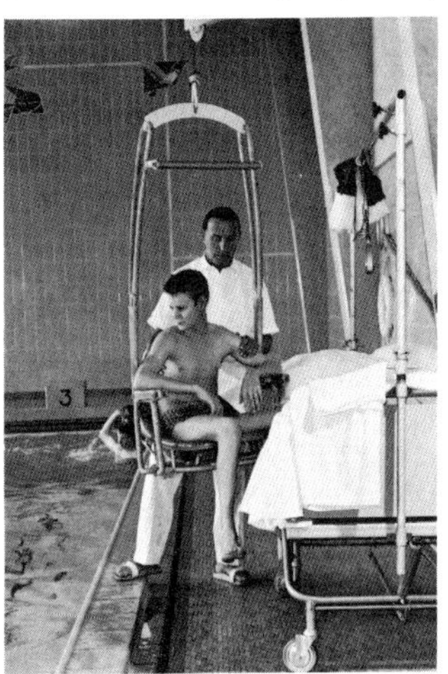

Rehabilitation: Ein Gehunfähiger wird in das krankenhauseigene Schwimmbad gebracht; das Wasser ermöglicht durch seinen Auftrieb Wiedergewinnung des Bewegungsvermögens

der durch aktivitätsfördernde Beschäftigung (Basteln, Musizieren, Diskussionen, Ausflüge usw.) unterstützt werden kann. Wichtig ist die Schaffung günstiger Umweltsbedingungen für Körperbehinderte (z. B. Wohnheime mit Spezialeinrichtungen). BRD: R.-Zentren versch. Art in den einzelnen Bundesländern und bei den Unfallkrankenhäusern der →Berufsgenossenschaften; *Österr.*: Österr. Arbeitsgemeinschaft für R.; *Schweiz*: Schweiz. Kommission für Rehabilitation.

Rehau, bayr. Stadt im Reg.-Bz. Oberfranken, südöstl. Hof, 10100 E. (1975); vielseitige Ind., bes. Porzellan-Herst., Leder, Kunststoffe.

Rehbein, Knochenwulst an der Außenseite des Sprunggelenkes, vor allem beim Pferd; kann Lahmheit bewirken.

Rehberg, Hans, Dramatiker, *25. 12.1901 Posen, †20.6.63 Duisburg; gestaltete biograph. und historische Stoffe: 'Der große Kurfürst' (1934), 'Heinrich VII' (47), 'Rembrandt' (56); auch Hörspiele.

Rehden, niedersächs. Gem. bei →Diepholz, im Reg.-Bz. Hannover, 1600 E. (1975); Erdgasvorkommen.

Rehehuf (*Hufrehe*, *Rehe*, *Knollhuf*), eitrige Entzündung der Huflederhaut beim Pferd; verursacht starke Lahmheit, Vorsetzen und Schleudern der Vorderbeine; angeboren oder durch große Anstrengungen, Futterschäden u. a. hervorgerufen.

Rehfisch, Hans José (Pseud. *Georg Turner*, *René Kestner*), Dramatiker, *10.4.1891 Berlin, †9.6.1960 Schuls (Unterengadin); leitete ab 1923 mit →Piscator das Berliner Zentraltheater, 33–50 Emigration; wirksame Bühnenstücke, meist um sozialkrit. Themen: 'Wer weint um Juckenack?' (1924), 'Die Affäre Dreyfus' (29, mit W. →Herzog), 'Wasser für Canitoga' (32, verfilmt), 'Oberst Chabert' (55); auch Romane und Hörspiele.

Rehmke, Johannes, Philosoph, *1.2.1848 Elmshorn, †23.12.1930 Marburg; vertrat eine objektivistische Erkenntnisauffassung: das Bewußtsein erfaßt die Gegenstände unmittelbar (nicht als Bewußtseinsinhalte); Hauptwerk: 'Philos. als Grundwissenschaft' (1910).

Rehoboth, Bezirksstadt im mittl. Südwestafrika, nahe →Windhuk, 8500 E. (1972); Zentrum des Reservats der →Rehobother Bastards; Eisenbahnanschluß nach N und S.

Reh

Rehobother Bastards, Mischlinge von Buren und Hottentottenfrauen in SW-Afrika, ben. nach Rehoboth.

Reibahle, zylindrischer oder konischer Stahlstab mit Längsschneiden zur Materialabtragung (*Ausreiben*) in Bohrungen für die Feinbearbeitung, entweder durch Handarbeit oder auf →Bohrmaschinen mit der *Maschinen-R.*

Reibrad, Rad mit glatter Umfangsfläche, das ein anderes durch rollende Reibung antreibt. R. mit kegelförmiger Umfangsfläche erlauben den Bau von stufenlos regelbaren *R.-Getrieben* (→Getriebe).

Reibstein, ältestes Gerät zur Herst. von Mehl aus Körner- und Knollenfrüchten; flache oder konkav gewölbte Steinplatte, auf der das Mahlgut mit Hilfe des 'Läufers', eines handl., flachen, über die Unterlage hin und her gerollten Steins, zerrieben wird.

Reibung, die Kraft, die bei einer Relativbewegung zwischen zwei sich berührenden Körpern überwunden werden muß; die Größe der R. hängt von der Beschaffenheit der Körper und der Art der Bewegung ab: 1. *R. zw. festen Körpern*: um einen Körper in Bewegung zu setzen, muß die angreifende Kraft einen Mindestwert, die sog. *Haft-R.* (*Haftreibungswiderstand*), überschreiten. Bei einem bestimmten Neigungswinkel der Unterlage, dem R.-Winkel α, fängt der Körper an zu rutschen: die Haft-R. R_H wird durch den zur Oberfläche parallelen Teil F_H des Körperge-

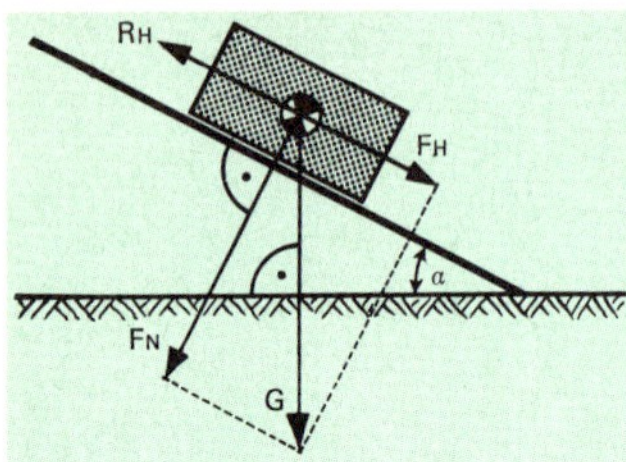

Reibung: Gleitreibung auf einer schiefen Ebene; die Bewegung setzt ein, wenn die Reibungskraft R_H durch die mit dem Neigungswinkel α wachsende Kraft F_H ausgeglichen wird (G Gewicht des Körpers, F_N Normalkraft)

wichts G überwunden. Die Haft-R. sichert z. B. den festen Sitz eines Nagels in der Wand. Um einen Körper mit gleichförmiger Geschwindigkeit über eine horizontale Unterlage zu bewegen, muß eine konstante R.-Kraft, die sog. *Gleit-R.*, überwunden werden. Ist die bewegende Kraft größer als die R., erfährt der Körper eine →Beschleunigung. Die R. ist bei Haft- und Gleit-R. proportional zur *Normalkraft* F_N des Körpers auf die Unterlage; der von der Oberflächenbeschaffenheit abhängige Proportionalitätsfaktor heißt R.-Koeffizient; bei der Gleit-R. ist er stets geringer als bei der Haft-R. (R.-Gesetz von →Coulomb). Durch die Arbeit, die zur Überwindung der Gleit-R. aufgewendet wird, entsteht *R.-Wärme*; dies kann z. B. zum Heißlaufen von Achslagern führen. Die R. kann durch geeignete Schmiermittel und durch Oberflächenbearbeitung vermindert werden. *Rollende R.* tritt auf, wenn ein Körper auf einem anderen abrollt, z. B. ein Rad auf seiner Unterlage. Sie ist wesentl. geringer als die Gleit-R. In der Technik sucht man deshalb z. B. Kugel- statt Gleitlager zu verwenden. 2. *Innere R.*: Um einen Körper durch eine Flüssigkeit oder ein Gas mit konstanter Geschwindigkeit zu bewegen, muß eine Kraft aufgewendet werden, die die sog. innere R. überwindet. Sie ist der Fläche des Körpers, seiner Geschwindigkeit und der →Viskosität der Flüssigkeit proportional (Newtonsches Reibungsgesetz). Die innere R. tritt immer dann auf, wenn Körper durch Schubkräfte ohne Volumenänderung verformt werden. Der (hydrodynam.) R.-Widerstand von Körpern, die von Flüssigkeiten oder Gasen umströmt werden, ist von der Form des betreffenden Körpers abhängig (→Strömungslehre).

Reibungselektrizität (*Triboelektrizität, Berührungsspannung*), die bei inniger Berührung – z. B. beim Reiben – entstehende entgegengesetzte elektr. Aufladung zweier verschiedenartiger Körper. Nach der *Coehnschen Regel* wird dabei derjenige Körper positiv geladen, der die größere →Dielektrizitätskonstante besitzt. So laden sich z. B. Glas und Hartgummi beim Reiben mit einem Tuch positiv bzw. negativ auf. An der Berührungsschicht zweier verschiedenartiger Substanzen treten →elektr. Felder auf, die das Übertreten von Elektronen bewirken. Im →Bandgenerator werden durch R. hohe elektr. Spannungen erzeugt.

Reich, Wilhelm, österr. Arzt und Psychoanalytiker, *24.3.1897 Dobrzcynica (Galizien), †3.11.1957 Lewisburg (Pa.); 1924–30 Mitarbeiter von S. →Freud; seit 30 in Berlin, emigrierte 33 nach Skandinavien, 39 in die USA; trat für eine Synthese von Psychoanalyse und Marxismus ein, betonte den engen Zusammenhang neurot. Störungen mit den gesellschaftl. Mechanismen der →Repression; führte die emotionalen und körperl. Vorgänge auf eine biophys. Grundenergie (*Orgon*) zurück, begr. die →Orgonomie. – *W*: Die Funktion des Orgasmus (1927, [5]71); Charakteranalyse (1933, [2]70); Die sexuelle Revolution (36–45, [7]71).

Reicha, Anton, frz. Komponist tschech. Herkunft, *26.6.1770 Prag,

Hans Reichel: Gruppe des hl. Michael, Augsburg

†28.5.1836 Paris; Freund →Beethovens, seit 1818 Lehrer am Pariser Conservatoire; Lehrwerke, Instrumentalwerke und Opern.

Reichardt, Johann Friedrich, Komponist, *25.11.1752 Königsberg, †27. 6.1814 Giebichenstein (bei Halle); Hofkapellmeister in Potsdam und Kassel; Reiseberichte, Musikkritiken, über 1000 Liedkompositionen sowie die ersten dt. Liederspiele. (Bild S. 4960)

Reichel (*Reichle*), Hans, Bildhauer, *um 1570 Schongau, †1642 Brixen; Schüler von G. da →Bologna; manierist., ausdrucksstarke Plastiken (in Augsburg, München, Brixen). Gruppe des hl. Michael im Kampf mit Luzifer (Augsburg, Zeughaus).

Reichenau, Walter von, dt. Gen.-Feldm., *8.10.1884 Karlsruhe, †(im Flugzeug) 17.1.1942 Rußland; führte 39 bis Ende 41 in den Feldzügen gegen Polen, Frkr. und die Sowjetunion die 6. Armee, danach die Heeresgruppe Süd. Anfängl. dem Nat.-Soz. gegenüber sehr aufgeschlossen, distanzierte er sich im Krieg zunehmend von Hitlers Führungsmethoden.

Reichenau, Insel im →Untersee, dem südwestl. Teil des Bodensees, 4,5 km², Dammverbindung zum Festland; Gemüse- und Weinbau, Fischerei. Die 724 gegr. Benediktinerabtei *R.* war vom 9. bis 11. Jh. eine wichtige Pflegestätte frühmittelalterl. Kultur mit Ausstrahlung auf die gesamte dt. Klosterkultur; drei roman. Kirchen: Münster (um 980 bis 1048) im Ortsteil *Mittelzell*, Stiftskirche in *Niederzell* (11./12. Jh.), Stiftskirche in *Oberzell* (9.–11. Jh., mit roman. Fresken); die Miniaturen der *Reichenauer Malerschule* (um 1000) waren die bedeutendsten jener Zeit. (Bilder S. 4968/69)

Reichenbach, Hans, Philosoph, *26.9.1891 Hamburg, †9.4.1953 Los Angeles (USA); bed. Vertreter des Neopositivismus (→Positivismus); untersuchte vor allem die Grundlagen der Geometrie und der modernen Physik ('Ziel und Weg der heutigen Naturphilos.', 31) und die Logik der Wahrscheinlichkeit ('Wahrscheinlichkeitslehre', 35).

Reichenbach, 1) sächs. Krst. im →Vogtland, südwestl. von Chemnitz, 27400 E. (1975); Textilfachschule; Zentrum der Textil-Ind., Färberei.

Reichenberg: Metznerbrunnen

2) *R.* (*Eulengebirge*), ehem. Krst. in Niederschlesien, im nordöstl. Vorland des →Eulengeb., mit 33800 E. (1974), seit 1945 unter poln. Verwaltung (*Dzierżoniów*, Woiwodschaft Breslau); bed. Baumwoll-Ind., Bau von Maschinen und Elektrogeräten.

Reichenberg (tschech. *Liberec*), Stadt an der Görlitzer Neiße in Nordböhmen, ČSSR, 74000 E. (1972; 1938: 72000 dt.); Textil-, Motoren-, Papier-, Holzindustrie. R. war größte dt. Stadt und kultureller Mittelpunkt des Sudetenlandes.

Reichenhall, Bad, Krst. (Kr. *Berchtesgadener Land*) im Reg.-Bz. Oberbayern, am Nordrand der östl. Bayer. Alpen, mit 13200 E. (1975); Wintersportplatz, bed. Kurort (1975: 1,27 Mio. Fremdenübernachtungen) mit Solbad, Inst. für Asthmaforschung; Saline. (Bild S. 4968)

Reichensteiner Gebirge (tschech. *Rychlebské Hory*), Teil der Ost-→Sudeten, östl. des Glatzer Kessels, bis 1125 m hoch.

Reich Gottes (*Himmelreich*, *Reich Christi*), Zentralbegriff der Verkündigung Jesu bei den →Synoptikern; das im A. T. verheißene R. G. sei in Jesus als dem →Messias Ggw. und Wirklichkeit geworden; vollendet werde es bei der Wiederkunft Christi.

Reichlich, Marx, Maler, *um 1460, †um 1520; von 1494 bis 1508 in Salzburg nachweisbar. Relig. Tafelbilder mit Architekturhintergrund.

Reichenau: Münster in Mittelzell

Reichsabgabenordnung (*Abgabenordnung*, *RAO*), das einheitl. Gesetz zur Regelung aller mit der Besteuerung zusammenhängenden Verfahren in Dtld. Innerhalb der *Erzbergerschen Steuerreform* wurde eine Reihe einzelner Gesetze zur R. zus.-gefaßt (Gesetz vom 13.12.1919); für die BRD galt sie in der letzten Neufassung vom 22.5.31 mit zahlr. Novellen. Die RAO regelte u. a. die Zuständigkeit von Behörden, Fristen, Verfügungen, Stundung, Erlaß, Steueraufsicht, Zwangsmittel, Ermittlung und Festsetzung der Steuer, Rechtsmittel, Beitreibung. Die R. wurde durch die seit 1.1.1977 geltende neue *Abgabenordnung* ersetzt (→Abgaben). – *Österr.*: R. galt teilweise bis 1961. Seit 1.1.62 ist die *Bundesabgabenordnung* (*BAO*) in Kraft.

Bad Reichenhall: Rathaus

Reichsabschied, im Röm.-Dt. Reich bis 1654 Zusammenfassung der Beschlüsse eines →Reichstages.

Reichsämter, 1) im Hl. Röm. Reich Dt. Nation die Erz- und Erbämter; **2)** im zweiten Dt. Reich von 1871 bis 1918 die von Staatssekretären geleiteten, obersten Reichsbehörden, die dem Reichskanzler unmittelbar unterstellt waren; unterlagen nicht der Kontrolle durch den →Reichstag.

Reichsanstalt, im Dt. Reich 1871 bis 1945 die reichsunmittelbaren öffentl. Anstalten.

Reichsarbeitsdienst (*RAD*), auf der Grundlage des freiwilligen →Arbeitsdienstes (seit 1931) 35 von der nat.-soz. Regierung errichteter Arbeitsdienst mit halbjähriger Dienstpflicht für die männl. und weibl. Jugend.

Reichsarchiv, 1919 in Potsdam gegr. Archiv für die Urkunden und Akten der dt. Reichsbehörden (seit 1867) und des Generalstabs; 45 schwer beschädigt. In der BRD hat das →Bundesarchiv die Aufgabe des R. übernommen.

Reichsarmee, aus Kontingenten der →Reichsstände bestehende Streitmacht des alten Dt. Reichs zw. 1521 und 1806; wurde nur für den Kriegsfall aufgeboten; ihre Stärke war durch die Reichsmatrikel (→Matrikel) festgelegt.

Reichsbank (*Deutsche R.*), Zentralnotenbank des Dt. Reichs, durch Bankgesetz von 1875 als unter Aufsicht des Reiches stehende, rechtsfähige öffentl. Anstalt gegr.; wurde 1924 nach dem →Dawesplan vom Dt. Reich unabhängig, 37 wieder unter Einfluß des Reiches, 39 dem Reichskanzler unterstellt; 45 stellte die R. außer in der brit. Zone ihre Tätigkeit ein; 47 übernahmen in den westl. Besatzungszonen die →Landeszentralbanken die Geschäfte der R., später die →Bank dt. Länder, 57 die →Dt. Bundesbank; in der DDR übernahm 48 die Dt. Notenbank (51 Staatsbank) die Aufgaben der Zentralbank.

Reichsbanner Schwarz-Rot-Gold, 1924–33 demokrat., überparteil. Wehrverband zur Verteidigung der

Reichenau: Einband des Evangeliars Heinrichs II. (Anfang 11. Jh.) aus der Reichenauer Schule. München, Bayerische Staatsbibliothek

Weimarer Republik (1932: über 3 Mio. Mitgl.). In der Führungsspitze Vertreter der SPD, der Staatspartei und des Zentrums. Begr. und Bundesführer waren *O. Hörsing* und *K. Höltermann.*

Reichsdeputationshauptschluß, der Beschluß des letzten Reichstagsausschusses vom 25.2.1803, der in Ausführung der Friedensbestimmungen von Lunéville (1801) und nach einem von Napoleon und Zar →Alexander I. entwickelten Plan (1802) die näheren Bestimmungen zur Entschädigung der von den Gebietsabtretungen auf dem li. Rheinufer betroffenen Reichsfürsten festlegte (→Säkularisation, →Mediatisierung).

Reichsexekution, im alten Dt. Reich (bis 1806) Sicherung und Wahrung des Landfriedens und zwangsweise Vollstreckung der Urteile der →Reichsgerichte durch die →Reichskreise nach der 1555 kodifizierten *R.-Ordnung.*

Reichsfluchtsteuer, im Dt. Reich 1931 eingeführte und bis 1945 erhobene Steuer auf das Vermögen von Auswanderern.

Reichsgebiet, Staatsgebiet des Dt. Reiches in den Grenzen vom 31.12. 1937.

Reichsgericht, 1) im Röm.-Dt. Reich urspr. das königl. Hofgericht, dessen Aufgaben im Zuge der →Reichsreform Ende des 15. Jh. auf →Reichskammergericht und →Reichshofrat übergingen. **2)** im Dt. Reich von 1879–1945 das oberste Gericht der ordentl. Gerichtsbarkeit, Sitz: Leipzig. Das R. war zuständig für →Revisionen in Zivil- und Strafsachen. Dem R. angegliedert waren das *Reichsarbeitsgericht* (1926–45, Sitz: Leipzig), der *Reichsdisziplinarhof* (1873–1937, Sitz: Leipzig), ersetzt durch den *Reichsdienststrafhof* (1937–45, Sitz: Berlin), der *Ehrengerichtshof* für Rechtsanwälte, der *Reichsfinanzhof* (1918–45, Sitz: München), das *Reichsverwaltungsgericht* (1941–45, Sitz: Berlin), der *Reichsstaatsgerichtshof* (1920–33) und der →*Volksgerichtshof* (1934–45, Sitz: Berlin).

Reichsgesetzblatt (*RGBl.*), das amtl. Verkündungsblatt für die im Dt. Reich von 1871–1945 erlassenen Gesetze (→Bundesgesetzblatt), ebenso in Österr. von 1849–1918.

Reichshaushaltsordnung (*RHO*), Kodifizierung des Rechts des dt. Staatshaushalts vom 31.12.1922 (Neufassung 14.4.1930).

Reichshofrat, von 1498–1806 neben dem →Reichskammergericht oberstes Gericht des Röm.-Dt. Reiches. Der R. war ausschließl. zuständig für Reichslehenssachen, für Kriminalsachen gegen Reichsunmittelbare und kaiserl. Reservatrechte. Dem Einfluß der →Reichsstände fast völlig entzogen.

Reichsjustizgesetze, die in Dtld. im Jahre 1877 ergangenen gerichtl. Organisations- und Verfahrensgesetze (Gerichtsverfassungsgesetz vom 27. 1.1877, ZPO vom 30.1.1877, StPO vom 1.2.1877, KO vom 10.2.1877).

Reichskammergericht, im Zuge der →Reichsreform 1495 auf dem Wormser Reichstag errichtetes höchstes Gericht des Röm.-Dt. Reiches, zuständig für Landfriedensbruchsachen, Zivilsachen gegen Reichsunmittelbare, Appellationsinstanz für die Urteile der Territorialgerichte. Sitz seit 1527 Speyer, 1693 bis 1806 Wetzlar (→Reichshofrat).

Reichskanzler, 1) im Röm.-Dt. Reich das Erzamt des Erzbischofs von Mainz (Reichserzkanzler; →Kanzler); **2)** im 2. Dt. Reich (1871 bis 1918) der höchste, vom Kaiser ernannte und nur ihm verantwortl. Regierungsbeamte und einzige Min., Vors. des Bundesrats; leitete die gesamte Reichsverwaltung; vom Vertrauen des Reichstags unabhängig; erst 1917 de facto Parlamentarisierung des Amtes; **3)** in der →Weimarer Republik ab 1919 Leiter der kollegialen Reichsregierung. →Hitler beanspruchte als R. (ab Jan. 33, nach dem Tod →Hindenburgs als 'Führer und R.') das Alleinentscheidungsrecht innerhalb der Reichsregierung.

Reichskarte (*Karte des Dt. Reiches*), vom ehem. Reichsamt für Landesaufnahme hrsg. Kartenwerk im Maßstab 1:100000.

Reichskleinodien, im Hl. Röm. Reich Dt. Nation die die königl. (bzw. kaiserl.) Herrschaft symbolisierenden *Reichsinsignien* (Krone, Reichsapfel, Reichszepter, Reichsschwert), der *Krönungsornat* (u. a. Krönungsmantel, Albe, Dalmatika) und die *Reichsheiligtümer* (Reichskreuz, Hl. Lanze, Reliquien). (Bilder S. 4973)

Reichskonkordat, am 20.7.1933 abgeschlossenes Konkordat zw. dem Dt. Reich und dem Vatikan. Das Bundesverfassungsgericht hat am 23. 3.57 die Fortgeltung des R. für die BRD bejaht, aber das Recht des Bundes verneint, von den Ländern die Fortgeltung der Schulbestimmungen zu verlangen.

Reichskreise, Bezirke, in die das alte Dt. Reich seit dem Augsburger Reichstag (1500) eingeteilt war; urspr. 6, später 10 (Fränk., Bayr., Schwäb., Oberrhein., Westf., Niedersächs., Österr., Burgund., Obersächs. und Kurrhein. Kreis).

Reichskristallnacht (*Kristallnacht*), die von den Nationalsozialisten organisierten Pogrome gegen die Juden in der Nacht vom 9. zum 10. November 1938; die nat.-soz. Propaganda nahm als Vorwand für die R. die Ermordung des dt. Diplomaten *E. vom Rath* in Paris durch *H. Grünspan* und stellte die Ausschreitungen als spontanen Akt der Entrüstung des dt. Volkes hin.

Reichsland, 1) bis 1806 das zum Hl. Röm. Reich Dt. Nation gehörende Gebiet; **2)** im zweiten Dt. Reich von

Reichstagsgebäude in Berlin (vor dem Brand 1933)

Reichstagssaal im Alten Rathaus von Regensburg

1871–1918 →Elsaß-Lothringen, dessen Regierung und Verwaltung unmittelbar durch die Organe des Reichs, Kaiser, Bundesrat und Reichstag, ausgeübt wurden.

Reichslandbund, 1921–33 größter wirtschaftspolit. Interessenverband der dt. Landw.; gehörte ab 29 der *Grünen Front* an, ging 33 im →Reichsnährstand auf.

Reichsmark (Abk. *RM*), 1924–1948 dt. Währungseinheit.

Reichsnährstand, 1933–45 öffentl.-rechtl. Gesamtkörperschaft der dt. Landw. und der ihr angeschlossenen Betriebe.

Reichspräsident, nach der →Weimarer Verfassung Staatsoberhaupt des Dt. Reiches: 1919–25 F. →Ebert, von der Nationalversammlung gewählt, 25–34 Gen.-Feldm. P. von →Hindenburg, vom Volk gewählt. Nach dessen Tod (34) wurde das Amt des R. mit dem des Reichskanzlers durch →Hitler vereinigt.

Reichsrat, 1) *Bayern*: 1818 bis 1918 die erste Kammer; **2)** *Österr.*: 1867 bis 1918 Volksvertretung (aus Herrenhaus und Abgeordnetenhaus). **3)** *Dt. Reich*: nach der →Weimarer Verfassung 1919–34 Vertretung der Länder; wirkte bei Gesetzgebung und Erlaß von Rechtsverordnungen mit. Hatte gegen Beschlüsse des →Reichstags aufschiebendes →Veto.

Reichsrecht, 1) *Römisches Reich*: das röm. Recht, das nach der allg. Bürgerrechtsverleihung durch →Caracalla im ganzen Reich durchgehend angewendet wurde. **2)** *Deutsches Reich*: Recht des Reiches im Unterschied zum Territorial- oder Landesrecht. R. gab es im Röm.-Dt. Reich bis 1806; wieder im Dt. Reich seit 1871; gilt in der BRD als →Bundesrecht fort, soweit es nicht Ausdruck nat.-soz. Grundsätze war oder ausdrückl. aufgehoben wurde.

Reichsreform, 1) die seit Anf. des 15. Jh. immer wieder geforderte und um die Wende vom 15. zum 16. Jh. wenigstens in Ansätzen verwirklichte Reform der Verfassung des Röm.-Dt. Reiches. In der Zielsetzung waren sich Königtum und Landesherrschaften von Anf. an nicht einig. Als die Hauptaufgaben aber wurden genannt: Stärkung des Reichs, Beteiligung der Reichsstände am Reichsregiment und Beseitigung der Rechtsunsicherheit. Auf Betreiben einer ständischen Reichsreformpartei unter Führung des Mainzer Erzbischofs →Berthold von Henneberg wurde endl. 1495 auf dem Reichstag zu Worms ein →Ewiger Landfrieden, die Errichtung eines →Reichskammergerichts und die Erhebung einer Reichssteuer in Form des ‘Gemeinen Pfennigs’ beschlossen. Der besseren Friedenswahrung und der Organisation der ständ. Aufgebote zum Reichsheer diente die Einteilung des Reiches in zunächst 6, dann 10 →Reichskreise (1500/1512). Nur Reichskreiseinteilung und Reichskammergericht bestanden bis zum Ende des Röm.-Dt. Reiches (1806). **2)** Die nach dem I. Weltkrieg geplante Neugestaltung des Dt. Reiches und des Verhältnisses der Länder zum Reich im Rahmen einer Verwaltungs- und Finanzreform. Eine Aufgliederung des übermächtigen Preußen, die die Voraussetzung einer solchen R. hätte sein müssen, lehnte jedoch sowohl die Verfassunggebende Nationalversammlung in Preußen wie auch die Weimarer Nationalversammlung ab. Die Gleichschaltung der Länder nach der Machtergreifung durch die NSDAP zielte nicht primär auf Reform, sondern auf Festigung der Stellung der Partei (→Reichsstatthalter, Gaueinteilung).

Reichsritterschaft, im Röm.-Dt. Reich Körperschaft des meist aus der Reichsministerialität hervorgegangenen, reichsunmittelbaren niederen Adels, ohne Reichsstandschaft; gliederte sich seit 1577 in einen schwäb., fränk. und rhein. Kreis. Bei Zerfall des Reiches 1806 mediatisiert.

Reichsschulden, die vom Dt. Reich aufgenommenen Schulden in Form von Anleihen, Schatzanweisungen und Schatzwechseln. Ihre Verwaltung erfolgte durch eine selbständige Behörde, die *Reichsschuldenverwaltung* in Berlin. Die 1945 in einer Höhe von rd. 380 Mrd. RM vorhandenen R. wurden 1948 von einer Umstellung in DM ausgenommen (→Währungsreform). Der den Banken entstandene Ausfall an Aktiva wurde durch →Ausgleichsforderungen ausgeglichen. Durch das *Allg. Kriegsfolgengesetz* vom 5.11.1957 ist ein Teil der alten R. bis zur Höhe von 20% in eine DM-Schuld der BRD umgewandelt worden.

Reichsstädte, im Röm.-Dt. Reich →reichsunmittelbare Städte, die sich entweder auf Reichsgut bzw. königl. Hausgut oder durch Befreiung von ihrem Stadtherrn bzw. durch königl. (kaiserl.) Privilegierung entwickelten. Im 13./14. Jh. gelang es den meisten R., die bis dahin von königl. (kaiserl.) Vögten oder Burggrafen ausgeübten hoheitl. Rechte in eigene Hand zu bekommen. Ab 1489 wurden alle R. zu den Reichstagen geladen und bildeten neben den Kur- und den übrigen Reichsfürsten ein eigenes, drittes Kollegium. Einzelne R., bes. Nürnberg, Rothenburg o. d. Tauber und Ulm, konnten ein verhältnismäßig großes Territorium ausbauen. Während der napoleon. Zeit verloren die R. ihre Selbständigkeit. Auf dem Wiener Kongreß (1815) wurden die Hansestädte Hamburg, Bremen und Lübeck sowie die Freie Reichsstadt Frankfurt wiederhergestellt. Frankfurt kam 1866, Lübeck 1937 an Preußen. Hamburg und Bremen haben noch heute den Charakter von Ländern.

Reichsstände, im Hl. Röm. Reich Dt. Nation die Personen bzw. Korporationen, die Sitz und Stimme auf den Reichstagen hatten.

Reichsstatthalter, 1933–45 die ständigen Vertreter des Reiches in den dt. Ländern, die auf Grund ihres Weisungsrechts gegenüber den Landesregierungen zu Organen des Reichszentralismus wurden.

Reichstag, 1) im Röm.-Dt. Reich zunächst von Fall zu Fall vom König (bzw. Kaiser) in eine Pfalz-, Bischofs- oder Reichsstadt berufene Versammlung der →Reichsstände unter Vors. des Königs (Kaisers), ab 1663 ständig in Regensburg tagende Vertretung der Reichsstände unter Vorsitz eines Prinzipalkommissars (*Immerwährender R.*). Der R. ging aus den *Hoftagen* des Hoch-MA hervor, auf denen sich Adel und Reichskirche versammelt hatten. In der Neuzeit setzte sich der R. zusammen aus: *Kurfürstenkollegium*, *Reichsfürstenrat* und *Reichsstädtekollegium*. Reichsgesetze bedurften ab 1582 im allgemeinen der übereinstimmenden Beschlüsse aller drei Kollegien und der Zustimmung des Kaisers. Ab 1648 wurde in Glaubenssachen konfessionell getrennt nach *Corpus Catholicorum* und *Corpus Evangelicorum* abgestimmt. **2)** Volksvertretung im →Norddt. Bund (1867–71) und im Dt. Kaiserreich (1871–1918); in allg. geheimer Wahl aller über 25 Jahre alten Männer gewählt; hatte Zustimmung zu den Reichsgesetzen und zum Reichshaushalt zu geben. **3)** Nach der →Weimarer Verfassung Volksvertretung im Dt. Reich (gesetzgebende und regierungsbildende Körperschaft) aus Abgeordneten, die über Parteilisten nach der Verhältniswahl auf vier Jahre gewählt wurden; →Ermächtigungsgesetz. **4)** Volksvertretung in Dänemark, Schweden, Finnland, Japan. (Bilder S. 4971)

Reichstagsbrand, nicht restlos geklärte Brandstiftung im Reichstagsgebäude Berlin am 27.2.1933. Der KPD unterstellt, die daraufh. verboten wurde. Der R.-Prozeß (vier Freisprüche, nur ein Todesurteil) war einer der Anlässe zur Schaffung des nat.-soz. →Volksgerichtshofes.

Reichstein, Tadeusz, poln.-schweiz. Chemiker, *20.7.1897 Włocławek; grundlegende Forschungsarbeiten über Vitamine und Hormone: Synthese von →Vitamin C und →Cortison. 1950 Nobelpreis für Medizin zus. mit Ph. S. →Hench und E. C. →Kendall.

1

2

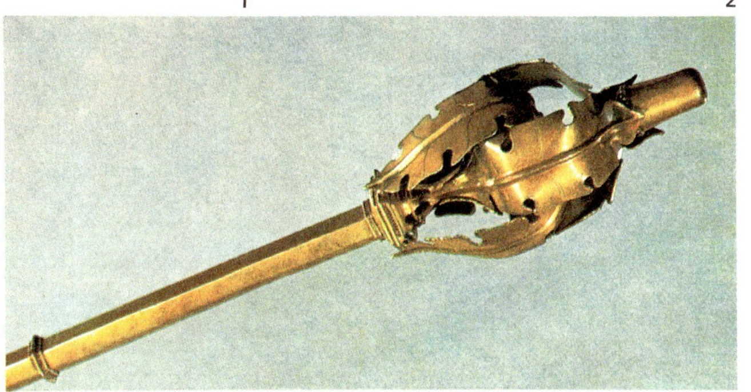

3

Reichskleinodien: 1 Reichsapfel, antikes Symbol weltumspannender Macht, Gold, Goldfiligran, Edelsteine und Perlen, westdeutsche Arbeit (Ende 12. Jh.); **2** Reichskrone, Gold, Goldfiligran, Edelsteine, Perlen, Email, wahrscheinlich 962 für die Kaiserkrönung Ottos d. Gr. in einer deutschen Goldschmiedewerkstätte hergestellt, später mehrere Überarbeitungen; **3** Kaiserszepter (erste Hälfte 14. Jh.), deutsche Goldschmiedearbeit

reichsunmittelbar (*reichsfrei, immediat*), im Hl. Röm. Reich Dt. Nation alle Geschlechter, Personen, Territorien und Gebiete, die nicht einem Landesherrn, sondern dem Kaiser unmittelbar unterstanden.

Reichsverfassung, 1) die staatsrechtl. Ordnung des alten Dt. Reichs bis 1806, teils gewohnheitsrechtl. bestimmt, teils auf Reichsgrundgesetzen (z. B. →Goldene Bulle) beruhend; **2)** von der →Frankfurter Nationalversammlung 1849 verabschiedete R., die jedoch nicht in Kraft trat, doch mit ihren Grundrechten auf die preuß. Verfassung von 1850 einwirkte; **3)** R. des Kaiserreichs 1871–1918, mit Kaiser, →Reichskanzler, →Reichstag, →Reichsrat, →Reichsgericht; **4)** die R. der →Weimarer Republik von 1919, mit →Reichs-Präs., Reichsregierung (Ministerverantwortlichkeit), →Reichstag, →Reichsrat; auch unter →Hitler formell nicht beseitigt.

Reichsversicherungsordnung (*RVO*), Kodifizierung der Sozialversicherungsgesetze im Dt. Reich, in Kraft getreten 1.1.1912 (Neufassungen 1924, 26, 34, 57); gilt in der Fassung vom 30.4.63 (*Rentenneuregelungsgesetz*, einschließl. *Selbstverwaltungsgesetz* und Gesetz über die Sozialgerichtsbarkeit) in der BRD. Weitere Änderungen durch die Krankenversicherungs-Änderungsgesetze vom 27.7.69 und 21.12. 70. – In *Österr.* galt die RVO seit 1938; am 9.9.55 wurde sie mit dem *Allgemeinen Sozialversicherungsgesetz* verschmolzen.

Reichsvikar, im Röm.-Dt. Reich Stellvertreter des Königs (bzw. Kaisers) bei dessen Abwesenheit oder während des Interregnums vom Tod eines Königs (Kaisers) bis zur Wahl eines neuen.

Reichswehr, durch den →Versailler Vertrag in Stärke, Ausrüstung und Gliederung begrenzte Streitkräfte des Dt. Reichs 1921–35; bestand aus dem Reichsheer (100000 Mann) und der Reichsmarine (15000 Mann); durfte sich nur aus Freiwilligen ergänzen; Offiziere mußten sich für 25, Mannschaften und Unteroffiziere für 12 Jahre verpflichten (→Wehrmacht).

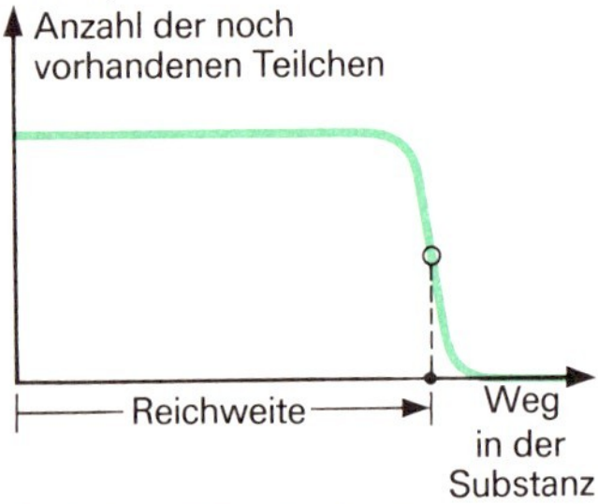

Reichweite: Definition der Reichweite einer Teilchenstrahlung: Als Reichweite bezeichnet man diejenige Wegstrecke, nach der die Intensität der Strahlung auf die Hälfte des Anfangswertes abgesunken ist

Reichweite, 1) Entfernung, die ein Flugzeug ohne Treibstoffergänzung auf geradem Kurs zurücklegen kann; →Aktionsradius. **2)** *Milit.*: größte Zielentfernung, die ein →Flugkörper zu erreichen vermag. **3)** *Physik*: die Wegstrecke innerhalb eines Materials, nach der eine →Strahlung infolge Absorption oder Streuung bezügl. ihrer Energie – oder eine Kraft bezügl. ihrer Wirksamkeit – bis auf einen bestimmten Bruchteil geschwächt worden ist.

Reid [rid], Thomas, engl. Philosoph, *26.4.1710 Strachan (Schottland), †7.10.1796 Glasgow; Begr. der →schottischen Schule; Vertreter einer erkenntnisrealist. Einstellung (im Ggs. zum Skeptizismus der engl. →Aufklärung).

Reif, sublimierter (→Sublimation) Wasserdampf der Luft an Gegenständen oder am Erdboden; besteht aus leichten, schuppen- oder nadelförmigen weißen Eiskristallen. Lagern sich hingegen unterkühlte →Nebel-Tröpfchen ab, so entsteht *Rauh-R.* (*Rauhfrost*, *Rauheis*), der eine mehr kompakte Struktur hat.

Reife, Endzustand der Entwicklung bei Früchten und Samen; Beendigung des Wachstums, Erlangung der Keimfähigkeit u. a., oft gleichzeitig Absterben der fruchttragenden Pflanze. *Nach-R.* oder →Lager-R. ist bei manchen Obstsorten erforderlich. Bei Getreide z.B.: 1. *Milch-R.*: Pflanze noch grün, Korn weich, enthält milchigen Saft. 2. *Gelb-R.*: Pflanze gelb, Korn läßt sich über Fingernagel brechen. 3. *Tot-* oder *Voll-R.*: Korn sehr spröde.

Reifen, 1) Metallband zum Zusammenpressen der Teile einer runden Konstruktion (z. B. der →Dauben eines Fasses); beim hölzernen Rad mit Speichen preßt der heiß aufgezogene Eisen-R. die Teile der Holzfelge auf die Speichen und bildet die Lauffläche; daraus abgeleitet **2)** nahtloser Metallring aus Speziallegierung, der heiß auf die Radscheibe von Eisenbahnrädern als Lauffläche aufgezogen wird und den Spurkranz trägt. **3)** Elast. Ring um die Laufräder von Straßenfahrzeugen, Flugzeugen u. ä., früher *Vollgummi-R.*, heute →Luft-R.

Reifrock, durch ein Gestell aus Draht, Fischbein oder Holz gesteifter, weit abstehender Frauenrock; gehörte im 16./17. Jh. zur spanischen Tracht, im Rokoko beliebt, lebte 1850–70 als →Krinoline wieder auf.

Reigate [raigit], südostengl. Stadt in den North →Downs, südl. von London, 57000 E. (1973).

Reigen (*Reihen*), alte, weit verbreitete Form des Schreittanzes.

Reihe, eine als Summe der Einzelglieder dargestellte Folge von Zahlen. Man unterscheidet →arithmet. und →geometr. Folgen bzw. Reihen und teilt in endliche und unendliche Folgen und R. ein. Letztere können gegen einen Grenzwert konvergieren (→Konvergenz). Besondere Bed. haben die *Potenzreihen.* Solche mit endlich vielen Gliedern heißen →Polynome; konvergierende Potenz-R. mit unendlich vielen Gliedern, z. B. $a_0 + a_1x^1 + a_2x^2 + \cdots + a_nx^n + \cdots$, dienen insbesondere zur Berechnung z. B. →trigonometr. Funktionen.

Reihendorf, planmäßige Dorfanlage im Alt- und Neusiedelland, die sich vom →Straßendorf durch eine lockere Anordnung der Häuser entlang einer Straße unterscheidet.

Reihenmotor, →Verbrennungsmotor, bei dem die Zylinder hintereinander in einer bis vier Reihen (I-, V-, H- oder X-förmig) angeordnet sind.

Reihenschaltung (*Serienschaltung*), Hintereinanderschaltung mehrerer Bauelemente, z. B. von →elektr. Widerständen; dabei wird jeder Widerstand vom gleichen Strom durchflossen; der Gesamtwiderstand ist die Summe der Teilwiderstände; Ggs. →Parallelschaltung.

Reiher (*Ardeidae*), Fam. der →Stelzvögel mit 64 Arten; weltweit verbreitet, bes. an Gewässern und Küsten wärmerer Gebiete; schlank und hochbeinig, große, kräftige Flügel, oft Schmuckfedern an Rücken und Kopf; gute Flieger und Segler, tragen dabei den langen Hals S-förmig gekrümmt; ernähren sich bes. von Fischen, Lurchen, Insekten; beschleichen die Beute und stoßen schnell mit dem langen, spitzen Schnabel zu;

Reiher: Silberreiher

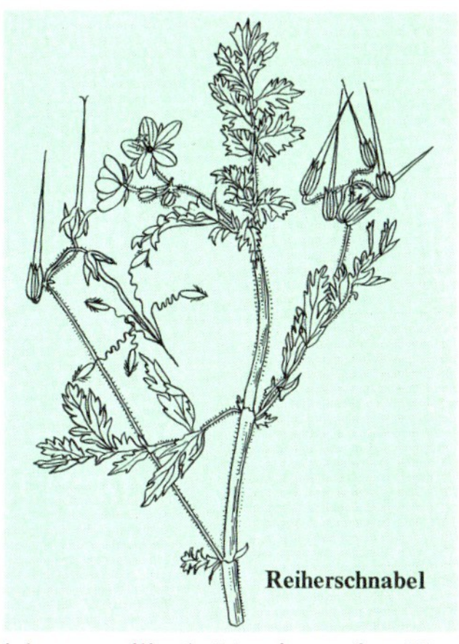
Reiherschnabel

leben gesellig, brüten in großen Kolonien, oft auf Bäumen; 3 bis 8 Junge werden von beiden Eltern mit dem hochgewürgten Mageninhalt gefüttert. Zu den R. zählen →Kahnschnäbel, →Rohrdommeln und die *Echten R.*: in Europa verbreitet der →Graureiher, im NW und SO auch der *Purpur-R.* (*Ardea purpurea*) und *Nacht-R.* (*Nycticorax nycticorax*). In Tiergärten oft *Silber-R.* (*Casmerodius*) und →Seiden-R. (*Egretta garzetta*), weiß mit bes. schönen Schmuckfedern; sie bewohnen u. a. das Mittelmeergebiet. Größte Art: *Riesen-R.* (*Goliath-R.*; *Ardea goliath*), 1,3 m lang, in Sumpflandschaften des trop. Afrika. (Bilder S. 4976)

Reiherente (*Aythya fuligula*), meist an Seen, seltener am Meer vorkommende Tauchente; Männchen schwarzweiß mit Federschopf am Hinterkopf; Brutvogel im nördl. Eurasien, Teilzieher (→Entenvögel). (Bild S. 4976)

Reiherschnabel (*Erodium cicutarium*), 1jähriges bis ausdauerndes Storchschnabelgewächs; Blätter gefiedert; Blüten karminrot, in Dolden; Frucht vogelkopfähnl.; häufig an Wegrändern, auf sandigen Äckern.

Reim *der*, Versverbindung durch Gleichklang; im allg. versteht man unter R. nur den sog. *End-R.*, den Gleichklang von Wörtern am Verszeilenschluß vom letzten tontragenden Vokal (Diphthong) an. Der R. innerhalb einer Verszeile heißt *Binnen-*, der zweier aufeinanderfolgen-

Reiher: Purpurreiher auf seinem Nest; Goliathreiher

der Wörter *Schlag-R.* Einsilbige R. (Baum–Saum) werden als *männlich* oder *stumpf*, zweisilbige (Waffen–schaffen) als *weiblich* oder *klingend* bezeichnet. Bei Übereinstimmung auch der Konsonanten vor dem betonten Vokal spricht man von einem *rührenden*, bei Gleichklang vom vorletzten betonten Vokal an von einem *reichen R.* Je nach der Stellung des R. innerhalb einer Strophe unterscheidet man: 1. *Paar-R.* (Schema: aa bb), 2. *Kreuz-R.* (abab), 3. *verschränkten* (*umarmenden*) *R.* (abba), 4. *Schweif-R.* (aabccb). – Der antiken und german. Dichtung war der R. fremd; er findet sich zuerst in jüd. Gebetsformen des 1. Jh. n. Chr., drang von dort in die mittellat. christl. Hymnendichtung ein und setzte sich ab dem 9. Jh. auch in der ahd. Dichtung gegenüber dem →Stabreim durch (→Otfried; →Alliteration, →Schüttelreim).

Reimann, 1) Aribert, Komponist, *4. 3.1936 Berlin; Liederzyklen, Opern (‘Trauerspiel’, 64; ‘Melusine’, 70).

2) Hans, Schriftst. *18.11.1889 Leipzig, †13.6.1969 Schmalenbeck (bei Stormarn); grotesk-humorvoller Satiriker (‘Die Feuerzangenbowle’, 1936, mit H. →Spoerl); dramatisierte mit M. →Brod →Hašeks ‘Schwejk’ (28); Hrsg. lit. Jahresübersichten (‘Literazzia’, 52ff.).

3) Max, dt. Politiker (KPD), *31.10. 1898 Elbing, †18.1.1977 Düsseldorf; 1919 Gründungsmitgl. der →KPD, 39–45 inhaftiert, 48 Vors. der westdt. KP, 54 in die DDR, seit 69 wieder legal in der BRD.

Reimarus, Hermann Samuel, Orientalist, Philosoph, Theologe, *22.12. 1694 Hamburg, †1.3.1768 ebenda; Wegbereiter der Bibelkritik; in seiner 1767 geschriebenen, 1774–78 von Lessing postum als ‘Wolfenbüttler Fragmente’ hrsg. ‘Apologie oder Schutzschrift für die vernünftigen Verehrer Gottes’ lehnte er jede Offenbarung, bes. die christl., zugunsten einer allg. natürl. Vernunftreligion scharf ab und machte erstm. den Versuch einer hist.-krit. Untersuchung des N. T. Einer der ersten Erforscher des tierischen Verhaltens. *WW*: Die vornehmsten Wahrheiten der natürlichen Religion (1754); Die Vernunftlehre (1756). (Bild S. 4978)

Reiherente: Erpel im Prachtkleid

Reims: Place Royale

Reimchroniken, umfangreiche, oft mit Sagen verwobene chronograph.-hist. Darstellungen in Gedichtform, meist in 4hebigen Reimpaaren (12. bis 16. Jh.); die älteste R. ist die →Kaiserchronik (→Chronik).

Re|implantation [lat.] (*Replantation*), Wiedereinpflanzung; Methode der Zahnheilkunde zur Erhaltung eines Zahnes, der durch Gewalteinwirkung aus dem Zahnbett gerissen wurde; führt bei sofortiger Anwendung häufig zur Einheilung. R. wird auch angewendet bei chirurg. Eingriffen, z. B. →Resektion der Wurzelspitze am gezogenen Zahn.

Reims [frz., rẽß], Stadt in NO-Frkr., nordöstl. von Paris, 156000 E. (1973); Erzbischofssitz, berühmte Kathedrale *Notre-Dame* (13.–15. Jh., Krönungskirche der frz. Könige), Abteikirche St.-Remi (11./12. Jh.), röm. Triumphbogen (2. Jh. n. Chr), Rathaus (17. Jh.), Univ. (gegr. 1962), Musik-Hochsch., Museen; Mittelpunkt der Champagner-Kellereien, Maschinenbau, Flugzeug-, Metall-, Textil- und chem. Industrie. – *Gesch.*: Das gall. *Durocortorum*, von den Römern als Hauptort der belg. Remer *Civitas Remorum* gen., ab →Diokletian Hptst. der Prov. Belgica secunda. Unter den Merowingern neben →Metz Hptst. →Austrasiens. Der Erzbischof von R. (seit dem 3. Jh. Bischofssitz) war seit Mitte des 10. Jh. auch Graf von R., seit König →Philipp II. August 1. geistl. Hzg. und Pair von Frankreich.

Rein, Hermann, Physiologe, *8.2. 1898 Mitwitz (OFr.), †14.4.1953 Göttingen; förderte die Physiol. auf den Gebieten des Blutkreislaufs, der Sinnesorgane, der Reflexe u. a.

Reinbek, Stadt im Kr. →Stormarn, Schleswig-Holst., im südöstl. Vorortbereich Hamburgs, 23700 E. (1975); Bundesanstalt für Forst- und Holzwirtschaft.

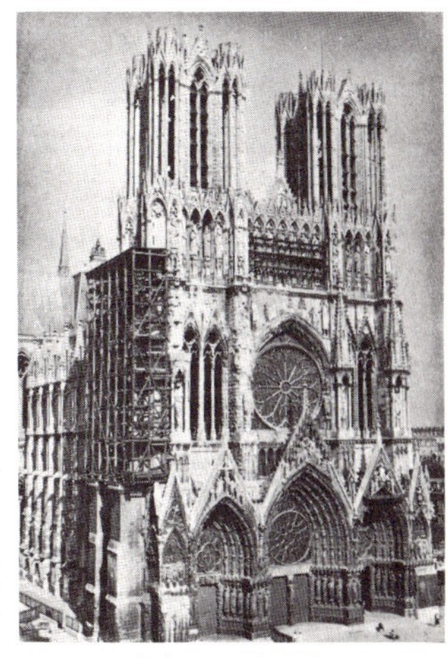

Reims: Kathedrale

H. S. Reimarus

Max Reinhardt

Reine(c)ke Fuchs, der durch seine Schlauheit alle Tiere, selbst ihren König, den Löwen, überlistende Fuchs als Gestalt einer mittelalterl. Tierfabel in der Tradition der Äsopschen Fabel und lat. Tierepen; weiteste Verbreitung durch das mittelniederdt. polit.-satir. Tierepos 'Reinke de Vos' (gedruckt 1498), das auf eine niederländ. und schließl. frz. Fassung zurückgeht; Vorlage für Goethes 'R. F.' (1793).

Reinerz, Bad, Kurort in Niederschlesien, im →Glatzer Bergland, 550 m ü. M., 5200 E. (1973), seit 1945 unter poln. Verwaltung (*Duszniki Zdrój*, Woiwodschaft Breslau); kohlensaure Stahlquellen; Leinenweberei, Kristallglasschleifereien.

Reingewinn (*Reinertrag*), im allg. der am Ende der →Bilanz ausgewiesene →Gewinn. Im Jahresabschluß einer AG oder GmbH ergibt sich der R. nach Abzug von Verlustvortrag und Zuweisungen zu den →Rücklagen bzw. nach Hinzufügen von Gewinnvortrag und Rücklagenauflösungen.

Reinhardswald, bewaldeter Buntsandsteinrücken in Nordhessen, zw. →Diemel und Weser, im *Stauffenberg* 472 m hoch.

Reinhardt, 1) Django, frz. Jazzgitarrist, *23.1.1910 Liverchies (Belgien), †16.5.53 Fontainebleau; entwickelte auf der span. Gitarrenschule aufbauend einen eigenen Stil.

2) Georg-Hans, dt. Gen.-Oberst, *1.3.1887 Bautzen, †22.11.1963 München; führte im Rußlandfeldzug 1944 bis Jan. 45 die Heeresgruppe Mitte; 48 vom →Nürnberger Militärtribunal zu 15 Jahren Haft verurteilt, 52 entlassen.

3) (eigtl. *Goldmann*), Max, Regisseur und Theaterleiter, *9.9.1873 Baden (bei Wien), †30.10.1943 New York; war zunächst Schauspieler; als Dir. des 'Deutschen Theaters' (1905–20, 24–33) und der 'Kammerspiele' (1906) übte er von Berlin aus bestimmenden Einfluß auf das dt. Bühnenleben und führte es zu einem seiner Höhepunkte. Szen. Phantasie, ein impressionist. begabter, weitgespannter Sinn für Stile und Stimmungen versch. Epochen befähigten ihn, den Naturalismus zugunsten einer neuen Spielromantik zu verdrängen, wobei er die neuzeitl. Bühnen- und Beleuchtungstechnik künstler. auswertete. Höchste Intensität seiner Klassiker-, bes. Shakespeareaufführungen erreichte R. bei den Salzburger Festspielen, die er ab 1920 leitete, und am Wiener 'Theater in der Josefstadt' (seit 24); 33 emigrierte R. nach Österr., 38 nach den USA.

Reinhart, 1) Johann Christian, Maler, Zeichner und Radierer, *24.1.1761 Hof, †9.6.1847 Rom; ab 1789 in Rom; heroische Landschaften, Neigung zum Idyllischen. (Bild S. 4981)

2) Josef, Schriftst., *1.9.1875 Rüttenen (Kt. Solothurn), †14.4.1957 Bern; Mundarterzählungen und volkstüml. Lieder.

3) Oskar, Kaufmann und Kunstsammler, *11.6.1885 Winterthur, †16.9.1965 ebenda; schuf ab 1924 eine private Sammlung, die er z. T. 1951 als 'Stiftung R.' der Stadt Winterthur schenkte, z. T. der Schweizer Eidgenossenschaft als 'Sammlung R.' vermachte.

Reinheitsgrad, Qualitätsangabe für Chemikalien; üblich sind die Bez.: *crudum* (ungereinigt), techn. rein; *depuratum* (gereinigt); *purum* (rein); *purissimum* (reinst).

Reinhold, 1) Heinrich, Maler, *18.7.1788 Gera, †15.1.1825 Rom; Landschaften, vor allem klare Ölstudien und Zeichnungen aus Olevano.

2) Karl Leonhard, Philosoph, *26.10.1758 Wien, †10.4.1823 Kiel; zunächst Anhänger der Kantschen Philos., zu deren Verbreitung er beitrug; entwickelte später ein eigenes sprachphilos. System.

Reinick, Robert, Maler und Dichter, *22.2.1805 Danzig, †7.2.52 Dresden; bes. Buchillustrationen und volkstüml. romantische Lieder. 'Märchen-, Lieder- und Geschichtenbuch' (1873).

Reinigung, *Religionsgeschichte*: materielle oder geistige Beseitigung von

1 2 3

Reis: **1** Einsetzen der Pflanzen; **2** Ernte mit Sichel; **3** Ernte mit Mähdrescher

kult. bzw. eth. Unreinheit durch bes. →Ritus mittels machthaltiger Substanzen (Feuer, Wasser, Blut, Urin u. a.) oder durch das Bekenntnis der Sünde und ihre Vergebung.

Reininger, Robert, Philosoph, *28. 9.1869 Linz, †17.5.1955 Wien; vertrat eine an →Kant anknüpfende Erkenntnisauffassung, in der Ethik eine subjektivist. Wertlehre.

Re|inkarnation, [lat.], Wiedereinkörperung der Seele nach dem Tode in einem anderen menschl. Leib, einem Tier oder einer Pflanze.

Reinke, Johannes, Botaniker und Naturphilosoph, *3.2.1849 Ziethen (bei Ratzeburg), †25.2.1931 Preetz (Holstein); vertrat Naturphilosophie auf christl. Grundlage und →Vitalismus, Gegner →Haeckels.

Reinken, Jan Adams, Organist und Komponist, *27.4.1623 Wildeshausen (Oldenburg), †24.11.1722 Hamburg; zählt zu den bedeutendsten norddt. Orgelmeistern vor J.S.→Bach; Orgel-, Klavierwerke, Triosonaten.

Reinkultur, Vermehrung erbgleicher Mikroorganismen auf geeigneten →Nährböden unter Ausschluß von Infektionen.

Reinmar von Hagenau (*R. der Alte*), Minnesänger, *um 1165 Hagenau (Elsaß) oder Oberösterr. (?), †vor 1210; durch seine formvollendeten, stilsicheren Minnelieder von vornehmer Verhaltenheit des Gefühlsausdrucks gilt er als Klassiker des Minnesangs; Einfluß auf →Walther von der Vogelweide.

Reinmar von Zweter, mhd. Spruchdichter, *um 1200 wahrsch. Zeutern (bei Heidelberg), †um 1260; begraben in Eßfeld (bei Ochsenfurt); lehrhafte Spruchdichtung in der Nachfolge →Walthers von der Vogelweide; Vorbild der Meistersinger. Unstetes Wanderleben zw. Wien und Rheinl.

Reinsaat, Anbau von nur einer Pflanzenart auf einem Feld; Ggs. →Gemengesaat.

Re|investition (*Ersatzinvestition*), der Teil der Bruttoinvestition, der in Höhe der Abschreibungen als Ersatzbeschaffung für abgenutzte Produktionsanlagen der Erhaltung des Anlagenbestandes dient. Die R. kann teilweise zur Erweiterungsinvestition werden, wenn die Ersatzbeschaffung aus techn. verbesserten Anlagen besteht (*Modernisierungsinvestition*).

Reinzucht, Isolierung und Züchtung reinerbiger Individuen mit gleichem Erbgut aus einer →Population.

Reis, Johann Philipp, Physiker, *7.1. 1834 Gelnhausen, †14.1.74 Friedrichsdorf (bei Bad Homburg); erfand 1861 den ersten →Fernsprecher.

Reis (*Oryza sativa*), in den asiat. Tropen heim. Getreide; seit etwa 5000 Jahren in China kultiviert, heute in trop. und subtrop. Gebieten angebaut; Hauptnahrungsmittel für ein Drittel der Menschheit. Das Gras wird bis 1,5 m hoch, mit 20–30 cm langer Rispe; reife Frucht von harter Deck- und Vorspelze fest umschlossen. Die zahlr. Handelssorten werden als *Wasserreis* (*Naßreis*) in überfluteten Äckern angebaut; *Bergreis* (*Trockenreis*) benötigt weniger Feuchtigkeit und Wärme, nur bed. für den Eigenbedarf der Reisbaugebiete. Zur Gewinnung von *poliertem R.* werden die entspelzten Körner von Samenschale ('Silberhäutchen') und der anschließenden Aleuronschicht (→Aleuron) befreit, verlieren damit Eiweiß und Vitamine (→Beriberi); Abfälle wertvolles Viehfutter. Aus Reiskörnern (stärkereichstes Getreide) sind Grieß und Stärke herstellbar, nicht aber backfähiges Mehl; Ausgangsprodukt für →Arrak

Reis: Bepflanzung eines Feldes; Terrassenanbau auf Ceylon

und *Reiswein* (→Sake); Reispuder findet Verwendung in der Kosmetik-Ind., Reisstroh zur Herst. von Geflechten und Zigarettenpapier.

Reisebüro, Unternehmen, das die Vermittlung zw. Reisenden und Verkehrsunternehmen sowie Gaststätten- und Beherbergungsgewerbe durchführt. Veranstaltung von Gesellschafts- und Einzelreisen, Ausgabe von Fahrkarten, Vermittlung von Reiseversicherungen, Beschaffung von Visa, Reiseschecks und Devisen, Werbung und kostenlose Auskunftserteilung (→Pauschalreisen).

Reiseführer, Handbuch mit Ratschlägen und Hinweisen für die Reise: Sehenswürdigkeiten, Reisewege, Verkehrsmittel, Unterkünfte usw. R. sind zuerst im 6. Jh. v. Chr. bei den Ioniern Kleinasiens festzustellen. Den Römern dienten die →Itinerarien als R. Als Begr. der modernen R. gilt der Engländer *John Murray* (1808–92), dessen Handbücher diejenigen von →Baedeker inspirierten.

Reisegepäckversicherung, Versicherung gegen Verlust oder Beschädigung des Reisegepäcks; umfaßt vom Verlassen der Wohnung bis zur Rückkehr alle Gegenstände, die der Reisende zum persönl. Gebrauch mitnimmt, nicht dagegen Geld, Wertpapiere, Dokumente.

Reisegeschwindigkeit, im Flugwesen gebräuchl. Bez. für die Geschwindigkeit, die über längere Strecken den besten Kompromiß zw. Flugdauer und Brennstoffverbrauch bietet; allg. niedriger als die →Dauergeschwindigkeit und 20% bis 30% unter der →Höchstgeschwindigkeit.

Reisegewerbe, Ausübung gewerbl. Tätigkeiten ohne feste Niederlassung oder außerhalb der Räume einer festen Niederlassung. Für eine Reihe von Waren ist der Vertrieb im R. nicht zulässig.

Reisegewerbekarte, gewerberechtl. Ausweis, der zur Ausübung gewerbl. Tätigkeit außerhalb einer festen gewerbl. Niederlassung berechtigt.

Reisekostenvergütung (*Tagegeld*), Entschädigung für den durch Dienstreisen im öffentl. Dienst oder im Auftrag eines privaten Arbeitgebers entstandenen Mehraufwand. R. zählen nicht zum Einkommen und sind daher steuerfrei.

Reiseliteratur, Beschreibung und z. T. dichter. Ausgestaltung von Reisen, seit jeher beliebt als ungewöhnl. Bericht über ferne Länder und Völker. Seit der Antike gespalten in die dichter. freie, phantast. R. (Homers 'Odyssee', Robinsonaden, Abenteuerroman, techn.-utop. R., bes. J. →Verne) und Schilderung tatsächl. Begebenheiten (antike Reisehandbücher, Marco →Polo, A. von →Humboldt, →Nansen, →Hedin). Mit persönl. Reflexion gestaltet sind bes. die empfindsame R. (→Sterne), die klass. Bildungsreise (→Goethe), die feuilletonist. R. (→Heine), die kultur-psychol. R. (H. Graf von →Keyserling) und z.T. die moderne Reisereportage (→Paquet, →Koeppen u. a.).

Reisender, der reisende →Handlungsgehilfe (→Handlungs-R.) oder der reisende →Handelsvertreter.

Reisfink (*Padda oryzivora*), südostasiat. →Prachtfink, früher nur auf Java und Bali; Stubenvogel.

Reisige, im MA Ritter und ihre berittenen →Knappen; allg. Reitertruppe; später →Söldner.

Reiskäfer (*Calandra oryzae*), nordamerik. →Rüsselkäfer; nach Europa eingeschleppter Schädling an Lagergetreide.

Reislaufen [frühmhd. reise 'Kriegszug'], seit dem 15. Jh. Kriegsdienst für fremde Staaten (→Söldner); bes. in der Eidgenossenschaft verbreitet; durch schweiz. BG von 1859 verboten.

Reispapier, dem eigtl. →Papier ähnl. Naturprodukt aus dem Mark des Schafts der 3–7 m hohen *Papieraralie* (*Tetrapanax papyriferum*), eines auf Formosa wildwachsenden, in China angebauten Efeugewächses; dient in China als Malgrund, in Europa bes. zur Herst. künstl. Blumen. – *Reisstrohpapier*, ein (echtes) Papier, Faser-Rohstoff ist Reisstroh.

Reißbrett, Zeichenplatte aus Linden- oder Pappelholz mit geraden, im rechten Winkel zueinander stehenden Kanten, an welche ein langes, parallel verschiebbares Lineal mit Querstück (*Reißschiene*) angelegt werden kann (→Zeichenmaschine).

Reißen, beim →Gewichtheben nicht unterbrochenes Hochheben des Gewichts vom Boden bis zur Hochstrecke.

Reißlänge, Maß für die Reißfestigkeit von Papier und Garnen: Länge eines Fadens oder Streifens, wenn er – frei aufgehängt – unter seinem Eigengewicht zerreißt.

Reißleine, Leine im Freiballon zum Aufreißen der Hülle längs eines 20 cm breiten, langen, verklebten Schlitzes; damit wird ein schnelles Entweichen des Gases bei der Landung herbeigeführt.

Reißverschluß, Verschluß für biegsame Stoffe aus zwei einander gegenüberstehenden Reihen von Metall- oder Kunststoff-Zähnen (Krampen); jeder Krampen besitzt auf einer Seite eine Vertiefung, auf der anderen Seite einen Haken, der beim Schließen des R. mit dem Schieber in die Vertiefung des gegenüberstehenden Krampens eingreift; auch aus profilierten Kunststoffstreifen, die beim Schließen ineinander verhakt werden. Von dem schwed. Ing. *Erik Sund* erfunden. (Bild S. 4984)

Reißwolf, Maschine mit einer zahnbesetzten Trommel zum Auflockern verfilzter Wollhaare und zum Aufreißen von alten Wollstoffen für die Wiederverwendung der Fasern.

Reißwolle, Wollfasern, die aus Abfällen wollener oder halbwollener Web- oder Wirkwaren gewonnen und versponnen werden.

Reißzeug, Sammel-Bez. für Geräte zum Anfertigen techn. Zeichnungen; bes. →Zirkel mit Blei-, Tusche- und Stecheinsatz, Nullenzirkel, Stechzirkel mit Feineinstellung sowie die versch. *Reißfedern* (*Ziehfedern*), heute vielfach durch *Tuschefüllhalter* mit auswechselbaren Federeinsätzen für versch. Strichbreiten ersetzt.

Reiteralpe, Gebirgsstock in den nordwestl. →Salzburger Kalkalpen, zw. Berchtesgadener Land und →Saalach, im *Großen Häuselhorn* 2295 m hoch.

Reiternomaden (*Reitervölker*), Sonderform der →Nomaden in den Trockengebieten Eurasiens, z. T. unter Einschluß von Tibet und Sibirien (→Jakuten, →Tungusen), einst auch in Südrußland (→Skythen). Erst die Verwendung des Pferds als Reittier

J. Ch. Reinhart: Blick von der Villa Malta auf Rom. München, Neue Pinakothek

Reiternomaden: Pferdekoppel im Uigurischen Autonomen Gebiet Sinkiang

gab der Lebensform der R. ihre weltgeschichtl. Dynamik. Die R. sind erst im letzten vorchristl. Jt. entstanden, und zwar aus den Steppenbauernkulturen an den Rändern der großen Gebirge (Sajan, Altai, Tienschan, Hindukusch, Ural und Kaukasus) und in den feuchteren Steppen am Nordrand des Trockengürtels (z. B. Kirgisensteppe). Die damals in Zentralasien und an seinen Rändern siedelnden Völker waren größtenteils pferdezüchtende →Iraner. Seit mindestens 1300 v. Chr. müssen sie das Reiten gekannt haben, aber erst die thrak. →Kimmerier (seit 9. Jh. v. Chr.) verwendeten diese Praxis in Kampf und Krieg. Die iran. Skythen (7.–3. Jh. v. Chr.) sind das erste hist. greifbare Volk, das unter Übernahme der kimmer. →Kavallerie den Ackerbau aufgab, zum Nomadentum überging und die Kultur und Lebensform der R. entwikkelte. Die Skythen und ihre östl. Nachbarn, gleichfalls Iraner, überrannten in wenigen Jahrzehnten die Steppenvölker Zentralasiens bis an die Grenzen Nordchinas. Rasch wurden die Bauern der trockeneren Steppen ihrerseits Nomaden, die kleineren Gebirgsfußoasen wurden aufgegeben. So wuchs die Zahl der R. und ihre milit. Kraft rasch an, und sie konnten Einfälle in die südl. angrenzenden Hochkulturländer zw. Kleinasien und Nordchina wagen. Das kulturelle Bild Zentralasiens wurde weitgehend nivelliert. Im Osten wurden bald auch nichtiran. Gruppen R., als erste hist. faßbare Einheit die *Hsiung-nu* (→Hunnen), deren alte Sitze im NO Chinas lagen, dann die Völker des Chingan, NO-Tibets, des Altai, der Nordmongolei und des mandschurischen Beckens. →Saken (Nordiraner), Hsiung-nu, Chinganvölker, →Türken, →Tibeter, →Mongolen und Mandschuren lösten sich in raschem Wechsel in der Herrschaft über Zentralasien ab, wobei normalerweise nur die namengebende Herrenschicht wechselte, das Substrat aber blieb. Durch Hereinströmen immer neuer Stämme und Völker in diese Lebensform breitete sich das Nomadenland immer weiter aus; große Führerpersönlichkeiten (*Mao Dun*, →*Attila*, *Bumyn*, *Tonjuquq*, *Srong-btsan-sgampo*, →Dschingis-Chan und →Timur Lenk) bauten mächtige, meist nur kurzlebige Dynastien und Reiche auf, die an inneren Spannungen (Feudalkriege) zerbrachen und neuen Dynastien Platz machten. Mit dem Aufkommen der Feuerwaffen ging die große Zeit der R. zu Ende. Heute werden die ackerbaufähigen Gebiete langsam wieder dem Bauerntum zurückgewonnen.

Reitgras (*Reithgras*; *Calamagrostis*), artenreiche Gattung schilfähnl. Gräser; auf Waldwiesen und an Ufern das bis 1,6 m hohe *Land-R.* (*Landschilfgras*, fälschl. auch Segge; *Calamagrostis epigeios*); in Bergwäldern das bis 1,2 m hohe *Wald-R.* (*Rohr-R.*; *Calamagrostis arundinacea*).

Reither, Josef, österr. Politiker (ÖVP), *26.6.1880 Langenrohr (Niederösterr.), †30.4.1950 Tulln; 1931/32, 33–38, 45–49 Landeshauptmann von Niederösterr.; versuchte zw. Dollfuß-Schuschnigg und der Sozialdemokratie zu vermitteln.

Reit im Winkl, oberbayr. Fremdenverkehrsgemeinde im Kr. →Traunstein, nahe der österr. Grenze, mit 2600 E. (1975); Wintersportplatz (schneesichere Lage) in den Bayr. Alpen, 620000 Gästeübernachtungen (1975).

Reitsport: 1 Jagd nach dem Fuchsschwanz; **2** Polo; **3, 5** Jagdspringen: **3** über das Rick, **5** über die rote Mauer; **4** Dressurreiten; **6** Geländeprüfung: Military

1

2

3

4

▼5 6▼

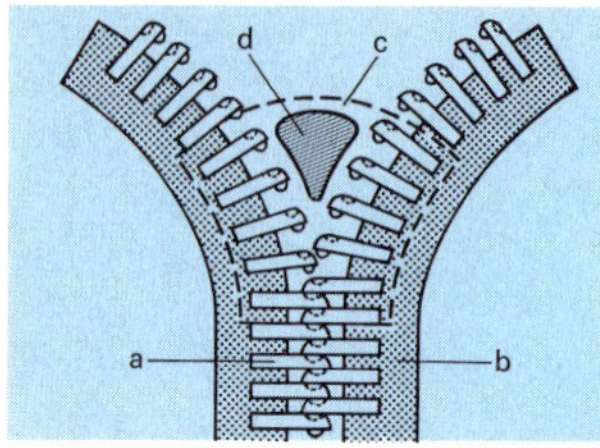

Reißverschluß: a Metallkrampen mit Vertiefung an der Ober- und Ausbuchtung an der Unterseite, **b** Stoffband, **c** Schieber (gestrichelt) zur Führung der Krampenreihe, **d** dreieckiges Metallstück im Schieber, durch das die Krampenreihen stark gekrümmt werden, so daß die Krampen ineinandergreifen bzw. getrennt werden

Reitsport, sportliche Wettbewerbe, ausgetragen als *Springturniere*, *Dressurprüfungen* (Klasse A = Anfänger, L = Leicht, M = Mittel, S = Schwer), →Jagdspringen, →Military, →Flachrennen, →Hindernisrennen, →Polo. Bei →Olympischen Spielen Große Dressurprüfung, Military und Große Olymp. Springprüfung. (Bilder S. 4983)

Reit- und Fahrturnier, pferdesportl. Veranstaltung mit Wettbewerben für Reit-, Spring- und Wagenpferde.

Reiz, physik. oder chem. Zustand (oder dessen Änderung), der auf Organismen einwirkt, in ihnen bestimmte physiologische Vorgänge auslöst und in der Regel mit einer Reaktion beantwortet wird. Der Mensch und die meisten vielzelligen Tiere besitzen in Form der Sinnesorgane spezialisierte R.-Empfänger, in denen geeignete R. (Licht im Auge, Schall im Ohr usw.) Erregungen hervorrufen. Diese werden über das →Nervensystem auf Erfolgsorgane (z. B. Muskeln) übertragen.

Reizker, Bez. für versch. Blätterpilze der Gattung *Lactarius* (→Milchlinge): *Echter R.* (*Edel-R.*; Lactarius deliciosus), gelbl.-rot, mit dunkleren konzentr. Zonen, im Alter grünl., mit gelbrotem Milchsaft; gebraten oder in Essig eingemacht einer der besten Speisepilze; ebenso der seltenere *Blut-R.* (Lactarius sanguifluus), mit rotweinfarbenem Milchsaft; beide in Sommer und Herbst bes. in Fichten- und Kiefernwald. Nur nach mehrmaligem Abkochen und Weggießen des Wassers eßbar der blassere *Gift-R.* (*Birken-R.*; Lactarius torminosus), mit weißem Milchsaft; August bis Okt., bes. unter Birken.

Reizklima, Klima, das den menschl. Organismus sehr intensiv beeinflußt (Wüsten-, Tropen-, Höhenklima). Während jeder Klimawechsel einen gewissen Reiz ausübt, der aber bald wieder abklingt, sind die für das R. spezif. Reize Dauererscheinungen.

Reizkörpertherapie, Einspritzung von arteigenem oder -fremdem →Eiweiß zur Anregung der Abwehrfunktionen des Körpers, bes. des →Retikulo-endothelialen Systems (→Heilfieber).

Rej z Nagłowic [räi z naglọwitß], Mikołaj, poln. Schriftst., *4.2.1505 Zórawno, †4.10.69 Rejowiec; machte das Poln. literaturfähig und gilt als 'Vater der poln. Nationallit.'; seine vorwiegend auf die Erziehung des Landadels abgestellten Schriften geben ein realist. Bild vom poln. Volk im 16. Jahrhundert.

rekapitulieren [lat.], (die Hauptpunkte) wiederholen, zusammenfassen; Hptw. *Rekapitulation.*

Rẹkkared, westgot. König (586–601) in Spanien, der durch Übertritt zum kath. Glauben (587) zur Verschmelzung von roman. und german. Bev. Spaniens beitrug.

Reklamation [lat.], Beschwerde, Anmahnung, Beanstandung von Mängeln einer Sache oder eines Rechts zwecks →Gewährleistung.

Rekombination [lat.], **1)** *Physik*: 1. Wiedervereinigung der durch →Ionisation von Molekülen oder Atomen entstandenen Ionen zu elektr. neutralen Gebilden; 2. das Einfangen von Elektronen durch positiv geladene Atome (z. B. in den Randzonen eines →Plasmas) sowie die Vereinigung von 'Löchern' und Elektronen in →Halbleitern. Die R. ist oft mit Lichtemission verbunden (*Rekombinationsleuchten*). **2)** *Vererbungslehre*: Neuzusammenstellung von Erbfaktoren (→Gene) durch 1. zufällige Verteilung homologer Chromosomen bei der Reifeteilung (→Kernteilung); 2. Genaustausch zw. homologen Chromosomen (→Crossing-over). Sonderfälle dieses Mechanismus sind in der Bakteriengenetik die →Transformation und →Transduktion (→Mendelsche Gesetze).

rekommandieren [frz.], **1)** empfehlen; **2)** (Post) einschreiben lassen; *Recommandé*, Abk. R, Einschreiben.

Rekon (*Recon*), nach Forschung an →Bakteriophagen kleinste Einheit der genet. →Rekombination; umfaßt im äußersten Fall nur ein Triplett des →DNS-Fadens.

Rekonstruktion [lat.], Wiederherstellung, Nachbildung; Ztw. *rekonstruieren*.

Rekonvaleszenz [lat.] *die*, Wiedergewinnung der Kräfte nach einer Krankheit, Genesung; wird durch Diät und evtl. Verabreichung von Kräftigungsmitteln (→Roborantia) gefördert. *Rekonvaleszentenserum*, Blutserum eines Genesenden, der eine Infektionskrankheit überstanden hat (→Immunserum).

Rekonziliation [lat. 'Aussöhnung'] *die*, *kath. Kirchenrecht*: 1. Wiederheiligung einer Kirche durch Neuweihe; 2. Lossprechung eines Exkommunizierten, Suspendierten oder Zensurierten.

Rekord [engl.] *der*, Höchstleistung im Sport, die unter genau festgelegten, den Wettkampfbestimmungen der jeweiligen Sportart entspr. Bedingungen aufgestellt und vom zuständigen übergeordneten Sportverband anerkannt werden muß (Landes-, Europa-, Welt-, Olymp. R.; auch Bahn-, Schanzen-R. usw.).

Rekrut [frz.], seit dem 17. Jh. in Dtld. übliche Bez. für den jungen, in der →Grundausbildung stehenden →Soldaten.

Rekrutierung, die Aushebung von Rekruten (→Musterung).

Rektaklausel [von lat. recta via 'auf geradem Wege'] (*negative Orderklausel*), auf einem →Orderpapier der Zusatz *nicht an Order*, durch den die Übertragung durch →Indossament untersagt wird.

rektal [lat.], den Mastdarm betreffend, durch den Mastdarm.

Rektaszension [lat.], →astron. Koordinate, vergleichbar der geogr. Länge.

Rektifikation [lat.] **1)** *allg.*: Berichtigung, Reinigung; **2)** *Chemie*: Trennung von Flüssigkeitsgemischen in seine Komponenten durch fraktionierte →Destillation (*Rektifizieren*); **3)** *Math.*: Längenbestimmung des Bogens einer gekrümmten Kurve (meist durch →Integralrechnung).

Rektor [lat. 'Lenker', 'Leiter'], **1)** (*R. magnificus*), Leiter einer Hochschule. Sein Stellvertreter ist der *Prorektor*; **2)** Leiter einer Volks-, Sonder- oder Realschule (Stellvertreter: *Konrektor*); **3)** leitender Geistlicher einer Nebenkirche, eines Seminars u. ä.

Rektorenkonferenz, beratendes und beschließendes Gremium der →Rektoren aller wissenschaftl. Hochsch. der BRD zur Behandlung gemeinsamer Fragen; ebenso in *Österreich*; *Schweiz*: Schweiz. Hochschul-R.

Rekuperation [lat. 'Wiedererwerb', 'Wiedererlangung'] *die*, **1)** *Technik*: Verfahren zur Luftvorwärmung durch heiße Abgase. **2)** *Geschichte*: *Rekuperationen*, von →Innozenz III. (1198–1216) unter Ausnutzung des Thronstreits zw. →Philipp von Schwaben und →Otto IV. durchgeführte Erweiterung des →Kirchenstaats um

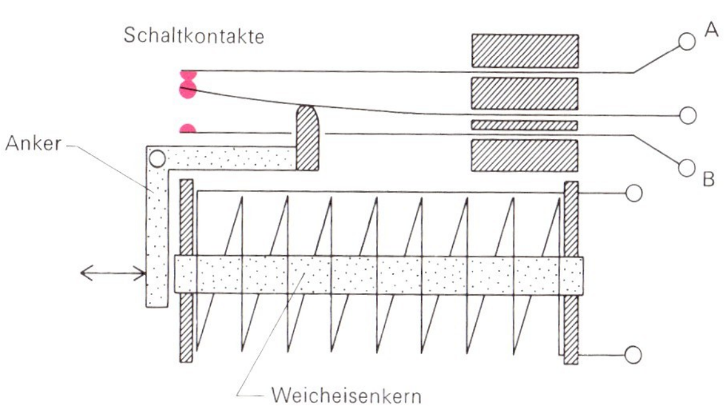

Relais: Prinzipieller Aufbau eines elektromagnetischen Relais: Bei angezogenem Anker (Bild) ist der Arbeitskontakt *A* geschlossen, fällt der Anker dagegen ab, so schließt sich der Ruhekontakt *B*

Reichsgut (Hzgt. Spoleto, Mark Ankona und Teile Tusziens), auf das der Papst auf Grund karoling. und späterer kaiserl. Schenkungen und Versprechungen Anspruch zu besitzen glaubte. Die R. legten eine Barriere zw. Reichsitalien im Norden und dem stauf. Kgr. Sizilien im Süden; sie wurden von →Otto IV. 1201 und 1209 anerkannt.

Rekurs [lat.] *der*, Rechtsmittel.

Relais [frz., r^e^lä] *das*, **1)** Kette von Poststationen oder milit. Meldern, früher: Station zum Wechseln der Pferde; **2)** *Physik*: elektr. Schalter, der durch Strom-, Licht- oder Wärmewirkung einen Stromkreis öffnet oder schließt. Beim *elektromagnet. R.* zieht ein vom Steuerstrom erregter Elektromagnet einen Anker an, der Kontakte öffnet oder schließt; dadurch können durch geringe Steuerströme große Ströme geschaltet werden (→Schütz). Elektromagnet. R. werden bes. in der Fernsprechwähltechnik benutzt. Beim *Photo-R.* liefert eine →Photozelle oder →Photodiode bei Belichtung den Erregerstrom zum Schalten des R., verwendet z. B. bei →Lichtschranken und Dämmerungsschaltern. Das *thermische R.* hat einen Streifen aus →Bimetall (→Thermostat), der bei Erwärmung einen Kontakt öffnet oder schließt. (Bild S. 4985)

Relaisstation, Funkstation, die Funksprüche aufnimmt und als Vermittler weitergibt, wenn die gewünschte Empfangsstation nicht direkt erreicht werden kann, z. B. beim Schiffsfunk. Automat., unbemannte R. auf Türmen sind von Bed. bei →Richtfunkstrecken mit Mikrowellen (→Wellenlänge); sie strahlen empfangene Sendungen nach Verstärkung unmittelbar wieder aus (→Ball-Empfang); ihre Reichweite entspricht der (theoret.) Sichtweite. Als automat. R. für überseeische Richtfunkstrecken dienen Nachrichtensatelliten (→Weltraumfahrt).

Relation [lat.], Beziehung, Verhältnis mehrerer Dinge, Gedanken usw. zueinander (→Kategorie). *R.-Logik*, mehrstufige Logik, →Logistik.

relativ [lat.], auf etwas bezogen; bedingt, eingeschränkt, verhältnismäßig (Ggs. →absolut); Ztw. *relativieren.*

Relativbewegung, Bewegung eines Körpers bezügl. eines anderen. Eine Unterscheidung zw. Ruhe und gleichförmiger Bewegung ist absolut nicht möglich, sie hängt von der Wahl des Bezugssystems ab (→Relativitätstheorie). Die bei einem Zusammenstoß zweier Körper auftretenden Wirkungen sind im allg. nur von der R., insbes. von deren Geschwindigkeit (*Relativgeschwindigkeit*) abhängig.

relative Mehrheit, die größte Zahl von Stimmen, die eine von mehreren konkurrierenden Gruppen bei einer Abstimmung erreicht.

Relativismus [lat.], in der *Erkenntnistheorie* die Auffassung, daß eine Wahrheit nicht absolut, sondern immer nur in bezug auf den Menschen, seine Einstellungen und seine geschichtl.-gesellschaftl. Situation gültig sein kann. In der europ. Denkgesch. gab es seit →Protagoras zahlr. relativist. Strömungen. *Ethik*: die Leugnung absoluter sittl. Normen.

Relativitätstheorie, physik. Theorie zur Beschreibung der Phänomene in bewegten Bezugssystemen. Die R. geht im wesentl. auf A. →Einstein zurück. Nach dem *Relativitätsprinzip* der Mechanik ist es für einen Beobachter innerhalb eines sich gleichförmig bewegenden Bezugssystems (*Inertialsystem*) nicht möglich, eine absolute Bewegung seines Systems – z. B. der Erde – im Raum festzustellen: alle mechan. Experimente verlaufen in einem ruhenden und gleichförmig bewegten Laboratorium gleich. Erst unter Bezugnahme auf andere Systeme läßt sich seine Relativbewegung erkennen. Nach der Aufstellung der →Maxwellschen Gleichungen glaubte man, eine →Relativbewegung der Erde im absolut ruhenden Äther (dem hypothetischen →Medium der Lichtausbreitung) messen zu können. Der →Michelson-Versuch ergab jedoch, daß die →Lichtgeschwindigkeit für zwei gegeneinander bewegte Beobachter immer gleich groß und unabhängig von der Bewegung der Lichtquelle ist. Dies war mit dem Relativitätsprinzip der Mechanik nur durch eine Relativierung von Raum und Zeit in Einklang zu bringen; beide verloren ihren absoluten Charakter: sie hängen vom Bewegungszustand des Systems ab, in dem sie gelten.

Spezielle Relativitätstheorie: Sie ermöglicht die Verallgemeinerung des Relativitätsprinzips auf alle physik.

Gesetze innerhalb von Systemen, die sich gegeneinander *gleichförmig* bewegen: die physik. Vorgänge spielen sich in diesen Systemen völlig gleichartig ab. Der Übergang zw. diesen für eine math. Beschreibung völlig gleichwertigen Bezugssystemen erfolgt durch die *Lorentz-Transformation.* Sind die Geschwindigkeiten der physik. Vorgänge klein gegen die Lichtgeschwindigkeit, vereinfacht sich diese zur klass. *Galilei-Transformation*: die Zeit ist absolut, Geschwindigkeiten werden addiert, dies entspricht unserer Anschauung. Daß Raum und Zeit vom Bewegungszustand abhängig sind, wird erst merklich, wenn die Geschwindigkeiten mit der des Lichts vergleichbar werden; einem ruhenden Beobachter zeigt sich dies beispielsweise dadurch, daß ihm ein Körper, wenn er sich etwa so schnell wie das →Licht bewegt, kürzer erscheint, als dieser Körper im ruhenden Zustand (*Lorentz-Kontraktion*). Jedem Beobachter erscheint ferner ein Zeitablauf in einem relativ zu ihm bewegten System (z. B. in einer schnell fliegenden Rakete) langsamer als im eigenen, d. h., eine Uhr im bewegten System scheint langsamer zu laufen als eine gleichartige im ruhenden (*Zeitdilatation*). Die Masse eines Körpers (→Ruhemasse) nimmt mit seiner Geschwindigkeit zu und würde bei Lichtgeschwindigkeit unendlich groß werden. Die Lichtgeschwindigkeit c (im Vakuum) ist deshalb für alle Körper die nicht erreichbare, für elektromagnet. Signale die erreichbare Maximalgeschwindigkeit. Sie ist eine Naturkonstante, d. h. vom Bewegungszustand der Lichtquelle unabhängig. Aus der speziellen R. ergibt sich auch der fundamentale Satz von der Gleichwertigkeit von Masse m und Energie E ($E = mc^2$); d. h., Masse kann in Energie umgewandelt werden (→Kernreaktion). Die Ergebnisse der speziellen R. sind experimentell fest fundiert: sie wurden bei der Beobachtung sehr schneller Elementarteilchen bestätigt; die μ-→Mesonen der →Höhenstrahlung erreichen die Erdoberfläche nur, da sie (für einen irdischen Beobachter) infolge ihrer hohen Geschwindigkeit wesentlich länger existieren als im ruhenden Zustand (*Zeitdilatation*) und deshalb (im irdischen Maßstab) auch eine wesentlich größere Entfernung zurücklegen können.

Allg. Relativitätstheorie: Sie stellt eine Erweiterung der speziellen R. auf beliebige, d. h. auch auf beschleunigte Relativbewegungen dar. Sie ist eigtl. eine Theorie der →Gravitation, denn die Beschleunigung in einem Gravitationsfeld, z. B. dem Schwerefeld der Erde, erweist sich als gleichwertig mit jeder anderen Art von Beschleunigung: durch Experimente allein kann man nicht feststellen, ob man sich in einem Schwerefeld oder in einem beschleunigten System (z. B. einem schnell anfahrenden Lift) befindet. Daraus ergibt sich u. a., daß schwere und träge →Masse einander gleich sind. In der speziellen R. war die →Geometrie des →Raumes – des Raum-Zeit-Kontinuums – euklidisch, d. h., sich selbst überlassene Körper bewegen sich gradlinig und gleichförmig. In der allg. R. kann die Bewegung eines solchen Teilchens im allg. gekrümmt sein. Dies führt – unter Anwendung der →Riemannschen Geometrie – zur Vorstellung des gekrümmten Raumes. Eine große Masse, z. B. ein Stern, verändert den ihn umgebenden Raum. Dies konnte am Licht von Sternen, das sich nahe an der Sonne vorbeibewegt, beobachtet werden. Experimentell wur-

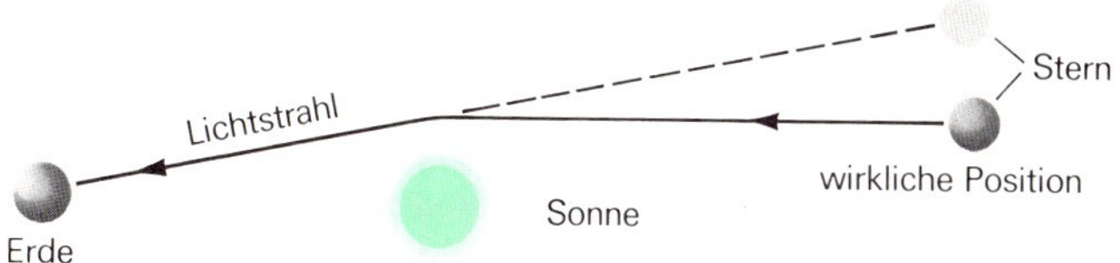

Relativitätstheorie: Die Ablenkung eines Lichtstrahls im Schwerefeld der Sonne. Der Lichtstrahl wird zur Sonne hin gekrümmt, der Stern scheint dem Beobachter dadurch weiter von der Sonne entfernt, als seiner tatsächlichen Position entspricht

de die allg. R. nur teilweise überprüft: außer der erwähnten Lichtablenkung durch die Drehung der Bahn des Planeten →Merkur, die (relativistische) →Rotverschiebung, insbes. die (mittels des →Mößbauer-Effekts nachgewiesene) Frequenzveränderung von Licht im Schwerefeld der Erde. Die allg. R. ist die Grundlage der modernen →Kosmologie. Eine Verknüpfung der Felder aller →Wechselwirkungen, d. h. eine einheitliche Beschreibung aller Naturerscheinungen in einer einheitlichen *Feldtheorie*, ist bisher noch nicht gelungen (→Weltformel).

Relativsatz, *Sprachlehre*: Nebensatz, der durch ein Relativpronomen eingeleitet wird und einen Satzteil des Hauptsatzes näher bestimmt, z. B.: Der Mann, *der über die Straße geht*, ist mein Onkel.

Relaxantia [lat.] Einz. *das -xans*, Arzneimittel, die Entspannung bzw. Erschlaffung bewirken. *Muskel-R.* (→Muskelgifte) werden bei Operationen verwendet (z. B. →Curare).

Relaxation [lat.], *Physik*: verzögerte Reaktion eines Körpers auf äußere Einwirkungen; sie äußert sich dadurch, daß der Körper seinen neuen Gleichgewichtszustand nicht sofort annimmt, sondern sich ihm allmählich mit einer bestimmten Verzögerung, der *R.-Zeit*, nähert. Die Änderung der Brechzahlen mit der Lichtfrequenz (→Brechung) beruhen z. B. darauf, daß die schwingenden Atome der Lichtschwingung nicht mehr folgen können, wenn diese schneller erfolgt als (dem Kehrwert) ihrer R.-Zeit entspricht. Die R. ist u. a. auch von Bed. in der →Rheologie.

Relaxin [lat.], →Hormon mit Eiweißcharakter, das in Gebärmutter, Eierstöcken und Plazenta während der Schwangerschaft gebildet wird; es bewirkt die Auflockerung und Erweiterung der Schamfuge für die Geburt.

Release [engl. riliß 'Freilassung'] *das*, Organisation zur Selbsthilfe bei (meist jugendl.) Drogenverbrauchern. *R.-Zentren* helfen kostenlos in jurist., med., psychol. u. a. Fragen, welche die Drogensucht betreffen; →Rauschgifte.

Relegation [lat.], Verweisung von einer Schule oder Hochsch., zumeist als Strafakt wegen disziplinar. Verfehlungen.

relevant [lat.], wichtig, von Belang; *Relevanz*, Wichtigkeit, Erheblichkeit; Ggs. →irrelevant.

Reliabilität [lat.], die Zuverlässigkeit (Meßgenauigkeit), mit der ein psychol. Prüfverfahren (→Test) die Unterschiede zw. versch. Versuchspersonen widerspiegelt (ausgedrückt in einem sog. R.-Koeffizienten).

Relief, 1) *Kunst*: Teilgebiet der Plastik; die Figuren werden herausgearbeitet, bleiben aber an die Fläche gebunden. Je nach Höhe der Erhebung der Figuren über dem Grund: Tief-R. (frz. *bas-relief*), das den Bildcharakter noch beibehalten hat, und Hoch-R. (frz. *haut-relief*), das sich der Rundplastik nähert. Das R. ähnelt in seiner Wirkung dem Gemälde, mit dem es die Beschränkung auf eine Hauptansicht gemeinsam hat; seit dem Altertum bekannt. **2)** *Geogr.*: Bez. für die Gestalt der Erdoberfläche. **3)** *Kartographie*: verkleinerte Abbildung der gesamten Erdoberfläche oder auch nur von Teilen, z. B. aus Gips hergestellt. Damit die Oberflächenformen auch in flacheren Gebieten gut zu erkennen sind, haben die Entfernungen in der Vertikalen einen größeren Maßstab als die in der Horizontalen (*Überhöhung*).

Reliefenergie, Größe der relativen Höhenunterschiede in einem bestimmten Gebiet, z. B. der Höhendifferenzen jeweils von Berg und Tal.

Reliefstickerei (*Hochstickerei, Weißstickerei*), Stickerei, bei der das Muster längs unterlegt und mit dichten Stichen quer überstickt wird.

Reliefumkehr (*Inversion*), gegensätzl. Form von morpholog. Erdoberfläche und geol. Struktur; z. B.: ein Berg aus muldenförmig gefalteten Gesteinen oder ein Höhenzug an der Stelle eines geol. Grabens. Entsteht durch verschiedenartige Verwitterung und Abtragung der Gesteine.

religiöser Sozialismus, überwiegend von ev. Christen getragene polit.-soziale Bewegung, die eine Aussöhnung und Verbindung zw. →Christentum und →Sozialismus wie auch zw. Kirche und sozialist. →Arbeiterbewegung anstrebt; in der Schweiz und in Dtld. verbreitet. Als lose organisierte Gruppierung konnte der r. S. keinen größeren kirchl. oder polit. Einfluß gewinnen, doch sind z. B. in der SPD seit 1945 zahlr. ev. Christen im Sinne des r. S. aktiv.

Religion [lat.], das positive Verhalten sowohl des einzelnen als auch einer gesellschaftl. Gruppe gegenüber einer überweltl. und zugleich weltüberlegenen Macht. Ihr Ursprung liegt im dunkeln, sie ist aber bei allen Völkern und in allen Kulturen vorhanden, als *Natur-R.* schon bei den →Naturvölkern, die sich von übernatürl. Mächten abhängig fühlen (→Ahnenkult, →Animismus, →Magie, →Schamanismus). Der Übergang zu den in der Regel an →Hochkulturen gebundenen *Hochreligionen* mit dem Glauben an überweltl. Macht verkörpernde Götter (→Polytheismus) ist fließend. Bei den ins Licht der Gesch. tretenden Völkern ist er meist schon da, ohne daß primitive Vorstellungen ganz überwunden wären. Entstehung, Erhaltung und Zerstörung der Welt werden auf höhere Kräfte zurückgeführt, die sich in einzelnen Gottheiten repräsentieren. Priester leiten ihren Kult, mündl. und schriftl. Traditionen und Mythen entstehen, Tempel werden gebaut, Götterbilder gestaltet und verehrt; das Schicksal aber hält man gewöhnl. für mächtiger als die Götter, deren Untergang zus. mit den Menschen prophezeit wird. Damit ist der Übergang von den in Asien beheimateten, ethisch fundierten *Weltreligionen* zum Glauben an die *eine*, alles durchwirkende (persönl. oder unpersönl.) Macht vorbereitet, die den Menschen ihren Willen und ihr Wesen offenbart (→Henotheismus, →Monotheismus). Die →Offenbarung geschieht durch bes. begnadete Menschen, Propheten, Priester und vor allem die *Religionsstifter* wie →Mose, →Zarathustra, →Buddha, →Jesus, →Mani, →Mohammed u.a. Ihre Lehren werden schriftl. fixiert, ihre Gebote verlangen vom Menschen Gehorsam.

Religionsgeographie, Zweig der →Kulturgeographie, der die relig. geprägten Lebensräume des Menschen untersucht, sowohl die äußeren Zeichen der Religionen wie auch alle kultrelig. Einflüsse.

Religionsgeschichte, wissenschaftliche Darstellung der Relig. in ihrem geschichtl. Werden und ihrer Erscheinung, im Ggs. zur →Theol. ohne spekulative Voraussetzungen und ohne Bewertung. Sie stellt das Charakterist. der einzelnen Relig. heraus und vergleicht die versch. Formen (*vergleichende R.*).

Religionsgeschichtliche Schule, theol. Richtung im dt. Protestantismus, nach 1888 in Göttingen von einem Kreis von Theol.-Prof. begr.; u. a. *Hermann Gunkel* (1862–1932), *Wilhelm Bousset* (1865–1920), *Johannes Weiß* (1863–1914), *Albert Eichhorn* (1856–1926), *Hugo Greßmann* (1877–1927); Systematiker der R. Sch. wurde E. →Troeltsch. Die R. Sch. beschäftigte sich hauptsächl. mit dem Einfluß der relig. Umwelt auf die Entstehung von A.T. und N. T.

Religionsgesellschaften (*Religionsgemeinschaften*, *Religionsgenossenschaften*), Vereinigungen von Angehörigen desselben oder mehrerer verwandter →Bekenntnisse zu gemeinsamer relig. Betätigung. In der BRD ist Gesetzgebung und Staatsaufsicht gegenüber den R. Sache der Länder. Es gibt R. privatrechtl. und öffentl.-rechtl. Stellung. Die Eigenschaft als Körperschaft des öffentl. Rechts wird ihnen verliehen, wenn sie durch Verfassung und Mitgliederzahl die Gewähr der Dauer bieten, auch Zusammenschlüsse solcher R. können Körperschaften des öffentl. Rechts werden. Sie sind berechtigt, von ihren Mitgl. →Kirchensteuer und →Kirchgeld zu erheben.

Religionsgespräch, i. e. S. die meist öffentl. theol. →Disputationen der Reformationszeit über strittige Lehren (→Leipziger Disputation), auch innerhalb des Protestantismus (z. B. Marburger R., 1529); i. w. S. heute die friedl. Auseinandersetzung zw. den Relig., Konfessionen und kirchl. Richtungen.

Religionsphänomenologie, Schule der →Religionswissenschaft, die auf ein Verstehen des Sinngehaltes von Erscheinungsformen der Relig. abzielt (Gebet, kult. Handlungen, Tabus usw.); geht auf →Husserl und →Scheler zurück; wichtige Vertreter: R. →Otto, N. →Söderblom, G. van der →Leeuw, F. →Heiler, *J. Wach.*

Religionsphilosophie, 1) die philos. Untersuchung der Religion bzw. bestimmter relig. Überzeugungen nach Ursprung, Voraussetzungen und nach der Art ihrer Antwort auf spezif. philos. Fragen; entwickelte sich seit der →Aufklärung, bes. bei →Kant und →Hegel; **2)** Versuch zur philos. Begründung einer Religion.

Religionspsychologie, Teilgebiet der →Kulturpsychologie, das die Bedingungen und Formen relig. Erlebens sowie seine Ausprägung in den zahlr. →Religionen, in ihren Symbolen, Kultformen usw. untersucht. Psychol. sind für die Ausbildung von Relig. einerseits Wünsche und Bedürfnisse, andererseits seel. Ausnahmeerfahrungen (Tod, Schuldgefühle, Visionen, pathologische Phänomene wie z. B. epileptische Anfälle) wesentlich. Der Inhalt der relig. Vorstellungen entspringt weitgehend der →Projektion menschl. Geschehens und Erlebens auf übermenschl. Mächte.

Religionssoziologie, Zweig der Soziologie, der die Relig. als gesellschaftl. Erscheinung untersucht, ohne die Frage der Wahrheit relig. Inhalte zu berühren. Wichtige Aspekte der R. sind 1. die Organisationsformen der Relig.; 2. soziale Funktionen der Relig. und ihre Stellung in der Ges.; 3. die Zusammenhänge zw. Relig. u. a. sozialen Bereichen.

1. Während Kirche einen hierarch. gegliederten und durchorganisierten (→Organisation), traditionell orientierten 'Herrschaftsverband' darstellt, in den man hineingeboren wird, ist Sekte im 'reinen' Fall eine Gemeinschaft, die auf freiwilliger Mitgliedschaft beruht und die ständige relig. Belehrung der Mitgl. fordert. Folge ist eine starke Intensivierung des relig. Lebens sowie enge Bindung und Kontrolle der Mitgl.

2. Relig. ist Zentrum und Basis des kulturellen Systems einer Ges., von dem sich die allgemeingültigen Werte ableiten, die dem gesellschaftl. System relig. Würde und Rechtfertigung geben und das Leben in der Ges. sinnvoll deuten. Diese Funktion der Relig. hat sich in modernen Ges. im Zuge zunehmender Rationalität verringert und ist nur noch partiell wirksam, da sie in Konkurrenz zu profanen Äquivalenten (Ideologien, Philosophien, Weltanschauungen) getreten ist. Ein weiterer Aspekt sind die Funktionen der Relig. für den einzelnen, die vor allem von der →Religionspsychol. untersucht werden, insbes. die Sinndeutung des Lebens und der Aufbau des Gewissens. Dieses dient der Entwicklung und Stabilität der Persönlichkeitsstruktur durch die Gefühle von Schuld und Pflicht sowie der Bewältigung von Trieben durch die Entwicklung ideeller Zielvorstellungen; es schafft Kompensationen für notwendige Frustrationen im sozialen Leben.

3. Die wechselseitige Beeinflussung zw. Relig. und Ges. ist in bezug auf die Wirtschaft von M. →Weber untersucht worden, der u. a. nachwies, daß die prot., vor allem calvinist.-puritan. Religiosität und Ethik eine wesentl. Grundlage für die Entstehung einer kapitalist. Gesinnung (innerweltl. Askese) war, die sich in Sparsamkeit, Arbeitsamkeit, Tugendhaftigkeit ausdrückt und wirtschaftl. und berufl. Erfolge als Zeichen göttl. Gnade deutet. Ein ähnl. Zusammenhang wurde von R. K. →Merton in bezug auf die Naturwissenschaften nachgewiesen. Andererseits haben die Entwicklung der industriellen Ges., die Verstädterung und die Zerstörung traditioneller sozialer Ordnungen allg. zu einer 'Rationalisierung' relig. Inhalte wie gleichzeitig zu einem Bedeutungsverlust geführt und somit die Wirkungsmöglichkeiten der Kirche erschwert.

Religionsstatistik, Teil der Sozial- und Bevölkerungsstatistik, sucht die Religionsgliederung der Bev. zu bestimmen. Ihre Zahlen beruhen z. T. auf Schätzungen und sind vielfach unwirklich, da selbst eine persönl. Erklärung die wahre Einstellung oft verleugnet (Kirchensteuerchristen), sogar unter Billigung mancher Religionsgemeinschaften (→Schiiten). Gerade volkreiche Staaten unterlassen in den Volkszählungen die Frage nach dem Religionsbekenntnis (UdSSR, China, USA, Großbritannien, Frankreich). Zahlr. Menschen hängen versch. Religionen zugleich an; z. B. dem Schintoismus und Buddhismus in Japan, dem Konfuzianismus, Daoismus und Buddhismus in China. Oft werden trotz vorgebl. Zugehörigkeit zu einer Weltreligion auch die alten Naturkulte weitergepflegt. Alle R. verwischen durch Zusammenfassungen die Zugehörigkeit zu Splittergruppen und Sekten. Vom Staate gezählt werden nur Mitgl. anerkannter Religionsgemeinschaften. Der staatl. R. steht die R. der Kultgemeinschaften gegenüber, doch differiert diese vielfach erhebl., da der Begriff des 'Gläubigen' versch. Unterscheidungen zuläßt, Erwachsene, Getaufte, Opfernde. Die R. ist zuweilen Ziel massiver Fälschungen oder Gegenstand höchster Geheimhaltung (Südvietnam, Jemen, Sudan, Libanon, Nigeria).

Religionsvergehen (*Religionsdelikte*), Vergehen, die sich auf die Relig. beziehen; →Gotteslästerung (§ 166 StGB), Störung des Gottesdienstes (§ 167 StGB). – Ähnl. in *Österr.* (§§ 188f. StGB) und in der *Schweiz.*

Religionswissenschaft, Sammel-Bez. für die hist.-philolog. spezielle und allg. →Religionsgeschichte, deren Ziel die Darstellung aller Einzelrelig. ist, und für die systemat. oder vergleichende R., die nach Wesen und Ursprung der Relig., ihren Erscheinungsformen (→Religionsphilosophie, →Religionspsychologie, →Religionsphänomenologie, →Religionssoziologie) sowie ihren Strukturgesetzen fragt.

Religiosen [lat.] Mz., *kath. Kirchenrecht:* Mitgl. relig. Genossenschaften (→Orden, →Kongregationen).

religioso [ital.], musikal. Vortrags-Bez.: andächtig.

Relikt [lat.] *das,* Überrest aus der Vergangenheit; z. B. *R.-Fauna,* Reste ehem. weit verbreiteter Tiergruppen; *R.-Form,* Rest einer ehem. wichtigen oder verbreiteten geol. oder geomorpholog. Form.

Reliquiar [lat.] *das,* Behälter oder Schrein zur Aufbewahrung und Schaustellung von →Reliquien; aus kostbaren Materialien, in kunstvoller Ausführung.

Reliqui|en [lat.] Mz., Überreste von Heiligen wie auch Teile von deren Kleidern, Märtyrerwerkzeugen u. a. als Gegenstand relig. Verehrung, oft in kostbaren →Reliquiaren aufbewahrt. R.-Verehrung auch in nichtchristl. Religionen.

Rellingen, Gem. im Kr. →Pinneberg, Schleswig-Holst., nordwestl. von Hamburg, 13500 E. (1975); Rosenzucht, eines der größten Baumschulgebiete.

rem, auf die biol. Wirksamkeit bezogene Einheit der Strahlungsdosis (→Dosis, →Röntgen). Nach dem Gesetz über Einheiten im Meßwesen soll die Einheit rem ab 1.1.1978 durch die Einheit Joule/Kilogramm (J/kg) ersetzt werden; 1 rem = 0,01 J/kg, 1 J/kg = 100 rem.

Remagen, Stadt im Reg.-Bz. Koblenz, Rheinl.-Pf., am Rhein, 14700 E. (1975); Obstbau und Baumschulen; Kleinindustrie. In R. der *Apollinarisberg* mit neugot. Wallfahrtskirche.

Erich Maria Remarque

Rembrandt: Selbstbildnis

Remake [engl., rimeͥk 'Wiedermachen'] *das,* Neuverfilmung eines schon mindestens einmal verfilmten Stoffes.

Remanenz [lat.] *die,* **1)** bei ferromagnet. Material (→Ferromagnetismus) nach Verschwinden des magnetisierenden Feldes zurückbleibender Magnetismus (→Hysteresis). **2)** meist Mz., verbleibende Dauererregung in gewissen Erinnerungszentren des Gehirns.

Remarque [rᵉmark], Erich Maria (eigtl. *Paul Remark*), Schriftst., *22. 6.1898 Osnabrück, †25.9.1970 Locarno; lebte seit 1929 in der Emigration, 47 US-Bürger; weltberühmt durch den Roman aus dem I. Weltkrieg 'Im Westen nichts Neues' (1929, verfilmt) und den Emigrantenroman 'Arc de Triomphe' (engl. 45, dt. 46); zeitnahe Thematik in 'Der Weg zurück' (31); 'Der Funke Leben' (52); 'Der schwarze Obelisk' (56); 'Schatten im Paradies' (71).

Rembours [frz., rãbur] *der,* Dekkung, Rückerstattung (von Auslagen).

Rembourskredit, Form des →Wechselkredits im internat. Handel, meist Überseehandel, bei dem eine Bank dem inländ. Importeur durch Akzept eines vom ausländ. Exporteur auf die Bank gezogenen Wechsels kurzfristig Kredit gewährt. Als Sicherheit erhält sie die Verschiffungspapiere (→Konnossement und Versicherungspolice). *Remboursgeschäft:* mit einem R. durchgeführtes Importgeschäft.

Rembrandt (*R. Harmensz van Rijn*), niederländ. Maler und Graphiker, *15.7.1606 Leiden, †4.10. 1669 Amsterdam; Schüler von P.

Rembrandt: Dr. Faustus (Radierung)

→Lastman; als Persönlichkeit, deren geheimnisvoller Reichtum sich ganz in ihrer Kunst offenbart, von stärkster abendländ. Wirkung. R. hinterließ etwa 700 Gemälde, 300 Radierungen, 1600 Handzeichnungen. In der Leidener Frühzeit (1626–31) meist kleinformatige Porträts mit starken Hell-Dunkel-Kontrasten, Studien und Radierungen. Mit der Übersiedlung nach Amsterdam (31) lebensfrohe Periode als erfolgreicher Bildnismaler, eingeleitet durch die 'Anatomie des Dr. Tulp' (32), neu in der lebendig-dramat. Gruppierung, bibl. Szenen mit warmen, fein abgestimmten Farben, in denen das Licht räuml. und seel. Tiefe schafft, beschlossen mit der 'Nachtwache' (42), die das Gruppenbild ganz als spontane Aktion in Licht und Dunkel erfaßte, deshalb von den Auftraggebern abgelehnt. Die verschwender. Zeit der Ehe mit Saskia van Uijlenburgh, als Weltmann und Kunstsammler, endete 42 mit Saskias Tod. Nach wirtschaftl. Zusammenbruch und Versteigerung seiner Habe (57/58) blieb R. Schaffenskraft auch in Alter und Einsamkeit ungebrochen. Bilder mit starkem Farbauftrag, die Figuren beleben mit goldfarbenem Leuchten das umgebende dämmrige Dunkel: 'Die Staalmeesters' (61/62), 'Lesender Titus' (65), 'Die Rückkehr des verlorenen Sohnes (68). Die ganz verinnerlichte Kunst, deren Entwicklung bes. in den zahlreichen Selbstporträts zutage tritt, gibt von immer tieferer Leiderfahrung und -überwindung Zeugnis. R. brachte die Technik der Radierung zu dynam. Ausdrucksfreiheit: 'Drei Bäume' (43), 'Hundertguldenblatt' (49), 'Die drei Kreuze' (53). Kühn andeutende Zeichnungen in knappen Umrissen und intensivem Strich.

Rembrandthut, Hut mit breiter geschwungener Krempe, im 17. Jh. in den Niederlanden üblich; auf Bildnissen Rembrandts zu finden.

Remedium [lat.] *das*, Mz. *-dia* (auch *-dien*), **1)** Heilmittel; **2)** zulässige Abweichung vom festgelegten Gewicht und Feingehalt bei Münzen (→Passiergewicht).

Reminiszenz [lat.] *die*, Erinnerung, Anklang, Nachwirkung.

remis [frz., r^e^mi 'zurückgestellt'], *Schach*: unentschieden.

Remise [frz.] *die*, Abstell-, Wagenschuppen.

Remisow [-ßof], Alexej Michajlowitsch, russ. Schriftst., *7.7.1877 Moskau, †28.11.1957 Paris; Erzählungen und Romane, in denen sich Phantastisches und Reales mischen; in Märchen und Legenden unternahm er den Versuch, den altruss. Volksstil neu zu beleben.

Remission [lat.], Rücksendung; *Med.*: vorübergehendes Zurückgehen von Krankheitserscheinungen.

remittieren [lat.], **1)** (Bücher) zurücksenden; *Remittenden*, nicht verkaufte Bücher und Zschr., die auf Grund einer Vereinbarung vom Einzelhändler an den Grossisten oder Verleger zurückgesandt werden. **2)** (Zahlungen) zustellen, überweisen; *Remittent*, der Wechselnehmer, an den oder an dessen Order die Wechselsumme gezahlt werden soll (→Wechsel). **3)** *Med.*: vorübergehend nachlassen (z. B. remittierendes Fieber). Hptw. →Remission.

Remonstration [lat.], Gegenvorstellung, Einwand (→Arminianer); *remonstrieren*, Einwände erheben.

Remonte [frz.] *die*, in Ausbildung befindl. Militärpferd, 3–4 Jahre alt.

Remoulade [frz., remulad^e^] *die*, kalt angerührte, dickflüssige Soße aus Mayonnaise, Sardellen, Kräutern, Gewürzen u. a. zu kaltem Fleisch, Fisch, Spargel.

Rembrandt: Rückkehr des verlorenen Sohnes (um 1668). Leningrad, Eremitage

Rems *die*, re. Nebenfluß des Neckars, 80 km lang, entspringt am Albtrauf und mündet bei *Neckarrems*; Weinbau (*Remstäler Wein*).

Remscheid, kreisfreie Stadt im Reg.-Bz. Düsseldorf, Nordrh.-Westf., südlich von Wuppertal, 138000 E. (1975); Fachsch., Theater, Röntgen-Museum; Zentrum der dt. Werkzeug-Herst., mit Versuchsanstalt der Werkzeug-Ind., daneben Maschinen- und Gerätebau, Eisen-, Stahl-, Textilindustrie.

Remter *der*, (*Rempter*), großer Speise- und Versammlungssaal (→Refektorium) in Burgen der geistl. Ritterorden.

Remuneration [lat.], Belohnung, Vergütung, Entschädigung.

Remus, röm. Sagengestalt, Zwillingsbruder des →Romulus.

Renaissance [frz., r^{e}näßã̱ß 'Wiedergeburt'] *die*, i. w. S. jedes Wiederaufleben früherer Kulturerscheinungen; i. e. S. die zur 'Entdeckung der Welt und des Menschen' (J. →Burckhardt) führende Wiederbelebung der Antike am Übergang von MA zur Neuzeit (1350–1600). Voraussetzung für die R. (unter der man gewöhnl. nur die künstler. Erscheinungen dieser Epoche im Unterschied zu der als →Humanismus bezeichneten lit. Ausprägung versteht) war vor allem die Ablösung des christl.-abendländ. Universalismus durch die Entbindung des Individuums im Zuge einer polit. (Untergang der Reichsidee, Erwachen des Volkes, Ausbildung von Stadtstaaten) und geistigen Neuorientierung (→Nominalismus). Die R. nahm von Italien ihren Ausgang, wo auch der schließlich als höchstes Ideal betrachtete *uomo universale*, der ästhet. bestimmte Allmensch (L. →Alberti, →Leonardo), seine vollkommenste Ausprägung fand.

Bildende Kunst: Die Kunst der R. als Abkehr von der mittelalterl. Kunst begann in Italien um 1420 als *Frührenaissance*, erreichte dort ihren Höhepunkt um 1500 als *Hochrenaissance* bis zur Wende zum →Manierismus um 1530. Von ihrem Ursprungsland ausgehend, verbreitete sie sich in den europ. Ländern in unterschiedl. Wirksamkeit ungefähr ab 1500 und endete mit dem Beginn des Barock um 1600. Die Loslösung vom MA, bes. im Norden Europas, geschah nicht mit gleicher Konsequenz wie in Italien; z. B. konnte sich in England die R. nur in geringem Maße durchsetzen (→engl. Kunst, →Tudorstil). Die *Architektur* verwendete auf schöpfer. Weise Elemente der antiken, vor allem der röm. Baukunst (Tonnengewölbe, Säulenordnungen), jedoch ohne direkte Übernahmen wie der →Klassizismus. Charakterist. für die ital. Bauten der R. ist das Bestreben nach Harmonie und rationaler Struktur des architekton. Aufbaus (→Brunelleschi, →Alberti, →Palladio): es erweist sich in der Symmetrie und bes. beim Sakralbau in der Vorliebe für das Ideal des kuppelbekrönten →Zentralbaus, der, wie die Baugesch. der Peterskirche zeigt, selten in reiner Form verwirklicht, sondern meist mit der basilikalen Form des Langhauses (→Basilika) verbunden wurde (→Bramante, →Michelangelo). Gleichbedeutend neben dem Kirchenbau war der Profanbau, bes. in der Form des Palast- und Schloßbaus (Stadtpaläste in Rom und Florenz; →Michelozzo, die →Sangallo). In Frkr. und im Norden überwogen weitaus die profanen Aufgaben (C. →Floris, →Lescot, E. →Holl): Schloßbauten bis nach Skandinavien sowie als Folge des erwachten bürgerl. Bewußtseins hohe Blüte des Bürgerhauses. Die Archit. des Nordens blieb im Gesamtaufbau noch wesentl. den mittelalterl. Proportionen verbunden; kennzeichnend sind reichausgebildete Giebel und Türme sowie Treppentürme bei asymmetr. Anordnung der Baumassen. In der *Malerei* wurde durch die Entdeckung der Zentralperspektive um 1420 in Florenz (Brunelleschi) die Flächenhaftigkeit der mittelalterl. Malerei überwunden (→Masaccio). Form und Inhalt wandeln sich entspr. dem neuen Wirklichkeitssinn des Zeitalters. Die aus dem MA übernommene relig. Thematik wurde durch mythol. Stoffe der Antike (→Botticelli), realist. Erfassung der Umwelt (Anfänge des →Stillebens und der Landschaftsmalerei) erweitert, wobei diese Entwicklung im Norden schon von den Meistern der spätgot. Malerei (Gebr. van →Eyck, K. →Witz u. a.) in wesentl. Zügen vorbereitet wurde. Die beherrschende Stellung des Menschen als Maß aller Dinge zeigte sich in der eingehenden künstler. Beschäftigung mit dem Akt (→Mantegna, →Giorgione, →Leonardo da Vinci, Michelangelo), dessen Proportionsgesetze math. dargelegt wurden, sowie in der Entwicklung der Porträtmalerei (Piero della →Francesca, →Raffael, →Burgkmair, →Holbein d. J., →Cranach d. Ä.). In Italien waren →Tafelmalerei und →Wandmalerei gleichberechtigt; im Norden nahm erstere die künstler. Vorrangstellung ein. Von zunehmender Bed. wurden die graph. Techniken (→Holzschnitt, →Kupferstich; →Dürer, →Baldung, →Altdorfer). In der *Plastik* wurde die Loslösung von der Gotik bes. in Italien deutlich: die Statue verlor die starke Bindung an

Renaissance: **1** Prunkzimmer des Seidenhofs, Zürich (17. Jh.); **2** Flügel des Schlosses Blois (1515–24); **3** König Artus, Bronzestatue des Maximiliangrabs, Innsbrucker Hofkirche, 1513 in der Werkstatt P. Vischers d. Ä. nach Entwurf Dürers gegossen; **4** Treppenaufgang im Salamanca-Schloß, Spittal (Drau) (1527–36); **5** Perseus mit dem Haupte der Medusa, Bronzestandbild von B. Cellini (1554); **6** Kamin des Schlosses Villeroy, Werkstatt von G. Pilon (um 1570); **7** Rittersaal mit Kassettendecke des Schlosses Heiligenberg beim Bodensee, von J. Schwartzenberger (um 1575)

1

2

3

4

5

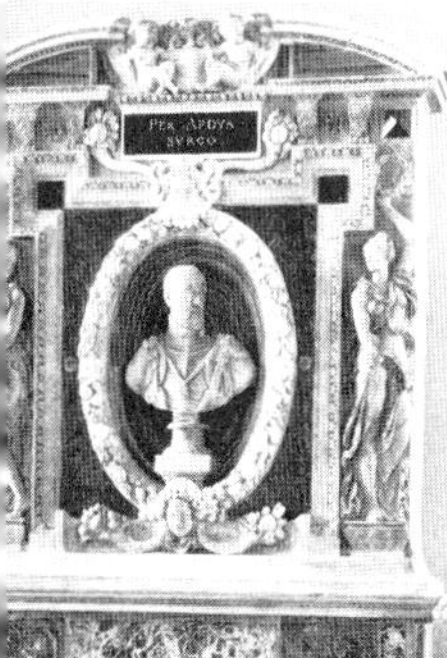

6

7

die Archit. und gewann an Selbständigkeit. Bezeichnend dafür sind die Reiterdenkmäler der Epoche (→Donatello, →Verrocchio), die ersten Denkmäler dieser Gattung seit der Antike. Wie in der Malerei trat das Studium des nackten Körpers in den Vordergrund (A. →Rossellino, Michelangelo); dazu kommt das Bildnis als eine der Hauptaufgaben der ital. Plastik (die della →Robbia). Im Norden schloß sich der ital. Entwicklung am meisten Frkr. an, während bes. in Dtld. die spätgot. Plastik um 1500 erst ihren Höhepunkt erreichte (→Riemenschneider, →Stoß). *Kunstgewerbe*: Sowohl im Süden als im Norden bedeutete die R. eine reiche schöpfer. Entwicklung des Kunstgewerbes, bes. bei den Geräten des tägl. Bedarfs. Die keram. Techniken (→Fayence, →Majolika), die Holzbearbeitung (z. B. →Intarsien) sowie die Bearbeitung von Edelmetallen wurden in Italien in höchster Vollendung ausgebildet (→Cellini); im Norden bes. die Glasmalerei, Zinnkunst und kunsthandwerkl. Gestaltung von Waffen und Gerät.
Von größter Bed. für die Ausbreitung der ital. R.-Kunst, bes. der Archit., waren die zumeist auf →Vitruv fußenden theoret. Abhandlungen und Musterbücher (→Palladio). In die Spätzeit der Epoche fiel mit →Vasari der Anfang der Kunstgeschichtsschreibung.
Musik: Am wichtigsten sind die Musik der Niederlande (→franko-flämische Musik) und die ital. Musik des 16. Jh.; nationale Ausprägungen auch in Dtld., England, Spanien. Hauptformen sind mehrstimmige Vokalwerke wie →Madrigal und →Motette. Hervorzuheben sind die harmon. und tonalen Experimente →Gesualdos; das Streben nach Textverständlichkeit und Ausgewogenheit in der kath. (→Palestrina), nach klarer Deklamation in der ev. Kirchenmusik; die Versuche, in der dramat. Vokalmusik die Musik der griech. Antike nachzubilden. Die Musik der R. zeigt auch eine beginnende Verselbständigung der Instrumentalmusik; ihre Formen bereiten die Musik des →Barock vor.

Renan [r^e^nã], Ernest, frz. Relig.-Wissenschaftler und Schriftst., *27.2. 1823 Tréguier (Bretagne), †2.10.92 Paris; erregte Aufsehen durch seine positivist. Interpretation des 'Lebens Jesu' (Vie de Jésus, 1863) in seiner 'Gesch. der Anf. des Christentums' (Histoire des origines du christianisme, 63–83). Philos.-skeptizist. Schriften (Dialogues et fragments philosophiques, 76) und Dramen. (Bild S. 4998)

Renard [r^e^nar], Jules, frz. Schriftst., *22.2.1864 Chalons-sur-Mayenne, †22.5.1910 Paris; Mitbegr. des 'Mercure de France'; bekannt durch den Roman über seine schwere Kindheit 'Poil de carotte' (1894); nüchterner, scharfer Beobachter; naturalist. Erzählungen und Dramen.

Renault [r^e^no], Louis, frz. Wirtschafts- und Völkerrechtler, *12.5. 1843 Autun, †8.2.1918 Barbizon; Mitgl. des Ständigen →Internat. Gerichtshofes in Den Haag. Friedensnobelpreis 1907.

Renault-Werke (*Régie Nationale des Usines Renault*), Unternehmen der Automobil-Ind., Paris-Billancourt, gegr. 1898 von *Louis R.* (1877 bis 1944); 1945 verstaatlicht. Konzern-Umsatz: 19,5 Mrd. DM, Beschäftigte: 222500 (1975).

Rench *die*, re. Nebenfluß des Oberrheins, 54 km lang, entspringt im nordwestl. Schwarzwald, mündet 20 km unterhalb von Straßburg.

Rendezvous [frz., rãdewu] *das*, Stelldichein, Verabredung, Treffen; *Weltraumfahrt*: Bez. für das beabsichtigte Zusammentreffen zweier oder mehrerer Raumfahrzeuge auf einer Umlaufbahn; hierzu sind komplizierte Steuermaßnahmen erforderlich, da nach den Keplerschen Gesetzen jede Geschwindigkeitsänderung zwangsläufig auch eine Änderung von Umlaufbahn und Bahnhöhe zur Folge hat, die paradox ist. Eine Geschwindigkeitserhöhung bewirkt z. B. eine höhere Umlaufbahn mit verlängerter Umlaufzeit (→Apogäums-Paradoxon, →Perigäums-Paradoxon).

Rendite [ital.], Ertrag einer Kapitalanlage in % des aufgewendeten Betrags; bei Wertpapieren der Zinsertrag in % des Kurswertes. Die *Wertpapier-R.* errechnet sich für festverzinsl. Papiere nach der Formel:

$$\text{R.} = \frac{\text{Nominalzinsfuß} \times 100}{\text{Kurswert}}$$

für Aktien nach der Formel:

$$\text{R.} = \frac{\text{Dividende} \times 100}{\text{Kurswert}}$$

Piero della Francesca:
Anbetung des Kreuzes.
Fresko aus dem Zyklus
der Kreuzlegende
(um 1460)
Arezzo, S. Francesco

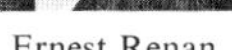
Ernest Renan

Annemarie Renger

Ludwig Renn

Karl Renner

Rendl, Georg, Heimatdichter, *1.2. 1903 Zell am See, †10.1.72 Salzburg; Romane ('Der Bienenroman', 1931) und relig. Dramen ('Kain und Abel', 45).

Rendsburg, Krst. (Kr. *R.-Eckernförde*) in Schleswig-Holst. mit 34500 E. (1975); Altstadt (12. Jh.) zw. →Eider und →Nord-Ostsee-Kanal; got. Marienkirche (13. Jh.), Fachschulen, Landestheater; Sitz von Fachverbänden, landw. Messe- sowie Kongreßstadt; Schiffbau, Elektro- und chem. Ind.; Eisenbahnhochbrücke über und vierspuriger Straßentunnel (1961 eröffnet) unter dem Kanal.

Rendzịna [poln.] *die*, (*Kalkhumusboden, Humuskarbonatboden*), Bez. für einen Boden, der im gemäßigten Klima auf kalkreichem Ausgangsgestein entsteht; im allg. sehr fruchtbar.

Renega̲t [lat.], Abtrünniger, Glaubensverleugner.

Reneklo̲de [frz.] *die*, (*Reineclaude, Ringlotte*), Sortengruppe der Pflaumen; mit runden, blauroten oder grünen Steinfrüchten.

Renens [r^{e}nã̲], Stadt im Kt. Waadt nordwestl. von Lausanne, 17400 E. (1975); chem., Metall-Ind., Herst. von Nahrungsmitteln und Textilien; Bahnknotenpunkt.

Renẹtten [frz.] (*Reinetten*), Sortengruppe von Äpfeln: Fruchthälften symmetrisch, Früchte mittelgroß, gelbe Grundfarbe mit lebhaft roten Streifen; z. B. *Gold-R.*, *Orléans-R.*, →Cox Orangen-R., →*Goldparmäne*.

Renfrew [rẹnfru], Hptst. der südwestschott. Gft. →Renfrewshire, am →Clyde, westl. von Glasgow, 19200 E. (1973); Maschinen-, Textil-Ind.

Renfrewshire [rẹnfruschi^{r}], südwestschott. Gft. am Firth of Clyde, 612 km², 367000 E. (1973), Hptst. →Renfrew; Ackerbau, versch. Ind.

Renger (eigtl. *Renger-Loncarevic*), Annemarie, dt. Politikerin (SPD), *7. 10.1919 Leipzig; 1945–52 Mitarbeiterin von K. →Schumacher; 53 MdB; 72–76 Präs. des Dt. Bundestags.

Re̲ni, Guido, ital. Maler, *4.11.1575 Calvenzano (bei Bologna), †18.8. 1642 Bologna; Schüler von L. →Carracci; in Rom unter Einfluß von →Caravaggio, dessen Helldunkel er übernahm, aber ins Zartere abwandelte. Meist relig. Themen; gefällig-pathet. Malerei, die aus dem Gefühlvollen leicht ins Sentimentale abgleitet und sich in starren Kompositionen verliert. (Bild S. 5000)

renitẹnt [lat.], widersetzlich, widerspenstig; Hptw. *Renitenz*.

Renker, Gustav, Schriftst., *12.10. 1889 Zürich; Bergbücher ('Heilige Berge', 1921), Tiergeschichten, hist. und biograph. Romane, Erzählungen.

Renkontre [frz., rãkõ̲ntr^{e}] *das*, Zusammenstoß.

Renn, Ludwig (eigtl. *Arnold Friedrich Vieth von Golßenau*), Schriftst., *22.4.1889 Dresden; lebt seit 1951 in Ost-Berlin; Offizier; Mitgl. der KPD seit 28, Sekretär des Bundes proletar.-revolutionärer Schriftst.

Rennes: Rathaus

1 2

Rennwagen: **1** Brabham-Repco, Weltmeisterschaftswagen 1966, 305 PS; **2** Ferrari 312 B3, 1974, 490 PS; **3** Lotus-Climax, Weltmeisterschaftswagen 1965, V-8-Motor, 200 PS; **4** March 741, 1974, 465 PS

3 4

(28–32), Mit-Hrsg. der Zschr. 'Die Linkskurve'; 36 aus der Haft (seit 33) entflohen; 36/37 Stabschef einer Internat. Brigade im Span. Bürgerkrieg; 47 Rückkehr aus dem mexikan. Exil; erfolgreichstes Werk: 'Krieg' (28); sachl.-krit. Romane ('Nachkrieg', 30; 'Adel im Untergang', 44), Reportagen und Jugendbücher.

Rennbahn, meist künstl. errichtete Anlage für die Durchführung von Rennen im →Pferde-, →Rad-, →Motorsport.

Renneisen, im *Rennfeuer* bei Temp. unter dem Schmelzpunkt des →Eisens aus Eisenerz durch Reduktion und Sintern gewonnene Eisenklumpen, erste Form des technisch genutzten Eisens; im Unterschied zum Eisen aus dem →Hochofen extrem kohlenstoffarm, biegsam und weich; muß durch Aufkohlen gehärtet werden.

Rennenkampff, Paul, Edler von, russ. General, *17.4.1854 in Estland, †(erschossen) Mai 1918 Taganrog; als Führer der Njemen-Armee im Sept. 1914 an den Masurischen Seen geschlagen, 1915 verabschiedet; in der Revolution von den Bolschewisten zum Tode verurteilt.

Renner, Karl, österr. Politiker, *14. 12.1870 Untertannowitz, †31.12. 1950 Wien; Parlamentsbibliothekar, 1907 sozialdemokrat. Abgeordneter im Reichsrat, 18–20 Staatskanzler, 31–33 Präs. des Nationalrates, 45 Bundeskanzler, ab Dez. 45 Bundes-Präsident.

Rennes [rḁ̃n], Hptst. des westfrz. Dép. →Ille-et-Vilaine (Bretagne), an der *Ille*, 188000 E. (1973); wirtschaftl. und kultureller Mittelpunkt der →Bretagne, Erzbischofssitz, Univ.; Justizpalast (17. Jh.), Rathaus (18. Jh.), Abteikirche Notre-Dame (11. bis 13. Jh.), Kathedrale (im wesentl. 19. Jh.), Museen; Leder-, Textil-, Kfz-Industrie.

Rennklassen, Einteilung der Segelboote nach Bauart und Segelfläche.

Rennrodel, ein- oder zweisitziger Sportschlitten (etwa 20 kg schwer, Spurbreite bis 48 cm), vom sitzenden oder fast rücklings liegenden Fahrer durch Gewichtsverlagerung und Füße gesteuert; auf bes. Rodelbahnen Geschwindigkeiten bis zu 100 km/h.

Rennsteig (*Rennstieg*, *Rennweg*), alter Saumpfad auf dem Kamm des Thür. Waldes von der Werra bis zur Saale; Grenze zw. Thüringen und Franken.

Rennwagen, Kraftfahrzeug, das ausschließl. für höchste Geschwindigkeit (bis 400 km/h) und Beschleunigung auf gesperrten Straßen oder Rennbahnen gebaut ist: starke Verbrennungsmotoren, leicht und niedrig gebaut, optimale Schwerpunktlage, ohne Rücksicht auf Erfordernisse des Straßenverkehrs (keine amtl. Zulassung, ohne Beleuchtungsanlage); →Formel-R.

G. Reni: Erzengel Michael. Rom, Konvent der Kapuziner

Rennwetten, bei Pferde- und Hunderennen (meist Windhunde) auf Sieg oder Platz eines Tiers abgeschlossene Wetten.

Rennwett- und Lotteriesteuer, die auf Grund des Gesetzes vom 8.4.1922 mit Novelle vom 23.3.34 erhobene Steuer auf Lotterien, Ausspielungen, Wetteinsätze. Steuersatz $16^{2}/_{3}$% vom Einsatz. BRD: Landessteuer. Aufkommen (1974): 721 Mio. DM.

Reno, 1) [rino^{u}], Stadt im westl. Nevada (USA), 1350 m ü.M., 74000 E. (1973); Univ.; Spielkasinos; bekannt durch die zahlr. hier stattfindenden Eheschließungen und -scheidungen unter den großzügigen Gesetzen des Staates. **2)** *der*, oberital. Fluß in der Emilia-Romagna, rd. 200 km lang, entspringt nördl. von →Pistoia im Apennin, mündet südöstl. von →Comacchio ins Adriat. Meer.

Renoir [r^{e}noar], **1)** Auguste, frz. Maler, *25.2.1841 Limoges, †17.12.1919 Cagnes; urspr. Porzellanmaler. Impressionist, später unter dem Einfluß der klass. ital. Malerei klare Linien und festere Formen. Porträts, weibl. Akte mit sonnenerfüllten Garten-, Wald- und Hafenszenen im Hintergrund, Stilleben. Farbigkeit und Anmut sind Kennzeichen seiner mit sichtl. Freude am Spiel des Lichts und künstler. Delikatesse gemalten Bilder. Ausdrucksvolle Plastiken mit 'impressionist.' (lichtbrechender) Oberflächenbehandlung.
2) Jean, frz. Filmregisseur, Sohn von 1), *15.9.1894 Paris; vielseitiger Realist des frz. Vorkriegsfilms; präzise Milieuzeichnung und ironisch pointierte Details. – Filme: Nana (1926); Nachtasyl (36); Die große Illusion (37); Die Spielregel (39); Eine Landpartie (36/47); Das Frühstück im Grünen (59) u.a.

Renommee [frz.] *das*, Ruf, Leumund; *renommieren*, prahlen, aufschneiden, 'angeben'; *renommiert*, namhaft, angesehen; *Renommist*, Aufschneider, Angeber.

Renouvier [r^{e}nuwje], Charles, frz. Philosoph, *1.1.1815 Montpellier, †1.9.1903 Prades; Begr. des →Neukantianismus in Frkr. ('Essais de critique générale', 54–97); baute vor allem die Kategorienlehre und die Ethik Kants aus.

Renovierung [lat.] (*Renovation*), Erneuerung, Instandsetzung.

Rensch, Bernhard, Zoologe, *21.1. 1900 Thale (Harz); bed. Arbeiten über Abstammungslehre, Sinnesphysiologie u. a.

rentabel [frz.], gewinnbringend, einträglich, lohnend.

Rentabilität, Verhältnis zw. Gewinn eines Unternehmens und eingesetztem Kapital (→Wirtschaftlichkeit):

$$\text{Eigenkapital-R.} = \frac{\text{Gewinn} \times 100}{\text{Eigenkapital}}$$

$$\text{Unternehmens-R.} = \frac{(\text{Gewinn} + \text{Fremdkapitalzinsen}) \times 100}{\text{Unternehmenskapital}}$$

Rentamt (*Rentei*), **1)** frühere Bez. für örtl. Finanzverwaltung. **2)** Verwaltung größerer, meist landw. Vermögen (*Rent-*, *Domänenkammer*). *Rentmeister* (*Rentamtmann*), Vorsteher eines R.

Rente [frz.] *die*, regelmäßiges (arbeitsloses) Einkommen, das auf Vermögensbesitz, Versicherungs- oder Versorgungsansprüchen beruht. Man unterscheidet →Leib-R. und →Zeit-R., in der Wirtschaftstheorie →Grund-

A. Renoir: Vertrautes Gespräch. Winterthur, Sammlung Oskar Reinhart 'Am Römerholz'

R., *Quasi-R.* (aus kurzfristig fixierten Produktionsmitteln fließendes, die Kosten übersteigendes Einkommen) u. a. Während bis zum I. Weltkrieg die R. aus Kapitalbesitz vorherrschten, sind heute die R. aus Versicherungs- und Versorgungsansprüchen weitaus in der Überzahl (→Rentenversicherung, →Kriegsopferversorgung, →Wohlfahrtsstaat).

Rentenanleihe, ältere Form der öffentl. →Anleihe, bei der die Gläubiger nur Anspruch auf Verzinsung (*ewige Rente*), jedoch nicht auf Rückzahlung des Kapitals hatten; bes. in Frankreich verbreitet.

Rentenbank, 1. landw. Kreditinstitut, dessen Kreditnehmer (meist Grundbesitzer) den Kredit in Form zeitl. begrenzter Renten zurückzahlen. R. wurden im 19. Jh. in Dtld., bes. in Preußen, gegr. und dienten der Ablösung bäuerl. Lasten gegenüber dem Grundherrn (→Bauernbefreiung, →Rentenbrief, →Rentengut). 2. →Landwirtschaftl. R. 3. *Deutsche R.*, 1923 als jurist. Person des privaten Rechts errichtete Notenbank, die durch Rentenbriefe gedeckte *R.-Scheine* (→Rentenmark) zum Zweck der Währungssanierung als Zahlungsmittel ausgab.

Rentenbesteuerung, Sonderform der Einkommenbesteuerung: je nach Art der Rente ist sie voll, teilweise oder überhaupt nicht der Einkommensteuer unterworfen. Steuerfrei sind Renten aus der Unfallversicherung und Renten an gesetzlich unterhaltsberechtigte Personen (Ehegatten, Eltern, Kinder); nur mit dem sog. *Ertragsanteil* werden die versch. Altersrenten besteuert; Pensionen sind voll zu versteuern.

Rentenbrief, 1. von einer Rentenbank ausgegebenes Wertpapier zur Ablösung von Rentenforderungen; 2. als Deckung der Rentenbankscheine (→Rentenmark) von der Dt. Rentenbank 1923 geschaffenes Wertpapier, das auf 500 Goldmark lautete, mit 5% verzinsl. und gegen 500 Rentenmark einlösbar war.

Rentengut, Bauerngut oder landw. genutztes Grundstück, dessen Kaufpreis durch jährl. Rente getilgt wird. R. wurden im 19. Jh. bei der →Bauernbefreiung und im Rahmen der preuß. Ansiedlungspolitik in den Ostprovinzen geschaffen; sie sollten mittellosen Landwirten den Erwerb von Grundeigentum ermöglichen.

Rentenkauf, Kreditgeschäft des älteren dt. Rechts, bei dem der Geldgeber (Rentenkäufer) eine dauernde →Rentenschuld (*Ewiggeld*) an einem Grundstück erhielt. Durch R. wurde im MA das kanon. Zinsverbot umgangen.

Rentenmark, durch Gesetz vom 13. 10.1923 geschaffene Übergangswährung zur Stabilisierung der dt. Währung. Die neu geschaffene Notenbank war die Dt. →Rentenbank, zu deren Gunsten die ges. dt. Wirtschaft mit einem Gesamtgrundschuldbetrag von 3,2 Mrd. Goldmark belastet wurde. Im gleichen Betrag wurden auf Gold lautende Rentenbriefe ausgefertigt, die als Deckung der in Umlauf gebrachten Rentenbanknoten dienten. Der Erfolg der R. wurde jedoch nicht durch diese Deckung, sondern durch die Stillegung der Notenpresse erzielt. Eine R. entsprach 1 Billion Papiermark. Die neue Währung wurde über Kredite an Reich, Reichsbank und Privatnotenbanken zwecks Weiterleitung an die Wirtschaft in den Verkehr gebracht. 1924 trat an die Stelle der R. die Reichsmark im Verhältnis 1:1.

Rentenneurose, zusammenfassende Bez. für psychovegetative Störungen oder hysterische Reaktionen (oft mit fließenden Übergängen zur →Simulation), denen ein unbewußter Wunsch nach Arbeitsunfähigkeit und entspr. Rentenanspruch zugrunde liegt.

Rentenschuld, eine Abart der →Grundschuld, bei der zu regelmäßig wiederkehrenden Terminen eine Geldrente aus dem Grundstück zu zahlen ist. Die R. wird im Grundbuch eingetragen (§ 1199 BGB).

Rentenversicherung, Versicherung, die gegen einmalige oder laufende Prämie als →Leibrente (Lebens-, Altersrente) oder →Zeitrente regelmäßige Zahlungen an den Versicherungsnehmer oder einen begünstigten Dritten leistet (→Lebensversicherung, →Unfallversicherung). *Soziale R.*: →Altersversicherung, →Knappschaftsversicherung, →Sozialversicherung.

Rentier (*Ren*; *Rangifer tarandus*), einzige Art der Renhirsche, rd. 1,2 m hoch, 2 m lang; Hufe breit spreizbar; beide Geschlechter mit Geweih; in großen Herden, weite Herbst- und Frühjahrswanderungen. R. waren in der Eiszeit bis zum Mittelmeer verbreitet, heute leben sie in den hochnord. Wäldern und den Tundren. Das *Eurasiatische R.* wurde als einziger Hirsch bleibendes Haustier; das nordamerik. *Karibu* ist nicht gezähmt.(Bild S.5004; →Geweih,Bild)

rentieren [frz.] (*sich rentieren*), Zinsen tragen, Gewinn bringen, lohnen; Hptw. →Rentabilität.

Rentner, überwiegend nicht berufstätige Person, die ihren Lebensunterhalt aus einer →Rente bestreitet. Nach der Quelle, aus der die Rente fließt, unterscheidet man *Kapital-R.* (*Rentier*), *Versicherungs-R.* und *Sozial-R.* (→Sozialversicherung, →Rentenversicherung).

Rentsch Eugen AG, Verlag, gegr. 1910 in München, seit 1919 in Erlenbach-Zürich. Zeitkrit., soziol., hist., wirtschaftswissenschaftl. Literatur.

reorganisieren [lat.], neu regeln, umgestalten; Hptw. *Reorganisation.*

Reparation [lat.], Wiederherstellung (→Reparatur); *Med.*: Ersatz geschädigter Gewebe und Organe.

Reparationen [lat.], seit Ende des I. Weltkrieges im Völkerrecht verwendeter Begriff für die Verpflichtung des Besiegten zur Wiedergutmachung der durch Kriegshandlungen bei den Siegern verursachten Schäden. Formen: Arbeitsleistungen durch Kriegsgefangene und zwangsverpflichtete Zivilpersonen, Sachleistungen (→Demontage), Geld- und Kapitalleistungen, Gebietsabtretung, Produktionsverbote zur Ausschaltung der Konkurrenz. Völkerrechtl. können erst nach Unterzeichnung des Friedensvertrages R. geleistet werden; daher sind dt. Leistungen nach 1945 nur als Vorgriffe auf R. anzusehen.
Die von Dtld. nach dem Versailler Vertrag zu zahlenden R. wurden durch *R.-Kommissionen* auf 138 Mrd. Goldmark (einschl. der belg. Kriegsschulden) festgesetzt. Im Mai 1921 wurde auf der Londoner Konferenz die Annahme eines Zahlungsplans ultimativ gefordert, der jährl. Ratenzahlungen von 2 Mrd. Mark zuzügl. eines bewegl. Zuschlags von 26% des Wertes der dt. Ausfuhr vorsah. Geringfügige Unterschreitungen, bes. bei Sachleistungen an Frkr., führten am 11.1.1923 zur Besetzung des Ruhrgebiets durch frz. und belg. Truppen und zur schnellen Verschlechterung der dt. Wirtschaftslage bis zum Währungszusammenbruch (→Inflation). Der *Dawes-Plan* (1924) sah eine Anpassung der R. an die dt. Zahlungsfähigkeit vor: die jährl. zu leistenden Beträge sollten von 1 Mrd. allmähl. auf 2,5 Mrd. RM steigen. Der *Young-Plan* (1929) legte die R. endgültig auf 59 Jahresraten von durchschnittl. 2 Mrd. RM fest. Der *Schlußpakt von Lausanne* setzte den dt. R. 1932 ein Ende. Nach Berechnungen der R.-Kommission betrugen die ges. dt. R.-Leistungen bis 1931 rd. 21 Mrd. RM, die amtl. dt. Berechnung lautete auf 68 Mrd. RM. Nach dem II. Weltkrieg wurden auf den Konferenzen von Jalta und Potsdam von Dtld. zu erbringende R. in Form von Sachleistungen vorgesehen, insbes. Abrüstung, Demontage, Verteilung der dt. Handelsflotte und der Auslandsvermögen; ihr Wert kann nur geschätzt werden (zw. 15 und 40 Mrd. DM). Die Sowjetunion verzichtete nach umfangreichen Demontagen in ihrer Besatzungszone am 1.1.1954 gegenüber der DDR auf weitere R., die Westmächte verzichteten durch Pariser Verträge vom 23.10.1954 gegenüber der BRD. Die Endregelung für Österr. erfolgte im Staatsvertrag vom 15.5.1955. Die volkswirtschaftl. Gefahr der R. wird heute allgemein anerkannt (→Weltwirtschaftskrise).

Reparatur [lat.] *die*, Wiederherstellung, Ausbesserung, Instandsetzung; Ztw. *reparieren*; Eigw. *reparabel.*

Repartierung [lat.], *Börse*: bei festgestellten Kursen Zuteilung von Stücken, wenn die Nachfrage das Angebot übersteigt bzw. Aufteilung der Nachfrage auf ein überschießendes Angebot.

repassieren [frz.], **1)** erneut prüfen oder behandeln; **2)** Laufmaschen aufnehmen; **3)** ein Werkstück durch Kaltformung nachglätten.

Repatriierung [lat.], Wiedereinbürgerung; Entlassung von Gefangenen in die Heimat.

Repellents [engl., ri-], Abschrekkungsstoffe gegen tier. Schädlinge; z. B. Hautschutzmittel gegen stechende Insekten, Holzschutzmittel.

Repertoire [frz., -toar] *das*, bei Bühnen, Orchestern, Schauspielern, Musikern der Bestand an eingeübten Stücken bzw. Rollen. *R.-Stück*, Bühnenstück, das längere Zeit auf dem Spielplan steht.

Repertoiretheater, Theater, das gleichzeitig mehrere Stücke auf dem Spielplan hat (Ggs. →En-Suite-Spiel).

Repertorium [lat.], Nachschlagewerk.

repetatur [lat. 'soll wiederholt werden'] (*rep.*), ärztl. Vermerk auf Rezepten, die für mehrmaligen Bezug gelten.

repetieren [lat.], wiederholen. *Repetent*, 1. Sitzengebliebener; Schüler, der eine Klasse wiederholt; 2. →Repetitor. *Repetition*, Wiederholung.

Repetitor [lat.], Akademiker, der Studenten durch Wiederholen des Lehrstoffes auf Examina vorbereitet (vor allem bei Juristen).

Repin (*Rjepin*), Ilja Jefimowitsch, russ. Maler und Radierer, *5.8.1844 Tschugujew, †29.9.1930 Kuokkala (Finnland); ausdrucksstarke Bilder aus der Geschichte und dem Volksleben (Wolgatreidler, 1870/73), entscheidend für den Naturalismus in der russ. Malerei. (Bild S. 5005)

Replik [lat. 'Entgegnung'] *die*, **1)** Erwiderung; Einrede bei Gericht, →Duplik; **2)** Nachbildung des eigenen Kunstwerkes durch den Künstler (Ggs. →Kopie). Ztw. *replizieren.*

Replikation [lat.] (*Reduplikation*), Bildung eines dem Ausgangsmolekül gleichen, neuen Moleküls (→identische R.); Ztw. *replizieren.*

Report [engl.; frz.] *der*, **1)** Bericht. **2)** Börsenbegriff für Kursaufschlag beim →Prolongations-Geschäft; Ggs. →Deport.

Reporter [engl.], Berichterstatter für Presse, Funk, Fernsehen.

Reppe, Walter Julius, Chemiker, *29.7.1892 Göringen (bei Eisenach); grundlegende Arbeiten über →Acetylen und Kohlenoxid sowie katalyt. Synthesen unter erhöhtem Druck (*R.-Chemie*); →Polyäthylen.

Reppen, ehem. Krst. (Kr. *Weststernberg*) in der Mark Brandenburg, Neumark, östl. von Frankfurt (Oder), mit 6200 E. (1973), seit 1945 unter poln. Verwaltung (*Rzepin*, Woiwodschaft →Grünberg); Ind.: Maschinen, Emailwaren, Holz.

Repräsentant [lat.], Vertreter, Volksvertreter, Abgeordneter. *R.-Haus*: Zweite Kammer des US-Kongresses.

repräsentativ [frz.], vertretend; (ein Verhältnis) widerspiegelnd, →Statistik; wirkungsvoll, würdig.

Repräsentativerhebung, statist. Erfassung eines Gesamtbereichs durch Datengewinnung aus Stichproben oder Teilbereichen, in denen die für das Ergebnis bedeutsamen Merkmale im selben Verhältnis gegeben sind wie in der Gesamtmasse (→Statistik).

repräsentieren [lat.], vertreten; darstellen, vergegenwärtigen; würdig auftreten. Hptw. *Repräsentation.*

Rentier

Repressalie [lat.] *die*, Vergeltungsmaßnahme, Druckmittel, bes. als Reaktion auf eine völkerrechtswidrige Handlung eines anderen Staates; z. B. Unterbrechung des Handels-, Post- oder Telegraphenverkehrs, Beschlagnahme von Privateigentum. Die →Genfer Konvention vom 12.8. 1949 verbietet R. gegen Kriegsgefangene.

Repression [lat.], Hemmung, Unterdrückung. Eigw. *repressiv.* – *Psychol.*: Begriff der Sozialpsychologie und der →Kritischen Theorie der →Frankfurter Schule; bezeichnet den Tatbestand, daß bestimmte Bedingungen gegebener Gesellschaftssysteme und Kulturen Triebhemmung und -unterdrückung beim einzelnen Ges.-Mitgl. erzwingen, die über ein für das gesellschaftl. Zusammenleben und die gegebenen Bedingungen notwendiges Maß hinausgehen und insofern Ausdruck von Herrschaft sind.

Repressor *der*, spezif. Eiweißkörper, der von einem →Regulatorgen determiniert wird (→genet. Information) und zus. mit einem →Operator die Eiweißsynthese unterdrückt, die von einem →Operon bestimmt wird. Tritt das →Substrat des betreffenden →Enzyms auf ('Induktor'), so verbindet es sich mit dem R.: der R. wird inaktiv, und es wird durch 'Enthemmung' (*Derepression*) das Enzym gebildet.

Reprint [engl., riprint 'Neudruck'] *das*, eine mit photomechan. oder elektrostat. Methoden hergestellte Vervielfältigung eines Druckwerks (meist vergriffener Bücher, Zschr.).

Reprise [frz.], **1)** *allg.*: Wiederaufnahme, Zurücknahme; **2)** *Seerecht*: Wiedereroberung feindl. Beute; **3)** *Musik*: Wiederholung; als Element der Sonatenform Wiederaufnahme des Anfangsteils nach der →Durchführung; **4)** *Theater*: Wiederaufnahme eines Stücks in den Spielplan; **5)** *Börse*: Steigen gefallener Kurse.

Reprivatisierung, Rücküberführung des Eigentums an öffentl. Erwerbsunternehmen in private Hand; in der BRD Preußag (1959), Volkswagenwerk (1961) und Veba (1965).

Reproduktion [lat.], Wiedergabe einer flächigen Abbildung durch ein Verfahren der →Reproduktionstechnik und anschließenden Druck, z. B. eines Ölgemäldes im →Lichtdruck (→Faksimile, →Farbendruck).

I. J. Repin: Die Saporoschjer Kosaken schreiben dem Sultan Mehmed IV. einen Brief (um 1878). Leningrad, Russisches Museum

Reproduktionskosten (*Wiederbeschaffungskosten*), Kosten der Wiederherstellung oder Wiederbeschaffung von betriebl. genutzten Gütern. *Reproduktionswert* (*Substanzwert*), der neben dem →Ertragswert errechnete Wert eines Betriebes, der die Kosten darstellt, die zur Errichtung eines Betriebes der gleichen Leistungsfähigkeit aufgewendet werden müßten.

Reproduktionstechnik, Gruppe handwerkl. und techn. Methoden, nach denen →Vorlagen (bes. bildl. Darstellungen) für Vervielfältigung durch die →Druckverfahren verfügbar gemacht werden. Urspr. dienten die künstler. →graphischen Techniken auch als R.; heute sind →Photographie und photochem. Techniken Basis der R.; teilweise durch elektron. Methoden ergänzt. Die R. erzeugt *Druckstöcke* (→Klischees) bzw. →Filme, die durch *Kopieren* (z. B. auf Metall) →Druckformen ergeben.

Nach →Retusche der Vorlagen (*Positivretusche*) folgt bei der *photograph. R.* die Aufnahme mit der *Reprokamera*, die bei Schwarzweiß-Reproduktionen ein →Negativ, bei mehrfarbigen für jede Druckfarbe einen 'Farbauszug' liefert (Strich, →Halbton, →Farbendruck, →Raster). Anschließend Maßnahmen zum Ausgleich der Ton- und Farbwertverluste bzw. -abweichungen, z. B. *Negativretusche*, *Maskenverfahren*. Kontrolle mit *Dichtemeßgeräten*. Die fertigen Filme werden durch photochem. *Kopierverfahren* auf das druckende Material übertragen: z. B. für →Buchdruck meist auf Metall, das anschließend geätzt wird (→Chemigraphie). Danach Herst. eines →Andrucks zur Kontrolle und ggf. Korrektur.

In der *elektron. R.* ersetzt ein Abtastlichtstrahl die Reprokamera. Er steuert entweder eine Graviernadel, die Klischees direkt in Metall oder Kunststoff graviert (*Klischograph*), oder einen Aufzeichnungslichtstrahl, der durch Belichtung eines Films Farbauszüge herstellt (*Scanner*).

Zur R. gehört auch die Herst. von *Kopien* der Original-Druckstöcke: Galvano (→Galvanisieren), Stereo (→Stereotypie). (Bilder S. 5007)

Reptili|en (*Kriechtiere*; *Reptilia*), Klasse der →Wirbeltiere; 3 Hauptbautypen: Echsen, Schildkröten, Schlangen. R. gibt es seit dem Erdaltertum; sie haben vermutl. gemeinsame Wurzeln mit primitiven →Amphibien oder sind aus solchen Formen hervorgegangen; ungefähr 6000 ausgestorbene R.-Arten, Höhepunkt der Entwicklung im Erdmittelalter, Aussterben der meisten R. in der Kreide, Weiterentwicklung zu Vögeln und Säugetieren (→Erdzeitalter, Tabelle).

Reptilien sind nicht mehr an ein Leben im oder am Wasser gebunden:

Atmung durch Lungen (nicht mehr →Kiemen), Haut reich an Pigmentzellen, durch Hornschuppen oder -schilder vor dem Austrocknen geschützt, drüsenarm. Eier durch Pergament- oder Kalkschale vor Austrocknung bewahrt; Eiablage an feucht-warmen Stellen (unter Laub, in Erde, besonnten Sand oder faulende Pflanzenteile), Ausbrüten durch die umgebende Temperatur. Große, nährstoffreiche Eier, direkte Entwicklung (kein Larvenstadium), Jungtiere sofort selbständig; einige R. sind →lebendgebärend; →Brutfürsorge bei den R. schwach ausgebildet. Als →Kaltblüter sind die R. weitgehend an warme Gebiete gebunden, am artenreichsten und größten daher in Tropen und Subtropen vertreten; nur wenige Arten überschreiten die Polarkreise, z. B. die Bergeidechse (lebendgebärend) in Norwegen bis zum 70. Breitengrad; bei niedrigen Temp. fallen die R. in *Kältestarre* (kein Winterschlaf); im Ggs. zu Warmblütern schlafen sie weiter, wenn die umgebende Temperatur zu tief sinkt, und erfrieren; bei großer Wärme halten manche R. einen *Sommerschlaf.* Einige R. sind nachträglich (sekundär) ins Wasser zurückgekehrt; ganz dem Leben im Meer angepaßt sind die →Meeresschildkröten und einige Schlangen, sie sind lebendgebärend oder gehen nur zur Eiablage an Land. Die meisten R. sind Fleischfresser (Ausnahme: Landschildkröten).

Vier Ordnungen: →*Brückenechsen* (1 Art) und →*Krokodile* (20 Arten), seit dem Erdmittelalter kaum verändert; →*Schildkröten* (200 Arten), seit dem Erdaltertum unverändert; *Schuppen-R.* mit →Echsen und →Schlangen (je 2500 Arten), entwicklungsgeschichtlich am jüngsten (Tertiär) und vielseitigsten: an das Leben am Boden, im Wasser, auf Bäumen (→Flugdrachen) angepaßt. (Bild S. 5009)

Reptilienfonds, im Haushaltsplan die Mittel, deren Verausgabungszweck geheimgehalten wird (Geheimfonds); unterliegt nur der Prüfung durch den Präs. des Rechnungshofes (→Welfenfonds), nicht aber der parlamentar. Haushaltskontrolle.

Republic Steel Corp., US-Unternehmen der Eisenindustrie, Kapazität: 12750000 t jährl. (7,8% der USA). Umsatz: 2,33 Mrd. $; Beschäftigte: 39500 (1975).

Republik [lat. 'Gemeinwesen'] *die,* Freistaat; jeder Staat ohne monarch. Spitze (→Demokratie).

Republikaner, seit 1854 Partei in USA, setzte →Lincoln als Präs. durch (1860), blieb lange Zeit die führende Partei der USA; Gegner der Sklaverei, Vertreter des Hochschutzzolls, konservativ.

Republikanischer Schutzbund, 1924–33/34 Wehrverband der sozialdemokrat. Arbeiterschaft in Österr.; am 30.3.33. von →Dollfuß aufgelöst, arbeitete er im Untergrund weiter und beteiligte sich Febr. 34 maßgebl. an den blutigen Straßenkämpfen in Wien, Linz und anderen österr. Städten. Eine christl.-soziale Entsprechung hatte der R. Sch. in der →Heimwehr.

Republikflucht, Straftatbestand in der DDR: illegales Verlassen der DDR; mit Freiheitsstrafen bedroht. Wer vor dem 1.1.1972 R. beging, gilt als ausgebürgert.

Repudiation [lat., 'Verschmähung', 'Zurückweisung'], formelle Ablehnung seitens eines Staates, die Verpflichtungen aus von ihm eingegangenen Schulden zu erfüllen. Im Ggs. zum →Moratorium eine dauernde Zahlungseinstellung.

Repunze [ital.], →Feingehalt-Stempel auf Waren aus Edelmetall.

Reputation [lat.], guter Ruf, Ansehen; *reputierlich,* achtbar, artig.

Requi|em [lat.] *das,* Totenmesse der kath. Liturgie, deren →Introitus mit 'R. aeternam dona eis' beginnt. Vertonungen u. a. von →Josquin, →Palestrina, →Lassus, →Hasse, →Mozart, →Cherubini, →Berlioz, →Verdi und →Liszt. *Deutsches R.,* auf nichtliturg. Texte in dt. Sprache geschrieben, u. a. von →Schütz ('Musical. Exequien') und →Brahms.

requiescat in pace [lat.] (*R. I. P.*), 'er (sie) ruhe in Frieden'; Grabinschrift nach der Schlußformel der kath. Totenmesse (→Requiem).

Requisit [lat.] *das,* Gebrauchsstück, Zubehör; *Requisiten,* Zubehör zur Ausstattung von Bühnenstücken (Geräte, Möbel u. a.); *Requisiteur,* Gerätemeister beim Theater.

Requisition [lat.], Inanspruchnahme von Sach- und Dienstleistungen: 1. im eigenen Land zu milit. Zwekken und bei innerstaatl. Notständen;

Reproduktionstechnik: 1 *Positivretusche* einer Vorlage mit Spritzapparat und Schablone; 2 *elektronische Reproduktion*: Abtastwalze mit aufgespanntem Farbdia und Optikkopf eines 'Scanners' (Farbauszuggerät); 3, 5, 8 *Buchdruck-Reproduktion*: 3 auf der Zinkplatte bleiben als 'Bild' nur die erhabenen Partien stehen (Einstufen-Ätzmaschine), 5 Korrektur des Klischees durch Abdecken und Nachätzen einzelner Partien, 8 direkte elektronische Klischeeherstellung durch Gravur: Einstellen des Abtastgeräts; 4 *photographische Reproduktion*: Reprokamera, links Dunkelkammerseite mit Kamerakasten für Film und Rasterscheibe, rechts Tageslichtseite mit Original-Halter und angebauten Lampengestellen; 6, 7 *Offset-Reproduktion*: 6 Korrektur des Films durch den Lithographen, 7 im Kopierrahmen werden die Raster-Filme auf die lichtempfindliche Maschinenplatte kopiert; 9, 10 *Tiefdruck-Reproduktion*: 9 die Pigmentkopie überträgt das 'Bild' auf den Formzylinder, 10 Korrektur nach dem Ätzen

2. in besetztem Gebiet durch die →Besatzungsmacht, zur Durchführung ihrer Aufgaben und zur Versorgung der Besatzungstruppe. Laut →Haager Landkriegsordnung dürfen R. nicht auf eine Einschaltung der Bev. in die Kriegführung gegen ihr eigenes Vaterland hinauslaufen; Naturalleistungen müssen bezahlt werden. Ztw. *requirieren.*

Resaieh (*Rezaiyeh*, früher *Urmia*), Hptst. der nordwestiran. Prov. Westl. →Aserbaidschan, am →Urmiasee gelegen, 125000 E. (1972); Bischofssitz; Handelszentrum.

Resa Schah Pahlawi [pählävi] (*Risa Schah Pehlewi*), Schah von Iran (1925–41), *16.3.1878 Alascht, †26.7.1944 Johannesburg; Begr. der herrschenden iran. Dynastie, 1941 von den Alliierten gezwungen, zugunsten seines Sohnes →Mohammed Resa Pahlawi abzudanken; in Südafrika interniert.

Reschenscheideck (*Reschenpaß*; ital. *Passo di Resia*), 1508 m hoher Paß zw. Oberinntal im N und oberem Etschtal (Vintschgau) im S; Grenze zw. Österr. und Italien (Südtirol). Südl. der Paßhöhe der *Reschen-Stausee* mit Kraftwerk.

Reschitza (rumän. *Reşiţa*), Industriestadt im rumän. →Banat mit 70000 E. (1973); Eisenhütte und Maschinenbau auf der Basis der Erzgruben im →Retezatgebirge.

Rescht (*Räscht*), Hptst. der nordiran. Prov. →Gilan, in der südl. Küstenebene des Kasp. Meeres, 170000 E. (1972); Kokon- und Rohseidenhandel; Fisch-, Tabak-, Teppich-, Seiden-Ind.; Bootsverkehr zum nahen Hafen →Pahlawi.

Resede (*Wau*; *Reseda*), Gattung der R.-Gewächse, Kräuter oder Halbsträucher bes. des Mittelmeergebietes. An Wegrändern, Schuttplätzen usw. die bis 1 m hohe, 2jährige *Färber-R.* (*Färberwau*; Reseda luteola) mit ährigen, blaßgelben Blütenständen, bis ins 19. Jh. in Dtld. angebaut, zum Gelbfärben benützt; ähnl. die *Gelbe R.* (*Gelber Wau*; Reseda lutea). Zierpflanzen sind *Garten-R.* (Reseda odorata) mit gelben oder rotbraunen, duftenden Blüten und *Weiße R.* (Reseda alba); ihr äther. Öl in der Parfüm-Ind. verwendet.

Resektion [lat.], teilweise chirurg. Entfernung eines Organes oder Gliedes, z. B. Ausschneidung eines Magenabschnitts (→Magenoperationen) oder eines Knochenteils (bei →Pseudarthrose u. a.).

Reservat [lat.] (*Reservation*), **1)** Vorbehalt, Sonderrecht; **2)** Schutzgebiet für Volksgruppen, Tiere oder Pflanzen; insbes. sind R. Landgebiete, die den Resten der Indianer-Bevölkerung seit Ende des 19. Jh. in den USA und Kanada zur Niederlassung zugewiesen wurden. Sie haben weitgehende Autonomie, werden mit Schulen und sanitären Einrichtungen versorgt und unterstehen der Aufsicht der Bundesregierungen. Der Aufenthalt in den R. ist freiwillig. Durch die räuml. und soziale Isolierung konnte die Indianer-Bev. in den R. ethnische Eigenheiten, gesellschaftl. Organisation und Kultur teilweise bis heute erhalten.

Reserve [frz.] *die*, **1)** *allg.*: Rücklage, Vorrat; Zurückhaltung, Verschlossenheit; **2)** *Milit.*: 1. →Truppe, die bei Kampfhandlungen zum Einsatz im Bedarfsfall bereitgehalten wird. 2. Gesamtheit ausgebildeter Soldaten, die nach Ableistung ihrer aktiven Dienstzeit bis zu einer bestimmten Altersgrenze zu R.-Übungen einberufen werden können und aus der bei →Mobilmachung aktive Verbände aufgefüllt oder neue aufgestellt werden (→Ersatzreserve).

Reservedruck, dem →Batiken ähnl. →Färbetechnik: eine auf das Gewebe aufgetragene farbabweisende Flüssigkeit (Wachs) deckt die nicht zu färbenden Teile ab.

Reserveoffizier, Angehöriger der Streitkräfte, der nach Ableistung seines aktiven Wehrdienstes und nach entspr. Ausbildung zum →Offizier der Reserve (d. R.) ernannt und danach nur noch zu Wehrübungen einberufen wird. In fast allen Staaten mit →stehenden Heeren wird im Kriegsfall ein Großteil der Offizierstellen durch R. besetzt.

reservieren [lat.], vorbestellen, vormerken; zurückhalten; Eigw. *reserviert.*

Reservist, aus dem aktiven →Wehrdienst ausgeschiedener Wehrpflichtiger, der bis zu einer bestimmten Altersgrenze wehrdienstpflichtig bleibt und zu Übungen herangezogen werden kann.

Reservoir [frz., -woar] *das*, Vorratsbestand; Sammelbehälter, bes. Wasserspeicher.

1 Smaragdeidechse; **2** Zauneidechse; **3** Blindschleiche; **4** Dornschwanz; **5** Grüne Mamba; **6** Brillenschlange; **7** Königspython; **8** Rote Diamantklapperschlange (am Schwanzende Klapper sichtbar); **9** Königsschlange; **10** Ringelnatter; **11** Kreuzotter; **12** Nilkrokodil; **13** Gangesgavial; **14** Griechische Landschildkröte; **15** Elefantenschildkröte; **16** Echte Karettschildkröte

Resident [lat.] *der,* **1)** Minister-R., dritte Rangklasse der Gesandten (→Gesandtschaft); **2)** höchster Vertreter einer 'Schutzmacht' in einem 'beschützten' Staat (→Kolonie).

Residenz [lat.] *die,* Regierungs-, Amtssitz eines Landesoberhauptes oder eines hohen geistl. Würdenträgers; Ztw. *residieren.*

Residenzpflicht, die Pflicht, am Dienstort zu wohnen (bei Beamten, Rechtsanwälten u. a.).

Residuen [lat.] Einz. *das -duum,* **1)** Rückstände, Reste; **2)** *Math.*: Zahlenwert eines →Integrals über einen geschlossenen Weg in der →Gaußschen Zahlenebene.

Resignation [lat.], Entsagung, Ergebung, Verzicht; Niederlegung eines öffentl. Amtes; Ztw. *resignieren; resigniert,* ergeben, mutlos.

Resina, südital. Stadt am Westfuß des →Vesuv, in Kampanien, mit rd. 46000 E. (1973); errichtet auf mächtigen Schlamm- und Lavaschichten, unter denen →Herculaneum verschüttet liegt; seit dessen Ausgrabung (1927) wurde R. etwas verlegt.

Resinate (*Harzseifen*), Metallsalze der Harzsäuren (→Harze); dienen zur Herst. von Papierleimen, Siccativen, Keramikfarben.

Resine, →Ester von Harzsäuren mit Alkoholen.

Résistance [frz., resißtãß 'Widerstand'] *die,* frz. Widerstandsbewegung gegen die dt. Besatzung im II. Weltkrieg.

Resistencia [-thia], Hptst. der nordargentin. Prov. →Chaco, am Paraná, 92000 E. (1972); Zuckerraffinerien, Textil-, Leder-, Tabak-, Nahrungsmittelindustrie.

Resistenz [lat.], Widerstand; *Biol.*: Widerstandsfähigkeit eines lebenden Organismus gegen Schädigungen, insbes. durch Infektionen und Vergiftungen (im Unterschied zur →Immunität). Sie hängt einerseits davon ab, ob Krankheitserreger oder Gifte die erforderl. Lebensbedingungen bzw. chemisch angreifbaren Stoffe vorfinden, andererseits von unspezif. Abwehreinrichtungen des Organismus: 1. äußeren (→Haut), 2. inneren (z. B. →Phagozyten, →Lysozyme, →Opsonine, →Retikulo-endotheliales System). Die Grundlagen der R. sind noch weitgehend ungeklärt; eine wichtige Rolle spielen dabei →Abhärtung, Ernährungseinflüsse, →Er-

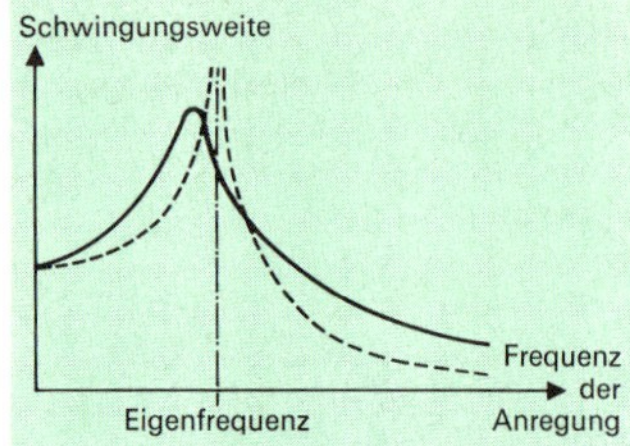

Resonanzkurve: Abhängigkeit der Schwingungsweite von der Frequenz der einwirkenden Kraft ohne (gestrichelt) und mit Dämpfung (dicke Linie); das stärkste Mitschwingen erfolgt bei einer Frequenz, die etwas kleiner als die Eigenfrequenz ist

müdung, seelische Beanspruchung (→Streß). Eigw. *resistent.* Bei Bakterien bezeichnet man mit R. die Unempfindlichkeit gegen spezif. Arzneimittel, bes. die durch →Mutation erworbene; sie beruht auf der Fähigkeit zur Bildung eines abbauenden →Enzyms (z. B. *Penicillase* gegen →Penicillin), das die betr. Substanz unschädlich macht (→Hospitalismus). Auf gleiche Weise entwickelt sich R. gegen →DDT und verwandte Insektizide bei Insekten (vor allem Fliegen).

Reskript [lat.] *das,* **1)** *allg.*: Verfügung, Erlaß; **2)** *kath. Kirchenrecht*: Schriftstück in feierl. Form, womit der Hl. Stuhl oder ein →Ordinarius in Einzelfällen eine Gnade gewährt oder einen Rechtsfall entscheidet.

Resnais [renä], Alain, frz. Filmregisseur, *3.6.1922 Vannes; begann mit Kurzfilmen aus der bildenden Kunst. In seinen Spielfilmen vermischt sich das Bild der Außenwelt mit der erinnerten und imaginären Welt zu einem vieldeutigen Komplex. – Filme: Van Gogh (1948); Guernica (50); Nacht und Nebel (55); Hiroshima, mon amour (59); Letztes Jahr in Marienbad (61); Muriel (63); Der Krieg ist vorbei (66); Stavisky (74).

resolut [lat.], entschlossen, beherzt, tatkräftig.

Resolution [lat.], Entschließung, Beschluß.

Resonanz [lat.], **1)** Widerhall; Anteilnahme; **2)** *Physik*: Mitschwingen, das eintritt, wenn ein schwingfähiges System (z. B. ein →Pendel, ein elektr. →Schwingkreis oder ein →Atom) mit einer Frequenz erregt wird, die der *Eigenfrequenz* (→Eigenschwingung) des Systems entspricht. Eine R.-Schwingung kann schon durch geringe Kräfte erregt und aufrechterhalten werden. Ohne eine →Dämpfung (z. B. durch →Reibung oder Energieabstrahlung) würde die Amplitude (Schwingungsweite) unendlich groß werden und zur Zerstörung des schwingenden Systems führen; eine Brücke kann z. B. durch im Gleichschritt marschierende Truppen zu R.-Schwingungen angeregt und zum Einsturz gebracht werden. In Radiogeräten läßt sich ein bestimmter Sender durch 'Abstimmen' der elektr. Schwingkreise auf Sendefrequenz einstellen: er wird mit maximaler Verstärkung empfangen, während andere Sender unterdrückt werden. *R.-Böden* (dünne Platten, meist aus Holz) ermöglichen durch ihr Mitschwingen bei Musikinstrumenten intensive Schallabgabe und bestimmen ihre Klangqualitäten. Abweichend wird der Begriff R. in der →Quantenmechanik gebraucht.

Resonator, durch akust., mechan. oder elektromagnet. Schwingungen in Eigenschwingungen (→Resonanz) versetzbares Gebilde; z. B. Gehäuse einer Trommel.

Resopal®, gegen chem. Einflüsse widerstandsfähige, harte Platten aus →Kunststoff; ihre innere Trägerschicht besteht aus mit →Phenolharzen, ihre Deckschicht aus mit →Melaminharzen getränkten Papieren; unter hohen Drücken und Temperaturen zusammengepreßt; z. B. für Küchentische, Laboreinrichtungen.

Resorcin (*Meta-Dihydroxybenzol*), $C_6H_4(OH)_2$, →isomer mit →Hydrochinon und →Brenzkatechin; farblose, süß schmeckende, u. a. in Wasser und Alkohol leicht lösliche Kristalle. Wirkt antiseptisch; dient zur Herst. von →Phenolharzen und Farbstoffen (→Fluorescein), med. zur Behandlung von Hautkrankheiten (z. B. →Schuppenflechte).

Resorption [lat.], *Med.*: Aufnahme von gelösten Stoffen oder Gasen durch Körpergewebe hindurch in Blut und Zellen. An dem noch weitgehend ungeklärten Vorgang sind →Diffusion, →Osmose und wohl auch aktive Förderungsmechanismen der Zellen beteiligt. Durch R. werden z. B. verdaute Nahrungsmittel durch die Darmwand (→Zotten), Arzneimittel durch Haut, Schleimhäute und Muskelgewebe ins Blut aufgenommen sowie Ergüsse ins Körperinnere (→Bluterguß, →Ödem u. a.) wieder aufgesaugt. In R. besteht auch ein Teil der Funktion des →Retikulo-endothelialen Systems.

Resozialisierung, Wiedereinfügung in die normale soziale Umwelt und Neuanpassung nach Verbrechen und Haft, schweren psych. und körperl. Erkrankungen, Körperbeschädigungen u. a. Vielfältige Maßnahmen und Hilfen sind notwendig, um eine Anpassung an die neue Situation zu ermöglichen: Vermittlung von Arbeitsplätzen, evtl. berufl. Umschulung, Schaffung sozialer Kontakte, Beeinflussung und Aufklärung der Umwelt, Training und körperl. Hilfsmittel (für Körperbehinderte, Blinde u. a.), Beseitigung psych. Schäden und Fehlentwicklungen (→Psychotherapie).

Respekt [lat.] *der*, Achtung, Ehrerbietung; Ehrfurcht, Scheu; *respektabel*, achtbar, achtunggebietend; Ztw. *respektieren.*

respektive [lat., -tiwe] (*resp.*), beziehungsweise, oder vielmehr.

Respighi, Ottorino, ital. Komponist, *9.7.1879 Bologna, †18.4.1936 Rom; impressionist. beeinflußte Orchesterwerke (→symphon. Dichtung): 'Le fontane di Roma' (1917), 'I pini di Roma' (24), 'Feste romane' (29); Suite 'Gli uccelli' (24); Opern, Ballette und Kammermusik.

Responsorium [lat.] *das*, in der kath. →Liturgie der Wechselgesang

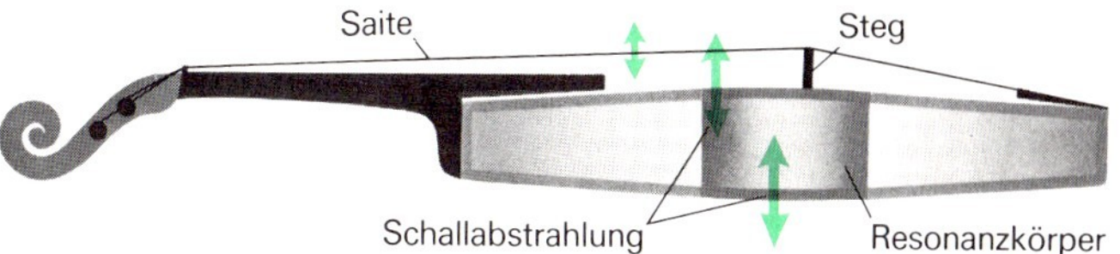

Resonanz: Um die Intensität des abgestrahlten Klangs zu erhöhen, werden Saiteninstrumente mit einem Resonanzkörper versehen, der die Schallwellen aufnimmt und die umgebende Luft zu Schwingungen anregt

Alfred Rethel: Totentanz, 1. Blatt (1849)

zw. Vorsänger und Sängerchor oder zw. Sängerchor und Gemeinde, in der ev. Liturgie zw. dem Liturgen und der Gemeinde.

Ressel, Joseph, Forstmann, *29.6. 1793 Heinersdorf (Böhmen), †10.10. 1857 Laibach; erfand 1826 die Schiffsschraube (→Propeller).

Ressentiment [frz., räßãtimã], unterschwellige Feindseligkeit gegenüber Personen oder Personengruppen, als nachhaltige Rückwirkung aus demütigenden Erlebnissen oder Minderwertigkeitsgefühlen.

Ressort [frz., räßor], Amts-, Geschäftsbereich; Arbeits-, Aufgabengebiet.

Ressource [frz., räßurß] *die*, meist Mz. *-cen*, Hilfsquellen, Geldmittel.

Restauration [lat.], **1)** *allg.*: Wiederherstellung, Erneuerung. **2)** *Gesch.*: Wiedereinsetzung einer vertriebenen Dynastie bzw. Wiederherstellung von polit., verfassungsrechtl. oder relig. Zuständen, die durch revolutionäre Vorgänge verändert oder abgeschafft worden waren; i. e. S. die Epoche des →Dt. Bund vom Wiener Kongreß 1815 bis zur →Märzrevolution 1848, die von →Metternichs Friedens- und Sicherheitspolitik bestimmt war. **3)** (*Restaurierung*), die Erhaltung (Konservierung) und Wiederherstellung beschädigter oder im Laufe der Zeit veränderter Kunstwerke unter Wahrung des urspr. Bestandes und Vermeidung willkürl. Ergänzungen. *Archit.*: u. a. Trockenlegen von Gebäuden, Auswechseln von schadhaftem Mauerwerk, Beseitigung späterer entstellender Um- und Einbauten (→Denkmalpflege). *Malerei*: Erhaltung von gefährdeten Wandmalereien durch Behandlung mit chem. Präparaten, evtl. vollständige Abnahme, z. T. mit Putzschicht. Holztafeln werden durch Aufleimen von Leisten auf der Rückseite vor Verziehen bewahrt (*Parkettierung*); Blausäureinjektionen gegen Holzwürmer. Leinwandgemälde werden bei brüchigem Malgrund auf neue Leinwand übertragen. *Plastik*: Ergänzen schadhafter Steinteile, Bekämpfung von Holzwürmern wie bei Tafelbildern.

Restitution [lat.], Wiederherstellen, Rückgabe; 1. *Völkerrecht*: Wiedergutmachung, Leistung von Schadenersatz für die einem anderen Staat zugefügte Rechtsverletzung; 2. →Rückerstattung.

Restitutionsedikt, Erlaß Kaiser →Ferdinands II. vom 6.3.1629, der die Restitution aller seit dem →Passauer Vertrag von 1552 von prot. Fürsten in Besitz genommenen geistl. Güter verfügte. Das R. stachelte die Protestanten zu erneutem Kampf an (→Dreißigjähriger Krieg).

Restitutionsklage, Klage auf Wiederaufnahme eines rechtskräftig abgeschlossenen Verfahrens; nur zulässig aus den in § 580 ZPO genannten Gründen, z. B. Eidespflichtverletzung durch einen Zeugen (*Österr.*: *Wiederaufnahmsklage*, §§ 530 ff. ÖZPO); *Schweiz*: für Urteile des Bundesgerichts Art. 136ff. des BG über die Organisation der Bundesrechtspflege; sonst kantonales Prozeßrecht.

Restriktion [lat.], Beschränkung, Einschränkung (→Kreditrestriktion); in der *Linguistik* die Beschränkung des Vorkommens (→Distribution) von Elementen auf bestimmte Umgebungen, z. B. nhd. *h* nur vor Vokal gesprochen.

restriktiv [frz.], einengend, einschränkend (Ggs. *expansiv*).

Resümee [frz.], (abschließende) Zusammenfassung, Übersicht; Ztw. *resümieren*.

Resultante [lat.], **1)** *Math.*: eine aus den Koeffizienten von (algebraischen) Gleichungen gebildete →Determinante; ist ihr Wert gleich Null, so haben die Gleichungen eine gemeinsame Lösung. **2)** *Physik*: (*Resultierende*), die durch Überlagerung von mehreren Kräften entstehende Kraft; z. B. die Diagonale im *Kräfteparallelogramm* (→Kraft).

Resultat [lat.], Ergebnis; *resultieren*, sich ergeben, sich herleiten.

retablieren [frz.], wiederherstellen, wiedereinsetzen.

Retard [frz., r^e^tar] (Abk. *R*), Verlangsamung (bei Uhrwerken).

Retardation [frz.], Verzögerung, Hemmung; insbes. Entwicklungsverzögerung beim Menschen: 1. allg. im Vergleich zu den Tieren (eine wesentl. Voraussetzung für den Kulturerwerb); 2. bei Kindern oder Jugendlichen im Vergleich zur Altersnorm (bes. verzögerte Entwicklung der →Intelligenz), meist auf Grund endokriner Störungen (→Hormone) oder schädigender Umwelteinflüsse (Ggs. →Akzeleration).

Retention [lat.], Zurück(be)haltung; *R.-Recht*: →Zurückbehaltungsrecht.

Retezatgebirge, südwestlichster Karpaten-Ausläufer im rumän. Banat, bis über 2500 m hoch; durch starken Weidegang fast waldloses Kalk-Geb., alter Eisenerzbergbau.

Rethel, Alfred, Maler und Graphiker, *15.5.1816 Diepenbenden (bei Aachen), †1.12.1859 Düsseldorf; Historienbilder, Holzschnittillustrationen.

Rethimnon (*Rethymnon*), griech. Hafenstadt an der Nordküste →Kretas und Hptst. der Prov. *R.* (1476 km², 62000 E.) mit 15200 E. (1973); landw. Handelsplatz.

Rétif (Restif) de la Bretonne [-ton], Nicolas, frz. Schriftst., *23.11. 1734 Sacy (bei Auxerre), †3.2.1806 Paris; über 200 kulturgeschichtl. aufschlußreiche Sittenromane.

Retikulo-endotheliales System (*RES*), von L. →Aschoff geprägte Bez. für Organe und Zellgruppen, die in der Krankheitsabwehr zusammenwirken, hauptsächl. →Retikulumzellen und →Endothel. Zum RES gehören vor allem die →lymphatischen Organe, bestimmte Zellen des →Knochenmarks, der →Leber und der Gefäßwände, i. w. S. auch frei bewegl. Zellen aus dem Bindegewebe (*Histiozyten*), Plasmazellen und Leukozyten. Die z.T. noch ungeklärten Abwehrvorgänge bestehen vor allem in Speicherung, →Phagozytose und Bildung von →Antikörpern.

Retikulozyten [lat. + griech.], jugendl. rote →Blutkörperchen, welche noch feine Körnchen und zarte Fäden enthalten, die bei der Ausreifung verschwinden.

Retikulumzellen [von lat. rete 'Netz'], netzartig miteinander verbundene, sternförmige Bindegewebszellen bes. in den Organen des →Retikulo-endothelialen Systems; ebenso wie das →Endothel aus dem Mesenchym (→Entwicklung) hervorgegangen.

Restaurierung: Isartor (15. Jh.) in München vor und nach der Restaurierung 1972

retirieren [frz.], sich zurückziehen; *Retirade*, Rückzug.

Retorsion [lat.], **1)** *Strafrecht*: sofortige Erwiderung einer Körperverletzung oder Beleidigung; **2)** *Völkerrecht*: Vergeltung einer unfreundl. Handlung eines anderen Staates.

Retorte, birnenförmiges Glasgefäß mit seitl. nach unten gebogenem Hals zum Destillieren; in versch. Formen und Materialien in Labor und Technik verwendet.

retour [frz., r^e^tur], zurück; *retournieren*, zurückgeben.

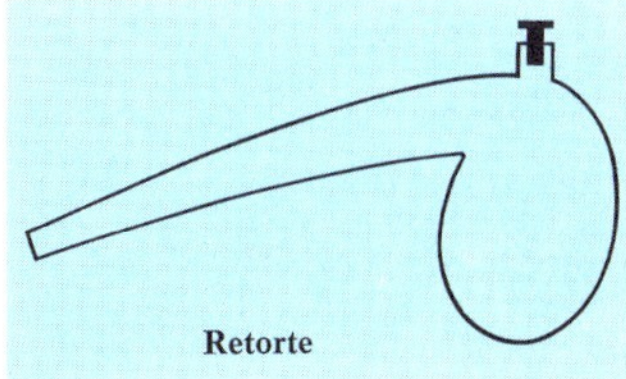

Retorte

Retraite [frz., r^e^trät] *die*, **1)** Rückzug; **2)** Zapfenstreich der Kavallerie.
Retribution [lat.], Rückgabe, Erstattung, Vergütung.
retrograd [lat.], rückläufig; med. Bez. für Vorgänge, die sich entgegen der physiolog. Verlaufsrichtung vollziehen; z. B. Infektion der Nieren von der Blase aus.
retrospektiv [frz.], rückblickend; *Retrospektive*, Rückschau; Kunstausstellung, die rückblickend das Lebenswerk eines Künstlers vorstellt.
Retrozession [lat.], Wiederabtretung; weitere →Rückversicherung seitens eines Rückversicherers.
Rettenbacher (*Rettenpacher*), Simon, Dichter, *19.10.1634 Aigen (bei Salzburg), †10.5.1706 Kremsmünster (Oberösterr.); Benediktiner; Meister des hochbarocken lat. Ordensdramas, z. T. mit eigener Musik; dt. und lat. Gedichte geistl. und patriot. Inhalts.
Rettich (*Raphanus*), Gattung 1jähriger Kreuzblütler; zu ihr gehören u. a. →*Hederich* und *Garten-R.* (Raphanus sativus), dieser eine alte Kulturpflanze, in 4 Abarten kultiviert: 1. →*Ölrettich*; 2. *Schlangen-R.*, mit 40–100 cm langen Schoten, grün als Gemüse; 3. *Speise-R.*, als Winter- oder Sommer-R., Rübenbildung in 60 bzw. 40 Tagen; 4. *Radieschen.*
Rettungsboote, auf Schiffen die zur Rettung von Fahrgästen und Besatzung aus Seenot ausgestatteten Boote mit Ruder- oder Motorantrieb, z. T. auch mit Funkanlagen und Navigationsmitteln ausgerüstet.
Rettungsinsel, Bez. für Floß aus rundem oder ovalem, gasgefülltem Gummi-Textil-Wulst, ähnl. dem →Schlauchboot, mit allseitig schließbarer Wetterschutzplane; zum Aufenthalt von Personen in Seenot, mit Signalvorrichtungen (oft Seenot-Sender, Farbbeutel, Leuchtpistole), Notverpflegung, Angelgeräten, Mitteln zur Trinkwasserbereitung, Regenauffang-Vorrichtung versehen.
Rettungsring (*Rettungsboje*), mit →Kork oder →Kapok gefüllter, im Wasser tragfähiger Ring mit Haltetauen.
Rettungsschwimmen, spezielle, der Rettung Ertrinkender dienende Fertigkeiten eines Schwimmers, die in den Lehrgängen der Deutschen Lebensrettungsgesellschaft (DLRG) und der Bayerischen Wasserwacht gelehrt werden (Befreiungsgriffe, Rettungsgriffe, Tauchen, Kleider-, Beförderungsschwimmen, Wiederbelebungsmaßnahmen).
Retusche [frz.], in →Photographie und →Reproduktionstechnik die individuelle (vorwiegend manuell ausgeführte) Bearbeitung von →Vorlagen, auch →Halbton-→Positiven oder →Negativen: Verschönerung (z. B. Entflecken), Korrektur von Ton- und Farbwerten, Ergänzung und komplette Überarbeitung ('konstruktive' R.), auch Beseitigung unerwünschter Teile einer Vorlage.
Retz [räß], Jean François Paul de Gondi, Baron de R., Kardinal (1652), frz. Politiker, *20.9.1613 Montmirail (bei Épernay), †24.8.79 Paris; maßgebl. an der →Fronde beteiligt; eine hist. wertvolle Quelle sind seine 'Mémoires'.
Retz, Stadt in Niederösterr. mit 4800 E. (1975); hist. Stadtbild (Sgraffitohäuser und Stadtturm); Mittelpunkt eines bed. Gemüse- und Weinbaugebietes.
Reuchlin, Johannes, (gräzisiert *Kapnion, Capnio*), Humanist, *29.1.1455 Pforzheim, †30.6.1522 Stuttgart; weite Studienreisen und diplomat. Missionen, Jurist und Philologe, Gegner der Reformation. Vertrat den Neuplatonismus in Dtld., erforschte die jüd. Kabbalistik ('De arte cabbalistica', 1517), förderte die wissenschaftl. Bibelkritik, vermittelte die Kenntnis der althebräischen ('Rudimenta linguae hebraicae', 06) und griech. Sprache. Mit seinen Komödien 'Henno' (1497) und 'Sergius' (1506) Begr. des neulat. Schuldramas. Aus seiner Polemik gegen die Vernichtung jüd. Schriften durch Scholastiker ('Augenspiegel', 1511) erwuchs die humanist. Satire der →Dunkelmännerbriefe.
Reue, ein aus dem Bewußtsein der →Schuld entspringendes Unlustgefühl, verbunden mit dem Wunsch, die schuldhafte Tat nicht begangen zu haben und sie nach Möglichkeit wieder gutzumachen. In der christl. Ethik ist die R. Voraussetzung für die Vergebung. – *Tätige R.*: im *Strafrecht* die Abwendung der schädl. Folgen einer strafbaren Handlung durch den Täter selbst (→Gewissen).
reüssieren [frz.], zustande bringen, Glück, Erfolg haben.
Reugeld, Geldsumme, die auf Grund

bes. Vereinbarung für den Fall des Rücktritts vom Vertrag an den Vertragspartner zu zahlen ist (§ 359 BGB; *Österr.*: §§ 909ff. ABGB; *Schweiz*: Art. 158 OR).

Réunion [reünjõ], größte Insel der →Maskarenen im Indischen Ozean, östl. von Madagaskar, 2510 km², 500000 E. (1975), Hptst. *Saint-Denis* (90000 E.), Haupthafen *Pointe-des-Galets*; trop. Gebirgsland mit teilweise noch tätigen Vulkanen, das im *Piton des Neiges* 3150 m erreicht; ozean.-heißes Klima. Bev.: Kreolen, Neger, Mischlinge. Anbau von Zukkerrohr, Kaffee, Kakao, Maniok, Gewürz- und Ölpflanzen; Ausfuhr von Zucker, Rum und Vanille. – *Gesch.*: Entdeckt 1505 von dem Portugiesen *Mascarenhas*; seit 1643 frz.; bis 1848 unter dem Namen *Île de Bourbon*; 1810–15 engl. besetzt; seit 1946 als frz. Übersee-Dép. in der →Communauté Française.

Re|union [frz.] *die*, 1. (Wieder-)Vereinigung; 2. [reünjõ], gesellige Veranstaltung.

Re|unionen, gewaltsame Aneignung von Gebieten im W des Röm.-Dt. Reiches durch →Ludwig XIV. (1679–81). Während Kaiser →Leopold I. durch die Türkenkriege gebunden war, revindizierten die vom frz. König eingesetzten *R.-Kammern* (in Metz, Breisach, Besançon und Tournai) alle Städte und Gebiete, die jemals zu den im Vertrag von Chambord 1552 sowie in den Friedensschlüssen von Münster 1648, Aachen 1668 und Nimwegen 1679 an Frkr. abgetretenen Gebieten in 'Dependenz' gestanden hatten. Die sog. Wiedervereinigung umfaßte das Elsaß, Teile der Pfalz, Herrschaften, Städte und Flecken an Nahe, Mosel, Rhein und Maas sowie in Luxemburg. Am 30.9. 1681 wurde schließl. ohne Konstruktion eines fiktiven Rechtsgrundes die freie Reichsstadt Straßburg unterworfen. Im Frieden von Rijswijk (1679) mußte Frkr. die R. außer dem Elsaß mit Straßburg wieder herausgeben.

Reus, Stadt in NO-Spanien (Katalonien), in der Küstenebene südwestl. von Barcelona, 60000 E. (1972); Kirche San Pedro (16. Jh.); Textil- und Leder-Ind., Weinhandel.

Reuse, Netz aus Weiden- oder Drahtgeflecht zum Fischfang (Lachse u. a.). Fische geraten durch die trichterförmige Kehle in einen sackartigen Raum, aus dem sie kaum mehr zurückfinden; mehrere Reusentrichter können hintereinandergeschaltet sein; R. werden in Seen bes. im Frühjahr und Frühsommer, in Flüssen ständig verwendet.

Reuse: Aalreusen

Reusner, Esaias, Lautenist, *29.4. 1636 Löwenberg (Schlesien), †1.5. 1679 Berlin; Lautenvirtuose am Berliner Hof; komponierte Lautenmusik und Orchestersuiten.

Reuß, ehem. dt. Fürstentümer im östl. Thür. (*R. ältere Linie* und *R. jüngere Linie*). Das auf die Reichsvögte von Weida zurückgehende Geschlecht verzweigte sich seit dem 13. Jh. in versch. Linien, die 1673 in den Reichsgrafenstand erhoben wurden. Die 1778 gefürstete ältere Linie (Greiz) und die 1806 gefürstete jüngere Linie (Gera und Schleiz) regierten bis 1918. Ihre Länder gingen 1920 im Freistaat Thür. auf.

Reuss *die*, re. Nebenfluß der Aare, 159 km lang, entspringt im Gotthard-Massiv, durchfließt →Schöllenen-Schlucht und Vierwaldstättersee, mündet bei *Windisch*; Einzugsgebiet 3425 km² groß.

Reuter, 1) Christian, Dichter, getauft 9.10.1665 Kütten (bei Halle), *um 1712 Berlin; zw. Barock und bürgerl. Aufklärung stehender humorist.-satir., oft volkstüml. derber und zeitkrit. Dramatiker ('Der ehrlichen Frau Schlampampe Krankheit und Tod', 1696) und Erzähler

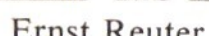
Ernst Reuter

Fritz Reuter

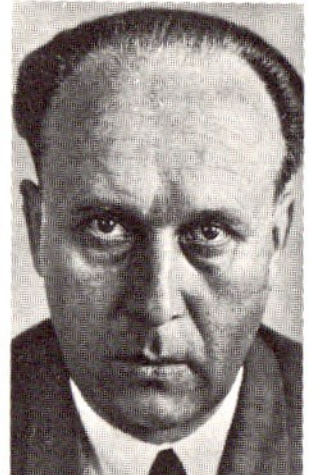
Hermann Reutter

E. N. von Reznicek

('Schelmuffskys wahrhafftig curiöse und sehr gefährl. Reisebeschreibung zu Wasser und zu Lande', 96/97).

2) Ernst, dt. Politiker, *29.7.1889 Apenrade, †29.9.1953 Berlin. 1921 SPD-Kommunalpolitiker, 31 Oberbürgermeister von Magdeburg, 33 bis 45 Prof. für Kommunalwissenschaft in Ankara, 47 Oberbürgermeister von Berlin, 50 Regierender Bürgermeister von West-Berlin.

3) Fritz, niederdt. Mundartdichter, *7.11.1810 Stavenhagen (Mecklenburg), †12.7.74 Eisenach; aus polit. Gründen 1836 zum Tode verurteilt, zu 30 Jahren Festungshaft begnadigt und nach 7 Jahren entlassen ('Ut mine Festungstid', 62); Schöpfer des plattdt. Romans; entwarf in Verbindung von Ernst und Komik ein krit.-realist. Bild der frz. Besatzungszeit von 1813–15 ('Ut de Franzosentid', 59) und schilderte in urwüchsig humorvoller Art den schwerblütig bäuerl. und kleinbürgerl. Menschentyp seiner Heimat ('Ut mine Stromtid', 62–64).

4) Gabriele, Schriftst., *8.2.1859 Alexandria (Ägypten), †14.11.1941 Weimar; gehobene Unterhaltungsromane, Einfluß auf die Frauenbewegung: 'Aus guter Familie' (1895).

Reuter's Limited, →Presseagentur, gegr. 1849 in Aachen (von *Israel Beer Josaphat*, 1816–1899, geadelt 1871 als P. J. Frhr. von Reuter), seit 1851 in London.

Reutlingen, Krst. im Reg.-Bz. Tübingen, Baden-Württ., Mittelpunkt der stark industrialisierten Zone am Albtrauf, gegenwärtig in starker Expansion, 96000 E. (1975); frühgot. Marienkirche (13./14. Jh.), Fachwerkbauten, Wehranlagen; Staatl. Technikum für Textil-Ind., Westdt. Gerberschule, Pädag. Hochsch., Museen, Büchereien; Zentrum der Textil-Ind. (über 50 Betriebe), Maschinenbau, feinmechan., Papier-Ind., Metallverarbeitung, Furnierwerk. – 1090 erstm. erwähnt, 1247–1803 Freie Reichsstadt, Blüte im 13./14. Jh. mit bed. Textilhandel, Stadtbrand 1726.

Reutte, Bezirkshauptort und Marktgem. im Lechtal, Tirol, 854 m ü. M., mit 5400 E. (1975); metallurg. und Textil-Ind.; Fremdenverkehr.

Reutter, 1) Hermann, Komponist, *17.6.1900 Stuttgart; Lieder, Chorwerke, Orchester-, Kammer- und Klaviermusik, Opern: 'Doktor Johannes Faust' (36), 'Don Juan und Faust' (50), 'Die Witwe von Ephesus' (54), 'Die Brücke von San Luis Rey'

Reutte

Reutlingen: Wilhelmstraße

(54), 'Der Tod des Empedokles' (66). **2)** (eigtl. *Pfützenreuter*), Otto, Vortragskünstler, *24.4.1870 Gardelegen, †3.3.1931 Düsseldorf; humorist. Berliner Couplets.

Reval (estn. *Tallinn*), Hptst. Estlands, am Finn. Meerbusen, 383000 E. (1973); kulturelles und wirtschaftl. Zentrum, alte Hansestadt, mittelalterl. Stadtbild mit zahlr. hist. Bauten: Schloß (1227), Dom (13. Jh.), St.-Olai-Kirche (13./14. Jh.), Rathaus (1330), alte Befestigungsanlagen; TH, Estn. Akad. der Wissenschaften, Forschungs-Inst., Museen, Theater; wichtigster Hafen und Ind.-Mittelpunkt des Landes, Maschinen-, Turbinen- und Schiffbau, Textil-, Leder-, Holz-, Cellulose-, Nahrungsmittelindustrie. – 1219 vom Dänenkönig Waldemar II. gegr., 1285 Beitritt zur Hanse, 1346 zum Dt. Orden, 1561 schwed., 1710 russ., 1918–40 Hptst. der unabhängigen Rep. Estland, seit 40 sowjetisch.

Revanche [frz., r^e^wãsch] *die*, 1. Vergeltung, Rache; in Frkr. bes. Vergeltungsstreben gegenüber Dtld. nach dem Krieg 1870/71; 2. Ausgleich (-smöglichkeit) gegenüber früherer Niederlage; *sich revanchieren*, sich rächen; sich erkenntlich zeigen (durch Gegenleistung).

Reveille [lat.-frz., -wäj^e^] *die*, Weckruf, (früher übl.) Wecken der Truppe durch Trompetensignal oder Trommelwirbel. - *Schweiz*: *Tagwache*.

Revenue [frz., r^e^w^e^nü], meist Mz., Einkommen, Bezüge.

Reverdy [r^e^wärdi], Pierre, frz. Lyriker, *13.9.1889 Narbonne, †21.6. 1960 Solesmes; Vorläufer des Surrealismus; ekstat. Gedichte, Essays.

Reverenz [lat.] *die*, Ehrerbietung; Ehrenbezeigung, Verbeugung.

Revers [frz.], **1)** [-wär] *das* oder *der*, Mz. *-vers*, Aufschlag, Umschlag des Kragens; **2)** [-wär oder -wärß] *der*, Rückseite einer Münze; **3)** [-wärß] *der*, Mz. *-verse*, schriftl. Erklärung oder Verpflichtung.

reversibel, umkehrbar; ein physikal. oder chem. Prozeß ist r., wenn es möglich ist, vom Endzustand wieder zum Ausgangszustand zurückzukehren, ohne daß anderweitige Veränderungen eintreten (z. B. Wärme nach *außen* abgeführt wird). Dies ist bei idealen mechanischen Vorgängen (näherungsweise bei einer Pendelschwingung) der Fall. Makrophysikal. (→Physik) Prozesse sind grundsätzlich irreversibel; mikrophysikal. können r. sein. – *Med.*: heilbar.

Reval: Innenstadt mit St.-Olai-Kirche

Reversible [rewärsibl], leichter bis mittelschwerer, beidseitig tragbarer Stoff mit verschiedenartiger Vorder- und Rückseite.

Reversion [lat.], **1)** Umkehr(ung), z. B. bei der Pendelbewegung; **2)** Rückkehr zu einer →Konfession nach einer Zeit der Glaubenslosigkeit.

revidieren [lat.], durchsehen, überprüfen; abändern. Hptw. →Revision.

Revier [frz.] *das*, Bezirk, Gebiet, (Tätigkeits-)Bereich; insbes.: 1. Jagdbezirk; 2. Polizeistation; 3. Krankenstation oder Teil eines Kasernenbereichs; 4. Abbaugebiet; 5. Wohn-, Brut- oder Jagdgebiet eines Tieres.

Revirement [frz., r^e^wirmã] *das*, Umbesetzung von Ämtern, Posten (insbes. im diplomat. Dienst).

Revision [lat.], **1)** Prüfung, Abänderung eines Vertrags, Tarifs u. dgl. **2)** *Betriebswirtschaft*: Überprüfung (Kassen-R., Bücher-R.). **3)** *Völkerrecht*: Abänderung völkerrechtl. Verträge. **4)** *Prozeßrecht*: →Rechtsmittel, mit dem die Überprüfung der rechtl. Seite eines →Urteils durch ein höheres Gericht begehrt wird (→Rechtsbeschwerde); →Gerichte. **5)** *Druckerei, Verlag*: letztes →Korrektur-Lesen vor dem →Drucken.

Revisionismus, seit der Jahrhundertwende reformerische Richtung in der →Sozialdemokratie, die eine Revision der marxist. Ideen forderte. Der R. lehnte revolutionäre Ziele ab und setzte seine Hoffnung auf Reformmöglichkeiten (→Reform) innerhalb des kapitalist. Systems zur Verbesserung der Lage des Proletariats (→Proletarier). Bedeutendster Theoretiker des R.: E. →Bernstein. Folge des R. war die Spaltung der sozialist. Bewegung in revisionist. (sozialdemokrat.) und revolutionäre (später kommunist.) Parteien und Gewerkschaften, die sich bis heute stark bekämpfen (→Sozialismus, →Marxismus).

Revival [engl., riwaiwel 'Wiederbelebung'], im →Jazz Bez. für die Wiederaufnahme früherer Stile, bes. die Wiederbelebung des →Dixieland-Jazz (etwa ab 1940).

Revolte [frz.] *die*, bewaffneter Aufstand, Aufruhr (einer bestimmten Gruppe); *revoltieren*, einen Aufstand machen, sich empören, aufbegehren.

Revolution [lat.], tiefgreifende Umwälzung eines staatl.-gesellschaftl. Systems; i.w.S. grundlegender Umsturz eines bestehenden Systems auf irgendeinem Gebiet.

Gemeinsames Kennzeichen aller polit.-sozialen R. ist eine wesentl. Änderung des bestehenden Rechtssystems (→Rechtssoziologie, →Wert), beginnend mit der Durchbrechung der Legalität. Hierdurch unterscheidet sich die R. von der →Reform. Ein bes. Merkmal der R. ist ferner der Einsatz von Macht, in der Regel von Gewalt. Der R. liegen Konflikte zw. versch. sozialen Gruppen zugrunde, denen Spannungen zw. Gesellschaftsbereichen parallel gehen; beim 'klassischen' Fall der →Französischen R. z. B. der Konflikt des wirtschaftlich und kulturell ('ideolog.') erstarkten Bürgertums mit den privilegierten Ständen (Adel und Geistlichkeit) und der absoluten Monarchie; in der proletar. R. (Rußland, China) der Konflikt des zahlenmäßig gewachsenen und organisierten Proletariats und der Kleinbauern mit dem herrschenden wirtschaftl. und polit. System und den es tragenden Gruppen ('Ausbeuterklassen'). Verlauf und Erfolg der R. hängen von der Verteilung der Machtverhältnisse und der Fundierung des Herrschaftssystems ab. Sonderfälle, die nur teilweise als R. angesehen werden können, sind Erhebungen ethnischer und nationaler Gruppen (Befreiungskrieg der Niederlande gegen Spanien im 16. Jh., nordamerik. Unabhängigkeitskrieg gegen England), die jedoch häufig mit wirtschaftl. und sozialen Konflikten verbunden sind, wie in zahlr. Kolonialländern (z. B. Indien). Ein weiterer Sonderfall ist die 'R. von oben': ein Umsturz, der von einer am Herrschaftssystem bereits beteiligten Gruppe ausgeht oder von Angehörigen der Herrschaftsgruppe selbst (→Staatsstreich); dabei Bruch des bestehenden Rechtssystems, Umwälzungen. Von außen 'induzierte' R. erfolgten vor allem nach dem II. Weltkrieg in osteurop. Ländern unter dem Einfluß der Sowjetunion. Ein umfassendes System der R. als wissenschaftl. Theorie und als polit. Programm hat der →Marxismus entwickelt (→Syndikalismus, →Mosca, →Pareto).

Revolver [lat.-engl.], **1)** drehbare maschinelle Vorrichtung mit anmontierten Elementen, die wahlweise durch Drehen in Eingriff gebracht werden können, z. B. beim Spulen-R. von Funkempfängern Induktivitäten (Spulen) für versch. Wellenbereiche, beim →Mikroskop verschiedenartige Objektive an einer drehbaren Befestigungsplatte, bei Bearbeitungsmaschinen drehbare Halterungen für mannigfache Werkzeuge; **2)** →Faustfeuerwaffen.

Revolverprinzip, Verfahren zur taktmäßigen Bearbeitung von Werkstücken; Werkzeuge auf einem drehbaren *Revolverkopf* werden am Werkstück oder Werkstücke auf einem Drehtisch werden an den Bearbeitungsstationen schrittweise vorbeibewegt.

Revolvingkredit, 1. Kredit, der sich ohne neuen Vertragsabschluß laufend erneuert, z. B. Kontokorrentkredit und Akkreditiv; 2. langfristiger, von einem Finanzmakler vermittelter Kredit, der jeweils durch kurzfristige Kredite wechselnder Kreditgeber gedeckt wird.

revozieren [lat.], widerrufen; Hptw. *Revokation.*

Revue [frz., rewü] *die*, **1)** Umschau, Überblick; bes. als Zeitschriftentitel (engl. *Review* [riwju]); **2)** Bühnenschau mit Tanz- und Gesangsdarbietung (Ausstattungs-R.); **3)** Truppenschau; daher: *R. passieren lassen*, mit prüfendem Blick (im Geist) an sich vorbeiziehen lassen.

Rewda, Industriestadt in der Russ. SFSR, im Mittl. Ural, an der *Tschusowaja*, 62000 E. (1973); Kupferhütte, Stahl- und Walzwerk; nahebei Kupfererzvorkommen.

Rex [lat.], König.

Rex-Bewegung (*Rexisten*) [von lat. 'Christus Rex'], rechtsradikale, antidemokrat. Bewegung in Belgien (1930–44), von L. →Degrelle gegr.; arbeitete 1940–44 mit der dt. Besatzungsmacht zusammen.

Reykjavík [räikjawihk], Hptst. von Island, im SW, mit 85000 E. (1972; über 50% aller Isländer), Hafen an der eisfreien Bucht *Faxaflói*; in Wirtschaft und Verkehr Zentrum des Landes, mit bed. Geistesleben (Univ. 1911, Bibl., Theater und Museen), Sitz eines ev. Bischofs; Fischverarbeitung, Textilien, Lederwaren; Flughafen. (Bild S. 5020)

Reymont [räi-], Władisław Stanisław, poln. Schriftst., *7.5.1867 Kobiele Wielkie, †5.12.1925 Warschau; naturalist. Romanschriftst. und Novellist; sozialkrit. Auseinandersetzung mit der städt. Zivilisation in 'Ziemia obiecana' (1899); Schilderung des poln. Dorflebens in dem breit angelegten, nach den Jahreszeiten gegliederten Roman 'Die Bauern' (Chłopi, 1904–09). Nobelpreis 1924.

Reynolds [renelds], Sir Joshua, engl. Maler und Kunsttheoretiker, *16.7. 1723 Plympton, †23.2.1792 London; in Italien geschult, 1768 Präsident der Akademie der Künste in London, 1784 Hofmaler König Georgs III.; Maler der Londoner vornehmen Ges. Etwa 2000 Bildnisse in eleganter Manier und hell-dunkler Farbigkeit. (Bild S. 5021)

Reynolds Industries, größte US-Tabakfirma, Sitz: Winston-Salem (N. C.); stellt 1/3 der in den USA gerauchten Zigaretten her. Marken: Camel, Winston, Salem. Umsatz: 3,53 Mrd. $; Beschäftigte: 34700 (1975).

Reynoldssche Zahl (*Re-Zahl*), nach *O. Reynolds* (1842–1912) benannte Kenngröße für den Zustand der Strömung um einen Körper und das Verhältnis der dabei freiwerdenden Kräfte; errechnet sich aus →Dichte, →Zähigkeit und Geschwindigkeit des strömenden Mediums und den Abmessungen des umströmten Körpers; von großer Bed. in Schiffahrt und Flugzeugbau (→Strömungslehre).

Reyon® [räjõ] (engl. *Rayon*), Kunstfaser mit seidenähnl. Eigenschaften; besteht im Ggs. zur →Seide aus fast reiner →Cellulose. Man unterscheidet zw. *Viskoseseide* und *Kupferseide.* Durch Behandlung von Sulfitcellulose mit Natronlauge und Schwefelkohlenstoff entsteht →Viskose, die, in Natronlauge gelöst, durch eine Düse mit vielen feinen Löchern in ein Spinnbad aus Wasser, Schwefelsäure und Sulfaten gepreßt wird. Hier schließen sich die Fäden unter Rückbildung der Viskose in Cellulose zu einem endlosen Kunstseidenfaden zusammen, der, gewaschen, getrocknet und verzwirnt, zu Geweben verarbeitet wird (→Zellwolle). Die Kupferseide (*Kupfer-R.*, *Cupresa*, *Bembergseide*) entsteht auf ähnl. Weise durch Lösung von Holz-Cellulose oder Baumwollabfällen in *Kupferoxidammoniak* und Pressen in strömendes, warmes Wasser, wodurch der Faden weiter gedehnt und verfeinert wird (→Kunstseide).

Rezat *die*, *Fränk.* und *Schwäb. R.* (65 und 28 km lang) sind die Quellflüsse der →Rednitz (Mittelfranken).

Rezension [lat.] *die*, **1)** *hist. Textkritik*: Vergleich versch. Schriften zur Erschließung des Urtextes oder zur Herstellung der besten Textversion (→Emendation); **2)** *Publizistik*: krit. Besprechung lit. Neuerscheinungen in Presse, Funk und Fernsehen. *Rezensent*, Autor einer lit. Kritik, auch Theaterkritik oder wissenschaftl. R. (meist in Fach-Zschr., oft als Sammel-R. mehrerer Werke oder Forschungsbericht).

rezent [lat. 'neu', 'jung'], **1)** *Biol.*: in der Gegenwart lebend (nicht ausgestorben); Ggs. →fossil; **2)** *Geol.*: in jüngerer Erdzeit entstanden.

Rezepisse [lat.], Empfangsbescheinigung, bes. im Seefrachtverkehr; in *Österr.* auch Teil des Lagerscheins (*Lagerbesitzschein*).

Rezept [lat.], Zubereitungsvorschrift; *Med.*: schriftl. ärztl. Anweisung für den Apotheker zur Herstellung bzw. Abgabe eines Arzneimittels; das R. muß Datum, Ortsangabe und Unterschrift eines approbierten Arztes enthalten (→Betäubungsmittelgesetz).

Rezeption [lat.], **1)** allg.: Aufnahme; **2)** Übernahme fremden Kulturguts, bes. eines fremden Rechts, so im MA die R. dt. Stadt- und Landrechts in Osteuropa. Von bes. Bed. für die Rechtsentwicklung in Dtld. war die seit dem 14. Jh. begonnene R. des →römischen Rechts in Gestalt des von den

Reykjavík

→Postglossatoren auf die prakt. Bedürfnisse umgestalteten Rechts nach der Lehre der ital. Rechtswissenschaft (*Gemeines Recht*). Vermittelt wurde es durch an ital. Univ. studierende dt. Scholaren. Es fand schnellen Eingang in Dtld. infolge der Rechtszersplitterung des einheim. Rechts. Das Römische Recht galt jedoch nur subsidiär, einheimisches Sonderrecht ging ihm vor.

rezeptiv [lat.], (nur) aufnehmend, empfangend; empfänglich.

Rezeptur [lat.], 1. Herst. einer Arznei nach Vorschrift (→Rezept); 2. der dafür vorgesehene Apothekenraum.

Rezeß [lat. 'Zurückgehen'] *der*, Auseinandersetzung, Vergleich; protokollar. Niederschrift eines Verhandlungsergebnisses.

Rezession, eine Art des konjunkturellen Abschwungs, dessen Kennzeichen kein absoluter Rückgang volkswirtschaftl. Größen, sondern nur eine Abnahme der Zuwachsraten, verbunden mit leichter Arbeitslosigkeit, ist. Eine nicht rechtzeitig erkannte und bekämpfte R. birgt die Gefahr einer →Depression in sich (→Konjunktur, →Konjunkturpolitik).

rezessiv, Eigenschaft eines →Gens (oder Genkomplexes), von der Wirkung eines parallelen Erbfaktors ganz oder teilweise überdeckt zu werden; erst wenn r. Allele von beiden Eltern zusammenkommen, wird das Merkmal ausgebildet; Ggs. →dominant. R. vererbt werden z. B. manche Krankheiten, so Epilepsie (→Mendelsche Gesetze).

Rezidiv [lat.] *das*, *Med.*: *Rückfall*), Wiederauftreten von Symptomen einer scheinbar überwundenen Krankheit.

Rezipient, für physik. Untersuchungen bestimmte Glasglocke, die man (annähernd) luftleer pumpen kann; i. w. S. auch jedes Vakuumgefäß.

reziprok [lat.], wechselseitig, umgekehrt, **1)** *Math.*: Bez. für den →Kehrwert einer Zahl, z. B. $^1/_7$ 'ist reziprok zu' oder 'die Reziproke von' 7. **2)** *Vererbungslehre*: Bez. für zwei Kreuzungen reinerbiger (→homozygot) Rassen, bei denen jede Rasse einmal als Vater und einmal als Mutter verwendet wird. Bei genet. Verschiedenheit reziproker Bastarde kann auf eine plasmat. Vererbung geschlossen werden (→Plasmagene, →Mendelsche Gesetze).

Reziprozität, zw. zwei Staaten abgeschlossene handelsvertragl. Vereinbarung bilateraler Vergünstigungen und Einfuhrerleichterungen, die im Ggs. zur →Meistbegünstigung dritten Staaten nicht automatisch gewährt werden.

Reziprozitätsklausel, in →Meistbegünstigungs-Verträgen: Vergünstigungen werden nur gegen entspr. Gegenleistungen gewährt, wie sie auch ein dritter Staat erbracht hat (*bedingte Meistbegünstigung*).

Rezitation [lat.] *die*, mündl. Vortrag gebundener Dichtung in angemessen artikulierter Sprache. *Rezitator*, Vortragskünstler. Ztw. *rezitieren.*

Rezitativ [ital.] *das*, in →Oper, →Oratorium und →Kantate der rhythmisierte Sprechgesang; als *Secco-R.* von Cembalo-Akkorden, als *Accompagnato-R.* vom Orchester begleitet und stärker zur →Arie neigend. Das R. steht meist vor einer Arie (oder →Duett, →Terzett usw.) und trägt im Ggs. zu dieser den eigtl. Handlungsablauf.

Reznicek [räsnitschek], Emil Nikolaus von, Komponist, *4.5.1860 Wien, †2.8.1945 Berlin; Symphonien, symphon. Dichtungen, Chorwerke und Opern in neuromant. Stil; bekannt die Ouvertüre zur Oper 'Donna Diana' (1894). (Bild S. 5016)

Rezzori (*R. d'Arezzo*), Gregor von, Schriftst., *13.5.1914 Czernowitz (Bukowina); iron.-geistvolle Ges.-Kritik u.a. in 'Maghrebinische Geschichten' (1953) und '1001 Jahr Maghrebinien' (67), in 'Ödipus siegt bei Stalingrad' (54), 'Ein Hermelin in Tschernopol' (58) und dem snobist. 'Idiotenführer durch die dt. Gesellschaft' (62–65).

Rhabarber (*Rheum*), asiat. Gattung der →Knöterichgewächse, Stauden mit sehr großen Blättern; uralte Heilpflanzen; Wurzelstöcke von *Rheum palmatum* und *Rheum officinale* reich an →Gerbstoffen und →Glykosiden, Magen- und Abführmittel; Zierpflanzen, seit dem 18. Jh. auch Küchenpflanzen: Blattstiele und -rippen versch. Arten (bes. von *Rheum rhabarbarum*) für Kompott usw.

Rhadamanthys, sagenhafter König von Kreta, Sohn des →Zeus und der →Europa, Bruder des →Minos; nach seinem Tode ins →Elysium entrückt bzw. seiner Gerechtigkeit wegen zus. mit Minos und Aiakos Richter im →Hades.

Rhätische Bahn, elektrifiziertes Bahnnetz des Kt. →Graubünden, 394 km lang, 1889–1914 erbaut, Spurbreite 1 m (größtes Schmalspurnetz Europas). In der techn. Anlage (37,7 km Tunnel, 11,7 km Brücken, Kurvenradien von nur 45 m) bes. dem Hochgeb. angepaßt (→Albulabahn).

Rhagade [griech.-lat.] *die*, (*Schrunde*), sehr kleine Haut- oder Schleimhautwunde.

Rhages (*Arsakia*, *Europos*), alte Residenzstadt der Partherkönige in →Medien, südl. Teheran; seit frühislam. Zeit hl. Stadt. Heute *Rei* (*Ray*).

Rhapsoden [griech.], umherziehende Sänger im frühen Griechenland (bis 5. Jh. v. Chr.), die Epen und Gedichte →Homers und →Hesiods vortrugen, auch selbst dichteten; überlieferten die alten Epen.

Rhapsodie [griech.] *die*, Musikstück in freier Form, oft balladenhaft und volksliedartig; z. B. die 'Ungarischen Rhapsodien' von →Liszt.

Rhea, griech. Sagengestalt, Tochter des →Uranos und der →Gäa, Gemahlin des →Kronos und Mutter des →Zeus. Ihr Kult war mit dem der →Kybele eng verbunden.

Rheda-Wiedenbrück, Stadt im Reg.-Bz. →Detmold, Nordrh.-Westf., an der oberen →Ems, 1970 aus dem Zusammenschluß der Städte *Rheda* und *Wiedenbrück* entstanden, 38 500 E. (1975); in Rheda alte Wasserburg, mittelalterl. Stadtbild Wiedenbrück

J. Reynolds: Master Hare. Paris, Louvre

mit Ägidenkirche (13.–16. Jh.), Rathaus (1619), Fachwerkhäusern und Schloß *Reckenberg* (18. Jh.); Straßenknotenpunkt; Textil-, Möbel-, Papier- und Fleischwarenindustrie.

Rhee [ri], Syngman, korean. Politiker, *26.4.1875 Nordkorea, †19.7. 1965 Honolulu; nach Widerstand gegen die jap. Besetzung lebte er in USA; 1948–60 Präs. von Südkorea.

Rheiderland, ostfries. Marschland an der unteren Ems.

Rhein (frz. *Rhin* [rã], niederländ. *Rijn* [räin]) *der*, längster und wasserreichster Fluß Dtld.: 1320 km lang, 224 400 km² Einzugsgebiet. Die beiden Quellflüsse →*Vorder-R.* und →*Hinter-R.* entspringen in den Westalpen, im schweiz. Kanton →Graubünden (→Sankt Gotthard und →Adula) und vereinigen sich zum *Alpen-R.*, der bei *Rheineck* in den →Bodensee mündet (vorläufige Erosionsbasis); Abfluß durch die Konstanzer Enge und den →Untersee bei →Stein, als *Hoch-R.* mit unausgeglichenem Gefälle (→R.-Fall bei →Schaffhausen) bis Basel; dort Eintritt in den Grabenbruch der →Oberrhein. Tiefebene; von Basel bis Mainz träger Lauf des *Ober-R.* mit reicher →Akkumulation und ehem. starker Verwilderung in der breiten Stromaue (Seuchengefahr);

Rhein, Häfen

erst die R.-Korrektion durch Tulla (begonnen 1817) machte den Fluß schiffbar und die Niederung bewohnbar. Die Engtalstrecke des *Mittel-R.*, beginnend ab Mainz (Durchbruch durch das ->Rhein. Schiefergebirge), zählt zu den reizvollsten Landschaften Dtld.; sie reicht bis Bonn, wo der R. als ->*Nieder-R.* in die Kölner Bucht eintritt und als Tieflandstrom bei ->Emmerich dt. Gebiet verläßt. In den Niederlanden setzt er sich im nördl. Arm als *Nederrijn* (später ->*Lek*) fort, der südl. Hauptarm mündet, verzweigt mit der ->Maas, in die Nordsee: als ->*Waal* (²/₃ des Wassers) mit der *Bergschen Maas* in die Meeresbucht ->Hollandsch Diep, als *Alte Maas* und *Neue Maas* westl. von Rotterdam, als *Alter R.* (*Oude Rijn*) bei Leiden, ferner mit mehreren Armen ins ->IJsselmeer. Nach dem niederländ. Deltaplan sollen bis auf den ->Nieuwen Waterweg bei Rotterdam die vielen Mündungsarme abgedämmt werden, um dadurch die niederländ. Küste um 1000 km von 1400 auf 400 zu verkürzen. Nebenflüsse: *Alpen-R.*: ->Landquart und ->Ill (re.); *Hoch-R.*: ->Wutach (re.), ->Thur, ->Aare (li.); *Ober-R.*: ->Wiese, ->Elz, ->Kinzig, ->Rench, ->Murg, ->Neckar, ->Main (re.), ->Ill, ->Zorn, *Lauter* (li.); *Mittel-R.*: ->Lahn, ->Sieg (re.), ->Nahe, ->Mosel, ->Ahr (li.); *Nieder-R.*: ->Wupper, ->Ruhr, ->Emscher, ->Lippe (re.), ->Erft (li.).

Der R. ist die größte Binnenwasserstraße Europas, ausgebaut für Schiffe bis zu 3000 t von ->Rheinfelden, dem derzeit. Endpunkt der Schiffahrt, bis zur Mündung in ->Rotterdam. Während der ganzen dt. Gesch. war das R.-Tal bevorzugter Kulturraum mit bed. Städten von der Römerzeit bis zur Gegenwart. Die heutige Wirtschaftsstruktur entlang des R. ist gekennzeichnet durch intensive Landw. (vor allem Weinbau und Spezialkulturen) an Ober- und Mittel-R. und die großen Ind.-Zentren Karlsruhe, Mannheim/Ludwigshafen, Rhein-Main-Gebiet, Nieder-R. und Ruhrgebiet. 1974 wurden auf dem R. von Rheinfelden bis zur niederländ. Grenze 207 Mio. t Güter befördert (1954: 84 Mio. t), davon die Hälfte auf ausländ. Schiffen. Den höchsten Güterumschlag der dt. Binnenhäfen wiesen 1974 Duisburg mit 49 Mio. t und Mannheim/Ludwigshafen mit 18 Mio. t auf. Als wichtigste Schiffahrtsstraßen zweigen ab: bei Mannheim/Ludwigshafen der kanalisierte Neckar, der die württ. Ind.-Gasse an den R. anschließt, bei Mainz der ebenfalls kanalisierte Main mit seiner im Bau befindl. Fortsetzung im ->Rhein-Main-Donau-Kanal, am Nieder-R. der für das Ruhrgebiet lebenswichtige ->R.-Herne- und ->Dortmund-Ems-Kanal; Verbindung zum frz. Wirtschaftsraum über die kanalisierte Maas und Mosel, den ->Rhein-Marne-Kanal und den ->R.-Rhône-Kanal. Um die Schiffahrt bis zum Bodensee zu ermöglichen, wird gegenwärtig der Ausbau des Hoch-R. durch ein System von Staustufen (auch zur Energiegewinnung) erwogen. Die Mainzer R.-Schiffahrtsakte von 1831 gewährt allen Nationen die freie Ausübung der Schiffahrt auf dem R. zw. ->Neuhausen – Basel und der Nordsee; oberste Überwachungs- und Verwaltungsbehörde ist die internat. 'R.-Schiffahrts-Kommission' (Sitz Straßburg), deren Mitglied die BRD seit 1950 ist. (Bilder S. 5024/25)

Rheinau, altes Städtchen in einer Rheinschleife im Kt. Zürich, mit 1300 E. (1975); auf kleiner Rheininsel ehem. Benediktinerabtei (844 bis 1862); Weinbau; unweit das R.-Kraftwerk (215 Mio. kWh).

Rheinbach, Stadt im Reg.-Bz. Köln, Nordrh.-Westf., südwestl. von Bonn, 21 100 E. (1975); seit 1947 Zentrum der ehem. nordböhm. Glasindustrie, Glasmuseum, -fachschule.

Rheinberg, Stadt im Reg.-Bz. Düsseldorf, Nordrh.-Westf., li. des Niederrheins, 25 500 E. (1975); Pfarrkirche (ab 1107); versch. Industrie.

Rheinberger, Joseph, Komponist, *17.3.1839 Vaduz, †25.11.1901 München; Vertreter der Münchner Schule; hauptsächlich Orgelwerke.

Rheinbund, 1) auf Betreiben →Mazarins geschlossenes und gegen die vermeintl. Gefahr eines habsburg. Absolutismus gerichtetes Bündnis westdeutscher Fürsten unter Führung von Kurmainz (1658–68). **2)** unter der Protektion Napoleons 1806 errichteter Bund der meisten west- und süddeutschen Territorien (zunächst 16 Reichsstände), der den Mitgl. durch Austritt aus dem Röm.-Dt. Reich die Souveränität und durch →Mediatisierung kleinerer Fürstentümer Gebietszuwachs brachte. Die R.-Staaten waren Napoleon zur Waffenhilfe verpflichtet. Während der →Befreiungskriege zerfiel der R.

Rheine, Stadt im Reg.-Bz. Münster, Nordrh.-Westf., an der →Ems, 72 000 E. (1975); Verkehrsknotenpunkt; Maschinen-, Textil-, Kalkindustrie, Strumpffabrikation, Autokarosseriewerk, Saline (seit 11. Jh.); Solbad.

Rheinfall, Fallstufe des Hochrheins zw. →Neuhausen (Kt. Schaffhausen) und *Schloß Laufen* (Kt. Zürich); auf 150 m Breite stürzt der Rhein aus →epigenet. Einschnitt im Jurafels in 3 Fällen 21 m tief in sein altverschüttetes Schotterbett zurück und kolkt es tief (13 m) aus.

Rheinfelden, 1) *R.* (*Baden*), Grenzstadt im Reg.-Bz. Südbaden, östl. Basel, 27 000 E. (1975); Endpunkt der Rheinschiffahrt; ältestes Rheinkraftwerk, chem. Ind.; Aluminiumhütte. **2)** Bezirksstadt am li. Rheinufer im Kt. Aargau, gegenüber R. 1), mit 8500 E. (1975); Laufkraftwerk, Brauereien, Tabakverarbeitung; Solbad, jährl. über 100 000 Fremdenübernachtungen.

Rheinfels, Ruine einer hessisch-katzenelnbogischen Festung am li. Rheinufer über →St. Goar.

Rheingau, Hügelland am südl. Abfall des Taunus zw. Wiesbaden und Aßmannshausen (*R.-Gebirge*); klimat. begünstigtes, berühmtes Weinbaugebiet (mit über 2000 ha Rebfläche): →Rüdesheim, →Johannisberg, Aßmannshausen, →Eltville.

Rheingaukreis, Kreis im Reg.-Bz. Darmstadt, Hessen, Verw.-Sitz →Rüdesheim.

Rheinhausen, ehem. selbständige Industriestadt im Reg.-Bz. Düsseldorf, Nordrh.-Westf., am li. Rheinufer, mit 68 000 E. (1974); Forschungs-Inst. für Verwertung von Hochofenschlacke; Eisen- und Stahlgewinnung, Steinkohlenbergbau u. a.; 1975 nach →Duisburg (z. T. nach →Krefeld) eingemeindet.

Rhein-Herne-Kanal, 45,8 km langer Schiffahrtskanal zw. dem Rhein bei Duisburg und dem →Dortmund-Ems-Kanal nordöstl. von Herne; 7 Schleusen für Schiffe bis zu 1350 t; 1914 eröffnet.

Rheinhessen, ehem. der linksrhein. Teil von →Hessen, ab 1946 Reg.-Bz. von →Rheinl.-Pf., mit 1336 km² und 490 000 E. (1968), Hptst. →Mainz; bekanntes Weinbaugebiet. Am 1.10. 1968 mit dem Reg.-Bz. →Pfalz zum neuen Reg.-Bz. *R.-Pfalz* zusammengelegt, 6824 km² und 1,83 Mio. E. (1975); Verwaltungssitz ist →Neustadt an der Weinstraße.

Rhein-Hunsrück-Kreis, Lkr. im Reg.-Bz. Koblenz, Rheinl.-Pf., Verwaltungssitz →Simmern.

Rheinfall

1

2

▼5

3

4

Rhein: 1 Vorderrheinschlucht bei Versam; **2** Hinterrheintal bei Splügen; **3** Laufenburg am Hochrhein; **4** Denkmal am Dreiländereck des Baseler Rheinhafens; **5** Oberwesel, Mittelrhein; **6** Insel Niederwerth zwischen Koblenz und Vallendar; **7** Industrieanlage bei Duisburg; **8** Bugsierschiff auf dem Niederrhein; **9** Brücke über die Waal in Nimwegen; **10** Fähre bei Schoonhoven am Lek

6

7

8

▼ 9

10 ▼

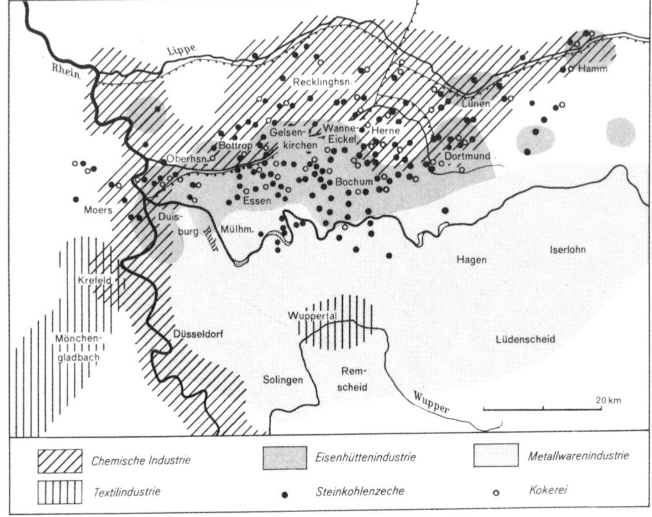

Rheinisch-Westfälisches Industriegebiet

Rheinisch-Bergischer Kreis, Lkr. im Reg.-Bz. Köln, Nordrh.-Westf., Verw.-Sitz →Bergisch Gladbach.

Rheinisch-deutsches Kaltblut, schweres dt. →Kaltblutpferd, durch Kreuzung mit belg. Rassen entstanden; gutes landw. Arbeitspferd, Hauptpferderasse am Niederrhein.

Rheinischer Merkur, 1. polit. Ztg. 1814–1816, hrsg. von J. von →Görres; wegen Görres' Forderung nach einer Verfassung und seiner Kritik am Wiener Kongreß verboten. 2. Seit 1946 kath. orientierte Wochenzeitung für Politik, Wirtschaft und Kultur; Koblenz. Auflage 1976: 72000.

Rheinischer(Städte-)Bund, 1) (lat. *Confoederatio pacis Rhenana*), 1254 von einer großen Zahl west- und süddeutscher Städte sowie geistl. und weltl. Fürsten zur Landfriedenswahrung und zur Sicherung des Handels geschlossener Bund; 1257 durch zwiespältige Königswahl gesprengt. **2)** 1381 zur Behauptung ihrer Rechte gegenüber Ritterbünden von rhein. und elsäss. Städten geschlossener Bund; löste sich 1388 nach der Niederlage bei Worms auf.

Rheinisches Schiefergebirge, der Westteil der dt. Mittelgebirgsschwelle zu beiden Seiten des Rheins zw. Bonn und Bingen; im W Übergang in die Ardennen und das Lothring. Stufenland, im O ins Hess. Bergland; überwiegend aus devon. Schiefern und Grauwacken aufgebauter Gebirgsblock, durch den Durchbruch des Rheins und dessen Nebenflüsse (→Lahn, →Sieg, →Nahe, →Mosel, →Ahr) gegliedert; ausgesprochener Ggs. von steilwandigen Kerbtälern (warm; Obst- und Weinbau) und flachwelligen, durchschnittl. 550 m hohen Hochflächen (rauh, niederschlagsreich; Viehzucht); Härtlingszüge (→Hunsrück, →Taunus), Vulkanlandschaften (→Siebengebirge, →Eifel, →Westerwald), Waldgebirge (→Sauerland, →Rothaargeb.), fruchtbare Senken (Neuwieder-, Limburger Becken); zahlr. Kurorte; größere Ind. in den Randgebieten, wo das produktive Karbon (Steinkohle) ausstreicht (Ruhrgebiet, Aachen, Saar).

Rheinisch-Westfälisches Elektrizitätswerk AG (*RWE*), Essen, gegr. 1898, gemischtwirtschaftl. Versorgungsunternehmen; Versorgungsgebiet rd. 26000 km²; im Großverbundnetz auch mit den europ. Nachbarländern verbunden. Konzernumsatz: 11,5 Mrd. DM; Beschäftigte: 58300 (1975/76).

Rheinisch-Westfälisches Industriegebiet, zusammenfassende Bezeichnung für den gesamten Ind.-Raum →Nordrh.-Westfalens; umfaßt das →Ruhrgebiet, die Bergische Ind. (Wuppertal, Solingen, Remscheid), den Wirtschaftsraum der →Kölner Bucht (Köln, Düsseldorf, Leverkusen) mit →Ville und niederrhein. Textil-Ind. (Krefeld, Mönchengladbach) sowie das Steinkohlengebiet um Aachen.

Rheinisch-Westfälisches Kohlensyndikat (*RWKS*), Essen, Verkaufsorganisation des dt. Kohlebergbaus; gegr. 1893 (→Kirdorf), Liquidation und Entflechtung nach 1945.

Rheinländer, Gesellschaftstanz im $^2/_4$-Takt; der →Polka verwandt, doch langsamer.

Rhein-Lahn-Kreis, Lkr. im Reg.-Bz. Koblenz, Rheinl.-Pf., Verw.-Sitz Bad →Ems.

Rheinland (*Rheinprovinz*), bis 1946 bestehende preuß. Prov. mit 24477 km² und 7,7 Mio. E. (1933), Hptst. →Koblenz; umfaßte Landschaften beiderseits des Rheins von der →Nahe bis zur niederländ. Grenze mit den Reg.-Bz. Koblenz, Düsseldorf, Köln, Trier, Aachen; 1946 zw. →Nordrh.-Westf., →Rheinl.-Pf. und dem →Saarland aufgeteilt.

Rheinland-Pfalz, Land der BRD, an Luxemburg und Frkr. grenzend, durch Verordnung der frz. Militärregierung am 30.8.1946 aus der bayr. →Pfalz, dem linksrhein. Teil des Landes Hessen (→Rheinhessen) und dem rechtsrhein. Teil der frz. Zone in der preuß. Prov. Hessen-Nassau (ehem. Reg.-Bz. Montabaur) gebildet, 19835 km² mit 3,68 Mio. E. (1975), Hptst. →Mainz.

Landesnatur: größtenteils Mittelgebirgscharakter: im N der linksrhein. Flügel des Rhein. Schiefergebirges (Devon) mit vulkan. →Eifel nördl. und →Hunsrück (quarzit. Härtlingszüge) südl. des Moseltales sowie rechtsrhein. Teile des Hintertaunus und des →Westerwaldes (Vulkandecken), im S das →Pfälzer Bergland (Zechstein; Porphyr) und die Buntsandsteintafel des →Pfälzer Waldes; daneben Anteil an der klimat. begünstigten Oberrhein. Tiefebene li. des Rheins, zw. frz. Grenze und dem Beginn der engen Durchbruchsstrecke des Rheins durch das Schiefergebirge, die sich nur in dem tertiären Senkungsfeld des *Neuwieder Beckens* (Tuffsedimente) stärker nach W und O öffnet.

Bevölkerung überwiegend Franken; Anteil der Flüchtlinge und Heimatvertriebenen etwa 11%; Bev.-Dichte durchschnittlich 185 E./km² (1975), stärkste Besiedlung am Oberrhein und um Koblenz/Neuwied; 56% sind kath., 42% evangelisch.

Verwaltung: R.-Pf. gliedert sich (1975) in 3 Reg.-Bz., 12 kreisfreie Städte, 24 Lkr. und 2351 Gemeinden.

Reg.-Bz. (1975)	Fläche km²	Einw. (in 1000)
Koblenz	8089	1373
Trier	4922	477
Rheinhessen-Pfalz	6824	1828
Rheinland-Pfalz	19835	3678

Rechtsprechung: Oberste Gerichte sind der Verfassungsgerichtshof und das Oberverwaltungsgericht in Koblenz, die Oberlandesgerichte in Koblenz und Neustadt an der Weinstraße sowie das Landesarbeits- und Landessozialgericht in Mainz.

Bildungswesen: Univ. Mainz, Trier-Kaiserslautern; Erziehungswissenschaftl. Hochsch. (mit 4 Abteilungen); Hochsch. für Verwaltungswissenschaften Speyer.

Wirtschaft: fast 40% Wald (Schiefergebirge, Pfälzer Wald) und 50% landw. Nutzfläche; agrar. Vorzugsgebiete: Vorderpfalz (wichtigstes dt. Tabakanbaugebiet), Rheinhessen (Wein, Obst, Weizen, Zuckerrüben auf Lößböden), Neuwieder Becken, Wittlicher Senke, Bitburger Land; auf den rauheren, ertragsärmeren Höhen des Schieferergeb. Viehwirtschaft (mit Futterbau li. und Weidegang re. des Rheins); Zentrum des dt. Weinbaus ($^2/_3$ der gesamten dt. Weinbaufläche); Hauptanbaugebiete: Talhänge des Rheins (mit Rheinhessen und Pfalz), der Mosel, Ahr und Nahe. Bodenschätze: in erster Linie Abbau von Steinen und Erden (Schiefer, Basalt, Quarzite, Bimsstein, Ton), die Erzvorkommen des Westerwaldes (Eisen, Blei, Zink) sind nahezu erschöpft; zahlr. Mineralquellen mit Heilbädern. Ind.: chem. (BASF) in Ludwigshafen, Eisen und Stahl im Unterlahngebiet, Baustoffe im Neuwieder Becken, Schmuckwaren (Idar-Oberstein), Schuh-Ind. (Pirmasens), Maschinenbau (Kai-

serslautern, Zweibrücken); Fremdenverkehr, bes. am Mittelrhein.

Rhein-Main-Donau-Kanal, seit 1921 im Ausbau befindl. Großschiffahrtsweg für Schiffe bis zu 1500 t Tragfähigkeit (rd. 600 km lang, 51 Schleusen), Binnenschiffahrtsverbindung zw. Nordsee und Schwarzem Meer; benutzt das bis Bamberg kanalisierte Flußbett des Mains, im Rednitztal bis Nürnberg verlängert (Inbetriebnahme 1972); die schwierigste Teilstrecke zw. Nürnberg und dem Altmühl- bzw. Donautal noch im Ausbau; Kanalbau und Betrieb der Kraftwerke durch die *Rhein-Main-Donau AG.* Vorläufer ist der nach 1836 gebaute →Ludwigskanal.

Rhein-Main-Gebiet, der wirtschaftl. Ballungsraum am Untermain um Frankfurt, Mainz und Wiesbaden; starke industrielle Wirtschaftskraft, zentrale Funktion für Handel, Verkehr, Banken, Börse. Wachstumstendenz vor allem in Richtung auf den zweiten wirtschaftl. Schwerpunkt des Oberrheingebiets um Mannheim/Ludwigshafen-Heidelberg.

Rhein-Marne-Kanal (frz. *Canal de la Marne au Rhin*), Schiffahrtskanal in Ost-Frkr., 314 km lang, verbindet den Rhein bei Straßburg mit der Marne bei *Vitry-le-François* (südöstl. von Reims); 1841–1852 erbaut, mit 178 Schleusen, im östl. Teil 5 km langer Tunnel; modernes Schiffshebewerk (1968) macht 17 Schleusen überflüssig, Tragfähigkeit 350 t. Verschiffung von Eisenerz, Steinkohle, Baustoffen.

Rheinland-Pfalz: Niederlahnstein, Altes Zollhaus von 1348; Nürburg, Eifel

Rhein-Neckar-Kreis, Lkr. im Reg.-Bz. Karlsruhe, Baden-Württ., Verwaltungs-Sitz →Heidelberg.

Rhein-Rhône-Kanal (frz. *Canal du Rhône au Rhin*), Schiffahrtskanal in Ost-Frkr., 323 km lang, verbindet den Rhein bei Straßburg mit dem →Doubs (bei →Montbéliard); 1784 bis 1833 erbaut. Z. T. stillgelegt (Direktverbindung Mülhausen–Rhein).

Rhein-Ruhr-Kanal, 4,5 km langer Kanal zw. Rhein und Ruhr im Hafenbereich von Duisburg.

Rheinsberg (*Mark*), brand. Stadt im Bz. Potsdam, am Ausfluß des →Rhin aus dem *Rheinsberger See*, 5000 E. (1975); Schloß von →Knobelsdorff. (→Brandenburg, Bild)

Rhein-Seitenkanal (frz. *Grand Canal d'Alsace*), Großschiffahrtsstraße auf der frz. Seite der Oberrhein. Tiefebene, dient zugleich der Energiegewinnung. Nördl. von Basel wird der größte Teil des Rheinwassers in den Kanal geleitet. Gesamtlänge bis Straßburg 112 km; Ausbau 1970 abgeschlossen. An den 8 Kraftwerkstufen große Schleusenanlagen. Als Folge des Kanalbaus Absenkung des Grundwasserspiegels im Bereich des Rheinbettes und damit Beeinträchtigung der Landwirtschaft.

Rhein-Sieg-Kreis, Lkr. im Reg.-Bz. Köln, Nordrh.-Westf., Verw.-Sitz →Siegburg.

Rheinstahl, heute *Thyssen Industrie AG*, Verarbeitungsunternehmen des →Thyssen-Konzerns, Herstellung von Investitionsgütern und Guß-, Schmiede-, Preß- sowie Kunststoffteilen. Sitz: Essen; Umsatz: rd. 4,5 Mrd. DM; Beschäftigte: 45000 (1975/76).

Rheinstein, Burg am Rhein, unterhalb von Bingen; 1282 zerstört, 1825 bis 29 wiederaufgebaut.

Rheinwald *das*, Kreis und oberster Talabschnitt des Hinterrhein im Kt. Graubünden, ehem. Kolonie der →Walser, nördl. Zugang zu →Splügen- und →San-Bernardino-Paß.

Rheinweine, Weine, die rheinabwärts von Wiesbaden angebaut werden; 57% sind Rieslingreben, 30% Silvaner (bes. in kälteren Lagen); Rotweinanbau lediglich um Aßmannshausen. Bekannte Weinorte: →Eltville, →Geisenheim, →Rüdesheim.

Rhenium (*Re*), vorwiegend siebenwertiges Element der Ordnungszahl 75, Atomgewicht 186,2; sehr seltenes, weiß glänzendes, sehr hartes, luftbeständiges Metall, Dichte 21,0; Schmelzpunkt 3180° C, Siedepunkt bei 5900° C, →Mohshärte 8; lösl. in Salpetersäure. R. fällt bei der Aufbereitung von Molybdänglanz (→Molybdän) und Kupfererzen (Mansfeld) an (Weltproduktion bei 12 t); dient u. a. zur Herst. von Füllfederhalterspitzen, Thermoelementen, Glühlampendrähten, Spezialspiegel.

Rhesusaffen mit Jungen

Rheologie (*Fließkunde*), die Lehre vom Verhalten deformierbarer Körper beim Einwirken äußerer Kräfte. Die Arbeitsmethoden der R. sind vor allem die Messung der Deformation (Dehnung, Stauchung, Scherung), der dazu benötigten Zeiten (→Relaxation) sowie Bestimmung der Temperatureinflüsse. Die Ergebnisse werden z. B. graphisch in sog. *Rheogrammen* dargestellt. Die R. ist vor allem für die →Werkstoffkunde und die →Geophysik von Bedeutung.

Rheostat [griech.] *der*, präziser, meist in Stufen regelbarer elektr. →Widerstand.

Rhesusaffe (*Macaca mulatta*), asiat. →Makake, bis 60 cm lang, mit dünnem, bräunl. Haarkleid; früher verbreitet als Jahrmarktaffe, heute wichtig für wissenschaftl. Versuche. (Bild S. 5029)

Rhesusfaktor (*Rh-Faktor*), ein Blutkörperchenmerkmal (→Blutgruppen), das von →Landsteiner und *A. S. Wiener* (USA) 1940 erstm. bei →Rhesusaffen, dann auch beim Menschen festgestellt wurde; etwa 85% der Europäer sind *Rh-positiv* (*Rh*), der Rest ist *Rh-negativ* (*rh*). Kinder aus der Verbindung eines Rh-Mannes mit einer rh-Frau sind in ihrer Entwicklung schwer gefährdet, wenn der Organismus der Mutter während der Schwangerschaft gegen den väterl. R. (aus dem kindl. Blut) →Antikörper bildet, die oft schon durch Keimschädigung zu Fehlgeburt, später durch Zerstörung der roten Blutkörperchen des Kindes zu Totgeburt oder schwerer Schädigung (→Erythroblastose) führen. Durch zunehmende Sensibilisierung der Mutter nimmt die Gefährdung von Kind zu Kind zu, scheint jedoch durch Einspritzung von spezifischen →Gammaglobulinen in das mütterl. Blut verhindert werden zu können. Bisher wurde zur Vermeidung schwerer Schädigungen manchmal vorzeitige Geburt herbeigeführt. Bei geschädigt geborenen Kindern wird meist sofort Blutaustausch mit rh-Blut durch ein Blutgefäß der →Nabelschnur vorgenommen.

Rhetor, der antike Redner und Lehrer der Beredsamkeit (→Rhetorik).

Rhetorik [griech.] *die*, Beredsamkeit wie auch Lehre von der kunstmäßig geübten Rede, ihren Regeln, ihrem Aufbau, ihren Ausdrucksmitteln und Stilformen. Mit der Entstehung der Demokratie in Athen ausgebildet (→Gorgias) mit den Hauptgruppen der Staats-, Prozeß-, später auch Preisrede (→Panegyrikos); von den Römern unter ähnl. Voraussetzungen nach Praxis und Theorie entwikkelt bzw. übernommen; im MA eine Disziplin der Sieben Freien Künste (→Artes liberales); behauptete als Kunst der freien Rede (bes. bei Theologen und Juristen) bis ins 18. Jh. einen Platz im Lehrkanon der Gymnasien und Universitäten.

Rheumatismus [von griech. rheuma 'Fluß'], Sammelbez. für schmerzhafte Erkrankungen des kollagenen Bindegewebes (→Kollagenosen), die vor allem Gelenke (→Gelenk-Rh.), Herz (→Herzklappenentzündung) und Muskeln (→Muskelentzündung, →Muskelschmerz) befallen und akut (oft mit Fieber) oder chronisch auftreten können; keine Infektionskrankheit im eigtl. Sinne, sondern eine Reaktionsform des Organismus im Sinne der →Allergie, vorwiegend auf →Streptokokken, die sich von Entzündungsherden (z. B. Mandeln, Zahnwurzeln, Nasennebenhöhlen, Wurmfortsatz, Nierenbecken) aus im Körper verbreiten (→Herdinfektion). Störungen der Hormonproduktion in →Hypophyse und →Nebennieren-Rinde, Abbau der →Hyaluronsäure, Einflüsse vom Nervensystem her scheinen das Auftreten von R. zu begünstigen; eine bed. Rolle spielt erbl. Veranlagung. Behandlung: →Chemotherapie, Heilbäder, Massage, Gymnastik, Wärmebehandlung.

Rheydt, ehem. kreisfreie Stadt im Reg.-Bz. Düsseldorf, Nordrh.-Westf., mit 101000 E. (1974); Renaissanceschloß mit Museum; 1975 nach →Mönchengladbach eingemeindet.

Rhin *der*, re. Nebenfluß der →Havel, 105 km lang, entspringt auf der Meckl. Seenplatte südl. von →Neustrelitz, durchfließt zahlr. Seen und dient als Vorfluter für die Entwässerung des *R.-Luchs*, einer versumpften Niederung südl. von →Neuruppin, die Friedrich d. Gr. z. T. trockenlegen ließ; von hier bis zur Mündung westl. von *Rhinow* 51 km kanalisiert (*R.-Kanal*).

Rhizoid [griech.] *das*, langgestreckte Zelle oder Zellfaden; bei Moosen, Vorkeimen der Farnpflanzen und manchen Algen ausgebildet mit der

Funktion von Wurzeln. (→Moose, Bild)

Rhizom [griech.] *das*, (*Wurzelstock*), unterird. wurzelähnlicher Sproß; wächst meist waagrecht, trägt oft kleine, schuppenförmige, bleiche Blättchen; Speicherorgan.

Rho, oberital. Stadt im nordwestl. Vorortbereich von Mailand, Lombardei, mit 47500 E. (1973); versch. Ind., Erdölraffinerie.

Rhodamine, aus →Phthalsäure-Anhydrid und Aminophenolen gewonnene, rote, gut lichtechte, fluoreszierende Farbstoffe.

Rhodanverbindungen, chem. Verbindungen, die die Atomgruppe —SCN enthalten; deren wichtigste sind die *Rhodanwasserstoffsäure* (*Thiocyansäure*, HSCN), eine farblose, ölige, scharf riechende, zersetzl. Säure, sowie ihre Salze (*Rhodanide*) und Ester (lauchartig riechende Flüssigkeiten). R. kommen in manchen Pflanzenwurzeln, im Tabakrauch, im tier. und menschl. Körper vor. Die Säure als Desinfektionsmittel, die Rhodanide zum Nachweis von Eisen, in der Photographie und in Metall- und Textilbeizen.

Rhode Island [roᵘd ailᵉnd] (Abk. *R. I.*), kleinster (Neuengland-)Staat der USA, 3144 km², 967000 E. (1973), Hptst. →Providence an der *Narragansettbai*, die der Staat umschließt; Fischerei, Landw., Textil-, Schmuckwaren-Ind.; Erholungsgebiet. – Gründerstaat der USA.

Rhodes [roᵘds], Cecil John, engl. Kolonialpolitiker, *5.7.1853 Bishop-Stortford (Hertfordshire), †26.3.1902 Muizenberg (bei Kapstadt); Vorkämpfer des brit. Imperialismus; bei der Ausbeute von Diamantenfeldern reich geworden; auf seine Veranlassung hin wurde 1885 das →Betschuanaland brit. Kronkolonie. Während seiner Amtszeit als Premier-Min. der Kapkolonie (1890–96) gelang der von ihm gegr. British South Africa Company die Erwerbung von →Rhodesien. Versuchte vergebl., →Transvaal durch Wirtschaftspressionen zur Union mit dem Kapland zu veranlassen; schließl. animierte er seinen Vertrauten L. St. →Jameson, den Burenstaat mit Waffengewalt zum Anschluß zu zwingen. Nach gescheitertem Unternehmen zurückgetreten.

Rhodesia-Mensch (*Homo erectus rhodesiensis*), bei →Broken Hill (Sambia) 1921 gefundene Schädel- und Skelettreste, die früher von manchen Anthropologen zur Stufe des →Neandertalers, von anderen als Sondergruppe zu den →Archanthropinen gestellt wurden; Alter: oberes →Pleistozän. Dem Rhodesia-Typus sehr ähnl. der Fund in *Hopefield* bei *Saldanha* (nordwestl. von Kapstadt) 1952.

C. J. Rhodes

David Ricardo

Rhodesien (engl. *Rhodesia* [roᵘdisiᵉ], afrik. *Zimbabwe*), Rep. in Südafrika, 389580 km², 6,25 Mio. E. (1975; darunter 275000 Weiße), Hptst. →Salisbury; umfaßt die Gebiete *Maschonaland* (im NO) und →Matabeleland (im SW); wird begrenzt im W von Botswana (ehem. Brit.-Betschuanaland), im O von Moçambique, im S durch den →Limpopo gegen Südafrika, im N durch den →Sambesi gegen Sambia (ehem. *Nordrhodesien*).

Landesnatur: Das von Grassavannen und Buschland bedeckte, wellige Hochland steigt in den *Matopobergen* (SW) auf 1552 m, im *Inyangani-Gebirge* (NO) auf 2596 m an, fällt nach SO zum ostafrik. Küstentiefland ab; der *Sabi* (*Rio Save*) entwässert zum Ind. Ozean, kleinere Flüsse nach N in den Sambesi; durch die Höhenlage gemäßigtes trop. Klima.

Bevölkerung: →Bantu-Stämme (vorwiegend Matabele, Schona), $^1/_8$ der afrik. Bev. besteht aus Arbeitern aus anderen afrik. Ländern; seit 1964 Zunahme der Weißen, hauptsächl. durch Zuwanderung aus Sambia.

Verfassung, *Verwaltung*: Die Verfassung von 1961 gab R. dominionähnlichen Status mit Selbstverwaltung, Parlament und Min.-Präs.; das Wahlrecht der afrik. Bev. ist nach Einkommens- und Erziehungsstufen qualifiziert. Nach der Verfassung von 1970 ist R. eine unabhängige Rep.; das Parlament zählt 66 Abgeordnete (50 gewählte Weiße, je 8 gewählte Afrikaner und Stammesrepräsentanten). Verwaltungsgliederung in 7 Provinzen.

Wirtschaft: Die meist von Europäern geführte Landw. erzeugt an erster Stelle Tabak (in der Weltproduktion an zweiter Stelle nach USA), ferner Obst, Zitrusfrüchte, Erdnüsse, Weizen; seit 1964 erweiterter Zuckerrohr- und Baumwollanbau (Plantagen); in den tsetsefreien Hochgebieten Viehzucht. Naturschutzgebiete, u. a. *Wankie-Nationalpark*. Der Bergbau auf (langfaserigen) Asbest und Chrom (riesige Lagerstätten), Gold, Vanadium, Blei, Diamanten, Graphit und Kohle ist bed.; neu entdeckte, umfangreiche Goldvorkommen südl. *Fort Victoria*. Industrie: Die Stahlwerke in *QueQue* und →Bulawayo erzeugen jährl. rd. 280000 t Roheisen und 150000 t Rohstahl. Seit 1965 zeigt die gesamte Ind. steigende Produktionsziffern; eine Öl-Rohrleitung von →Beira nach *Umtali* (Ost-R.) liefert tägl. 1500 t Rohöl; Hauptenergiespender ist das Kariba-damm-Kraftwerk am Sambesi. Verkehr: Eisenbahnlinien nach Südafrika, Moçambique und über Sambia nach Zaire; gutes Straßennetz. *Religion*: Rd. $^1/_3$ der Bev. ist prot., etwa 9% Kath.; im übrigen Anhänger von Naturreligionen.

Geschichte: Die weiten Gebiete zw. Limpopo und Sambesi, Maschonaland und Matabeleland, wurden 1889 bis 90 von C.→Rhodes für die *Brit.-Südafrik. Ges.* erschlossen, in Besitz genommen und 1895 nach ihm benannt. 1891–98 wurden Gebiete nördl. des Sambesi (→Barotseland) erworben und 1911 zu 'Nordrhodesien' vereinigt; gleichzeitig wurde R. südl. des Sambesi *Südrhodesien* genannt. 1953 schlossen sich beide R. mit →Njassaland zur →Zentralafrik. Föderation zus., die als Bund zur Unabhängigkeit geführt werden sollte. Der Bund löste sich jedoch 1963 infolge Ausscheidens von Nordrhodesien und Njassaland auf (N-R. wurde als →Sambia, Njassaland als →Malawi 1964 unabhängig). Am 11. 11.65 erklärte Min.-Präs. Ian Smith von Südrhodesien dieses von Großbritannien unabhängig und gab dem Land den alten Namen R. zurück. Großbritannien und die Mehrzahl aller anderen selbständigen Staaten der Welt erkannten die einseitig ausgesprochene Unabhängigkeit nicht an und erwarten vor Anerkennung der Unabhängigkeit, daß R. alle Staatsbürger gleicherweise an der Regierungsverantwortung teilhaben läßt; Aufruf der UN zu Wirtschaftssanktionen gegen R.; zunehmende Guerillatätigkeit der Afrikaner. 1976 Zusicherung der weißen Regierung, die Staatsgewalt binnen 2 Jahren an die schwarze Mehrheit zu übertragen; daraufhin Konferenz in Genf.

Rhodium [griech. 'rosenfarbig'] (*Rh*), zu den leichten →Platinmetallen gehörendes, meist 6wertiges chemisches Element der Ordnungszahl 45; Atomgewicht 102,9; Dichte 12,41; Schmelzpunkt 1966° C, Siedepunkt 3700° C; silberweißes, dehnbares Metall, in allen Säuren (auch in Königswasser) unlöslich. Vorkommen als Begleiter des →Platins

Rhodesien: Brücke über den Sambesi (1905 erbaut) unterhalb der Victoriafälle

sowie in Legierung mit Gold (Mexiko). Wegen seiner chem. Resistenz wird R. verwendet für Spezialtiegel, für hauchdünne Überzüge von Spiegeln, Silberwaren, analyt. Gewichtssätze, med. Geräte und Spinndüsen sowie als Katalysator (Salpetersäuredarstellung), schwarze Porzellanfarbe und Thermoelemente.

Rhododendron *das*, Gattung der Heidekrautgewächse; insbes. Bez. für versch. meist asiat. oder amerik. Gebirgssträucher aus dieser Gattung, die als Ziersträucher in vielen Kreuzungen gezogen werden; den →*Alpenrosen* (Gattung R.) ähnlich, Blüten aber viel größer, weiß, rosa, lila, gelb. Bereits im Februar blüht *R. dauricum* (vom Altai bis Japan heim.). Als immergrüne Park-R. Kreuzungen der nordamerik. Arten *R. maximum* (Blüten rosa bis weiß) und *R. catawbiense* (Blüten trüb violett) mit asiat. Arten (Blüten violett).

Rhodonit *der*, (*Mangankiesel*), mattrosafarbenes Mineral, chem. Mangansilicat; bed. Fundorte in Schweden, Spanien und im Ural; wird als Schmuckstein verwendet.

Rhodopen (*Rodopen*, *Rhodope*), Gebirgsland in S-Bulgarien und NO-Griechenland, im *Perelik* 2191 m hoch; im W wald- und gewässerreich (*Batak*-Stauwerke), im O Buntmetallerze (Hüttenwerk *Kirdschali*); Hochweiden.

Rhodos (neugriech. *Rodos*, ital. *Rodi*), **1)** größte und südlichste Insel im griech. →Dodekanes (Südl. →Sporaden), 20 km vor der türk. Küste, 1412 km² mit 70000 E. (1973); bewaldete Höhen bis 1215 m, fruchtbarer, dicht besiedelter Küstensaum mit Anbau von Oliven, Wein und

Rhododendron

Rhodos: Lindos

Agrumen. **2)** Hptst. und Hafen der Insel R., an der Nordküste, mit 32300 E. (1973); Erzbischofssitz, Museen, Fremdenverkehr. – Im Altertum nach →kret.-myken. Kulturphase um 1000 v. Chr. von →Doriern besiedelt; 408/7 v. Chr. Gründung der Stadt R. (→Koloß von R.); in hellenist. Zeit bed. Handelsrep.; 395 n. Chr. zu Ostrom; ab 1309 gewaltsame Aneignung durch →Johanniter; 1523 türk., 1912 ital., seit 1947 griech. – Kunstzentrum der Vasenmalerei (7.–6. Jh. v. Chr.), Bildhauerschule in hellenist.-röm. Zeit (→Laokoon-Gruppe), Sitz einer Rhetorikschule.

Rhön *die*, dt. Mittelgebirge, Teil des Hess. Berglandes an der Grenze von Hessen, Thür. und Bayern; Vulkanruine mit waldarmen Basaltkuppen und -hochflächen; im S *Hohe R.* mit →Wasserkuppe (950 m), im N *Vorder-R.* mit *Milseburg* (835 m); Viehzucht und etwas Ackerbau, gewerbl. Heimarbeit; Wintersport, altes Segelfluggebiet. (Bild S. 5036)

Rhönrad, aus zwei durch Querstreben miteinander verbundenen Stahlrohrreifen (1,40–2,20 m ∅) bestehendes Gymnastikgerät mit Haltegriffen und Fußschlaufen.

Rhombus [griech.] *der*, (*Raute*), Mz. *Rhomben*, gleichseitiges, schiefwinkliges →Parallelogramm; *Rhomboid*, schiefwinkliges Parallelogramm mit ungleich langen Seitenpaaren; *Rhomboeder*, durch sechs Rhomben begrenzter Körper (→Kristallgitter). (Bild S. 5034)

Rhondda [rọndᵉ] (früher *Ystradyfodwg*), Ind.-Stadt in Südwales, nordwestl. von →Cardiff, 89000 E.

(1972); Steinkohlen- und Eisenerzbergbau, Schwerindustrie.

Rhône [ron], **1)** Dép. im südöstl. Frkr., 2859 km², 1,39 Mio. E. (1973), Hptst. →Lyon. **2)** (dt. *Rhone*), wasserreichster Strom Frkr., Zufluß des Golfe du →Lion, 812 km lang, Einzugsgebiet 99000 km², entspringt am Furka-Paß als Gletscherbach des →Rhonegletschers (Urner Alpen, Schweiz), durchfließt das Wallis (hier örtl. auch *Rotten* gen.) und den Genfersee, tritt auf frz. Gebiet über, wendet sich ab Lyon (→R.-Graben) nach S und mündet südl. →Arles-sur-R. mit großem Delta (→Camargue) in das Mittelmeer. Unterhalb Lyon als Großschiffahrtsstraße, z. T. mit Seitenkanälen und großen Flußkraftwerken (→Bollène), ausgebaut. Mit Rhein, Seine und Loire durch Kanäle verbunden. (Bilder S. 5037)

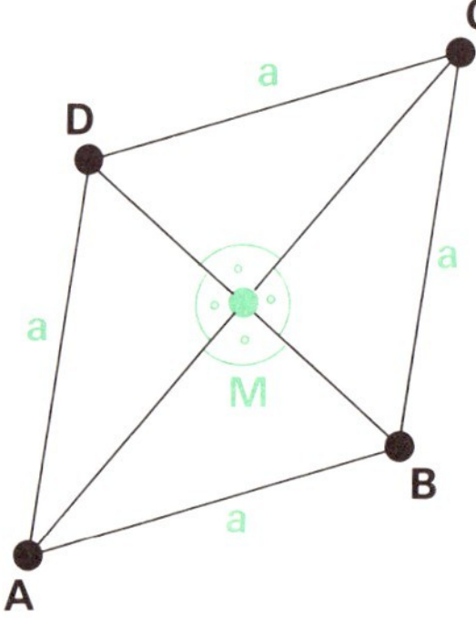

Rhombus: Übliche Bezeichnung der Seiten, Ecken und des Diagonalschnittpunkts

Rhonegletscher, Gletscher der Dammagruppe in den südl. →Urner Alpen, rd. 20 km² groß, 9 km lang.

Rhônegraben (*Rhône-Saône-G.*), tekton. vorgebildete Senke im östl. Frkr., zw. Westalpen und dem Zentralplateau, im N von der Saône, im S von der Rhône durchflossen.

Rhône-Poulenc [-pulãk], frz. Chemieunternehmen, Sitz: Paris; Umsatz: 10,4 Mrd. DM; Beschäftigte: 116000 (1975).

Rhôneweine, Weine aus dem Gebiet zw. Lyon und Avignon (*Côtes du Rhône*) sowie der Provence; bekannt *Ermitage*, *Côte-Rotie* und →Vaucluse (z. B. Châteauneuf-du-Pape).

Rhume (*Ruhme*) *die*, re. Nebenfluß der →Leine, 43 km lang, entspringt bei *Rhumspringe* im südl. Harzvorland, mündet bei →Northeim.

Rhythm and Blues [ridhᵉm ᵉnblus] (*Rock and Roll*, *Rock*), nur von Schwarzen geübte Spielweise des →Jazz, mit folklorist. Prägung; beeinflußt u. a. durch den Harlem Jump (→Jump), gekennzeichnet durch zwingenden →Beat, der eine wiegende Bewegung hervorruft; vielfach als Schlager kommerzialisiert.

rhythmische Gymnastik, →Leibesübung zur harmon. Körperbildung; begr. von Delsarte, R. →Bode und É. →Jaques-Dalcroze. Nach I. Weltkrieg zahlr. Schulen, in denen versch. Richtungen gepflegt werden, u. a.: I. →Duncan/R. v. →Laban (ästhet. und tänzer. Bewegung in Verbindung mit Musik), M. →Wigman (Ausdruckstanz), Bode/Kallmeyer/Loheland (Ausdrucksgymnastik).

Rhythmus [griech.] *der*, **1)** *allg.*: die Gliederung eines Vorgangs in zeitl. und inhaltl. gleiche oder ähnl. period. wiederkehrende Abschnitte. R. wird vom Menschen in zahlr. Naturvorgängen wahrgenommen, vor allem im Bereich des Lebendigen (→biol. Rhythmen). **2)** *Musik*: die einen musikal. Verlauf prägende Ordnung der Töne nach Dauer und Gewicht (Betonung); der R. entfaltet sich in der Musik selten frei, sondern meist im Widerspiel zu rhythm. festgefügten Formen (→Takt). *Rhythmik*, Lehre vom R., aber auch der charakterist. R. eines Musikstückes. **3)** *Darstellende Kunst*: Gliederung von Bauwerken, Bildern, Wänden u. a. durch Anordnung und Reihung von Bau- oder Bildelementen.

Ri, jap. Meile; 1 Ri = 3927,3 m.

Riad (*Er R.*, *Ar R.*, *Riyad*), Hptst. von Saudisch-Arabien und alter Wahhabiten-Hauptort im →Nedschd, 315000 E. (1972), davon rd. 6000 im Königspalast wohnend; junge Univ.; seit 1951 Bahnverbindung mit dem Erdölhafen →Dammam am Pers. Golf, eine transarab. Autoroute nach Mekka im Bau; Flugplatz.

Rial (*Rl.*), Währungseinheit in Iran; 1 R. = 100 Dinars.

RIAS (R*undfunk* i*m* a*merik.* S*ektor Berlins*), 1946 von der amerik. Besatzungsmacht in Berlin gegründet.

Riasküste [nach span. ría 'Flußmündung'] (*Rias*, *Ria*), Bez. für eine Küste, bei der das Meer in vielen schmalen Buchten eindringt; ent-

Rhythmische Gymnastik: Plakat der Schule von Dr. Bode (1919). München, Stadtmuseum

steht, wenn ein tief zertaltes Küstenland senkrecht auf die allg. Küstenlinie gerichtet ist und sich gegenüber dem Meer senkt oder der Meeresspiegel steigt; bekannte R. gibt es in NW-Spanien (Galicien), SW-Irland, Bretagne (Frkr.).

Riau-Archipel, zu Indonesien gehörende Inselgruppe zw. Sumatra und der Halbinsel Malakka, bestehend aus den *Riau-* und *Lingga-Inseln* mit zus. rd. 3600 km², malaiischer und chines. Bev.; Granitgestein, bed. Zinn- und Bauxitlagerstätten vor allem auf →Bintan.

Ribatejo [-sehu], Landschaft und hist. Prov. im mittl Portugal, beiderseits des Rio Tejo (→Tajo), Hauptort →Santarém; Weizen-, Wein- und Olivenbau, Viehzucht.

Ribbentrop, Joachim von, dt. Politiker, *30.4.1893 Wesel, †(hingerichtet) 16.10.1946 Nürnberg; 1936 Botschafter in London, 38–45 Außen-Min.; vom →Nürnberger Militärtribunal zum Tode verurteilt.

Ribe (*Ripen*), dän. Amtshauptstadt in SW-Jütland mit 17400 E. (1972); wahrsch. älteste Stadt Dänemarks, 947/948 Bistumsgründung, 1536/37 reformiert; roman. Dom (12. Jh.).

Ribeirão Preto [-rão], Stadt im NO des südbrasilian. Staates São Paulo, 180000 E. (1972); Bischofssitz; Zentrum eines Kaffeeanbaugebietes, Stahl-Ind., Textil-, Möbelfabriken.

Ribeiro, 1) Aquilino, portugiesischer Schriftst., *13.9.1885 Carregal da Tabosa (bei Sernancelhe), †27.5. 1963 Lissabon; Romane und Novellen um Bauerntum und Großstadtwelt: 'Wenn die Wölfe heulen' (Quando os lobos uivam, 1958).
2) Bernardim, portug. Dichter, *um 1482 Vila do Torrão (Alentejo), †1552 Lissabon; bedeutendster portug. Lyriker vor →Camões, begr. die Tradition der bukol. Dichtung in der portug. Literatur.

Ribera, Jusepe de (*lo Spagnoletto*), span.-ital. Maler und Radierer, *um 1590 Játiva (bei Valencia), †2.9.1652 Neapel; seit 1616 in Neapel; übernahm →Caravaggios Helldunkel in den dramat.-düsteren Stil seiner barocken Bilder. Märtyrerszenen, Heilige und Einsiedler, realist. Genrebilder. (Bild S. 5037)

Ribisel, österr.: Johannisbeere.

Ribnitz-Damgarten, meckl. Krst. im Bz. Rostock, am *Saaler Bodden*, 17200 E. (1975); got. Stadtkirche, Rostocker Tor (beide 13. Jh.); Fischereihafen; Holz-Ind., Bernsteinverarbeitung. Entstand 1950 durch Zusammenschluß von R. und D.

Riboflavin (*Laktoflavin*, *Vitamin* B_2), gelb gefärbtes Co-→Enzym, das im Zellstoffwechsel an der Wasserstoffübertragung teilnimmt; R.-

Riasküste in SW-Irland

Matteo Ricci

Richard II.

Mangel führt u. a. zu Wachstumsstillstand (→Vitamine, Tab.).

Ribose, $C_5H_{10}O_5$, einfacher Zucker, universeller Bestandteil lebender Substanz, bes. in Ribonucleinsäuren (→RNS), →Nucleotiden, damit auch in vielen Coenzymen (→Enzyme); in der →DNS die ähnl. *Desoxiribose.*

Ribosomen, subzelluläre Strukturen (→Zelle), bestehend rd. zu je 50 % aus Eiweiß und der ribosomalen Ribonucleinsäure (*r-RNS*), einem Syntheseprodukt des Nucleolus des Zellkerns (→RNS). Mehrere der im Durchmesser etwa 0,00001 mm großen R. können sich unter Mitwirkung von Magnesiumionen und m-RNS (→genet. Information) zu →Polyribosomen zusammenlagern.

Ribot [ribo], Theodule, frz. Psychopathologe, *18.12.1839 Guingamp, †9.12.1916 Paris; Untersuchungen über versch. psych. Funktionen und ihren Abbau bei psychopatholog. Störungen; entscheidenden Einfluß auf die frz. Psychologie.

Ribuarisches Gesetz (lat. *Lex Ribvaria*), das Recht der ripuar. Franken (→Ripuarier), entstanden in der →Merowinger-Zeit unter Benutzung der Lex Salica und des burgund. Volksrechts (→Volksrechte).

Ricardo [rikardou], David, engl. Bankier und Nationalökonom, *19.4.1772 London, †11.9.1823 ebenda; neben A. →Smith hervorragendster Vertreter der klass. Nationalökonomie; untersuchte bes. Probleme der Einkommensverteilung, der Wertlehre (Arbeitswertlehre) und des Außenhandels (Theorie der komparativen Kosten), baute ein geschlossenes theoret. System der Nationalökonomie auf; mit seiner Betonung der Arbeit als maßgebl. Produktionsfaktor bildete er eine Grundlage für die Wirtschaftstheorie von Karl →Marx. – *W*: On the Principles of Political Economy and Taxation (1817, dt. 1837). (Bild S. 5031)

Ricci [ritschi], **1)** Matteo, ital. Jesuitenmissionar, *6.10.1552 Macerata, †11.5.1610 Peking; gewann als Vermittler europ. Wissenschaft und Technik die Gunst des kaiserl. Hofes in Peking und eröffnete durch Anpassung der christl. Botschaft an Denken und Mentalität der Chinesen eine erfolgreiche Missionstätigkeit (→Ritenstreit).

2) Sebastiano, italien. Maler, getauft 1.8.1659 Belluno, †15. oder 16.5.1734 Venedig; Meister der späten venezian. Malerei. Fresken, religiöse und mytholog. Tafelbilder in leuchtenden, harmon. Farben. – Fresken im Palazzo Marucelli (um 1706), Florenz.

Riccio [ritscho], Andrea, ital. Bildhauer, *1470 Padua, †1532 ebenda; zarte Statuetten und fein ausgeführte Bronzegeräte. (Bild S. 5038)

Riccione [ritschone], vielbesuchtes ital. Seebad an der Adria, zw. →Rimini und →Pesaro in den Marken mit 30000 E. (1973). Südl. R. die Seebäder *Cattolica* und *Gabicce Mare.*

Rice [raiß], Elmer (eigtl. *Elmer Reizenstein*), amerik. Schriftst., *28.9.1892 New York, †8.5.1967 Southampton (N.Y.); realist.-satir. Dramen: 'Die Rechenmaschine' (The Adding Machine, 1923), 'Straßenszene' (Street Scene, 29), 'Das träumende Mädchen' (Dream Girl, 45); Roman 'Das Spiel geht weiter' (The Show Must Go on, 49).

Rhön: Poppenhausen mit Wasserkuppe

Rhône: Quelle und Rhonegletscher; Neue Autobrücke bei Tarascon-sur-Rhône

Ricercar(e) [ital., -tschär-] *das*, polyphone Satzform des 16./17. Jh., Vorläufer der →Fuge.

Richard, Fürsten:

Dt. König. **1)** *R. von Cornwall* (1257 bis 72), 2. Sohn des engl. Königs →Johann ohne Land und Bruder →Heinrichs III., *5.1.1209 Winchester, †2.4. 1272; als Schwager Kaiser →Friedrichs II. 1257 in zwiespältiger Wahl neben →Alfons X. von Kastilien zum dt. König gewählt; konnte bei nur viermaligem Aufenthalt im Reich (1257/58, 1260, 1262, 1268) keine Machtstellung gewinnen (→Interregnum).

England, Könige: **2)** *R. I. Löwenherz* (1189–99), Sohn König →Heinrichs II., *8.9.1157 Oxford, †6.4.1199 Châlus (Poitou); nahm 1190–92 mit →Philipp II. August von Frkr. am 3. Kreuzzug teil; auf dem Rückweg fiel er Dez. 1192 bei Wien in die Hand Leopolds V. von Österr., den er vor Akkon tödl. beleidigt hatte. Kaiser →Heinrich VI., an den ihn der österr. Hzg. auslieferte, ließ ihn Febr. 1194 gegen hohes Lösegeld und Leistung eines allerdings prakt. wirkungslosen Lehnseids frei. Die Befreiung R. durch den Sänger *Blondel* ist eine Sage. In seinen letzten Jahren mußte R. seine festländ. Besitzungen gegen Philipp II. von Frkr. verteidigen, mit dem er 1199 einen Waffenstillstand schloß. **3)** *R. II.* (1377–99), *6.1.1367 Bordeaux, †14.(?)2.1400 Pontefract Castle (Yorkshire); unter seiner Regierungszeit wurde England von schweren Krisen erschüttert: soziale Unruhen (W. →Tyler), →Lollarden-Bewegung, Plünderungszüge der Schotten, Machtkämpfe des hohen Adels. 1399 von seinem Vetter, dem späteren →Heinrich IV., gestürzt. **4)** *R. III.* (1483–85), jüngerer Bruder →Eduards IV. aus dem Haus York, *2.10.1452 Fotheringhay, †(gefallen) 22.8.1485 bei Bosworth (Leicestershire); nach dem Tod seines Bruders Eduard sicherte er durch rücksichtslose Beseitigung der nächsten Thron-

J. de Ribera: Junge mit Klumpfuß. Paris, Louvre

Andrea Riccio: Meleager und Atalante, Bronzeplakette

anwärter seine Königsherrschaft. Mit seinem Tod 1485 in der letzten Schlacht der →Rosenkriege bei Bosworth ging die engl. Krone auf →Heinrich VII. aus dem Hause →Tudor über.

Richards [ritsch^{er}dß], **1)** Dickinson W., amerik. Herz- und Kreislaufspezialist, *30.10.1895 Orange (N. J.); 1956 Nobelpreis, zus. mit A. →Cournand und W. →Forßmann, für Entdeckungen auf dem Gebiet der Herzkatheterisierung und der patholog. Veränderungen im Kreislaufsytem.
2) Theodore William, amerik. Chemiker, *31.1.1868 Germantown (Pa.), †2.4.1928 Cambridge (Mass.); führte genaue Atomgewichtsbestimmungen durch; 1914 Nobelpreis.

Richardson [ritsch^{er}dß^{e}n], **1)** Dorothy Miller, engl. Romanschriftst., *17.5.1873 Abingdon (Berkshire), †17.6.1957 Beckenham (Cornwall); Romanfolge 'Pilgrimage' (1915–38) mit →innerem Monolog und Analyse der Gedanken und Reaktionen im Bewußtseinsstrom; Vorläuferin von J. →Joyce und V. →Woolf.
2) Henry Handel (eigtl. *Henrietta Ethel Florence Lindesay R.*, verh. *Robertson*), austr. Erzählerin, *3.1. 1870 Melbourne, †20.3.1946 Hastings (Sussex); vor allem Romane über das Leben in Australien um die Mitte des 19. Jh.
3) Owen, Sir (1939), engl. Physiker, *26.4.1879 Dewsbury, †15.2.1959 London; grundlegende Arbeiten zur Elektronenemission glühender Körper (→glühelektr. Effekt); 1928 Nobelpreis.
4) Samuel, engl. Schriftst., *Sept. 1689 Derby (Derbyshire), †4.7.1761 London; urspr. Buchdrucker; mit 'Pamela, or Virtue Rewarded' (1740), 'Pamela Married' (41), 'Clarissa Harlowe' (47 f.) und 'The History of Sir Charles Grandison' (53 f.) Schöpfer des empfindsamen Briefromans, mit moral.-erzieher. Absichten. Detaillierte Schilderung von Seelenvorgängen; beeinflußte die engl. Roman-Lit. des 18. Jh., →Rousseaus 'Nouvelle Héloise' und den →Sturm und Drang.

Richelieu [risch^{e}ljö], Armand Jean du Plessis, Hzg. von R., frz. Staatsmann und Kardinal (1622), *9.9.1585 Paris, †4.12.1642 ebenda; 1606 Bischof von Luçon, 1616 Mitgl. des königl. Staatsrates, ab 1624 leitender Min. →Ludwigs XIII. von Frkr. Im Innern war sein Ziel auf den Ausbau des Absolutismus gerichtet, indem er die Macht des Hochadels brach und die polit. Sonderstellung der →Hugenotten beseitigte. Die verhältnismäßig unabhängigen Prov.-Gouverneure ersetzte er durch ergebene Intendanten, was zur weitgehenden Ausschaltung der lokalen Selbstverwaltung zugunsten eines starken Zentralismus führte. Selbst seine Maßnahmen auf kulturellem Gebiet (u. a. Gründung der Académie française 1635) waren mit von der Absicht bestimmt, Kunst und Wissenschaft zu zentralisieren. Außenpolitisch gelang es ihm, Frkr. aus der span.-österr. Umklammerung durch die Habsburger zu befreien und zur ersten Macht Europas zu machen. Im Mantuaner Erbfolgestreit (1628 bis 31) mit Habsburg gewann er die

D. W. Richards Richelieu

Bergfestung Pinerolo, von der aus die span. Nebenlande in Italien kontrolliert werden konnten. Nachdem er schon 1631 einen Subsidienvertrag mit →Gustav II. Adolf von Schweden geschlossen hatte, trat er 1635 offen auf der Seite seines Bundesgenossen in den →Dreißigjährigen Krieg ein. Das Ziel frz. Politik legte er in seinem polit. Testament nieder.

Richelieustickerei, spitzenähnliche Weißstickerei: der Grund wird ausgeschnitten, einzelne Muster durch →Langetten gesichert und durch genähte Stege verbunden.

Richepin [rischpẫ], Jean, frz. Schriftst., *4.2.1849 Médéa (Algerien), †12.12.1926 Paris; ausdrucksstarke, von →Villon beeinflußte Gedichte, deren Zügellosigkeit ihn ins Gefängnis brachte. Große Erfolge mit neuromant. Theaterstücken ('Le Chemineau', 1897); Romane und Erzählungen mit düster-phantast. Begebenheiten ('Contes sans morale', 1922).

Richet [rischạ], Charles, frz. Physiologe, *26.8.1850 Paris, †4.12.1935 ebenda; bahnbrechende Arbeiten über →Serumtherapie, nahm 1890 die erste Seruminjektion beim Menschen vor, erkannte die Ursachen der →Anaphylaxie; 1913 Nobelpreis.

Richier [rischjẹ], Germaine, frz. Bildhauerin, *16.9.1904 Grans (bei Arles), †31.7.1959 Montpellier; stand dem Surrealismus nahe; in Form und Technik Verwandtschaft zu →Giacometti.

Richmond [rịtschmend], **1)** Hptst. (seit 1780) von →Virginia (USA), am →James River, 255000 E. (1973); zwei Univ., Colleges; Handels- und Verkehrszentrum. – War im →Sezessionskrieg Hptst. der Südstaaten. (Bild, S. 5040) **2)** Stadtteil von New York, →Staten Island umfassend.

Richtantenne, Antennenkonstruktion (→Antenne), die elektromagnet. Schwingungen ähnl. einem →Scheinwerfer vorwiegend in eine Richtung gebündelt abstrahlt und aus dieser Richtung bevorzugt aufnimmt. In der Strahlrichtung entsteht vielfache Feldstärke gegenüber der Abstrahlung einer rundstrahlenden Antenne bzw. erhöhte Empfangsfeldstärke (*Antennengewinn*). Die *Yagi-R.* (nach dem gleichnamigen jap. Konstrukteur) besteht aus einem →Dipol mit dahintergesetzten *Reflektor*-Stä-

Karl Richter

S. Th. Richter

ben und in Strahlrichtung davorgesetzten *Direktoren* (Form der Fernsehantennen). Bei der *Parabol-R.* sitzt der Strahler vor einem als Parabol-Hohlfläche geformten Reflektor aus Metallplatten oder Maschendraht; sein Durchmesser muß wesentl. größer als die →Wellenlänge sein; ergibt bes. scharfe Bündelung; z. B. für →Richtfunkstrecken, Radar-Anlagen (→Radar), →Radioteleskope u. ä. *Arrays* sind R. mit mehreren neben- und übereinandergesetzten Strahlern vor einer Reflektorwand für vertikale und horizontale Bündelung. Als *Richtstrahler* werden allg. Antennenkonstruktionen aus verspannten Drähten mit Richtwirkung (vorwiegend für →Kurzwelle) bezeichnet (z. B. *Rhombus-Antenne* aus rhombenförmig an Masten verspannten Drähten mit Bündelung in Längsrichtung des Rhombus, bes. für Überseefunk).

Richtbaken, zwei jeweils zueinander gehörende Seezeichen, die (sich deckend gepeilt) eine Fahrrinne oder den Ort einer Kursänderung anzeigen.

Richtbeil, 1) Stellmacherwerkzeug mit gebogener Schneide zur Holzbearbeitung; **2)** Henkerbeil.

Richtcharakteristik, graphische Darstellung der Richtungsabhängigkeit der von einer →Antenne ausgestrahlten Intensität (→Richtantenne).

Richter, 1) Adrian Ludwig, Maler und Zeichner, *28.9.1803 Dresden, †19.6.84 ebenda; urspr. Porzellanmaler; als Maler, Zeichner und Illustrator von Märchen und Volksbüchern erscheint R. in seiner phantasie- und gemütvollen Einfachheit und Innigkeit als der Inbegriff des →Biedermeier. (Bild S. 5041)

2) Eugen, dt. Politiker, *30.7.1838 Düsseldorf, †10.3.1906 Berlin; Jurist,

1867–1906 Mitgl. des Norddt. bzw. Dt. Reichstages, 69 auch des Preuß. Abgeordnetenhauses; bald Führer der →Fortschrittspartei, 84 der Dt. Freisinnigen Partei; 93 der Freisinnigen Volkspartei; Gegner der Wirtschafts- und Sozialpolitik Bismarcks.

3) Franz Xaver, Komponist, *1.12. 1709 Holleschau (Mähren), †12.9. 89 Straßburg; Mitgl. der →Mannheimer Schule, ab 1769 Kirchenkapellmeister in Straßburg; Instrumental- und Kirchenmusik.

4) Hans, Dirigent, *4.4.1843 Raab (Ungarn), †5.12.1916 Bayreuth; 1875–1900 Hofopernkapellmeister in Wien, Vorkämpfer R. →Wagners, dessen 'Ring des Nibelungen' er 1876 in Bayreuth erstmals aufführte.

5) Hans Werner, Schriftst., *12.11. 1908 Bansin (Usedom); Hrsg. der Zschr. *Der Ruf*, Initiator der →Gruppe 47; zeitkrit. Romane aus Kriegs- und Nachkriegszeit: 'Die Geschlagenen' (1949), 'Du sollst nicht töten' (55); Satiren ('Menschen in freundl. Umgebung', 65), Essays und Hörspiele, 'Briefe an einen jungen Sozialisten' (74).

6) Joseph (Pseud. *F. A. Obermayr*), Schriftst., *16.3.1749 Wien, †16.6. 1813 ebenda; seine satir. Wochenschrift 'Briefe eines Eipeldauers an seinen Herrn Vetter in Krakau' (1785–97 und 1802–13) schildert das Kulturleben seiner Zeit.

7) Karl, Organist, Cembalist und Dirigent, *15.10.1926 Plauen (Vogtland); wurde 1949 Thomasorganist in Leipzig, seit 51 Lehrer, Organist und Chorleiter in München; hervorragende Bach-Interpretationen. (Bild S. 5039)

8) Swjatoslaw Theophilowitsch, russischer Pianist, *20.3.1915 Schitomir (Ukraine); internat. bekannter Virtuose. (Bild S. 5039)

Richter, im A. T. Bez. für die charismat. Führer nach der Landnahme in Palästina; ihre Taten werden im Buch der R. geschildert.

Richter, mit der Entscheidung von Rechtsstreitigkeiten betrautes Organ der Rechtspflege. Man unterscheidet zw. Berufs-R. und ehrenamtl. R. Die Befähigung zum R. (Berufs-R.) wird durch das Bestehen zweier jurist. Staatsprüfungen erworben (*Österr.*: drei jurist. Staatsprüfungen, R.-Amtsprüfung, 4jährige Rechtspraxis). Zum R.-Amt befähigt ist ferner jeder ordentl. Professor der Rechte an einer Universität. Zum R. auf Lebenszeit kann ernannt werden, wer nach Erwerb der Befähigung zum R.-Amt mindestens 3 Jahre im richterl. Dienst tätig gewesen ist. Der R. ist unabhängig und nur dem Gesetz unterworfen. Einer Dienstaufsicht untersteht er nur, soweit nicht seine Unabhängigkeit beeinträchtigt wird. Die Versetzung oder Amtsenthebung eines R. ohne seine schriftl. Zustimmung ist nur unter bestimmten Voraussetzungen zulässig (Deutsches R.-Gesetz vom

Richmond am James River, im Vordergrund der Chimborazo-Park

A. L. Richter: Illustration aus ‘Beschauliches und Erbauliches’ (1851)

8.9.1961). *Ehrenamtl. R.* (→Laien-R.) wirken u. a. mit bei den Schwurgerichten (→Geschworene), Schöffengerichten (→Schöffen), Kammern für Handelssachen (Handels-R.), Arbeitsgerichten (Arbeits-R.), Sozialgerichten (Sozial-R.; *Österreich*: *Schiedsgerichte der Sozialversicherung*). *Schweiz*: kantonal geregelt. R.-Wahl für bestimmte Amtsperiode. In einigen Kt. ist Anwaltspatent Voraussetzung zum R.

Richteranklage, Anklage gegen einen Richter, wenn er im Amt oder außerhalb des Amtes gegen die Grundsätze des GG oder die verfassungsmäßige Ordnung eines Landes verstößt (Art. 98 GG). In den Ländern bestehen entspr. Regelungen.

Richterliches Prüfungsrecht, das Recht des Richters, die formelle und materielle Gültigkeit einer von ihm anzuwendenden Rechtsvorschrift zu prüfen.

Richterspruch, *Pferderennen*: der vom Zielrichter ermittelte Einlauf und die von ihm festgelegten Abstände nach ‘Längen’, ‘Hals’ usw.

Richterwahl, Verfahren zur Bestimmung der Richter des Bundesverfassungsgerichts; sie werden je zur Hälfte vom Bundestag und vom Bundesrat gewählt (Gesetz über das Bundesverfassungsgericht vom 3.2. 1971). Die Richter der oberen Bundesgerichte werden von dem fachl. zuständigen Bundes-Min. gemeinsam mit dem Richterwahlausschuß berufen (Richterwahlgesetz vom 25. 8.1950). Die Wahl der übrigen Richter ist durch die Länder entspr. geregelt. – *Österr.*: Die Mitgl. des Verfassungsgerichtshofs werden vom Bundes-Präs. auf Vorschlag von Bundesregierung, Nationalrat und Bundesrat ernannt. Die Richter anderer Gerichte werden vom Bundes-Präs. oder Justiz-Min. ernannt. – *Schweiz*: Die Mitgl. des →Bundesgerichts werden durch die →Bundesversammlung gewählt.

Richtfest (*Hebeschmaus*), Feier der Handwerker und des Bauherrn, sobald bei Neubauten der Dachstuhl aufgesetzt ist; am First wird der *Richtkranz* aufgehängt oder ein *Richtbaum* aufgesetzt.

Richtfunkstrecke (*Richtfunkverbindung*), Nachrichtenverbindung mit stark gebündelten elektromagnet. Wellen (Dezi- und Zentimeterwellen) zw. meist auf Türmen untergebrachten →Relaisstationen mit Sende- und Empfangsgeräten sowie →Richtantennen (Parabolantennen); erlaubt bes. störungssicheren Verkehr. Durch die starke Bündelung werden nur geringe Sendeleistungen benötigt; die extrem kurzen Wellen setzen quasiopt. Sicht zw. den Relaisstationen voraus (direkte Verbindungslinien ohne geogr. Hindernisse).

F. von Richthofen

W. H. von Riehl

R. ersetzen heute vielfach Überlandkabel. Ein großer Teil der Telephon-Ferngespräche (→Multiplex-Verfahren) und der Fernseh-Programmaustausch werden über R. abgewickelt. Auch die Verbindungsstrecken über quasistationäre →Nachrichtensatelliten sind Richtfunkstrecken.

Richthofen, 1) Ferdinand, Frhr. von, Geograph, *5.5.1833 Carlsruhe (Oberschlesien), †6.10.1905 Berlin; wissenschaftl. Erforscher Chinas, bereiste 1868–72 Ostasien; Mitbegr. der modernen wissenschaftl. Geographie. – Hauptwerk: 'China', 5 Bde., und Atlasband (1877–1912).

2) Manfred, Frhr. von, dt. Offizier, *2.5.1892 Breslau, †(gefallen) 21.4. 1918 Vaux-sur-Somme; mit 80 Abschüssen der erfolgreichste dt. Jagdflieger im I. Weltkrieg.

Richthofengebirge [nach F. von →Richthofen], Hochgebirge in Innerasien, bis 6000 m hoch, nördlichste Kette des →Nanschan.

Richtkreis, Winkelmeßgerät mit einem über einer Kreiseinteilung (6400 Strich) drehbaren Visierfernrohr, einer Nordnadel und einer →Libelle. Mit Hilfe des R. werden die →Feuerstellungen der →Artillerie vermessen und den →Geschützen die Grundrichtungen gegeben (→Richtverfahren).

Richtpreis, von Behörden oder Wirtschaftsverbänden als 'angemessen' bezeichneter Preis. Einhaltung kann nicht erzwungen werden. Die R. der Agrarmarktordnungen der →Europ. Gemeinschaft (für Getreide, Milch und Fleisch) sollen durch Festsetzung von Interventionspreisen und durch Abschöpfungen bei der Einfuhr erreicht werden.

Richtscheit (*Richtholz, Richtlatte*), schmales, linealartiges Holz mit parallelen Kanten, das Maurer und Tischler zur Herst. ebener Flächen verwenden.

Richtstollen, beim Tunnelbau vorgetriebener enger →Stollen zur Erkundung des Gesteins auf der geplanten Tunnelstrecke oder zur Erleichterung der Herst. des endgültigen Tunnelquerschnitts.

Richtstrecke, im Bergbau die in der Richtung des Schichtenverlaufs angelegte Strecke, die zus. mit den →Querschlägen die Lagerstätte in der Horizontalen in Bauabschnitte unterteilt.

Richtungsverkehr, Bez. für nur in einer Fahrtrichtung zugelassenen Verkehr, z. B. auf den Fahrbahnen der Autobahn, in Einbahnstraßen, in Verkehrskreisen (*Kreisverkehr*), für kreuzungsfreien Verkehr an →Kreuzungen.

Richtungswinkel, in der Geodäsie der Winkel (im Uhrzeigersinn) zw. →Gitter-Nord und der Geraden vom Beobachtungspunkt zum Zielpunkt.

Richtverfahren, Verfahren, mit denen →Geschützen die Richtung auf das Ziel gegeben wird. Ein dem Richtkanonier gut sichtbares Ziel kann *direkt* angerichtet werden. Beim Regelfall des Schießens aus verdeckter →Feuerstellung wird *indirekt* gerichtet, d. h. dem →Grundgeschütz mit Hilfe des Gleichlauf-, Richtpunkt- oder Nadelverfahrens eine Grundrichtung gegeben, von der aus die für die Ziele notwendigen Seitenänderungen gemessen werden; die für die Entfernung notwendige Rohrerhöhung wird nach den Angaben der →Schußtafel eingestellt.

Richtwert, Zahlenwert, der in der Technik durch Erfahrung oder Studien (z. B. Zeitstudien zur Ermittlung der Herstellzeit eines Werkstücks) festgelegt wurde und weiteren Planungen und Berechnungen zugrunde gelegt wird.

Richtzahlen, Durchschnittswerte bestimmter betriebl. Größen der Betriebe einer Branche oder einer Größenklasse, bes. für den Betriebsvergleich.

Ricke, weibliches Reh.

Rickert, Heinrich, Philosoph, *25. 5.1863 Danzig, †25.7.1936 Heidelberg; Mitbegr. der *Badischen Schule* des →Neukantianismus; bed. vor allem durch wissenschaftstheoret. ('Kulturwissenschaft und Naturwissenschaft', 1899) und wertphilos.

Untersuchungen ('Grundprobleme der Philosophie', 1934).

Rickettsi|en, in der Größe zw. Viren und Bakterien stehende Gruppe von Mikroorganismen (kugel- oder stäbchenförmig, unbewegl.); schmarotzen in Läusen, Zecken, Milben; rufen beim Menschen als *Rickettsiosen* bezeichnete Krankheiten hervor: →Fleckfieber, →Fünftagefieber, →Lymphogranuloma inguinale, →Queensland-Fieber, →Tsutsugamuschi-Krankheit.

Rideaukanal [ridọ-], Kanal von Ottawa (Kanada) zum *Rideausee*, damit Verbindung vom St.-Lorenz-Strom über den Ottawa River zum Ontariosee; 1826–32 erbaut, geringe wirtschaftliche Bedeutung.

Ridgway [rịdsch^u^e^i^], Matthew Bunker, amerik. General, *3.3.1895 Fort Monroe (Va.); als Nachfolger →MacArthurs April 1951 bis April 52 Ober-Befh. der UN-Streitkräfte in Korea, 52–53 Oberster Befh. der →NATO-Streitkräfte in Europa, danach bis 55 Generalstabschef der amerik. Armee.

Ridikül [von frz. réticule 'Netz', 'Beutel'] *der* oder *das*, beutelförmige Damenhandtasche (um 1800), später hauptsächl. für Handarbeiten.

ridikül [frz.], lächerlich.

Ridinger, 1) Georg, Baumeister, *1568 Straßburg, †nach 1616; erbaute als erstes Renaissanceschloß in Dtld. 1604–14 das Schloß in Aschaffenburg.

2) Johann Elias, Maler und Kupferstecher, *16.2.1698 Ulm, †10.4.1767 Augsburg; Radierungen und Kupferstiche mit Jagd- und Tierszenen. (→Kapriole, Bild)

Riechgras (*Cymbopogon*), ausländ. Grasgattung mit versch. Arten, die äther. Öle für die Parfüm-Ind. liefern: →Lemongras, →Rusagras, →Zitronellgras.

Riechstoffe, aus →äther. Ölen isolierte oder künstl. hergestellte Verbindungen mit charakterist. Geruch; werden in der Parfümerie, Nahrungs- und Genußmittel-Ind. verwendet. *Riechsalz* (früher gegen Kopfschmerzen, Ohnmacht) enthält äther. Öle und Kaliumsulfat oder Ammoniumcarbonat.

Ried *im Innkreis*, Bezirksstadt nördl. des →Hausruck in Oberösterr., mit 11 000 E. (1975); Vieh- und Getreidemärkte, Holz- (größte Skifabrik der

Georg Ridinger: Schloß Aschaffenburg

Erde), Bekleidungs-, Leder- und Nährmittelindustrie.

Ried, Schilfsumpf an Ufern von Flüssen und stehenden Gewässern; nasse Wiese, vorwiegend mit →Riedgräsern bewachsen; auch Bez. für Moor und Sumpf.

Riedböcke (*Redunca*), Gattung der →Wasserböcke, rehähnl. Antilopen des südl. Afrika, mit buschigem Schwanz; Männchen tragen nach vorn gebogene Hörner.

Riedel *der*, schmaler, durch →Erosion herausgeschnittener Rücken zw. zwei Flüssen.

Riedenburg, Stadt im Reg.-Bz. Niederbayern, in maler. Lage im Altmühltal, 3800 E. (1975); überragt von den Burgruinen *Rabenstein* und *Tachenstein* und Schloß *Rosenburg*.

Riedgräser (*Sauergräser*; *Cyperaceae*), artenreiche Fam. →Einkeimblättriger Pflanzen; unterscheiden sich von den Echten →Gräsern (Süßgräsern) durch markhaltige, 3kantige Stengel, harte, scharfkantige Blätter, oft getrenntgeschlechtige Blüten und Nußfrüchte. Weltweit verbreitet, bes. in den gemäßigten Zonen; bilden auf sumpfigen oder sauren Böden häufig Massenbestände; einige Arten auch im Wald und auf trokkenem Sandboden; als Futterpflanzen minderwertig. R. sind u. a. →Segge, →Simse, →Wollgras, →Papyrusstaude.

Riege, Gruppe von Turnern unter der Leitung eines Vorturners.

Riegel, 1) quergelegtes Hindernis; in der Geographie Felsrücken, der eine Verengung eines sonst breiteren Tales bewirkt; auch Felsschwelle, die ein →Kar nach unten abschließt (*Kar-R.*); **2)** einfache Schließvorrichtung für Fenster, Türen u. ä.: verschieb- oder drehbarer Stab am be-

B. Riemann

T. Riemenschneider

Adam Riese

Rainer Maria Rilke

wegl. Teil, der in eine Nut im feststehenden Teil eingreift; **3)** Querholz beim →Fachwerk.

Riegelhaube, Frauenhaube mit Gold- und Silberstickerei.

Riegelsberg, saarländ. Großgemeinde nördl. von →Saarbrücken, 14000 E. (1975); Wäschefabriken, Brauerei; Wallfahrtsort.

Riegelstellung, meist nur feldmäßig befestigte Stellung, die, zw. zwei Hauptstellungen oder flankierend zur feindl. Angriffsrichtung angelegt, der eigenen Abwehr stärkeren Rückhalt geben soll.

Riegersburg, bedeutendster, auch kunstgeschichtl. wichtiger Wehrbau in SO-Österr., in der Steiermark, auf einer steil aufragenden Basaltkuppe; besteht seit dem 13. Jh., heutiges Bild aus dem 17. Jh.

Riehen, Vorort von Basel, an der →Wiese, im Kt. Basel-Stadt, mit 21200 E. (1975); seit dem 16. Jh. beliebter Landsitz der Basler.

Riehl, 1) Alois, Philosoph, *27.4. 1844 Bozen, †21.11.1924 Neubabelsberg bei Berlin; Vertreter eines krit. Realismus ('Der philos. Kritizismus und seine Bed. für die positiven Wissenschaften', 1876–87) in Anlehnung an die Philosophie →Kants.

2) Wilhelm Heinrich von (seit 1883), Sozialphilosoph, Kulturhistoriker und Schriftst., *6.5.1823 Biebrich, †16.11.97 München; ab 1885 Dir. des Bayer. Nationalmuseums; in seiner stark von der Romantik beeinflußten konservativen Gesellschaftslehre ('Naturgeschichte des dt. Volkes als Grundlage einer dt. Sozialpolitik', 4 Bde., 1851–69) zeichnet R. das Volk als geschichtl. geword. Organismus. (Bild S. 5042)

Riẹl, Währungseinheit der Khmer-Rep.; 1 R. = 100 *Sen.*

Riemann, 1) Bernhard, Mathematiker, *17.9.1826 Breselenz (Hannover), †20.7.66 Selasca am Lago Maggiore; wirkte in Göttingen; bahnbrechender Forscher auf vielen Gebieten der Math.; entwickelte die Funktionentheorie mittels geometr. Vorstellungen (*Riemannsche Fläche*), die Theorie der algebraischen →Funktionen und →Integrale, die →Zahlentheorie und die Theorie der →Differentialgleichungen. Die *Riemannsche Geometrie* schuf die math. Voraussetzungen für die allg. →Relativitätstheorie (→nichteuklidische Geometrie).

2) Hugo, Musikforscher, *18.7.1849 Großmehlra (Thür.), †10.7.1919 Leipzig; lehrte in Leipzig; einer der Begr. der modernen Musikwissenschaft; zahlr. Schriften, darunter ein 'Musiklexikon' (1882, [12]1959–72).

Riemen, 1) Band aus Leder, Gummi, Textilien, Kunststoff u. ä., meist mit Schließe (Schnalle), als Befestigungsmittel (z.B. Gürtel); als endloses Band über Räder gelegt zur mechan. Kraftübertragung (→R.-Trieb); **2)** seemänn. Bez. der Ruderstange (populär *Ruder*) mit flachem Schaufelblatt (*Ruderblatt*) an einem Ende zur Fortbewegung von geruderten Wasserfahrzeugen (heute ausschließl. offene Boote, früher auch Großfahrzeuge, z. B. →Galeere). Der erhöhte Wasserwiderstand des eingetauchten Blattes ermöglicht eine Hebelwirkung der an der Bordwand (→Dolle) gelagerten Ruderstange für den Vortrieb; **3)** schmales, langes Holzbrett für Fußboden- und Wandbeläge.

Riemenblume (*Loranthus*), Gattung der Mistelgewächse. Die *Europäische R.* (*Eichenmistel*; *Loranthus europaeus*) als strauchiger →Halbschmarotzer auf Eichen; Lebensweise ähnl. →Mistel; sommergrün.

Rhône: Quelle und Rhonegletscher; Neue Autobrücke bei Tarascon-sur-Rhône

Ricercar(e) [ital., -tschär-] *das*, polyphone Satzform des 16./17. Jh., Vorläufer der →Fuge.

Richard, Fürsten:

Dt. König. **1)** *R. von Cornwall* (1257 bis 72), 2. Sohn des engl. Königs →Johann ohne Land und Bruder →Heinrichs III., *5.1.1209 Winchester, †2.4.1272; als Schwager Kaiser →Friedrichs II. 1257 in zwiespältiger Wahl neben →Alfons X. von Kastilien zum dt. König gewählt; konnte bei nur viermaligem Aufenthalt im Reich (1257/58, 1260, 1262, 1268) keine Machtstellung gewinnen (→Interregnum).

England, Könige: **2)** *R. I. Löwenherz* (1189–99), Sohn König →Heinrichs II., *8.9.1157 Oxford, †6.4.1199 Châlus (Poitou); nahm 1190–92 mit →Philipp II. August von Frkr. am 3. Kreuzzug teil; auf dem Rückweg fiel er Dez. 1192 bei Wien in die Hand Leopolds V. von Österr., den er vor Akkon tödl. beleidigt hatte. Kaiser →Heinrich VI., an den ihn der österr. Hzg. auslieferte, ließ ihn Febr. 1194 gegen hohes Lösegeld und Leistung eines allerdings prakt. wirkungslosen Lehnseids frei. Die Befreiung R. durch den Sänger *Blondel* ist eine Sage. In seinen letzten Jahren mußte R. seine festländ. Besitzungen gegen Philipp II. von Frkr. verteidigen, mit dem er 1199 einen Waffenstillstand schloß. **3)** *R. II.* (1377–99), *6.1.1367 Bordeaux, †14.(?)2.1400 Pontefract Castle (Yorkshire); unter seiner Regierungszeit wurde England von schweren Krisen erschüttert: soziale Unruhen (W. →Tyler), →Lollarden-Bewegung, Plünderungszüge der Schotten, Machtkämpfe des hohen Adels. 1399 von seinem Vetter, dem späteren →Heinrich IV., gestürzt. **4)** *R. III.* (1483–85), jüngerer Bruder →Eduards IV. aus dem Haus York, *2.10.1452 Fotheringhay, †(gefallen) 22.8.1485 bei Bosworth (Leicestershire); nach dem Tod seines Bruders Eduard sicherte er durch rücksichtslose Beseitigung der nächsten Thron-

J. de Ribera: Junge mit Klumpfuß. Paris, Louvre

Andrea Riccio: Meleager und Atalante, Bronzeplakette

anwärter seine Königsherrschaft. Mit seinem Tod 1485 in der letzten Schlacht der →Rosenkriege bei Bosworth ging die engl. Krone auf →Heinrich VII. aus dem Hause →Tudor über.

Richards [ri̦tsch^{er}dß], **1)** Dickinson W., amerik. Herz- und Kreislaufspezialist, *30.10.1895 Orange (N. J.); 1956 Nobelpreis, zus. mit A. →Cournand und W. →Forßmann, für Entdeckungen auf dem Gebiet der Herzkatheterisierung und der patholog. Veränderungen im Kreislaufsytem. **2)** Theodore William, amerik. Chemiker, *31.1.1868 Germantown (Pa.), †2.4.1928 Cambridge (Mass.); führte genaue Atomgewichtsbestimmungen durch; 1914 Nobelpreis.

Richardson [ri̦tsch^{er}dß^{e}n], **1)** Dorothy Miller, engl. Romanschriftst., *17.5.1873 Abingdon (Berkshire), †17.6.1957 Beckenham (Cornwall); Romanfolge 'Pilgrimage' (1915–38) mit →innerem Monolog und Analyse der Gedanken und Reaktionen im Bewußtseinsstrom; Vorläuferin von J. →Joyce und V. →Woolf.
2) Henry Handel (eigtl. *Henrietta Ethel Florence Lindesay R.*, verh. *Robertson*), austr. Erzählerin, *3.1. 1870 Melbourne, †20.3.1946 Hastings (Sussex); vor allem Romane über das Leben in Australien um die Mitte des 19. Jh.
3) Owen, Sir (1939), engl. Physiker, *26.4.1879 Dewsbury, †15.2.1959 London; grundlegende Arbeiten zur Elektronenemission glühender Körper (→glühelektr. Effekt); 1928 Nobelpreis.
4) Samuel, engl. Schriftst., *Sept. 1689 Derby (Derbyshire), †4.7.1761 London; urspr. Buchdrucker; mit 'Pamela, or Virtue Rewarded' (1740), 'Pamela Married' (41), 'Clarissa Harlowe' (47 f.) und 'The History of Sir Charles Grandison' (53 f.) Schöpfer des empfindsamen Briefromans, mit moral.-erzieher. Absichten. Detaillierte Schilderung von Seelenvorgängen; beeinflußte die engl. Roman-Lit. des 18. Jh., →Rousseaus 'Nouvelle Héloise' und den →Sturm und Drang.

Richelieu [risch^{e}ljö̱], Armand Jean du Plessis, Hzg. von R., frz. Staatsmann und Kardinal (1622), *9.9.1585 Paris, †4.12.1642 ebenda; 1606 Bischof von Luçon, 1616 Mitgl. des königl. Staatsrates, ab 1624 leitender Min. →Ludwigs XIII. von Frkr. Im Innern war sein Ziel auf den Ausbau des Absolutismus gerichtet, indem er die Macht des Hochadels brach und die polit. Sonderstellung der →Hugenotten beseitigte. Die verhältnismäßig unabhängigen Prov.-Gouverneure ersetzte er durch ergebene Intendanten, was zur weitgehenden Ausschaltung der lokalen Selbstverwaltung zugunsten eines starken Zentralismus führte. Selbst seine Maßnahmen auf kulturellem Gebiet (u. a. Gründung der Académie française 1635) waren mit von der Absicht bestimmt, Kunst und Wissenschaft zu zentralisieren. Außenpolitisch gelang es ihm, Frkr. aus der span.-österr. Umklammerung durch die Habsburger zu befreien und zur ersten Macht Europas zu machen. Im Mantuaner Erbfolgestreit (1628 bis 31) mit Habsburg gewann er die

D. W. Richards

Richelieu

Riemenschneider, Tilman, Bildhauer und Bildschnitzer, *um 1460 Heiligenstadt (Eichsfeld), †7.7.1531 Würzburg; Ausbildung wahrsch. am Oberrhein und in Schwaben im Umkreis von N. →Gerhaert und Jörg →Syrlin d.Ä.; ab 1483 in Würzburg als Bildschnitzer und Bildhauer tätig; 1520/21 Bürgermeister der Stadt, 25 wegen Parteinahme für die Bauern im →Bauernkrieg gefoltert, Verlust aller Ämter und Ehren und des Vermögens. R. war Hauptmeister der Spätgotik. Bei bewegten Gruppen aus dem bibl. Geschehen harmon. Komposition, Überwindung der spätgot. Unruhe. Lebensgroße, feingliedrige Figuren aus Holz und Stein von idealisierter Schönheit und beseelter Innerlichkeit. Durch Einbeziehung von Licht- und Schattenspiel und sensible Oberflächenbehandlung wird eine Wirkung erzielt, die auf Bemalung verzichten kann.– *W*: Marienaltar in der Herrgottskirche von Creglingen (a.d. Tauber); Adam und Eva (Stein, 1491/93); Heiligblutaltar (Jakobskirche Rothenburg); Kreuzigungsaltar (Pfarrkirche, Dettwang); Hochaltar (Dom zu Würzburg); Altar der Pfarrkirche in Münnerstadt; Sandsteinmadonna (Neumünster, Würzburg); Holzmadonnen; Grabmäler.

Riementang, Bez. für versch. →Braunalgen mit langen, riemenähnl. Blättern; z. B. →Zuckertang.

Riementrieb, →Getriebe zur Übertragung von Drehkräften zw. Wellen durch Reibräder (Riemenscheiben) mit darüber gelegten endlosen →Treibriemen, heute vorwiegend durch →Keilriemen; früher auch bei der →Transmission.

Riemenwurm (*Ligula intestinalis*), bis 75 cm langer →Bandwurm ohne äußere Gliederung; schmarotzt in Süßwasserfischen.

Riemenzunge (*Himantoglossum*), mediterrane Orchideengattung; heim. (aber selten) die bis 90 cm hohe *Bocks-R.* (*Bocksorchis*; Himantoglossum hircinum), mit sehr lang ausgezogener Honiglippe und Bocksgeruch; an sonnigen, grasigen Abhängen auf Kalkboden.

Riemer, Friedrich Wilhelm, Philologe, *19.4.1774 Glatz (Niederschlesien), †19.12.1845 Weimar; gemeinsam mit →Eckermann 'Ausgabe letzter Hand' von Goethes Werken.

Riemerschmid, Richard, Architekt, *20.6.1868 München, †13.4. 1957 ebenda; Vertreter des →Jugendstils, von maßgebendem Einfluß auf die neue Formgebung; Mitbegr. des →Dt. Werkbundes. (Bild S. 5046)

T. Riemenschneider: Maria Magdalena, von Engeln getragen, vom Hochaltar Münnerstadt (1490/92). München, Bayer. Nationalmuseum

Rienz (ital. *Rienza*), li. Nebenfluß des Eisack in Südtirol, rd. 95 km lang, entspringt in den Dolomiten nördl. des Misurinasees, durchfließt das →Pustertal, mündet bei Brixen.

Rienzo (*Rienzi*), Cola di, röm. Volksführer, *1313 Rom, †(erschlagen) 8.10.1354 Rom; päpstl. Notar und Humanist; setzte sich für die Einigung Italiens auf republikan. Basis nach altröm. Vorbild ein; am 20.5. 1347 übertrugen ihm die Römer auf dem Kapitol eine nahezu diktator. Gewalt. Bereits am 15.12.47 gestürzt, suchte er 50 Unterstützung bei →Karl IV. in Prag, der ihn aber dem Papst in Avignon auslieferte; von Innozenz VI. nach Rom gesandt, fand er dort begeisterte Aufnahme, verscherzte sich jedoch durch sein

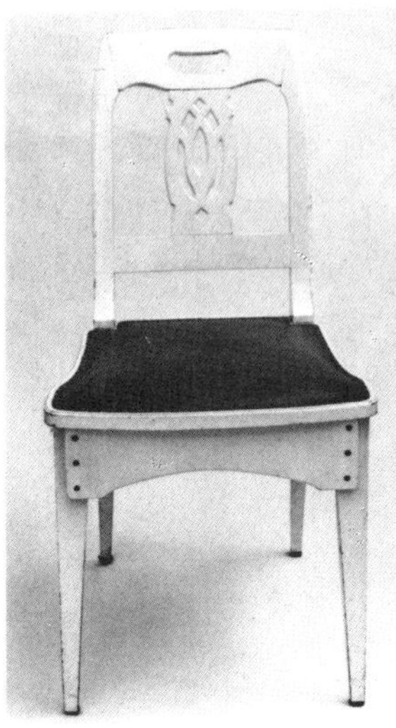

R. Riemerschmid: Stuhl (1903)

tyrann. Auftreten rasch die Volksgunst und wurde bei einem vom Adel angezettelten Aufstand erschlagen.

Ries [arab. rizma 'Ballen'] *das*, variable Mengeneinheit für →Papier, das in →Bogen geliefert wird, z. B. Pakete zu 250 oder 500 Bogen.

Ries *das*, Becken zw. Schwäb. und Fränk. Alb, fruchtbare Ackerbaulandschaft, Zentrum →Nördlingen; nach neuesten Forschungen durch einen riesigen Meteoreinschlag entstanden. Bei einer 1973 durchgeführten Probebohrung (bis zu einer Tiefe von 1206 m) ergaben sich keinerlei Hinweise auf vulkan. Entstehung (Fehlen von Basalten). Der Meteor selbst wurde nicht angebohrt, auch der Kraterboden noch nicht erreicht (vermutl. erst in 4000–5000 m Tiefe).

Riesa, sächs. Krst. im Bz. Dresden, an der Elbe, 49400 E. (1974); Umschlaghafen mit vielfältiger Ind.: Stahl-, Walz- und Reifenwerke, Metallverarbeitung, Textilien.

Riese (eigtl. *Ries*), Adam, Rechenmeister, *um 1492 Staffelstein, †30.3. 1559 Annaberg; Verf. von Rechenbüchern; daher die Redensart 'nach Adam Riese' für eine klare Rechnung. (Bild S. 5044)

Rieselfelder, durch Abwässer von Städten gedüngte Felder, dienen gleichzeitig zur Abwasserreinigung (→Kläranlagen) und zum Schutz der Gewässer vor Verschmutzung.

Riesen, 1) in der *Mythologie* aller Völker (bei den Griechen z. B. als →Giganten, →Titanen, →Zyklopen) sowie in Märchen und Sagen (z. B. →Rübezahl) vorkommende Menschen übernormaler Körpergröße. **2)** *Astron.*: →Riesensterne.

Riesenblatt (*Gunnera*), Gattung der *Meerbeerengewächse* (*Haloragaceae*); einige mittelamerik. Arten mit riesigen, rhabarberähnl. Blättern (bis 1 m ⌀), dekorative Pflanzen in Bot. Gärten und Anlagen, frostempfindlich; im Wurzelstockgewebe leben Blaualgen als Symbionten (→Symbiose). (Bild S. 5048)

Riesenbock (*Titanus giganteus*), südamerik. →Bockkäfer: 15 cm lang (mit Fühlern fast 30 cm); größte bekannte Käferart, fast ausgerottet.

Riesener [frz. rihsnär], Jean-Henri, frz. Kunsttischler dt. Herkunft, *1734 Gladbeck (Westf.), †6.1.1806 Paris; stellte in Paris für die kgl. Schlösser frühklassizistische Kunstmöbel her.

Riesenfaultiere (*Gravigrada*), ausgestorbene Gruppe der →Zahnarmen; plump, bis elefantengroß; Tertiär bis Pleistozän; Amerika; am bekanntesten das *Megatherium*.

Riesengebirge, höchster Gebirgsteil der Sudeten, zw. →Isergeb. und Landeshuter Pforte; Kammgebirge, aufgebaut aus Granit und kristallinen Schiefern, in der →Schneekoppe 1603 m hoch; im N Spuren eiszeitl. Vergletscherung (Kare, Blockmeere); die Kammregion über 1250 m waldlose, mit Krüppelholz bestandene Weidehochfläche, die steileren Flanken unterhalb dicht bewaldet. – Besiedlung im Spätmittelalter, mit Bergbau und Höhenlandw. (Viehzucht, Holznutzung) kärgl. Wirtschaftsgrundlage, Heimarbeit und Glaserzeugung nach Erlöschen des Bergbaus. Seit 1945 steht der schlesische Teil unter poln. Verwaltung, damit grundlegender wirtschaftl. Wandel: Fremdenverkehr; Land- und Forstwirtschaft bewußt zugunsten einer raschen Industrialisierung (bes. der Täler) vernachlässigt; Uranerzbergbau bei →Schmiedeberg mit über 10000 Arbeitern; Kahlschläge, Wüstungen, Schutthalden und milit. Sperrzonen bestimmen das Landschaftsbild. (Bild S. 5049)

Riesenhirsch (*Megaloceros hibernicus*), ausgestorbener europ. →Damhirsch, mit 2 bis 3,5 m breitem Geweih; spätes Tertiär.

Riesenkrebse (*Seeskorpione*; *Gigantostraca*), ausgestorbene, skorpionähnl. Gliederfüßer; bis 2 m lang; Silur bis Perm.

Riesenmuschel (*Tridacna gigas*), den →Herzmuscheln nahestehende, bis 5 Ztr. schwere Muschel der Korallenriffe; dicke, gerippte Schalen bis über 1 m lang; leben in →Symbiose mit Einzellern (*Zooxanthellen*), die in Blutkörperchen des Mantelgewebes hausen.

Riesensalamander (*Cryptobranchidae*), Fam. urtüml. →Schwanzlurche des Süßwassers; fressen Fische, Würmer, Insekten u. a. Bis 1,5 m lang der *Japanische R.* (*Megalobatrachus japonicus*), als Speise geschätzt; etwa 75 cm lang der nordamerik. *Schlammteufel* (*Cryptobranchus alleganiensis*).

Riesenschilf (*Pfahlrohr*, *Pfeilrohr*, *Ital. Rohr*; *Arundo donax*), schilfähnl., 3–4 m hohes, mediterranes Gras, als Windschutz angebaut; Ziergras.

Riesenschlangen, urtüml., ungiftige trop. Schlangen, teils bis 9 m lang, mit Resten von Becken und Hinterbeinen; erdrosseln Beutetiere durch Umschlingen; zwei Fam.: →Boaschlangen (→Anakonda) und →Pythonschlangen. (Bild S. 5048)

Riesenslalom, alpiner Skiwettbewerb; die Strecke muß einen Höhenunterschied von mindestens 400 m (300 m bei den Damen) und mindestens 30 Tore (in der Regel 60–75) aufweisen.

Riesenhirsch

J.-H. Riesener: Sekretär (um 1780) London, Wallace Collection

Riesensterne (*Riesen*), Sterne großer Masse und geringer Dichte, daher großer Durchmesser (über 100-facher Sonnendurchmesser bei den sog. *Überriesen*); erkennbar an ihrer Stellung im *Hertzsprung-Russell-Diagramm* (→Hertzsprung) durch ihre Spektralklasse und Leuchtkraft bzw. absolute Helligkeit; R. 'später' →Spektralklassen (K, M) heißen auch *Rote Riesen*, solche 'früher' Spektralklassen: *Helle* (*Gelbe*, *Weiße*) *Riesen*. Prozentual sind die R. sehr seltene →Fixsterne, fallen jedoch durch ihre Helligkeit auf.

Riesentopf (*Riesenkessel*), rundes, oft bis zu mehreren m tiefes, glattgeschliffenes Loch in einem Felsen, der von einem Fluß überströmt wird oder früher überströmt wurde; entsteht durch Ausschleifen von Geröllen (*Mahlsteinen*), die das Wasser mitführt, bei hoher Fließgeschwindigkeit des Flusses (→Gletschermühlen).

Riesenwuchs, 1) *Med.*: (*Gigantismus*), übermäßiges Wachstum des ganzen Körpers (über 190 cm) oder einzelner Teile (→Akromegalie); beim gesunden Menschen auf erbl. Grundlage, krankhaft als Folge von hormonalen Störungen: z. B. Geschwulst der →Hypophyse, die Einfluß auf die Verknöcherung der Epiphysen

Riesenblatt: Gunnera tinctoria

(→Knochen) hat; →Eunuchoismus. **2)** *Bot.*: →Heterosis.

Riesenzellen, mehrkernige Zellen, die durch krankhafte Veränderung des Zellstoffwechsels entstehen, z. B. bei bestimmten Krankheiten des Knochens (→Recklinghausensche Krankheit) oder des lymphat. Gewebes (→Lymphogranulomatose).

Rieserfernergruppe, südl. Nebengruppe der →Hohen Tauern, zw. Süd- und Osttirol, im *Hochgall* 3440 m.

Riesenschlangen: Anakonda

Riesling, weiße Traubensorte, die Edel- bis Spitzenweine liefert; spätreif, winterhart, gegen Schädlinge widerstandsfähig; in Dtld. wichtig, bes. für →Rhein- und →Moselweine.

Riesman [rißm^e^n], David, amerik. Soziologe, *22.9.1909 Philadelphia; analysierte die gesellschaftl. Entwicklung der Vereinigten Staaten mit Hilfe sozialer Charaktertypen. – *W*: 'Die einsame Masse' (1958).

Riet *das*, Vorrichtung am →Webstuhl aus senkrechten Metallstäbchen in waagrechten Holz- oder Metallschienen, zur Halterung der Kettfäden.

Rietberg, Stadt im Reg.-Bz. →Detmold, Nordrh.-Westf., an der Ems, 22000 E. (1975); mittelalterl. Stadtbild, Rokoko-Kapelle (1747/48); Metallverarbeitung, Möbelindustrie.

Rieti, Hptst. der mittelital. Prov. *R.* (2749 km², 143000 E.) in Latium, am *Velino* südöstl. von →Terni, mit 40500 E. (1973); Verarbeitung landw. Erzeugnisse. Das antike *Reate* war Hauptort der Sabiner.

Rietschel, Ernst, Bildhauer, *15.12. 1804 Pulsnitz, †21.2.61 Dresden; bei Ch. D. →Rauch ausgebildet. Klassizist. Bronzedenkmäler (Goethe-Schiller-Denkmal, Weimar).

Rif *das*, (arab. *Er Rif*), schwer zugängl., zerklüftetes Gebirge an der Mittelmeerküste Marokkos, zw. →Ceuta und dem *Kap Tres Forcas* (nahe →Melilla), im *Dschebel Tasaran* 2456 m hoch; Bev. →Rifkabylen.

Rifbjerg, Klaus, dän. Schriftst., *15.12.1931 Kopenhagen; überaus kühn und wirklichkeitsnah, aber immer ironisch distanziert in zahlr. Drehbüchern, Theaterstücken, Gedichtsammlungen und Romanen: 'Der Opernliebhaber' (Operaelskeren, 1966), 'Anna (jeg) Anna' (69).

Riff, 1) *Meereskunde*: *das*, ein bis dicht unter den Meeresspiegel aufragender Felsenrücken, seltener eine Sandbank; gefährdet die Schiffahrt. In trop. Meeren sind die →Korallen-R. weit verbreitet. (Großes →Barriereriff, Bild)

2) *Musik*: *der*, beim Jazz in der Art eines Basso ostinato (→Basso) ständig wiederholte Phrase; kann die gesamte Struktur eines Jazzstückes bestimmen oder als klangl. Hintergrund bei der →Improvisation verwendet werden.

Riffel, Kamm aus Eisenzähnen, durch den getrocknete Flachsstengel

Rigi, von Küssnacht aus gesehen

Riesengebirge mit Schneekoppe

gezogen und von Blättern, Zweigen sowie Samenkapseln befreit werden.

Rifkabylen, Gruppe der →Berber in Nordmarokko, im Bergland des →Rif.

Riga, Hptst. Lettlands, an der →Düna, 15 km oberhalb ihrer Mündung in den →Rigaer Meerbusen, mit 770000 E. (1973) größte Stadt des →Baltikums; kulturelles und wirtschaftl. Zentrum, bed. Verkehrsknoten (Hafen, Flugplatz), Handelsmittelpunkt; Altstadt mit zahlr. hist. Bauten: Marienkirche (Dom, 1211), St.-Petri-Kirche (1408–91), Schloß (1330, mehrmals erneuert), Schwarzhäupterhaus (14. Jh.); kath. Erzbischofssitz; Univ. (gegr. 1919), Lett. Akad. der Wissenschaften, Bibl., Museen, Theater, Sternwarte; Maschinen-, Schiff- und Waggonbau, Textil-, Leder-, Holz-, Gummi-, chem., Nahrungsmittel- (Zucker, Fleisch), Tabakindustrie. – 1201 gegr., 1282 Beitritt zur →Hanse, 1582 poln., 1621 schwed., 1710 russ., 1918–40 Hptst. der unabhängigen Rep. Lettland, seit 1940 sowjetisch.

Rigaer Meerbusen, große Bucht der Ostsee zw. Estland und →Kurland (Lettland), bis 49 m tief; vorgelagert die →Balt. Inseln.

Rigaud [rigo] (eigtl. *Rigau y Ros*), Hyacinthe, frz. Maler, *18.7.1659 Perpignan, †29.12.1743 Paris; urspr. Historienmaler; barocke Porträts der hohen Gesellschaft. (Bild S. 5053)

Rigaudon [frz., rigodõ] *der*, Bez. mehrerer frz. Volkstänze; auch schneller, geradtaktiger Suitensatz.

right or wrong, my country! [engl., rait oʳ rong mai kantri], 'Recht oder Unrecht, (es ist) mein Vaterland!'; von einem amerik. Seeoffizier geprägtes Schlagwort.

Rigi *der*, auch *die*, mehrgipfeliger Bergstock (im *Kulm* 1798 m, in der *Scheidegg* 1665 m hoch) und Aus-

Riga: Komsomolzen-Kai

sichtsberg der Schwyzer Voralpen zw. Vierwaldstätter- und Zugersee; Zahnradbahnen von *Goldau* und →Vitznau.

Rigidität [lat. 'Starrheit', 'Festigkeit'], mangelnde seel.-geistige Umstellungsfähigkeit.

Rigolen [frz.], Auflockern und Umschichten des Bodens bis zu 80 cm Tiefe, auf Feldern mit bes. Pflug (*Rigolpflug*); z. B. beim Spargelanbau.

Rigorismus [lat.], das starre Festhalten an Grundsätzen, bes. im moralischen Handeln (*ethischer R.*).

rigoros [lat.], hart, unerbittlich; rücksichtslos.

Rigorosum [lat.] *das*, mündl. Teil der Doktorprüfung (→Dissertation).

Rigweda (*Rigveda*), ältester der vier →Weden (2. Hälfte 2. Jt. v. Chr.); enthält in 10 Liederkreisen 1028 Hymnen in altertüml. Sanskrit, durch deren Rezitation die Götter zu den als Gastmähler gedachten Opfern eingeladen und gepriesen werden.

Rijeka (ital. *Fiume*), Hafenstadt in der jugoslawischen Gliedrepublik Kroatien, am *Golf von R.*, dem inneren Teil des →Kvarner, 135000 E. (1973); Bischofssitz; wichtigster Seehafen Jugoslawiens mit Schiffswerften, Ölraffinerien, Maschinenbau, Holz-, Papier-, Tabakfabriken; am li. Ufer der Rečina das eingemeindete *Sušak*.

Rijswijk [raißwaik], Stadt in der niederländ. Prov. →Südholland, im südöstl. Vorortbereich von Den →Haag, 51000 E. (1973).

Rikscha [jap.] *die*, zweirädriges Fahrzeug zur Personen- und Gepäckbeförderung, das von einem →Kuli (oft eigener Unternehmer) gezogen wird; in Ostasien verbreitet.

Riksmål (*Bokmål*), seit 1889 Bez. der durch starke Einflüsse der →dänischen Sprache gekennzeichneten norweg. Schriftsprache (→norweg. Sprache), neben die 1853 das →Landsmål trat.

Rila (bulgar. *R. Planina*), Hochgebirgsmassiv in SW-Bulgarien, im *Musala* (*Musalla*) 2925 m; waldreich, Quellen von →Maritza, →Isker und →Struma. Im W das berühmte *R.-Kloster* (10. Jh.) mit Grabstätten bulgar. Könige.

Rilke, Rainer Maria, österr. Dichter, *4.12.1875 Prag, †29.12.1926 Val Mont (Kt. Waadt); nach psych. schwer belasteter Kindheit, Kadettenschule und Studien der Kunst- und Literaturgeschichte freier Schriftst.; Reisen u. a. nach Italien, Rußland, Frkr., Ägypten; bedeutsame Begegnungen mit Lou →Andreas-Salomé, L. →Tolstoj und →Rodin. Frühe Sprachkunst in melod.-gefälliger Stimmungslyrik; Sehnsucht nach myst. Gottverbundenheit in 'Das Stunden-Buch' (1905). Die stark subjektive Deutung weicht in den 'Neuen Gedichten' (07f.) einer sprachl. Nachbildung des Wesens der Dinge. Die stark autobiograph. 'Aufzeichnungen des Malte Laurids Brigge' (10) gestalten eine seel. Krise des übersensiblen Dichters. In den 'Duineser Elegien' (23) im Ggs. zur weichen Klangfülle seiner früheren Gedichte und der gelösten Form der 'Sonette an Orpheus' (23) harte, freirhythm. Fügungen in kühnem Bilderreichtum. Meisterhafte Übersetzungen, u. a. von →Verlaine, →Mallarmé, →Valéry, L. →Labé. – *WW*: Das Testament (1975 postum). (Bild S. 5044)

Rimbaud [rãbo], Jean-Arthur, frz. Dichter, *20.10.1854 Charleville, †10.11.91 Marseille; schon seit früher Jugend voll Haß gegen bestehende Gesellschaftsordnung, Moral und Religion; 1871 entscheidende Begegnung mit →Verlaine, 73 Bruch; seit 74 keine weiteren Dichtungen, abenteuerl. Wanderleben. R. verwandte in phantast.-visionären Gedichten als erster den 'vers libre'; neue sprachl. Ausdrucksmöglichkeiten durch →Synästhesien, Schaffung einer existentiellen Poesie im Ggs. zu den →Parnassiens. Maßgebl. Einfluß auf →Symbolismus und →Surrealismus: 'Une saison en enfer' (1873), 'Les Illuminations' (87).

Rimessa [ital.] *die*, (*Rimesse*), *Fechten*: Erneuerung des Angriffs aus der Ausfallstellung nach einer →Riposte des Gegners.

Rimesse [ital. 'Rücksendung'] *die*, Begleichung einer Schuld durch Übersendung eines →Wechsels; auch der übersandte Wechsel.

Rimini, ital. Seebad und Hafenstadt am Adriat. Meer, an der Abzweigung der Via Aemilia von der Via Flaminia, Emilia-Romagna, mit 122000 E. (1973); bed. Baudenkmäler aus der Römerzeit und dem MA, Augustusbogen (27 v. Chr.), Tiberiusbrücke (20 n. Chr. vollendet), roman.-got.

J.-A. Rimbaud Rimskij-Korsakow Martin Rinckart Joachim Ringelnatz

Palazzo dell'Arengo, Kirche S. Francesco (13./16. Jh.). – Das antike *Ariminum*, von →Umbrern gegr., wurde 268 v. Chr. röm. Kolonie, in byzantin. Zeit gehörte es zur →Pentapolis, 1295 bis 1500 waren die Malatesta Stadtherren, 1503 venezian., 1528–1860 beim Kirchenstaat. (Bild S. 5052)

Rimskij-Korsakow, Nikolaj Andrejewitsch, russ. Komponist, *18.3. 1844 Tichwin (Gouv. Nowgorod), †21.6.1908 Ljubensk (Gouv. St. Petersburg); das geistige Haupt des 'Mächtigen Häufleins' (mit Balakirew, Cui, Mussorgsky und Borodin); gehört mit seinen originellen, farbenprächtigen Werken schon zu den Impressionisten; weiterwirkend als Lehrer von Glasunow, Strawinsky u. a. – *W*: Mehrere Opern, darunter 'Sadko' (1898), 'Mozart und Salieri' (1898), 'Der goldene Hahn' (1909); 3 Symphonien und andere Orchesterwerke, Kammer- und Klaviermusik, Chorwerke und Lieder.

Rinckart, Martin, luth. Pfarrer, *23. 4.1586 Eilenburg, †8.12.1649 ebenda; Dichter, Musiker, Verfasser von Reformationsdramen sowie von Kirchenliedern ('Nun danket alle Gott', mit eigener Melodie).

Rinde, zw. Haut (→Epidermis) und Zentralzylinder (→Leitgewebe) gelegener Teil der Sprosse und Wurzeln höherer Pflanzen; schützt vor Verletzung und Austrocknung. Äußere R.-Schichten der Sprosse meist aus chlorophyllhaltigem Assimilations-, innere aus farblosem Speicherparenchym, innerste Lage oft als *Stärkescheide* (oder →Endodermis) ausgebildet; Stränge von →Kollenchym oder →Sklerenchym geben Festigkeit. Wurzel-R. chlorophyllfrei, Wände der Endodermis verkorkt, äußerste R.-Schicht (*Exodermis*) ersetzt die nur an Wurzelspitzen erhaltene Epidermis. Bei älteren Wurzeln geht häufig die R. verloren; sie sind von der obersten Schicht (*Perizykel*) des Zentralzylinders umschlossen. *Primäre* Rinde und Epidermis werden beim →Dickenwachstum meist gesprengt; ein zylindr. Bildungsgewebe (→Kambium) bildet die *sekundäre* R. (den →Bast). In den äußersten R.-Schichten entsteht außerdem neues Kambium (*Korkkambium*), das nach außen →Kork, nach innen R.-Zellen (*Kork-R.*, *Phelloderm*) abscheidet. Später entsteht in tieferen R.-Schichten weiteres Bildungsgewebe usw. Gewebe außerhalb des Korkkambiums stirbt ab, wird zur →Borke. – Aus R. werden Kork (→Korkeiche), →Gerbstoffe, Arzneimittel (z. B. →Chinin) und Gewürze gewonnen.

Rindenblindheit, Ausfall des Sehvermögens durch Zerstörung des entspr. Gehirnrindenanteils.

Rinder (*Bovidae*), Familie der →Paarhufer mit etwa 200 Arten; weltweit verbreitet, fehlten urspr. nur in Australien und auf Neuseeland; →Wiederkäuer, besitzen im Oberkiefer keine Schneide- und Eckzähne; beide Geschlechter tragen Hörner. Zu den *Echten R.* (Gattungen *Bos* und *Bibos*) zählen u. a. der ausgestorbene →Auerochse, von dem die europ. Hausrinder abstammen, sowie →Jak, →Gaur und →Banteng, Stammformen asiat. Hausrinder. Der europ. →Wisent wurde aus Zool. Gärten in Waldgehege erfolgreich wieder eingesetzt; der nahe verwandte amerik. →Bison lebt in Nationalparks. Durch breite, ausladende Hörner gekennzeichnete →Büffel (*Bubalus*, *Syncerus*, *Anoa*) wurden in Asien und Afrika zu Haustieren, so der auch im Mittelmeergebiet, Australien und USA verbreitete →Wasserbüffel. R. gehören zu den ältesten Haustieren

Rimini: Tiberiusbrücke

(z. B. *Torfrind*), erlangten vielfach Kultbedeutung, wie der göttl. *Apis-Stier* Ägyptens (→Apis) und das *Heilige Buckelrind* (*Zebu*) Indiens. Nutz-R. zählen zu den wichtigsten Haustieren; nach Klima und Landschaft haben sich versch. Rassen entwikkelt; an Stelle der alten, meist einfarbig roten Landrassen sind hochleistungsfähige Kulturrassen getreten, die in zwei Gruppen zusammengefaßt werden können: das kräftige, widerstandsfähige, anspruchslose →Höhenvieh und das schmalköpfige →Niederungsvieh. Spezialrassen für hohe Milchleistung (Milchfettgehalt bis zu 8 %) z. B. *Jersey Kuh*, reine Fleischnutzung z.B. *Angus-Aberdeen Kuh*. – Weltbestand: 1,17 Mrd.; BRD: 13,64 Mio. (1971/72). (Bilder S. 5055)

Rindermalaria, fieberhafte Erkrankung der Rinder und Schafe in Amerika und Afrika; Krankheitsverlauf ähnl. wie bei →Texasfieber; Übertragung durch Zecken.

Ringelnatter

Rindern (*Stieren, Bullen,*) Brünstigwerden von Kühen, normal im Abstand von 21 Tagen.

Rinderpest, anzeigepflichtige, durch →Virus erzeugte Seuche, nur noch in Asien und Afrika verbreitet; Kennzeichen: Fieber, blutiger Durchfall, Haut- und Schleimhautveränderungen, Ausfluß aus Nase und Maul; meist tödlich.

Rinderseuche (*Wildseuche, Wild-Rinderseuche*), anzeigepflichtige, meist tödl. Infektionskrankheit beim Rind, Schwein, Rot- und Schwarzwild, selten beim Pferd. Krankheitsbild: Schwellungen u.a. an Kopf, Hals, blutiger Durchfall, Lungen- und Brustfellentzündung.

rinforzando [ital.] (Abk. *rf.*, *rfz.*), musikal. Vortrags-Bez.: stärker werdend; *rinforzato*, verstärkt.

Ring, 1) Reif aus versch. Materialien, als Arm-, Fuß-, Hals-, vor allem als Finger-R.; in allen Kulturepochen als Schmuckstück getragen, ist der Finger-R. Sinnbild der Bindung (Ehe-R.), daneben auch ein Symbol für Amt und Würde (Kaiser-, Bischofs-, Siegel-, Amts-R.) oder einer Verpflichtung (Lehns-R.). **2)** *Math.*: 1. Geometrie: *Ringfläche* (→Torus). 2. Algebra: eine Menge von Elementen a, b, c..., innerhalb derer Addition, Subtraktion und Multiplikation unbeschränkt ausführbar sind (→Gruppe, →Körper); gilt dabei noch $a \cdot b = b \cdot a$, so heißt der R.: *kommutativer R.* Gibt es im R. ein Element e, das bei Multiplikation mit den Elementen a, b, c... diese nicht verändert (neutrales Element e, z. B. die 1), so heißt die Menge R. mit *Einselement*; Beispiele: die Menge der natürl. Zahlen bildet einen kommutativen R. mit Einselement, da jede Addition oder Multiplikation zweier natürl. Zahlen wieder eine solche Zahl ergibt; die Menge der geraden Zahlen bildet einen kommutativen R. ohne Einselement; die Menge der Primzahlen bildet keinen R. **3)** *Sport*: Kampfplatz beim →Boxen (4,9 x 4,9 bis 6,1 x 6,1 m).

Ringbahn, Eisenbahnanlage mit in sich geschlossener Streckenführung rings um den Kern einer Großstadt.

Ringdrossel (*Ringamsel*; *Turdus torquatus*), dunkelbraune, amselgroße Drossel mit weißem Brustring; NW-Europa, mittel- und südosteurop. Geb.; Teilzieher.

Ringe, Turngerät aus zwei Holzringen von 18 cm ∅, die an zwei Seilen hängen; obwohl urspr. als Schwung- und Schaukelgerät gedacht, wird heute im Kunstturnen nur noch an den ruhig hängenden Ringen geturnt.

Ringelechsen, zwei unterird. lebende Fam. der Echsen: 1. (*Anniellidae*), zwei Arten in Kalifornien; ohne Beine und äußere Ohröffnungen. 2. (*Doppelschleichen, Wurmschleichen, Zweikopfschlangen*; *Amphisbaenidae*), regenwurmförmig, bis 70 cm lang; Hinterbeine fehlen bei allen, Vorderbeine bei den meisten Arten; keine Ohröffnungen und Augen; vorwiegend trop., fressen Ameisen und Termiten.

Ringelnatter (*Natrix natrix*), ungefährl. →Natter, meist mit zwei gelben Halbmondflecken seitl. hinter dem Kopf; selten über 1 m lang; häufig in Wassernähe, schwimmt gewandt, frißt bes. Frösche; in zahlr. Rassen über das gemäßigte und warme Europa und Asien verbreitet. (→Reptilien, Bild)

Ringelnatz, Joachim (eigtl. *Hans Bötticher*), Dichter und Maler, *7.8. 1883 Wurzen (Sachsen), †16.11.1934 Berlin; witzig-sprachspieler. Kabarettdichtung aus iron.-moral. Haltung, Seemannsmoritaten; autobiograph. Erzähler 'Mein Leben bis zum Kriege' (1931). (Bild S. 5051)

Ringelröteln (*Megalerythema epidemicum*), seltene, in kleinen Epidemien auftretende Infektionskrankheit, meist im Schulalter; Inkubationszeit 6–14 Tage, schmetterlingsförmige Rötung des Gesichts beiderseits der Nase und girlandenförmige Rötungen auf den Streckseiten der Extremitäten; geringes Krankheitsgefühl; Behandlung: Bettruhe.

Ringelspinner (*Malacosoma neustria*), zu den →Glucken zählender, bräunl. Schmetterling; legt Eier in dicht aneinander schließenden Ringen um Zweige; Larven schaden durch Fraß an Knospen und Blättern von Laubbäumen, bes. von Obstbäumen.

Ringelwürmer (*Gliederwürmer*; *Annelida*), Stamm der →Gliedertiere mit etwa 7000 Arten; Körper in viele äußerl. und innerl. gleichartige Abschnitte (*Segmente, Metameren*) gegliedert, erster Ring mit Mundöffnung. Hautmuskelschlauch ermöglicht durch wechselweises Zusam-

H. Rigaud: Ludwig XV. (1715). Versailles, Schloß

menziehen der Ring- und Längsmuskeln Fortbewegung, oft unterstützt durch Chitinborsten; geschlossenes Blutgefäßsystem, Strickleiter-→Nervensystem; einfache Augen, Tast- und Geruchsorgane an den vorderen Segmenten; rückwärtige Glieder können bei Verlust ersetzt werden. R. finden sich in fast allen Klimazonen, auf und im Boden, im Schlamm, im Süß- und Salzwasser, einige sind Parasiten; sie bilden die Nahrung für viele Tiere, manche Arten sogar für den Menschen. Zur Klasse →Borstenwürmer zählen u. a. →Nereiden, →Palolowurm, →Sandwurm. Die Klasse *Gürtelwürmer* (*Clitellata*) wird unterteilt in →Blutegel und *Wenigborster* (*Oligochaeta*), z. B. →Regenwürmer, →Tubifex. Die *Saugmünder* (Klasse *Myzostomatida*) sind meist kleine, scheibenförmige Schmarotzer, leben vorwiegend auf →Stachelhäutern, manche können gallenähnl. Bildungen hervorrufen. Von R. leiten sich →Krebstiere, →Spinnentiere, →Tausendfüßer, →Insekten und →Trilobiten ab.

Ringen, waffenloser Kampfsport schon des Altertums, der von Ägypten

Ringfasanen, Männchen und Weibchen

über Griechenland nach Rom kam. Im antiken Griechenland ein Teil des →Fünfkampfs bei den →Olymp. Spielen. Man unterscheidet das *griech.-röm. R.*, bei dem nur Griffe vom Scheitel bis zur Hüfte erlaubt sind, und das *Freistilringen*, bei dem darüber hinaus auch Griffe an den Beinen und Beinstellen erlaubt sind. Kampfplatz: 6×6 oder 8×8 m große, 10 cm dicke Matte; die Kampfzeit beträgt in beiden Stilarten 3×3 Min. mit 1 Min. Pause zw. den Runden; ein Ringer gilt als besiegt, wenn seine beiden Schultern zu gleicher Zeit die Matte berühren oder wenn er von den Punktrichtern als Verlierer festgestellt wird. Verboten sind alle Griffe, die Schmerzen bereiten, Verletzungen verursachen oder gar das Leben gefährden. (Bilder S. 5056)

Ringer-Lösung, eine abgewandelte →physiol. Kochsalzlösung; enthält zusätzl. weitere Salze.

Ringfasanen, zwei sehr ähnl. Unterarten des Jagdfasans (→Fasan), Hahnen mit breitem, weißem, vorne unterbrochenem Halsring; aus Turkestan stammend der dunkelkupferbraune, grün schimmernde *Mongolische R.*, aus dem östl. China der etwas hellere *Chinesische R.*; Hennen der R. schlicht gelblichbraun und schwarz gefleckt, ohne Halsring, Schwanzfedern kürzer als bei den Männchen; R. werden bei uns in neuerer Zeit in freier Wildbahn entlassen und haben sich mit dem ringlosen Jagdfasan gekreuzt; heute werden fast nur noch Formen mit Halsring angetroffen; in Feldfluren, Gehölzen usw. mit Wasserläufen.

Ringflügelflugzeug (*Coleopter*), Flugzeug mit Tragfläche, die tonnenartig den hinteren Teil des Rumpfes und die Druck-Luftschraube umschließt. Der Ringflügel hat bei jeder Rumpflage gleiche Eigenschaften und erhöht den Wirkungsgrad der Luftschraube; von dem frz. Konstrukteur *Zborowski* als →VTOL-Flugzeug konstruiert.

ringförmige Verbindungen, chem. Verbindungen, deren Moleküle durch *Ringschlußreaktion* aus ringförmig angeordneten Atomen bestehen; z.B. →Benzol (→cyclische Verbindungen).

Ringleitung, ringförmig verlegte Leitung mit angeschlossenen Zapfstellen zur Versorgung mit Gas, Wasser, Elektrizität usw.

Ringofen, Industrieofen zum Brennen von Tonwaren, bei dem die ringförmig nebeneinander angeordneten Brennkammern im Wechsel bestückt, vorgewärmt, voll erhitzt, gekühlt und entleert werden.

Ringsendung, Rundfunksendung, bei der mehrere Sender zu einer Direktübertragung zusammengeschlossen sind; Fernsehen: →Eurovision.

Ringwaage, Manometer zur Bestimmung geringer Druckunterschiede von Gasen. Die Druckdifferenz bewirkt die Verschiebung einer Flüs-

Rinder: 1 *Schwarzbuntes Niederungsvieh*: schwarz-weiß gefleckt, mittelgroß, Hörner nach unten oder vorne gebogen, in Niederungsgebieten; **2** *Deutsche Rotbunte Kuh*: rötlich-weiß gefleckt, mittelgroß, in Mittellagen; **3, 4** *Deutsches Fleckvieh*: rötlichweiß oder gelblich-weiß gefleckt, besonders kräftig, hoch gebaut, in Gebirgsgegenden; **5** *Braunvieh*: braun bis grau, meist an Kopf und Ohren heller, kräftig, mittelgroß, nur im Hochgebirge; **6** *Angler Rind*: braunrot ohne Scheckung, nicht besonders robust, meist nur in Niederungsgebieten gehalten; **7** *Pinzgauer Rind*: dunkelbraun, Rücken und Bauch weiß, mittelgroß, stark, meist in Österreich; **8** *Deutsches Gelbvieh*: einfarbig gelb, Konstitution gut, vorwiegend in den Ackergebieten Süd- und Südwestdeutschlands gezüchtet

1
2
3
4
5
6
7
8

Ringen: Antike Darstellung auf einer Statuenbasis (Pentelischer Marmor, 6. Jh. v. Chr.). Athen, Nationalmuseum

sigkeitssäule in einem drehbaren Hohlring, auf den dadurch eine meßbare Drehkraft ausgeübt wird.

Ringwade (*Beutelnetz*), große Netzwand von mehreren 100 m Länge und beträchtl. Tiefe; mit ihr werden nahe der Oberfläche schwimmende Fischschwärme (Heringe, Sardinen, Makrelen, Thunfische) eingekreist; der Fang wird mit großen Keschern aus der R. geschöpft, heute auch vielfach herausgepumpt.

Rinnensee, langgestreckter, schmaler See in ehem. vergletschertem Gebiet (→Gletscher); füllt oft das Becken einer ehem. Gletscherzunge oder das Tal eines Gletscherabflusses aus.

Rinser, Luise, Schriftst., *30.4.1911 Pitzling (Oberbayern); bemüht sich in christl. Grundhaltung um eine Sinngebung des Lebens und Verwirklichung gültiger Sittengesetze: 'Mitte des Lebens' (1950), 'Geh fort, wenn du kannst' (59), 'Die vollkommene Freude' (62), 'Ich bin Tobias' (66); auch Erzählungen ('Jan Lobel aus Warschau', 48), Jugendbücher und Essays; autobiographisch: 'Gefängnis-Tagebuch' (46), 'Baustelle. Eine Art Tagebuch 1967–70' (70). (Bild S. 5060)

Ringen: Freistil (über 100 kg)

Rinteln, niedersächs. Krst. (Kr. *Grafschaft Schaumburg*) im Reg.-Bz. Hannover, an der mittl. Weser, 25 500 E. (1975); altes Stadtbild; 1621–1809 Sitz einer luth. Univ.; Hafen; Textil-, Papier-, Holz-, Glas-Ind.

Rio [portug.] *der*, (span. *Río*), in geogr. Namen: Fluß, Strom.

Riobạmba, Hptst. der Prov. →Chimborazo im zentralen Ecuador, 2650 m ü. M., in einem erdbebenreichen Hochbecken, 58 000 E. (1972); Handels- und Verkehrszentrum.

Rio Brạnco [portug. 'weißer Fluß'], **1)** Hptst. des westbrasilian. Staates →Acre, am Rio Acre, 17 000 E. (1972); Bischofssitz; Gummi-, Holzausfuhr; **2)** li. Nebenfluß des Rio Negro im Amazonastiefland, 1300 km lang, entspringt im Bergland von Guayana, durchfließt das Territorium →Roraima und mündet bei *Moura*.

Río Cuarto, Stadt in der argentin. Prov. Córdoba, südl. von Córdoba, mit 62 000 E. (1972); Verkehrsknotenpunkt; Handelszentrum.

Rio de Janeiro [sehanẹro, portug. 'Januarfluß'], **1)** brasilian. Staat mit 42 900 km² und 4,96 Mio. E. (1972), Hptst. →Niterói; im NO fruchtbare Schwemmlandebene mit Zuckerrohranbau, sonst Bergland mit Gipfeln bis 2821 m, früher bed. Kaffeeanbaugebiet, heute bes. Weidewirtschaft; **2)** brasilian. Stadt, 4,7 Mio. E. (1972), auf einer Halbinsel an der Bucht von →Guanabara gelegen; für die Silhouette R. d. J. kennzeichnend sind der 387 m hohe *Zuckerhut* und der →Corcovado; starker Kontrast zw. Luxushotels entlang des Badestrandes *Copaca-*

bana und den Slumvierteln; Erzbischofssitz, 3 Univ.; Schiff- und Maschinenbau, Textil-, Leder-, chem., Tabak-Ind.; bed. Hafen, Flughafen. – 1822–1960 Hptst. Brasiliens.

Rio de Oro [span. 'Goldfluß'], frühere span. Kolonie (Südteil von Span.-Sahara) in NW-Afrika, am Atlantik, 190000 km², 30000 E. (1975), Hauptort *Villa Cisneros*; Wüstensteppe; Viehzucht, Fischfang.

Rio Doce [portug., dotsche 'süßer Fluß'], Fluß im brasilian. Staat →Minas Gerais, 977 km lang, entspringt in der *Serra do Espinhaco* und mündet bei *Regência* (Espírito Santo) in den Atlantik.

Rio Grande [portug. 'großer Fluß'], **1)** Hafenstadt im SO des brasilian. Staates →Rio Grande do Sul, mit 125000 E. (1972), viele dt. Einwanderer; Fleisch- und Textilindustrie. **2)** li. Quellfluß des →Paraná in Brasilien, 1230 km lang, bildet im Unterlauf die Grenze zw. Minas Gerais und São Paulo.

Rio Grande del Norte (*Rio Grande*; in Mexiko *Río Bravo del Norte*), Grenzstrom (ab →El Paso) zw. den USA und Mexiko, 3000 km lang, entspringt 3600 m ü. M. in den Rocky Mountains in Colorado, mündet in den Golf von Mexiko. Durch Staudammbauten zur Bewässerung genutzt.

Río Grande de Santiago, Fluß im südl. Mexiko, rd. 800 km lang, entsteht aus den Quellflüssen *Lerman* und *Lajas*, mündet in den Pazif. Ozean; zahlr. Wasserfälle.

Rio Grande do Norte, Staat im NO Brasiliens mit 53000 km² und 1,69 Mio. E. (1972), Hptst. →Natal; umfaßt einen Tieflandstreifen an der Atlantikküste und die NO-Abdachung des Brasil. Berglandes; trop.-heißes Klima mit häufigen Dürreperioden, Anbau von Zuckerrohr und Baumwolle, Viehzucht; Salzgewinnung.

Rio Grande do Sul, südlichster brasilian. Staat mit 282000 km², 7,04 Mio. E. (1972), Hptst. →Porto Alegre; der N ist gebirgig, der S eben bis hügelig, im Küstengebiet zum Atlantik zahlr. Strandseen; bes. im N viele dt. und ital. Einwanderer; nährstoffreiche Böden und subtrop. Klima sind günstige naturgeogr. Grundlagen für Anbau von Weizen, Mais, Reis, Bohnen, Tabak und Wein; Viehzucht; Kupfer-, Blei-, Zink-, Silber- und Steinkohlenbergbau.

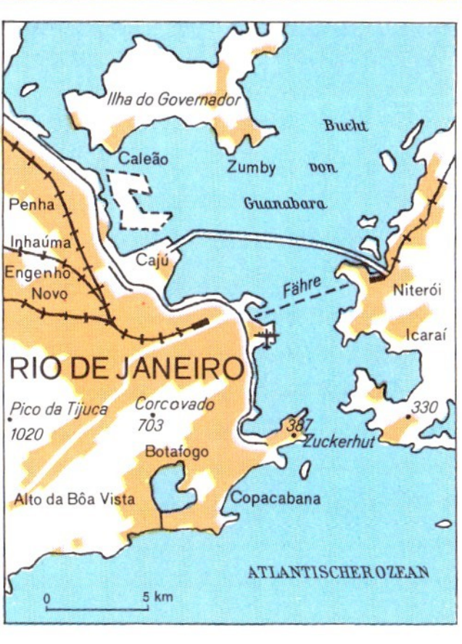

Rio de Janeiro mit Zuckerhut; Karte

Rioja, La [rioeha], nordspan. Landschaft am oberen Ebro, um →Logroño; bed. Getreide- und Weinbau.

Riom [riõ], Stadt im nördl. Teil des frz. Zentralplateaus, nördl. von →Clermont-Ferrand, 15300 E. (1973); Elektro-, Textilindustrie.

Rio Negro

Rio Muni (heute *Mbini*), das Festlandsgebiet von →Äquatorial-Guinea, zw. Kamerun und Gabun, Westafrika, 26000 km² mit 220000 E. (1975), Hptst. →Bata; vorwiegend feuchtheiße, wenig erschlossene Regenwälder; Naturprodukte: Kokos, Bananen, Kautschuk, Erdnüsse.

Rio Negro [portug. 'schwarzer Fluß'], größter li. Nebenfluß des Amazonas, 1550 km lang, entspringt als *Río Guainía* in Kolumbien, bildet im Oberlauf die Grenze zw. Kolumbien und Venezuela, mündet bei →Manáus, durch den →Casiquiare mit dem Orinoco verbunden; 1000 km schiffbar. (Bild S. 5057)

Río Negro [span. 'schwarzer Fluß'], **1)** argentin. Prov. in Patagonien mit 203000 km² und 270000 E. (1972), Hptst. →Viedma; Viehzucht. **2)** Dep. im westl. Uruguay mit 8500 km² und 60000 E. (1972), Hptst. →Fray Bentos. **3)** Fluß im südl. Argentinien, rd. 1000 km lang, entspringt mit seinen Quellflüssen *Limay* und *Neuquén* in den Anden, mündet in den Atlantik; Grundlage für Bewässerungsfeldbau, bes. bei →Neuquén. **4)** li. Nebenfluß des Uruguay, im südamerik. Staate Uruguay, rd. 500 km lang; Staudamm mit Kraftwerk versorgt Montevideo.

Rioni, Fluß in Grusinien, 310 km lang, entspringt im zentralen Kaukasus, durchfließt *Imeretien* (Weinbau und Seidenraupenzucht, Mangan, Kohle) mit dem Zentrum →Kutaisi, mündet bei →Poti ins Schwarze Meer.

Río Salado [span. 'salziger Fluß'], re. Nebenfluß des Paraná in Argentinien, 1400 km lang, entspringt in den östl. Anden, durchfließt den →Chaco, mündet bei →Santa Fé.

Río Tinto [span. 'gefärbter Fluß'], Fluß in SW-Spanien (Andalusien), 100 km lang, entspringt im W der →Sierra Morena und mündet bei →Huelva in den Golf von Cádiz.

Riposte [frz.] *die*, *Fechten*: unmittelbar auf den abgewehrten gegner. Angriff erfolgender Stoß oder Hieb.

Rippe, 1) *Anatomie*: (*Costa*), gebogener Knochen des Brustkorbs, der mit seinem hinteren, knöchernen Anteil gelenkig mit einem Brustwirbel, mit seinem vorderen, knorpeligen Anteil mit dem Brustbein verbunden ist. Von den 12 R. einer Brustkorbhälfte erreichen die oberen sieben das Brustbein unmittelbar (*echte R.*); von den übrigen fünf (*falsche R.*) legen sich die 8.–10. mit ihrem Knorpelabschnitt an den Knorpel der jeweils vorangehenden R. an und bilden so den *R.-Bogen*, während die 11. und 12. frei in den Bauchmuskeln enden. Zw. den einzelnen R. liegen Muskeln, Blutgefäße und Nerven. **2)** *Bot.*: dicke Blattader.
3) *Baukunst*: profilierter Gewölbebogen, der den Gewölbegrat unterstützt und dekorativ betont. **4)** *Technik*: an Maschinenteilen schmale Leiste zur Erhöhung der Steifigkeit oder zur Vergrößerung der wärmeaustauschenden Oberfläche (*Kühlrippe*).

Rippelmarken, parallele, wellenförmige Furchen und Kämme an der Oberfläche von feinkörnigem Material (*Wellenrippeln*, *Wellenfurchen*, *Windrippeln*). Auf festen Gesteinen finden sich gelegentl. *fossile R.*

Rippenbruch, häufige Unfallfolge, bes. bei älteren Menschen; bei Kindern selten, dann vorwiegend als *Grünholzbruch* (unter Erhaltung des Knochenhautschlauches). Verschobene Bruchenden können das Rippenfell, auch das Lungenfell und die Lunge verletzen. Die obersten zwei Rippen sind durch das Schlüsselbein geschützt; R. meist im Bereich der 3.–9. Rippe. Symptome: Schmerzen bei Atmung (bes. Husten, Niesen) und Betastung; bei Anspießung der Lunge durch die Bruchenden →Pneumothorax. Nach außen offener (komplizierter) R. kann zu Infektion des Pleuraraumes führen.

Rippenfarn (*Blechnum spicant*), Farnpflanze feuchter Wälder; bes. im Mittelgebirge, bis 2000 m Höhe.

Rippenfellentzündung (*Brustfellentzündung*; *Pleuritis*), entzündl. Erkrankung des Brustfells (→Pleura); die bakteriell bedingte R. geht fast immer von Lungenerkrankungen, die rheumat. bedingte von Entzündungen im Herzbereich aus, oft ausgelöst durch Herabsetzung der →Resistenz (Erkältung, Erschöpfung). Unterscheidung in *trockene R.* (*Pleuritis sicca*) und *nasse R.* (*Pleuritis exsudativa*); die erste Form kann in die zweite übergehen. Bei trockener R. reiben die Pleurablätter infolge Ausfällung (→Ausfällen) von →Fibrin aus der Gleitflüssigkeit gegeneinander, daher stechende Schmerzen beim Atmen, bes. beim Husten und Niesen; oft mit Fieber verbunden. Die nasse R., bei der die Pleurablätter durch →Exsudat auseinandergedrängt werden, ist meist durch →Tuberkulose oder →Krebs verursacht; die ersten Beschwerden sind Müdigkeit, Appetitlosigkeit, Fieber. Zur Erkennung der R. dienen →Auskulation, →Perkussion und →Röntgendiagnostik, evtl. ein Probeeinstich, zur Behandlung →Antibiotika und →Tuberkulostatika. Ausgedehnte Ergüsse, auch Eiteransammlungen (*Pleuraemphyem*), können durch →Punktion entfernt, Verschwartungen zw. den Pleurablättern operativ gelöst werden.

Rippenquallen (*Ctenophora*), Klasse der →Hohltiere mit etwa 80 Arten; meist Hochseetiere mit durchsichtigem, rundl. oder bandförmigem Körper; Fortbewegung durch acht Reihen gleichmäßig schlagender Ruderplättchen aus verklebten Wimpern. An zwei oft langen Fangfäden (Tentakeln) *Greifzellen* mit spiralig aufgerolltem, elast. Stiel; diese Zellen können im Ggs. zu den Nesselzellen der →Nesseltiere immer wieder verwendet werden; größere Nahrung aus dem Plankton kann auch direkt durch den Mund eingesaugt werden. Alle R. sind zwittrig; die Entwicklung erfolgt ohne Larvenstadien. Viele Arten sind am →Meeresleuchten beteiligt. An der Nordseeküste häufig die *Kleine →Seestachelbeere*, seltener die *Mützenquallen* (*Beroidea*); in warmen Meeren die bandförmigen →*Venusgürtel*; bis in arkt. Meere vorstoßend die *Lappen-R.* (*Lobata*).

Rippenspeer, gebratenes oder gekochtes Rippenstück vom Schwein. Geräuchert: *Kasseler Rippenspeer*.

Rips *der*, gerippte Gewebe, bei denen die *Kette* aus feineren und dichter eingestellten Fäden besteht als der *Schuß*. Echter R. hat eine mehrfädige Kette oder mehrfädigen Schuß mit deutl. hervortretenden Rippen. Ripsbindige Stoffe sind sehr dicht und strapazierfähig. Für Kleidung, Möbelbezüge, Dekorationen.

Ripuarier [lat. ripa 'Ufer'], Teilstamm der Franken ('Uferbewohner'), ansässig in dem im 7. Jh. gegen die zum Rhein vorwärtsdrängenden Sachsen err. Reich beiderseits des

Rippelmarken, durch Meereswellen gebildet

Rheins (Hauptorte: Köln, Aachen, Zülpich, Jülich und Werden).

Risalit [ital.] *der*, in ganzer Höhe der Fassade vorspringender Teil eines Gebäudes.

Rischi [Sanskrit], in Indien Bez. für hl. Seher, bes. den Dichter der wed. Hymnen.

Rise *die*, (*Riese*), Frauenhaube des 13./14. Jh., ein weißer Leinenschleier, der Kopf und Ohren einhüllte und nur das Gesicht freiließ.

Risiko [ital.], Gefahr, Wagnis. *Betriebswirtschaft*: die mit jeder wirtschaftl. Tätigkeit verbundene Verlustgefahr. Grundlegend ist die Unterscheidung zw. versicherbaren und nicht versicherbaren R. (*Unsicherheit*). Letztere stellen das eigtl. Unternehmer-R. dar, das aus dem Unternehmergewinn getragen werden muß, während die versicherbaren R. entweder direkt durch Versicherungen gedeckt oder aber als *kalkulator. Wagnisse* in die Kalkulation eingestellt werden. Nach den Ursachen der R. lassen sich unterscheiden: Fehleinschätzung der Nachfrage, Änderungen in den Rechtsgrundlagen (z. B. Auflagen im Interesse des Umweltschutzes), R. des Produktionsablaufs, natürliche R. (Feuer, Blitzschlag u. ä.).

Risipisi [ital.] (*Risi-Pisi*, *Risibisi*), Gericht aus Reis und grünen Erbsen mit Schinken, Gewürzen, Parmesan.

riskieren [frz.], wagen, aufs Spiel setzen; Eigw. *riskant*; Hptw. →Risiko.

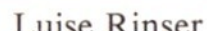
Luise Rinser Albrecht Ritschl

Risorgimento [ital., -dschimẹnto 'Wiedererhebung] *das*, ital. Einigungsbewegung zw. 1815 und 71 (→ital. Geschichte).

Risọtto *der* oder *das*, ital. Gericht aus gekochtem Reis mit Tomaten, Fleisch, Pilzen, Gemüsen, mit Parmesankäse bestreut.

Rispe, Form des Blütenstandes: Seitenachsen mit mehreren gestielten Blüten entspringen auf versch. Höhe an der Hauptachse (zusammengesetzte →Traube). (→Blüte, Bild)

Rispengras, 1. Sammelname für Gräser, deren Blütenstand eine deutl. →Rispe bildet, z. B. Hafer; bei *Ähren-R.* sind die Seitenachsen so kurz, daß der Blütenstand als *Scheinähre* wirkt, z. B. Fuchsschwanz. 2. (*Poa*), artenreiche Grasgattung, 1- bis 8blütige Ährchen in lockeren Rispen; viele wertvolle Futterpflanzen, so das *Wiesen-R.* (*Poa pratensis*), eines der häufigsten Wiesengräser.

Riß *die*, re. Nebenfluß der Donau in Oberschwaben, 60 km lang, mündet oberhalb von Ulm; nach ihr benannte A. →Penck die vorletzte der alpinen →Eiszeiten (*R.-Eiszeit*).

Riß, Darstellungsmethode des techn. Zeichnens, bei welcher der abzubildende Gegenstand (z. B. Maschine, Baukörper) auf bestimmte Ebenen projiziert wird: Grund-, Auf-, Seitenriß (→Projektion).

Rißpilz (*Inocybe*), artenreiche Gattung der →Blätterpilze; alle ungenießbar, versch. giftig, enthalten →Muskarin; bei älteren R. Hutrand oft eingerissen. Tödl. giftig der *Ziegelrote R.* (*Ziegelroter Faserkopf, Mai-R.*; Inocybe patouillardi), von Juni bis Okt. in Laubwäldern; kann jung mit Champignons verwechselt werden.

Rist, Johann, Dichter, *8.3.1607 Ottensen (Holst.), †31.8.67 Wedel (bei Hamburg); prot. Pfarrer; Opitz-Schüler; Gründer der Sprach-Ges. *Elbschwanenorden* (1660); bedeutendster Frühbarockdichter Norddtld.; ausdrucksvolle Kirchenlieder ('O Ewigkeit, du Donnerwort'), naturverbundene weltl. Lyrik und allegor. Bühnenstücke.

Ristgriff, Griffart beim →Geräteturnen: die Handrücken zeigen nach oben, die Daumen zueinander.

Ristọrno [ital.] *der*, im Versicherungswesen (bes. der Seeversicherung): Rückgabe der Prämie an den Versicherungsnehmer bei Nichtentstehen oder Wegfall des versicherten Risikos.

ritardạndo [ital.] (*rit.*), musikal. Vortrags-Bez.: langsamer werdend, zögernd.

Ritenstreit (*Akkomodationsstreit*), Meinungsstreit in der christl. →Mission um den Grad der Anpassung der Missionare in den Missionsländern an die dort übl. Riten und relig. Kulthandlungen; bes. in der Chinamission Anf. des 17. Jh. zw. Jesuiten einerseits, Dominikanern und Franziskanern andrerseits. Im Ggs. zu letzteren nahmen die Jesuiten an Ahnenverehrung, Opferung für Konfuzius, Namenshuldigungen u. a. teil. Der R. dauerte über 100 Jahre und wurde endgültig erst 1742 durch eine Bulle Papst Bonifatius' XIV. gegen die Jesuiten entschieden.

ritenuto [ital.] (*riten.*) musikal. Vortrags-Bez.: zurückhaltend, zögernd.

Ritomsee, gestauter Natursee im Gotthardmassiv, Kt. Tessin, in 1850 m ü. M., 1,3 km² groß, bis 65 m tief; speist Kraftwerk *Piotta* in der Valle →Leventina.

Ritornẹll [ital.] *das*, **1)** *Musik*: Wiederholungsteil als Zwischenspiel oder →Refrain; im →Concerto grosso und bei →Arien das vom vollen Orchester gespielte Vor-, Zwischen- oder Nachspiel zum Solopart. **2)** *Literatur*: dreizeilige Strophenform aus der ital. Volksdichtung mit versch. Metrum, deren 1. und 3. Zeile miteinander reimen.

Ritschl, Albrecht, ev. Theologe, *25.3.1822 Berlin, †20.3.89 Göttingen; sein Hauptwerk 'Die christl. Lehre von der Rechtfertigung und Versöhnung' (3 Bde. 1870–74, ³88/89) machte ihn zum Anreger für eine ganze Generation von Theologen (A. von →Harnack, *J. Kaftan*, *W. Herrmann*, *Th. Häring* u. a.). Was sie untereinander verband, war die Trennung der Theol. von der Philos., die zentrale Stellung der geschichtl. Offenbarung in Jesus Christus, die Auffassung des Reiches Gottes als einer ethischen, von Menschen zu verwirklichenden Größe.

Ritsos, Jannis, griech. Dichter, *1.5. 1909 Monemvasia; Sozialist; während der dt. Besetzung (1941–44) und im Bürgerkrieg Partisan (48–52 in versch. KZ, 67–70 erneut in Haft). Verwirklicht die poet. Harmonie von künstler. Form und polit. Tendenz: Gedichte ('Traktor', 1934; 'Epitaphios', 36, vertont von M. →Theodorakis; 'Die Sonate im Mondschein', 56; 'Zeugenaussagen', 63/66), Chor-Lieder ('Der Baum vor dem Gefängnis und die Frauen', 63), Chor-Epik, Monologe, Bühnenstücke.

Ritten (ital. *Renon*), Abschnitt der Bozener Porphyrhochfläche zw. *Talfer* und →Eisack (Südtirol), in 1000 bis 1200 m Höhe, vom *Rittner Horn* (2660 m) überragt; →Erdpyramiden; Drahtseilbahn von Bozen.

Ritter, Carl, Geograph, *7.8.1779 Quedlinburg, †28.9.1859 Berlin; seit 1820 Inhaber der ersten dt. Professur für Geogr., erkannte das Kausalitätsprinzip in der Erdkunde und die Wichtigkeit vergleichender Geographie. – *W*: Die Erdkunde im Verhältnis zur Natur und Gesch. des Menschen (1817–59).

Ritter, 1) im MA zunächst der edelfreie Vasall, dann Angehöriger des ministerialen (später adeligen) Berufskriegerstandes; auch Angehöriger eines Ritterordens. **2)** In Österr. und Bayern von Anf. des 19. Jh. bis 1918 die unter dem →Freiherrn stehende Stufe des niederen Adels. **3)** Träger eines hohen Militär- oder Verdienstordens bzw. der R.-Klasse eines Ordens.

Ritterakademien, Bildungsanstalten für den jungen Adel im 16.–18. Jh. (erste R. in Dtld.: 1589 Collegium illustre in Tübingen).

Ritterdramen, Dramen, die unter dem Einfluß von Goethes 'Götz von Berlichingen' (1773) das Rittertum idealisierend darstellten, wie *J. B. Babos* 'Otto von Wittelsbach' (1782) und →Tiecks 'Karl von Berneck' (1793). Trivialisierte, komisch wirkende R. werden noch heute im

Carl Ritter

A. Robbe-Grillet

Bauerntheater (z. B. Kiefersfelden/Obb.) gespielt.

Ritterfalter (*Edelfalter*; *Papilionidae*), Fam. meist großer, bunter Tagfalter; Hinterflügel häufig geschwänzt, gute Flieger. Raupen mit vorstülpbarer Nackengabel, die scharfes äther. Öl zur Verteidigung abgibt. Heimisch →Schwalbenschwanz, →Segelfalter, →Apollo.

Rittergut, im MA in Dtld. das (echte) Lehen eines Ritterbürtigen (Burg- oder Hofsitz mit dazugehörigen Ländereien) mit der Pflicht des vollen Kriegsdienstes (*Ritterlehen*); Grundlage der Steuerfreiheit und der Landstandschaft des Ritters. Je nach Ausgestaltung der rechtl., wirtschaftl. und sozialen Tatbestände und der persönl. und dingl. gegenseitigen Abhängigkeit von Ritter und auf ritterschaftl. Boden lebenden Bauern konnte das Herrschaftsverhältnis innerhalb eines grundherrl., gutsherrl. oder gutswirtschaftl. Verbandes bestehen. Auflösung im Zuge der Bauernbefreiung in der 1. Hälfte des 19. Jh.; von da ab allg. großes Gut, ohne Rücksicht auf dessen rechtl. Stellung.

Ritterheere, auf dem →Lehenswesen beruhende, aus den Rittern und ihrem Gefolge bestehende bewaffnete Macht der europ. Landesherren im Hochmittelalter. Ihre Kampftaktik bestand vornehml. im wuchtigen Stoß massierter gepanzerter Reitermassen. Die R. verdrängten etwa seit dem 10. Jh. das einstige Volksaufgebot; verloren ihre milit. Bed. mit dem Aufkommen der →Landsknechts-Heere, des schweiz. Fußvolks und der →Feuerwaffen.

Ritterling (*Tricholoma*), Gattung der →Blätterpilze; bes. im Sommer und Herbst in Laub- und Nadelwäldern; viele eßbare Arten, z. B. der grüngelb gefärbte *Grünling* (*Grünreizker*; Tricholoma equestre) und der *Violette R.* (Tricholoma nudum), bes. als Essigpilz geeignet; giftig der *Tiger-R.* (Tricholoma pardinum) mit blaß graubrauner, breitschuppiger Hutoberseite.

Ritterorden, 1) Mönch- und Rittertum verbindende, zum Kampf gegen Ungläubige gegr. christl. Gemeinschaften (*geistl. R.*); **2)** von einem Großmeister geführte Adelsgemeinschaften (*weltl. R.*); →Orden.

Ritterroman, Prosaauflösung des höf. und →Heldenepos im →Volksbuch des ausgehenden MA. Nach der parodist. Kritik in →Cervantes' 'Don Quijote' zu Anf. des 17. Jh. erlebte er erst im ausgehenden 18. Jh. im Zuge der Rückwendung zum MA eine Erneuerung in Form des trivialen Unterhaltungsromans (u. a. L. →Wächter, Chr. H. →Spieß).

Ritterschaft, bis zu Anfang des 19. Jh. Bez. für den Stand des gutsbesitzenden landständischen Adels.

Rittersporn (*Delphinium*), artenreiche Gattung der →Hahnenfußgewächse; über die Nordhalbkugel verbreitete Kräuter oder Stauden; Blätter handförmig gelappt oder zerschlitzt, Blüten gespornt, in Trauben oder Rispen. Auf Äckern (bes. Kalkboden) von Mai bis Aug. der bis 40 cm hohe, giftige *Acker-R.* (*Delphinium consolida*), Blüten blau, gelegentl. weiß. In lichten Gebirgswäldern der *Hohe R.* (*Delphinium elatum*), 60–150 cm, auch Gartenpflanze. Durch versch. Kreuzungen und Züchtungen entstanden die zahlr. Sorten des *Garten-R.* (*Delphinium cultorum*). (Bild S. 5064)

Ritterstern (*Hippeastrum*), artenreiche Gattung der →Narzissengewächse Mittelamerikas; bei uns Topfpflanzen (landläufig →Amaryllis gen.); 2–6 tiefrote bis weiße, sehr große, trichterförmige Blüten. (Bild S. 5064)

Rittertum, vom 8. bis ins 11. Jh. der aus edelfreien Vasallen zusammengesetzte Kriegerstand, der dann allmähl. mit den urspr. unfreien, durch Leistung und ehel. Verbindung in den Adelsstand aufsteigenden →Ministerialen zu einem Berufskriegerstand verschmolz. Das R. entwickelte ein bes. Standesethos der Tapferkeit, der Treue, der 'Maße' (Maßhalten) und der 'Minne' (Frauendienst) sowie eine höf. Kultur, die von Frkr. ihren Ausgang nahm. Im Hoch-MA war der junge Knappe einer strengen Standeserziehung unterworfen, bis er durch den Ritterschlag zum Voll-Ritter wurde. Mit dem Aufkommen der Fußheere im späten MA verlor das R. seine militär. Aufgaben. Als Landadel bewahrte es nur teilweise die traditionellen Formen seines Standes. Entartungserscheinung war das *Raubrittertum* des Spät-MA. (→Bayeux, Bild; →Harnisch, Bild)

Rittmeister, 1. im MA Anführer der Reiterei; 2. im dt. Heer bis 1945 der dem →Hauptmann entsprechende Dienstgrad bei der →Kavallerie, dem →Train und der →Fahrtruppe; 3. *Österr.*: Hauptmannsdienstgrad bei Polizei und Gendarmerie.

Rittner, Thaddäus, österr.-poln. Schriftst., *31.5.1873 Lemberg, †20. 6.1921 Badgastein; erfolgreiche neuromant. Dramen mit feiner Psychol. zw. Realität und Traum, u. a. 'Wölfe in der Nacht' (1914); Novellen und Romane, autobiograph. 'Das Zimmer des Wartens' (18).

Ritual [lat.] *das*, **1)** *Theol.*: Ordnung liturg. Brauchtums in den Kirchen, festgelegt in R.-Büchern, z. B. *Rituale Romanum*. **2)** *Zool.*: bei Tieren auffällige Bewegungsfolge, deren urspr. Zweck eine neue Bed. bekommen hat; so ist z. B. die Drohbewegung des Kranichs eigtl. eine Putzbewegung.

Rituale [lat.] *das*, *kath. Kirche*: Buch mit Gebeten und Anweisungen zur Spendung der →Sakramente und →Sakramentalien oder zum Vollzug anderer liturg. Handlungen.

Ritualismus, Rekatholisierungsbewegung innerhalb der →anglikan. Kirche. Seit 1860 begannen die →Anglokatholiken das röm. Ritual in den anglikan. Gottesdienst einzuführen (Weihrauch, -wasser, Meßgewänder, Ohrenbeichte, Anrufung Marias und der Heiligen). Nach erbittert geführten Prozessen ging der R. um 1900 in der →Hochkirche auf.

Ritualmord, mit →Menschenopfer und →Kopfjagd verwandte rituelle Tötung von Menschen, deren Blut und andere Körperbestandteile als machthaltige Ingredienzien für 'Medizinen' verwendet wurden, bes. bei polynes. und afrik. Naturvölkern; auch unblutige, gespielte R. bei *Reifefeiern* (→Initiation).

1 2

Rittertum: **1** 'Rennzeug zum Plankengesteck' (Garniturteil) von Jörg Seusenhofer (Innsbruck, 1539/40) für König Franz I. von Frankreich, stahlgebleut und feuervergoldet; **2** Kapitelschloß Marienwerder in Westpreußen, gegründet vom Deutschen Orden; **3** Ritter des Templerordens mit Helm, Schild und Kettenpanzer, von einem Grab in der Templerkirche in London (Marmor, 13. Jh.); **4** Burg Burghausen auf langgestrecktem Höhenrücken zwischen Salzach und Wöhrsee, größte Burganlage Deutschlands (13. Jh.); **5** Kreuzritter erobern, unter Ludwig dem Heiligen von Frankreich, Damiette in Ägypten (1219), Miniatur aus frz. Handschrift (um1360), Paris, Bibliothèque nationale

3 ◀

▼5 4

Rittersporn: Ackerrittersporn

Ritterstern: Hippeastrum rosa

Ritus [lat.] *der*, Mz. *Riten*, relig.-kult. Zeremonien (→Kult), die durch festgelegtes Verhalten (Meidungen, Worte und Handlungen) dem einzelnen und der Gemeinschaft Schutz und Gedeihen gewährleisten; bes. wichtig sind die Übergangs-R.: bei Geburt, Reife (→Initiation) und Tod. Durch den R. unterscheiden sich in einer Relig. oft einzelne Gruppen.

Ritz, César, schweiz. Hotelier, *23.2. 1850 Niederwald (Wallis), †20.10. 1918 Küsnacht; baute ab 1898 eine Kette von Luxushotels auf.

Ritzel, 1. das kleine Rad eines Getriebes, das ein größeres antreibt; 2. kleines Zahnrad auf der Welle von Antriebsmotoren (Elektromotoren).

Riukiuinseln (*Ryukyuinseln*), jap. Inselkette zw. Formosa und Kiuschu, 3779 km² mit 1,09 Mio. E. (1973), Hauptinsel →Okinawa mit der Hptst. →Naha; Reis, Zuckerrohr, Süßkartoffeln. – 1972 Rückgabe des von den USA verwalteten Teiles der Inselgruppe an Japan.

Riva, vielbesuchter ital. Kurort an der NW-Spitze des Gardasees mit 13200 E. (1973); ehem. Wasserburg der Scaliger La Rocca (12. Jh.), Kirche Inviolata (17. Jh.). Am Südende von R. das 1925–28 errichtete *Ponale-Kraftwerk*.

Rivadavia (*Comodoro R.*), argentin. Hafenstadt in Ostpatagonien, am *San-Jorge-Golf*, mit 30800 E. (1972); Zentrum eines Erdölgebietes, Erdgasleitung nach Buenos Aires.

Rivale [lat., -wa-] *der*, Nebenbuhler, Mitbewerber; *rivalisieren*, wetteifern; *Rivalität*, Nebenbuhlerschaft, Wettstreit.

Rivarol, Antoine de (eigtl. *Antoine Rivaroli*), frz. Schriftst., *26.6.1753 Bagnols, †13.4.1801 Berlin; emigrierte während der Frz. Revolution und lebte ab 1800 in Berlin. Hochbegabter Journalist und Sprachphilosoph, geistvoller, scharfer Kritiker ('Discours sur l'Universalité de la langue française', 1784; 'Essai sur les causes de la révolution française', 1827).

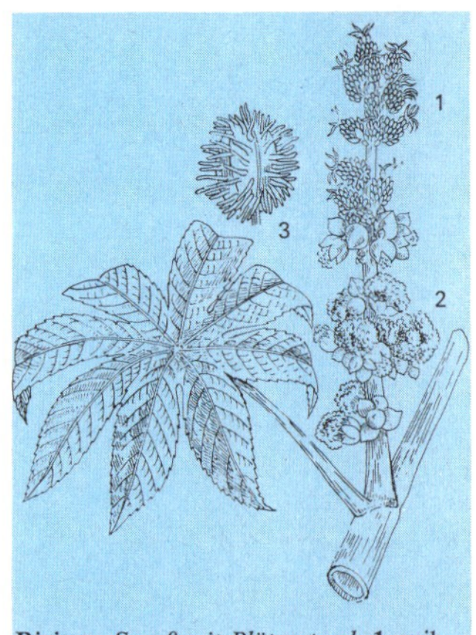

Rizinus, *Sproß mit Blütenstand*: **1** weibliche Blüten, **2** männliche Blüten, **3** Kapselfrucht

Riva am Gardasee

Riviera: Bucht von Lerici

River [engl.] *der*, in geogr. Namen: Fluß, Strom.

Rivera, 1) Diego, mexikan. Maler, *8.12.1886 Guanajuato, †25.11.1957 Mexiko City; monumentale Wandmalereien.
2) José Eustasio, kolumbian. Schriftsteller, *19.2.1889 Neiva (Tolima), †28.11.1928 New York; beschrieb in dem realist. Roman 'Der Strudel' (La vorágine, 1924) und in den Sonetten 'Tierra de promisión' (21) die trop. Natur Kolumbiens.

Riviera *die*, **1)** (frz. *Rivière* [riwjär]) Bez. für den Küstenstreifen am Mittelmeer, der im Schutze der Westalpen und der nördlichsten Apenninen liegt, etwa von Toulon in Frkr. bis La Spezia in Italien; gliedert sich auf in die *Frz. R.* (→Côte d'Azur) und die *Ital. R.*, die sich wiederum in den westl. von Genua gelegenen Bereich, die *R. di Ponente*, und den östl., die *R. di Levante*, teilen läßt. Milde Winter, regenarme Sommer, subtrop. Vegetation, zahlr. Badeorte. **2)** Talabschnitt und Bz. des mittl. Tessintals im Kt. Tessin, 165 km², rd. 9000 E. (1974), Hauptort →Biasca; Steinbruch-Ind. (Gneisbrüche).

Rivière [riwjär], Jacques, frz. Schriftst., *15.7.1886 Bordeaux, †14.2.1925 Paris; Mitherausgeber der 'Nouvelle Revue Française', bed. Lit.-Kritiker und Anreger; bes. erfolgreich sein psychol. Roman 'Aimée' (1922).

Riyal, Währungseinheit in Saudisch-Arabien (amtl. Abk. *S. Rl.*); 1 R. = 20 Quirsh.

Rize [rise] (*Rise*), Hptst. und Hafen der nordosttürk. Prov. *R.* am Schwarzen Meer, 29 500 E. (1972); Reis-, Obst- und Teeanbau, Holzausfuhr.

Rizinus [lat.] *der*, (*Wunderbaum*; *Rhicinus communis*), →Wolfsmilchgewächs mit sehr großen, ahornähnl. Blättern und äußerst giftigen Samen; wahrsch. im trop. Afrika heim. Baum, heute in allen Tropen und Subtropen kultiviert wegen seiner Samen, die das bekannte *Rizinusöl* (im Handel *Kastoröl*) liefern. Dieses wird um bestimmter Eigenschaften willen (in Benzin nicht, in Alkohol lösl., noch bei tiefen Temp. flüssig) heute fast ausschließlich technisch verwendet: als Schmiermittel für Flugzeugmotoren, zur Füllung von hydraul. Pressen, als Ausgangsmaterial für neue Spülmittel, die in Flüssen biol. abgebaut werden, in der Seifen-Ind. usw.; in der Med. als Abführmittel. In heim. Gärten erreicht der R. als 1jährige Pflanze eine Höhe von etwa 2 m.

Rizzo, Antonio, ital. Bildhauer und Baumeister, *1430 Verona, † nach 1499 Foligno; tätig ab 1467 in Venedig; feingliedrige Figuren im Übergang von Gotik zu Renaissance. (Bild S. 5068)

Rjasan, Ind.-Stadt in der Russ. SFSR, am re. Ufer der →Oka, 381 000 E. (1973); alte Stadt (im 11. Jh. gegr.) mit Kreml und zahlr. Kirchen; bed. Verkehrsknotenpunkt an der Bahn-

Robinie: 1 Zweig mit Blüte, **2** Früchte

linie Moskau–Kujbyschew, Umschlaghafen; Maschinen- (Ind.-Ausrüstungen, Landmaschinen) und Elektrogerätebau, Nahrungsmittel-, Textil-, Leder-, Holz-, petrolchem. Industrie.

Rjukan, norweg. Ind.-Siedlung in →Telemark, in der Gem. *Tinn,* 8600 E. (1973); seit Beginn des 20. Jh. zur stärksten Konzentration der elektrochem. Ind. (Ammoniak) mit sechs Wasserkraftwerken von zus. 554000 kW ausgebaut.

R-Mark-Schlußbilanz, die für den 20.6.1948 aufzustellende →Bilanz, die die R-Mark-Rechnung abschloß und als Grundlage der →D-Mark-Eröffnungsbilanz diente.

RNS (*Ribonucleinsäure*, nach engl. Fach.-Lit. auch *RNA*), →Nucleinsäure, die der →DNS analog aufgebaut ist, jedoch statt Desoxiribose den Zucker →Ribose und statt der Base Thymin das Uracil enthält. In der lebenden Zelle werden drei Arten von RNS gefunden: 1. Hochmolekulare *Boten-RNS* (*messenger-RNS* = m-RNS), die →genet. Information vom Zellkern ins Zytoplasma überträgt und rasch umgesetzt wird; 2. an winzige Partikel (→Ribosomen) gebundene RNS; 3. niedermolekulare, aus rd. 70 →Nucleotiden bestehende und im Plasma gelöste *Überträger-RNS* (*transfer-RNS* = t-RNS), die in der Eiweißbiosynthese die aktivierten →Aminosäuren an die Syntheseorte (Ribosomen) heranführt und an der m-RNS ordnet. Die Untersuchung der t-RNS ist am weitesten fortgeschritten: die Zelle enthält rd. 30 versch. Sorten von t-RNS, von denen einige isoliert und mehrere strukturell aufgeklärt wurden.

Roach [ro͟utsch], Max, amerik. Jazzschlagzeuger, *10.1.1925 Brooklyn; vom →Bebop ausgehender Schlagzeuger; auch Kompositionen.

Roadster [engl., ro͟udßt^er], veraltete Bez. für offenen zweisitzigen Sportkraftwagen mit Faltverdeck.

Roanne [roan], Stadt im frz. Zentralplateau, an der oberen Loire, nordwestl. von →Lyon, 55000 E. (1973); Textil- und Papierindustrie.

Roanoke [ro͟u|^eno^uk], **1)** Stadt im westl. Virginia (USA), am R. River, 94000 E. (1973). **2)** *R. River*, Fluß in Virginia und North Carolina, 660 km lang, entspringt in den →Appalachen, mündet in den Atlantik (*Albemarle-Sund*).

Roastbeef [engl., ro͟ußtbihf] *das*, Rinderlendenbraten, der innen noch halbroh ist.

Robbe-Grillet [robgrijä], Alain, frz. Schriftst., *18.8.1922 Brest; bedeutendster Vertreter und Theoretiker des →Nouveau roman. Erstrebt durch nüchterne Beschreibung, Wiederholung und Variation der Bilder und Vorgänge, durch innere Distanz zu den Dingen äußerste Objektivität. Romane: 'Ein Tag zuviel' (Les Gommes, 53), 'Der Augenzeuge' (Le Voyeur, 55), 'Die Jalousie oder die Eifersucht' (La Jalousie, 57), 'Die Niederlage von Reichenfels' (Dans le Labyrinthe, 59), 'Projet pour une révolution à New York' (70); Drehbuch zum Film 'Letztes Jahr in Marienbad' (61); in eigener Regie die Filme 'Die Unsterbliche' (63), 'Trans-Europ-Expreß' (67). (Bild S. 5061)

Robben (*Flossenfüßer*; *Pinnipedia*), dem Wasserleben angepaßte Gruppe der →Raubtiere; Körper spindelförmig, Gliedmaßen zu Flossen umgebildet, Nasen- und Ohröffnungen verschließbar. R. bewohnen hauptsächl. küstennahe Gewässer gemäßigter und kalter Meere, einige Binnengewässer (Ladogasee, Baikalsee, Kasp. Meer); leben gesellig, gehen häufig an Land; hier auch Paarung und Geburt der Jungen; fressen hauptsächl. Fische, Krebse, Muscheln. Zwei seit dem frühen →Tertiär getrennte Gruppen: →Ohren-R. und →Seehunde. Während sich die Seehunde im Wasser seitl. schwänzelnd fortbewegen, schwimmen die Ohren-R. vertikal schlängelnd.

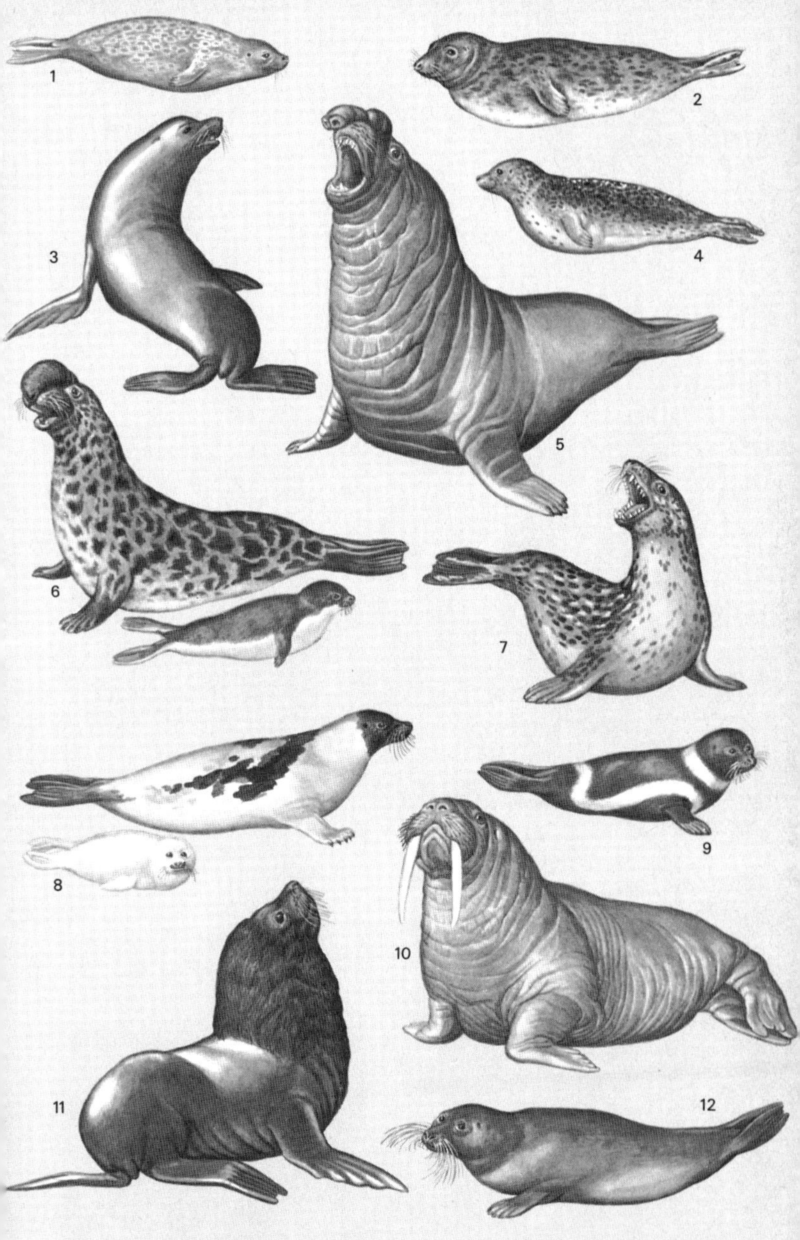

Robben: 1 Ringelrobbe; **2** Kegelrobbe; **3** Seelöwe; **4** Seehund; **5** See-Elefant, Männchen; **6** Klappmütze, Männchen und Junges; **7** Seeleopard; **8** Sattelrobbe mit Jungem; **9** Bandrobbe; **10** Walroß; **11** Mähnenrobbe; **12** Bartrobbe. (*3*, *10*, *11* Ohrenrobben)

A. Rizzo: ‘Eva’. Venedig, Dogenpalast

Rọbbia, ital. Bildhauerfamilie:
1) Andrea della R., Neffe und Schüler von 2), *20.10.1435 Florenz, †4.8. 1528 ebenda; hat die Kunst der Fayenceplastik weiterentwickelt.
2) Luca della R., *1399 Florenz, †10.2.1482 ebenda; schuf im Sinne der Frührenaissance harmon., edle und ausgeglichene Gestalten (Marmorkanzel mit dem Relief der Sängerknaben im Dom zu Florenz, Bronzearbeiten) und als erster große Reliefs in farbiger →Fayence.

Rọbbins, 1) Frederic Chapman, amerik. Bakteriologe, *25.8.1916 Auburn (Ala.); konnte 1949 erstm. das →Virus der Kinderlähmung auf dem Nährboden einer Zellkultur zur Vermehrung bringen; 1954 Nobelpreis für Medizin.
2) Jerome, amerik. Tänzer und Choreograph, *1918 New York; Schöpfer eines amerik. Tanzstils, bes. Jazzelemente: ‘West Side Story’.

Ro̲be [frz.] *die*, elegantes (langes) Kleid; Amtstracht der Geistlichen, Richter, Professoren: meist weites Obergewand (→Talar).

Robert, Fürsten:
Apulien. **1)** *R. Guiscard* [giska̲r ‘Schlaukopf’], Graf von Apulien, bald Hzg. von Apulien, Kalabrien und Sizilien (1057/59–85), *um 1015 in der Normandie, †17.7.1085 Kephallenia; nahm 1059 die von ihm gegen Ostrom und Sarazenen eroberten und die noch zu erobernden Gebiete Süditaliens und Siziliens von Papst →Nikolaus II. zu Lehen. 1074 bis 80 exkommuniziert. Unternahm 1081/82 einen Kriegszug gegen Ostrom, stieß bis Saloniki vor. Kam 1084 →Gregor VII. gegen →Heinrich IV. zu Hilfe. Danach Wiederaufnahme des Kampfes gegen Ostrom; kurz vor seinem Tod besiegte er die griech.-venetian. Flotte bei Korfu.
Neapel. **2)** *R. von Anjou*, König (1309 bis 43), *1278, †19.1.1343 Neapel; Haupt der →Guelfen und Hauptwidersacher des dt. Kaisertums in Italien; versuchte vergebl., Sizilien wieder mit Neapel zu vereinigen; sein Hof war ein Zentrum des Frühhumanismus und der Frührenaissance (→Petrarca, →Boccaccio).

Robert de Boron [robä̲r d^{e}borõ̲], anglo-normann. Dichter um 1200, Verf. des dreiteiligen Versromans ‘Le Roman de l’Estoire del Graal’, z. T. in Prosabearbeitung überliefert. Setzte zuerst den →Gral mit dem Abendmahlskelch gleich.

Ro̲berthin, Robert, Dichter, *3.3. 1600 Saalfeld (Ostpreußen), †7.4. 1648 Königsberg; Mittelpunkt des →Königsberger Dichterkreises, barocke Lyrik der Vergänglichkeit des Irdischen.

M. de Robespierre

J. D. Rockefeller

Roberts, 1) Elizabeth Madox, amerik. Schriftst., *1886 Perrysville (Ky.), †13.3.1941 Orlando (Fla.); schilderte in Erzählungen, Gedichten und Romanen die Welt der Farmer in Kentucky: 'Kentucky, große Weide' (The Great Meadow, 1930).
2) Kenneth Lewis, amerik. Schriftst., *8.12.1885 Kennebunk (Maine), †21.7.1957 Kennebunkport; humorist. Essays sowie hist. und Abenteuer-Romane: 'Arundel, der Freiheitsroman Amerikas' (Arundel, 1930), 'Die Nordwestpassage' (Northwest Passage, 37).

Robespierre [robeßpjär], Maximilien de, frz. Revolutionär, *6.5.1758 Arras, †(hingerichtet) 28.7.1794 Paris; Advokat; 1789 Abgeordneter der Generalstände und Mitgl. des →Jakobiner-Klubs; im Nationalkonvent (ab Sept. 1792) führender Kopf der →Bergpartei; setzte die Hinrichtung →Ludwigs XVI. und den Sturz der Girondisten durch; nach der Verdrängung seines gefährlichsten Rivalen →Danton aus dem Wohlfahrtsausschuß (Juli 1793) nahm er in Frkr. eine diktatorgleiche Stellung ein; in dem Bestreben, Vernunft und Tugend zur Herrschaft zu bringen, führte er die jakobin. Schreckensherrschaft auf ihren Höhepunkt. Am 27.7.94 von seinen eigenen Gefolgsleuten gestürzt und tags darauf guillotiniert.

Robin Hood [hud], engl. Sagenheld, edelmütiger Räuber; in Balladen des 14. und 15. Jh. verherrlicht; personifiziert wahrsch. den angelsächs. Widerstand gegen die Normannen.

Robini|e (*Falsche Akazie*; *Robinia pseudacacia*), Schmetterlingsblütler, Baum der Laubwälder des nördl. und mittleren Amerika; Blätter gefiedert, Nebenblätter bei jungen R. zu Dornen umgewandelt; weiße, wohlriechende Blüten in Trauben. 1601 vom Hofgärtner *Jean Robin* nach Paris gebracht; Park- und Alleebaum, in mildem Klima wild; gedeiht auch auf geringwertigen Sandböden mit Hilfe der →Knöllchenbakterien in den Wurzeln; Blüten wertvoll als →Bienenweide; Holz sehr hart und zäh, widerstandsfähig gegen Feuchtigkeit, geeignet als Grubenholz, für Sportgeräte, Wagenbau usw., Drechsler- und Schnitzarbeiten. (Bild S. 5066)

Robinson [-ßen], **1)** Edwin Arlington, amerik. Dichter, *22.12.1869 Head Tide (Maine), †6.4.1935 New York; Lyrik und Verserzählungen mit trag. Grundhaltung in präzis analysierender, dem Umgangston angenäherter Sprache: 'Merlin' (1917), 'Lanzelot' (20), 'Tristram' (27).
2) Henry Morton, amerik. Schriftst., *7.9.1898 Boston, †13.1.1961 New York; Schlüsselroman 'Der Kardinal' (The Cardinal, 1950), in dem er die Situation der kath. Kirche in den USA darstellt.
3) Sir (seit 1939) Robert, engl. Biochemiker, *13.9.1886 Rufford (Chesterfield), †8.2.1975 Great Missenden (b. London); Präs. der Royal Society; arbeitete über →Alkaloide, →Penicillin, Pflanzenfarbstoffe, →Steroide; 1947 Nobelpreis.

L. della Robbia: Madonna mit Kind (Fayence). Florenz, Bargello

Robinsonade, von →Defoes 'Robinson Crusoe' (1719) abgeleitete Gattung des →Abenteuerromans. Der puritan.-erzieher. Vorwurf, in dem ein Schiffbrüchiger das Leben auf einer unbewohnten Insel meistert, wurde später abgewandelt als Flucht vor der verderbten Welt (J. G. →Schnabel) und schließlich zum volkstümlichen Jugendbuch (J. H. →Campe, J. D. Wyß).

Robinsoninsel (amtl. *Robinson Crusoe*, früher *Más á Tierra*), eine der chilenischen →Juan-Fernández-Inseln (Bild) im Pazifik, 93 km².

Roborantia [lat.] Einz. *das -rans*, stärkende Mittel zur Förderung von Appetit, Stoffwechsel und Blutbildung nach schweren Krankheiten; enthalten u. a. Bitterstoffe oder kleine Mengen Alkohol zur Steigerung der Speichel- und Magensaftsekre-

Rocaille (Kartusche von J. M. Feuchtmayr in Zwiefalten)

tion, Vitamine und →Spurenelemente (z. B. Eisen).

Rọboter [tschech.], Bez. für eine elektron. selbstgesteuerte Maschine, die bestimmte mechanische menschliche Tätigkeiten nachahmen kann. Die Zahl der im Einsatz befindlichen *Industrie-R.* nimmt ständig zu; sie werden meist für monotone oder bes. gefährl. Arbeiten bei Fertigungsprozessen eingesetzt, wie z. B. für das Einlegen von Blechen in Pressen, den Umgang mit heißen Metallteilen, den Transport von Materialien, zum Spritzlackieren oder zum Punktschweißen. Sie haben Greifkräfte zwischen 3 und 300 N, Sonderausführungen erreichen bis zu 5000 N. Die Steuerung der R. erfolgt meist über eine numer. Programmsteuerung. Bes. Probleme bietet noch die möglichst weitgehende Nachahmung der Bewegungsabläufe einer menschl. Hand. Jedoch lassen sich bereits mit einer 3fingrigen Roboterhand mit 3 Gelenken und 12 Freiheitsgraden der Bewegung über 90% der Handbewegungen simulieren (menschl. Hand: 15 Gelenke und 22 Freiheitsgrade). Zur Orientierung wurden Sensoren entwickelt, die im sichtbaren oder infraroten Licht arbeiten (→Regelungstechnik). – Ursprünglich wurden als R. (nach K. Čapek, 1921) dem menschl. Körperbau nachgebildete Maschinen (Puppen) bez., die menschl. Bewegungen und Tätigkeiten nachahmen können.

Robson, Mount [maunt rọbß^{e}n], 3954 m hoher Berg in den kanad. Rocky Mountains, nahe der Grenze zw. British Columbia und Alberta; Naturschutzgebiet.

robụst [lat.], kräftig, widerstandsfähig; dickfellig, derb.

Rọca, Cabo da, westlichste Landspitze Portugals und westlichster Punkt des europ. Kontinents, westl. von Lissabon.

Rocaille [frz., rokaj^{e}] *das*, unregelmäßiges, muschelförmiges Ornament, beliebtes Motiv in der Rokokodekoration.

Rọcca di Papa, maler. ital. Städtchen südöstl. von Rom, am Außenrand des *Cavo*-Kraters in den Albaner Bergen, mit 7000 E. (1973); zahlr. röm. Sommervillen.

Rọch (*Rock*, *Ruch*), ungeheurer Riesenvogel in pers. und arab. Sagen und Märchen, u. a. auch in die mhd. Spielmannsepik übernommen.

Rochade [frz., -chad^{e} oder -schad^{e}] *die*, *Schach*: Doppelzug mit König und Turm; es werden *große* und *kleine R.* unterschieden.

Rochdale [rọtschde^{i}l], Stadt im nordwestl. England, nördl. von →Manchester, rd. 92000 E. (1973); Steinkohlenbergbau, Maschinen-, Textil-Ind. (u. a. Baumwollspinnereien).

Rochefort [roschfor], Christiane, frz. Schriftst., *1917 Paris; gesellschaftskrit., teils drast.-erot., umstrittene Romane: 'Das Ruhekissen' (Le repos du guerrier, 58), 'Kinder unserer Zeit' (Les petits enfants du siècle, 62), 'Frühling für Anfänger' (Printemps au parking, 69).

Rochefort [roschfor] (*R.-sur-Mer* [-ßürmär]), Stadt in W-Frkr., 15 km oberhalb der Mündung der →Charente, südöstl. von →La Rochelle, 30000 E. (1973); die Stadt wurde nach regelmäßigem Plan im 17. Jh. angelegt; Handels- und ehem. Kriegshafen, Schiffbau.

Rọchen (*Batoidei*), Ordnung der →Knorpelfische; Körper meist abgeplattet, durch stark verbreiterte Brustflossen rautenförmig; langer, dünner Schwanz; an der dunklen Oberseite Augen und Spritzloch zum Aufnehmen des Atemwassers; an der hellen Unterseite Maul, Nasenlöcher und Kiemenöffnungen; Männchen mit Begattungsorgan. Die meisten R. sind Kleintierfresser, besitzen viele kleine Zähne oder breite Zahnplatten. Etwa 340 Arten, meist im Flachwasser in Küstennähe; →Sägefische, →Adler-, →Stech-, →Teufels-, →Zitter-R.

Rochester [rotschißter], **1)** Hafenstadt in der südostengl. Gft. →Kent, am →Medway südöstl. von London, mit →Chatham zusammengewachsen, 56000 E. (1973); Bischofssitz (seit 7. Jh.), Kathedrale (11./12. Jh.), Reste einer normann. Burg; Maschinenindustrie, Austernfischerei. **2)** Stadt im Staate New York (USA), am →Ontariosee, 301000 E. (1973); Univ., TH, Colleges; Sitz der →Eastman Kodak Co. u. a. Industrie.

Rochlitz, 1) sächs. Krst. im Bz. Chemnitz, an der Zwickauer →Mulde, 8200 E. (1975); Kunigunden- (1476) und Petrikirche (1499); Maschinen-, Tabak-, elektrotechn. Ind.; am *Rochlitzer Berg* Porphyrbrüche. **2)** *R. an der Iser* (tschech. *Rokytnice nad Jizereou*), Kurort im westl. Riesengebirge, Böhmen, rd. 3000 E. (1973).

Rochow, Friedrich Eberhard von, Pädagoge, *11.10.1734 Berlin, †16.5. 1805 Reckahn (bei Brandenburg/Havel); gründete zur Verbesserung des Landschulwesens auf seinen Gütern Volksschulen (Schulen für das 'niedere Volk') und schrieb Lehrbücher ('Kinderfreund', 1776).

Rockefeller, amerik. Industriellenfamilie:

1) John Davidson, *8.7.1839 Richford (N.Y.), †23. 5. 1937 Ormond Beach (Fla.); gründete die Standard Oil Company, beherrschte den amerik. Erdölmarkt, erwarb umfangreiche industrielle Beteiligungen. Galt als reichster Mann der Welt; große Stiftungen für Wissenschaft und Wohlfahrt. (Bild S. 5068)

2) John Davidson jun., Sohn von 1), *29.1.1874 Cleveland, †11.5.1960 Tuscon (Arizona); leitete den R.-Konzern.

3) Nelson Aldrich, Sohn von 2), *8.7. 1908 Bar Harbor (Maine); von der US-Regierung häufig für Sonderaufgaben herangezogen. 1958–70 Gouverneur des Staates New York; 74–76 Vizepräsident der USA.

Rocken, Stab, um den das Fasergut beim Handspinnen gelegt wird.

Rockenhausen, Stadt im Reg.-Bz. Rheinhessen-Pfalz, Rheinl.-Pf., an der *Alsenz*, 4500 E. (1975); Nordpfälzer Heimatmuseum.

Rocker [engl.], Bez. für in Banden zusammengeschlossene Jugendliche, die (meist in Lederkleidung und auf Motorrädern) die Bev. provozieren oder auch terrorisieren.

Rockford [rokferd], Stadt in Illinois (USA), am *Rock River*, 150000 E. (1973); Bischofssitz, College; landw. Handelszentrum, Maschinenbau, Möbel- u. a. Industrie.

Rockhampton [-hämpten], austr. Hafenstadt in Queensland, an der Mündung des *Fitzroy* in den Pazifik, 48200 E. (1972); bed. Ind., Bahnwerkstätten, Konservenfabriken, Export von Fleisch, Fellen, Kupfer und Kohle sowie Zucker.

Rockwellhärte, Kennwert für die →Härte eines Metalls; abgeleitet aus der Eindringtiefe eines genormten Körpers (Stahlkugel, Diamantkegel), der in zwei Stufen in die Oberfläche des Prüfkörpers eingedrückt wird.

Rocky Mountains [roki mauntins] (*Felsengebirge*), östl. Zug der →Kordilleren in Nordamerika, erstreckt sich rd. 4500 km lang und 80–700 km breit in N-S-Richtung durch den W der USA und Kanadas; höchste Erhebungen in den USA *Mount Elbert*, 4399 m, in Kanada Mount →Robson, 3954 m. Die R. M. fallen im O vielfach schroff gegen die großen Ebenen ab, an der Westseite gehen sie in die Beckenlandschaften und Gebirgszüge über, die die pazif. Küste begleiten. Sie bilden in ganzer Länge die Wasserscheide zw. Atlant. und Pazif. Ozean. Den früheren Vulkanismus bezeugen Lavaflächen, →Geysire, →Fumarolen, u. a. im →Yellowstone-Nationalpark. Der Nordteil ist stärker vergletschert. Die Ströme wie →Columbia und →Colorado sind vielfach tief eingeschnitten (→Cañon). Die R. M. sind in Längsrichtung in zahlr. parallele Ketten gegliedert. Die wenigen Quertäler bilden die Verkehrsleitlinien. Unter den reichen Bodenschätzen sind Kohle, Erdöl, Gold, Silber, Kupfer, Blei, Eisen, Uran und Vanadin hervorzuheben. (→Kanada, Bild)

Rod [råd], engl. und amerik. Längenmaß: 5,029 m (→Rute).

Roda Roda, Alexander (eigtl. *Sandór Friedrich Rosenfeld*), Schriftst., *13.4.1872 Puszta Zdenci (Slawonien), †20.8.1945 New York; emigrierte 1933; satir.-witzige Erzählungen ('Der Schnaps, der Rauchtabak und die verfluchte Liebe', 1908), Lustspiele und Anekdoten; meist mit Stoffen aus dem alten Österreich.

Rodbertus, Johann Karl, dt. Nationalökonom und Politiker, *12.8.1805 Greifswald, †6.12.75 Jagetzow (Kr. Demmin); erwartete die Beseitigung sozialer Mißstände allein durch den Staat. Begr. des Staatssozialismus; ohne die Verstaatlichung von Boden und Kapital gehe der Anteil der Arbeitseinkommen am Sozialprodukt zurück (Gesetz der sinkenden Lohnquote). – *W*: Zur Erkenntnis unserer staatswirtschaftl. Zustände (1842); Der Normalarbeitstag (71).

Rode, Helge, dän. Dichter, *16.10. 1870 Kopenhagen, †23.3.1937 Frederiksborg; vom →Symbolismus herkommender, der Mystik zugeneigter Lyriker in 'Weiße Blumen' (Hvide blomster, 1892) und 'Gedichte' (Digte, 1896 und 1907); kulturhist. Essay 'Der seel. Durchbruch' (Det sjælelige gennembrud, 1928).

Roden, Urbarmachen von noch nicht landw. genutztem Boden, meist Umwandlung von Waldgebieten in Ackerland; die neu gewonnene Ackerfläche bzw. Weide ist die *Rodung*.

Rodenbach, 1) Albrecht, fläm. Dichter, *27.10.1856 Roeselare, †23. 6.80 ebenda; fläm. Studentenführer; Kampflieder und Gedankenlyrik.

2) Georges, belg. Dichter, *16.7.1855 Tournai, †25.12.98 Paris; von Symbolismus und den →Parnassiens beeinflußte Lyrik und Romane: 'Das tote Brügge' (Bruges-la-morte, 1892).

Rodenkirchen (früher *Rondorf*), 1975 von →Köln eingemeindeter südl. Vorort; Öl- und Umschlaghafen für die Ville-Braunkohle, Erdöl-Großraffinerien der Dt. Shell AG.

Rodeo [span., roudeiou], Reiterspiel in den USA und in Kanada.

Rodewisch, sächs. Industriestadt im Kr. →Auerbach, an der oberen →Göltzsch, 10000 E. (1975); Textil- und Spielwarenindustrie, Färbereien.

J. K. Rodbertus

Auguste Rodin

Auguste Rodin: 'Der Kuß' (Marmor, 1898)

Rodez [rodes], Hptst. des südfrz. Dép. →Aveyron, am Aveyron, nordöstl. von →Toulouse, 23000 E. (1973); Bischofssitz, Kathedrale (13.–16. Jh.), Rathaus (16. Jh.), Museum; Woll-Ind., landw. Zentrum.

Rodin [rodã], Auguste, frz. Bildhauer, *12.11.1840 Paris, †17.11. 1917 Meudon; Meister der impressionistischen Plastik; entwickelte immer neue Möglichkeiten zur Darstellung seelischer Haltung und Größe des Menschen in Gruppen und Bildnisbüsten. Starker Einfluß auf zeitgenössische und spätere Werke der Plastik. Die meisten Werke in dem von ihm selbst vorbereiteten Rodin-Museum in Paris. – *W*: Das eherne Zeitalter (1877); Die Bürger von Calais (84/95); Der Denker (1904); Balzac (1898); Der Kuß (98).

Roding, bayr. Stadt im Reg.-Bz. Oberpfalz, am →Regen, mit 9100 E. (1975); Maschinen-, Bekleidungsindustrie.

Rodope, griech. Prov. in →Thrakien, umfaßt den südöstl. Teil der →Rhodopen und die vorgelagerte Küstenebene, 2548 km², 108000 E. (1973), Hptst. →Komotini.

Rodrigues [-giß], Insel der →Maskarenen-Gruppe im Ind. Ozean, 104 km², 20000 E. (1972; vorwiegend Kreolen); Viehzucht. R. gehört polit. zu →Mauritius.

Röbel, meckl. Krst. im Bz. Neubrandenburg, an der →Müritz, 5800 E. (1975); Fremdenverkehrs- und Badeort; Nahrungsmittelerzeugung.

Roebling, Johann August, dt.-amerik. Ing., *12.6.1806 Mühlhausen (Thüringen), †22.8.69 New York; Erbauer der ersten weitgespannten Kabelbrücken: über den Niagara (250 m, 1855 beendet) und über den East River bei New York (487 m, 1875 von *William R.*, seinem Sohn, fertiggestellt).

Roeder, Emy, Bildhauerin, *30.1. 1890 Würzburg, †10.2.1971 Mainz; Porträts von vereinfachter, doch individualisierender Darstellung.

Röder, Franz-Josef, dt. Politiker (CDU), *22.7.1909 Merzig (Saar); Pädagoge; 1957 Kultus-Min., seit 59 Min.-Präs. des Saarlandes.

Röderwaldwirtschaft, extensive landw. Wirtschaftsform, bei der Wald- und Ackerbau wechseln; in Europa kaum noch betrieben.

Röhm, Ernst, dt. Offizier und nat.-soz. Politiker, *28.11.1887 München, †(ermordet) 1.7.1934 ebenda; am Hitler-Putsch 1923 beteiligt; 31 Stabschef der →SA, Dez. 33 Reichs-Min.; wegen angebl. Umsturzversuches auf Befehl Hitlers erschossen.

Röhrbein, der Hauptmittelfußknochen mit den beiden Griffelbeinen bei den Gliedmaßen des Pferdes.

Röhre, unterird. Gang zum Bau von Fuchs, Dachs, Otter, Kaninchen, Murmeltier.

Röhren (*Orgeln*), lautes Rufen des Hirsches während der Brunftzeit (→Brunst); leise, kurze Töne: *Trenzen* oder *Knören.*

Röhrenblütler (*Tubiflorae*), Ordnung der →Zweikeimblättrigen Pflanzen; vorwiegend Kräuter oder Stauden; Blüten zwittrig, meist 5zählig, →dorsiventral oder (seltener) →radiär gebaut; umfaßt u. a. die Fam. der →Lippenblütler, →Rauhblattgewächse, Windengewächse.

Ernst Röhm

Ole Römer

Emy Roeder: 'Mädchen mit Tuch' (Gips, 1936)

Röhrenmäuler (*Solenostomidae*), zu den →Büschelkiemern zählende Fam. der Knochenfische; den Seenadeln nahestehende, 8–15 cm lange Meeresfische; Weibchen mit aus den Bauchflossen gebildeter Bruttasche; trop. Indopazifik.

Röhrenpilze (*Röhrlinge*; *Boletaceae*), Fam. der →Ständerpilze; Hüte tragen an der Unterseite eine dichte, ablösbare Röhrenschicht (Bart); in Mitteleuropa etwa 50 Arten; wertvoll als Speisepilze: →Birkenpilz, →Maronenröhrling, →Rotkappe, →Steinpilz u. a., ungenießbar z. B. →Gallenpilz, giftig der →Satanspilz; →Blätterpilze.

Röhrenvoltmeter, Meßgerät für elektr. Spannungen mittels einer →Elektronenröhren- oder Transistor-Schaltung. Das R. ist weitgehend frequenzunabhängig und besitzt einen sehr hohen Eingangswiderstand (keine Verfälschung des Meßergebnisses).

Röhrenwürmer, seßhafte →Borstenwürmer; errichten Röhren aus Kalk (*Serpulidae*) oder Sekret, in das Fremdkörper (Sandkörner, Schalenstücke u. dgl.) eingebaut werden; ziehen sich bei Beunruhigung in diese zurück. Aus ihrer Röhre strecken sie gefiederte, mit Wimpern besetzte Tentakelkronen, die dem Nahrungserwerb dienen und zugleich als Kiemen arbeiten. Im Mittelmeer verbreitet die *Schraubensabelle* (*Spirographis spallanzani*) mit zwei ungleichmäßig ausgebildeten Tentakelträgern und der *Kalkröhrenwurm* (*Serpula vermicularis*), der seine Röhre mit einem Deckel verschließen kann.

Röhricht (*Schilfrandzone*), Ufergebiet ruhiger Gewässer, Vorläufer der Verlandung; Leitpflanzen bes. →Schilf, *Rohrglanzgras* (→Glanzgras), →Rohrkolben und *Flechtsimse* (→Simse).

Rökk, Marika, Schauspielerin ungar. Herkunft, *3.11.1913 Kairo; als Tänzerin und Sängerin seit 1934 in vielen Operettenfilmen.

Roelants [rulantß], Maurice, fläm. Dichter, *19.12.1895 Gent, †25.4. 1966 Gaasbeek (bei Brüssel); melanchol. Lyrik, psychol.-analyt. Romane: 'Kommen und Gehen' (Komen en gaan, 1927).

Roelli, Hans, Lyriker und Liederkomponist, *7.9.1889 Willisau, †5.6. 1962 Zürich; Natur- und Liebeslyrik; begleitete seinen Vortrag selbst auf Laute oder Gitarre.

Rölvaag (*Rølvaag*), Ole Edvart, amerik. Schriftst. norweg. Herkunft, *22.4.1876 Insel Dønna (Norwegen), †5.11.1931 Northfield (Min.); pessimist.-realist. Romane über das Leben norweg. Siedler in der Prärie: 'Das Schweigen der Prärie' (I de dage, 1924; Riket grundlægges, 25).

Röm (dän. *Rømø*), nordfries. Insel, 100 km² mit 800 E. (1974), 1920 von Dtld. an Dänemark abgetreten; neuer Fischereihafen, Werft; Viehzucht. Straßendamm zum Festland.

Römer, Ole (Olaf, Olaus), dän. Astronom, *25.9.1644 Aarhus, †19. 9.1710 Kopenhagen; erfand den →Meridiankreis; bestimmte aus den Eintrittszeiten der Jupitermond-Verfinsterungen erstmalig die →Lichtgeschwindigkeit (1676). (Bild S. 5073)

Römer, 1) altes Rathaus in Frankfurt a.M., seit 1405 durch An- und Umbau älterer Bauten entstanden. Kaisersaal im 1. Stock. **2)** [von niederländ. roemen 'rühmen'], seit dem 16. Jh. Prunkglas, ein kelchartiges, meist grünl. Weinglas.

Römerbrief, der theol. und kirchengesch. bedeutsamste Brief des Apostels →Paulus an die Gem. in Rom, geschrieben in Korinth wahrsch. Frühjahr 58 n. Chr. Er behandelt vor allem das Thema der Gerechtigkeit Gottes (→Rechtfertigung) und versucht dabei, zw. →Juden- und →Heidenchristen zu vermitteln. Die Auslegung des R. leitete zweimal eine Wende in der Kirchengeschichte ein (M. →Luther, K. →Barth).

Römermonat, Einheit für die Kriegssteuer im alten Dt. Reich, die die Reichsstände erstm. →Maximilian I. gewährten; löste die Vasallenpflicht der Reichsfürsten zur Heeresfolge bei Romzügen des Kaisers ab. In Kraft bis 1806. Ein R.: monatl. Kosten für 4000 Reiter und 20000 Fußknechte (z. B. 1531: 128000 Gulden).

Römerstraßen, im Röm. Reich vom Staat angelegte und unterhaltene Straßen, z. B. die →Appische Straße. Gesamtlänge des Straßennetzes unter →Trajan etwa 80000 km. Dienten in erster Linie milit. Zwecken, dann auch Handel und Reiseverkehr.

römische Geschichte, die Gründung der Stadt →Rom 753 v. Chr. durch Romulus und Remus (→Romulus) und die Herrschaft von sieben Königen bis etwa 510 v. Chr. sind überwiegend sagenhafte Überlieferung. Bodenfunde (eisenzeitl. Gräber) deuten allerdings darauf hin, daß schon um 1000 v. Chr. →Latiner auf dem →Palatin siedelten. Jedoch scheinen erst →Etrusker im 6. Jh. die Ansiedlungen zu einem Stadtstaat ausgebaut zu haben. Nach der legendären Überlieferung wurde der letzte (etrusk.) König →Tarquinius Superbus 510/09 v. Chr. gestürzt, und ein Konsulpaar (L. J. →Brutus) trat an die Spitze der röm. Rep. Tatsächlich wird der Übergang zur aristokrat. *Republik* Ende des 6. Jh. oder Anfang des 5. Jh. v. Chr. erfolgt sein. Zunächst reine Adelsherrschaft, scharfe Trennung von →Patriziern und →Plebejern, die *Ständekämpfe* unter Führung von *Volkstribunen* (→Tribun) zur Folge hatte. Alljährl. wurden aus patriz. Stand zwei →Prätoren, erst 367/66 v. Chr. ständig zwei →Konsuln gewählt, die als oberste →Magistrate an die Spitze des Staates traten; sie hatten den →*Senat* (anfangs nur patriz. Mitgl., später traten als Amtsadel auch Plebejer hinzu) und →*Komitien* einzuberufen. Nach Billigung durch den Senat erhielten die

Römerstraße bei Carsulä, Mittelitalien

Beschlüsse und Wahlakte der Volksversammlung Gültigkeit. Nur in Notzeiten konnte ein auf Zeit gewählter Diktator mit unbeschränkten Vollmachten eingesetzt werden. Die priesterl. Aufgaben des Königs übernahm das Kollegium der Pontifices (→Pontifex) unter Vorsitz des Pontifex maximus. Eingezwängt zwischen Etruskern und Griechen, ergab sich schon früh für Rom eine Zusammenarbeit mit →Karthago. Um 509 v.Chr. bestätigte Karthago (1. Karthagervertrag) Roms Hegemonie über einen großen Teil der latin. Städte. In der 2. Hälfte des 5. Jh. neue polit. Gliederung des Volks: Einteilung der waffenfähigen Männer einschließl. der Plebejer nach Vermögensklassen in 193 →Zenturien; die Zenturiatkomitien, urspr. eine Heeresversammlung auf dem Marsfeld, bildeten fortan (bis 3. Jh. v. Chr.) die maßgebende Volksversammlung (→Komitien). Einführung des Amtes der 2 →Zensoren zur Registrierung der Bürger und Prüfung der steuerpflichtigen Vermögen. 451/50 faßten die →Dezemvirn das Recht zusammen (→Zwölftafelgesetz); etwa 445 wurde die Eheschließung zwischen Plebejern und Patriziern erlaubt (*Lex Canuleia*). Erste Machtausdehnung (396) mit der Einnahme des etrusk. →Veji. Nach der katastrophalen Niederlage gegen die Kelten (387 an der Allia; Rom wurde mit Ausnahme des →Kapitols besetzt und in Brand gesteckt) planmäßige Befestigung der Stadt (um 378 Stadtmauer) und Neuorientierung der röm. Politik: Die *Lex Licinia* (→Licinier) setzte 367 die Wählbarkeit von Plebejern zu einer der Konsulnstellen durch, führte eine Höchstgrenze für Grundbesitz ein (500 Joch, etwa 125 ha). Schaffung und Neuabgrenzung hoher Staatsämter (→Prätor, →Ädile). Um 300 Zulassung der Plebejer zu den Priesterkollegien der Pontifices und Auguren (*Lex Ogulnia*), 287 völlige Gleichberechtigung der Plebejer durch die *Lex Hortensia*, nach der u. a. den Beschlüssen (plebiscita) der Tributkomitien die gleiche das Gesamtvolk bindende Gesetzeskraft zugestanden wurde wie den in den Zenturiatkomitien beschlossenen Gesetzen (populiscita); die Volkstribunen erhielten damit Gesetzesinitiative; *Ende der Ständekämpfe*. Trotz innerer Kämpfe großangelegte zivilisator. Leistungen: 312 erster →Aquädukt, die Aqua Appia, von den Albaner Bergen in die Stadt Rom, Straßenbau (z. B. →Appische Straße), Entwässerung. Nach außen zunächst Vertrag mit den →Samniten (354) über die röm. Hegemonie im Latinerbund und (348) mit Karthago (2. Karthagervertrag: Anerkennung der röm. Vorherrschaft über Latium, Sperrung des westl. Mittelmeers für den röm.-latin. Handel, jedoch Freihandel auf Sizilien und in Karthago). Wegen Capua 343 *1. Samnitenkrieg*, der 2 Jahre später mit einem Kompromißfrieden endete: die Samniten erkannten die Hegemonie Roms über die Latiner und den Anschluß Capuas an Rom an, Rom hingegen den Samnitenbund. Darauf 340–338 Erhebung der latin. Städte gegen Rom (*Latinerkrieg*); Rom löste ihren Städtebund auf und schloß mit den einzelnen Städten Sonderverträge. Völlige Unterwerfung der →Volsker. Im *2. Samnitenkrieg* (326–304) Gewinn →Kampaniens; im *3. Samnitenkrieg* (298 bis 290) kämpften die Römer gegen die Koalition der Samniten, →Sabiner, Etrusker, Kelten, Umbrer und Lukaner; zu Ende des Krieges ist Rom die Herrin von Mittelitalien. Der *Tarentinische Krieg* (282–272) brachte mit dem Sieg über König →Pyrrhus von Epirus (275 bei Benevent) und der Kapitulation des griech. Tarent (272) Süditalien in röm. Hand. Die eroberten Gebiete wurden mit Militärkolonien durchsetzt, die Unterworfenen als →Bundesgenossen (socii) in eine neugegr. italische Wehrgenossenschaft aufgenommen. Roms Ausgreifen nach Sizilien (264) führte zum

Konflikt mit Karthago: In drei →*Pun. Kriegen* (264–241; 218–201; 149 bis 146) besetzte Rom den karthag. Machtbereich in Sizilien, Sardinien, Korsika, Spanien und Nordafrika (146 Zerstörung Karthagos) und gründete dort Provinzen. Im Osten 229 Schutzherrschaft über die illyr. Küste (→Illyrien), Eingreifen gegen →Philipp V. von →*Makedonien* (1. und 2. Makedon. Krieg); nach dem sog. 3. Makedon. Krieg (171–168) gegen Philipps Sohn →Perseus Beseitigung des Königtums und Aufteilung von Makedonien in vier Staaten; 146 röm. Prov. Macedonia. Im selben Jahr Zerstörung →Korinths; es wurde erst 46 v. Chr. von Cäsar neugegründet. 27 v. Chr. röm. Prov. Achaia (griech. Kernland, die Inseln, Thessalien, Ätolien, Akarnanien, Epirus). →Attalos III. Philometor, König von →Pergamon, vererbte 133 sein Reich den Römern (129 röm. Prov. Asia), die damit in *Kleinasien* Fuß faßten. Im N bis ins 2. Jh. Unterwerfung der Poebene (später Prov. →Gallia Cisalpina). Die äußere Machtentfaltung und der mit ihr verbundene wachsende Kapitalismus im Innern führten zur Verschärfung der sozialen Gegensätze, die in den Jahren 133–30 in einer Reihe von *Bürgerkriegen* zum Ausbruch kamen; Ringen von Senatspartei (→*Optimaten*) und Volkspartei (*Popularen*) um die Macht. Außenpolit. Erfolge stärkten die Macht der Feldherren als Parteiführer im Innern. Vergebl. suchten die →Gracchen die sozialen Mißstände zu beheben, u. a. durch Reform der Agrargesetze. →Marius, ein Anhänger der Gracchen, stieß nach Niederwerfung König →Jugurthas von Numidien (111–105) und seinen Siegen über →Teutonen (102) und →Kimbern (101) wegen seiner Heeresreform (Berufsheer statt Bürgeraufgebot, Heranziehung des Proletariats zum Heeresdienst) und neuen Ackerverteilung auf den Widerstand des Senats unter dem Optimaten →Sulla; 89–85 *1. Mithridat. Krieg* (→Mithridates VI.), verbunden mit Bürgerkrieg zw. Marius (→Cinna) und Sulla. 91–82 zugleich Krieg zw. Rom und seinen ital. Bundesgenossen (3. →*Bundesgenossenkrieg*, →Samniten) um das Bürgerrecht, das Rom schließl. zugestehen mußte. 82–79 unter Sulla Wiederherstellung der Senatsherrschaft, Einschränkung der Befugnisse der Volkstribunen. Die Macht der Feldherren nahm ständig zu. →Pompejus und →Crassus beseitigten die sullan. Verfassung und unterdrückten 73–71 den Sklavenaufstand des →Spartakus; 70 gemeinsames Konsulat. Pompejus kämpfte 66–64 im *3. Mithridat. Krieg* (74–64) gegen Mithridates VI. und nahm 64/63 eine Neuordnung Vorderasiens vor (Prov. Syria und Pontus; Ende des Seleukidenreiches), er schloß 60 mit →Cäsar und Crassus das sog. *1.* →*Triumvirat*, das 56 erneuert wurde. Nach Crassus' Tod Pompejus (52) Consul sine collega (ohne Mitkonsul). Cäsar, der 58–51 die kelt. Stämme in Gallia Transalpina unterworfen hatte, schlug Pompejus 48 bei →Pharsalos, beseitigte die Senatsherrschaft und ließ sich zum Diktator auf Lebenszeit ernennen; seine Ermordung (44) führte erneut zum Bürgerkrieg, aus dem 43 das *2. Triumvirat* (→Mark Anton, Oktavian [→Augustus], →Lepidus) zur Bekämpfung der Cäsarmörder M. J. →Brutus und →Cassius hervorging. 40 Vertrag von Brundisium: Teilung des Oberbefehls (Oktavian Westen, Mark Anton Osten, Lepidus Afrika); 36 zwang Oktavian Lepidus zur Abdankung; Machtkampf zw. Oktavian und Mark Anton; Niederlage Mark Antons in der Seeschlacht bei →Aktium (31); 30 Ägypten röm. Prov.; Ende der Bürgerkriege. Oktavian Alleinherrscher. *Kaiserzeit.* Oktavian begr. als Augustus (27 v. Chr. – 14 n. Chr.) eine neue Staatsform, den *Principat* (→Princeps); formell wurden die republikan. Institutionen beibehalten, in Wirklichkeit aber war der Principat monarchisch, da Oktavian nach und nach die wichtigsten republikan. Amtsgewalten selbst übernahm. Abnehmender Einfluß des Senats. Neuordnung der Provinzen (Scheidung in kaiserl. und senator. Provinzen, erst von →Diokletian wieder aufgehoben), Verbesserung der sozialen Verhältnisse und Sicherung des Reiches (Ausdehnung der Grenzen bis zum Euphrat und zur Donau). Die Adoption des →Tiberius brachte das *julisch-claudische Kaiserhaus* (→Julier) zur Herrschaft (Tiberius 14–37; →Caligula 37–41; →Claudius 41–54; →Nero 54–68). Zunächst Fortsetzung der Politik der Sicherung des Reichsgebiets, Ausbau

1, 2 Zeugnisse römischer Herrschaft aus den Grenzgebieten: **1** Kapitolinische Wölfin aus Virunum, Hauptstadt der römischen Provinz Norikum (3./4. Jh. n. Chr.), später eingemauert in die Kirche von Maria Saal, Kärnten, **2** Theater und Forum in Gerasa, Dekapolis (im heutigen Jordanien); **3** römische Truppen überqueren eine Schiffsbrücke, Relief von der Mark-Aurel-Säule, Rom; **4** Römer verteidigen eine Stadt gegen angreifende Barbaren, Relief von der Trajanssäule, Rom; **5** gefangene Barbaren werden vor den Kaiser geführt, Relief vom Konstantinsbogen, Rom; **6** Sieg Konstantins über Maxentius an der Milvischen Brücke, Relief vom Konstantinsbogen, Rom

eines kaiserl. Beamtentums. Zunehmende Willkürherrschaft. Unter Claudius SO-England zur Prov. Britannia erklärt (43). Nach dem Sturz Neros, der durch seinen Despotismus einen Bürgerkrieg ausgelöst hatte, Erhebung von vier Soldatenkaisern; →Vespasian ging als Sieger hervor und begr. das *flavische* (→Flavier) *Kaiserhaus* (Vespasian 69–79; →Titus 79–81; →Domitian 81–96). Titus beendete 70 den jüd. Krieg mit der Eroberung Jerusalems. Domitian begann mit dem Bau des obergerman.-rät. →Limes, kämpfte erfolgreich in Britannien, führte jedoch ein zunehmendes Schreckensregiment und wurde deshalb von Verwandten ermordet. Der Senat erhob den milden →Nerva (96–98). Mit ihm übernahmen die sog. *Adoptivkaiser* die monarch. Gewalt: Der regierende Kaiser adoptierte den ihm geeignet erscheinenden Nachfolger (→Trajan 98–117; →Hadrian 117–138; →Antoninus Pius 138–161; →Mark Aurel 161–180, bis 169 zus. mit Verus). Unter Trajan größte Ausdehnung des Röm. Reiches, im Osten bis über den Tigris hinaus, im Norden bis zur Donau, in Nordafrika bis zur Wüste. Hadrian gab die Eroberungspolitik Trajans auf, zog sich auf die Euphratgrenze zurück und schloß unter Verzicht auf die östl. des Euphrat gelegenen, von Trajan eroberten Gebiete Frieden mit den →Parthern; Bau von Befestigungsanlagen zur Grenzsicherung (u. a. →Hadrianswall); Ausbau des Beamtensystems, Einführung einer geheimen Staatspolizei. Mark Aurel mußte nach erfolgreichem Krieg gegen die Parther (162–165) die Einfälle der →Markomannen, →Quaden und →Jazygen abwehren (166–180); er durchbrach das Prinzip der Adoption zugunsten der Erbfolge. Mark Aurels Sohn →Commodus (180–192) konnte zwar den Frieden des Reiches und die Grenzen sichern, sein absolutist., zügelloses Regiment forderte jedoch die senator. Opposition heraus. Nach seiner Ermordung wurde →Septimius Severus in →Carnuntum (Oberpannonien) zum Kaiser ausgerufen. Er begr. das *severische Kaiserhaus* (Septimius Severus 193–211; →Caracalla 211–217; →Elagabal 218–222; →Alexander Severus 222–235). Septimius Severus führte u. a. 197–199 erfolgreich Krieg gegen die Parther und stellte die Prov. Mesopotamia wieder her. Caracalla verlieh 212 (Constitutio Antoniniana) allen freien Reichsbewohnern das röm. Bürgerrecht, schlug die →Alemannen zurück (213). Nun verlagerte sich die Macht zunehmend auf das Heer: 235–284 regierten *Soldatenkaiser*. Das Heer erhob seine Feldherren, auch Nichtrömer, manchmal mehrere gleichzeitig, auf den Thron und stürzte sie z. T. nach kurzer Zeit wieder. Dies führte zu schweren inneren Krisen. →Maximinus Thrax (235 bis 238), Gordian III. (238–244), Philippus Arabs (244–249), →Decius (249–251), Trebonianus →Gallus (251–253), →Valerian (253–260), →Gallienus (260–268) vor allem hatten zudem die Grenzen gegen Einfälle der →Franken, →Goten, →Heruler, →Alemannen sowie der →Sasaniden zu verteidigen. Wirtschaftl. Depression. Neubefestigung des Reiches unter →Aurelian (270–275, bes. durch Abwehr german. Stämme und die Siege im Osten und →Diokletians (284–305) umfassende Reichsreform (→Tetrarchie). *→Konstantin d. Gr.* (306–337) begr. die Reichseinheit nach seinen Siegen über →Maxentius (312) und über →Licinius (324) in einer absoluten Monarchie (*Dominat*). Das Christentum wurde zur gleichberechtigten Relig. neben der röm. Staatsreligion, der Kaiser als Stellvertreter Christi zum Herrn des Staates und der Kirche. 325 berief Konstantin das I. ökumen. →Konzil nach Nikäa ein, das sich für die Lehre des →Athanasius entschied. Er machte 330 Byzanz als →Konstantinopel gegenüber dem alten Rom heidn. Tradition zu seiner Residenz und begünstigte damit die (schon durch Diokletians Tetrarchie angeregte) Bildung eines West- und eines Oström. Reiches. Nach Konstantins Tod Dreikaiserherrschaft seiner Söhne: →Konstantin II. (337–340), →Constans (337–350) und →Constantius II. (337–361), ab 353 Alleinherrscher. Flavius Claudius →Julian (361–363), Nachfolger seines Vetters Constantius II., lehnte als Anhänger des →Neuplatonismus das Christentum ab; vorübergehend erneute Christenverfolgung (362); Julian fiel im Kampf gegen die Sasaniden. Von der Orientarmee zum Kaiser proklamiert, schloß *Flavius Jovian* (363/64) Verzichtfrieden mit dem Sasanidenreich (u.a. Preisgabe des christl. Armenien). →Valentinian I. (364–375), ebenfalls vom Heer zum Kaiser erhoben, setzte 364 seinen Bruder →Valens (364–378) zum Augustus (Mitregenten) des Ostens ein; Sicherung der Reichsgrenzen. *→Theodosius d. Gr.* (379–395), von →Gratian (375 bis 383) als Nachfolger des Valens zum Augustus des Ostens eingesetzt, erhob (391) die kath. Lehre zur röm.

Staatsreligion. Alle heidn. Kulte wurden verboten. Theodosius konnte 394 für kurze Zeit die Reichseinheit ein letztes Mal wiederherstellen. Mit der Teilung des Reiches (395) unter seine Söhne →Arkadios und →Honorius nahm Ostrom seine eigene Entwicklung (bis 1453 als Byzantin. Reich). 395/96 Verwüstung der Balkanhalbinsel durch die Westgoten (→Alarich I.). Die oström. Politik lenkte sie nach Italien ab. Westrom verlor unter den Kaisern Honorius (395–423) – leitender Staatsmann bis 408 →Stilicho (Anf. des 5. Jh. Verlegung der Residenz nach →Ravenna) – und →Valentinian III. (425–455) nach und nach in den Stürmen der Völkerwanderung die noch verbliebenen Provinzen an Rhein und Donau, in Gallien, Spanien, Afrika und Britannien. 455 Eroberung und Plünderung Roms durch die →Wandalen. Mit der Absetzung (476) des letzten weström. Kaisers →Romulus Augustulus (475/76) begr. →Odowakar als 'Rex Germanorum Italiae' das german. Königtum in Italien (→italienische Geschichte). Dem Versuch →Justinians, von Ostrom her nochmals die Reichseinheit wiederherzustellen, war kein Erfolg beschieden.

römische Kunst, Kunst der Stadt Rom und des Röm. Reiches. Bis gegen Ende der republikan. Zeit lassen die überkommenen Kunstwerke keine Eigenheiten erkennen, die sie von der allgemein italischen und von der Kunst der →Etrusker unterscheiden. Dann erst, bes. aber im 1. Jh. v. Chr., begann die künstler. Produktion auf bestimmten Gebieten einen eigenen Charakter anzunehmen, der zur eigtl. r. K. der Kaiserzeit und der Spätantike führt.

Die Kunst der Rep. ist einerseits bestimmt durch ital.-etrusk. Tradition, anderseits durch griech. Form, deren Aneignung sich zuerst im Material zeigte: aus hölzernem Tempeloberbau wird steinerner, Ton und Kalkstein werden von Marmor verdrängt, der in Italien immer vorhanden war, früher aber bewußt verschmäht wurde. An der Entwicklung der röm. *Baukunst* hat die Technik weit größeren Anteil als bei den Griechen. Der Ziegelbau, die Gußmörteltechnik werden eingeführt. Hierher gehören die großen Ing.-Bauten (Brücken, →Aquädukte u. a.) sowie die großen Straßen, welche das Reich durchziehen. Das Gewölbe ist zwar keine Erfindung der Römer, aber sie haben es zur Grundlage ihrer Konstruktionen gemacht, z. B. bei Aquädukten (Pont du Gard). Waren bei den Griechen Dekoration und Konstruktion identisch, so wurden sie bei den Römern getrennt; Säule und Gebälk wurden Dekoration, Konstruktionselement blieb bei diesen techn. Bauten allein der Bogen, das Gewölbe. Aus der hellenist. Baukunst übernahmen die Römer die →Basilika und behielten sie, gründl. umgeformt, als einen Hauptbestandteil ihrer Baukunst bis zum Ende ihres architekton. Schaffens bei; darüber hinaus bestimmte sie den europ. Kirchenbau bis ins Barock (Basilika Julia, Rom, 54 v. Chr. von Cäsar begonnen, Basilika am Forum in Pompeji, um Chr. Geburt). Das griech. Theater wurde in Rom zu einem freistehenden Steinbau, der, von der landschaftl. Situation unabhängig, eine Fassade erforderte und riesige Ausmaße erreichen konnte (Marcellus-Theater, Rom, 13 v. Chr. vollendet), ermöglicht durch die immer folgerichtiger und zielbewußter angewandte Gewölbetechnik. Dagegen wurde in der röm. Sakral-Archit., für die der →Architrav kennzeichnend ist, die techn. Möglichkeit des Gewölbes kaum genutzt, vielmehr wurden die griech. Säulenanordnungen übernommen, vor allem die korinthische.

Im Wohnhausbau überwog das Atriumhaus, das im 1. Jh. n. Chr. durch das →Peristyl-Haus verdrängt wurde. Nicht neu in der Idee, aber einzigartig im Umfang war das Mausoleum, das Augustus für sich und seine Familie bauen ließ, mit dem er auf die Rundform der italisch-etruskischen Tradition zurückgriff, ähnlich wie später Kaiser Hadrian mit der →Engelsburg. Unter den Flaviern erreichte die röm. Baukunst den Höhepunkt, auf dem ihr Ruhm eigentlich beruht. Das 'Amphitheatrum Flavium' (→Kolosseum, 70–80) wurde zum Typus des Amphitheaters schlechthin; die einheitl. Komposition der Titus-Thermen bestimmte von nun an den Thermenbau.

Malerei: Die Wände der röm. Gebäude sind in erster Linie mit Malerei und Stuck dekoriert und gegliedert. Nach dem bed. Fundort in Pompeji hat man die röm. Malerei in 4 Stile eingeteilt. Der I. Stil (republikan. Zeit) ist hellenist.; vorzugsweise Archit.-Malereien, Fußbodenmosaiken (z. B. Alexanderschlacht). Im II. Stil (späte republikan. Zeit) schaffen hervorragende Talente eine eigene Ausdrucksform der r. K.: Illusionsmalerei, die den Raum weitet, seine Grenzen auflöst, barocke Grenzenlosigkeit anstrebt (Villa ad Gallinas der Livia bei Primaporta); 'heroische Landschaften' führen den Blick ins Weite. Im III. Stil (augusteische Kaiserzeit) dominieren ägypt. Motive, auf die Illusion der Raumausweitung wird verzichtet, die Malerei bleibt der Fläche verhaftet. Der IV. (pompejanische Dekorations-)Stil erzeugt mit seiner Überfülle illusionärer Architekturdetails eine phantastische Irrealität, die mehr erschüttert als erfreut.

Plastik: Der Bedarf an statuar. Plastik für öffentl. Plätze, Tempel, für Private wurde durch den wachsenden Kunstraub im Gefolge der röm. Eroberungen mehr als gedeckt. Etwa doch noch vorhandene Lücken füllten Kopien klass. Werke aus, die importierte griech. Künstler ausführten. Als Neuschöpfungen (auf griech. Grundlage) entstanden zur Befriedigung eines aus dem persönlichen Gesch.-Bewußtsein des Römers entstandenen Bedürfnisses die Toga- und die Panzerstatue. In der eigtl. röm. Skulptur dominierte das Relief und die Porträtplastik. Neben das ornamentale trat das hist. Relief, das die plast. Kunst der Römer bis zur Spätantike repräsentierte (Ara pacis, Trajanssäule), wenn auch vom 2. Jh. an Gedankliches bisweilen so stark vorherrscht, daß der Bildzusammenhang in Einzelteile zu zerfallen droht. Die Bildnisse gaben den individuellen Charakter eines Menschen wieder; die röm. Porträtkunst erreichte im 3. Jh. ihren Höhepunkt. Unter Augustus erfuhr die Steinschneidekunst eine neue Blüte, in der ebenso wie auf Sarkophagen die in der r. K. fest verwurzelte Neigung zu barocker Haltung gesteigert frei wurde. Bes. auf Schlachtensarkophagen steigerte sich die maler. Tendenz zur Verunklarung der Einzelform zugunsten des Gesamteindrucks.

Kunstgewerbe: die verfeinerte Kultur und Zivilisation der Kaiserzeit führte auch das röm. Kunstgewerbe zur Blüte mit teilweise den Charakter von Nippes tragenden zahlreichen Kleinplastiken und zuerst von Alexandria eingeführtem, später in Rom, dann in den Provinzen (hauptsächl. Köln) hergestelltem farbigem Glas (→Fadenglas, →Millefiori-Glas).

römische Literatur, das lat. Schrifttum des röm. Herrschaftsbereichs bis zum Ausgang des Altertums. Aus der Frühzeit nur öffentl. Dokumente (→Zwölftafelgesetz) und rituelle Texte erhalten. Die r. L. setzte in bewußter Nachahmung der griech. Lit. ein und blieb ständig von ihr beeinflußt. 240 v. Chr. führte →Livius Andronicus, der auch →Homers 'Odyssee' übersetzte, eine griech. Tragödie in lat. Bearbeitung auf. →Naevius schuf die röm. Gesch.-Tragödie (fabula praetexta) und das hist. Epos 'Bellum Punicum'. →Ennius war Anreger in allen Gattungen, bes. mit den 'Annales' und den Tragödien, worin ihm →Pacuvius und →Accius folgten. Meister der Komödie, noch mit griechischen Stoffen (fabula palliata), waren →Cäcilius Statius, →Plautus mit phantasievoll-drast. Sprachkunst und →Terenz mit feinen Nuancen des gesellschaftl. Tons; mit ihnen suchten die Komödien aus dem röm. Alltag (fabula togata) des →Afranius, *Titinius* und *T. Quinctius Atta* (†77 v. Chr.) sowie die derben →Atellanen- (*Novius*, *Pomponius*) und →Mimus-Spiele (*Laberius*, *Publilius Syrus*) zu wetteifern. →Lucilius begr. die typ. röm. Form der →Satire, →Cato d. Ä. führte die lat. Prosa auf eine erste Höhe. – Hellenist. Bestrebungen um →Scipio wurden im Kreis der *Neote-*

Römische Kunst: 1 Pont du Gard, 49 m hohe und 269 m lange Brücke, Teil des 41 km langen Aquädukts nach Nîmes (1. Jh. n. Chr.); **2** 'Maison Carrée', Tempel in Nîmes (20–12 v. Chr.); **3** Ehepaar von einem Grabmal (1. Jh. n. Chr.), Rom, Vatikan; **4** Kapitolinische Venus (2. Jh. v. Chr.), entstanden in Anlehnung an Praxiteles' Aphrodite von Knidos, Rom, Kapitolinisches Museum; **5** Triumphzug römischer Truppen, Relief vom Konstantinsbogen in Rom (Anf. des 4. Jh.); **6** Luna lenkt ihr Zweigespann in die Tiefe des Meeres, *rechts oben* Hesperus, *unten* Oceanus, in die Westseite des Konstantinsbogens in Rom eingelassenes Medaillon (um 100 n. Chr.); **7** Büste der Julia Mamäa, der Mutter von Alexander Severus (222–235), London, Britisches Museum

1

2

3

▼4

5

▼6

▼7

riker fortgeführt, unter denen der geniale →Catull hervorragte. →Lukrez' Lehrgedicht steht in der r. L. vereinzelt. Die Epoche der klass. lat. Prosa umfaßt die Reden des *Hortensius* (114–50 v. Chr.), die Berichte →Cäsars, die Gesch.-Werke →Sallusts und →Nepos', das enzyklopäd. Werk →Varros und bes. die wohlgebauten Abhandlungen →Ciceros, der durch die Vermittlung griech. Philosophie neue sprachl. Ausdrucksmöglichkeiten erschloß. – Die Blütezeit der r. L. fiel unter die Regierung des →Augustus, dessen Förderung die Dichter zur Verherrlichung von Roms Größe anspornte. →Vergils 'Äneis', →Horaz' Oden und Satiren, →Ovids 'Fasti' und 'Metamorphosen', die Elegien →Tibulls und →Properz' und das Gesch.-Werk des →Livius waren vollendeter Ausdruck des röm. Lebensgefühls. – In der Kaiserzeit überragten nur wenige Persönlichkeiten wie →Seneca mit Tragödien und philos. Schriften, →Petronius mit drastisch-umgangssprachl. Elementen und →Tacitus, der Meister der knappen hist. Charakteristik. Die übrigen Geschichtsschreiber betonten wie →Curtius Rufus und →Sueton biograph.-anekdot. Züge, →Ammianus Marcellinus suchte an Tacitus anzuknüpfen. *Phädrus* (um 15 v. Chr.–50 n. Chr.) begr. die Gattung der Fabel, →Persius und →Juvenal pflegten eine moralisierende, z. T. etwas gekünstelte Satire, →Martial das satir. Epigramm. Anschauliche, kunstvolle Schilderungen gaben die Briefe →Plinius' d. J. Aufschwung der Fachwissenschaften, u. a. →Quintilian, →Plinius d. Ä. Seit →Hadrian zunehmender Verfall der r. L. und Rückzug in die Provinzen. Die originale Leistung des →Apulejus stach aus dem Wechsel von schwülstiger Geziertheit und Archaismus hervor. Die zu Kommentatoren der Klassik erstarrten Grammatiker wurden von der neuen Ausdruckskraft der christl. Lit. überflügelt (→Tertullian, →Ambrosius, →Hieronymus, →Augustinus). Die philos. Trostschrift des →Boethius leitet schon zum MA über (→mittellateinische Literatur).

römische Musik, die Musik der röm. Antike, von der fast nur lit. und bildl. Denkmäler überliefert sind. Danach stand die r. M. zunächst unter dem Einfluß der etrusk., später

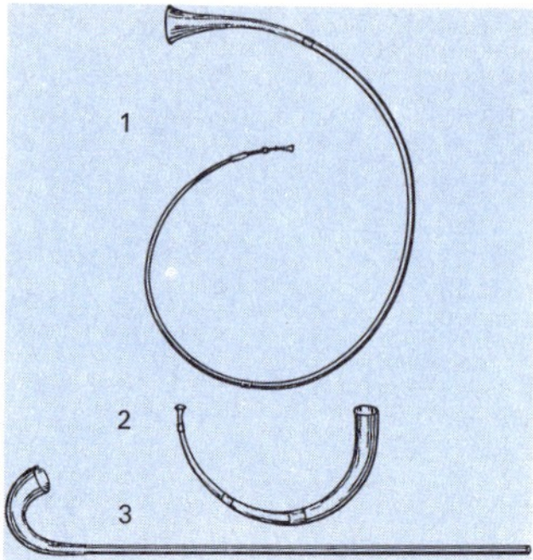

Römische Musik: 1 Bucina, 3,23 m; **2** Cornu, 1,40 m; **3** Lituus, 1,60 m

der →griech. Musik, wurde seit dem 4./3. Jh. v. Chr. vorwiegend von Berufsmusikern (Sklaven) ausgeübt und nahm bei Theateraufführungen und anderen Darbietungen einen bed. Platz ein. Elemente der r. M. sind wahrsch. im Kultgesang der christl. Kirche überliefert.

Die ältesten Instrumente der Römer waren *Tibia* (Flöte), →Bucina (Posaune), *Cornu* (Horn) und *Lituus* (Signalinstrument etruskischen Ursprungs). Die Tibia, aus Knochen, Rohr, Horn, Elfenbein, Gold oder Silber, dem griech. →Aulos verwandt, zunächst Kultinstrument, wurde später mit der *Tuba* (griech. *Salpinx* 'Trompete') zum beliebtesten Instrument überhaupt. Bucina, Cornu und Lituus aus Bronze (Mundstück Horn oder Knochen) waren dem Militär vorbehalten. Daneben wurden viele Instrumente aus östl. Gebieten des röm. Reiches übernommen: die *Cithara* (griech. →Kithara), die →Lyra (kret. Herkunft), die griech. *Syrinx* (→Panflöte), das *Cymbalum* (Becken, →Cymbal) der Assyrer sowie die ägypt. Schlaginstrumente *Tympanum* (Handpauke), *Sistrum* (Rassel) und *Scabellum* (Fußklapper); bed. für die Entwicklung der abendländ. Musik war die aus Alexandrien stammende Wasserorgel (hydraulische →Orgel).

Römische Protokolle, am 17.3. 1934 getroffene Vereinbarungen zw. Italien, Österr. und Ungarn (→Mussolini, →Dollfuß, →Gömbös) über enge polit. und wirtschaftl. Zusammenarbeit sowie gemeinsame Abwehr der frz. Donaupläne und der →Anschluß-Bestrebungen der österr. Nationalsozialisten.

römische Religion, die einzelnen Epochen zeigen ein durchaus verschiedenes Bild. Gemeinsam ist allen: eine Vielheit von Göttern (Polytheismus), die nicht oder sehr unvollkommen in einen Zusammenhang gebracht sind; die hervorragende Bed., die der peinlichen Beachtung ('Observanz') von Opfer und Gebet beigemessen wird (sie gelten als öffentl., staatl. Angelegenheit, wobei die Vorstellung herrscht, die nach Vorschrift verehrten Götter schuldeten dem Menschen als Gegenleistung Schutz und Segen); die geringe Rolle, die Mythologie und Innerlichkeit spielen; ferner das Fehlen von Tiergottheiten und der Verzicht auf Vermenschlichung der Götter, wie sie griech. Vorstellungen entspricht. – Die älteste Schicht zeigt eine Relig. von Ackerbauern und Hirten mit Fruchtbarkeitsriten (z. B. Feldbegehungen), ohne Tempelbauten. Das →Pantheon der r. R. hat schon früh neben der ältesten Trias (Dreiheit) →Jupiter, →Mars, →Quirinus etrusk. bzw. von den Etruskern vermittelte italische Gottheiten wie →Juno und →Minerva aufgenommen, vor allem aber zu versch. Zeiten griech. Götter, die in röm. umgedeutet oder mit vorhandenen gleichgesetzt wurden, so →Poseidon (griech.) mit →Neptun (röm.), Hephaistos mit →Vulcanus, →Zeus mit →Jupiter usw. Der Bau von Tempeln nach etrusk. Vorbild, die Errichtung von Götterbildern, die Übernahme griech. und etrusk. Riten gingen damit einher, doch im Gegenzug auch das Eindringen skeptischer, rationalistischer, 'aufklärerischer' Denkweisen aus der griech. Philos. und Lit. Die Übernahme des →Kybele- und des →Bacchus-Kults schon im 3./2. Jh. v. Chr. fand – ungeachtet dem Bestreben des →Augustus, die röm. Kulteinrichtungen zu erneuern und zu festigen – in der weltweiten Verbreitung oriental., bes. myst. und orgiast. Kulte ihre Fortsetzung (→Mysterienreligionen). Neue Kulte, bes. der des →Sol, wurden von den Kaisern gefördert. Hinzu trat, keineswegs auf unterste Bev.-Schichten beschränkt, ein Orakel- und Zauberwesen (Dämonenglaube), das großenteils spätbabylon. und

Römische Religion: Trajan opfert der Diana, Medaillon vom Konstantinsbogen

ägypt. relig. Vorstellungen mit primitivem Volksglauben vermengte. – Die Vergöttlichung der Kaiser einerseits, abstrakter Begriffe wie Concordia (Eintracht), Virtus (Tugend), Libertas (Freiheit) andererseits vervollständigen das bunte Bild des →Synkretismus, der sich immer mehr zum →Henotheismus entwickelte und schließl. durch das Christentum überwunden wurde.

Römischer König, vor 1125 gelegentl. vorkommender, danach übl. Titel des gewählten dt. Königs vor seiner Kaiserkrönung bzw. des bei Lebzeiten eines Kaisers gewählten Nachfolgers.

Römische Schule, urspr. von →Palestrina geleitete Komponistenschule in Rom, die ausschließl. kirchl. Musik →a cappella schuf, im 17. Jh. die barocke Mehrchörigkeit aufnahm und bis ins 19. Jh. den Stil der kath. Kirchenmusik bestimmte.

römisches Recht, das Recht des Röm. Reiches; war urspr. ungeschriebenes Gewohnheitsrecht. Das erste umfassende Gesetzgebungswerk war das →Zwölftafelgesetz (um 450 v. Chr.); es enthielt privat-, zivilprozeß-, straf- und staatsrechtl. Bestimmungen. Die Fortbildung des Rechts erfolgte durch die →Magistrate, insbes. durch die bis auf Hadrian jährl. neu gefaßten Edikte der →Prätoren. Von großem Einfluß auf die Rechtsentwicklung waren die Schriften, Kommentare und Rechtsgutachten (*responsa*) der klass. Juristen (Sabinus, →Gajus, Labeo, Proculus, →Papinianus, Paulus u. a.). In der Zeit des Kaiser-

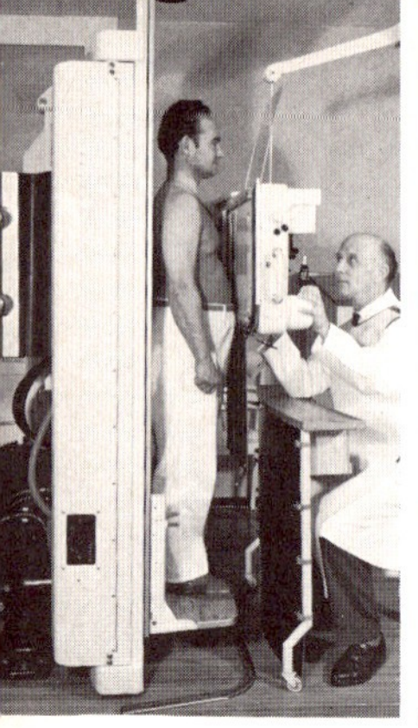
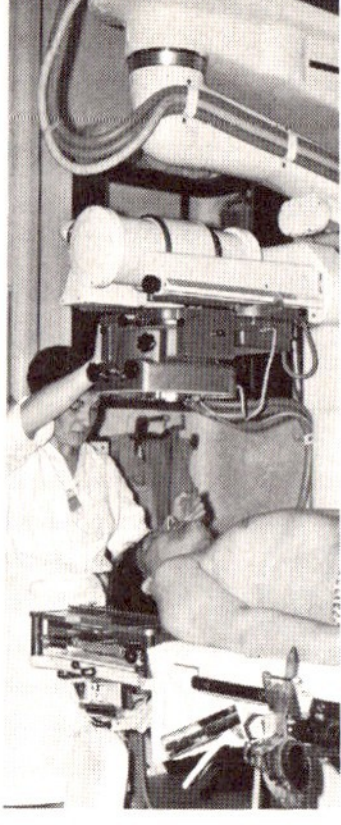

Röntgendiagnostik: Durchleuchtung der Brustorgane; Aufnahme des Schädels

tums stand das Gesetzgebungsrecht ausschließl. dem Kaiser zu. Rechtsquelle waren die kaiserl. Konstitutionen. Kaiser →Justinian I. (527–565 n. Chr.) ließ das gesamte damals geltende r. R. sammeln (→Corpus iuris). Eine Neubelebung erfuhr das r. R. durch die →Glossatoren und →Postglossatoren. Aufnahme des r. R. in Dtld.: →Rezeption.

Römisches Reich (*Imperium Romanum*), Bez. des vom Stadtstaat Rom ausgegangenen mächtigsten Staates des Altertums, dessen Beginn mit dem 3. Jh. v. Chr. zu datieren ist; erreichte seine größte Ausdehnung unter →Trajan (98–117 n. Chr.); →röm. Geschichte. Die Bez. Imperium Romanum war schon in der frühen Kaiserzeit im Gebrauch.

Römische Verträge, Verträge über die Gründung der →Europ. Wirtschaftsgemeinschaft vom 25.3.1957.

römische Ziffern, röm. Zeichen für Zahlen; es gibt sieben versch. Zeichen: I für 1, V für 5, X für 10, L für 50, C für 100, D für 500 und M für 1000. Von links nach rechts gelesen werden die Zahlen addiert (XXX für 30); steht eine kleinere Zahl jedoch vor einer größeren, so muß sie von dieser abgezogen werden (XL für 40); z. B. MCMLXXVII für 1977.

Rønne [rộn[e]], Hptst. der dän. Ostseeinsel →Bornholm mit 15600 E. (1973); Hafen; keram. Ind., in der Nähe Granitbrüche und Kaolinabbau; Fremdenverkehr.

Roentgen, 1) Abraham, Kunstschreiner, *30.1.1711 Mülheim, †1.3. 1793 Herrnhut; Werkstatt in Neuwied. Prunkmöbel.

2) David, Kunstschreiner, Sohn von 1), *11.8.1743 Herrnhag, †12.2.1807 Neuwied; übernahm 1772 die Werkstatt seines Vaters. Führend in der dt. Kunstschreinerei des 18. Jh., arbeitete für die europ. Oberschicht.

Röntgen, Wilhelm Conrad, Physiker, *27.3.1845 Lennep, †10.2.1923 München; Arbeiten auf dem Gebiet der spez. Wärme, der Physik der →Kristalle; entdeckte 1895 die →Röntgenstrahlen (→R.-Röhre, →R.-Spektroskopie); 1901 erster Nobelpreis für Physik. (Bild S. 5087)

Röntgen *das*, Abk. r, Dosiseinheit für →R.- und →Gammastrahlen. Ein r ist diejenige Strahlungsdosis, die in 1 cm³ Luft (bei →Normalbedingungen) eine elektrostat. Einheit →elektr. Ladung durch →Ionisation erzeugt; dies entspricht einer Energieabgabe an die Luft von 83,8 →erg/g; andere Strahlungen werden in *rep* (*r*öntgen *e*quivalent *p*hysical) oder *rad* (*r*adiation *a*bsorbed *d*ose) gemessen; bei 1 rep werden 83,8 erg/g, bei 1 rad 100 erg/g Strahlungsenergie absorbiert. Die unterschiedl. Wirksamkeit der versch. Strahlungen auf lebendes Gewebe berücksichtigt die Angabe der Strahlungsdosis in *rem* (*r*öntgen *e*quivalent *m*an); →Strahlenschutz. – Nach dem Gesetz über Einheiten im Meßwesen sollen die Einheiten r und rad ab 1.1. 1978 durch die Einheiten Coulomb/ Kilogramm (C/kg) bzw. Joule/Kilogramm (J/kg) ersetzt werden. Es gelten die Beziehungen: $1\ r = 2{,}580 \cdot 10^{-4}$ C/kg $= 258\ \mu$C/kg; $1\ rad = 10^{-2}$ J/kg.

Röntgen-Astronomie, Zweig der →Astronomie, untersucht Quellen von Röntgenstrahlen am Himmel. Wegen deren Absorption in der Atmosphäre ist die Beobachtung nur von Höhenballons, Raketen und Erdsatelliten aus möglich. Außer der Sonne kennt man etwa 50 Röntgenquellen, die z. T. auch Radioquellen sind und z. T. in Sternsystemen liegen; nur wenige sind auch optisch nachzuweisen. Ihre Entstehung als →Synchrotron-Strahlung oder als von Ionen abgebremste therm. Strahlung ist noch unentschieden. Eine diffuse Röntgen-Hintergrundstrahlung leitet man von der Drei-Grad-Kelvin-strahlung (→Hintergrundstrahlung) durch die Annahme eines umgekehrten (inversen) →Compton-Effektes ab.

Röntgenbildwandler, →Bildwandler zur Verstärkung oder Helligkeitssteigerung bei Photographie, Fernsehübertragung und Magnetbandspeicherung von Röntgenbildern.

Röntgendiagnostik, med. Verwendung der →Röntgenstrahlen zur Krankheitserkennung; sie beruht auf der versch. starken Absorption dieser Strahlen durch versch. Organe und Gewebe. Die nicht absorbierten Strahlen durchdringen das Gewebe und werden auf dem Durchleuchtungsschirm (*Röntgendurchleuchtung*) oder dem photograph. Film (*Röntgenphotographie*) wahrnehmbar gemacht. Knochen sind auf Grund ihrer stark strahlenabsorbierenden Kalk- und Phosphorbestandteile gut sichtbar; an den Lungen tritt alles in Erscheinung, was ihren Luftgehalt mindert (z. B. Ergüsse); zur Weichteiluntersuchung bedarf es bes. weicher Strahlen; Hohlorgane (z. B. Verdauungstrakt, Bronchien, Blutgefäße, Gallenblase) werden mit Hilfe von →Kontrastmitteln dargestellt (→Arteriographie, →Bronchographie, →Enzephalographie). Die Darstellung bestimmter Gewebeschichten (*Schichtaufnahmeverfahren*; *Tomographie*) ist von bes. Bed. für die Lokalisation von Fremdkörpern oder Geschwülsten. Röntgen-Reihenuntersuchung ganzer Bevölkerungsgruppen mittels Schirmbildverfahren ermöglicht Aufdeckung unerkannter Tuberkuloseerkrankungen.

Röntgendosimeter, Meßgerät (→Dosimeter) für die Strahlungsmenge einer Röntgen- oder Gammastrahlung, entweder nach dem Prinzip der →Ionisationskammer oder durch Schwärzung eines photograph. Films.

Röntgenologie, die Lehre von den →Röntgenstrahlen und ihren Anwendungsbereichen. **1)** *Med.*: Krankheitserkennung und -behandlung (→Röntgendiagnostik, →Röntgentherapie); *Röntgenologe*, Facharzt für R.; **2)** *Technik*: Untersuchung von Werkstoffen und Fertigteilen auf Material- und Fertigungsfehler; auch Prüfung von Gemälden (auf Echtheit, Malweise, Erhaltungszustand).

Röntgenröhre, →Elektronenröhre mit zwei Elektroden zur Erzeugung von →Röntgenstrahlen. Die Strahlung entsteht, wenn durch Hochspannung (über 20000 V) stark beschleunigte →Elektronen auf die Anode, die sog. *Antikathode*, treffen und

Röntgenologie: Aufnahme des Gemäldes 'Die Eitelkeit des Irdischen' von Tizian (München, Alte Pinakothek); *links*: bei normalem Licht; *rechts*: mit Röntgenstrahlen; dabei werden die verschiedenen Stadien der Bildentwicklung deutlich

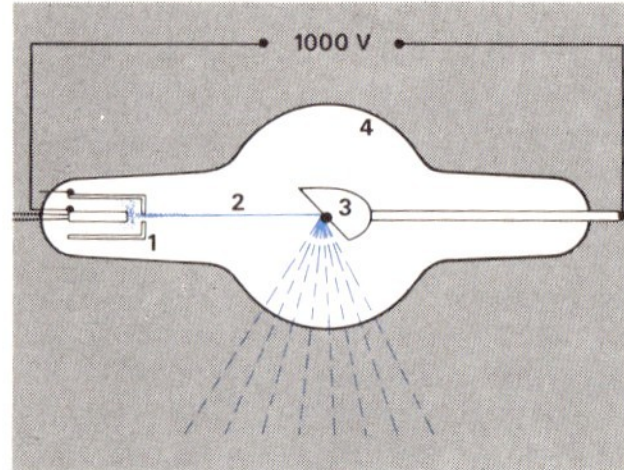

Röntgenröhre: Prinzipieller Aufbau einer Röntgenröhre: **1** Wolframkathode zur Elektronenstrahlerzeugung, **2** Elektronenstrahl, **3** Antikathode als Ausgangspunkt der Röntgenstrahlung, **4** evakuierter Glaskolben

dort abgebremst werden (*Bremsstrahlung*). Moderne R. besitzen eine elektr. geheizte →Kathode aus Wolframdraht (mit Wehnelt-Zylinder zur scharfen Bündelung des Elektronenstrahls), um eine von einem Punkt der Antikathode, dem *Brennfleck*, ausgehende Strahlung zu erzielen. Die Antikathode (meist aus Wolfram) hat eine schräg angeordnete Auftrefffläche und ist wassergekühlt oder besteht aus einer sich drehenden Metallscheibe (*Drehanodenröhre*) mit abgeschrägtem Rand, auf den der Elektronenstrahl trifft. Das Durchdringungsvermögen der erzeugten Strahlung (ihre 'Härte') kann durch die Betriebsspannung geregelt werden. Ein kleiner Brennfleck ist bes. wichtig für Röntgenabbildung, z. B. in der Med. für die Diagnostik (bei relativ weicher Strahlung), in der Technik (mit harter Strahlung) für Strukturuntersuchungen und Werkstoffprüfung. R. für die Therapie arbeiten mit großem Brennfleck und relativ harter Strahlung. Bei R. für spektroskopische Untersuchungen wird die Eigenstrahlung des Materials der Antikathode ausgenutzt (→Röntgenspektroskopie). Das →Betatron erzeugt bes. harte Röntgenstrahlung.

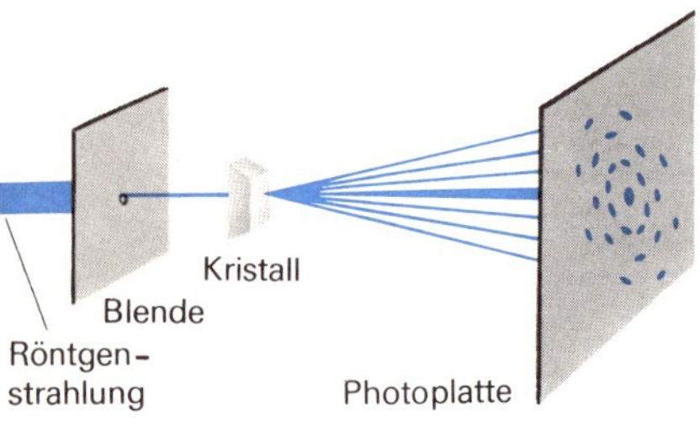

Röntgenspektroskopie: Nachweis der Welleneigenschaft der Röntgenstrahlen durch Beugung an den Atomen eines Kristallgitters. Auf der Photoplatte entsteht ein regelmäßiges Muster der gebeugten Röntgenstrahlen, aus dem sich bei bekannter Wellenlänge der Röntgenstrahlen auch Rückschlüsse auf den atomaren Aufbau des Kristalls ziehen lassen

Röntgenspektroskopie, Methode zur Aufnahme der durch →Röntgenstrahlen in Atomen erzeugten Spektren und ihre Auswertung. Dazu verwendet man als Proben meist →Einkristalle, die man mit 'weißem' Röntgenlicht (*Laue-Methode*), oder Pulver, das man mit 'einfarbigem' bestrahlt (→Debye-Scherrer-Verfahren). Bei der *Drehkristallmethode* wird die Probe dauernd langsam gedreht. In bestimmten Richtungen treten durch →Interferenz Helligkeiten auf, die sich mit einer Photoplatte sichtbar machen lassen. Die Aufnahmen ermöglichen Einblicke in den Aufbau kompliziertester Kristalle und Atome (→Bragg).

Röntgenstrahlen (*X-Strahlen*), von W.C.→Röntgen 1895 entdeckte →elektromagnet. Wellen mit Längen zw. 10^{-6} (→Ultraviolett) und 10^{-11} cm (→Gammastrahlen). R. entstehen beim Durchgang von →Elektronen durch Materie. Die Erzeugung von R. erfolgt in der →Röntgenröhre oder (bei kleineren Wellenlängen) mittels Elektronenbeschleuniger beim Aufprall eines Elektronenstrahls auf eine Metallplatte. Durch Abbremsen der Elektronen in Materie entsteht die sog. *Bremsstrahlung*. Sie hat ein kontinuierl. Frequenz-→Spektrum, das bei kurzen Wellenlängen abbricht; die Maximalfrequenz entspricht der kinet. Energie der erzeugenden Elektronen, d. h. der an der Röntgenröhre liegenden Hochspannung. Die Energie eines Elektrons kann aber auch von einem Atom ganz aufgenommen werden; kernnahe Elektronen des betr. Atoms werden auf entferntere Bahnen angehoben. Bei ihrer Rückkehr auf ihre urspr. Bahnen geben sie die überschüssige Energie als *charakterist. Röntgenstrahlung* in Form eines →Linienspektrums ab, da die Energiedifferenzen zw. den einzelnen Elektronenbahnen genau vorgegebene Werte besitzen. R. lassen sich durch Ionisation von Gasen (→Ionisationskammer), durch Schwärzung photograph. Platten oder mit Fluoreszenzschirmen nachweisen. Sie werden beim Durchgang durch Materie geschwächt durch photoelektr. Absorption (→Photoeffekt), durch den →Compton-Effekt und durch →Paarbildung. Die Absorption ist der Dichte der Materie proportional; die *Härte* (Durchdringungsfähigkeit) *der R.* nimmt mit abnehmender Wellenlänge zu. Beim Auftreffen von R. auf Materie entstehen →Sekundärelektronen. R. haben grundsätzlich die gleichen Eigenschaften wie Licht: sie breiten sich geradlinig mit →Lichtgeschwindigkeit aus, zeigen die Erscheinungen der →Interferenz, →Beugung u. ä. Mit Hilfe von R. läßt sich der innere Aufbau von Atomen, Molekülen und Kristallen untersuchen (→Röntgenspektroskopie). Die biolog. Wirkung der R. kommt durch die Absorption im Gewebe zustande. *Med.*: →Röntgendiagnostik, →Röntgentherapie.

Röntgentherapie, Krankheitsbehandlung mit →Röntgenstrahlen, die auf erkrankte, vor allem wuchernde Körpergewebe gerichtet werden und durch Denaturierung des Zelleiweißes den Zelltod herbeiführen. Die R. wird dadurch ermöglicht, daß krankhaft veränderte Zellen gegen Röntgenstrahlen wesentl. anfälliger sind als gesunde; die Schonung der gesunden Zellen bestimmt Methoden und Grenzen der R. Bei Erkrankung oberflächl. Gewebe (bes. der Haut) werden weiche Strahlen verwendet, für Tiefentherapie (Organe, Knochen) sehr harte Strahlen (→Betatron). Vernichtung des kranken unter Erhaltung des gesunden Gewebes erreicht man durch genau gezielte und dosierte Bestrahlung sowie durch Summierung schwächerer Dosen im Krankheitsherd: wiederholte Bestrahlungen mit eingelegten Pausen, gleichzeitige Bestrahlung aus versch. Richtungen, *Bewegungsbestrahlung* durch langsame Drehung des Kranken (*Rotationsbestrahlung*) oder Bewegung der Strahlenquelle (*Pendelbestrahlung*).

W. C. Röntgen

Helmut Rohde

Röpke, Wilhelm, Nationalökonom, *10.10.1899 Schwarmstedt (bei Hannover), †12.2.1966 Genf; bed. Vertreter der neoliberalen Schule.

Roermond [rur-], Stadt in der niederländ. Prov. →Limburg, an der Mündung der →Rur (*Roer*) in die Maas, nordöstl. von →Maastricht, 37100 E. (1973); Bischofssitz, roman. Münster (13. Jh.), Kirche St.

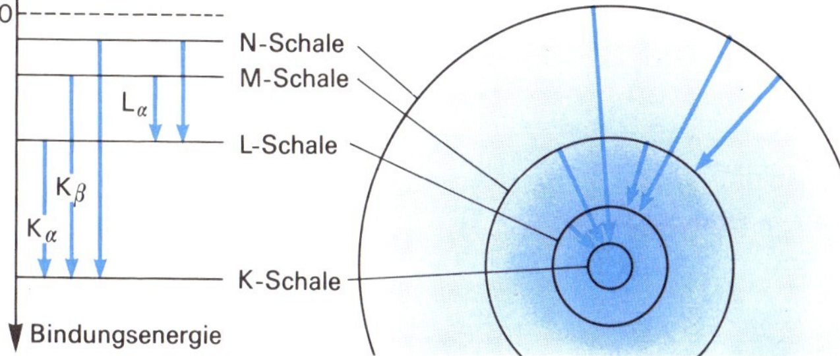

Röntgenstrahlen (Entstehung der charakteristischen Strahlung): Die energiereichen Elektronen einer Röntgenröhre schlagen beim Aufprall auf ein Metallstück Elektronen aus kernnahen Bahnen heraus, die weiter außen kreisenden Elektronen füllen die freien Plätze auf und geben dabei den Unterschied der Bindungsenergie als Röntgenstrahlung ab. Je größer die Differenz des Energieniveaus zw. dem urspr. und dem neuen Platz des Elektrons, desto energiereicher ist also die Röntgenstrahlung

Rötelzeichnung: Studie zu einer Auferstehung von Michelangelo (1532/33)
Paris, Louvre

Christoffel (15. Jh.); landw. Markt, Kunstgewerbe, Waffenfabrik.

Roeselare [ru-] (früher *Rousselaere*, frz. *Roulers*), Stadt in der belg. Prov. →Westflandern, südwestl. von →Gent, 41 000 E. (1973); got. Kirche (15./16. Jh.); Textil-Ind. (bes. Spitzen).

Rösrath, Großgemeinde im Reg.-Bz. Köln, Nordrh.-Westf., südöstl. von Köln, 20 200 E. (1975); Radiatorenwerk, Tischfabrik, elektrotechn. Zubehör und Beleuchtungskörper.

Rößel, ehem. Krst. in Ostpreußen, westl. von →Rastenburg, 5000 E. (1973), seit 1945 unter poln. Verw. (*Reszel*, Woiwodschaft Allenstein).

Rösselsprung, 1) *Schach*: Zug des Springers (Rössels); **2)** *Rätsel*: im R. über die Felder einer schachbrettartigen Figur verteilte Silben oder Buchstaben müssen zu einem Satz, einem Sprichwort oder dgl. zusammengesetzt werden.

Rösten, 1) *Metallurgie*: Erhitzen von Metallsulfid-Erzen (Eisensulfid, Molybdänglanz, Zinksulfid u. a.) unter Luftzufuhr, wobei Schwefeldioxid (→Schwefelsäure) und das jeweilige Metalloxid entstehen; letzteres wird nach dem R. mit Kohle zum Metall reduziert. Röstprozesse verlaufen unter Energiegewinn. **2)** *Faseraufbereitung*: Lösen und Trennen der Bastfasern von den Holzteilen des Flachsstengels mit Hilfe von Bakterien oder durch Einwirkung von Wasser, z. T. mit Chemikalien versetzt.

Röt *das*, oberste Stufe des →Buntsandsteins; in Dtld. meist weiche Mergel mit Salz- und Gipslagen (→Erdzeitalter, Tabelle).

Rötegewächse (*Labkrautgewächse*; *Rubiaceae*), vor allem trop. verbreitete Pflanzen-Fam., Kräuter, Sträucher oder Bäume mit strahligen Blüten, kreuzgegenständigen Blättern mit Nebenblättern; wichtige Nutzpflanzen z. B. *Fieberrindenbaum* (→Chinarinde), →*Kaffee*, *Uncaria gambir* (→Katechu), →*Ipecacuanha*. Einige Arten beherbergen in ihren Knollen →Ameisen (z. B. *Myrmecodia*), andere leben in →Symbiose mit stickstoffbindenden Bakterien (*Pavetta*). Heim.: →Ackerröte, →Färberröte, →Labkraut, →Waldmeister.

Rötel (*roter Bolus, Rotocker, Terrarossa*), rotbrauner Naturfarbstoff aus mit Ton verunreinigtem Eisen-(III)-Oxid (Fe_2O_3); als Pigmentfarbstoff für Anstriche, in der Kunstmalerei für *R.-Zeichnungen*.

Rötelmäuse (*Clethrionomys*), zu den →Wühlmäusen zählende Nagetiere. In vielen Rassen in Mitteleuropa verbreitet die *Wald-R.* (*Waldwühlmaus*; *Clethrionomys glareolus*), Rücken rostrot, Bauch und Füße weißl.; kurzer, zweifarbiger Schwanz, rundl. Kopf; bewohnt Wiesen und lichte Wälder, klettert gut; schädl. durch Fraß an Getreide und Baumrinde; in der Arktis und Subarktis die *Polar-R.* (*Clethrionomys rutilus*).

Röteln Mz., (*Rubeola*), durch ein →Virus verursachte Infektionskrankheit, die vorwiegend Kinder (ab 2 Jahre), aber auch jüngere Erwachsene befällt. Inkubationszeit 16–20 Tage, geringes Fieber, wenig ausgeprägtes Krankheitsgefühl, kleinfleckiger, blaßroter Ausschlag, Anschwellung der Nackenlymphdrüsen; manchmal Katarrh der oberen Luftwege; Dauer 3 bis 5 Tage. Schwangere müssen vor R.-Infektion geschützt werden, da sie häufig durch ihre Erkrankung Kinder mit schweren →Mißbildungen gebären.

Röthenbach *an der Pegnitz*, bayr. Stadt im Reg.-Bz. Mittelfranken, östl. von Nürnberg, mit 12200 E. (1975); chem. und Metallindustrie.

Rötling (*Rhodophyllus*), Gattung meist giftiger oder ungenießbarer →Blätterpilze; gefährl. der *Riesen-R.* (*Rhodophyllus sinuatus*), Aug./Sept. in Laubwäldern.

Röttger, Karl, Schriftst., *23.12. 1877 Lübbecke (Westf.), †1.9.1942 Düsseldorf; mit O. zur →Linde befreundet; myst.-gottsucher. Lyrik, Ideendramen, Romane ('Kaspar Hausers letzte Tage', 1933), Erzählungen, pädag. und religionswissenschaftl. Abhandlungen.

Rofangebirge (*Sonnwendgebirge*), Teil der Nordtiroler Kalkalpen, östl. des →Achensees, in der *Hochiß* 2299 m.

Rogen *der*, Laich (Eier) der Fische.

Roger [frz. rosehe], normann. Fürsten in Sizilien:

1) *R. I.*, Graf von Sizilien, *1031, †22.6.1101 Mileto (Kalabrien); jüngerer Bruder →Robert Guiscards, dem er um 1058 nach Unteritalien folgte; eroberte als Lehnsmann seines Bruders in etwa 30jährigem Kampf gegen die Sarazenen Sizilien (1060/61–91). Papst Urban II. gestand ihm 1098 umfangreiche Rechte über die Kirche seines Landes zu.

2) *R. II.*, Graf, ab 1130 König von Sizilien, Sohn von 1), *um 1095, †26. 2.1154 Palermo, folgte seinem Vater in der Herrschaft über Sizilien; er dehnte sein ererbtes Reich nach N aus. Von Papst Honorius II. 1128 mit Apulien belehnt; von Gegenpapst Anaklet II. 1130 gegen Anerkennung der päpstl. Lehnshoheit zum König gekrönt. Die Gegenaktion Kaiser →Lothars III., der 1137 ganz Unteritalien eroberte, blieb Episode. 1139 nahm er Papst →Innozenz II. gefangen, der ihn vom Bann lösen und mit all seinen Erwerbungen belehnen mußte. R. schuf einen straff zentralisierten Beamtenstaat, der noch das Fundament für die unterital. Herrschaft seines Enkels, Kaiser →Friedrichs II., bildete.

Rogers [rodseh[ers]], Shorty, amerik. Bandleader, *14.4.1924 Great Barrington (Mass.); seine Big →Band pflegte den →West Coast Jazz.

Rogerus von Helmarshausen: Martyrium des hl. Blasius, Abdinghofer Tragaltar (Ende 11. Jh.). Paderborn

Rogerus von Helmarshausen, Goldschmied, um 1100 im Benediktiner-Kloster Helmarshausen nördl. Kassel; möglicherweise mit *Theophilus Presbyter* ident., dem Verf. des *Schedula diversarum artium*, des wichtigsten kunsttheoret. Lehrbuchs des MA. (Bild S. 5089)

Roggen (*Secale cereale*), in SW-Asien als Ackerunkraut verbreitetes, vorwiegend in Europa angebautes Getreide; anspruchslos an Boden und Klima. Bis 2 m hoch, Ähre bis 20 cm lang, mit 2blütigen Ährchen und geraden, 2–8 cm langen Grannen; reife Frucht löst sich leicht aus den Spelzen. Meist als *Winter-R.* angebaut; verarbeitet zu Schrot (*Vollkornbrot, Pumpernickel*), Grieß, Mehl (*Schwarzbrot*), Branntwein.

Roggenälchen (*Stengelälchen* oder *Stockälchen*; *Ditylenchus dipsaci*), parasit. lebender, 1 bis 2 mm langer Fadenwurm, erzeugt in Getreide-, Rüben-, Erbsenpflanzen die *Stockkrankheit*: starke →Bestockung, Verdickung des Stengels, Kräuselung der Blätter, Früchte verkümmern.

Rogner (*Rogener*), weibl. Fisch mit Eiern (→Rogen); Ggs. →Milchner.

Rohan [roã], frz. Adelsgeschlecht, ben. nach dem Ft. R. in der Bretagne: **1)** Henri II., Duc de R., Hugenottenführer und Feldherr, *21.8.1579 Blain (bei Nantes), †13.4.1638 Königsfelden (Aargau); Gegner →Richelieus; leitete 1621/22 und 1625–29 die militär. Aktionen der Hugenotten. Im →Dreißigjährigen Krieg vertrieb er 1635 mit Unterstützung durch J. →Jenatsch die Spanier aus dem →Veltlin; am 28.2.38 bei Rheinfelden tödl. verwundet.

2) Louis René Edouard, Prince de R., Kardinal (1778), *25.9.1734 Paris, †16.2.1803 Ettenheim (Baden); 1771 bis 74 Gesandter in Wien, 1779–1801 Bischof von Straßburg. Wegen der →Halsbandgeschichte fiel er 1785 am frz. Hof in Ungnade; 1790 floh er vor der Frz. Revolution in den dt., rechtsrhein. Teil seines Bistums.

Rohde, Helmut, dt. Politiker (SPD), *9.11.1925 Hannover; Journalist; 1957 MdB, 69 parlamentar. Staatssekretär im Bundesministerium für Arbeit und Sozialordnung, 74 Bundes-Min. für Bildung und Wissenschaft. (Bild S. 5087)

Roheisen, das im Hochofen gewonnene, kohlenstoffreiche →Eisen.

Rohertrag (*Bruttoertrag*), Ergebnis eines Geschäftsjahres vor Abzug der Aufwendungen.

Rohfaser, Bez. für Pflanzenteile, die in einem Gemisch von 1,25%iger Schwefelsäure und Kalilauge unlösl. sind, bes. →Cellulose, →Lignin. Rohfaserreiche Futtermittel (*Rauhfutter* wie Stroh, trockenes Heu) für Tiere mit einhöhligem Magen schwer verdaul.; für Wiederkäuer jedoch als Pansen-Füllmittel (→Magen) unerläßl., bes. für Rinder zur Milchsynthese notwendig.

Rohfett, Ätherextrakt im Futtermittelanalysengang; enthält neben Fett andere ätherlösl. Stoffe wie Wachse, Farbstoffe, fettlösl. Vitamine.

Rohgewinn, speziell in Handelsbetrieben zum Zwecke des →Betriebsvergleichs errechnete Differenz zw. Umsatz und Waren- bzw. Materialeinsatz. In handwerkl. Betrieben kennt man den manipulierten R., der sich aus Umsatz abzügl. Waren-, Material- und Lohneinsatz ergibt.

Rohhautleder, sehr kräftige, enthaarte Haut, bes. Büffelhaut; nicht gegerbt, doch gegen Fäulnis behandelt; verwendet für Maschinenteile.

Rohkost, als Schon- und Heilkost 1895 von M. →Bircher-Benner in die →Diätetik eingeführte Ernährung; besteht vorwiegend aus frischem, ungekochtem Obst und Gemüse sowie Honig, Nüssen, Milcherzeugnissen, Haferflocken.

Rohlfs, 1) Christian, Maler und Graphiker, *22.12.1849 Niendorf (Holst.), †8.1.1938 Hagen (Westf.); kam von der realist. Landschaftsmalerei über den →Neoimpressionismus zur vollen Entfaltung im →Expressionismus. Landschafts-, Städte- und Blumenbilder mit heller, visionärer Farbgebung.

2) Gerhard Friedrich, Afrikafor-

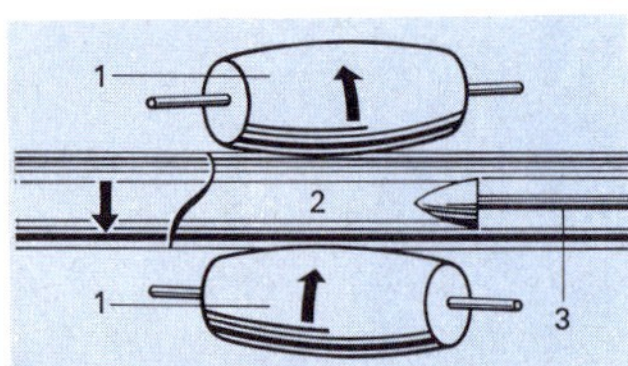

Rohr: Zur Herstellung eines nahtlosen Rohres wird durch schräglaufende Walzen (**1**) ein runder Metallstrang (**2**) über einen feststehenden Dorn (**3**) gewalzt

scher, Arzt, *14.4.1831 Vegesack, †2.6.96 Rüngsdorf (bei Godesberg); erforschte weite Teile der Sahara und des Sudan; 1865–67 erste Durchquerung Nordafrikas von Tripolis bis Lagos, 73–79 in der Libyschen Wüste.

Rohling, noch unbearbeitetes Guß- oder Schmiede-Werkstück.

Rohmaß, Maß einer unbearbeiteten Werkstückfläche, z. B. von Guß- und Schmiedeteilen. Die Differenz zw. R. und gewünschtem →Fertigmaß ergibt das für die Bearbeitung notwendige *Übermaß*.

Rohprote|in, im Futtermittelanalysengang ermittelter Gesamtstickstoff, mit 6,25 multipliziert (da in 100 Teilen →Eiweiß etwa 16% Stickstoff enthalten sind). Bei der Ermittlung des R. werden auch andere stickstoffhaltige Stoffe erfaßt, z. B. →Amide, →Harnstoff, →Kreatin.

Rohr, 1) *Bot.*: Bez. für versch. Pflanzen mit hohlen Stengeln, z. B. Schilf, Bambus. **2)** *Technik*: zylindr., fester Hohlkörper zur Leitung von Flüssigkeiten, Gasen u. ä.; aus Metall, Holz, Ton, Steinzeug, Zement, Kunstharz usw. Herst. metall. Rohre erfolgt durch Schweißen von Blechbändern, durch →Ziehen kreisförmiger Platten zu Hülsen, durch nahtloses Walzen von Rundblöcken über Dornstangen im →Mannesmann-Verfahren, durch Gießen in Formen oder nach dem →Schleuderguß-Verfahren sowie durch Ausbohren zylindr. Werkstücke. Als tragende Bauelemente besitzen R. die größte Biegesteifigkeit aller Profile mit gleichem Materialquerschnitt. **3)** *Milit.*: Bez. für den →Lauf von Geschützen (*Geschütz-R.*).

Rohracher, Hubert, Psychologe, *24.4.1903 Lienz; experimentelle Untersuchungen über das Verhältnis von zentralnervösen und psych. Prozessen, außerdem Arbeiten zur Persönlichkeitsforschung und zur allg. Psychologie.

Rohrblatt, ein im Mundstück verschiedener Blasinstrumente befestigtes oder als Mundstück dienendes, biegsames Blättchen aus Schilfrohr. *Einfaches R.* haben →Klarinette und →Saxophon, *doppeltes R.* haben →Fagott und →Oboe.

Rohrdommeln, Unterfamilie der Reiher mit 12 Arten. Heimisch: *Große R.* (*Moorochse*; *Botaurus stellaris*), bis 76 cm lang, lebt im Schilf, hält bei Gefahr Kopf, Hals und Körper nach oben gerichtet (Pfahlstellung), Paarungsruf dumpf, weithin hörbar; *Zwerg-R.* (*Ixobrychus minutus*), bis 36 cm lang, versteckt im Röhricht kleiner Gewässer, Stimme quakend. (Bilder S. 5092)

Rohrdraht (nach dem Erfinder auch *Kuhlodraht* oder *Kuhlorohr*), mehradriges, isoliertes elektr. Kabel in einem dünnen Metallmantel zur Verlegung auf Putz.

Rohrfeder, zugespitztes und gespaltenes Rohr, diente im Altertum und im Bereich der arab. Schrift bis in die Neuzeit als Schreibgerät; neuerdings zum Zeichnen verwendet.

Rohrkolben (*Teichkolben*; *Typha*), Gattung der *R.-Gewächse*, gras- oder schilfähnl. Sumpfpflanzen mit kriechendem Wurzelstock; eingeschlechtige Blüten in walzenförmigen Kolben angeordnet, die unten weibl., oben männl. Blüten tragen. Der *Schmalblättrige R.* (*Typha angustifolia*) mit dünnen, voneinander abgesetzten männl. und weibl. Kolben; der *Breitblättrige R.* (*Typha latifolia*) mit dickem, einheitl. Blütenstand.

Rohrkrepierer (*Rohrzerspringer*), Geschoß, das infolge eines Fehlers bereits im Geschützrohr detoniert; die Waffe wird meist zerstört, die Bedienung schwer gefährdet.

Rohrpost, Förderanlage für Schriftstücke, kleine Gegenstände usw., die in Büchsen mittels Saugluft durch Rohrleitungen transportiert werden.

Rohrrücklauf, Rückwärtslauf eines Geschützrohrs auf der →Lafette zum Auffangen oder auch Ausnutzen des →Rückstoßes (→Geschütz).

Rohrsänger (*Acrocephalus*), Gattung der →Grasmücken, kleine, unauffällig gefärbte Singvögel gemäßigter und warmer Gebiete der Alten Welt; bewohnen bewachsene Ufer, Röhricht, Sümpfe, manchmal dichte Vegetation weitab vom Wasser. In Mitteleuropa brüten *Sumpf-R.* (Acrocephalus palustris), *Teich-R.* (Acrocephalus scirpaceus), *Ufer-R.* (*Schilf-R.*; Acrocephalus schoenobaenus), *Seggen-R.* (Acrocephalus paludicola) und →*Drossel-R.*; sämtlich Zugvögel; Gesang abwechslungsreich. (Bild S. 5092)

Rohrzucker (*Rübenzucker*, *Saccharose*, *Zucker*), $C_{12}H_{22}O_{11}$, Disaccharid aus →Traubenzucker und →Fruchtzuk-

Rohrdommeln: Große Rohrdommel; Zwergrohrdommel, Männchen am Nest

ker(→Saccharide); weiße, süß schmeckende, in Wasser leicht lösl. Kristalle; gehen beim Erhitzen auf 200° C in →Karamel über. R.-Lösungen sind rechtsdrehend (→opt. Aktivität). R. bildet sich unter Einwirkung des Lichts (→Photosynthese) in grünen Pflanzen aus Kohlendioxid und Wasser, insbes. in →Zuckerrohr und →Zuckerrüben. Man verwendet ihn als Nahrungs- und Genußmittel, zur Konservierung von Früchten (da in gesättigter Lösung von Hefe nicht vergärbar), zur Herst. von Fruchtzucker, →Alkohol, →Zuckersäure, →Weinsäure, →Weichmacher u. a. Gegenwärtige Weltproduktion rd. 44 Mio. t im Jahr.

Rohrsänger: Teichrohrsänger

Rohstahlgemeinschaft (*Internat. R.*), 1926 zw. den dt., frz., belg. und luxemburg. Stahlerzeugern gebildetes Quotenkartell, das ab 33 unter dem Namen *Internat. Rohstahl-Exportgemeinschaft* als Exportkartell fortgeführt wurde. Nach 45 trat an die Stelle der R. die →Montanunion.

Rohstoff (*Rohmaterial*), unbearbeitetes oder zum Ausgangsstoff eines weiteren Arbeitsprozesses aufbereitetes Naturerzeugnis tier., pflanzl. oder mineral. Herkunft; unterliegt im Produktionsprozeß einer Umwandlung, indem es entweder verbraucht wird (Energieträger wie Kohle, Erdöl) oder stoffl. in das Fertigprodukt eingeht (Metalle, Holz, Kautschuk, Getreide, Baumwolle usw.). Der Mangel an R. führte in vielen Fällen zur Erfindung synthet. Stoffe (→Buna, →Kunststoffe, →Chemiefasern).

Roissy-en-France [roaßiãfrã̲ß], frz. Ort im nordöstl. Vorortbereich von Paris, Dép. Val-d'Oise, mit 1500 E. (1973); seit 1974 Standort des Großflughafens Charles-de-Gaulle (*CdG*, jährl. Kapazität 30 Mio. Passagiere, 2 Mio. t Fracht).

Rojas Zorrilla [rọeħaß ŧħorịlja], Francisco de, span. Dramatiker, *4.10.1607 Toledo, †23.1.48 Madrid; Neugestaltung des traditionellen Ehrbegriffs im Hauptwerk, der Tragödie 'Außer meinem König – keiner' (Del rey abajo, ninguno, 1645); Hauptvertreter der span. Charakterkomödie: 'Die vertauschten Rollen' (Donde hay agravios no hay celos, 40).

Rokitansky, Karl Frhr. von, Arzt, *19. 2.1804 Königgrätz, †23.7.78 Wien; förderte durch seine Forschungen zahlr. Gebiete der Med., beschrieb erstm. die nach ihm ben. Leberatrophie als bes. Krankheit.

Rokoko [frz., auch rokoko] *das*, europ. Kunstepoche etwa 1720–90, teils als Endphase des →Barock, teils als dessen Auflösung angesehen. Zentren in Frkr., Dtld., Italien; verwandelte Schwere und Pathos des Barock in Leichtigkeit, Grazie und Anmut. Das R. war in erster Linie Dekoration; deshalb entfaltete es sich in Malerei, Plastik und Innendekoration zu seiner höchsten Vollkommenheit. Frkr. wurde zum Ausgangsland einer raffinierten Wohnkultur; der frz. 'style moderne' begann nach dem →Régence und endete im späten →Louis-Quinze. Das R. brach mit aller Tradition in den kleinen Schlössern des frühen →Ludwig XV., in denen die antike Anordnung zarten, schwebenden Flächen wich. Nach diesen frz. Anregungen entstanden in Europa zahlr. Schlösser und Kirchen; die Reihe wird prächtig abgeschlossen von den Schöpfungen des süddt. R., das alles Schwere, Drückende, Harte in Schwünge, Wölbungen, Illusion auflöst und durch graziöse Tapeten, sprühend leichten Stuck, prächtig-zierl. Möbel, Kristall, Glas, Porzellan zu einer heiter-festl. Leichtigkeit gelangt. Das vielgestaltige R.-Ornament gab dem Licht in Weiß und Gold von Raum und Bild neue Effekte (J. B. →Zimmermann, B. →Neumann).

In der *Plastik* wird weiches Material bevorzugt, z. B. Blei statt Bronze, Sandstein (→Veitshöchheim). Dekorateure wie J. A. →Feuchtmayr im Bodenseegebiet, J. B. →Straub und I. →Günther in Bayern schufen oft für entlegene Dorf- und Klosterkirchen relig. Bildwerke und Dekorationen. Für das höf. R. sind F. de →Cuvilliés (Residenztheater und Amalienburg, München) und G. W. von →Knobelsdorff (u. a. Opernhaus, Berlin) Repräsentanten. Eine neue Möglichkeit fand das R. auch im Porzellan; der Erfindungsreichtum in mit Muschelwerk, →Arabesken, →Chinoiserien sich verbindenden Ornamenten erfuhr höchste Steigerung. Der Spiegel weitet den Raum.

Rolandsäule vor dem Bremer Rathaus

In der *Malerei* löste die Darstellung der sinnl. Liebe die Historienmalerei ab, wobei die Grenze zw. Künstl. und Natürl. mit Grazie überspielt wurde. Das Pastell mit seinen lichten Farben wurde zur bevorzugten Technik. Die neue maler. Auffassung wurde in Venedig, Paris und London entwikkelt. Im neuen, eleganten Porträtstil trat das Psychologische zugunsten des Dekorativen zurück. Die relig. und mytholog. Historie erfuhr eine Steigerung in den grandiosen Fest- und Triumphdarstellungen →Tiepolos. Die Poesie der Städte, Plätze und Kanäle wurde in Venedig entdeckt (→Canaletto) und inspirierte die europ. Landschaftsmalerei. In England wurde das moralisierende Genre begr., das Familienbild vorweggenommen – zugleich der Auftakt zu einer neuen Epoche.

In der *Musik* zählt man die frz. Clavecinisten (→Cembalo), die ital. Opera buffa zum R.; J. S. Bach huldigt in Frz. Suiten dem R., und bei seinen Söhnen, bes. bei Carl Philipp

Rokoko, Peter Thumb: Stiftskirche von St. Gallen (1755–69)

Emanuel und Johann Christian sowie bei Haydn und Mozart sind Einflüsse des R. deutlich. Letzter Nachklang ist 'Der Rosenkavalier' von R. Strauss. (Bilder S. 5096/97)

Roland, Gestalt aus dem Sagenkreis um Karl d. Gr. (→Chanson de Roland; →Konrad der Pfaffe); geht zurück auf einen Grafen Hruotland, Befh. der Breton. Mark, der 778 in einem Nachhutgefecht gegen die Basken bei →Roncesvalles fiel (→Einhard, 'Vita Caroli Magni'). Der Sage nach Neffe Karl d. Gr.

Roland Holst, 1) Adriaan, niederländ. Dichter, Neffe von 2), *23.5. 1888 Amsterdam; myst.-visionäre Lyrik, Erzählungen aus dem kelt. Sagenkreis.

2) Henriette (auch *R. H.-Van der Schalk*), niederländ. Dichterin, *24. 12.1869 Noordwijk, †28.11.1952 Amsterdam; Gedichte, Dramen, Biographien, Essays, zunächst im Dienst der sozialist. bzw. kommunist. Bewegung, ab Mitte der 20er Jahre eines relig. Sozialismus.

Rolandsäulen, überlebensgroße Standbilder geharnischter Ritter auf Marktplätzen vieler norddt. Städte (14.–18. Jh.). Älteste erhaltene Säule vor dem Rathaus in Bremen (1494). Ursprung ist bisher nicht geklärt. Eine Verbindung zu dem Ritter Karls d. Gr. besteht offenbar nicht. (Bild S. 5093)

Rolandslied, Versepos von den Taten →Rolands, des Paladins Karls d. Gr., aus der →Karlssage, in mehreren Fassungen: zuerst →Chanson de Roland, dann bei →Konrad dem Pfaffen, span. Epos 'Roncesvalles', zuletzt bei →Boiardo und →Ariosto.

Rolladen, Fenster- oder Türverschluß aus Holzleisten oder Stahlblechlamellen, die durch Gurte oder Stahlplättchen verbunden sind und in Führungsschienen laufen.

Rokoko, François Cuvilliés d. Ä.: Spiegelsaal der Amalienburg im Nymphenburger Park in München (1734–39); Galli da Bibiena: Markgräfliches Opernhaus in Bayreuth (1744–48)

Rolland [rolã], Romain, frz. Schriftsteller, *29.1.1866 Clamecy (Dép. Nièvre), †30.12.1944 Vézelay (Dép. Yonne); Prof. der Musikgeschichte an der Sorbonne; Freundschaft mit Claudel, Suarès, Péguy; trat für Frieden und Völkerverständigung ein, 1935 Besuch in Moskau und bei Gorkij. Sein Hauptwerk, der auf der Philos. →Bergsons fußende Entwicklungsroman 'Johann Christoph' (Jean-Christophe, 10 Bde., 1904–12), ist eine geistige Auseinandersetzung zw. Frkr. und Dtld. Weitere Romane: 'Meister Breugnon' (Colas Breugnon, 19); Verzauberte Seele (L'Âme enchantée, 6 Bde., 22–34) u.a.; ethisch bestimmte Dramen, Biographien über Musiker, Tolstoj, Gandhi, Ramakrishna u. a.; 1915 Nobelpreis. (Bild S. 5098)

Rolle [rọl], Bezirkshauptort am Genfersee, im Kt. Waadt, 7500 E. (1974); Schloß (13. Jh.); Feinmechanik, Skifabrik, Weinhandel.

Rolle, 1) *allg.*: rundgewickelter Gegenstand (*Geld-R.*, *Papier-R.* u. ä.). **2)** *Technik*: 1. kleines Laufrad oder Laufwalze; 2. Rad mit Nut am Umfang für ein ablaufendes Seil (Seil-R.) oder für eine Kette (Ketten-R.); →Flaschenzug; 3. Walze oder Trommel zum Aufwickeln eines Seiles, Bandes u. ä. **3)** *seemännisch*: Einteilung der Schiffsmannschaft zu bestimmten Tätigkeiten, z. B. bei Brand (*Brand-R.*), bei Feindberührung (*Klarschiffs-R.*). **4)** *Luftfahrt*: Kunstflugfigur, bei der das Flugzeug eine vollständige Drehung um seine Längsachse ausführt (*Gerissene R.*, *gesteuerte R.*). Die *Rollgeschwindigkeit* gibt an, um wieviel Winkelgrade sich ein Flugzeug in einer Sekunde um seine Längsachse drehen kann, z. B. 210°/s; ist Kennwert für die Manövrierbarkeit. **5)** Form des →Buchs (*Schrift-R.*) im Altertum, meist aus →Papyrus (seltener →Leder oder →Pergament); rd. 20 Papyrusblätter wurden aneinandergeklebt, danach meist einseitig beschrieben, der Text in →Kolumnen von rechts nach links fortschreitend; gerollt aufbewahrt (Text nach innen), außen mit Titelstreifen ('titulus') aus Pergament versehen. Die R. ist allmähl. (2.–5. Jh. n. Chr.) durch den praktischeren →Codex verdrängt worden. **6)** *Buchbinderei*: (*Rollstempel*), Werkzeug zur Handverzierung von Einbänden. **7)** *Soziologie*: Verhaltenserwartungen (→Normen), die an bestimmte Positionen in einem geschlossenen sozialen System (z. B. Lehrer) oder allg. an einen sozialen →Status (Rolle des Kindes, des Mannes, der Frau usw.) gebunden sind. In jeder Ges. gibt es für 'normale' Situationen und Beziehungen erlernte Verhaltensmuster (→Verhalten), die in R. eingehen und einerseits Sicherheit des Verhaltens und der Orientierung geben, andererseits als Zumutungen dem R.-Inhaber entgegengebracht werden. Dabei unterscheidet man nach ihrer Verbindlichkeit Muß-, Soll- und Kann-Erwartungen, wobei die Muß-Erwartungen absolut verbindl. sind, während die Nichterfüllung von Kann-Erwartungen keine negativen Folgen zu haben pflegt (→Gruppe, →soziales System). **8)** *Theater*: die einem Schauspieler zur Darstellung übertragene Bühnenfigur sowie der zu sprechende Text.

rollendes Material (*Schweiz*: *Rollmaterial*), der Gesamtbestand an Fahrzeugen einer Schienenbahn (bes. Eisenbahn, Straßenbahn).

Rollenhagen, Georg, Dichter, *22.4.1542 Bernau (Mark Brandenburg), †20.5.1609 Magdeburg; späthumanist. dt. Schuldramen nach antiken Mustern mit reformator. Tendenz.

Roller, Alfred, Maler und Bühnenbildner, *2.10.1864 Brünn, †21.6.1935 Wien; schuf zus. mit G. →Mahler einen neuen Stil der Operninszenierung; häufige Zusammenarbeit mit R. →Strauss. (Bild S. 5101)

Roller, 1) *Biol.*: 1. von der Art des Gesangs abgeleitete Bez. für →Kanarienvogel, bes. Harzer Roller; 2. (*Eurystomus*), Gattung der →Racken, mit kräftigem, gelbem oder rotem Schnabel; Afrika, Südasien, Australien. **2)** *Technik*: 1. zweirädriges Kinderfahrzeug; 2. (*Motor-R.*), Form des →Motorrads.

Rollfuhrunternehmen (*Bahnspediteur*), Unternehmen, das Güter von der Bahn zum Empfänger oder vom Absender zur Bahn gegen Gebühr (*Rollgeld*) befördert. Der Bahnspediteur ist kein →Spediteur im Rechtssinn, sondern Erfüllungsgehilfe der Eisenbahn.

Rollhockey, →Hockey auf →Rollschuhen zw. zwei Mannschaften von je 5 Spielern; gespielt wird 2×20 Minuten auf einer 15×40 m großen As-

1

2

3

Rokoko: 1 Ignaz Günther: Engel mit Draperie aus St. Peter in München (um 1757/58); München, Bayerisches Nationalmuseum. **2** Fragonard 'Die Schaukel' (1767); London, Wallace Collection. **3** Kändler: Der schreibende Kavalier, Meißen (um 1720); München, Residenz

phalt-, Beton-, Stein- oder Holzoberfläche.

Rollhügel (*Trochanter*, Mz. *-teren*), Knochenhöcker am oberen Ende des Oberschenkelknochens (großer und kleiner R.), Ansatzstelle für Oberschenkel- und Hüftmuskeln.

Rollkommando, 1) *milit.*: motorisierte Streife; **2)** Schlägergruppe, die aus Anhängern radikaler polit. Parteien oder Mitgl. asozialer Gruppen besteht.

Rollkur, Behandlungsform bei →Magenschleimhautentzündung: nach

Rokoko: 1 'Haus zum Falken', Würzburg, Fassadendetail; **2** Johann Anwander (1715–70): Allegorie auf das Opfer im Alten und Neuen Testament (Ölskizze, Fresken-Entwurf), München, Sammlung Reuschel, Bayerisches Nationalmuseum; **3** Wallfahrtskirche Wies, erbaut (1745–1757) von Dominikus Zimmermann, Kanzel von Joh. Baptist Zimmermann; **4** Ahnengalerie (1726–31) von J. Effner und Porzellankabinett (1731) von F. de Cuvilliés, beide München, Residenz

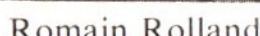
Romain Rolland

Jules Romains

Aufnahme von Kamillentee oder mit Wasser verdünnten Medikamenten in den nüchternen Magen muß der Kranke je 5 Minuten auf dem Rücken, der li. Seite, dem Bauch und zuletzt der re. Seite (Magenausgang) liegen, damit das Mittel auf alle Teile der Magenwand einwirkt.

Rollmops, in Essig eingelegtes, gesalzenes Heringsfilet, um ein Stück Gurke und Zwiebel gerollt, mit Holzstäbchen zusammengesteckt.

Rollo (frz. *Rollon*; *Hrolf*), Normannenführer, Begr. der Dynastie der Hzg. der Normandie, †um 927; nach jahrelangen Beutezügen durch westfränk. Küstenland 911 von König Karl III. mit dem Gebiet um die Seine-Mündung mit dem Zentrum Rouen belehnt, woraus sich die Normandie entwickelte.

Rollschuhe, schlittschuhähnliches Sportgerät mit einer am Fuß zu befestigenden Stahlsohle und 4 auf Kugellagern laufenden Kunststoff-, Hartgummi- oder Holzrollen. Wettbewerbe im Schnellauf, Kunstlauf und→Rollhockey.

Rollsiegel (*Siegelzylinder*), im alten Orient Siegel aus gebranntem Ton oder hartem Stein (selten Metall), mit dem durch Abrollen gesiegelt werden konnte; in Mesopotamien bereits im 4. Jt. v. Chr. bekannt. (→Babylon.-assyr. Kunst)

Rollsitz, auf 4 in 2 Schienen geführten Rädern laufendes Sitzbrett in Rennruderbooten zur Verlängerung der Ruderarbeit.

Rolltreppe, Treppe mit maschinell (etwa mit Schrittgeschwindigkeit) fortlaufend nach oben oder unten bewegten Stufen zur Personenbeförderung zw. den Stockwerken in Warenhäusern und Bahnhöfen, in Unterführungen u. ä. Die Stufen sind an endlosen Gurten befestigt, legen sich am einen Ende der R. flach, laufen unter der R. zurück und stellen sich am anderen Ende auf. Bei 1,25 m Breite beträgt die Beförderungskapazität 4000 Personen in der Stunde.

Rollwerk, Ornament mit aufgerollten Enden und Verzierungen, wie Spruchbändern, Wappenschildern; in Renaissance und Barock.

Rollwiderstand, 1. der Widerstand, den ein Laufrad eines Fahrzeugs auf ebener harter Unterlage überwinden muß, verursacht dadurch, daß sich die Unterlage unter dem Auflagedruck (bzw. die Radumfangsfläche an der Auflagestelle) etwas eindellt und das Rad bei der Vorwärtsbewegung gewissermaßen immer einen kleinen Wulst überwinden muß; der R. ist am geringsten bei prakt. nicht deformierbaren Rädern auf harter Unterlage (Eisenbahnrad auf Schiene); 2. Widerstand eines Fahrzeugs gegen eine Rollbewegung auf ebener Oberfläche durch Lagerreibung und Raddeformierung (ohne Berücksichtigung des Luftwiderstands).

Rom (ital. *Roma*), Hptst. der Rep. →Italien, der mittelital. Region →Latium und der Prov. *R.* (5352 km², 3,64 Mio. E.), beiderseits des →Tiber in der Hügellandschaft der →Campagna di Roma, zw. Sabiner Bergen und Tyrrhen. Meer. Als die 'klassischen' Hügel der Siebenhügelstadt gelten die von der Stadtmauer z. Z. der röm. Republik eingeschlossenen: →Aventin, *Caelius*, →Esquilin, →Kapitol, →Palatin, →Quirinal, →Viminal. R. ist mit 2,87 Mio. E. (1975) volksreichste Stadt und Verwaltungszentrum Italiens, reich an hist. Monumenten (*Ewige Stadt*, *Roma aeterna*), Residenz der Päpste (→Vatikan) und Mittelpunkt der kath. Christenheit.

R. ist Sitz der Regierung, des Parlaments, der obersten Militär- und Polizeibehörden, der obersten Gerichte, der ital. Notenbank, zahlr. diplomat. und konsular. Vertretungen; Univ. *La Sapienza* (1303 gegr.), TH, Akad. der Wissenschaften, der Bildenden Künste und Musik, Akad. vieler Nationen, 7 päpstl. Akad., Ordens-Hochsch. (z. B. →Gregoriana), Hochschule für Kirchenmusik, Oriental.-Archäolog. und Missions-Hochsch., kirchl. Kollegien für den Weltklerus (Germanicum für Dt.). Internat. Landw.-Inst. (→FAO), zahlr. ausländ. wissenschaftl. Institute; bed.

Kunstsammlungen; Vatikan. Bibl., Univ.-Bibl. u. a.; Vatikan. und Kapitolin. Museen, Thermenmuseum, Museo di Palazzo Venezia, Museo di Villa Giulia, Villa Borghese. Reger Fremdenverkehr und Kunsthandel; vielseitige verarbeitende Industrie, bes. im Druckereigewerbe. R. Geltung als Verkehrszentrum liegt in seiner Mittellage auf der Apennin-Halbinsel und im Mittelmeerraum begr. und wurde schon im Altertum durch die Anlage der→Römerstraßen künstl. verbessert: *Via Aurelia*, *Via Cassia*, *Via Flaminia*, *Via Salaria*, *Via Nomentana*, *Via Tiburtina*, *Via Casilina*, *Via Appia* u. a. Das heutige R. ist Bahn- und Straßenknotenpunkt, besitzt 2 Flughäfen ('Leonardo da Vinci', *Fiumicino*) und den Seehafen →Civitavecchia.

In der Kaiserzeit wurde die *Servian. Mauer* des 4. Jh. v. Chr. überschritten. Die damalige Millionenstadt (1–1,5 Mio. E.) griff schon auf den →Pincio und jenseits des Tibers auf →Janiculum und Vatikan-Hügel über. Vom Glanz dieser antiken Stadt (dem R. der Kaiserzeit) zeugen noch heute zahlr. Baureste in dem von der *Aurelian. Mauer* umschlossenen Stadtteil: Forum Romanum, das Cäsar-, Trajans- (mit 33 m hoher Trajanssäule), Augustus-, Nerva- und Vespasian-Forum, Vespasian-, Concordia-, Faustina-, Saturn- und Vesta-Tempel, die Senatskurie, die Triumphbögen des Septimius Severus (203 n. Chr.), des Titus (81 n. Chr.) und des Konstantin (315 n. Chr.), das →Kolosseum (mit etwa 50000 Plätzen), Pantheon (1./2. Jh.), Marcellus-Theater (17–13 v. Chr.), →Engelsburg (von Kaiser →Hadrian als Grabmal err., 135 n. Chr. begonnen), Mausoleum des Augustus, Caracalla-Thermen (216 n. Chr. eröffnet), Diokletian-Thermen (298–305 n. Chr.), Basilika des Maxentius, Aquädukte, Kirche Santa Maria in Aracoeli (6. Jh. n. Chr.) u. a. Die Foren waren Stätten der Volksversammlung, des Handels und der Rechtsprechung, auf der Doppelkuppe des Kapitolin. Hügels lag mit Tempeln und Burg (Arx) das sakrale Zentrum der Stadt, der Palatin entwickelte sich zur Residenz der vergöttlichten Kaiser. Auch ein Großteil der über 600 kirchl. Bauten R. liegt in diesen älteren Vierteln, darunter die 5 Patriarchalbasiliken, die jedoch seit dem 4. Jh. mehrmals umgebaut oder ersetzt wurden: Peterskirche (als Zentrum der →Vatikanstadt), San Giovanni in Laterano ('Mutter und Haupt aller Kirchen R. und der Erde'), Santa Maria Maggiore, San Paolo fuori le Mura, San Lorenzo fuori le Mura. Zahlr. Brunnen bestimmen das Stadtbild, bes. bekannt die *Fontana di Trevi* (nach Entwürfen von →Bernini). In unserem Jh. entstanden: die Univ.-Stadt, der neue Hauptbahnhof (Stazione Termini), die Filmateliers in *Cinecittà*, die modernen Sportanlagen für die XVII. Olymp. Sommerspiele 1960 u. a. auf dem *Foro Italico*; Untergrundbahn. Am 13.3.63 wurde ein Generalbebauungsplan in Kraft gesetzt, der eine Kette von Satellitenstädten vorsieht.

Am Rande der Stadt R. liegen die berühmten →Katakomben (altchristl. Grabanlagen des hl. Callistus, Praetextus, Sebastian, der Domitilla u. a. Märtyrer).

Geschichte: Über das vorgeschichtl. und antike R. →röm. Geschichte. Nach Verlegung der Kaiserresidenz nach →Konstantinopel (330) stagnierte die Entwicklung der Stadt. 410 Plünderung durch →Westgoten unter →Alarich, 455 durch →Wandalen →Geiserichs. Durch die Kämpfe zw. dem oström. Feldherrn →Belisar und den →Ostgoten in der 1. Hälfte des 6. Jh. mehrmals schwer in Mitleidenschaft gezogen. Von frühmittelalterl. Zeit an schwere Schäden an der antiken Bausubstanz durch Benutzung der alten Monumentalbauten als Steinbruch. Ab →Leo I. (440–461) gewannen die Päpste wachsenden Einfluß auf die Stadtherrschaft. Während des Verfalls des Fränk. Reiches im 9. Jh. gerieten Papsttum und Stadt in Abhängigkeit vom Feudaladel (insbes. der Grafen von Tusculum), aus der sie erst durch die →Ottonen befreit wurden. Der im 11. Jh. einsetzende Kampf zw. Kaiser- und Papsttum begünstigte die Machtausweitung rivalisierender stadtröm. Adelsgeschlechter (insbes. Frangipani-Pierleoni, später Colonna-Orsini). Bes. schwere Zerstörungen erlitt R. 1084 durch die →Normannen, die Papst →Gregor VII. gegen Kaiser →Heinrich IV. zu Hilfe gerufen hatte. Die

Rom: Moderne Bauten und Kongreßhalle auf dem Gelände der Esposizione Universale di Roma (E. U. R.); Markthalle des Trajan mit Torre delle Milizie

Wiedererrichtung der Röm. Republik Mitte des 12. Jh. durch →Arnold von Brescia und Mitte des 14. Jh. durch Cola di →Rienzo blieb beide Male Episode. Einen Tiefpunkt erlebte die Stadt während des avignones. Exils der Päpste (1309–77). Erst nach Beendigung des großen Schismas (Anf. des 15. Jh.) erfolgte unter dem Renaissancepapsttum (ab →Nikolaus V. 1447–55) ein neuer Aufstieg. Unter →Julius II. (1503–13) und →Leo X. (1513–21) war R. unbestrittenes Zentrum der Renaissance (→Raffael, →Bramante, →Michelangelo u. a.). Einen vorübergehenden Rückschlag brachte die Plünderung durch Truppen →Karls V. (*Sacco di Roma* 1527). Um das neuzeitl. Stadtbild machte sich vor allem Papst

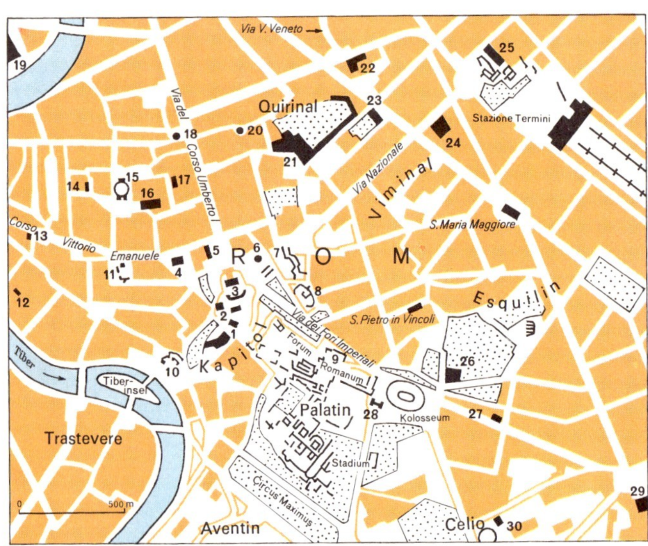

Rom, *Innenstadt*: **1** Kapitol; **2** S. Maria in Aracoeli; **3** Denkmal für Viktor Emanuel II.; **4** Il Gesù; **5** Palazzo Venezia; **6** Trajanssäule; **7** Trajansforum; **8** Augustusforum; **9** Konstantinsbasilika; **10** Marcellustheater; **11** Republikan. Tempel; **12** Palazzo Farnese; **13** Cancelleria; **14** Senatorenpalast; **15** Pantheon; **16** S. Maria sopra Minerva; **17** S. Ignazio; **18** Mark-Aurel-Säule; **19** Justizpalast; **20** Fontana di Trevi; **21** Quirinalspalast; **22** Palazzo Barberini; **23** S. Carlo alle Quattro Fontane; **24** Oper; **25** Diokletianthermen; **26** Domus Aurea; **27** S. Clemente; **28** Konstantinsbogen; **29** S. Giovanni in Laterano; **30** S. Stefano

→Sixtus V. (1585–90) verdient, der ganze Viertel niederlegen ließ, um neue Straßenzüge zu schaffen. Im Hoch- und Spät-MA nur etwa 30000 bis 40000 E. zählend, wuchs R. von Beginn der Neuzeit bis 1657 auf 102000 E. an. Nach 2 Jh. erneuter Stagnation (1850 erst 175000 E.), erlebte es als Hptst. Italiens (seit 1871) eine stürm. Entwicklung (1880: 300000 E., 1910: 539000 E., 1940: 1,368 Mio. E., 1961: 2,161 Mio. E.). 1929 durch die →Lateranverträge Schaffung des päpstl. Staates →Vatikanstadt. 1946 Hptst. der Rep. Italien.

Romadur, fetter oder halbfetter, stangenförmiger Weichkäse. Eigtl. Schafmilchkäse aus den Pyrenäen; im Allgäu aus Kuhmilch hergestellt.

Romagna [romanja], Landschaft in Oberitalien, am nordöstl. Apenninenrand, zw. Rimini und Bologna und in dem z. T. erst jüngst meliorierten oder noch amphib. Vorland bis zum Po. Mit der →Emilia heute zu einer Region verbunden: 22123 km² mit 3,91 Mio. E. (1972), Hptst. →Bologna; R. umfaßt 4 Prov.: Bologna, →Ferrara, →Ravenna, →Forlì. An der Küste liegen zahlr. Adria-Seebäder, u. a. *Cesenatico*, *Cervia*, *Milano Marittima*.

Romains [romã], Jules (eigtl. *Louis Farigoule*), frz. Schriftst., *26.8.1885 St.-Julien-Chapteuil (Dép. Haute-Loire), †14.8.1972 Paris; vertrat besonders in dem Gedicht 'La vie unanime' (1908) und dem Zyklenroman 'Die guten Willens sind' (Les Hommes de bonne volonté, 32–56, 28 Bde.) die Idee der Gruppenseele als formende soziale Kraft. Gedichte, polit. Essays und treffsichere Komödien, u. a. 'Dr. Knock' (Knock ou le Triomphe de la Médecine, 23), 'Der Diktator' (Le Dictateur, 26). (Bild S. 5098)

Romako, Anton, Maler, *20.10. 1832 Atzgersdorf (bei Wien), †(Freitod) 8.3.89 Döbling (bei Wien); Historienbilder, Landschaften und Bildnisse.

Roman, umfangreiche Prosaerzählform, behandelt Schicksal und Umwelt von Einzelpersonen oder Gruppen mit Freiheit der Sprach- und Darstellungsformen (Dialog, Brief u.a.); meist durchgehende Handlung, die im heutigen R. oft den seel. Reaktionen oder den Reflexionen des

Rom: Foro Italico, Hauptaustragungsort der Olympischen Spiele von 1960

in der ersten oder dritten Person (Ich- oder Er-Erzähler) auftretenden, in der Regel selbst fiktiven Erzählers

A. Roller: Figurine (1920) zur Oper 'Der Rosenkavalier' von Hugo von Hofmannsthal, Musik von R. Strauss (1911) München, Theatermuseum

weicht. Erzählhaltung objektiv oder subjektiv kommentierend, auch ironisierend. – Der europäische R. entstand aus dem spätantiken Liebes- und Abenteuer-R. (→Heliodor, →Apulejus) und dem nach den Versepen des MA gebildeten Ritter-R. (→Amadisroman; Parodie: →Cervantes 'Don Quijote'), deren Einflüsse sowohl im Schäfer-R. als auch in volksnah-realist. Schelmen-R. (→Grimmelshausen 'Simplicissimus') fortwirkten. Daneben entwickelte sich der schon in der Antike angelegte, dann in der Renaissance ausgeprägte idealisierende (→Fürstenspiegel, höfischer R.) oder utopische Staats-R. (auch als Schlüssel-R. nach dem Vorbild von J. →Barclay). Von der Aufklärung angeregt wurden der didaktische R. (→Defoe, →Voltaire) und der Bildungs-R. (→Wieland, Goethe 'Wilhelm Meister'), von der Empfindsamkeit der sentimentale R. (→Richardson, →Rousseau, Goethe 'Werther'), der humorist. R. (→Sterne, →Jean Paul) und der triviale Räuber- und Schauer-R. Der psychol. R. (Goethe 'Wahlverwandtschaften') wurde in der Romantik durch den hist. R. (W. →Scott) und im Realismus durch den Ges.-R. (→Balzac) erweitert, im Naturalismus auf Zustandsschilderung reduziert (→Zola), verselbständigte sich aber im 20. Jh. zur seel. Reflexion des 'inneren Monologs' (M. →Proust, →Joyce). Heute Verfremdung des R. durch Ironie (Th. →Mann), Ausschaltung des Erzählers (→Nouveau roman) und mehrere Erzählperspektiven (→Faulkner, M. →Frisch). Daneben Sonderformen, u. a. Kriminal-R., utop. R., Unterhaltungs-R., Heimatroman. – Im außereurop. Bereich wird der R. vor allem in Ostasien seit dem Ende des 1. Jt. n. Chr. als eigene Lit.-Gattung gepflegt, daneben kommt er vereinzelt im islam. Orient vor.

Romancero [-ßero], Sammlung von (span.) →Romanzen.

Romancier [frz., romãßje], Romanschriftsteller.

Roman de la Rose [romã de la ros] (*Rosenroman*), frz., von →Ovid beeinflußter, mittelalterl. Liebesroman in Versen; der erste, allegor. Teil, um 1235 von →Guillaume de Lorris verfaßt, schildert in Form von Traumvisionen die langwierige, von vielen retardierenden Hemmnissen unterbrochene Suche des Dichters Oiseuse nach einer Rose, dem Symbol der geliebten Frau. Im zweiten Teil (um 1270) von *Jean de Meung* überwiegt realist.-satir. Belehrung.

Roman de Renart [romã de renar], Sammlung von 27 altfrz. Schwänken um den Zwist des Fuchses mit anderen Tieren; 2. Hälfte des 12. Jh.

Romanen, die Völker, deren Sprachen sich aus dem Lateinischen entwickelt haben: Portugiesen, Spanier, Katalanen, Provenzalen, Franzosen, Wallonen, Sarden, Italiener, Rätoromanen und Rumänen; sie bilden ethnisch keine Einheit.

Romanesca [ital.] *die*, im 16./17. Jh. für Variationssätze als ostinater Baß (→Basso) verwendete Melodie.

romanische Kunst (*Romanik*), Kunstepoche, etwa 1000 bis 1250; umfaßte, von der →karoling. und →otton. Kunst vorbereitet, zum erstenmal das ganze Abendland. Der Stilbegriff 'romanisch' wurde um 1820 von dem frz. Kunstgelehrten *de Gerville* geprägt. Zentren der r. K. waren Frkr., Italien (Lombardei), Dtld. Meist kirchl. Werke erhalten, deren Merkmale am klarsten in der *Architektur* hervortreten. Die →Basilika wurde weiter entwickelt durch plast. Gliederung von runden (zylindrischen) und kubischen Formen; weitere Charakteristika: schwere Massen und der Rundbogen; um 1100 wird die völlige Einwölbung des Innenraums erreicht (→Vézelay). Zu den oberird. Räumen der Kirche kamen unterird. (→Krypta) hinzu. In Frkr. wurde neben dem Tonnengewölbe bereits auch die Kuppel verwendet. Die Einwölbung des gesamten Innenraums brachte dekorative Bereicherung durch eine zunehmende Fülle von Zierformen, die im Ornament der Spätromanik ihren Höhepunkt fand. Die Grundformen der Mauermassen wurden durch

Romanische Kunst: 1 Abteikirche von Vézelay, Frkr., Dép. Yonne (12. Jh.); **2** Kapitelle und Teil des Figurenfrieses vom Riesentor der Stephanskirche in Wien (Mitte des 13. Jh.); **3, 4** Münster in Basel, (Ende des 12. Jh.): **3** Tympanon an der Galluspforte, **4** Kapitell im Chor: Pyramus und Thisbe; **5** Heiliges Grab (12. Jh.), Gernrode, Stiftskirche; **6** Hostientaube aus Limoges (um 1200), Salzburg, Domkapitel; **7** Reliefe von Dämonen am Nordportal der Schottenkirche St. Jakob in Regensburg (zweite Hälfte des 12. Jh.)

1

2

3

4

5

6

7

Romanische Kunst: Verkündigung und Heimsuchung Mariä (12. Jh.). Barcelona, Katalanisches Museum

Sockel, →Lisenen, →Pilaster und Halbsäulen, durch Gesimse und Zwerggalerien gegliedert und aufgelockert. Im Inneren der Kirchen erreichten Stützenwechsel der Arkaden, Emporen und Triforiengalerien eine rhythmische Aufteilung. Weltl. Zeugen der r. K. sind bes. die Reste der Stauferpfalzen. Während in der roman. Architektur eine Verbindung zur röm. spürbar ist, ist die *Plastik* ohne Anlehnung an die Antike. Zunächst wurden Reliefs plast. gestaltet, vereinzelt auch frei stehende Figuren. In Verbindung mit Gebäuden entstanden Großplastiken mit streng gebundenen Gebärden und geometr. Linienrhythmik. In Frkr. Architekturplastik vor allem am Außenbau von Kirchen (Tympanon-Reliefs, →Gewände-Figuren der Portale), in Dtld. dagegen entwickelte sich die roman. Plastik vor allem im Innenraum; neben Steinfiguren muß es weit mehr Holzplastiken gegeben haben als die auf uns gekommenen. Im *Kunsthandwerk* schufen Goldschmiede und Bronzegießer künstler. hochentwickelte Geräte, Kirchentüren, Grabplatten. In der *Malerei* sind hauptsächl. Wand- und Buchmalereien erhalten. Tafelbilder sind selten. Eine Raumillusion fehlt völlig; die Darstellungen blieben der Fläche verhaftet. Die Größenverhältnisse wurden jeweils nach der Bed. gestaltet, die Mensch, Tier und Dinge für den christl. Vorstellungsinhalt hatten (→Buchmalerei).

romanische Sprachen, die aus dem umgangssprachl. Latein der Spätantike (Vulgärlatein) entstandenen Sprachen mit folgender sprachl.-geogr. Gliederung: I. *Westromanisch* 1. Galloromanisch mit Provenzalisch, Frankoprovenzalisch, Französisch; 2. Rätoromanisch; 3. Norditalienisch; 4. Iberoromanisch mit Katalanisch, Spanisch und Portugiesisch. II. *Ostromanisch*: 1. Mittel- und Süditalienisch; 2. Dalmatisch (im 19. Jh. ausgestorben); 3. Rumänisch. III. *Sardisch.*

Romanismus, Richtung der →niederländ. Kunst im 16. Jh., die sich an ital. Renaissance und Manierismus anlehnte.

Romanistik (*romanische Philologie*), **1)** Wissenschaft von den →romanischen Sprachen und Literaturen;

1

2

Romanische Kunst: **1** Eltenberg-Reliquiar, Kupfer vergoldet, reich emailliert, Figuren aus Walroßzahn geschnitten. Unter der Kuppel: Christus und 11 Apostel, unten: Propheten und Reliefs. Rheinisch (zweite Hälfte des 12. Jh.). London, Victoria & Albert Museum. **2** hl. Florian, Fresko aus der Stiftskirche Nonnberg in Salzburg, ehem. Nonnenchor (um 1150). **3** die Verdammten in der Hölle, von Teufeln gemartert, Fresko an der Südseite des Chors der Marienkirche zu Bergen auf Rügen (um 1200). **4** Ritter, ursprünglich am Grab der Herzogin Ludmilla (Föhrenholz, 1300), Landshut, Kloster Seligenthal

von *Friedr. Diez* (1794–1876) begr. ('Gramm. der roman. Sprachen', 1836–43; 'Etymolog. Wörterbuch der roman. Sprachen', 53); fand in *G. Gröber* (1844–1911) ihren Systematiker ('Grundriß der roman. Philologie', 88ff.). Grundlegend für die Entwicklung der R. wurde das Werk von *W. Meyer-Lübke* ('Gramm. der roman. Sprachen', 1890–1902; 'Roman. etymolog. Wörterbuch', 1911 bis 20). Die roman. Literaturwissen-

3

4

schaft nahm ihren Ausgang von der Romantik, bes. von F. und A. W. →Schlegel. Bed. Romanisten in Dtld.: K. →Voßler, E. R. →Curtius, *E. Auerbach* (1892–1957), *H. Rheinfelder* (1898–1971), *W. Krauß* (*1900), H. →Friedrich; in Frankreich: *Ch. M. J. Bedier*; in Spanien: *M. Milá y Fontanals, M. Menéndez y Pelayo, R. Menéndez Pidal*, D. →Alonso; in Portugal: *J. T. F. Braga*; in Italien: *F. de Sanctis*. **2)** Wissenschaft vom röm. Recht.

Romano (eigtl. *Giulio di Pietro de Gianuzzi*), Giulio, ital. Maler und Architekt, *1499 Rom, †1.11.1546 Mantua; Bauten und Fresken im Übergang zw. Hochrenaissance und Manierismus.

Romanow [-nof], russ. Herrscherhaus (1613–1917). Obwohl das Geschlecht mit Zarin →Elisabeth 1762 ausgestorben war, behielt die neue, mit →Peter III. aus Holstein-Gottorp begr. Dynastie den Namen R. bei.

Romanshorn, Gem. mit Fähr- und Posthafen am Bodensee, Kt. Thurgau, 8700 E. (1974); Schiffbau, Handel und Gewerbe; Fremdenverkehr.

Romantik, europ. Geistesbewegung, die um 1760 einsetzt, bis etwa 1830 und mit Ausläufern und Nachklängen (Spätromantik) bis in die 2. Hälfte des 19. Jh. reicht, wirksam vor allem in England und Dtld. in Dichtung, Musik und bildender Kunst; ausstrahlend auch auf Frkr. Italien, Amerika, die slaw. Völker; i. w. S. werden auch Bewegungen in der Philos. (→Schelling, →Schleiermacher) sowie der Staats- und Ges.-Lehre (J. →Görres, F. v. →Baader) zur R. gerechnet. **1)** *Literatur*: europ. Literaturepoche (um 1790–1830), vorbereitet durch →Pietismus, engl. Vorbilder (→Shakespeare, →Ossian, E. →Young), →Sturm und Drang, →Hamann, →Herder; Beginn und Höhepunkt in Dtld., philos. ausgebildet durch →Fichte, Schelling, gekennzeichnet durch organ.-universelle Lebensdurchdringung, Naturbeseelung, Polarität von Unendlichkeitssehnsucht und Individuum (Genie), irrationaler Phantasie und krit. Reflexion, stilist. durch freispielerisch-offene Form (Fragment), Mischung der Gattungen, Durchbrechung der Illusion in romant. Ironie, die 'alles übersieht und sich über alles Bedingte unendlich erhebt, auch über eigene Kunst, Tugend und Genialität'. Verständnis für organ. Gewordenes, Ausbildung hist. Wissenschaften, Wendung zum MA, Sammeln von Volksliedern und -sagen, Übers. der Welt-Lit., Erweckung des Nationalbewußtseins bes. der osteurop. Völker. In Dtld. Früh-R. (Jena, Berlin) vorwiegend spekulativ (u. a. Brüder →Schlegel, →Tieck, →Novalis, Schleiermacher); Spät-R. (Heidelberg, Berlin) Wendung zu Geschichte und Gemeinschaft (u. a. Brüder →Grimm, C. →Brentano, Görres, A. v. →Arnim, →Eichendorff, E. T. A. →Hoffmann); England: u. a. →Wordsworth, →Coleridge, →Byron, W. →Scott, →Shelley, →Keats; Frkr.: u. a. →Chateaubriand, →Hugo, →Vigny, →Musset; Italien: →Manzoni, →Leopardi. **2)** *Musik*: die auf die musikal. →Klassik folgende Stilepoche, vertreten durch →Schubert, C. M. v. →Weber, →Berlioz und →Schumann. Da die R. gegenüber der Klassik keine grundlegenden Unterschiede der Satztechnik aufweist, ist sie insbes. von der Musikanschauung her zu verstehen. Das Musikwerk soll vor allem Ausdruck der Empfindungen sein. Als Musikanschauung des Bürgertums wirkt die R., bes. die *Hoch-R.*, bis heute nach. Sie prägte vor allem die Zeit bis zum Einsetzen der Neuen Musik, wobei man unter R. auch die bis etwa 1900 reichende *Nach-R.* und die folgende *Spät-R.* versteht. Die Zeit der R. umfaßt also eine Fülle versch. Erscheinungen: das musik-dramat. Gesamtkunstwerk R. →Wagners, die programmat. symphon. Dichtungen →Liszts und R. →Strauss', den Klassizismus →Mendelssohns und →Brahms', den arabeskenhaften Klavierstil →Chopins, die Betonung kleiner (→Schuberts Lieder) und überdimensionierter Formen (→Bruckners Symphonien), den Rückgriff auf das Volkslied, das Virtuosentum und die Entstehung nationaler Schulen in Ost- und Nordeuropa. **3)** *Bildende Kunst*: Die Kunst der R. ist ohne eigtl. stilbildende Kraft; sie ist für die Plastik ohne Einfluß. In der Archit. fällt sie einerseits fast mit dem →Klassizismus zusammen, andererseits entspricht die Hinwendung zu hist. Stilen dem Geschichtssinn der R., z. B. in den Bauten →Schinkels und in der Liebe zur und bes. Förderung der →Neugotik (Fortführung des Kölner

Dombaus, Brüder →Boisserée). Am fruchtbarsten war die R. in der Malerei. C. D. →Friedrich brachte die romant. Grundidee in der Grenzenlosigkeit und Gefühlsbetontheit der Landschaft zum Ausdruck, Ph. O. →Runge zeichnete die Tiefen der menschl. Seele, deutete in symbolhaften Gestalten die Natur, M. v. →Schwind gestaltete dt. Vergangenheit aus Sagen und Märchen, die schon bei ihm, mehr noch bei seinen Nachahmern oft in gefährl. Nähe süßlicher Sentimentalität gerieten. Die Brüder →Olivier, C. Ph. →Fohr, *F. Horny* u. a. im Süden, vor allem in Rom lebende Maler verbinden die formstrenge klass.-heroische Landschaft mit einer Phantasie- und Zauberwelt. Eine Erneuerung der relig. Kunst versuchten die →Nazarener durch einen Rückgriff auf hist. Formen zu erreichen. Für die frz. Malerei der R. war nicht die Natur, sondern der Mensch mit seinen Schicksalen und Leidenschaften Mittelpunkt dramat. bewegter Bilder. (Bilder S. 5109)

Romantische Straße, Bez. für die an maler. Städtebildern reiche Strekke von →Füssen über →Landsberg am Lech, →Donauwörth, →Nördlingen, →Dinkelsbühl, →Rothenburg ob der Tauber nach →Würzburg.

Romanze [span., urspr. 'in romanischer Volkssprache' im Ggs. zum Lateinischen] *die,* **1)** *Dichtkunst:* volksliedhafte, episch-lyrische Verserzählung um einen volkstüml. Helden, 16-Silber mit Assonanzreimen; seit dem 15. Jh. in Spanien, im 16. Jh. zur Kunstdichtung erhoben. In Dtld. durch →Gleim eingeführt, von →Herder im 'Cid' künstler. verfeinert, in der Romantik viel geübt (F. →Schlegel, →Tieck, bes. C. →Brentanos 'R. vom Rosenkranz'). In Spanien zuletzt bei →García Lorca ('Romancero Gitano'); **2)** *Musik:* seit Mitte des 18. Jh. liedartiges Instrumentalstück. Als Gipfel dieser Instrumentalgattung gelten die Violinromanzen G-Dur, op. 40, und F-Dur, op. 50 (1802), von →Beethoven. Seit dem 19. Jh. in Frkr. und Rußland gefühlvolles Gesangsstück, formal zw. Lied und Arie.

Rombach, Otto, Schriftst., *22.7. 1904 Heilbronn; Lyrik, Dramen und heiter-besinnl. Romane ('Adrian, der Tulpendieb', 1936), auch mit kulturhist. Hintergrund ('Der junge Herr Alexius', 40; 'Der gute König René', 64); Reisebücher ('Atem des Neckars', 71).

Rombach (frz. *Rombas* [rõba̲ß]), Ort in Ostfrankreich (Lothringen), nordwestlich von Metz, 12200 E. (1973); Eisenindustrie.

Romberg, Moritz Heinrich, Arzt, *11.1.1795 Meiningen, †16.6.1873 Berlin; wandte erstmals die damals bekannten Ergebnisse neurophysiol. Forschung auf das Gebiet der Nervenerkrankungen an.

Rombergsches Phänomen, Unfähigkeit eines Menschen, beim Stehen mit geschlossenen Füßen, geschlossenen Augen und waagrecht nach vorn gehobenen Armen in der Senkrechten zu verharren; weist auf gestörte Zusammenarbeit der Muskeln durch Schädigung des Rückenmarks (bes. →Tabes dorsalis) hin; von M. H. →Romberg entdeckt.

Ro̲meo und Julia, Titelhelden von Shakespeares Tragödie 'Romeo and Juliet' (1593); Liebespaar, das durch die Feindschaft zw. den elterl. Häusern in den Tod getrieben wird. Urspr. ital. Novellenthema; zahlr. weitere Bearbeitungen.

Romford [rạmf$^{e r}$d], früher Stadt in der engl. Gft. →Essex, heute nordöstl. Stadtteil von London; Metall-, Maschinenindustrie.

Romịnte *die,* Nebenfluß der Pissa, 80 km lang, entspringt im O der →Seesker Höhen, durchfließt die *Rominter Heide,* mündet bei Gumbinnen.

Rọmmé, Kartenspiel für beliebig viele Spieler mit 2 Kartenspielen zu je 52 Blatt (→Bridge-Karten) mit bis zu 6 →Jokern.

Rommel, Erwin, dt. Gen.-Feldm., *15.11.1891 Heidenheim a. d. Brenz, †14.10.1944 Herrlingen (bei Ulm);

Erwin Rommel

Albrecht von Roon

volkstümlichster dt. Heerführer des II. Weltkriegs; führte 1941–43 die dt. Streitkräfte in Nordafrika, Jan. bis Juli 44 die Heeresgruppe B in N-Frkr. Wegen seiner Verbindung zur →Widerstandsbewegung von Hitler zur Einnahme von Gift gezwungen.

Romney [romni], George, engl. Maler, *15.12.1734 Dalton-in-Furness (Lancashire), †15.11.1802 Kendal; realist. Porträts der engl. Gesellschaft.

Romsdal [rumßdahl], westnorweg. Tal, das die Hafenstadt →Åndalsnes am inneren Ende des vielverzweigten *Romsdalsfjords* mit dem innernorweg. →Gudbrandsdal verbindet, von eingleisiger Eisenbahn durchzogen.

Romuald, benediktin. Ordensreformer, *um 952 Ravenna, †19.6.1027 Val di Castro; begr. mehrere Eremitenklöster, darunter 1012 Camaldoli (→Kamaldulenser); Heiliger.

Romulus, röm. Sagengestalt, Sohn des →Mars und der Vestalin Rea Silvia, wurde zus. mit seinem Zwillingsbruder Remus auf dem Tiber ausgesetzt, jedoch ans Ufer getrieben, von einer Wölfin gefunden und ernährt, schließl. vom Hirten *Faustulus* aufgefunden und aufgezogen. Später gründeten die Brüder Rom, wo R. als erster König der Stadt die polit. und milit. Grundlagen gelegt haben soll. In geschichtl. Zeit wurde R. als Gott →Quirinus verehrt.

Romulus Augustu(lu)s, letzter weström. Kaiser (475/476), nach Vertreibung des *Julius Nepos* durch seinen Vater, Heermeister *Orestes*, als Kind in Ravenna zum Kaiser ausgerufen, von Ostrom nicht anerkannt; von →Odowakar abgesetzt.

Roncesvalles [ronthheswaljeß], span. Ort in den westl. Pyrenäen, nordöstl. von →Pamplona; Kirche aus dem 13. Jh., in der Nähe got. Wallfahrtskirche. Nördl. von R. der *Paß von R.*, wo 778 die Nachhut des Heeres →Karls d. Gr. von Basken vernichtet wurde (→Roland).

Ronda, Stadt in Südspanien (Andalusien), in der *Sierra de R.*, westl. von →Málaga, 30700 E. (1972); älteste Stierkampfarena Spaniens (18. Jh.), maler. Brücken über tief eingefurchte Schluchten; landw. Zentrum, bed. Fremdenverkehr.

Ronde [frz. rõd[e]] (*Runde*), im 16. Jh. in die dt. Militärsprache eingebürgerter und bei der Marine inoffiziell noch heute übl. Bez. für die nächtl. Gänge zur Kontrolle der →Wachen.

Rondeau [frz., rõdo] *das*, **1)** aus Frkr. stammende Gedichtform mit (nach urspr. Regel) 14 Zeilen; die Anfangswörter der ersten Zeile werden nach der achten und nach der dreizehnten Zeile als verkürzter Refrain wiederholt. **2)** *Musik*: im MA ein mehrstrophiges Tanzlied mit →Refrain.

Rondel [rõdäl], frz. Gedichtform (12–14 Verse), wiederholt die beiden Anfangszeilen als Refrain.

Rondell [frz.] *das*, Rundanlage; rundes Blumenbeet, runder Befestigungsturm.

Rondo [ital.] *das*, instrumentale Spätform eines mittelalterl. Tanzliedes mit mehreren themat. abgeschlossenen Teilen. Das Anfangsthema (*Refrain*) kann nach wechselnden Episoden (*Couplets*) unverändert oder variiert wiederholt werden. Im 18. Jh. Schlußsatz der →Sonate.

Rondon (eigtl. *Candido Mariano da Silva*), brasilian. General, *1865 in Mato Grosso, †1958 Rio de Janeiro; organisierte Erforschung und Förderung der brasilian. Indianer, schuf Indianerreservate.

Ronkalische Felder, Ebene südl. des Po bei Roncaglia, die im Hochmittelalter Sammelplatz für das auf Romfahrt befindl. dt. Heer war; 1158 ließ hier Kaiser →Friedrich Barbarossa durch Bologneser Juristen auf einem Reichstag die königl. Rechte in Reichsitalien neu formulieren und verkünden (*Ronkalische Beschlüsse*).

Ronneburg, thür. Stadt und Badeort östl. von Gera, 10400 E. (1974); Stadtkirche (15. Jh.), Rathaus (1529); radioaktive Eisenquellen; vielseitige Ind.; in der Nähe Uranerzbergbau.

Ronsard [rõßar], Pierre de, frz. Dichter, *11.9.1525 Schloß Poissonnière (Vendôme), †27.12.85 Saint-Cosme (Touraine); Hofdichter Karls IX., Haupt der Dichterschule →Pléiade; suchte die frz. Sprache mit dem Reichtum antiker Dichtung zu durchdringen; den Alexandriner virtuos beherrschend, schrieb er Hymnen, Oden, Elegien, Epigramme und Liebessonette; leitete den frz. Klassizismus ein.

Ronse (frz. *Renaix* [r[e]nä]), Stadt in der belg. Prov. →Ostflandern, südl. von Gent, 25200 E. (1973); R. liegt auf der fläm.-wallon. Sprachgrenze; Textilindustrie.

Romantik: *Oben* Josef von Führich: Der wunderbare Fischzug (Ausschnitt, 1848), Schweinfurt, Sammlung Georg Schäfer; *unten* Carl Gustav Carus: Frau auf dem Söller (1824), Dresden, Gemäldegalerie; *rechts* Ernst Ferdinand Oehme d. Ä.: Dom im Winter (Ausschnitt, 1821)

Félicien Rops: Stillende Bäuerin

Roodepoort-Maraisburg, Minenstadt in →Transvaal, Rep. Südafrika, am →Witwatersrand westl. von Johannesburg, rd. 1500 m ü. M., 125000 E. (1972; davon 50000 Weiße); 4 Goldminen, Metallschmelzen. Entstanden um 1950 aus 15 kleineren Minen- und Industrieplätzen.

Roon, Albrecht, Graf von (1871), preuß. Gen.-Feldm., *30.4.1803 Pleushagen (Pommern), †23.2.79 Berlin; setzte als preuß. Kriegs-Min. (1859–73) mit Unterstützung →Bismarcks die Heeresreform von 61 gegen die liberale Mehrheit im Parlament durch; 61–71 zugleich Marine-Min., 73 auch preuß. Ministerpräsident. (Bild S. 5107)

Roosendaal (*R. en Nispen*), Stadt in der niederländ. Prov. →Nordbrabant, südwestl. von →Breda, 47400 E. (1973); Textil-Ind., bed. Bahnknotenpunkt.

Roosevelt [rous- oder rosewält], **1)** Franklin Delano, 32. Präs. der USA (1933–45), Demokrat, *30.1. 1882 Hyde Park (N. Y.), †12.4.1945 Warm Springs (Ga.); Rechtsanwalt, 1910 Senator, 1913–21 Unterstaatssekretär im Marineministerium, 1928 bis 32 Gouverneur von New York; 1932 gegen →Hoover zum Präs. der USA gewählt; 1936, 40 und 44 Wiederwahl. Mit großer Energie nahm er sich der innen- und außenpolit. Probleme an: Der Wirtschaftskrise trat er erfolgreich durch den →New Deal und die Lösung des Dollars vom Goldstandard entgegen. Er löste die USA wieder aus dem Isolationismus, verzichtete jedoch im Interesse guter Nachbarschaft auf Interventionen in den südamerik. Staaten. Früh erkannte er die friedensgefährdende Politik Hitlers. Durch das Leih-Pacht-Gesetz vom 11.3.41 unterstützte er Frkr. und Großbritannien; am 14.8.41 vereinbarte er mit Churchill die →Atlantikcharta über die Kriegsziele der Alliierten. Nach Eintritt der USA in den II. Weltkrieg (Dez. 41) steuerte er mehr und mehr die bedingungslose Kapitulation der Achsenmächte an. R. setzte sich für die Schaffung der →UN ein.

2) Theodore, 26. Präs. der USA (1901 bis 09), Republikaner, *27.10.1858 New York, †6.1.1919 Sagamore Hill (N. Y.); als Unterstaatssekretär des Marineministeriums (1897/98) entschiedener Befürworter des Krieges gegen Spanien (1898); 1899 Gouverneur von New York, 1901 Vizepräsident, nach der Ermordung →MacKinleys Präs. der USA, 1904 wiedergewählt. Als Anhänger einer imperialist. Politik erweiterte er 1904 die →Monroe-Doktrin, setzte den Bau des Panamakanals unter nordamerik. Kontrolle durch und vermittelte den jap.-russ. Frieden von Portsmouth (1905); für letzteres 1906 Friedensnobelpreis.

Rops, Félicien, belg. Maler und Graphiker, *7.7.1833 Namur, †22.8.98 Essonnes (Paris); Illustrationen und Radierungen mit oft diabol.-erot. Charakter ('Les Diaboliques', 1886).

Roquefort [rokfor], fetter, von grünem Schimmelpilz durchsetzter Schafskäse, in Felshöhlen bei dem frz. Ort *R.* (Dép. Aveyron) gereift.

F. D. Roosevelt

Th. Roosevelt

Roquette [rokät], Otto, Schriftst., *19.4.1824 Krotoschin (Posen), †18. 3.96 Darmstadt; heitere, phantasievolle Lyrik und Romane.

Roraima, 1) (früher *Rio Branco*), Territorium in N-Brasilien, 230104 km², 43400 E. (1972), Hptst. *Boa Vista* (12700 E.); im W von der Sierra →Parima, im N von der *Serra Pacaraima* begrenzt. **2)** Gebirgsmassiv im Grenzgebiet von Venezuela, Brasilien und Guayana, 2810 m hoch.

Rorschach, Hermann, Psychiater, *8.11.1884 Zürich, †2.4.1922 Herisau; entwickelte ein psychol.-diagnost. Verfahren (R.-→Test), bei dem zehn teils farbige Kleckse (Zufallsformen) gedeutet werden; lassen Rückschlüsse auf →Affektivität, →Intelligenz, →Kontakt und gegebenenfalls auf seel. Störungen zu. Der R.-Test gehört zu den verbreitetsten Persönlichkeitstests.

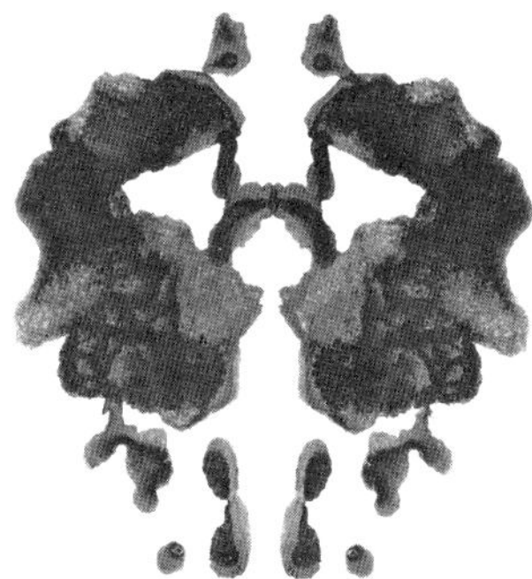

Rorschach-Test

Rorschach, Bezirkshauptstadt am Bodensee, im Kt. St. Gallen, mit 10800 E. (1975); kantonales Lehrerseminar; Maschinen-, Metall-, Textil- und Konservenindustrie.

Rosa, Salvator (gen. *Salvatoriello*), ital. Maler, Graphiker, satir. Dichter, *21.6.1615 Neapel, †15.3.73 Rom; pathet. Schlachtenbilder, phantast. Landschaften mit zerklüfteten Gebirgen.

Rosario (*R. de Santa Fé*), Stadt in der argentin. Prov. Santa Fé und Hafen am unteren Paraná, rd. 800000 E. (1972); Bischofssitz, Univ.; Fleischverarbeitungs-, Leder-, Zucker-, Mühlen-, Papier- und Maschinen-Ind.; Flughafen.

Rosas, Juan Manuel, argentin. Politiker, *30.3.1793 Buenos Aires, †14.

Roquefort: Reifung des Käses

3.1877 Swathling (bei Southampton); Großgrundbesitzer; 1829–32 Gouverneur, 1835–52 Diktator der Prov. Buenos Aires.

Rosbaud, Hans, Dirigent, *22.7. 1895 Graz, †29.12.1962 Lugano; setzte sich vor allem für die Neue Musik ein.

Roscelin(us), Johannes (*Roscelin von Compiègne*), Philosoph und Theologe, *um 1050 Compiègne, †um 1123 ebenda; frühscholast. Vertreter des →Nominalismus; seine Schriften sind nicht erhalten.

Roscher, Wilhelm, Nationalökonom, *21.10.1817 Hannover, †4.6.94 Leipzig; Hauptvertreter der älteren →Historischen Schule der Volkswirtschaftslehre. – *W*: System der Volkswirtschaft, 5 Bde. (1854–94).

Roscommon [-kǫmen] (irisch amtl. *Ros Comáin*), mittelirische Gft. in der Prov. Connacht, 2469 km², 54000 E. (1973), Hptst. *R.* (2800 E.).

Rosé, Arnold Josef, Geiger, *24.10. 1863 Jassy (Rumänien), †25.8.1946 London; von 1881 an bis zu seiner

Wilhelm Roscher

Peter Rosegger

Rose: **1, 2** Beispiele für die sechs wichtigsten Ausgangsformen der modernen Sorten, nach Radierungen von P. J. Redouté (1759–1840): **1** *Zentifolie*, **2** *Essigrose*; **3-9** gegenwärtig wichtige Gruppen: **3-5** *Teehybriden* (ausgesprochen edle Knospenform): **3** 'Kordes Perfecta', **4** 'Präsident Dr. Schröder', **5** 'Silver Star'; **6** Polyantha-Rosen (Blüten klein, in Büscheln): 'Muttertag'; **7** *Multiflora-Kletterrosen* (ursprünglich einfach und weiß, jetzt in allen Farben): 'Leverkusen'; **8** *Floribunda-Rosen* (fast edelrosenartige Blüten, schöne Knospenform, Gruppe noch in voller Entwicklung): 'Doktor Faust'; **9** *Zwergbengalrosen* (letzte Nachkommen der chinesischen Rosen mit ganz kleinen, dicht gefüllten Blüten): 'Rosmarin'

Emigration 1938 nach London Konzertmeister der Wiener Oper.

Rose, 1) *Bot.*: (*Rosa*), arten- und formreiche Gattung der R.-Gewächse, seit dem Altertum als Gartenpflanzen gezüchtet; meist stachlige Sträucher; Blüten rot, rosa, weiß oder gelb, mit mehreren unterständigen Fruchtknoten; diese entwickeln sich mit der krugförmigen Blütenachse zur Scheinfrucht *Hagebutte* (*Hiefe*), verwendet zur Herst. von Marmelade, Paste, Tee. Verbreitete *Wild-R.* (*Hecken-R.*) sind u. a. die rosa blühende *Hunds-R.* (Rosa canina), die weiß blühende *Feld-R.* (Rosa arvensis), die bis 2 m hohe *Filz-R.* (Rosa tomentosa) mit behaarten Blättern, die bis 3 m hohe *Alpen-R.* (Rosa pendulina) mit stachellosen Zweigen und dunkelroten Blüten; *Apfel-R.* (Rosa pomifera) und *Wein-R.* (Rosa rubiginosa) auch gepflanzt als Vogelschutzgehölz und Hagebuttenlieferanten. Sehr große, rote Hagebutten trägt die *Kartoffel-R.* (*Kamtschatka-R.*; Rosa rugosa), ausdauernd blühender Zierstrauch. Gefüllte, stark duftende Blüten haben *Zentifolie* (*Hundertblättrige R.*; Rosa centifolia) und *Damaszener-R.* (*Portland-R.*; Rosa damascena); aus ihren Blütenblättern wird →Rosenöl gewonnen. Bis 5 m hohe *Kletter-R.*, *Edel-R.* mit schön geformten, duftenden Blüten, reich blühende *Polyantha-R.* und *Floribunda-R.*, *Zwerg-R.* u. a. werden in vielen Sorten gezüchtet. **2)** *Med.*: Bez. für →Erysipel.

Rosegger, Peter (Pseud. *P. K.*, d. h. *Petri Kettenfeier*), Volks- und Heimatschriftst., *31.7.1843 Alpl (Obersteiermark), †26.6.1918 Krieglach (Obersteiermark); schilderte in volkstüml., gemütvoll heiterer Art, vorwiegend mit erzieher. Absichten, Landschaft, Menschen und Sitten seiner Heimat: 'Waldheimat' (1877), 'Der Gottsucher' (83), 'Als ich noch der Waldbauernbub war' (1902). (Bild S. 5111)

Roseggletscher, Gletscher der Berninagruppe, rd. 7 km lang und 10 km² groß.

Rosellasittich (*Platycerus eximius*), Art der →Sittiche mit mehreren Unterarten, darunter die *Prachtrosella* (*P. e. cecilae*); Australien. (Bild S. 5116)

3 4 5 6 7 8 9

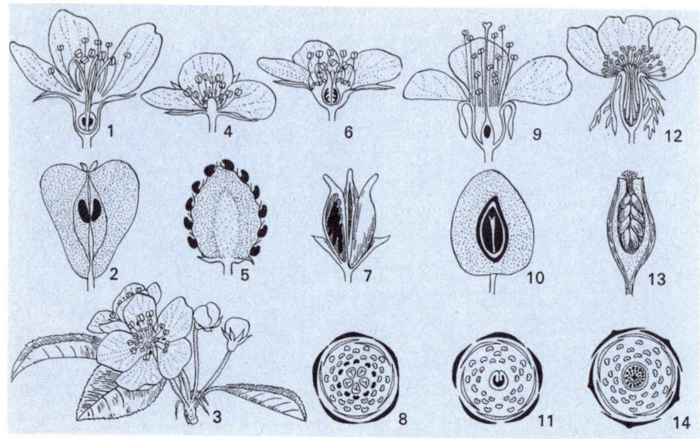

Rosengewächse: 1-3 Birne: **1, 2** Schnitt durch Blüte und reife Birne (Scheinfrucht), **3** Blütenzweig; **4, 5** Schnitt durch Erdbeerblüte und reife Erdbeere (Sammelnußfrucht); **6-8** Spiräe: **6, 7** Schnitt durch Blüte und vielsamige Balgfrucht, **8** Blütengrundriß; **9-11** Kirsche; **9, 10** Schnitt durch Blüte und reife Kirsche (Steinfrucht), **11** Blütengrundriß; **12-14** Heckenrose; **12, 13** Schnitt durch Blüte und Hagebutte (Sammelnußfrucht), **14** Blütengrundriß

Rosenapfel, 1. trop. Apfelsorte mit lockerem, schwammigem Fleisch und feinem, würzigem Geschmack. 2. trop. Frucht (→Jambuse). 3. Bez. für bestimmte pflanzl. →Gallen an Zweigen und Stämmen von Rosen.

Rosenberg, 1) Alfred, nat.-soz. Politiker, *12.1.1893 Reval, †(hingerichtet) 16.10.1946 Nürnberg; 1921 Hauptschriftleiter des →Völkischen Beobachters, Ideologe der →NSDAP ('Der Mythos des 20. Jh.', 1930); 41 Reichs-Min. für die besetzten Ostgebiete; im Nürnberger Prozeß zum Tode verurteilt.
2) Hilding, schwed. Komponist, *21.6.1892 Bosjökloster; Opern, Oratorien, Kantaten, Orchester- und Kammermusik (darunter 12 Streichquartette) in neoklassizist. Stil.
3) Ludwig, dt. Gewerkschaftler, *29.6.1903 Berlin; 1925–33 in der Angestelltengewerkschaft tätig, 33–46 emigriert, 49 Mitgl. des Bundesvorstands, 62–69 Vors. des →Dt. Gewerkschaftsbundes.

Rosenberg, 1) *R. in Westpreußen*, ehem. Krst. im Reg.-Bz. Westpreußen, Prov. Ostpreußen, östlich von →Marienwerder, 5000 E. (1974), seit 1945 unter poln. Verwaltung (*Susz*, Woiwodsch. Allenstein). **2)** *R. (Oberschlesien)*, ehem. Krst. in Oberschlesien, im Quellgebiet des →Stober, 7200 E. (1974), seit 1945 unter poln. Verwaltung (*Olesno*, Woiwodschaft Oppeln).

Rosenblattwespe (*Rosenbürsthornwespe*; *Hylotoma rosae*), 7–10 mm lange, schwarzgelbe Blattwespe; legt Eier in Rosentriebe, die verkümmern.

Rosendaël [-dal], Stadt an der frz. Kanalküste, östl. von →Dünkirchen, 15 300 E. (1973); Seebad.

Rosengarten (ital. *Catinaccio* [katinatscho]), Berggruppe der Südtiroler Dolomiten, nordwestl. des →Fassatals, im *Kesselkogel* 3004 m hoch; gelbl.-rotes Schichtgestein. Reich des sagenhaften Zwergenkönigs →Laurin. (Bild S. 5117)

Rosengarten, Der, mhd. Heldenepos um 1250, aus dem baier.-österr. Sprachraum; schildert derb-burlesk 12 Einzelkämpfe →Dietrichs von Bern und seiner Recken mit Siegfried, der schließl. den Zugang zum Rosengarten freigeben muß.

Rosengewächse (*Rosaceae*), artenreiche, bes. auf der Nordhalbkugel verbreitete Pflanzen-Fam.; Blüten strahlig, zwittrig, meist 5zählig; an der Fruchtbildung häufig Blütenachse beteiligt (Scheinfrucht). 4 Unterfamilien: 1. *Apfelgewächse* (*Pomoideae*), mit Scheinfrüchten; Apfel, Birne, Eberesche, Felsenbirne, Mispel, Quitte, Weißdorn, 2. *Prunoideae* (nur Gattung *Prunus*), mit einsamigen Steinfrüchten; Aprikose, Kirsche, Mandelbaum, Pfirsich, Pflaume, Zwetsche, Schlehe. 3. *Spiräengewächse* (*Spiraeoideae*), mit mehrsamigen, aufspringenden Balgfrüchten; Geißbart, Spierstrauch. 4. *Rosengewächse* i. e. S. (*Rosoideae*), mit meist zahlr. Fruchtknoten auf hochgewölbtem Blütenboden oder in Blütenachse eingesenkt; Stauden oder Sträucher mit gefiederten oder gelappten Blättern; Brom- und Himbeere, Fingerkraut, Frauenmantel, Erdbeere, Mädesüß, Rose, Silberwurz, Wiesenknopf.

Rosenheim, kreisfreie Stadt im Reg.-Bz. Oberbayern mit 38400 E. (1975), im klimat. begünstigten *Rosenheimer Becken*, an der Mündung der →Mangfall in den Inn; maler. Stadtbild; staatl. Fachhochschule für Holz- und Kunststofftechnik; bed. Verkehrsknotenpunkt im SO Bayerns; Metallverarbeitung, Holz-, Textil- und Baustoff-Ind., Klepper-Werke, Brauereien.

Rosenholz, Bez. für versch. Hölzer mit rötl. Farbe und rosenähnl. Duft, bes. von *Dalbergia variabilis*; auch für das Holz von Dalbergia nigra und Dalbergia latifolia (→Palisander).

Rosenkäfer (*Cetoniinae*), Unterfamilie der →Blatthornkäfer, glänzend und leuchtend gefärbt, meist gute Flieger; Blütenbesucher, fressen auch an Blütenteilen und Früchten; Larven (Engerlinge) oft in faulem Holz, z. T. schädl. durch Wurzelfraß. In Europa häufig der *Gemeine R.* (*Goldkäfer*; *Cetonia aurata*), 14 bis 21 mm lang, Flügeldecken grün, Körperunterseite kupferrot; in Afrika der →Goliathkäfer.

Rosenkranz, Karl, Philosoph, *23. 4.1805 Magdeburg, †14.6.79 Königsberg; Schüler →Hegels ('Wissenschaft der logischen Idee', 1852–59).

Rosenkranz, Perlenschnur zum Zählen von Gebetsformeln; wahrscheinlich aus dem schiwait. Hinduismus zum Buddhismus und über den Islam zum Christentum gekommen. In der kath. Kirche betrachtende Gebetsweise: 3×5 Glaubensgeheimnisse (*schmerzhafter*, *freudenhafter* und *glorreicher R.*).

Rosenkranzbilder, in Malerei und Plastik Darstellung Mariä mit dem Kind, umgeben von einem Kranz von Rosen.

Rosenheim

Rosenkreuzer, angebl. Geheimorden zur Wiederherstellung des urchristl. Ideals; beruhte auf einer Mystifikation der Anfang des 17. Jh. erschienenen anonymen R.-Schriften des württ. Pfarrers V. →Andreä und führte zu phantast. Mißdeutungen. Noch Freimaurergruppen des 18. Jh. beriefen sich auf den R.-Orden.

Rosenkriege, Kämpfe zw. den Häusern →York (weiße Rose) und →Lancaster (rote Rose) bzw. →Tudor um Einfluß, Grundbesitz und schließlich den engl. Königsthron (1455–85).

Rosenmontag [von köln. rose 'tollen'], Montag vor Fastnacht, Haupttag des rhein. Karnevals.

Rosenmüller, Johann, Komponist, *1619 Ölsnitz (Vogtland), †10.9.84 Wolfenbüttel; Hofkapellmeister in Wolfenbüttel; neben Kirchenmusik Vokalwerke sowie mehrstimmige Sonaten und Suiten.

Rosennobel [lat. 'rosa nobilis'] (*Ryal*), von Eduard IV. geschaffene engl. Goldmünze mit Rosenabbildung; 1 R. = 10 Schillinge.

Rosenöl, durch Destillation der Blütenblätter einiger Rosenarten (vor allem der Damaszenerrose) gewonnenes äther. Öl; schwach gelbe Flüssigkeit von scharfem Geruch und Geschmack, bereits bei Zimmertemperatur erstarrend; enthält u. a. zahlreiche Alkohole, hauptsächl. →Geraniol (rd. 60%). Für 1 kg R. sind etwa 3000 kg Blütenblätter nötig, das entspricht der Leistung von rd. 10000 Rosenstöcken. Verwendung vorwiegend in der Parfümerie. – Unechtes R. ist das aus mediterranen →Pelargonien gewonnene *Geraniumöl*. – Im 9. Jh. schon beschrieben.

Rosenow, Emil, Schriftst., *9.3.1871 Köln, †7.2.1904 Berlin-Schöneberg; vom Naturalismus beeinflußte soziale Dramen: 'Kater Lampe' (1906).

Rosellasittich: Prachtrosella

Rosenpelikan (*Pelecanus onocrotalus*), Art der →Pelikane, weiß mit schwärzl. Handschwingen, im Brutkleid mit rosarotem Anflug; bewohnt ausgedehnte Binnengewässer und Sümpfe sowie seichte Küstenlagunen, Nistkolonien im Röhricht; SO-Europa, Teile Asiens, Afrika.

Rosenplüt (*Rosenblüth, Rosenblut*), Hans (gen. 'Der Schnepperer'), Dichter, *um 1400 Nürnberg, †um 1470 ebenda; begr. die Tradition des Meistergesangs; polit.-satir. Fastnachtsspiele und zotenhaft-derbe Schwänke; erhob die →Priamel zur Kunstform.

Rosenpelikan

Rosenquist, James, amerik. Maler, *29.11.1933 Grand Falls (N. D.); überdimensionierte Bilder, deren vorsätzl. banale Themen in abstrakten Formfeldern durch Vergrößerung und Montage zu einer Kalligraphie des Konsums idealisiert werden.

Rosenthal, Philip, dt. Industrieller, *23.10.1916 Berlin; Leiter der Porzellan- und Glasfirma *Rosenthal AG* (Umsatz 1974: 347 Mio. DM, Beschäftigte: 9000) 1969 MdB, Sept. 70–Nov. 71 Parlamentar. Staatssekretär im Bundesmin. für Wirtschaft, 74 Mitglied des SPD-Fraktionsvorstandes.

Rosenwasser, Mischung von 4 Tropfen →Rosenöl mit 1 l destilliertem Wasser; in Konditoreien und Parfümerien verwendet.

Roseola [lat.], bis linsengroße, unscharf begrenzte Hautrötungen, die bei →Infektionskrankheiten als Ausdruck örtl. Blutgefäßerweiterungen durch die Giftstoffe der Krankheitserreger auftreten (z. B. bei →Typhus, →Syphilis).

Rosette (arab. *Rashid*), Hafenstadt in Unterägypten, nahe der Mündung des westl. Nilarmes, 36800 E. (1972). Der 1798 gefundene, spätägypt. *Stein von R.* (mit hierat., demot. und griech. Text) ermöglichte →Champollion die Entzifferung der →Hieroglyphen. (Bild S. 5118)

Rosette [frz. 'Röschen'] *die*, **1)** rosenähnl. Schmuckform: in der *Archit.* als rundes Ornament, in dessen Mitte sich eine Blüte mit strahlenförmigen Blättern befindet, oder als rundes, strahlenförmig unterteiltes Fenster; in der *Mode* (u. a.) als genähte runde (rosenförmige) Bandschleife; ferner bes. Form des Diamantschliffs; **2)** *Bot.*: Blattanordnung der sog. →R.-Pflanzen.

Rosettenpflanzen, Pflanzen, deren Blätter um eine kurze Sproßachse mehr oder weniger regelmäßig (als Rosette) angeordnet sind.

Roshdestwenskij, Gennadij, russ. Dirigent, *4.5.1931 Moskau; leitet seit 1960 das Große Rundfunk-Sinfonieorchester der UdSSR; präsen-

Rosengarten: Vajolettürme

Ross and Cromarty: Loch Kishorn

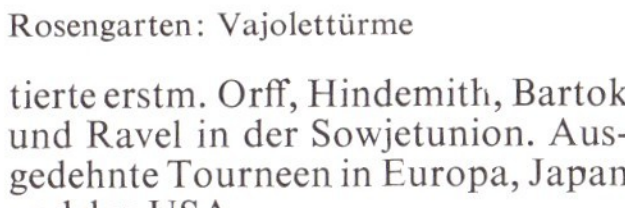

tierte erstm. Orff, Hindemith, Bartok und Ravel in der Sowjetunion. Ausgedehnte Tourneen in Europa, Japan und den USA.

Rosi, Francesco, ital. Filmregisseur, *15.11.1922 Neapel; sozialkrit. Filme im Stil eines dokumentar. Realismus. – Filme: La Sfida (1958); Wer erschoß Salvatore G. (62); Hände über der Stadt (63); Augenblick der Wahrheit (65); Der Fall Mattei (72).

Rosinen, getrocknete Weinbeeren wärmerer Länder. Man unterscheidet 1. große *Back-R.* (*Zibeben*) mit Kernen und dicker Schale, 2. kleine, dunkle und kernlose *Korinthen*, 3. helle, kernlose *Sultaninen*.

Rositten (lett. *Rēzekne*, russ. früher *Reschiza*), Stadt im östl. Lettland, Mittelpunkt von *Lettgallen*, 31 200 E. (1973); wichtiger Eisenbahnknotenpunkt; landw. Handelszentrum, Nahrungsmittel-, Textil-, Holz-Ind.

Roskilde [roßkil^{e}], einstige dän. Residenzstadt auf der Insel Seeland, mit 50 900 E. (1973); prot. Bischofssitz, Dom (12./13. Jh.; Grabstätte dän. Könige); Bahnknotenpunkt; wirtschaftl. im Einflußbereich Kopenhagens.

Rosmarin (*Rosmarinus officinalis*), bis 2 m hoher →Lippenblütler; immergrüner, mediterraner Strauch mit hellvioletten Blüten, bei uns meist Topfpflanze; die duftenden, schmalen, unterseits filzartig behaarten Blätter liefern ein äther. Öl (*R.-Öl*), verwendet in Parfümerie, Kosmetik und Med. – Auch die →Gränke wird gelegentlich als R. bezeichnet.

Rosmini-Serbati, Antonio, Graf, ital. Theologe und Philosoph, *24.3. 1797 Rovereto, †1.7.1855 Stresa; strebte eine Neubegründung der christl. Philos. an; sein Denken beruht auf der Unterscheidung von idealem, realem und moral. Sein. Manche Thesen wurden von der Kirche verurteilt. R. setzte sich für die polit. Einigung Italiens ein; gründete eine Priesterkongregation (*Rosminianer*).

Ross, 1) Sir James Clarke, engl. Polarforscher, Neffe von 2), *15.4. 1800 London, †3.4.62 Aylesbury; begleitete 1819–27 →Parry und 29–30 John R. auf mehreren Nordpolar-

Roskilde

Stein von Rosette. London, Britisches Museum

fahrten, führte 39–43 eine Südpolarexpedition durch, erforschte dabei das nach ihm benannte →R.-Meer und entdeckte →Victorialand, die →R.-Insel mit dem Mount →Erebus und die →R.-Barriere.

2) Sir John, engl. Polarforscher, *24. 6.1777 Inch (Wigtownshire), †30.8. 1856 London; erforschte die NW-Küste Grönlands, entdeckte auf der Suche nach der →Nordwestpassage 1831 den magnet. Nordpol auf der Halbinsel →Boothia.

3) Sir Ronald, engl. Arzt, *13.5.1857 Almora (Indien), †16.9.1932 Putney Heath (England); wies 1897 nach, daß die →Malaria durch eine Stechmücke (→Malariamücke) übertragen wird. 1902 Nobelpreis.

Ross and Cromarty [roß ^{e}nd krom^{er}ti], schott. Gft. in den mittl. →Northwest Highlands, 8000 km^2, 58000 E. (1973), Hptst. *Dingwall* (5100 E.); ausgedehnte Naturparks; karge Schafweiden, Erzeugung von Harris-Tweed. (Bild S. 5117)

Rossano, südital. Stadt in Kalabrien und dessen alte Hptst., nahe der Küste am Golf von Tarent, mit 20400 E. (1973); Erzbischofssitz; Kirche S. Marco aus der Normannenzeit, Erzbischöfl. Bibl. mit Evangelienhandschrift (4. Jh.); nahebei Alabaster- und Marmorbrüche.

Roßbach, Industriegemeinde im Kr. →Merseburg, Sachsen-Anh., südwestl. von →Leuna, 4300 E. (1974); Braunkohlenbergbau. Bei R. 1757 Sieg →Friedrichs d. Gr. über die Franzosen und die Reichsarmee.

Ross-Barriere [nach J. C. →Ross], seeseitiger Steilabfall von 35–50 m Höhe einer von den antarkt. Gletschern gespeisten Eismasse (*Ross-Schelfeis*) von fast 200 m Dicke im →Rossmeer, stößt tafelförmige Eisberge riesigen Ausmaßes ab.

Roßbreiten, Bez. für windschwache Gebiete im Bereich der subtrop. Hochdruckgürtel, bes. des →Azorenhochs.

Ross Dependency [– dipend^{e}nßi; nach J. C. →Ross], antarkt. Sektor südl. des 60. Breitengrades, zw. 160° östl. und 150° westl. Länge; seit 1923 neuseeländisch.

Rosselli, Cosimo, ital. Maler, *1439 Florenz, †7.1.1507 ebenda; Altarbilder und Fresken.

Rossellini, Roberto, ital. Filmregisseur, *8.5.1906 Rom, †3.6.77 ebenda; Mitbegr. des Neorealismus (→Film); Verwendung von Laiendarstellern, improvisator. Dreharbeit und Verzicht auf Atelierszenen. – Filme: Rom, offene Stadt (1945); Stromboli (50); Franciscus, der Gaukler Gottes (50) u.a.; seit 64 Fernsehfilme.

Rossellino, 1) Antonio, ital. Bildhauer, *1427 Settignano, †1479 Florenz; figürl. Plastiken und Grabmäler. Grabmal des Kardinals von Portugal (S. Miniato, Florenz).

2) Bernardo, ital. Baumeister und Bildhauer, Bruder und Lehrer von 1), *1409 Settignano, †23.9.1464 Flo-

J. C. Ross

G. Rossini

renz; schuf mit dem Grabmal des Leonardo Bruni in S. Croce den Typ des Wandnischen-Grabes. Als Baumeister bes. in Pienza (bei Siena) tätig.

Rossetti, 1) Christina Georgina (Pseud. *Ellen Allayne*), engl. Dichterin, Tochter von 3), *5.12.1830 London, †29.12.94 ebenda; schwermütige Märchen, relig.-verinnerlichte Lyrik: 'Annus Domini' (1874).
2) Dante Gabriel, engl. Maler und Dichter, Sohn von 3), *12.5.1828 London, †9.4.82 Birchington-on-Sea (Kent); begr. mit W. H. →Hunt und J. E. →Millais 1848 die Bruderschaft der →Präraffaeliten; wollte die Kunst durch Zurückgehen auf reine Schönheit und Natur reformieren; übte als Maler, Buchillustrator und Dichter myst.-ästhet. Sonette auf die Kunst seiner Zeit eine starke Wirkung aus. (Bild S. 5120)
3) Gabriele, ital. Dichter, *28.2.1783 Vasto degli Abruzzi, †24.4.1854 London; als ital. Patriot seit 1824 in London im Exil; patriot. und relig. Lyrik, Opernlibretti, Kommentar zur 'Göttlichen Komödie'.

Roßhaar, Schweif- und Mähnenhaare des Pferdes; verwendet zur Polsterung von Matratzen und Möbeln, für Haarsiebe, als Einlegefutterstoff, zu Teppichhaargarnen, zur Bürsten- und Pinselherstellung.

Rossi, Opilio, Titularerzbischof (1953), päpstl. Diplomat, *14.5.1910 New York; seit 1961 Nuntius in Österreich.

Rossini, Gioacchino, ital. Komponist, *29.2.1792 Pesaro, †13.11.1868 Passy (bei Paris); lebte in Venedig, London, Paris, Bologna und Florenz; 'Stabat mater' (1832), 'Petite Messe solonelle' (63) u. a. Kirchen- und Kammermusik, etwa 40 Opern: 'Tancred', 'Die Italienerin in Algier' (1813); 'Der Barbier von Sevilla' (16); 'Die diebische Elster' (17); 'Wilhelm Tell' (29).

Rossinsel [nach J. C. →Ross], zwei unbewohnte Inseln in der Antarktis: **1)** Insel im →Rossmeer, mit dem Vulkan Mount →Erebus (3794 m hoch); **2)** Insel im →Weddellmeer, vor der Nordostküste von →Grahamland, im *Mount Haddington* 1620 m hoch.

Rossitten, Seebad in Ostpreußen auf der →Kurischen Nehrung mit 800 E. (1973), seit 1945 unter sowjet. Verwaltung (*Rybatschij*); berühmte Vogelwarte, 1946 nach →Möggingen am Bodensee verlegt.

Antonio Rossellino: Grabmal des Kardinals von Portugal

Roßlau (*Elbe*), Krst. im Bz. Halle, Sachsen-Anh., an der Mündung der *Rossel* und →Mulde in die Elbe, 16700 E. (1974); Bahnknotenpunkt; Schiffswerft, Maschinen- (Dieselmotoren), Steingut-, Porzellan-, chem. und Holzindustrie.

Rossmeer (*Ross-See*), Meeresbucht des antarkt. Festlandes zw. →Marie-Byrd-Land und →Victorialand, 1841/42 von J. C. →Ross entdeckt; im Südteil von 522000 km² großer Eismasse bedeckt (*Ross-Schelfeis*).

Rosso di San Secondo, Piermaria, (eigtl. *P. M. Rosso*), ital. Schriftst., *30.11.1887 Caltanissetta (Sizilien), †22.11.1956 Lido di Camaiore (Toskana); unkonventionelle, groteske Dramen: 'Marionette, che passione!' (1918), 'La bella addormentata' (19); auch Erzählungen.

Rosso Fiorentino (eigtl. *Giovanni Battista di Jacopo di Guasparre*), florentin. Maler, *8.3.1494 Florenz, †14.11.1540 Paris; Bilder mit straff durchgezeichneten menschl. Figuren in expressiv gesteigerten, komplizierten Bildordnungen und dissonant eingesetzten pastelligen Farben. Raumdekorationen in Schloß Fontainebleau (→Manierismus). (Bild S. 5121)

Roßtrappe, steil zum Bodetal abfallender Granitfelsen im Harz, gegenüber dem *Hexentanzplatz.*

D. G. Rosetti: Hochzeit des hl. Georg und der Prinzessin Sabra (um 1857). London, Tate Gallery

Roßwein, sächs. Stadt im Kr. →Döbeln, an der Freiberger →Mulde, 10000 E. (1975); Marienkirche, Rathaus (beide 16. und 19. Jh.), Amtshaus (1537); Metall-, Maschinen-, Textil-, Zigarren- und Spielzeugindustrie.

Rost, 1) *Bot.*: verbreitete Pflanzenerkrankung, hervorgerufen durch →Rostpilze: bilden rostfarbene Flekken und Streifen (Sporenlager) auf

Rost: Bohnenrost

Blättern und Stengeln; Befall verursacht große Schäden an Obst, Gemüse und bes. Getreide. **2)** *Chemie*: rotbraune, lockere Schicht von Eisenoxiden (FeO, $Fe_2O_3 \cdot H_2O$), die auf der Oberfläche von Eisen oder Stahl in feuchter Luft oder kohlendioxidhaltigem Wasser entsteht; wird begünstigt durch Säuredämpfe (Schwefeldioxid im →Rauch) und durch Berührung mit edleren Metallen (→Lokalelemente). R. wird beseitigt durch Mineralsäuren oder durch mechan. Bearbeitung (Bürsten, Sandstrahlgebläse). *R.-Schutz* wird erzielt durch Anstriche (z. B. →Mennige) oder Überziehen mit Zink, Zinn (Weißblech), Chrom und anderen Metallen, Kunstharzen (z. B. PVC), Kunststofflacken (Silicone), Emaillieren u. a. Durch Legieren mit Mangan, Vanadin und anderen Stahlveredlern (→Stahl) kann Eisen korrosionsfest gemacht werden. **3)** gitterförmige Unterlage bei →Feuerungen.

Rostand [roßtã], Edmond, frz. Schriftst., *1.4.1868 Marseille, †2.12. 1918 Paris; erneuerte das romant. Versdrama mit wirkungsvollen Werken: 'Cyrano de Bergerac' (97), 'Der junge Aar' (L'Aiglon, 1900), 'Chantecler' (10); Lyrik.

Rostock, 1) Bezirk der DDR, 1952 aus Vorpommern und dem nördl. →Mecklenburg gebildet, 7074 km², 859000 E. (1975); umfaßt 3 Stadt- und 10 Landkreise; ertragreiche Landw. (Weizen, Zuckerrüben, Roggen, Kartoffeln) und Viehzucht, Küstenfischerei; wenig Industrie, auf die Städte beschränkt. **2)** Hptst. des Bz. R. und meckl. Krst. an der Mündung der →Warnow, 210000 E. (1975), wichtigster Ostseehafen der DDR; trotz starker Kriegszerstörungen noch zahlr. alte Backstein-Bauwerke: Marienkirche (13.–15. Jh.), Nikolaikirche (14. Jh.), Jakobikirche (15. Jh.), Rathaus (15. und 18. Jh.), alte Stadttore; Universität (1419 gegründet), Musik-Hochsch., Museum, Theater; zählt zu den am stärksten wachsenden Städten der DDR, vorrangig der Ausbau zum Hochseehafen (Vertiefung des Warnow-Mündungstrichters auf 10,5 m); Vorhafen ist →Warnemünde; Sitz der Dt. Seereederei VEB; Hochseefischerei, Schiffs- ('Neptun') und Reparaturwerften, Maschinen- und Dieselmotorenbau, Holz-, Nahrungsmittel-Ind., Chemikalien. – 1218 Lübisches Stadtrecht, führende Hansestadt. Seit 1958 alljährl. stattfindende *Ostseewoche* (Gegenstück zur Kieler Woche).

Rostow [-tof], **1)** *R. am Don*, Ind.- und Hafenstadt in der Russ. SFSR, am Don oberhalb seiner Mündung ins Asowsche Meer, 834000 E. (1973); kulturelles und wirtschaftl. Zentrum, bed. Verkehrsknotenpunkt und Umschlagplatz, Ausfuhrhafen für die Kohle des Donezbeckens; Univ. (gegr. 1917) u. a. Hochsch., wissenschaftl. Inst.; Landmaschinenbau, Werften, Metall-, Nahrungsmittel- (Fischkombinat), Ta-

Rosso Fiorentino: Kreuzabnahme (1521) Volterra, Pinacoteca

Rostock: Stadthafen an der Unter-Warnow

Rostow Welikij

bak-, Schuh-, chem., Holz-, Textilindustrie. **2)** (*R. Welikij*), Stadt in der Russ. SFSR, am *Nerosee* südwestl. Jaroslawl, 32300 E. (1973); Kreml (17. Jh.), zahlr. alte Bauwerke; Flachsspinnereien, Mühlen, Metallgießerei, Arzneimittelfabrik.

Rostpilze (*Uredinales*), Ordnung der →Ständerpilze; Parasiten, z. T. Erreger verbreiteter Pflanzenkrankheiten (→Rost, →Pflanzenkrebs). Vermehrung durch Generationen verschiedenartiger →Sporen, die meist nur bestimmte Wirtspflanzen befallen, daher häufig Wirtswechsel; so entwickeln sich bei *Erbsenrost* (*Uromyces pisi*) die Sommersporen (*Uredosporen*) und die dickwandigen Wintersporen (*Teleutosporen*) auf Saat- und Platterbse, die Bechersporen (*Pyknosporen* und *Äzidiosporen*, →Äzidien) auf Wolfsmilch; →Dreh-, →Gelb-, →Kronen-, →Schwarzrost.

Rostropowitsch, Mstislaw Leopoldowitsch, russ. Violoncellist, *27.3. 1927 Baku; führender Virtuose.

Rosvaenge, Helge Anton, dän. Tenor, *29.8.1897 Kopenhagen, †19.6. 1972 München; Opernsänger, wirkte u. a. in Berlin, Wien.

Rotalgen (*Rhodophyceae*), Klasse festgewachsener, meist mehrzelliger →Algen vorwiegend ruhiger, tieferer Meeresteile; Blattgrün (nur →Chlorophyll a) durch rotes *Phycoërythrin* und (seltener) blaues *Phycocyan* überdeckt; als Reservestoff wird die dem →Glykogen ähnl. *Florideenstärke* gespeichert sowie Öl und *Floridoside* (Galaktose-Glycerin-Verbindungen); Fortpflanzung durch unbewegl. →Sporen bzw. →Gameten, →Generationswechsel. Mehrzellige R. (*Florideen*) zeigen unterschiedl. Formen: verzweigt der →Federtang, blattartig der →Seeampfer, bäumchenförmig der Perltang (→Karrag[h]een), korallenähnl. die *Kalkflorideen* (→Korallenmoos) brandungsreicher trop. Küsten, krustenbildend an Felsküsten *Cruoria*; versch. Arten liefern →Agar-Agar, einige (Gattung *Porphyra*) in Ostasien Nahrungsmittel.

Rotangpalme (*Rotang*, *Schilfpalme*; *Calamus*), Palmengattung mit mehreren hundert Arten, in feuchtheißen Tropenwäldern (Afrika bis Australien); Kletterpflanzen, biegsame Stämme bis etwa 4 cm dick und 150 m lang; klettern mit Hilfe rückwärts gerichteter Stacheln (*Spreizklimmer*). Stengel versch. Arten als Rohrmaterial (*Span. Rohr*, *Peddig-*, *Stuhlrohr*) verwendet, dickere Stengel z. B. für Spazierstöcke, Teppichklopfer; Rinde, in Längsstreifen abgeschält, als Flechtrohr für Sitzmöbel usw.; der verbleibende innere, bes. biegsame Strang u. a. für Körbe.

Rota Romana, wichtigster päpstl. Gerichtshof an der →Kurie, insbes. Berufungsgericht für alle kirchl. Rechtsstreitigkeiten.

Rotary Clubs [ro^u^t^e^ri klabs], internat. Vereinigung, die in rd. 150 Ländern etwa 750000 (männl.) Mitglieder (*Rotarier*) zählt; gegr. 1905 von dem Anwalt *P. P. Harris* in Chicago; in Dtld. seit 1927 (Schweiz 1924, Österr. 1925); unter Hitler verboten. Dachorganisation: *Rotary International.* Ziele: Freundschaft, Dienst am Nächsten, Vergabe von Stipendien.

Rotation [lat.], Drehbewegung eines Körpers um eine wirkl. oder gedachte Achse (*R.-Achse*). Die Zeit, die ein Punkt des Körpers für einen vollen Umlauf benötigt, heißt R.-Zeit; sie ist für alle Punkte eines starren Körpers (z. B. eines Wagenrades) dieselbe, im Ggs. zur *differentiellen R.* bei Flüssigkeiten und Gasen. Liegt die Achse außerhalb des Körpers, spricht man von Umlauf und entspr. von der Umlaufszeit. *Gebundene R.* liegt vor, wenn R.-Zeit und Umlaufszeit gleich groß sind (z. B. beim Mond). Die *R.-Energie* eines Körpers ist das halbe Produkt aus seinem →Trägheitsmoment und dem Quadrat der →Winkelgeschwindigkeit. Die Eigen-R. atomarer Teilchen heißt →Spin. Die R.-Energie von Molekülen kann nur bestimmte Beträge annehmen; bei Änderung des R.-Zustandes werden die Energiedifferenzen der betr. Zustände in Form eines →Bandenspektrums abgestrahlt (→Rotationskörper).

Rotationsellipsoid, Form eines Körpers, die durch Umdrehung einer Ellipsenfläche um eine ihrer Achsen entsteht. Die Erdkugel (→Geoid) ähnelt in ihrer Form einem R.

Rotationskörper, Körper, die durch →Rotation einer allseits begrenzten Fläche um eine (gedachte) Achse gebildet werden, z. B. Kreiszylinder (Achse: eine Rechteckseite), →Rotationsellipsoid. Durch Rotation einer (ebenen) →Kurve entsteht eine *Rotationsfläche*.

Rotationskolbenmotor, Motor mit einem Verdränger, der um eine feste Achse rotiert, z. B. ein als Motor betriebenes →Kapselwerk (→Wankel-Motor).

Rotauge (*Plötze*; *Rutilus rutilus*), in Mittel- und Nordeuropa verbreiteter →Karpfenfisch, etwa 20 cm lang, mit silbrigem Körper und rötl. Flossen (ähnlich →Rotfeder); in Schwärmen, vorwiegend im Süßwasser; grätenreicher Speisefisch.

Rotbarsch (*Goldbarsch*; *Sebastes marinus*), zu den →Drachenköpfen zählender, lebendgebärender Raubfisch des Nordatlantik; bis 1 m lang; geschätzter Speisefisch. Verwandt der *Kleine R.* (*Sebastes viviparus*).

Rotbleierz (*Krokoit*), gelblichrotes seltenes Bleierz mit Diamantglanz, chem. Bleichromat.

Rotbruch, Bruch oder Rissigwerden von Metallen bei →Rotglut infolge hohen Schwefel- oder zu geringen Mangangehalts.

Rotdorn, Varietät des Gemeinen →Weißdorns mit roten, gefüllten Blüten; Zierstrauch oder -baum.

Rote Armee (1918–39: 'Rote Arbeiter- und Bauernarmee'), Name der sowjet. Streitkräfte bis 1946. Ihren grundlegenden Aufbau aus chaot. Anfängen ('Rote Garden') zur Wehrpflichtarmee leitete 18–25 →Trotzkij. Die R. A. bestand bis in die 30er Jahre aus Volldivisionen und milizartigen Territorialdivisionen (→Kader-Verbände auf regionaler Grundlage). →Stalins 'Große Säuberung' dezimierte 36–38 ihr Führerkorps zum schweren Schaden der Schlagkraft der Truppe; 46 in Sowjetarmee umbenannt (→Tuchatschewskij, →Sowjetunion).

Rote Fahne, Symbol der sozialist. →Internationale; von kommunist. Staaten (mit Zusätzen) als Nationalflagge übernommen.

Rote Garde (chines. *hong wei ping*), polit. Organisation an den Univ. und Mittelschulen der VR China; griff 1966 mit Unterstützung →Mao Tsetungs in die →Kulturrevolution ein; 68 umorganisiert und versch. Revolutionskomitees unterstellt.

Roteiche (*Quercus rubra*), nordamerik. Eiche, tief gespaltene, grob gezähnte Blätter und rote Herbstfärbung; in Anlagen, Wäldern.

Roteisenstein (*Roteisenerz*, *Roter →Glaskopf*), stahlgraues bis schwarzes Mineral, derb, faserig oder nierig; bed., weitverbreitetes Eisenerz (→Eisen); Abart des →Hämatit.

Rotenburg, 1) *R. an der Fulda*, hess. Stadt an der oberen →Fulda, 14400 E. (1975); Luftkurort; altes Stadtbild mit zwei got. Kirchen (13.–16. Jh.), ehem. landgräfl. Schloß (16.–18. Jh.) und Fachwerkbauten; Landesfinanzschule; Holzverarbeitung, Lederwaren und Textilien. **2)** *R.* (*Wümme*), niedersächs. Krst. im Reg.-Bz. →Stade, an der →Wümme, 19000 E. (1975); Saatzucht-Betriebe, Textil- u. a. Industrie.

Roterde (ital. *Terra rossa*), typ., roter Verwitterungsboden der Mittelmeergebiete auf kalkiger Unterlage; die Farbe ist durch eine Anreicherung von Eisen bedingt.

roter Faden, urspr. kennzeichnender Beifaden in den Tauen der engl. Marine; i. ü. S. charakterist. Besonderheit, die einem Ganzen ihr Gepräge gibt.

Roter Fluß (*Songkoi*), Fluß in China und Nordvietnam, rd. 800 km lang, entspringt in der chines. Prov. Jünnan, mündet mit 15000 km² großem Delta in den Golf von Tonkin; in dem fruchtbaren und dichtbesiedelten Delta liegen die Städte →Haiphong und →Hanoi.

Roter Hund (*Miliaria rubra*), volkstüml. Bez. für eine Sonderform des →Hitzeausschlags, gekennzeichnet durch Bläschen auf rotem Grund; tritt bes. in trop. Klima auf.

Roter Sand, Untiefe mit Leuchtturm in der Nordsee vor der Wesermündung, nordöstl. →Wangerooge.

Roter-Turm-Paß (rumän. *Turnul Roşu*), Durchbruchstal des →Alt durch die Südkarpaten westl. des Făgăraşer Geb., 352 m ü. M., von Straße und Eisenbahn benutzt.

Rotes Kreuz, 1) Die Einrichtungen des 1863 auf Anregung von H. →Dunant geschaffenen Internat. Komitees vom R. K. und des 1928 im Haag gegr. →Internationalen R. K., eines humanitären Hilfswerks, das auf Grundlage der nationalen Rot-Kreuz-Gesellschaften für die Milderung der Leiden des Krieges, Kriegsgefangenenbetreuung und -austausch sowie im Vermißtensuchdienst tätig ist, in seinen nationalen Organisationen auch in Krankenpflege, Rettungs-

Rotes Kreuz: Unterzeichnung der Genfer Konvention im Rathaus zu Genf (1864)

dienst, Katastrophenschutz und Luftschutzhilfsdienst. **2)** Aus der Umkehrung des Schweizer Wappens entstandenes internationales Schutzzeichen (bzw. Kennzeichen) für die unter 1) genannten Organisationen sowie für die Angehörigen und Einrichtungen der milit. Sanitäts- und Seelsorgedienste. Durch die →Genfer Konventionen sind für einige muslimische Länder der *Rote Halbmond*, für den Iran der *Rote Löwe mit Roter Sonne* entspr. anerkannt. **3)** Das *Deutsche Rote Kreuz* (*DRK*), Sitz: Bonn, hat etwa 2,4 Mio. Mitgl. (in 14 Landesverbänden), 400000 Jugend-Rotkreuz-Mitgl., 250000 Freiwillige Helfer; ist nationale Rotkreuz-Ges. und Spitzenverband der Freien Wohlfahrtspflege. Hauptaufgaben: 1. Mitwirkung im Sanitätsdienst von Bundeswehr und Zivilschutz, Suchdienst, Amtl. Auskunftsbüro nach den Genfer Abkommen, Familienzusammenführung, Hilfe für Kriegsopfer, Unterricht über Genfer Rotkreuz-Abkommen; 2. Sozialarbeit, u. a. Krankenpflege und -transport, Blutspendedienst, Katastrophenschutz und -hilfe, Rettungsdienst, Erste Hilfe, Ausbildungsprogramme, Gesundheitsdienst; Entwicklungshilfeprogramm. Zum DRK gehört der Verband der Schwesternschaften vom R. K. (14500 Mitgl.). Das DRK wird durch Mitgliedsbeiträge, Sammlungen und Zuwendungen von privater und öffentl. Seite finanziert. DDR: seit 1952 eigene DRK-Organisation. *Österr.*: Österr. Ges. vom R. K., 1880 gegr.; 9 Landesverbände; 29000 Mitgl., 87000 Jugend-Rotkreuz-Mitglieder. *Schweiz*: 75 regionale Sektionen; Sitz: Bern.

Rotes Meer (arab. *Bahr el Ahmar*), 2300 km langes, bis 350 km breites Nebenmeer des Ind. Ozeans zw. Arabien und Afrika, entstanden als Grabenbruch, bis 2359 m tief, im Mittel 491 m, 440000 km² groß. Das R. M. ist im S durch die Straße von →Bab el Mandeb mit dem Golf von Aden (→Arab. Meer), im N durch den Sueskanal mit dem →Europ. Mittelmeer verbunden; wichtig für Seeverkehr mit den asiat. Ländern; extrem hohe Wassertemp. (bis 35° C) und hoher Salzgehalt (41–43‰).

Rotfeder (*Scardinius erythrophthalmus*), 25 bis 30 cm langer Karpfenfisch, goldglänzend mit roten Flossen; in pflanzenreichen Gewässern Mitteleuropas und -asiens.

Rotfeuerfische (*Pterois*), Gattung der →Drachenköpfe; bizarr geformte Fische mit rot-weißer Querstreifung; besitzen stark verlängerte, als Stacheln ausgebildete Flossenstrahlen (vor allem an den Brustflossen) mit Giftdrüsen an der Basis; in trop. Meeren (bes. Korallenriffe); z. B. die bis 30 cm lange Art *Pterois volitans*, Rotes Meer bis Indopazifik.

Rotes Meer: Hafen von Port Sudan

Rotfußröhrling (*Rotfuß*; *Boletus versicolor*), →Röhrenpilz, von Juli bis Nov. in Nadel- und Laubwäldern, bes. auf Lichtungen; jung sehr schmackhaft.

Rotglut, für die Temp. glühender fester Stoffe charakterist. Farbe: dunkelrot bei 700°, kirschrot bei 800°, hellrot bei 900°, lachsrot bei 1000° C.

Rotgültigerz, zusammenfassende Bez. für versch. Arten von rotem Silbererz. *Lichtes R.* (*Proustit*, *Arsensilberblende*) ist scharlachrot und kommt im Erzgebirge, Schwarzwald, Frkr., USA vor. *Dunkles R.* (*Pyrargyrit*, *Antimonsilberblende*) ist meist dunkelrot und findet sich in Böhmen, Spanien, Chile, Mexiko. Die R. enthalten bis 65% Silber und gehören zu den wichtigsten Silbererzen.

Rotguß, rötliche, gieß- und polierbare Kupferlegierung mit 4–10% Zinn, 2–7% Zink und 0–6% Blei. Verwendung für Maschinenlager und Armaturen; →Lagermetalle.

Roth, 1) Eugen, Schriftst., *24.1.1895 München, †28.4.1976 ebenda; Lyriker heiter-witziger Lebensweisheit, z. B. 'Ein Mensch' (1935), 'Der letzte Mensch' (64); auch Erzähler ('Alltag und Abenteuer', 74).

2) Joseph, Schriftsteller, *2.9.1894 Brody (Ostgalizien), †27.5.1939 Paris; lebte seit 1921 in Berlin, emigrierte 1933; entwarf ein trotz iron. Kritik wehmütiges Bild der sterbenden Donaumonarchie in 'Radetzkymarsch' (1932) und 'Die Geschichte von der 1002. Nacht' (39); Romane, deren anklagende sozialist. und warnend antifaschist. Haltung immer wieder iron. gebrochener Resignation weicht ('Flucht ohne Ende', 27; 'Hiob', 30; 'Die Kapuzinergruft', 38; 'Die Legende vom heiligen Trinker', 39).

3) Philip, amerik. Schriftst., *19.3.1933 Newark (N. J.); schildert in anschaul.-bildhafter Komik jüd. Familienleben in dem Roman 'Portnoys Beschwerden' (Portnoy's complaint, 1969); auch Kurzgeschichten.

4) Rudolf von, Indologe, *3.4.1821 Stuttgart, †23.6.95 Tübingen; Begr. der europ. Weda-Forschung; gab zus. mit *Otto von Böhtlingk* (1815 bis 1904) ein siebenbändiges Sanskrit-Dt.-Wörterbuch (1855–75) heraus.

Roth, bayr. Krst. im Reg.-Bz. Mittelfranken, an der →Rednitz, mit 17500 E. (1975); Schmuckwaren-Herst., versch. Industrie.

Rothaargebirge, der nordöstl. Teil des →Rhein. Schiefergeb., waldreicher Kamm, im →Kahlen Asten 841 m hoch; Quellgebiet von →Eder, →Lahn und →Sieg im S und →Diemel, →Lenne, →Ruhr im N.

Rothaarigkeit (*Rutilismus*), versch. stark ausgeprägte Rotfärbung der Körperhaare; kommt wahrsch. durch eine angeborene, rezessiv vererbbare Enzymanomalie zustande, wodurch die Umwandlung der farblosen Vorstufen von →Melanin nur teilweise gelingt.

Rothacker, Erich, Philosoph und Psychologe, *12.3.1888 Pforzheim, †11.8.1965 Bonn; Schüler von W. →Dilthey; Studien zur Grundlegung der Geisteswissenschaften ('Logik und Systematik der Geisteswissenschaften', 1926); anthropolog. ('Probleme der Kulturanthropologie', 42) und naturphilos. Untersuchungen; für die Psychol. bed. der zusammenfassende Entwurf einer Schichtentheorie des Seelischen ('Die Schichten der Persönlichkeit', 38).

Rothari, König der Langobarden (636–652); Arianer; stärkte das Kgt. gegenüber den Herzögen; eroberte byzantin. Gebiete jenseits des Apennin an der ligur. Küste und gegen Venetien; ließ im sog. *Edictus R.* (643) das langobard. Volksrecht aufzeichnen.

Rothe, Hans, Schriftst., *14.8.1894 Meißen; 1934 Emigration; neben

Rotfeuerfische: Pterois radiata

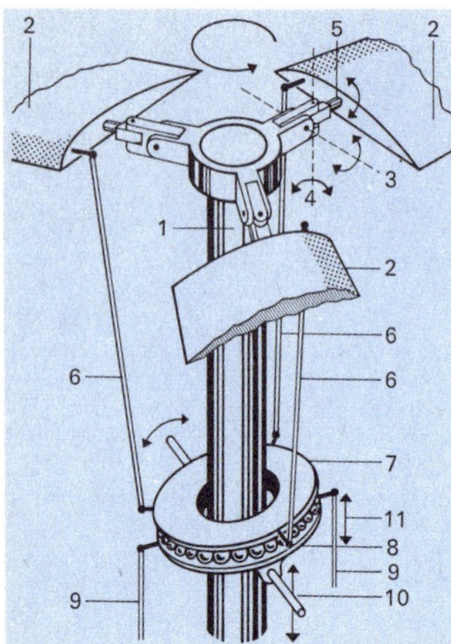

Rotor (Kopf eines Hubschrauberrotors): **1** Rotorschaft; **2** Rotorblätter; **3** Schlaggelenk für Horizontalbewegung des Rotorblattes; **4** Schwenkgelenk für vertikale Ausgleichsbewegung; **5** drehbare Befestigung des Blattes zum Verändern der Anstellung; **6** Steuerstangen für die Blattverstellung; **7** umlaufender Teil der Taumelscheibe; **8** nur schwenkbarer, aber nicht drehbarer Teil der Taumelscheibe für die Blattverstellung; **9** Steuerstangen zum Verstellen der Taumelscheibe; **10** Anheben der Taumelscheibe verstärkt die Blattanstellung (höherer Antrieb), Senken der Scheibe verringert Anstellung, starkes Senken bewirkt Blattumstellung für antrieblosen Sinkflug; **11** Schiefstellen der Taumelscheibe verändert die Blattanstellung während eines Umlaufs, wodurch eine Neigung des Hubschraubers nach vorn (Vorwärtsflug) oder hinten (Rückwärtsflug) erzielt werden kann

Dramen ('Ankunft bei Nacht', 1936), Hörspielen, Romanen und Essays eine umstrittene, aber sich mehr und mehr auf der Bühne behauptende moderne Shakespeare-Übersetzung.

Rothenberger, Anneliese, Sopranistin, *19.6.1924 Mannheim; Koloratur- und Lyr. Sopran u. a. ab 1958 an der Wiener Staatsoper; auch Filmschauspielerin.

Rothenburg *ob der Tauber*, Stadt im Reg.-Bz. Mittelfranken, 12000 E. (1975), über dem Taubertal an der →Romant. Straße gelegene ehem. Freie Reichsstadt; sehr gut erhaltenes mittelalterl. Stadtbild mit geschlossener Wehranlage, bed. Rathaus (16. Jh.), spätgot. Jakobskirche (Altar von T. →Riemenschneider) und maler. Straßen; bed. Fremdenverkehr; neuerdings industrielle Ansätze (Elektro-Ind.), kleines ländl. Einzugsgebiet. – Freie Reichsstadt mit großem Territorium (358 km²), 1803 an Bayern. (Bild S. 5128)

Rother, Artur, Dirigent, *12.10. 1885 Stettin, †22.9.1972 Aschau (Oberbayern); 1934–58 Kapellmeister der Dt. Oper in Berlin.

Rotherham [rọth^{e}r^{e}m], Stadt in der nordengl. Gft. York, am →Don, nordöstl. von →Sheffield, 86000 E. (1973); Metall-, Glasindustrie.

Rothermere [rọth^{er}mi^{er}], Harold Sidney Harmsworth, Viscount (seit 1918) R. of Hemsted, *26.4.1868 London, †26.11.1940 Hamilton (Bermudas); engl. Zeitungsverleger; leitete 1922–38 den von seinem Bruder →Northcliffe gegr. Zeitungskonzern.

Rotholz, 1. rote Farbstoffe lieferndes Holz von versch. trop. Baumarten, bes. von Caesalpinia-Arten, z. B. *Westind. R.* von *Caesalpinia brasiliensis* (→Farbhölzer); 2. Holz des →Mammutbaumes; 3. (*Druckholz, Buchs*), hartes, rotes Holz von Nadelbäumen aus Stammteilen, die starkem Druck (z. B. Wind) ausgesetzt waren.

Rothschild, Bankhaus; Gründer *Meyer Amschel R.* (1743–1812) in Frankfurt a. M.; seine Söhne bauten es in europ. Rahmen aus: *Amschel R.* (Stammhaus Frankfurt; 1773 bis 1855), *Salomon R.* (Wien; 1774 bis 1855), *Nathan R.* (London; 1777 bis 1836), *James R.* (Paris; 1792–1868) und *Karl R.* (Neapel; 1788–1855). In der ersten Hälfte des 19. Jh. beherrschte die R.-Gruppe die Anleihegeschäfte europäischer Staaten und gewann großen polit. Einfluß; mit dem Aufkommen der großen Universalbanken in der Rechtsform der AG seit Mitte des 19. Jh. verloren die Privatbanken, einschl. des Bankhauses R., immer mehr an Bed.; das Frankfurter Haus erlosch 1901; die Häuser in Paris (ab 1967 AG) und London bestehen noch.

Rothuhn (*Alectoris rufa*), zu den →Fasanen zählender →Hühnervogel Westeuropas, häufig auf trockenen Wiesen und Hängen; sehr ähnl. dem →Steinhuhn.

Rọti, Insel im östl. Indonesien, südl. von Timor, mit rd. 1500 km², bis 360 m hoch; Hauptort *Baa*.

Meyer Amschel Rothschild

Francis Peyton Rous

Rotkappe (*Boletus rufus*), →Röhrenpilz; Juli bis Okt. in Laub- und Nadelwäldern, auf Heiden usw.; sehr schmackhaft, auch Kapuzinerpilz genannt.

Rotkehlchen (*Rotbrüstchen*; *Erithacus rubecula*), brauner, zierl. Singvogel mit roter Kehle, guter Sänger; Nest meist am Boden in dichtem Gebüsch; in der Regel Zugvogel. (Bild S. 5129)

Rotkupfererz (*Cuprit*), hell- bis dunkelrotes, glänzendes Mineral. R. ist das reichste Kupfererz und weit verbreitet, bes. Ural, S-Frkr., Chile.

Rotlauf, 1. (*Schweine-R.*; *Erysipeloid*), häufige Infektionskrankheit der Schweine, gekennzeichnet durch blaurote Hautverfärbung (in milder Form: *Backsteinblattern*). Die R.-Bakterien können auch den Menschen befallen (→Berufskrankheiten). Behandlung: R.-Serum, →Antibiotika. 2. (*R.-Seuche*), eine Pferdekrankheit, →Pferdestaupe.

Rotliegendes, ältere Abt. des →Perm (→Erdzeitalter, Tabelle).

Rotnickelkies (*Arsennickel*, *Nickelin*), Mineral von kupferroter Farbe, daher auch als *Kupfernickel* bezeichnet, enthält aber kein Kupfer. Wichtiges Nickelerz; Vorkommen u. a. Erzgeb., Schwarzwald, Argentinien.

Rotor *der*, **1)** umlaufendes Maschinen- oder Geräteteil, z. B. Läufer in →Elektromotoren; **2)** waagerechter →Propeller zur Erzeugung von Auftrieb und Vortrieb beim →Hubschrauber. Die *R.-Blätter* (*Drehflügel*) bilden rotierende schmale →Tragflächen und sind im *R.-Kopf* an der senkrechten R.-Achse in *Schlaggelenken* gelagert, die eine begrenzt freie Bewegung der Blätter vertikal und horizontal in der Lagerung zum Ausgleich der beim Umlauf auftretenden Massen- und wechselnden Auftriebskräfte zulassen. Der →Anstellwinkel der Blätter ist über den R.-Kopf verstellbar; **3)** in der →Meteorologie walzenförmige →Altocumulus-Bänke, verbunden mit starker →Turbulenz, die bei →Föhn im →Lee von Geb. auftreten können.

Rotrou [rotru], Jean de, frz. Dramatiker, *21.8.1609 Dreux (bei Chartres), †28.6.50 ebenda; befreundet mit →Corneille, gefördert von →Richelieu, beeinflußt von →Plautus und vom span. Theater; schrieb lyr., verwicklungsreiche Komödien und Tragödien ('Don Bertrand de Cabrère', 1647; 'Venceslas', 47).

Rotschwänze (*Phoenicurus*), Singvogelgattung Europas, Asiens und NW-Afrikas; etwa 14 cm lang mit rotem Schwanz und hohen Beinen, knicksen oft; Insektenfresser, meist Zugvögel. An Häusern, auch Felsen der Hochgeb. nistet der *Haus-R.* (Phoenicurus ochrurus); in Wäldern und Gärten der *Garten-R.* (Phoenicurus phoenicurus), Männchen mit weißer Stirnplatte.

Rotseuche (*Hälterkrankheit*), meist tödl. bakterielle Erkrankung der Fische, bes. Karpfen; bewirkt Rotfärbung des Unterbauches.

Rott, 1) *R. am Inn*, Gemeinde im Reg.-Bz. Oberbayern, nördl. von Rosenheim, mit 2700 E. (1975); Benediktinerabtei (1085–1803) mit berühmter Rokokokirche von J. M. →Fischer. **2)** li. Nebenfluß des Inn in Niederbayern, 120 km lang, entspringt südl. von →Vilsbiburg, mündet gegenüber von →Schärding.

Rottach-Egern, oberbayr. Gem. am →Tegernsee, mit 5700 E. (1975); bekannter Luftkurort mit etwa 520000 Gästeübernachtungen (1975).

Rottach-Egern mit Wallberg

Rothenburg: Herrengasse mit Rathausturm

Rotteck, Karl Wenzeslaus von, Historiker und Politiker, *18.7.1775 Freiburg i. Br., †26.11.1840 ebenda; 1798–1832 Prof. in Freiburg i. Br., 1818–23 Vertreter seiner Univ. in der 1. bad. Kammer, ab 1831 mit K. Th. →Welcker Führer der liberalen Opposition in der 2. bad. Kammer. Gab ab 1834 zus. mit Welcker das 'Staatslexikon' heraus, das eine Art Lehrbuch des Liberalismus wurde.

Rottenburg, 1) *R. am Neckar*, Stadt im Reg.-Bz. Tübingen, Baden-Württ., im Neckartal, 30600 E. (1975); Maschinenbau, Textil-Ind., Fertighausbau. – 1381–1805 österr., ab 1821/27 Sitz eines Suffragans des Erzbistums Freiburg i. Br. **2)** *R. an der Laaber*, Stadt im Reg.-Bz. Niederbayern mit 4000 E. (1975); am Rande der →Hallertau gelegener Markt einer agrar. orientierten Umgebung; Hopfenbau, Kleinindustrie.

Rottenhammer, Johann, Maler, *1564 München, †14.8.1625 Augsburg; Fresken und relig. sowie mytholog. Bilder (z. T. auf Kupfer) von leuchtender Farbkraft und techn. Feinheit.

Rotterdạm, zweitgrößte Stadt der Niederlande, in der Prov. Südholland, an der Neuen Maas, 1,04 Mio. E. (1974); St.-Laurentius-Kirche (Grote Kerk, 15. Jh.), bed. Museen, Handelshochschule, Tierpark. R. ist größter Hafen des europ. Kontinents und einer der größten der Welt (Vorhafen →Europoort), mit dem Meer durch den schleusenlosen Kanal →Nieuwe Waterweg verbunden; zu seinem Hinterland zählen sämtl. Rheinanliegerstaaten nebst Ruhrgebiet; vielseitige Ind.: Schiffbau, Maschinen-, Fahrzeug-, Elektro-, Textil-, Lebensmittel-Ind., größte europ. Erdölraffinerie. (Bild S. 5132)

Rottmann, Carl, Maler, *11.1.1797 Handschuhsheim (bei Heidelberg), †7.7.1850 München; heroische Landschaften in klassizist. Manier.

Rottmayr, Johann Michael, Maler, getauft 11.12.1654 Laufen (Salzach), †25.10.1730 Wien; barocke Fresken und Altarbilder. (Bild S. 5136)

Rottmeister, der →Unteroffizier der Landsknechtsheere, Führer einer *Rotte*, einer etwa 10 Mann starken Untergliederung des →Fähnleins.

Rottweil, Krst. im Reg.-Bz. Freiburg, Baden-Württ., am oberen Neckar, 25000 E. (1975); mittelalterl. Stadtbild mit Heiligkreuz-Münster (13.–15. Jh.), St.-Lorenz-Kapelle, spätgot. Rathaus (um 1500) und alten Bürgerhäusern; vielfältige Ind., insbes. Kunstseideherstellung. – Im 14. Jh. Aufstieg zur Freien Reichsstadt (bis 1803). Mittelpunkt der schwäb. Fastnacht ('Narrensprung').

Rottweiler, Hunderasse, benannt nach ihrem Ursprungsort →Rottweil; groß, kräftig, schwarz, mit gut abgesetzten, sattroten Abzeichen (Brand); u. a. als Wachhund verwendet.

Rotụnda [lat.] *die*, im 13. und 14. Jh. in Italien entwickelte Schrift, mit runderen, offeneren Formen, als sie die gleichzeitige got. →Minuskel aufweist.

Rottweil: Fastnachtsmaske

C. A. J. Rottmann: Griechische Landschaft, Aquarell (1834/35). München, Staatliche Graphische Sammlung

Rotunde [lat.] *die*, →Zentralbau auf kreisförmigem oder polygonalem Grundriß.

Rotverschiebung, die durch den →Doppler-Effekt verursachte Verschiebung von Spektrallinien in Richtung auf den roten Spektralbereich (größere Wellenlängen); ermöglicht eine Bestimmung der (relativen) Fluchtgeschwindigkeit (→Radialgeschwindigkeit) von Sternen, Nebeln usw., bei Planeten z. B. auch der Rotationsgeschwindigkeit; Ggs. *Blauverschiebung*. Eine Entfernungsbestimmung von →extragalakt. Nebeln mittels der R. gab →Hubble (→Kosmologie). Die sog. *relativistische R.* leitet man davon ab, daß das den Stern verlassende Licht gegenüber der Gravitation des Sternes Arbeit leisten muß; dieser Energieverlust entspricht einer Vergrößerung der Wellenlänge (→Relativitätstheorie). Die universelle Gültigkeit der von Hubble aufgestellten Bedingung wird neuerdings wieder angezweifelt.

Rotwelsch [mhd. rot 'Bettler'], seit dem 13. Jh. Geheimsprache der Vagabunden, aus dt. Dialektwörtern, →Jiddisch und Zigeunerwörtern.

Rotwild (*Edelwild*), waidmänn. Sammel-Bez. für männl. und weibl. Rothirsche sowie deren Junge (→Hirsche); nur das erwachsene männl. R. heißt *Hirsch*; weibl. R. und Jungtiere: *Kahlwild*; schon Junge gesetzt haben *Alttiere*; junge Hirschkühe vor dem ersten Setzen sind *Schmaltiere*; männl. Kalb heißt *Hirschkalb*, weibl. *Wildkalb*. (Bild S. 5133)

Rotwölfe (*Cuon*), Gattung der →Hunde, in Größe und Gestalt wolfsähnl. Raubtiere Asiens; bewohnen Gebirgswälder und Dschungel, erbeuten in Hetzjagd sogar Wasserbüffel und Tiger; *Ind. R.* (*Kolsun, Buansu*) im Himalaja und in Vorderindien; *Adjak* in Hinterindien und auf den malaiischen Inseln.

Rotz, 1) (*Malleus*) ansteckende, anzeigepflichtige Erkrankung bei Einhufern; Knötchen und Geschwüre auf der Haut (*Haut-R.*), Nasenschleimhaut (*Nasen-R.*) und in der Lunge (*Lungen-R.*); mit Ausfluß, Schwellungen der Lymphknoten; chronisch, führt zum Tod; Feststel-

Rotkehlchen mit Jungen

Georges Rouault: Blumen

lung von Rotz u. a. durch →Mallein; R. ist auf den Menschen übertragbar, fast stets tödl.; biol. Kampfmittel. **2)** Bakterienkrankheit vieler Zwiebelgewächse; Zwiebeln werden glasig und schmierig.

Rotzunge, zwei Arten der →Schollen des Nordatlantik: 1. *Echte R.* (*Microstomus kitt*), bis 50 cm langer, einzeln lebender Grundfisch; 2. *Zungenbutt* (*Aalbutt*; *Glyptocephalus cynoglossus*), Schwarmfisch in 40 bis 100 m Tiefe; beide Speisefische.

Rouault [ruo], Georges, frz. Maler und Graphiker, *27.5.1871 Paris, †13.2.1958 ebenda; starkfarbige Gemälde mit dunklen Konturen, geprägt von relig. Innerlichkeit und sozialem Mitleid. Graphiken, Glasfenster, Illustrationen.

Roubaix [rubä], Stadt in N-Frkr., nordöstl. von →Lille, 118000 E. (1973); Kathedrale (15. Jh.); Mittelpunkt der nordfrz. Textilindustrie.

Roué [frz., rue], skrupelloser Lebemann; Wüstling.

Rouen [ruã], Hptst. des nordfrz. Dép. →Seine-Maritime, an der unteren Seine, nordwestl. von Paris, 123000 E. (1973); Erzbischofssitz, got. Kathedrale (13.–16. Jh.), zahlr. bed. Kirchen, Univ. (gegr. 1966), Museen und Prachtbauten; Hafen (für Seeschiffe erreichbar), Schiffbau, Maschinen-, Textil-, chem. Ind., Ölraffinerien. R. ist die alte Hptst. und Mittelpunkt der →Normandie; im 16./17. Jh. ein Zentrum der →Hugenotten. (Bild S. 5132)

Rouge [frz., rusch 'rot'] *das*, künstl. Lippen- oder Wangenrot.

Rouge et noir [frz., rusch e noar 'Rot und Schwarz'] *das*, Kartenspiel für beliebig viele Spieler mit 6 Whistkartenspielen (312 Blatt).

Roulade [frz., rulad^{e}] *die*, gefüllte und zusammengerollte Fleisch- oder Fischschnitten oder Gemüseblätter.

Rouleau [frz., rulo] *das*, (*Rollo*), Rollvorhang.

Roulett(e) [frz., rulät] *das*, Glücksspiel mit Kugel auf drehbarer Scheibe, deren abwechselnd rote und schwarze Felder numeriert sind (0 und 1–36). Je nach Art des Setzens Gewinnmöglichkeiten bis zum 36fachen des Einsatzes.

Roumanille [rumanij^{e}], Joseph, frz. Schriftst., *8.8.1818 St.-Rémy (Dép. Bouches-du-Rhône), †24.5.91 Avignon; Heimatdichter; Anreger und Mitbegründer der →Felibristen; Erzählungen in provenzal. Sprache ('Li conte prouvençau e li cascareleto', 1884, u. a.) und heitere Lyrik.

Rourkela [rur-], Stadt im ind. Unionsstaat →Orissa, südwestl. von Kalkutta, am *Brahmani*, 115000 E. (1973); Stahlwerk, jährl. Kapazität 1,8 Mio. t. (Bild S. 5140)

Rous [rauß], Francis Peyton, amerik. Pathologe, *5.10.1879 Baltimore (Md.), †17.2.1970 New York; wies 1910 nach, daß ein bestimmtes Sarkom der Hühner durch →Virus-Infektion entsteht; weiterhin, daß auch Säugetiere mit diesem *R.-Virus* infiziert werden können. R. lieferte damit einen wichtigen Beitrag zur Erforschung der Krebsentstehung; 1966 Nobelpreis, zus. mit dem kanad. Chirurgen *Charles Huggins* (*22.9. 1901 Halifax). Dieser wies nach, daß bösartige Geschwülste an Geschlechtsorganen durch Geschlechtshormone beeinflußt werden können. (Bild S. 5127)

Rousseau [rußo], **1)** Henri (gen. *le Douanier* 'der Zöllner'), frz. Maler, *21.5.1844 Laval, †2.9.1910 Paris; begann als Zollbeamter aus Liebhaberei zu malen; Vertreter der →naiven Malerei; Wiedergaben einfacher Szenen und Figuren aus dem Leben; Landschaften und exot. Wälder, in denen sich Wirklichkeit und Traum verbinden. (Bild S. 5137)

2) Jean-Jacques, Genfer Philosoph

und Schriftst., *28.6.1712 Genf, †2.7. 78 Ermenonville (bei Paris); Autodidakt; führte ein unstetes Wanderleben, lebte zeitweise vom Notenabschreiben, erfand eine Zahlennotenschrift, komponierte Arien, Romanzen, Melodramen, das Singspiel 'Le devin du village' (1752), lieferte musiktheoret. Beiträge zur 'Encyclopédie'. – Berühmtheit erlangte R. durch preisgekrönte kulturkrit. Abhandlungen (1749–53), in denen er – im Ggs. zur →Aufklärung – den negativen Einfluß von Wissenschaft und Kunst auf den Menschen hervorhob und die Rückkehr zum einfachen Leben in Naturverbundenheit forderte (ausgeführt in 'Julie ou la nouvelle Heloïse', 61). Auch seine Erziehungsphilosophie ist durch die Forderung nach naturgemäßer Entfaltung des jungen Menschen bestimmt ('Emile', 62; darin auch das Bekenntnis zu einer 'natürl. Relig.'). In seiner Gesellschaftstheorie ging R. von der natürl. Freiheit und Gleichheit aller Menschen aus, die zur Gründung des Staates einen Gesellschaftsvertrag schließen ('Contrat social', 62; mit dem Gedanken der unveräußerl. Volkssouveränität). In seinen autobiograph. 'Bekenntnissen' (Confessions, 71) schilderte er seinen Lebensweg mit schonungsloser Offenheit. – R. beeinflußte das 18. und 19. Jh. nachhaltig; seine antirationalist. Einstellung trug zur Überwindung der →Aufklärung bei, seine Staatsphilosophie zum Ausbruch der Frz. Revolution. Seine pädag. Ideen bereiteten ein neues Verständnis des Kindes vor. In Dtld. wirkte er vor allem auf Herder, den →Sturm und Drang und die →Romantik. (Bild S. 5135)

3) Théodore, frz. Maler, *15.4.1812 Paris, †22.12.67 Barbizon; realist. Landschaftsbilder und bäuerl. Szenen voll Wirklichkeitsnähe, Stimmungskraft und einer an J. I. van →Ruisdael erinnernden Naturversenkung.

Roussel [rußạl], Albert, frz. Komponist, *5.4.1869 Tourcoing (Dép. Nord), †23.8.1937 Royan (Dép. Charente-Maritime); schrieb in eigenwillig herber, vom Zeitstil kaum beeinflußter Haltung 4 Sinfonien, eine Sinfonietta (1934), Kammermusik, Ballette ('Padmavati', 14, 'Bacchus et Ariane', 31).

Roussillon [rußijõ̱] *das*, Landschaft

Roulette

und ehem. Prov. in S-Frkr., zw. den östl. Pyrenäen und dem Golf von Lion, umfaßt etwa das heutige Dép. →Pyrénées-Orientales, Hauptort →Perpignan; Weinbau.

Route [frz., ru̱t^e] *die*, Wegstrecke, (geplanter) Reiseweg.

Routine [frz., rutị̱n^e 'Wegekunde'] *die*, 1. Geübtheit, Erfahrenheit; mechan. Bewältigung einer Aufgabe; 2. Arbeits-, Tagesablauf. *Routinier* [-nje̱], erfahrener Praktiker. Eigw. *routiniert*.

Roux [ru], **1)** Émile, frz. Bakteriologe, *17.12.1853 Confolens (Dép. Charente), †3.11.1933 Paris; Schüler →Pasteurs, später Dir. des Institut Pasteur; grundlegende Arbeiten über das Diphtherietoxin (zus. mit A. →Yersin), beteiligt an der Erforschung von →Rauschbrand, →Tollwut, →Cholera, →Tuberkulose, →Wundstarrkrampf und am Ausbau der →Serumtherapie.

2) Wilhelm, Anatom, *9.6.1850 Jena, †15.9.1924 Halle; prägte im Verlauf seiner bahnbrechenden entwicklungsgeschichtlichen Untersuchungen den Begriff der *Entwicklungsmechanik* (→Entwicklungsphysiologie).

Rọvaniemi, Hptst. Finn.-Lapplands am Polarkreis und am →Kemijoki, mit 29 500 E. (1972); an der →Eismeerstraße und *Salla-Bahn*, Flugplatz; starker Fremdenverkehr.

Rovere̱to (dt. *Rovreit*, *Ruffreit*), nordital. Stadt an der Etsch, südl.

Rotterdam: Zentrum mit Euromast

von Trient, mit 30400 E. (1973); Kastell (14./15. Jh.) mit Kriegsmuseum aus dem I. Weltkrieg und einer Riesenglocke (16 t) zum Gedenken an die Gefallenen aller Nationen; Seiden-, Leder-, Tabak-, Papier-Ind., Wein- und Südfrüchtehandel.

Rove-Tunnel (frz. *Souterrain du Rove* [ßutärã dü rọw]), 7 km lange Tunnelstrecke des →Marseille-Rhône-Kanals zw. dem Strandsee *Étang de Berre* und dem Mittelmeer; erbaut 1911–27, Höhe 14,5 m, Tiefgang 4,5 m, Breite 22 m bzw. 18 m.

Rovigo, Hptst. der oberital. Prov. *R.* (1803 km², 359000 E.) in Venetien, am *Adigettokanal*, nordöstl. von Ferrara, mit 51000 E. (1973); Zentrum der *Polesine*, des Schwemmlandes zw. Po und Etsch; Methangasgewinnung, Zucker-, Leder-Ind.

Rovinj (ital. *Rovigno d'Istria* [rovinjo]), Stadt an der Westküste der Halbinsel Istrien, Jugoslawien, 8200 E. (1973); berühmtes Inst. für Meeresbiologie; Fisch-, Tabak-Ind.; bed. Fremdenverkehr; nahebei Bauxitvorkommen.

Rouen: Kathedrale

Rowdy [engl., raudi], Raufbold, Rüpel, Rohling.

Rowicki [rowitßki], Witold, poln. Dirigent und Geiger, *26.2.1914 Taganrog; seit 1950 Leiter der Warschauer Nationalen Philharmonie.

Rowland [rouland], Henry Augustus, amerik. Physiker, *27.11.1848 Honesdale (Pa.), †16.4.1901 Baltimore; entwickelte den *R.-Kreis*, einen →Spektralapparat ohne Glaslinsen, dessen wesentlichstes Element ein in einen metall. Hohlspiegel geritztes Beugungsgitter (*Konkavgitter*) ist; ermöglicht Untersuchungen auch im nicht sichtbaren Bereich der →elektromagnet. Wellen.

Rowlandson [roulendßen], Thomas, engl. Zeichner und Radierer, *Juli 1756 London, †22.4.1827 ebenda. In der Nachfolge von →Hogarth scharfe Karikaturen des engl. Lebens; Illustrationen. (Bild S. 5134)

Rowley Regis [rouli ridsehiß], Stadt in der mittelengl. Gft. Stafford, westl. von Birmingham, 53000 E. (1973); Steinkohlenbergbau, Metall-, Maschinenindustrie.

Rowno, Stadt im W der Ukrain. SSR, in →Wolynien, 115000 E. (1973); Handelsplatz für Getreide, Vieh und Holz; Nahrungsmittel-, holzverarbeitende, Textil-, Maschinenindustrie.

Rowohlt Verlag GmbH, gegr. 1908 von *Ernst R.* (1887–1960) in Leipzig, jetzt in →Reinbek (bei Hamburg); pflegt seit seiner Gründung die zeitgenöss. moderne Lit., heute insbes. amerik. und frz. Belletristik. War

Rovinj

Schrittmacher der modernen Taschenbücher in Deutschland.

Rowuma (*Rovuma*), Grenzfluß zw. Tansania und Moçambique, Ostafrika, 1000 km lang, entspringt östl. des →Malawisees, mündet südöstl. von *Mtwara* in den Ind. Ozean.

Roxane, iranische Fürstentochter, †(ermordet) 310/09 v. Chr.; erste Gemahlin (327 v. Chr.) →Alexanders d. Gr., wurde zus. mit ihrem Sohn Alexander auf Veranlassung →Kassanders getötet.

Roxburgshire [rokßbereschir], schott. Gft. in den →Southern Uplands, 1724 km², 43800 E. (1973), Hptst. *Jedburgh* (5100 E.).

Royal Air Force [engl., roiel ärforß 'kgl. Luftmacht'] (*R. A. F.*), amtl. Bez. der brit. Luftwaffe.

Royal Dutch Shell, Erdöl- und Chemie-Unternehmen, kontrolliert zu 60% von der holländ. *Royal Dutch Petroleum Company* und zu 40% von der engl. *Shell Transport & Trading*

Rotwild: Hirsch

Ruapehu im Tongariro-Nationalpark

Th. Rowlandson: Der Börsenbesucher

Co.; zweitgrößte Erdölgesellschaft der Welt. Umsatz: 90 Mrd. DM; Beschäftigte: 171000 (1976).

Royalist [frz.], Anhänger der Königsherrschaft.

Royal Society [rọi^{e}l ß^{e}ßa̱i^{e}ti], die älteste (1660 gegr.) engl. naturwissenschaftl. Gesellschaft.

Różewicz [rusehąwitsch], Tadeusz, poln. Dichter, *9.10.1921 Radomsko; surrealist. Dramatiker ('Kartoteka', 1960) und Erzähler: 'In der schönsten Stadt der Welt' (Przerwany egzamin, 1960), 'Schild aus Spinngeweb' (Tarcza z pajeczyny, 65), 'Entblößung' (Moja córeczka, 66); Lyrik um Kriegs- und Nachkriegserlebnisse.

Rschew (*Rshew*), Stadt in der Russ. SFSR, an der oberen Wolga südwestl. →Kalinin, rd. 60000 E. (1973); Landmaschinenbau, Flachsverarbeitung, Leder- und Holzindustrie.

RSFSR, Abk. für →Russische Sozialistische Föderative Sowjetrepublik.

Ruapehu [ru^{e}pe̱^{i}hu], mit 2797 m höchster Vulkan im Zentralplateau der Nordinsel von Neuseeland; erloschen; Teil des *Tongariro-Nationalparks.* (Bild S. 5133)

Rụb al Kha̱li [arab. 'das leere Viertel'] (*Große Arabische Wüste*), rd. 130000 km² große Kalksandwüste im S der Arab. Halbinsel, 250 m ü. M., mit weiten Salzpfannen. Erstm. 1931 von *B. Thomas* durchquert.

Ruba̱to [ital.] *das*, (*Tempo rubato*), Temposchwankung der melodieführenden Stimme über der im urspr. Tempo durchgehaltenen Begleitstimme.

Ru̱batscher, Maria Veronika, Schriftst., *23.1.1900 Hall (Tirol); von Tiroler Volkstum und christl. Frömmigkeit geprägte Erzählerin.

Rubel [russ.], zu Beginn des 14. Jh. aufgekommener Name für die russ. Silberbarren. Seit 1704 russ. Silbermünze, heute Währungseinheit der UdSSR: 1 R. = 100 Kopeken.

Ru̱ben, ältester Sohn →Jakobs und der →Lea, von dem sich der israelit. Stamm R. im Ostjordanland ableitete.

Rubens, Peter Paul, fläm. Maler, *28.6.1577 Siegen (Westf.), †30.5. 1640 Antwerpen; in den Niederlanden von Romanisten (→niederländische Kunst) ausgebildet; fand in Italien (1600–1608) zum unklassizist. Bild. Klassisch-humanist. Geist verbindet sich mit flämischer Sinnenfreude in festl. Bewegung und sinnenfroher Farbigkeit zu einem repräsentativen Barock großen Stils, der für die kath. Niederlande den gleichen Höhepunkt bedeutet wie für die protestantischen die Kunst →Rembrandts. Neben großen Altarbildern Szenen aus der antiken Mythologie, Landschaften, höfische Allegorien und Bildnisse von höchster Virtuosität des Vortrags. In den späteren Jahren lockert sich der Aufbau der Bilder, die Farben werden heller, erhalten höchste Leuchtkraft. Für R. angesehene Stellung zeugt die Fülle von Aufträgen, die er nur mit Hilfe einer großen Werkstatt bewältigen konnte; namhafte Schüler und Gehilfen arbeiteten z. T. als Spezialisten für Tiere, Blumen, Landschaften u. a. nach seinen Skizzen. Der Werkstattbetrieb führte leicht zu Routine, so daß – außer bei den rd. 600 eigenhändigen Bildern R. – bei den über 2000 Werkstattbildern häufig eine gewisse Kühle und Steifheit zu bemerken ist. Bed. ist das zeichner. Werk, der Einfluß auf Holzschnitt und Kupferstich; daneben architekton. Studien (Palazzi di Genova, 1622). R. stand jahrelang im diplomat. Dienst der span. Krone. (→Barock, Bild)

Rubi̱dium (*Rb*), einwertiges Element aus der Gruppe der Alkalimetalle (→Alkalien); Ordnungszahl 37, Atomgewicht 85,47, Schmelzpunkt 38,89° C, Siedepunkt 688° C, Dichte

J.-J. Rousseau

P. P. Rubens

Anton Rubinstein

Artur Rubinstein

1,53; ein glänzend-weißes, sehr weiches, reaktionsfreudiges Metall; muß daher unter Luftabschluß aufbewahrt werden; kommt spurenweise in →Abraumsalzen, Mineralwässern, Solen, einigen Pflanzen und Pilzen vor. R. färbt Flammen rotviolett; Verwendung für →Halbleiter. 1861 entdeckt.

Rubikon (ital. *Rubicone*, lat. *Rubico*) *der*, in der Antike Grenzfluß zw. dem eigtl. Italien und →Gallia Cisalpina, westl. von Rimini. Durch die Überschreitung des R. (49 v. Chr.) eröffnete →Cäsar den Bürgerkrieg.

Rubin, Marcel, Komponist, *7.7. 1905 Wien; Symphonien und Kammermusik.

Rubin *der*, durchsichtiges, lebhaft rot gefärbtes Mineral, Abart des →Korund; geschätzter Edelstein, Fundstätten in Birma; auch synthet. herstellbar.

Rubiner, Ludwig, Schriftst., *12.7. 1881 Berlin, †26.2.1920 ebenda; gehörte zum Kreis der von →Pfemfert hrsg. Zschr. *Die Aktion*: expressionist. Lyrik, sozialkrit. Essays, Ideendrama 'Die Gewaltlosen' (1919); Hrsg. von Anthologien ('Die Gemeinschaft', 19).

Rubinkehlchen (*Luscinia calliope*), nordasiat. Drossel; Männchen mit roter, Weibchen mit weißer Kehle.

Rubinstein, 1) Anton, russ. Pianist und Komponist, *28.11.1829 Wychwatinetz (Podolien), †20.11.94 St. Petersburg; gefeierter Pianist, Gründer des Petersburger Konservatoriums; als Komponist steht er in der Nachfolge Mendelssohns.
2) Artur, amerik. Pianist poln. Herkunft, *28.1.1887 Lodsch; Schüler von →Paderewski, debütierte mit 12 Jahren in Berlin; einer der bedeutendsten Pianisten der Gegenwart.
3) Nikolaus, russ. Pianist und Dirigent, Bruder von 1), *14.6.1835 Moskau, †23.3.81 Paris; Mitbegr. des Moskauer Konservatoriums (1866).

Rubljow [-jof], Andrej, russ. Maler, *zw. 1360 und 70, †zw. 1427 und 30 Moskau. Mönch; Hauptmeister der Moskauer Malerei (→russische Kunst). Verinnerlichte Andachtsbilder, Fresken (Koimesiskirche, Wladimir, 1408). (→Ikone, Bild)

Rubner, Max, Physiologe, *2.6.1854 München, †27.4.1932 Berlin; Forschungsarbeiten in der Ernährungs- und Arbeitsphysiologie; wies als erster nach, daß das Gesetz von der Erhaltung der Energie auch für den Stoffwechsel der Lebewesen gilt.

Rubrik [lat.], **1)** Spalte, Abteilung; **2)** rot gemalte oder geschriebene Überschrift in Handschriften des MA; **3)** *kath. Kirche*: (rot gedruckte) Anweisung für die Ordnung der Liturgie.

Rubruk (*Ruysbroeck*), Wilhelm von, fläm. Franziskanermönch und Asienreisender, *zw. 1220 und 1230 Rubrouck (N-Frkr.), †um 1270; unternahm 1253–55 im Auftrag Papst →Innozenz' IV. zur Erkundung von Missionsmöglichkeiten eine Reise durch Innerasien nach →Karakorum (Mongolei); aufschlußreicher Reisebericht.

Rubrum [lat.] *das*, **1)** kurze Inhaltsangabe als Überschrift; **2)** *Prozeßrecht*: die genaue Bez. der Parteien und des Gerichts sowie die Namen der Richter im Eingang des →Urteils; **3)** *Österr.*: die erste Seite einer Eingabe mit Angabe der Behörde, der Parteien und der Sache.

Rubzowsk, Stadt in der Russ. SFSR, Westsibirien, im westl. Vorland des →Altai, 154000 E. (1973); Landmaschinen- und Traktorenbau, Nahrungsmittel-, Elektroindustrie.

J. M. Rottmayr: Bozetto für das Fresko der Jesuitenkirche in Breslau (1704–06). München, Sammlung Reuschel

Rucellai [rutschäl_a_i], Giovanni, ital. Dichter und Humanist, *20.10.1475 Florenz, †3.4.1525 Rom; ein das 4. Buch der 'Georgica' von Vergil paraphrasierendes Lehrgedicht über die Bienenzucht 'Le Api'; ferner Tragödien in Nachahmung antiker Vorbilder.

Ruchgras (*Anthoxanthum*), Grasgattung; das *Gemeine R.* (*Waldmeistergras*; Anthoxanthum odoratum) wenig ergiebig als Futtergras, da nur niedrige Rasen bildend; getrocknet stark nach →Cumarin duftend.

R_u_daki (*Rudagi, Rodaki*), Abu Abdallah Dschafar, pers. Dichter, †940/41; schuf unter dem Samanidenfürsten Naßr II. eine nur noch in Einzelversen erhaltene dichter. Fassung von 'Kalila und Dimna'; die ihm sonst zugeschriebenen Proben sind zweifelhafter Herkunft.

Ruda Sląska, poln. Industriestadt in Oberschlesien mit 146000 E. (1973), 1959 aus *Neubeuthen* und *Ruda* zusammengelegt; acht Steinkohlenbergwerke, Eisen- und Zinkhütten. 1751 begann hier der Steinkohlentiefbau in Oberschlesien.

Rudbẹcki|e (*Sonnenhut*; *Rudbeckia*), nordamerik. Gattung der →Korbblütler; Kräuter oder Stauden, mit gelben äußeren Zungenblüten und braunen, meist polsterartig erhöhten Scheibenblüten; anspruchslose, bis Spätherbst reich blühende Zierpflanzen. (Bild S. 5140)

Rude [r_ü_d^{e}], François, frz. Bildhauer, *4.1.1784 Dijon, †3.11.1855 Paris; dramat. bewegte Plastiken; Hochrelief 'La Marseillaise' am Arc de Triomphe (Paris 1833–36). (Bild S. 5138)

Ruder, 1) durch Umströmung wirksame Steuerfläche (*Ruderblatt*) an Wasser- und Luftfahrzeugen. *Schiffs-R.*: am Heck mit senkrechter Drehachse angebrachtes R.-Blatt zur Kurssteuerung (*Seiten-R.*), bei kleinen Fahrzeugen direkt über einen an ihm angebrachten Hebel (*Ruderpinne*), bei größeren über ein →Steuerrad mit Seil- oder Kettenzug, bei modernen Großschiffen durch eine *R.-Maschine* (Dampfmaschine oder Elektromotor) von der →Kommandobrücke aus bewegt (gelegt). Bei der modernen *Selbststeuerung* ist das Steuer-R. mit einer 'Tochter' des →Kreiselkompasses gekoppelt, die das R. selbsttätig jeweils so legt, daß ein vorgegebener Kurs gehalten und Abweichungen durch Seegang ausgeglichen werden. Die Übertragung der Regelbefehle auf die R.-Maschinen erfolgt meist durch →Hydraulik. Die jeweilige R.-Stellung kann vom *R.-Lageanzeiger* abgelesen werden. Das Schiffs-R. hat sich aus einem am Achterschiff neben der rechten Bordwand (→Steuerbord) mit dem Blatt im Wasser nachgeschleppten →Riemen entwickelt, der von einem quer zur Fahrtrichtung mit dem Rücken (engl. back) zur linken Schiffsseite

H. Rousseau:
Der Traum Yadwighas
(1910)
New York,
Museum of Modern Art

F. Rude: Aufbruch der Freiwilligen 1792, gen. 'Marseillaise', Relief am Arc de Triomphe in Paris (1833–36)

(→Backbord) sitzenden Mann bedient wurde. Unterseeboote besitzen mehrere *Tiefen-R.* mit horizontaler Drehachse, die je nach Anstellung Strömungs-Auf- oder -Abtrieb ergeben, Atom-U-Boote (→Atomschiff) in die Schiffshaut einziehbare Höhen- und Tiefen-R. mit fester Anstellung, die je nach benötigter R.-Wirkung ausgefahren werden. Eine Sonderform des Schiffs-R. ist das →Aktiv-R. für erhöhte Wendigkeit, nach dessen Arbeitsprinzip auch die Kraftübertragung des →Außenbordmotors erfolgt. – Über die R. von Luftfahrzeugen: →Flugmechanik. **2)** Kurzbez. für die Bedienungseinrichtung eines R., bes. das →Steuerrad auf Schiffen. **3)** populäre Bez. für →Riemen. **4)** Jägersprache: Füße der Schwimmvögel.

Ruderalpflanzen, Gewächse, die sich bes. auf stickstoffreichen Böden ansiedeln: 1. (*Schuttpflanzen*), auf Schutt- und Abfallplätzen, gekennzeichnet durch große Anpassungs-, Widerstands- und Vermehrungsfähigkeit; z. B. →Ackersenf, →Bilsenkraut, →Kamille, →Schierling, →Stechapfel, Vogelmiere. 2. (*Jauchepflanzen*), Pflanzen um Almen, Ställe u. dgl.; bes. Arten des →Ampfers, →Bärenklau, →Brennessel, →Gänsefußgewächse, →Löwenzahn.

Ruderfüßler (*Pelecaniformes*), Vogelordnung, Fischfresser mit Schwimmhäuten zw. allen 4 Zehen: →Tropikvögel, →Pelikane, →Tölpel, →Kormorane, →Schlangenhalsvögel und →Fregattvögel.

Ruderfußkrebse (*Ruderfüßer*; *Copepoda*), Unterklasse der →Krebstiere mit etwa 1800 Arten; meist 1–3 mm lang, mit langen Antennen (Fühlern) und verzweigter, borstenbesetzter Schwanzgabel (*Furca*); schwimmen hüpfend (→Hüpferlinge) durch Schlagen der Antennen. Eier werden vom Weibchen als zwei Säckchen am Hinterleib getragen. Parasit. Arten sind wurm- oder sackförmig (z. B. *Ergasilus* an den Kiemen von Süßwasserfischen). Alle R. haben Naupliuslarven.

Rudergänger, für die Bedienung der Ruderanlage (→Ruder) eingeteiltes Besatzungsmitglied auf Schiffen.

Rudern, in England zum Sport entwickelt und von dort aus seit dem 19. Jh. über die ganze Welt verbreitet. Sportl. gerudert wird mit etwa 3,70 m langen →Riemen (beidhändig) oder mit 2,90 m langen Skulls (in jeder Hand eins). Nach der Bauart unterscheidet man *Gigboote* in Klinkerbauweise mit Außenkiel und *Rennboote* mit glatter Außenhaut und Innenkiel, nach der Besatzung Einer, Zweier ohne Steuermann, Zweier mit Steuermann, Doppelzweier, Vierer ohne Steuermann, Vierer mit Steuermann, Achter. Die Dollen sind bei Rennbooten zur Hebelverlängerung

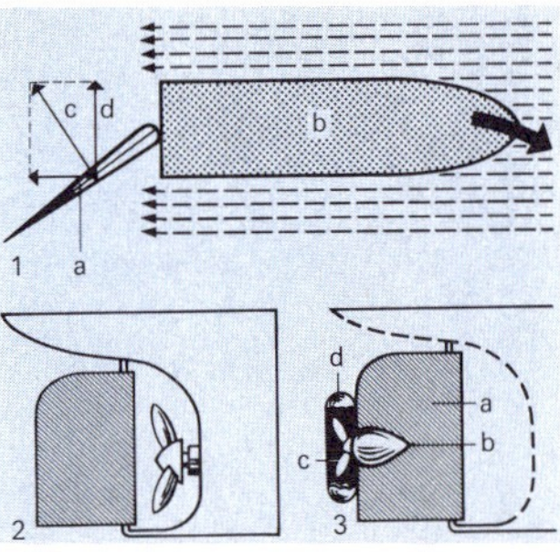

Ruder: 1 Wirkungsweise: durch den Fahrtstrom entsteht am Ruderblatt **a** die Kraft **c**, deren Teilkraft **d** die Drehung des Bootskörpers **b** bewirkt; **2** Ruderanlage eines Motorschiffes; **3** Aktivruder: **a** Ruderblatt, **b** Gehäuse für Elektromotor, **c** Propeller, **d** Düsenring

außenbords auf Auslegern montiert, die Ruderbänke (Duchten) durch →Rollsitze ersetzt. – Wettbewerbe im Rennrudern werden auf 2000 m (Damen 1000 m) langen Regattastrecken im Einer- oder Mannschaftsboot durchgeführt.

Ruderschnecken (*Gymnosomata*), mit den →Seehasen verwandte Unterordnung der →Hinterkiemer, meist durchsichtige Meeresschnecken; Schale rückgebildet; schwimmen durch Schläge zweier flügelartiger Verbreiterungen des Fußes (*Parapodien*), ähnl. wie die *Seeschmetterlinge* (*Thecosomata*), mit denen sie früher zur Gruppe *Pteropoda* zusammengefaßt wurden.

Rudiment [lat.] *das*, Überrest eines im Laufe der Stammesgeschichte zurückgebildeten, mehr oder weniger funktionslos gewordenen Organs; z. B. Reste des Beckengürtels bei Walen und Riesenschlangen, →Appendix des Menschen.

Rudolf, Fürsten:

Dt. Könige bzw. Röm.-Dt. Kaiser. **1)** *R. von Schwaben*, Gegenkönig (1077–80), †15.10.1080; Graf von Rheinfelden, 1057 von Kaiserin →Agnes mit dem Hzgt. Schwaben belehnt; März 1077 zum Gegenkönig gegen →Heinrich IV. gewählt (von Papst →Gregor VII. aber erst auf der Fastensynode von 1080 anerkannt). In der Schlacht bei Hohenmölsen gegen Heinrich IV. tödl. verwundet.

2) *R. I. von Habsburg*, König (1273 bis 91), *1.5.1218 Schloß Limburg (Breisgau), †15.7.1291 Speyer; seit 1239 im Besitz der Gft. Habsburg, konnte er als beständiger Parteigänger der letzten Staufer (Patenkind Kaiser →Friedrichs II.) in Südwestdeutschland zum mächtigsten Landesherrn aufsteigen. R. revindizierte als dt. König die während des →Interregnums entfremdeten Reichsrechte und bekämpfte das übermächtig gewordene Raubrittertum. Den Rivalen um die dt. Königskrone, →Ottokar II. von Böhmen, zwang er 1276 zur Herausgabe von Österr., Steiermark, Kärnten, Krain und des Egerlandes und schlug ihn bei einem Aufstandsversuch 1278 bei Dürnkrut vernichtend. 1282 belehnte er seine Söhne Albrecht und Rudolf zu gesamter Hand mit Österr. und Steiermark (1283 Alleinbelehnung Albrechts) und legte damit den Grund für die

Rudolf I.

Kaiser Rudolf II.

Hausmacht der Habsburger. Er gab die universalist. Politik der Staufer auf und verzichtete auf die Reichsrechte über die Romagna, um mit dem Papsttum zu einem Ausgleich zu kommen.

3) *R. II.*, Kaiser (1576–1612), Sohn Kaiser →Maximilians II., *18.7.1552 Wien, †20.1.1612 Prag; versuchte im Ggs. zu der toleranten Regierung seines Vaters die →Gegenreformation durchzuführen. Schloß sich auf dem Hradschin in Prag weitgehend von der Außenwelt ab und widmete sich fast nur noch seinen kunst- und naturwissenschaftl. Sammlungen sowie der →Astrologie (→Brahe, →Kepler). Nach Mißerfolgen im Krieg gegen die Türken und gegen die aufständ. Siebenbürger unter I. →Bocskay wählten 1606 die Erzherzöge seinen jüngeren Bruder →Matthias zum Senior des Hauses Habsburg, der ihn 1608 zur Überlassung der Herrschaft in Ungarn, Österr. und Mähren, 1611 auch in Böhmen zwang.

Burgund. **4)** *R. II.*, König von Hochburgund (912–937), †11. (13.?)7.937; von einer Opposition gegen →Berengar I. 922 zum König von Italien gewählt, schlug seinen Rivalen am 17.7. 923 bei Fiorenzuola; mußte 926 das Land räumen; lieferte an König →Heinrich I. die Hl. Lanze aus (→Reichskleinodien).

Österr. **5)** *R. IV., der Stifter*, Hzg. (1358–65), *1.11.1339, †27.7.1365 Mailand; durch die Fälschung des *privilegium maius* (u. a. Erbfolge nach der →Primogenitur, äußerst begrenzte Reichsheerpflicht, Unteilbarkeit der österr. Länder) versuchte er den Habsburgern in Österr. eine kurfürstengleiche Stellung zu geben; erwarb 1363 Tirol; stiftete 1365 die Univ. Wien.

Österr.-Ungarn. **6)** *R.*, Erzherzog

Rourkela: Nebenproduktanlagen des Stahlwerks und Koksöfen, im Hintergrund das Walzwerk

und Kronprinz, einziger Sohn Kaiser →Franz Josephs, *21.8.1858 Schloß Laxenburg (bei Wien), †(Freitod) 30. 1.1889 Mayerling (Wienerwald); erschoß sich und seine Geliebte Baronesse *Mary Vetsera* aus nicht restlos geklärten Gründen.

Rudolfsee, abflußloser Salzsee in →Kenia, Ostafrika, 407 m ü. M., 8500 km², bis 73 m tief; berührt mit der Nordspitze den Sudan und Äthiopien.

Rudolf von Ems, mhd. Dichter, *um 1200 Hohenems (Vorarlberg), †zw. 1250 und 54 auf dem Italienzug →Konrads IV.; im Formalen bes. an →Gottfried von Straßburg geschulte, lehrhafte Epen (u. a. 'Der guote Gêrhart', 'Barlaam und Josaphat'); mit seiner (unvollendeten) 'Weltchronik' vorbildl. für die spätmittelalterl. Chronik-Literatur.

Rudolf von Fenis (wahrsch. *Graf Rudolf II. von Neuenburg*), Minnesänger, †vor 1196; erster Vertreter des Minnesangs in der Schweiz in enger Anlehnung an provenzal. Dichtungen.

Rudolstadt, thür. Krst. im Bz. Gera, an der oberen Saale, 31 600 E. (1974), überragt vom Schloß *Heidecksburg*; Porzellan-, Röntgenröhren-Herst., chem. Ind.; im eingemeindeten *Schwarza* Kunstfaserwerk. – Von Ende des 16. Jh. bis 1918 Residenz der Grafen, später der Fürsten von Schwarzburg-R.

Rübe, verdickte Hauptwurzel (und →Hypokotyl) von Kräutern oder Stauden, Speicherorgan; entsteht durch verstärktes Wachstum der Rinde (z. B. bei Möhre) oder starke Ausbildung des Holzteiles, der dann viel Grundgewebe, wenig Festigungs- und Leitgewebe enthält (Rettich). Vermehrung der Festigungsgewebe führt zum *Holzigwerden*, Vergrößerung der Interzellularen zum *Pelzigwerden*. Häufig greift die Verdickung auch auf den unteren Stengelteil über (Sellerie). Als stärke- bzw. zuckerreiche Nahrungsmittel bedeutend sind →Zuckerrübe, →Möhre, →Petersilie, →Schwarzwurzel, →Rettich, Speiserübe (→Rübenkohl), →Zichorie; als Gewürzpflanze →Meerrettich; Magenmittel und Schnaps liefert die

Rudbeckie

R. des *Gelben Enzians*. - R.-Formen schon im 2.Jt. v.Chr. Kulturpflanzen.
Rübeland, Gem. im Kr. →Wernigerode, an der oberen →Bode im Harz, 2000 E. (1974); Kalksteinbrüche, Zement- und Holz-Ind.; bekannte Tropfsteinhöhlen.
Rübenälchen (*Heterodera schachti*), 0,4–1,6 mm langer →Fadenwurm, der in den Wurzelzellen der Zuckerrübe saugt: Rübenblätter vertrocknen, Rüben bleiben klein (*Rübenmüdigkeit*); richtet bei Massenauftreten großen Schaden an, Bekämpfung durch Fruchtwechsel.
Rübenfliege (*Runkelfliege*; *Pegomyia hyoscyami*), schädl. Fliege, Maden minieren in Blättern bes. der Jungpflanzen von Rüben und Mangold.
Rübenkohl (*Brassica rapa*), 1–2jähriger, gelb blühender Kreuzblütler, Heimat Südeuropa, in versch. Varietäten als Ölpflanze (→Rübsen) und Gemüse- bzw. Futterpflanze (*Weiße Rübe*) kultiviert. Für Futterzwecke dient die *Wasserrübe* (*Turnip*, *Stoppelrübe*), als Gemüse die *Speiserübe* (*Mairübe*, *Teltower* und *Märkische Rübchen*).
Rübenschnitzel, 1. (*Preßlinge*), Rückstände der Zucker-Herst.; als *Naß-* oder *Trockenschnitzel* gutes Grundfutter für Milch- und Mastvieh; 2. (*Zuckerschnitzel*), zerkleinerte Zuckerrüben, auch gemahlen als *Zuckerrübenschrot*; Kraftfutter für Rinder und Pferde, Mastfutter für Schweine; Zusatz bei Bereitung von →Gärfutter.
Rübezahl, Berggeist des Riesengebirges, als Zwerg, Riese, Mönch oder in Tiergestalt auftretend; Hüter der Bodenschätze; neckt die Wanderer, hilft Armen und sendet schwere Wetter, wenn man ihn ärgert.
Rübling (*Collybia*), Gattung weißsporiger →Blätterpilze von sehr unterschiedl. Gestalt; häufig auf Holz; Stiel oft rübenförmig verlängert; wenige Arten als Speisepilze geeignet.
Rübsamen, 1. Frucht von Zucker- und Futterrübe (→Runkelrübe); 2. Ölpflanze (→Rübsen).
Rübsen *der*, (*Rübsamen*, *Rübenreps*; *Brassica rapa* var. *oleifera*), Abart des →Rübenkohls, als Ölpflanze angebaut: 1jährig der *Sommer-R.*, 2jährig der *Winter-R.*; Samen liefern Öl (Handels-Bez. *Rüböl*), Verwendung ähnl. wie beim →Raps, Ölgehalt 5–8% niedriger. Schon in der Bronzezeit zur Ölgewinnung verwendet.

Rudolfsee

Rückblende, *Dramaturgie*: Einschub von Szenen, deren Handlung zeitlich vor der zuletzt gezeigten Szene liegt.
Rückdrehen des Windes (*Krimpen*), Drehung der →Windrichtung entgegen dem Uhrzeigersinn, z. B. von N über W nach S.
Rückenmark (*Medulla spinalis*), im Wirbelkanal der Wirbelsäule liegender Teil des Zentralnervensystems, der vom großen Hinterhauptsloch des Schädels bis zum zweiten Lendenwirbel reicht. Das R. besteht

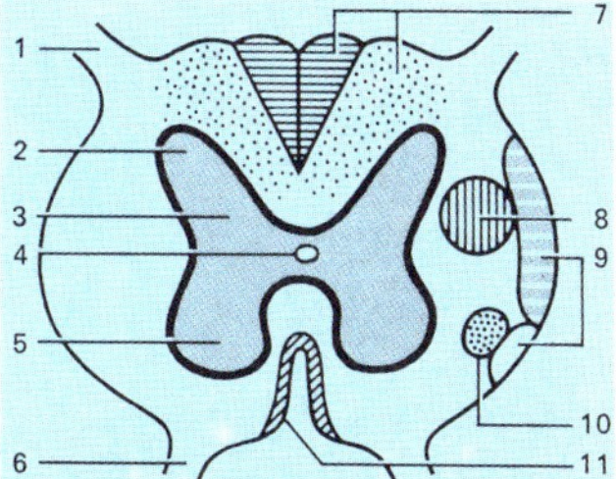

Rückenmark, *Querschnitt*: **1** hintere Rückenmarkwurzel; **2** Hinterhorn; **3** graue Substanz; **4** Zentralkanal; **5** Vorderhorn; **6** vordere Rückenmarkwurzel; **7** sensible Hinterstrangbahnen; **8** motorische Pyramidenseitenstrangbahn; **9** Kleinhirnseitenstrangbahnen (Leitung von Empfindungen aus Muskeln, Sehnen und Gelenken zum Kleinhirn); **10** vorderer Teil der Bahn für Schmerz- und Temperaturempfindung; **11** Pyramidenvorderstrangbahn (nach Schütz-Rothschuh)

ebenso wie das →Gehirn aus grauer Substanz (Nervenzellen), die seinen Kern bildet, und weißer Substanz (Nervenfasern), ist von den gleichen Häuten umgeben, die am unteren Ende den *Durasack* bilden, und besitzt einen äußeren Liquorraum unter der Spinnwebshaut sowie einen inneren, den Zentralkanal. Die R.-Nerven (*Spinalnerven*) verlassen das R. abschnittweise: im Halsmark 8, im Brustmark 12, im Lendenmark 5, im Kreuzbeinabschnitt 5, im Steißbeinabschnitt 1–2 Paar R.-Nerven, die zu den entspr. Muskeln und Organen ziehen. Die R.-Nerven entstehen durch Vereinigung vorderer und hinterer Wurzelfasern; die vorderen Wurzeln bestehen aus motor. Nervenfasern, die von der grauen Substanz der Vorderhörner ausgehen; die hinteren sind sensible Nervenfasern mit eingeschalteten *Spinalganglien*; vegetative Nervenfasern verlaufen mit den motor. und sensiblen Nerven. Die urspr. selbständige Funktion (→Entwicklung) des R. ist noch in der Schaltung der direkten →Reflexe (von Hinterhorn- auf Vorderhornzellen) erhalten geblieben; im übrigen vermittelt das R. als Leitungs- und Umschaltorgan zw. Gehirn und übrigem Organismus (→Nervensystem).

Rückenmarkentzündung (*Myelitis*), seltene Erkrankung, durch Infektion bei Verletzungen oder auf dem Blutwege (z. B. bei →Masern, →Röteln, →Typhus) sowie durch tuberkulöse oder syphilit. Erkrankung der Rückenmarkhäute. Symptome: Beeinträchtigung oder Ausfall der Funktion der betroffenen Nerven und Muskeln (Gefühllosigkeit, Lähmung), z. B. →Inkontinenz.

Rückenschwimmer (*Notonectidae*), Fam. im Wasser lebender →Wanzen; beim Schwimmen ist die dunkle Bauchseite nach oben gewendet; töten Beutetiere (Wasserinsekten, kleine Fische u. a.) durch Stich mit dem Rüssel.

Friedrich Rückert

Heinz Rühmann

Rückerstattung, 1. Rückgewährung von Leistungen, die ohne Rechtsgrund erbracht wurden. 2. (*Restitution*), Rückgabe von Vermögensgegenständen an den Eigentümer, die diesem aus rass., relig., nationalen, weltanschaul. oder polit. Gründen vom nat.-soz. Regime zw. 1933 und 1945 entzogen worden sind (Bundesrückerstattungsgesetz vom 19.7.57/13.1.59). *Österr.*: in den Rückgabe- und Rückstellungsgesetzen geregelt.

Rückert, Friedrich, Dichter, *16.5. 1788 Schweinfurt, †31.1.1866 Neuseß (Oberfranken); formal virtuose (→Makame, →Ghasel), spätromant. Lyrik; meisterhafte Nachdichtungen aus dem Arab., Pers., Ind. und Chinesischen.

Rückfall, 1) *Strafrecht*: Strafverschärfungsgrund (§ 48 StGB); eine vorsätzl., mit Freiheitsstrafe bedrohte Straftat wird wegen R. mit mindestens 6 Monaten Freiheitsstrafe geahndet, wenn der Täter bereits zweimal wegen eines Verbrechens oder vorsätzl. Vergehens zu Strafe verurteilt wurde und wegen einer oder mehrerer dieser Taten Freiheitsstrafe von mindestens 3 Monaten verbüßt hat, und wenn ihm vorzuwerfen ist, daß er sich die früheren Verurteilungen nicht hat zur Warnung dienen lassen. Zw. den Taten dürfen nicht mehr als 5 Jahre liegen. – Ähnl. in *Österr.* und der *Schweiz*. **2)** *Med.*: →Rezidiv.

Rückfallfieber (*Febris recurrens*), Infektionskrankheit, von spiralförmigen Bakterien (*Borrelia recurrentis*) verursacht, die durch Kleiderläuse und Zecken übertragen werden; wiederholte, plötzl. einsetzende Fieberperioden (je 5–7 Tage) mit Schüttelfrost, Kopf- und Kreuzschmerzen, Druckgefühl in Leber- und Milzgegend, Gliederschmerzen, Kräfteverfall. Vorbeugende Maßnahme: Entlausung.

Rückhandschlag, Grundschlag bei →Tennis und →Tischtennis; der Handrücken zeigt dabei in die Schlagrichtung.

Rückkauf, 1. →Wiederkauf; 2. *Lebensversicherung*: die vorzeitige Auflösung des Versicherungsvertrages mit Barabfindung des Versicherungsnehmers. Der R.-Wert ist in der Regel niedriger als die Summe der geleisteten Prämien.

Rückkopplung, Rückführung von Energie vom Ausgang z. B. eines elektr. Verstärkers auf seinen Eingang. Erfolgt die R. so, daß bei positiver Eingangsgröße (z. B. Spannung, Strom, Druck o. ä.) auch die rückgekoppelte Größe positiv ist, d. h. Eingangs- und rückgekoppelte Größe sich mit gleicher Phase überlagern, so wirkt die gesamte Anordnung wie ein Verstärker mit höherer Verstärkung; man bezeichnet diesen Vorgang als *Mitkopplung* (→Audion). Bei sehr starker Mitkopplung (Übersteuerung des Verstärkers) kann eine schon sehr kleine Störung am Eingang das 'Aufschaukeln' einer selbständigen Schwingung bewirken (→Selbsterregung). Erfolgt die R. so, daß einer positiven Eingangsgröße eine negative rückgekoppelte Größe überlagert wird – damit also etwa die Eingangsspannung verringert wird –, spricht man von *Gegenkopplung*. Während die Mitkopplung zur Erzeugung von Schwingungen (→Oszillatoren, →Sender) oder zur Verstärkungserhöhung dient, lassen sich durch Gegenkopplung Verstärkungsschwankungen und Verzerrungen verringern. R. werden techn. vor allem in der Elektrotechnik und in der →Regelungstechnik angewendet. *Akustische R.* tritt ein, wenn z.B. in das →Mikrophon einer Verstärkeranlage zuviel Schallenergie aus den Lautsprechern gelangt. Dies führt zu Pfeiftönen. – I.ü.S. ist R. die Rückwirkung einer beliebigen Größe in einem System auf ihre eigene Ursache, z. B. die Wirkung, daß eine erhöhte Geburtenziffer durch die dadurch entstehende Bev.-Vermehrung wiederum die absolute Zahl der Geburten erhöht (→Systemdynamik).

Rückkreuzung, Kreuzung eines Bastards mit einem seiner Elternteile; die R. dient zum Nachweis →dominanter Erbanlagen und ist u. a. ein Mittel, um Rein- oder Mischerbigkeit festzustellen. Die R. wird bei versch. Zuchtzielen angewendet; in der Tierzucht z. B. zur Herauszüchtung von Rassenmerkmalen; in der Pflanzenzucht, um bestimmte Eigenschaften, z. B. Winterfestigkeit, einzukreuzen.

Rücklage (*Reserve*), *Betriebswirtschaft*: das zusätzl. zum Grund- oder Stammkapital vorhandene Eigenkapital eines Unternehmens. R. werden in der →Bilanz entweder auf gesondertem R.-Konto (*offene R.*) oder gar nicht ausgewiesen, wobei eine Unterbewertung von Vermögensteilen zu *stillen R.* und eine Überbewertung von Schuldposten, z. B. in →Rückstellungen, zu *versteckten R.* führen. R. entstehen in der Regel durch Zurückbehaltung von Gewinnen und dienen dem Risikoausgleich. Zu den offenen R. der Aktienbilanz zählen die *gesetzliche R.*, die nach § 130 AktG. (*Österr.*: § 130 Aktiengesetz, *Schweiz*: Art. 671 OR) in Höhe von 10% (*Schweiz*: 20%) des Grundkapitals gebildet werden muß und der bis zur Auffüllung jährl. 5% vom Reingewinn zugeführt werden müssen, die *freie R.*, die über die gesetzl. R. hinaus gebildet werden kann, und die *statutarische R.*, deren Bildung durch die Satzung der Gesellschaft vorgeschrieben werden kann (→Bilanz; →Finanzierung).

Rückprojektionsverfahren, bei Filmaufnahmen der Ersatz des natürl. Hintergrundes durch eine halbdurchlässige Projektionswand, auf die von hinten ein photographierter Hintergrund projiziert wird.

Rückseite, in der →Meteorologie das →Wetter nach Durchzug einer →Kaltfront: relativ kalt, schauerartige Niederschläge, Aufheiterungen.

Rückstau, Aufstau des Wassers eines Flusses durch ein flußabwärts gelegenes Hindernis, z. B. durch einen Staudamm.

Rückstellungen, Passivposten der Bilanz, der für ungewisse →Verbindlichkeiten gebildet wird, die zwar am Bilanzstichtag bereits erkennbar sind, deren Höhe aber noch ungewiß ist und daher geschätzt werden muß.

Rückstoß, die Reaktionskraft, die auftritt, wenn zwei anfängl. zusammenhängende Körper (z.B. ein Behälter und das in ihm enthaltene Gas) durch eine zw. ihnen wirksame Kraft (den Gasdruck) auseinandergetrieben werden. Nach dem Satz von der Erhaltung des →Impulses sind die Geschwindigkeiten der beiden Körper einander entgegengesetzt, und ihre Größen verhalten sich umgekehrt wie die Massen der Körper, d. h. die leichten Gasmoleküle erhalten eine sehr viel größere Geschwindigkeit als der vergleichsweise schwere Behälter. Auch beim Zerfall eines Atomkerns tritt ein R. auf (→Mößbauer). R. tritt bei impulsartigen Ausströmungen (z. B. Abfeuern eines Geschosses) als *Stoß* auf; bei gleichmäßigem Ausströmen (z. B. der Verbrennungsgase aus →Strahltriebwerken und →Raketen) tritt er als gleichmäßige Schubkraft in Erscheinung und wird in der Luftfahrt und Raketentechnik als →Schub bezeichnet. Der R. ist im Vakuum wirkungsvoller, da das ausströmende Medium keinen Außendruck überwinden muß. Alle mit R. arbeitenden Triebwerke (→Strahltriebwerke) arbeiten daher in großen Höhen mit besserem →Wirkungsgrad als am Erdboden, Raketentriebwerke auch im (luftleeren) Weltraum. Versuche, auch die beim Ausströmen elektr. beschleunigter Gas-Ionen (→Plasmatron) und beim Abstrahlen von Licht (→Strahlungsdruck) entstehenden R.-Kräfte zur Erzielung höchster Geschwindigkeiten außerhalb der Atmosphäre (→Weltraumfahrt) zu nutzen, sind im Gange. – Bei →Feuerwaffen bewirkt der R. der aus der Laufmündung strömenden Gase eine stoßartige Bewegung der Waffe entgegen der Bewegungsrichtung des Geschosses (Stoß des Gewehrkolbens gegen die Schulter), bei →automat. Waffen wird der R. zum Nachladen und Abfeuern genutzt (→Maschinengewehr, →Maschinenpistole, →Maschinenkanone). Bei großkalibrigen →Geschützen wird der R. durch Rücklaufen des Rohres (*Rohrrücklauf*) auf einer Gleitschiene mit einer Bremsvorrichtung aufgefangen. Auch der Vortrieb eines →Propellers kann als R. (der von ihm verursachten Wasser- oder Luftströmung) aufgefaßt werden.

Rückstrahler (*Katzenauge*), Reflektor, bestehend aus einer Vielzahl kleiner *Tripel-Spiegel* (nach innen spiegelnde, meist dreiseitige Hohlpyramiden, die unabhängig von ihrer Lage jeden Lichtstrahl in seine Einfallsrichtung zurückreflektieren); leuchtet bes. im Scheinwerferlicht von Kfz auf; an Straßenkreuzungen, Verkehrszeichen, Warnschildern; rote R. zusätzl. zur →Schlußleuchte bei Straßenfahrzeugen in fast allen Ländern vorgeschrieben.

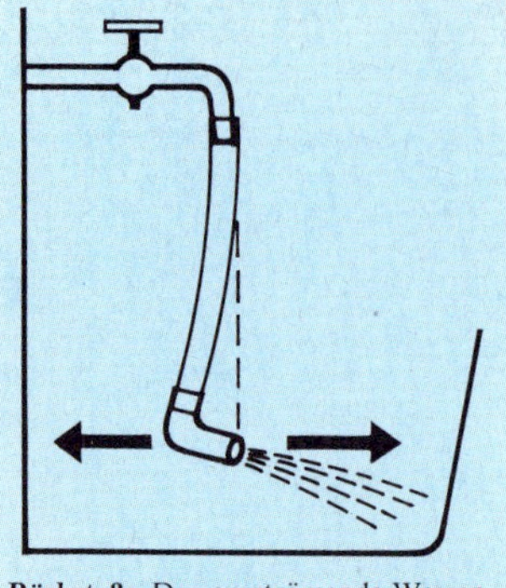

Rückstoß: Das ausströmende Wasser drückt den Gummischlauch nach hinten

Rücktritt, 1. *Schuldrecht*: eine einseitige empfangsbedürftige Willenserklärung, durch die Rechte rückwirkend zum Erlöschen gebracht werden. R. ist in der BRD nur mögl., wenn gesetzl. oder vertragl. ein R.-Vorbehalt vorgesehen ist. Beim R. vom Vertrage sind die Parteien zur Rückgewährung der bereits empfangenen Leistungen verpflichtet (§§ 346 ff. BGB, *Österr.*: §§ 918 ff. ABGB, *Schweiz*: Art. 83, 95 f., 107 bis 109 OR). 2. *Strafrecht*: R. vom →Versuch: Der Täter bleibt in der Regel straflos, wenn er die Ausführung der beabsichtigten Handlung freiwillig aufgegeben, deren Vollendung verhindert oder sich bei Ausführung der Handlung durch andere ernsthaft um die Verhinderung bemüht hat (§ 24 StGB; *Österr.*: § 8 StGB; *Schweiz*: Art. 21, Abs. 2 StGB).

Rücktrittbremse, Bremsvorrichtung in der Freilaufnabe von Fahrrädern und Motorfahrrädern, die beim Rückwärtstreten der Pedale anspricht (→Freilauf).

Rückversicherung (*Reassekuranz*), Versicherung eines Erstversicherers (*Hauptversicherer*, *Zedent*) zur ganzen oder partiellen Deckung des von ihm versicherten Risikos durch einen oder mehrere weitere Versicherer (*Rückversicherer*). Durch den *Quotenvertrag* übernimmt der Rückversicherer einen festen Prozentsatz an allen Risiken, durch den (häufigeren) *Exzedentenvertrag* alle eine bestimmte Grenze (den *Selbstbehalt* des Erstversicherers) übersteigenden Risiken.

Gegenüber dem Versicherungsnehmer haftet im Ggs. zur →Mitversicherung nur der Erstversicherer.

Rückversicherungsvertrag, von Bismarck 1887 auf 3 Jahre mit Rußland geschlossener Geheimvertrag, der beide Mächte zu gegenseitiger wohlwollender Neutralität verpflichtete (außer bei einem dt. Angriffskrieg gegen Frkr. oder einem russ. gegen Österr.). Bismarck erkannte dabei Rußlands Einfluß auf Bulgarien und Ostrumelien sowie in einem ganz geheimen Zusatzabkommen die russ. Interessen am Bosporus an. Bismarcks Nachfolger →Caprivi lehnte 1890 die Verlängerung des Vertrages ab, worauf Rußland mit Frkr. 1892 bzw. 94 eine Militärkonvention (*Zweiverband*) schloß (→deutsche Geschichte).

Rückwärtsversicherung, die rückwirkende Versicherung gegen Schäden, die zum Zeitpunkt des Vertragsabschlusses bereits eingetreten sein können, dem Versicherungsnehmer aber noch unbekannt sind (*subjektive Ungewißheit* im Gegensatz zur *objektiven Ungewißheit* bei der Versicherung gegen zukünftige Ereignisse); bes. in der Transportversicherung.

Rückwirkung, 1. Inkrafttreten von Rechtsvorschriften zu einem Zeitpunkt, der vor ihrer Verkündung liegt; 2. beim genehmigungsbedürftigen Rechtsgeschäft die Wirkung der nachträgl. Zustimmung, die es vom Zeitpunkt seiner Vornahme an wirksam macht (§184 BGB; *Schweiz*: Art. 38 OR).

Rückzieher, *Fußball*: Schlag mit dem Spann, der den Ball über den Kopf hinweg nach rückwärts zieht; *Fallrückzieher*, R., den der Spieler im Rückwärtsfallen ausführt.

Rückzugsgebiete, Landgebiete, in die sich von überlegenen Nachbarstämmen oder expandierenden Hochkulturen verdrängte oder bedrohte Naturvölker oder Restgruppen zurückgezogen haben; sind meist unzugänglich, mit nur engem Nahrungsspielraum.

Rückzugsstadium, *Geol.*: Bez. für eine Haltephase während eines allg. Gletscherrückzuges (Abschmelzen); dabei aufgeschüttete Endmoränen kennzeichnen die jeweilige Örtlichkeit der R. (→Gletscher).

Rueda, Lope de, span. Dramatiker, *um 1510 Sevilla, †1565 Córdoba; Leiter einer Wandertruppe; derbkom. Volksszenen (pasos) in realist. Sprache und Komödien.

Rügen: Kreideklippe 'Königsstuhl', 119 m hoch

Rüde, männliches Tier u. a. bei Hund, Fuchs, Wolf, Marder.

rüde [frz.], grob, unerzogen, roh.

Ruederer, Joseph, Schriftst., *15.10. 1861 München, †20.10.1915 ebenda; derb naturalistische, oft auch scharf satir. Komödien ('Die Fahnenweihe'. 1895; 'Wolkenkuckucksheim', 1909) und Erzählungen ('Wallfahrer-, Maler- und Mördergeschichten', 1899) aus dem bayr. Volksleben.

Rüdersdorf *bei Berlin*, Industrie-Gem. im Bz. Frankfurt, östl. von Berlin, mit 11000 E. (1975); Kalk- und Zement-Ind., gestützt auf den Muschelkalk der *Rüdersdorfer Kalkberge*; Holz-, chem. Industrie.

Rüdesheim *am Rhein*, hess. Krst. des Rheingaukreises, am Südhang des →Niederwaldes, 6900 E. (1975); Weinbau und Weinhandel, Sektkel-

Rüdesheim am Rhein

lereien und Weinbrennereien (Asbach); lebhafter Fremdenverkehr. Oberhalb von R. das *Niederwalddenkmal* (Seilbahn).

Rüge, *Prozeßrecht*: Geltendmachung von Verfahrensmängeln. *Kaufrecht*: →Mängelrüge.

Rügen, Insel in der Ostsee vor der meckl.-pommerschen Küste, durch den →Strelasund vom Festland getrennt, mit 926,4 km² größte dt. Insel, 85500 E. (1974), über den *R.-Damm* (2,5 km; Straße, Eisenbahn) Verbindung mit Stralsund und dem Festland; aufgebaut aus mehreren moränenbekleideten Kreidekernen: der Hauptinsel angelagert sind die reichzerlappten (Bodden, Wieke) Halbinseln *Wittow*, →Jasmund und →Mönchgut, unmittelbar vorgelagert sind die Inseln →Hiddensee, →Ummanz im W und →Vilm im SO; ständiger Wechsel von Nehrung, Sandstrand, Kreidefelsen mit Steilküste, hügeligem Moränenland und abgeschnürten Binnenseen; üppige Vegetation mit seltener Flora und großen Buchenwäldern, einzigartiger 'Naturpark'. Wirtschaft: in erster Linie Fremden- und Erholungsverkehr, daneben Landw., Fischfang, Kreidegewinnung, etwas Holz- und Bernsteinverarbeitung; wichtigste Seebäder: →Binz, →Sellin, *Baabe*, *Göhren*, *Thießow* und *Lohme*. Hauptort und größte Stadt: →Saßnitz, Behördensitz ist die Krst. →Bergen; 1959–63 *R.-Festspiele* auf der Freilichtbühne *Ralswiek* (am Jasmunder Bodden). – In vor- und frühgeschichtl. Zeit Siedlungsgebiet von Germanen, dann von Slawen (*Ranen*); nach der Zerstörung der Tempelburg Arkona 1168 von den Dänen unterworfen und christianisiert; 1325 an Pommern, 1648 an Schweden, 1815 mit Schwedisch-Pommern an Preußen; 1945 zu Mecklenburg, heute Teil des Bz. Rostock. (Bild S. 5145)

Rühmann, Heinz, Schauspieler, Regisseur, *7.3.1902 Essen; Charakterdarsteller; Filmkomiker ('Die Feuerzangenbowle', 43, 'Der brave Soldat Schwejk', 59) u. a. (Bild S. 5142)

Rühmkorf, Peter (Pseud. *Leslie Meier*), Schriftst., *25.10.1929 Dortmund; iron.-parodist. Lyrik, Sammlung und Untersuchung von Trivialversen aus dem lit. Untergrund ('Über das Volksvermögen', 1967); sozialkrit. Theaterstücke und Erinnerungen ('Die Jahre, die ihr kennt', 72).

Rühren, mechan. Vermischen von Flüssigkeiten mit gasförmigen, flüssigen oder festen Stoffen zum Zweck des Verteilens oder zur Erhöhung der Lösegeschwindigkeit; ist in der chem. Ind. von großer Bedeutung.

Rueil-Malmaison [rüa̲jmalmäsõ̲], Stadt im westl. Vorortbereich von Paris, 64000 E. (1973); Schloß *Malmaison* (17. Jh., durch →Richelieu erbaut), heute Museum.

Rüssel (*Proboscis*), röhrenförmige Verlängerung am Kopf versch. Tiere; Mund oder Mundwerkzeuge bei manchen Würmern (Rüsselegel), Schnecken (Nabelschnecken) und Insekten (Bienen, Fliegen, Schmetterlinge); Verlängerung der Nase bei Schwein, Tapir, bes. Elefant.

Rüsselkäfer (*Rüßler*; *Curculionidae*), artenreichste Fam. des Tierreiches (bisher über 40000 Arten bekannt); meist kleine, unauffällig gefärbte Käfer mit rüsselartig verlängertem Kopf und kurzen, geknickten Keulenfühlern. Larven ohne Beine, oft auch ohne Augen; viele schädl. durch Fraß, in Holz: →Fichten-R., →Kiefernrüsselkäfer, *Palmenbohrer* (*Rhynchophorus*); in Blättern: *Trichterwickler* (*Deporaus betulae*), →Rebenstecher; in Blüten: →Apfelblütenstecher, *Baumwollkapselkäfer* (*Anthonomus grandis*); in Früchten: →Haselnußbohrer, *Pflaumenbohrer* (*Pflaumenstecher*; *Rhynchites cupreus*); Vorratsschädlinge: →Kornkäfer, →Reiskäfer und ihre Larven. Bunt und leuchtend gefärbt die über 2 cm langen trop. *Diamantkäfer* (*Cyphus*, *Eutimus* u. a.). (Bild S. 5148)

Rüsselsheim, hess. Stadt im Kr. →Groß-Gerau, vor der Mündung des Mains, 60500 E. (1975); Fachhochschule; Automobilwerke Adam Opel AG u. a. Industrie.

Rüsselspringer (*Elefantenspitzmäuse*, *Rüsselratten*, *Rüsselhündchen*, *Felsenspringer*; *Macroscelidae*), zu den →Insektenfressern zählende Säugerfamilie trockener Gebiete Afrikas; bis rattengroß, mit rüsselartiger Schnauze und langen, dünnen Hinterbeinen, auf denen sie ähnl. Känguruhs schnell hüpfen können; der lange Schwanz dient dabei als Steuer.

Rüsseltiere (*Proboscidea*), Säugetierordnung, gekennzeichnet durch

Umbildung der Nase zu einem langen Rüssel, der als Greif-, Tast- und Geruchsorgan dient; Pflanzenfresser mit mächtig entwickelten oberen Schneidezähnen (Stoßzähne). Bes. im Tertiär und Pleistozän weit verbreitet (z. B. →Dinotherium, →Mammut und →Mastodon), rezent nur die →Elefanten.

Rüstow, Alexander, Volkswirt und Sozialhistoriker, *8.4.1885 Wiesbaden, †30.6.1963 Heidelberg; emigrierte 1933 in die Türkei. Neben W. →Eucken Begr. des Neoliberalismus und neben W. →Röpke Verfechter der →sozialen Marktwirtschaft in der BRD. Verf. eines weitgespannten sozialgeschichtl.-kultursoziolog. Werkes: 'Ortsbestimmung der Ggw.' (1950–57).

Rüstung, 1) Schutzkleidung des Kriegers, bes. im Altertum und MA ausgebildet. Die *Ritter-R.* bestand aus →Helm und →Harnisch (beide oft durch die *Halsberge* verbunden), Arm- und Beinschienen, Eisenschuhen; Zubehör war der Schild; oft trugen auch die Pferde Panzerschutz. **2)** der gesamte Personal- und Sachbestand der Streitkräfte eines Staates; i. w. S. Gesamtheit der milit., polit. und wirtschaftl. Vorkehrungen eines Staates für den Kriegsfall: Unterhaltung von Streitkräften, Vorsorge für die polit. Funktionsfähigkeit im Kriege, wirtschaftl. Bevorratung, Vorbereitungen für Bevölkerungsschutz, Dienstleistungen, kriegswirtschaftl. Umstellung u. a. (→Abrüstung).

Rüstungsindustrie, Anlagen zur Produktion von Kriegsmaterial (Waffen, Munition, Panzer, Kfz, Militärflugzeuge, Kriegsschiffe u. a.); mittelbar gehören zur R. auch die zahlreichen 'rüstungswichtigen' Betriebe für optische, Fernmelde-,

Alexander Rüstow

J. L. Runeberg

Rueil-Malmaison: Ansicht des Schlosses zu Beginn des 19. Jh.

Meß- und Rechengeräte, chem. Bedarf usw.

Rütli (*Grütli*) ['gerodetes Land'], Bergwiese im schweiz. Kt. Uri am Westufer des Urnersees, wo der Überlieferung nach 1291 (1307?) die Vertreter der Kt. Uri, Schwyz und Unterwalden einen Bund gegen die Fremdherrschaft (vornehml. gegen die →Habsburger) schlossen (*Rütlischwur*) und damit die Eidgenossenschaft begründeten. (Bild S. 5148)

Rüttler, Gerät mit flacher Bodenplatte, das starke Vibrationsbewegungen ausführt; zum Verdichten aufgeschütteten Erdreichs, von Schotter- und Kieslagen u. ä.

Ruf (*Ruof, Ruef*), Jakob, Dramatiker, *um 1500 Zürich, †1558 ebenda; einer der ersten schweizer. Dramatiker; gestaltete Stoffe aus der Bibel und der schweizer. Geschichte.

Rufidschi (engl. *Rufiji*), Fluß in Tansania, Ostafrika, 1400 km lang, entspringt nordöstl. des →Malawisees im →Livingstonegebirge in 2 Quellflüssen, von denen der nördl. (*Ruaha*) die Landschaften *Uhehe* und *Usagara*, der südl. (*Luwegu*) *Unguni* durchfließt, beide vereinigen sich im N des →Selous-Wildreservats zum R., der bei *Mohoro* in den Indischen Ozean mündet.

Rufzeichen, das internat. Erkennungszeichen einer Funkstation; besteht aus dem *Landeskenner* (Dtld: BRD und DDR die Buchstaben DAA bis DMZ, Schweiz: HEA bis HEZ, Österreich: OEA bis OEZ) und der nachfolgenden Einzelkennung.

Rugambwa, Laurean, Kardinal (1960), *12.7.1912 Bukongo (Tansania); 68 Erzbischof von Daressalam, erster einheimischer afrik. Kardinal.

Rütli, Geburtsstätte der Eidgenossenschaft

Rugby [rạgbi], mittelengl. Stadt am →Avon, südöstl. von Birmingham, 60000 E. (1973); Maschinen-, Elektro-Ind., Großfunkstation. Hier wurde 1823 von der *R. School* (1567 gegr. →Public School) das →R.-Spiel entwickelt.

Rugby, fußballähnl. Kampfspiel zw. zwei Mannschaften von je 15 Spielern. Jede Mannschaft versucht auf einem 100 × 68,40 m großen Spielfeld den eiförmigen Hohlball durch Zuspiel mit der Hand, Laufen mit dem Ball oder Stoßen mit dem Fuß in das gegnerische *Mal* zu befördern. Jeder Spieler vor dem Ball ist 'abseits'. Spielzeit 2 × 40 Minuten, Wertung nach einem Punktsystem.

Ruge, Arnold, philos. Schriftsteller und Politiker, *13.9.1802 Bergen (Rügen), †31.12.80 Brighton (England); Vertreter der Hegelschen Linken (→Hegelianismus); begr. 1844 mit Karl →Marx die (sofort verbotenen) *Dt.-frz. Jahrbücher*. 48 Vertreter der Linken in der →Frankfurter Nationalversammlung, ging 49 in die Emigration nach England.

Rüsselkäfer: Grünrüßler (Phyllobius calcaratus)

Rugi|er, ostgerman. Volksstamm, siedelte um 100 v. Chr., aus Skandinavien kommend, im Gebiet der Weichselmündung; im 1. nachchristl. Jh. nach Pommern (vermutl. einschließl. Rügen) abgedrängt; nach S-Wanderung treten sie in der 1. Hälfte des 5. Jh. als Teilnehmer an Raub- und Plünderungszügen der →Hunnen auf. Der Tod →Attilas (453) führte zur Spaltung; ein Teil wanderte nach SO-Thrakien ab, der größere nahm Niederösterr. nördl. der Donau (*Rugiland*, mit Zentrum bei Stein) in Besitz; 487 von →Odowakar geschlagen. Reste 489 von →Theoderich d. Gr. nach Italien geführt, gingen zus. mit den Ostgoten unter.

Ruhegehalt, die einem Beamten im →Ruhestand gezahlten Versorgungsbezüge. Nach dem Bundesbeamtengesetz in der Fassung vom 22.10.1965 beträgt in der BRD das R. bei Vollendung einer 10jährigen ruhegehaltsfähigen Dienstzeit 35% und steigt mit jedem weiter zurückgelegten Dienstjahr bis zum vollendeten 25. Dienstjahr um 2%, von da ab um 1%. Von der 10jährigen Wartezeit sehen manche Länderbeamtengesetze ab (z. B. Hessen). – *Österr.*: Bemessungsgrundlage für den *Ruhegenuß* sind 80% des Monatsbezugs; nach 10-jähr. Dienstzeit werden 50% davon, nach 30 Jahren 100% erreicht. – *Schweiz*: Regelung nach Bundes- bzw. kantonalem Recht.

Ruhemasse, die →Masse, die ein Körper in seinem Ruhezustand besitzt (→Relativitätstheorie). Alle Teilchen, deren R. Null ist, bewegen sich mit →Lichtgeschwindigkeit (z. B. →Photonen).

Ruhen des Verfahrens, *Zivilprozeß*: Stillstand des Verfahrens; kann durch das Gericht auf Antrag beider Parteien angeordnet werden bei Schweben von Vergleichsverhandlungen oder wenn die Parteien im Termin nicht erscheinen (§§ 251, 251a ZPO). – *Österr.*: gesetzl. Folge des Nichterscheinens der Parteien zur Tagsatzung. Wiederaufnahme erst nach 3 Monaten möglich (§§ 168–170 ÖZPO). – In der *Schweiz* schreibt das Bundesrecht in einzelnen Fällen das R. vor, z. B. bei Konkurs, während des öffentl. Inventars (Art. 207 SchKG, Art. 586/3 ZGB).

Ruhestand, das Rechtsverhältnis eines auf Lebenszeit berufenen Beamten zu seinem Dienstherrn nach Ausscheiden aus dem aktiven Dienst wegen Erreichens der Altersgrenze oder gesundheitl. bedingter Dienstunfähigkeit. Die Altersgrenze liegt in der Regel bei der Vollendung des 65. Lebensjahres. Der R.-Beamte hat Anspruch auf Versorgung (→Ruhegehalt); gegenüber seinem Dienstherrn hat er gewisse Treuepflichten. Er macht sich u. a. eines Dienstvergehens schuldig, wenn er sich gegen die freiheitl. demokrat. Grundordnung im Sinne des GG betätigt, an Bestrebungen teilnimmt, die darauf abzielen, den Bestand oder die Sicherheit der BRD zu beeinträchtigen. Bestimmte Beamte können jederzeit in den *einstweiligen R.* versetzt werden, z. B. Staatssekretäre, Ministerial-Dir., diplomat. und konsular. Beamte (§ 36 Bundesbeamtengesetz). – *Österr.*: weitgehend ähnl. geregelt.

Ruhestörung, die Erregung von Lärm, der geeignet ist, die Ruhe einer Mehrzahl von Personen zu stören, ohne daß ein berechtigter Anlaß besteht; als →Ordnungswidrigkeit strafbar, Geldbuße bis 10000 DM (§ 117 OWiG). – *Österr.*: verwaltungsrechtl. strafbar; *Schweiz*: kantonal geregelt.

Ruhestrombetrieb, die Betriebsart bes. von elektr. →Alarmanlagen, die durch einen dauernd fließenden Strom im Ruhezustand gehalten werden. Stromunterbrechung (z. B. beim Durchtrennen der Zuleitung) löst den Alarm aus.

Ruhpolding: Bauernhaus aus dem 17. Jh.

Ruhmkorff, Heinrich Daniel, Mechaniker, *15.1.1803 Hannover, †19.12.77 Paris; konstruierte u. a. Induktionsmaschine (→Funkeninduktor).

Ruhpolding, Gemeinde im Reg.-Bz. Oberbayern, an der *Traun*, mit 6500 E. (1975); bed. Fremdenverkehrsort im Chiemgau mit rd. 810000 Gästeübernachtungen (1975).

Ruhr *die*, re. Nebenfluß des Rheins, 235 km lang, entspringt im →Rothaar-Geb. (*R.-Kopf*), durchfließt das →Ruhrgebiet, mündet in Duisburg; mehrfach aufgestaut, dient sie der Wasserversorgung des Ruhrgebietes sowie der Energiegewinnung; ab

Ruhr: Duisburger Hafen

Witten schiffbar. Nebenflüsse →Möhne und →Lenne.

Ruhr *die*, (*Dysenterie*), **1)** (*Bakterienruhr*), durch versch. Bakterien (Gattung *Shigella*) verursachte Entzündung der Dickdarmschleimhaut; meldepflichtige Infektionskrankheit (Seuchengefahr). Übertragung durch verseuchtes Wasser, verdorbene Lebensmittel, Fliegen oder direkten Kontakt mit Erkrankten. Nach 2–7 Tagen Inkubationszeit Fieber und sehr häufige, schmerzhafte Durchfälle, die Schleim, Blut und Eiter enthalten. Behandlung: →Antibiotika und →physiol. Kochsalzlösung zum Ausgleich des Wasserverlustes; nach Heilung bleibt manchmal Empfindlichkeit des Darms gegen Diätfehler, Kälteeinwirkung und seel. Erregung zurück; in der →Rekonvaleszenz gelegentlich *Ruhr-Rheumatismus*. **2)** →Amöbenruhr.

Ruhrfestspiele, Theateraufführungen und Kunstausstellungen, seit 1947 jährl. in Recklinghausen von DGB und Stadtverwaltung veranstaltet.

Ruhrgebiet (*Ruhrrevier*, *Ruhrkohlenbezirk*), der Schwerpunkt des →Rhein.-Westf. Industriegebietes, der bedeutendste industrielle Ballungsraum Europas, zw. Rhein, Ruhr und Lippe, zw. Hamm im O und →Moers im W, auf einer Fläche von 4500 km² mit etwa 5,5 Mio. E. (1975; 1850: 0,4 Mio., 1910: 3,1 Mio.) und einer Bev.-Dichte von rd. 1250 E./km². Grundlage der Revierbildung im 19. Jh. waren die reichen Kohlenvorkommen des Karbons, das an der Ruhr zutage tritt, nach N absinkt und von einer Kreidedecke (Mergel) überlagert wird, die in der Lippegegend bereits 600–800 m Mächtigkeit erreicht; im S des R. werden vor allem Magerkohle und Anthrazit, an der Emscher Fettkohle und im Lippegebiet Gas- und Gasflammkohle gefördert; dadurch Verlagerung des Kohlenabbaus von der Ruhr nach N über die Lippe hinaus. Abbau der Kohle in geringem Ausmaße schon seit dem MA (Tagebau); neben der Kohle im 19. Jh. rasche Entwicklung der eisenschaffenden Ind. (Krupp, Mannesmann, Thyssen). Früher lag das Zentrum der Eisengewinnung im Rhein. Schiefergebirge (Erzvorkommen, Holz, Wasserkraft), im Siegerland, Bergischen Land und Sauerland; erst nach Verdrängung der Holzkohle durch die Steinkohle wanderte das Erz zur Kohle an die Ruhr (1970: 82% der Steinkohlenförderung und 80% der Roheisenerzeugung der BRD); daneben bes. im 20. Jh. rasche Entwicklung der Energie- und Chemie-Ind. (Verbundwirtschaft). Heute geht der Bergbau aus Rentabilitätsgründen beim Abbau der Kohle vor Ort immer mehr zur Teil- und Vollmechanisierung über, vor allem unter dem zunehmenden Wettbewerbsdruck des Erdöls. Nachlassender Bedarf und die Konkurrenz der billigeren amerik. Kohle führten zu Absatzschwierigkeiten und zur Stilllegung zahlr. Zechen (1922–1932: 122 Zechen stillgelegt; Zahl der Zechen 1938: 154, 1962: 107, Juli 1970: 50); neben bed. Stahl-Ind. Expansion der verarbeitenden Ind. (chem., Automobil- und Investitionsgüter-Ind.). Mit →Ruhrschnellweg und leistungsfähigen, vor allem für den Transport ausländ. Eisenerze (Duisburg, Dortmund) wichtigen Kanalverbindungen (→Dortmund-Ems- und →Rhein-Herne-Kanal; schleusenloser Zugang zum Rhein) verfügt das R. über ausgezeichnete Verkehrsverhältnisse. Wirtschaftsgeogr. gliedert es sich in fünf Städtereihen: Ruhrzone (großenteils stillgelegte Zechen), Hellwegzone (Bergbau und eisenverarb. Ind., im O und W eisenschaffende Ind.), südl. und nördl. Emscherzone (neben Bergbau, Eisen- und Stahl-Ind. vor allem chem. Grundstoff-Ind.) und Lippezone (Auflösung des geschlossenen Ind.-Gebietes, z. T. noch Bauernland). In den beiden ersten Zonen hist. gewachsene Städte (Geschäftszentren, kulturelle Mittelpunkte): Bochum, Dortmund, Duisburg, Essen, Mülheim, Wattenscheid; in den anderen Zonen überwiegend Arbeiterstädte, die vielfach aus alten Dorfkernen entstanden sind: Hamborn, Oberhausen, Gelsenkirchen, Wanne-Eickel, Herne, Castrop-Rauxel, Bottrop; die Bev.-Zuwanderung erfolgte aus allen Gebieten Dtld., bes. dem O. – Zur Regelung der Wasserwirtschaft: *Ruhrtalsperrenverein* und *Ruhrverband* (Energiegewinnung, Versorgung mit Trink- und Brauchwasser); zur Abwasserreinigung: *Emschergenossenschaft* und *Lippeverband*;

zur Regelung der Siedlungs- und Verkehrsfragen: *Siedlungsverband Ruhrkohlenbezirk* (SVR; 1920 als erste dt. Raumplanungsbehörde gegr.). – →Ruhrstatut, →Montanunion.

Ruhrkohle AG (*RAG*), gegr. 1968 als Gesamtges. des Ruhrkohlenbergbaus im Sinne des 'Gesetzes zur Anpassung und Gesundung des dt. Steinkohlenbergbaus und der dt. Steinkohlenbergbaugebiete' (Kohlegesetz) vom 15.5.1968. Die Ges. übernahm das Bergbauvermögen von 26 ehem. selbständigen Bergbauunternehmen. Die Aufgaben der Produktion werden von sechs Betriebsführungsges. wahrgenommen. Der Absatz erfolgt durch die *Ruhrkohle-Verkauf GmbH*. Umsatz: 12 Mrd. DM, Beschäftigte: 148400; Produktion: 74,2 Mio. t Kohle (= 76,2% der westdt. Förderung), 24,5 Mio. t Koks (1974).

Ruhrkraut (*Gnaphalium*), Gattung der →Korbblütler; wollig behaarte Pflanzen, Blütenstände ährig oder knäuelig mit kleinen Blütenköpfchen. Das *Wald-R.* (*Gnaphalium silvaticum*) in trockenen Wäldern, auf Magerwiesen usw.; Volksheilmittel gegen Ruhr.

Ruhrschnellweg, die durch das →Ruhrgebiet führende Bundesstraße 1 zw. Düsseldorf und Unna; wird autobahnähnl. ausgebaut und nach W über den Rhein hinaus verlängert.

Ruhrstatut, Abkommen zw. England, Frkr., USA, Beneluxstaaten vom 28.12.1948 zur Kontrolle der dt. Kohlen- und Stahlproduktion durch die Internat. Ruhrbehörde, der auch die BRD beitrat. Durch Errichtung der →Montanunion 52 aufgehoben.

Ruisdael [rọißdahl] (*Ruysdael*), **1)** Jacob Isaackszoon van, holländ. Maler, Radierer; Neffe und Schüler von 2), *1628/29 (?) Haarlem, †14.3. 1682 ebenda. Realist. Landschaftsbilder mit sorgfältiger Detailwiedergabe und melanchol. Grundstimmung. (Bild S. 5152)

2) Salomon van, niederländ. Maler, *um 1600 Haarlem(?), begraben 1.11.1670 ebenda. Einer der ersten holländ. Landschaftsmaler: Landschaften mit Flußmündungen und Kanälen, Landstraßen mit Häusern in grau-grünem Ton.

Ruiz [ruịth], Juan (gen. *Arcipreste de Hita*), span. Dichter, *um 1283 Alcalá de Henares, †um 1350; schuf mit dem autobiograph. Gedicht 'Libro de buen amor' (1330) ein umfassendes Bild des Lebens seiner Zeit.

Ruiz de Alarcón y Mendoza [ruịth de alarkọn i mendọtha], Juan, span. Dramatiker, *1581(?) Mexiko, †4.8.1639 Madrid; Lustspiele mit Stoffen aus dem zeitgenöss. Leben von Madrid; Hauptwerk: 'Die verdächtige Wahrheit' (La verdad sospechosa, 1634).

Rukwasee (*Rikwasee*, *Leopoldsee*), abflußloser, nach N verlandender Bergsee östl. des Südendes des →Tanganjikasees, Tansania (Ostafrika), 1500 km².

Ruländer (*Grauburgunder*, *Pinot gris*), weiße Rebensorte (1711 von *J. Ruland* in Dtld. eingeführt); edler Wein mit milder Säure; Anbaugebiete: Südbaden, Pfalz; in Frkr.: Burgund, Champagne.

Rulfo, Juan, mexikan. Schriftst., *16.5.1918 Sayula (Jalisco); Vertreter des realist. Romans nach nordamerik. Vorbild; gibt ein oft grausames Bild des mexikan. Landlebens: 'Der Llano in Flammen' (El llano en llamas, 1953), 'Pedro Páramo' (55).

Rum, aus Zuckerrohrmelasse gewonnener hochprozentiger Branntwein; 'dt. Rum' aus Rübenzuckermelasse.

Rumänen, roman. sprechendes Volk des Balkans, Nachkommen der Daker (→Dakien) und röm. Siedler, mit slaw. und türk. Einschlag.

Rumänien (amtl. rumän. *Republica Socialistă România*), Republik in Südosteuropa, auf Grund seiner wechselvollen Gesch. und der häufigen territorialen Veränderungen im Laufe der letzten Jh. der ethnisch, sprachl., konfessionell, soziolog. und wirtschaftl. vielfältigste Staat Europas, mit 237500 km² und 21,2 Mio. E. (1975), Hptst. →Bukarest.

Landesnatur: Kernland R. ist das mitteleuropäisch bestimmte Hochland von →Siebenbürgen, ein tertiäres Hügelland, vom weiten, steil gegen die äußeren Tiefländer abfallenden Karpatenbogen und dem →Bihorgebirge (im W) umschlossen; westlich der Gebirgsumrahmung hat R. noch Anteil am Tiefland der Kreisch mit ihren Quellflüssen (→Kreischland) und am →Banat; südlich der Südkarpaten erstreckt sich die Walachische Tiefebene, die Kleine und die Große →Walachei (neben Moldau Stamm-

J. I. van Ruisdael: Im Wald. Douai, Musée de la Chartreuse

länder Rumäniens), begrenzt von der Donau und zerteilt von zahlreichen ihr zuströmenden Flüssen; im SO des Landes, eingeschlossen durch die versumpfte Donauniederung →Balta im W, das große Donaudelta im N und das Schwarze Meer im O, befindet sich die flachwellige Lößlandschaft der →Dobrudscha; das östl. Karpatenvorland zw. Sereth und Pruth wird vom Hügelland der →Moldau eingenommen, südwärts in Tiefebene übergehend; nordwestl. an

die Moldau grenzend liegt die Karpatenlandschaft →Bukowina, auf sowjet. Territorium übergreifend. Klimatisch stellt R. ein Übergangsgebiet vom mitteleurop. zum kontinentaleren osteurop. Klima dar; heiße und trockene Sommer, relativ strenge Winter. Die Gebirge und Hügelländer sind waldreich, die Tiefländer von Natur Steppe.

Bevölkerung: Nach dem II. Weltkrieg setzte eine starke Nivellierung mit dem Ziel eines einheitl. Nationalstaates ein. Trotzdem bestehen neben der überwiegend rumän. Bev. (88%) noch starke, größtenteils seit vielen Jh. ansässige Minderheiten: 1,6 Mio. Madjaren, 400000 Deutsche, 110000 Juden, 105000 Zigeuner. Vor allem letztere zwei Gruppen wurden im II. Weltkrieg durch dt. Besetzung stark dezimiert; die dt. Bev.-Gruppe im Kriege durch Umsiedlungsmaßnahmen Hitlers, nachher durch sowjet. Deportationen. – Außerdem Ukrainer, Serben, Kroaten, Bulgaren, Slowaken, Türken, Tataren u. a. Am dichtesten besiedelt sind die Hügelländer am Gebirgsrand; die Karpaten und die Steppe im allg. nur dünn. Die Verstädterung nimmt ständig zu.
Verfassung, *Verwaltung*: R. ist eine 'Sozialist. Rep.' östl. Prägung; oberstes gesetzgebendes Organ ist die auf vier Jahre gewählte Große Nationalversammlung, die das Präsidium (Staatsrat) als höchstes Organ der Staatsgewalt und die Regierung, an der Spitze der Ministerpräsident (seit

1974 *Manea Manescu*), wählt. Verwaltungsgliederung in das hauptstädt. Munizipium Bukarest und in 39 Kreise (seit 67); die 1952 err. *Maros-Autonome Madjar. Region* in Siebenbürgen wurde aufgelöst. Rechtsprechung nach sowjet. Vorbild. Staatssprache: Rumänisch; Minderheitensprachen: Ungarisch und Deutsch.
Militär: Allg. Wehrpflicht zw. 21. und 50. Lebensjahr. Streitkräfte insgesamt 170000 Mann (1974).
Wirtschaft: Das seit etwa 1000 Jahren von Ungarn und seit 800 Jahren von Dt. besiedelte Siebenbürgen, das jedoch seit langem eine rumän. Mehrheit aufweist (1760: 65%), nimmt mit seiner hochentwickelten städt. Gewerbetradition auch heute noch eine wirtschaftl. Schlüsselstellung für das ganze Land ein. Es ist zugleich begünstigt durch fruchtbare Böden und vorteilhaftes Klima mit warmen, hinreichend feuchten Sommern, ergiebige Wälder und reiche Bodenschätze, bes. Eisen- und Buntmetallerze, Edelmetalle, Kohle und Erdgas. Die zahlr. siebenbürg. Städte sind stark industrialisiert, dabei keineswegs am Ende dieser Entwicklung. Auch das Potential der Karpaten (Holznutzung, Wasserkraft, Fremdenverkehr) ist erst zu einem kleinen Teil genutzt. Die umliegenden Randlandschaften sind durch zunehmend einheitl. Agrarstruktur geprägt, die auf die zw. 1949 und 62 erfolgte Landw.-Kollektivierung zurückzuführen ist. Anbau insbes. von Weizen, Mais, Sonnenblumen, Kartoffeln, Zuckerrüben, Gemüse, Hanf, Flachs und Baumwolle, ferner Obst- und Weinbau; bed. Viehzucht. Im südl. und südöstl. Karpatenvorland (→Ploeşti) spielt die Erdölwirtschaft eine beträchtl. Rolle, deren Anfänge etwa 100 Jahre zurückliegen (Produktion 1975: 14,6 Mio. t). Die Donau bietet nahe ihrer weitverzweigten Deltamündung ins Schwarze Meer den alten Seehäfen →Brăila und →Galatz Zugang. Die größte Rolle für den Seeverkehr spielt jedoch das fast 3000jährige →Konstanza an der Ostküste der Dobrudscha, von wo aus eine zweigleisige Bahn über Bukarest–Kronstadt–Budapest bis in die Mitte des europ. Kontinents führt. Das Bahnnetz umfaßte 1974 rd. 11000 km, das Straßennetz insgesamt 80000 km (davon 13000 km Nationalstraßen). Wichtigste Ausfuhrgüter: Erdöl und Erdölprodukte, Erze, Maschinen, Halbfertigwaren, Nahrungsmittel, Vieh und Holz. Haupthandelspartner: Sowjetunion, ČSSR, BRD, DDR, Italien, Polen, Ungarn und Großbritannien.
Kirche: Etwa 80% der Bev. sind rumän.-orth. Christen, 8% griech.-kath. Unierte, je 5% sind kath. und prot., kleine islam. Gruppen.
Unterrichtswesen: Es besteht allg. 10jährige Schulpflicht; Konfessionsschulen wurden verstaatlicht. 1974

Rumänien: Dorfmuseum in Bukarest; Bukarest

bestanden rd. 60 Hochsch., davon 6 Univ. (Bukarest, Jassy, Klausenburg, Temeschburg, Craiova, Kronstadt). *Geschichte*: R. geht im Kern auf die röm. Prov. →Dakien zurück, in der sich nach Untergang des Röm. Reiches trotz Zuwanderung versch. Volksgruppen (insbes. Slawen und turktatar. Nomadenvölker) die von →Geten und Dakern abstammende, romanisierte Bev. behauptete. Die im 14. Jh. von den Ungarn gegen die Osmanen err. Grenzmarken →Walachei und →Moldau konnten bald als eigene Wahlfürstentümer die ungar. Herrschaft abschütteln, gerieten aber um 1400 (Walachei) bzw. um 1500 (Moldau) unter die Tributherrschaft der Osmanen. Die alte Sozialordnung (Bojarenadel und leibeigene Bauern) blieb erhalten. 1775 trat die →Hohe Pforte die →Bukowina an Österr., 1812 →Bessarabien an Rußland ab. Im Frieden von Adrianopel (1829) garantierte die Pforte den Donaufürstentümern die Autonomie und überließ Bischöfen und Bojaren die Wahl der Fürsten; Rußland übernahm die Schutzherrschaft über die Ft. 1848 wurde eine liberale Revolution durch russ. Truppen niedergeworfen, die erst 1851 das Land räumten. Im Pariser Frieden (1856), der den →Krimkrieg beendete, wurde Rußland die Schutzherrschaft entzogen und sämtl. europ. Großmächten übertragen. 1859 Wahl Oberst *Alexander Cuzas* (†1873) zum Fürsten beider Ft., die er in Personalunion regierte. 1861/62 Zusammenfassung der Ft. zu einer Realunion, Proklamation des Einheitsstaats R. Nachdem Cuza 1866 seiner autoritär durchgeführten Sozialreformen wegen (u. a. Aufhebung der Leibeigenschaft) von den Bojaren zur Abdankung gezwungen worden war, wurde durch Volksabstimmung Prinz Karl von Hohenzollern-Sigmaringen als Carol I. (→Karl I., 1866–1914) zum erbl. Fürsten gewählt. Durch die Teilnahme am russ.-türk. Krieg von 1877/78 auf russ. Seite erlangte R. die Unabhängigkeit von der Pforte. Der →Berliner Kongreß (1878) bestätigte die Souveränität des Landes und schlug ihm die nördl. →Dobrudscha zu. Süd-Bessarabien jedoch, das 1856 im Pariser Frieden an die Moldau gekommen war, wurde Rußland zurückgegeben. 1881 erklärte das Parlament R. zum Kgr. Außenpolitisch suchte Carol Anschluß an den →Dreibund; 1883 kam ein Verteidigungsbündnis mit Dtld. und Österr.-Ungarn zustande (1913 letztmals erneuert). Die vordringlichsten innenpolit. Probleme lagen in der korrupten Verwaltung und der Ausbeutung der Bauernschaft durch den Großgrundbesitz. Im 2. Balkankrieg 1913 gewann R. die Süddobrudscha. 1916 Kriegserklärung an Österr.-Ungarn. Bereits Anf. 1917 aber war fast ganz R. von Truppen der Mittelmächte besetzt. Die Pariser Vorortsverträge 1919/20 verdoppelten die Größe des Landes mit Bukowina, Siebenbürgen, Bessarabien, Teilen O-Ungarns. R. suchte außenpolit. Sicherung durch Anschluß an die →Kleine Entente (1921) und ein Bündnis mit Polen (1921). In den innenpolit. Kämpfen standen sich gegenüber die Nationalzaranisten (Bauernpartei) und die Liberalen, die nach →Ferdinands Tod 1927 den Übergang der Krone unter Umgehung seines Sohnes Carol auf den unmündigen Enkel →Michael durchsetzten. 1930 kehrte Carol aus dem Exil zurück und bestieg, von den Nationalzaranisten unterstützt, als Carol II. (→Karl II., 1930–40) den Thron. Sein Regime wandelte sich bald zu einer autoritären Diktatur. Nachdem die Sowjets Juni 1940 kampflos Bessarabien und Nordbukowina besetzt hatten, mußte R. durch den 2. Wiener Schiedsspruch vom 30.8.1940 einen Großteil seiner Erwerbungen von 1919/20, näml. das nördl. Siebenbürgen, an Ungarn, am 7.9.1940 die S-Dobrudscha an Bulgarien herausgeben. Nach dem Staatsstreich General →Antonescus (6.9.1940) trat R. Juni 1941 auf dt. Seite in den Krieg gegen die UdSSR ein. Nachdem sowjetruss. Truppen Aug./Sept. 1944 tief in rumän. Gebiet eingedrungen waren, unterzeichnete R. am 12.9.44 einen Waffenstillstandsvertrag. Bereits Ende Aug. 44 war Antonescu verhaftet und der Kampf eingestellt worden. Die von R. zurückeroberten Gebiete (Nordbukowina und Bessarabien) mußten an Rußland herausgegeben werden. Febr. 1945 gelangte die volle Regierungsgewalt in die Hand der Kommunisten. Im Pariser Friedensvertrag vom 10.2.47 erhielt R. Nordsiebenbürgen von Ungarn zurück. Der

1

2

3

4

5

6

7

1 Bauernhaus bei Iacobeni in den Waldkarpaten; **2** Gehöft im Donaudelta, Dobrudscha; **3** Drei-Hierarchen-Kirche in Jassy, Moldau (erbaut 1639); **4** Kulturpalast in Neumarkt (Tîrgu Mureş), Hptst. der früheren Madjar. Region in Siebenbürgen; **5** Burg Bran aus dem Jahr 1211 in den Südkarpaten, südwestlich von Kronstadt; **6** Bukarest, neues Wohnviertel um den Platz des Palastes der Republik; **7** Erdölfeld in der Kleinen Walachei

1940 an die Stelle seines gestürzten Vaters getretene König Michael wurde am 30. Dez. 1947 zur Abdankung gezwungen, gleichzeitig die Volksrepublik R. proklamiert. R. ist Mitgl. der →UN (seit 1955), des →Warschauer Paktes (seit 55) und des →COMECON (seit 49). Staatsoberhaupt ist →Ceausescu, der als Vertreter einer stark nationalist. Innenpolitik gilt. Seine Außenpolitik ist durch den Versuch der Distanzierung von Moskau gekennzeichnet. Merkmale dieser Politik sind: Verstärkung der Kontakte zur VR China, Aufnahme diplomat. Beziehungen zur BRD (1967), Verurteilung des Einmarsches der Warschauer-Pakt-Staaten in die ČSSR (1968). März 77 schweres Erdbeben in Süd-R.

rumänische Kunst, in der *Baukunst* verbinden sich seit dem 15. Jh. byzantin. und got. Formen. An den Portalen finden sich bisweilen got. Einzelformen als letzte östl. Ausläufer dieser Kunstepoche. Insgesamt erscheinen in der rumän. Archit. auch armen., kaukas., türk. und russ. Spuren sowie gewisse Beziehungen zu Bulgarien (12./13. Jh.) und Serbien (14. Jh.). Blütezeit 1450–1650 (Bischofskirche in Curtea de Argas, Walachei, geweiht 1517). Neben der auf das Dekorative beschränkten *Plastik* völlig byzantin., vorwiegend sakrale *Malerei* (→Ikonostasen, Fresken). Entsprechend der eigenständigen *Volkskunst* jedoch heute noch hochentwickelte volkstüml. →Ikonen-Malerei. Seit dem 19. Jh. starke westl. Einflüsse, vor allem aus Frkr. In der 2. Hälfte des 19. Jh. zeigt sich der beginnende Nationalismus vor allem in der Malerei. Als Hauptmeister gilt *Nicola Grigorescu* (1838 bis 1907), der die heimatl. Landschaft für die Malerei entdeckt. Bed. Plastiker sind der klassizist. *G. Georgezcu* (1857–99) und internat. renomiert C. →Brancuşi.

rumänische Literatur, abgesehen von mündl. überlieferter, erst im 19. Jh. aufgezeichneter Volksdichtung setzte die r. L. erst im 17. Jh. mit relig. Schrifttum ein: Psalmen-Übers. 'Psaltirea' (1673) des Bischofs *Dosofteiu* (1624–93), 'Bukarester Bibel' (1688). Hohen Anteil an der Schöpfung einer Lit.-Sprache hatte die Gesch.-Schreibung des 17. und beginnenden 18. Jh.: *G. Ureche* (1590 bis 1647), *M. Costin* (1633–91), *D. Cantemir* (1673–1723). Griech. und slaw. Einflüssen während des 18. Jh. wirkte die Bewegung der Latinisten entgegen. In der 1. Hälfte des 19. Jh. unter dem prägenden Einfluß der frz. Kultur, der europ. Romantik und der bodenständigen Tradition Entwicklung einer rumän. National-Lit. Ihre führenden Vertreter waren die Lyriker →Alexandrescu, *D. Bolintineanu* (1819–1872), →Alecsandri, der klass. rumän. Novellist *C. Negruzzi* (1808 bis 68) und der Biograph *N. Bălcescu* (1819–52). Das Nationalrumänische, Bodenständige betonte die 1863 von *T. Maiorescu* (1840–1917) gegründete Bewegung *Junimea*, ihr gehörten an: der bedeutendste rumän. Dichter →Eminescu, der Erzähler →Creangă, der Dramatiker →Caragiale, der Novellist *N. Gane* (1835–1916) und die Erzähler *I. Slavici* (1848–1925), *I. A. Brătescu-Voineşti* (1868–1946), *D. Zamfirescu* (1858–1922) u. a. Den Realismus vertraten →Coşbuc und *A. Vlahuţă* (1858–1919). Die Lyrik am Anf. des 20. Jh. stand im Zeichen des Symbolismus frz. Prägung, vertreten durch *O. Densuşianu* (1873–1938). Dem Symbolismus nahe standen auch die von Verlaine beeinflußten Lyriker *St. O. Iosif* (1875–1913) und *D. Anghel* (1872–1914). *N. Iorga* (1871–1940) verfocht gegen den Symbolismus eine nationale, vom Volk ausgehende Lit., zu der sich z. B. *O. Goga* (1881–1938) bekannte. Den sozialkrit. Roman begründete *C. Stere* (1865–1936), während *L. Rebreanu* (1885–1944) und *C. Petrescu* (1894–1957) den psycholog.-realist. Roman in die r. L. einführten. Ein Meister der Erzählkunst war →Sadoveanu. Bed. Vertreter der r. L. in den 20er und 30er Jahren: →Arghezi, *I. Minulescu* (1881–1944), *I. Barbu* (1895–1961), *E. Lovinescu* (1881 bis 1943), *V. Voiculescu* (1884–1963), →Gheorghiu und →Eliade. Die r. L. nach 1945 ist anfangs dem Programm des sozialist. Realismus verpflichtet. Lyriker: *M. Beniuc* (*1907); Erzähler: *G. Călinescu* (1900–65), *Z. Stancu* (1902–74), *A. Ivasiuc* (1923 bis 77), auch *P. Dumitriu* (*1924; Exil 60).

rumänische Sprache, →roman. Sprache, von den Rumänen in Rumänien und in kleineren Streusiedlungen auf dem Balkan gesprochen (rd. 16,5 Mio.); stark von slaw., türk.

Oben die himmlische Hierarchie (Fresken, um 1537), an der Ostseite der Klosterkirche von Sucevita; *unten* Szenen aus der Heilsgeschichte, Freskenabschnitt aus der Klosterkirche von Voronet (um 1550)

und ungar. Wortgut durchsetzt. Dialekte: 1. *Dakorumänisch* in Rumänien, 2. *Aromunisch* oder *Makedorumänisch*, verstreut in Makedonien, Albanien, Thessalien und Epirus; 3. *Meglenorumänisch* bei Saloniki; 4. *Istrorumänisch* im Westen (Istrien). – Schrift bis Mitte des 19. Jh. kyrillisch (heute noch in Sowjetrepublik Moldau), seitdem lateinisch.

Rumba *der* oder *die*, rhythm. stark akzentuierter Gesellschaftstanz kuban. Ursprungs im $^4/_4$-Takt.

Rumelien (türk. *Rumili*), hist. Landschaft in Südosteuropa: ehem. türk. Statthalterschaft, die →Thrakien und Teile →Makedoniens umfaßte.

Rumeln-Kaldenhausen, bis 1974 Groß-Gem. (mit 16000 E.) im Reg.-Bz. Düsseldorf, Nordrh.-Westf., seitdem Teil von →Duisburg; Steinkohlenbergbau.

Rummelsburg, 1) *R. in Pommern*, ehem. Krst. in Hinterpommern, an der *Stiednitz*, 10300 E. (1973), seit 1945 unter poln. Verwaltung (*Miastko*, Woiwodschaft Köslin); Tuchfabrikation, Kalksandsteinwerk, Landhandel. **2)** Teil des 17. Verw.-Bz. Lichtenberg der Stadt Berlin (Ost-Berlin); Großkraftwerk *Klingenberg*.

Rumor, Mariano, ital. Politiker (Democrazia Christiana), *16.6.1915 Vicenza; seit 46 im Parlament, seit 59 wiederholt Min. und Min.-Präs.; mit seinem 4. und 5. Kabinett (73/74) gelang es ihm nicht, die ital. Währungs- und Wirtschaftskrise zu meistern (→Giolitti, →La Malfa).

Rumpffläche (*Rumpfebene*, *Fastebene*, *Peneplain*), flachwelliges oder fast ebenes Gebiet mit breiten Tälern und flachen Schwellen, meist nur wenig über dem Meeresspiegel; entstanden durch Verwitterung und flächenhafte Abtragung einstiger Gebirge, wobei gefaltete oder tektonisch gestörte Schichten des Untergrunds horizontal abgeschnitten werden.

Rumpfparlament, Spottname für **1)** den nach Vertreibung der Presbyterianer durch O. →Cromwell (Dez. 1648) verbliebenen Rest des engl. Unterhauses; April 1653 von Cromwell aufgelöst; **2)** die →Frankfurter Nationalversammlung, nachdem im Mai 1849 Österr., Preußen und eine Reihe weiterer dt. Staaten ihre Abgeordneten zurückgerufen hatten; tagte ab 6.6.49 in Stuttgart, am 18.6.49 durch die württemberg. Regierung aufgelöst.

Rumpfschollengebirge, Bez. für ein Mittelgebirge, das aus einer →Rumpffläche entlang von →Verwerfungen schollenförmig gehoben und anschließend durch Flüsse zertalt wurde. Auf den Höhen des R. sind Reste der alten Rumpffläche als Verebnungen erhalten; z. B. Rheinisches Schiefergebirge.

Rumpler, Edmund, Erfinder und Flugzeugkonstrukteur, *4.1.1872 Wien, †7.9.1940 Neu-Pollow (Kr. Wismar); gründete 1908 die erste deutsche Flugzeugfabrik in Berlin, erbaute 1910 den von dem Österreicher *Igo Etrich* entworfenen Flugzeugtyp 'Taube' (*Rumpler-Taube*), verwandte im Kfz-Bau erstmals Stromlinienform, Vorderradantrieb und →Schwingachse.

Rumpsteak [rumpßtehk, englisch ramp-] *das*, geschmorte oder gebratene Scheibe vom Lendenstück des Rindes.

Run [engl., ran], in Krisenzeiten durch Panikstimmung hervorgerufener Ansturm der Konteninhaber auf Banken und Sparkassen (→Geldschöpfung, →Weltwirtschaftskrise).

Rundboot, halbkugeliges Boot mit Stabgerüst und Wandung aus Fell (Haut), Ton oder Geflecht, bei Stämmen Mesopotamiens, NO-Indiens, Tibets und Nordamerikas.

Runddorf (*Rundling*), geschlossene Dorfanlage mit kreisförmiger, giebelständiger Häuseranordnung und urspr. einer Sackgasse als Zugang; Verbreitung im ehem. german.-slaw. Mischraum an der mittl. Elbe und Saale als Siedlung mit viehwirtschaftl. Nutzungsweise: freier Platz in der Dorfmitte als geschützter Nachtplatz für das Vieh.

Runde, *Sport*: 1. Kampfabschnitt (3 Minuten) beim →Boxen und →Ringen; 2. Teilabschnitt der bei sportl. Geh-, Lauf- und Fahrwettbewerben zurückzulegenden und in einem Rundkurs verlaufenden Gesamtstrecke (z. B. 400 m bei der →Leichtathletik).

Rundfunk (*Radio*, Schweiz: *Rundspruch*), die Verbreitung von Wort- und Musiksendungen mit Hilfe →elektromagnet. Wellen sowie die organisator. und techn. Einrichtungen für Sendung und Empfang. R.-Sendungen sind im Ggs. zu anderen Funksendungen (z. B. Seefunk, Flug-

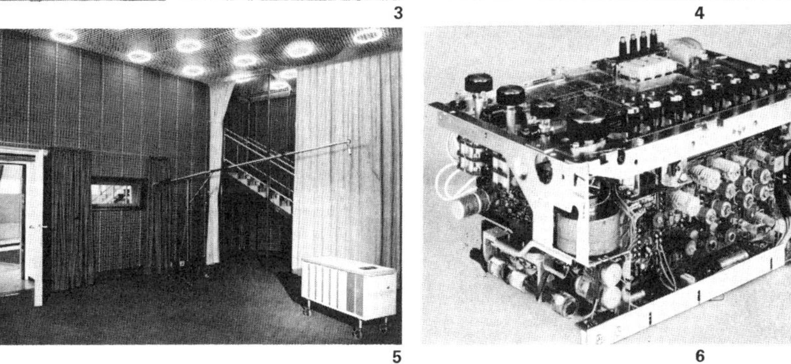

1 Regieraum mit Mischpult, an dem mehrere Mikrophonaufnahmen und Musikwiedergaben zur abgestrahlten Sendung gemischt werden; **2** Rundfunksymphonieorchester; **3** Sendeanlage des Mittelwellen-Großsenders Mühlacker des Süddeutschen Rundfunks, im Zustand vor dem Umbau 1968; **4** tragbares Transistorgerät für transkontinentalen Empfang, zugelassen auch für Kurzwellenfunkverkehr (z. B. für kleinere Schiffe); **5** Hörspielstudio eines Funkhauses mit Mikrophon sowie Vorhangwänden zur Hallregulierung; **6** moderner Hi-Fi-Rundfunkempfänger für UKW-Stereoempfang mit Stereoverstärker zum Einbau in Möbel

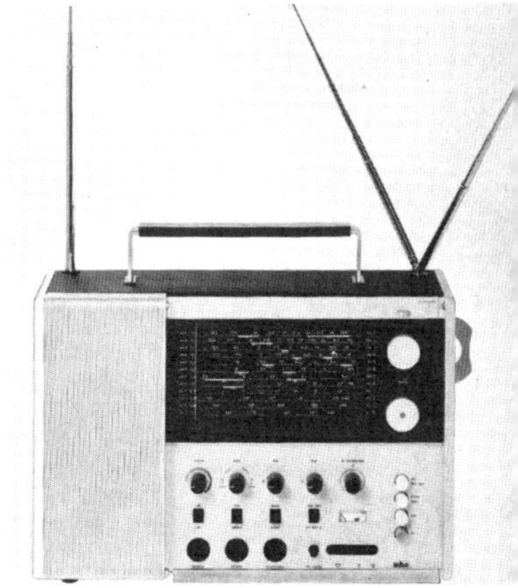

funk, Polizeifunk) für jedermann bestimmt. Der R. ist eines der wichtigsten Mittel der Nachrichtenverbreitung und der Meinungsbildung (→Massenkommunikationsmittel).

Sender: Wort und Musik werden mittels Aufnahmeanlagen (→Mikrophon) in niederfrequente Schwingungen (→Niederfrequenz) umgewandelt; diese werden vorwiegend über Kabel zum →Sender geleitet, der dort erzeugten und verstärkten Hochfrequenz (→Trägerfrequenz) aufgeprägt (→Modulation) und über Antennen abgestrahlt. Bei der Aufnahme werden sie meist auf →Tonband aufgezeichnet; dies erlaubt bequeme Korrekturen und Zusammenstellung versch. Bandaufnahmen – auch außerhalb der Studios aufgenommener Reportagen u. ä. – zu einer Sendung von genau bestimmbarer Länge. Nachrichten- und Live-Sendungen werden unmittelbar abgestrahlt, ebenso bei Schallplattensendungen die improvisierten Zwischentexte von Ansagern (z. B. →Diskjockey).

Empfänger: Zum Empfang der Sendungen dienen private R.-Empfänger, heute fast ausschließl. leistungsfähige →Superhet-Empfänger, mit Netzanschluß als *Heimempfänger*, mit Batteriebetrieb als *Reiseempfänger* oder *Autoempfänger* (an der Kfz-Batterie). R.-Empfänger sind heute ausschließlich mit →Transistoren bestückt (auch Netzgeräte); diese ermöglichen einen gedrängten Aufbau des elektronischen Teils, eine niedrige Gerätebauweise und die mechanisierte Fertigung auf Schaltungsplatten (→gedruckte Schaltung); außerdem verhindern sie Wärmeentwicklung durch Fortfall der Heizung. Vielfach werden auch →integrierte Schaltungen für bestimmte Baugruppen eingesetzt. Geräte der höchsten Qualität (→Hi-Fi, →Stereophonie) werden mit getrennten Lautsprechereinheiten ausgeführt.

Zum Betrieb eines Empfängers ist in den meisten europ. Staaten eine *R.-Genehmigung* erforderlich, für die Gebühren zur Finanzierung des R.-Wesens erhoben werden.

Organisation: Die Sendungen werden von *R.-Anstalten* zusammengestellt und ausgestrahlt, die entweder staatl. Einrichtungen (z. B. in der UdSSR, in Frankreich, der DDR, Österreich), regionale Genossenschaften mit halbstaatl. Dachorganisation (z. B. *Schweizerische Rundspruchgesellschaft*) oder Körperschaften des öffentl. Rechts sind; in der BRD 12 R.-Anstalten, jeweils geleitet von einem Intendanten, mit einem *R.-Rat* aus gewählten Vertretern der Öffentlichkeit als Kontrollorgan. Über die versch. Sendeeinrichtungen (für Langwelle, Mittelwelle, UKW, Kurzwelle) werden meist 2–3 Programme gleichzeitig so ausgestrahlt, daß sich die Themen der Sendungen möglichst nicht überschneiden. Private R.-Gesellschaften herrschen bes. in den USA vor; sie finanzieren ihren Betrieb durch den Verkauf von Sendezeiten für Werbung und erheben keine Gebühren für den dort genehmigungsfreien Betrieb von Empfängern. Die R.-Anstalten bzw. -Gesellschaften sind vielfach auch Träger des öffentl. →Fernsehens.

Frequenzbereiche: Für R.-Sender sind durch internat. Abkommen bestimmte *R.-Frequenzbereiche* (→Wellenlänge) reserviert. Dies sind in der *Europ. R.-Zone*:

Langwellen: 150–285 kHz (2000 bis 1050 m)

Mittelwellen: 535–1605 kHz (560 bis 189 m)

Kurzwellen:

Bereiche bei	6,1 MHz (49 m)
	7,5 MHz (41 m)
	9,7 MHz (31 m)
	12 MHz (25 m)
	19 MHz (16 m)
	25 MHz (13 m)

Lang- und Mittelwellen dienen der überregionalen und zwischenstaatl. R.-Versorgung. Kurzwellen ermöglichen transkontinentalen und transozeanischen R.-Empfang (jedoch abhängig von Einflüssen der →Ionosphäre). Das 49-m-Band gilt als *Europaband*, da die auf ihm arbeitenden Sender auch mit besseren Reiseempfängern in ganz Europa empfangen werden können.

Frequenzmodulation (FM) mit beträchtl. höherer Bandbreite und Störfreiheit ergibt im Ultrakurzwellenbereich (UKW, 87,5–104 MHz = 3,4 m–2,9 m) besonders gute Wiedergabe, doch eignet sich dieser Bereich wegen der beschränkten Reichweite der Ultrakurzwelle vorwiegend für die regionale R.-Versorgung. Der *Kopenhagener Wellenplan* von 1948, der Dtld. nur eine kleine Zahl von Mittelwellen-Frequenzen beließ, beschleunigte die Einführung des UKW-Rundfunks, der rasch zu einem wichtigen Träger der R.-Versorgung geworden ist, während die Bed. der Mittelwelle wegen der großen Zahl der in Europa auf ihr arbeitenden Sender, die sich vielfach stören und den Empfang entfernterer Sta-

tionen erschweren, zurückgegangen ist.
Geschichte: Die ersten R.-Stationen entstanden nach dem I. Weltkrieg in Europa und den USA, nachdem sich die Elektronenröhre zur Verstärkung und Erzeugung von Hochfrequenz durchgesetzt hatte. Die vermutl. erste R.-Station 8XK – heute KDKA – sendete Programme im Februar 1920 in Pittsburgh (USA); erste R.-Sendung in Dtld. am 29.10.1923 in Berlin. 1925 waren in Dtld. bereits über 1 Mio. R.-Hörer registriert.

Tonrundfunk-Genehmigungen am 1.1.1975

BRD	19,40 Mio.	Österr.	1,85 Mio.
DDR	6,12 Mio.	Schweiz	1,67 Mio.

Rundhaus, *Völkerkunde*: Haus mit kreisförmigem Grundriß (z. B. *Kegeldachhaus*).
Rundhöcker, Felsbuckel mit glattgeschliffener und gekritzter Oberfläche (→Gletscherschliff) in ehem. vergletscherten Gebieten.
Rundlauf, aus mehreren Strickleitern bestehendes →Turngerät, an Mast oder Turnhallendecke drehbar befestigt; für Lauf- und Schwungübungen.
Rundmäuler (*Zyclostomaten*; *Cyclostomata*), Ordnung der →Kieferlosen, Wirbeltiere mit knorpeligem Skelett; ohne Kiefer und Gliedmaßen. Körper wurmförmig, mit nackter, schleimiger Haut; rundes Saugmaul mit Hornzähnen; →Neunaugen und →Inger.
Rundstedt, Gerd von, dt. Gen.-Feldm., *12.12.1875 Aschersleben, †24.2.1953 Hannover; im II. Weltkrieg zunächst Heeresgruppen-Führer, 1.3.42 (mit kurzer Unterbrechung) bis März 45 Ober-Befh. West, 45–49 in engl. Haft.
Rundstuhl, Wirkmaschine mit kreisförmig angeordneten Nadeln für nahtlose schlauchförmige *Gewirke* (z. B. Strümpfe).
Runeberg [r<u>u</u>nebärj], Johan Ludvig, finn.-schwed. Dichter, *5.2.1804 Jakobstad, †6.5.1877 Borgå; verlieh mit dem Romanzenzyklus aus dem Kampf gegen Rußland (1808/09) ‘Fähnrich Stahls Erzählungen’ (Fänrik Ståls sägner, 1848–60) dem finn. Nationalbewußtsein machtvollen Ausdruck. Daraus die finn. Nationalhymne ‘Unser Land’ (Vårt land).

Runenstein in Jelling, Jütland

Runen, urspr. nordital. (etrusk.) Alphabet mit 24 Zeichen, ab dem 2. Jh. v. Chr. von Germanen übernommen; nach den ersten 6 Zeichen *Futhark*. Die Angelsachsen erweiterten das R.-Alphabet zur Lautdifferenzierung auf insges. 33 Zeichen, während es die Skandinavier bis Mitte des 7. Jh. auf 16 reduzierten, dann aber teilweise wieder durch sog. *punktierte R.* erweiterten. Die R. wurden vor allem als Kultschrift verwendet.
Runge, 1) Friedlieb Ferdinand, Chemiker, *8.2.1795 Billwärder (bei Hamburg), †25.3.1867 Oranienburg; entdeckte →Anilin, →Phenol, →Pyrrol im Steinkohlenteer; stellte →Atropin und →Coffein her.
2) Philipp Otto, Maler, *23.7.1777 Wolgast, †2.12.1818 Hamburg. Realist. Bildnisse in harter Zeichnung und plast. Modellierung. Bilder und Entwürfe für die ‘Vier Jahreszeiten’ sind Beispiele myst. Natursymbolik.

Rusahirsch: Pferdehirsch

Die Romantik der Landschaft bei C. D. →Friedrich findet bei R. Ergänzung im romant. Bildnis. (→deutsche Kunst, Bild)

Runkelrübe (*Beta vulgaris*), formenreiches, ein- bis mehrjähriges →Gänsefußgewächs; die Kulturformen leiten sich von der südeurop., auch auf Helgoland wild wachsenden *Meerstrandrübe* (Beta vulgaris ssp. perennis), mit dünner, spindelförmiger Wurzel, ab. Die dicke Rübenwurzel (→Rübe) der angebauten Sorten entsteht durch wiederholte Ausbildung von Kambiumringen (→Kambium), die konzentr. Zuwachszonen hervorbringen; durch unterschiedl. Gehalt an rotem →Anthocyan bes. deutlich sichtbar bei der *Roten Rübe* (*Salatrübe*, *Rote Bete*; ssp. esculenta). Die *Futterrübe* (ssp. rapa) anspruchslos bezügl. Boden und Klima, ist leicht zu ernten, da sie weit aus dem Boden ragt; wertvolles Winterfutter (→Zuckerrübe, →Mangold).

Runse, steile, durch die erodierende Wirkung des Wassers auf einem Hang hervorgerufene Kerbe, deren Flanken vegetationsfrei sind.

Ruodlieb, ältester (fragmentar. erhaltener) Roman des dt. MA in lat. leonin. Hexametern, vermutl. von einem Tegernseer Mönch um 1030 bis 50 verfaßt; erzählt in einzigartiger Frische und Lebendigkeit die Lebens-Gesch. eines jungen Ritters, der nach erfolgreichem Hofdienst bei einem 'großen König' reich beschenkt und unter mancherlei Abenteuern in die Heimat zurückkehrt und schließlich die Königstochter Heriburg gewinnt.

Rupert (*Rupertus*), erster Bischof von Salzburg, Patron von Bayern, *um 650, †27.3.718(?) Salzburg; rheinfränk. Herkunft, wahrsch. zunächst Bischof von Worms; wirkte für das Christentum in Ostbaiern, gründete in Salzburg u. a. das Peterskloster (um 696). Heiliger (24.9.).

Rupfen, loses, grobfädiges Gewebe in Leinwandbindung aus Jute für Säcke, Stoffverpackungen, als Dekorationsstoff.

Rupiah, Währungseinheit Indonesiens; 1 R. = 100 *Sen.*

Rupi|e [Sanskrit], Währungseinheit 1. Indiens: 1 R. = 100 (Naye) Paise; 2. Pakistans: 1 R. = 100 Paisa; 3. Sri Lanka (Ceylon): 1 R. = 100 Cents.

Ruppin, hist. Landschaft im NW der Mark Brandenburg, seenreiches Hügelland (*Ruppiner See*), Zentrum →Neuruppin; ab 13. Jh. Gft., 1524 als erledigtes Lehen an Brandenburg.

Ruprecht, Fürsten:

Dt. König. **1)** *R. von der Pfalz* (1400 bis 1410), *5.5.1352 Amberg, †18.5. 1410 Burg Landskrone (über Oppenheim); 1398 als Ruprecht III. Kurfürst der Pfalz; nach Absetzung König →Wenzels 1400 zum König gewählt; gestützt auf eine nur geringe Hausmacht, vermochte er sich nicht in Dtld. durchzusetzen.

Pfalz. **2)** *R. der Kavalier*, Prinz, Sohn des Kurfürsten →Friedrich V. und der engl. Prinzessin Elisabeth Stuart, *17.12.1619 Prag, †29.11.82 London; nach dem Scheitern des böhm. Kgt. seines Vaters durch die Schlacht am Weißen Berg (1620) nach England gebracht (→Dreißigjähr. Krieg); als Neffe König →Karls I. von England befehligte er im engl. Bürgerkrieg 1642–45 die königl. Truppen und führte 1648–53 gegen Cromwell den Krieg zur See. Nach der Restauration des Kgt. 1660 Rückkehr nach England. Förderer von Kunst und Wissenschaft.

Rur (*Roer*), re. Nebenfluß der Maas, 207 km lang, entspringt im →Hohen Venn, durchfließt die Nordeifel und mündet bei →Roermond (Niederlande); südöstl. von Aachen die über 200 Mio. m³ fassende *Rurtalsperre Schwammenauel* (*Rurstausee*).

Rurik (german. *Hrörekr*), Führer der nordgerman. Waräger, †879; nach der Nestorchronik 862 als Fürst nach Nowgorod berufen; gilt als Stammvater der Dynastie der *Rurikiden*, die seit Anf. des 10. Jh. in Kiew und zuletzt bis 1598 in Moskau herrschte.

Rus (*Ros*), urspr. Name eines nordgerman. Stammes, der im 9. Jh. unter den Ostslawen in Rußland Fuß gefaßt hatte; dann Bez. für die german.-slaw. Oberschicht des Kiewer Reiches, schließl. auf das Land Rußland übertragen.

Rusagras (*Geraniumgras*; *Cymbopogon martini* var. *motia*), nordind. Gras; Stammpflanze des *Palmarosaöls*, das →Geraniol (bis rd. 95%) enthält; verwendet in der Parfümerie (→Riechgras).

Rusahirsch (*Sambar*; *Cervus unicolor*), formenreiche Art der Echten →Hirsche Südostasiens; Geweih mit höchstens 6 Enden; Formen des R. sind *Aristoteleshirsch* (Vorderindien), *Pferdehirsch* (Hinterindien, Malaya), *Mähnenhirsch* (Indonesien). (Bild S. 5161)

Ruschelzone, schmale Zone, in der ein Gestein durch umfangreiche →Verwerfungen stark zertrümmert ist.

Ruse (*Russe*; früher *Rustschuk*), größter bulgar. Donauhafen, 177000 E. (1972); Schiff- und Fahrzeugbau, Erdölraffinerie, Textil-, Leder-, Nahrungsmittel-Ind.; Eisenbahn- und Straßenbrücke (4 km) nach →Giurgiu (Rumänien). Hochsch. für Mechanisierung der Landwirtschaft.

Ruska, Ernst August Friedrich, Physiker, *25.12.1906 Heidelberg; entwickelte gemeinsam mit *B. v. Borries* ein →Elektronenmikroskop mit →magnetischen Linsen.

Ruskin [raßkin], John, engl. Kunstkritiker und Sozialreformer, *8.2. 1819 London, †20.1.1900 Brantwood (Lancashire); vertrat eine neue Wirtschafts- und Sozialethik und forderte im industriellen Produktionsprozeß Berücksichtigung der Menschenwürde, Formschönheit und Qualität der Erzeugnisse. Unterstützte die →Präraffaeliten; Einfluß auf das Kunstgewerbe. – *W*: Modern Painters, 5 Bde. (1843–60); Pre-Raphaelism (1851); Lectures on Art (1870).

Ruß, tiefschwarzer Kohlenstoff in feinster Verteilung; entsteht, wenn organische Stoffe bei ungenügendem Luftzutritt verbrannt werden (→Rauch). Techn. Darstellung je nach Ausgangsstoff als *Kien-R.* (aus harzreichen Hölzern), *Naphthalin-R.*, *Anthracen-R.*, *Acetylen-R.* Verwendung als schwarzer Farbstoff (Druckerschwärze, Tusche), zum Färben von Schallplatten, Gummihandschuhen, Lackleder u. a. sowie als Füllstoff (z. B. für Kautschuk).

Russell [raßᵉl], **1)** Bertrand, Earl R., engl. Mathematiker, Philosoph und Schriftsteller, * 18.5.1872 Trelleck, †2.2.1970 Penhydeudraeth (Wales); Mitbegründer der math. Logik ('Principia mathematica', 1910–13, zus. mit A. N. →Whitehead; →Logistik); er faßte die Math. als Anwendungsfall der allg. Logik der Relationen auf und führte sie auf wenige Prinzipien zurück. In seiner Erkenntnistheorie steht R. dem Neopositivismus (→Positivismus) nahe (→analytische Philosophie). Die Welt besteht für ihn aus Relationen von einzelnen Sachverhalten ('log. Atomismus'); metaphys. Aussagen über die Feststellung solcher Relationen hinaus sind danach sinnlos. Seine Sozialkritik beruht auf einem Menschenbild, das durch Vernunft und Liebe bestimmt ist. Polit. wurde R. u. a. durch seine konsequente pazifist. aktive Haltung bekannt; *Bertrand-Russell-Friedensstiftung* (1964). Nobelpreis für Lit. 1950. – *WW*: Probleme der Philosophie (The Problems of Philosophy, 1912); Die Analyse des Geistes (The Analysis of Mind, 21); Philosophie der Materie (The Analysis of Matter, 27); Macht (Power: A New Social Analysis, 38); Moral und Politik (Human Society in Ethics and Politics, 54); Philosophie. Die Entwicklung meines Denkens (My Philosophical Development, 59). Autobiographie (3 Bde., 67–69).

Bertrand Russell

Ernest Rutherford

2) George William, irischer Schriftst. und Maler, *10.4.1867 Lurgan (Armagh), †17.7.1935 Bournemouth; aktives Mitgl. der 'Kelt. Renaissance'; visionär verzückte Gedichte: 'The Candle of Vision' (1918). Glaubte an die Wirklichkeit seiner Visionen. Langjähriger Herausgeber des 'Irish Statesman'.

3) Henry Norris, amerik. Astrophysiker, *25.10.1877 Oysterbay (N.Y.), †18.2.1957 Princeton; grundlegende Arbeiten über den inneren Aufbau der Sterne und über Sternatmosphären; gab dem →Hertzsprung-Russell-Diagramm seine heutige Form.

Russen, ostslaw. Volk mit etwa 135 Mio. Angehörigen, davon in der Sowjetunion 132,5 Mio. (1974), rd. 54% der Ges.-Bev. der UdSSR, hauptsächl. in der →Russ. Sozialist.

1 2 3

Russische Geschichte: 1 Familie des Fürsten Swjatoslaw von Kiew, Miniatur aus dem 'Isbornik' Swjatoslaws (1073); **2** Demetrius Iwanowitsch Donskoj, Besieger der Tataren 1380; **3** Segnung eines Zaren durch den Moskauer Patriarchen vor der Basilius-Kathedrale

Föderativen Sowjetrepublik; etwa 1 Mio. in der Emigration (USA: 585000, Westeuropa: rd. 300000, Kanada: rd. 100000). – Unter den ostslaw. Stämmen, die im 10. Jh. im Kiewer Reich (→russ. Gesch.) vereinigt worden waren, setzte nach Zerfall des Reiches im 12. Jh. ein Desintegrationsprozeß ein, der durch den Mongoleneinfall im 13. Jh. beschleunigt wurde. Während der westl. Teil der Ostslawen mehr und mehr in den Machtbereich des litauischen (später poln.-litauischen) Reiches geriet und sich dort unter besonderen hist. Bedingungen schließl. die Volks- und Spracheinheiten der *Ukrainer* (auch *Kleinrussen* oder *Ruthenen* gen.) und der *Weißrussen* (*Weißruthenen*) herausbildeten, setzte im Süden und

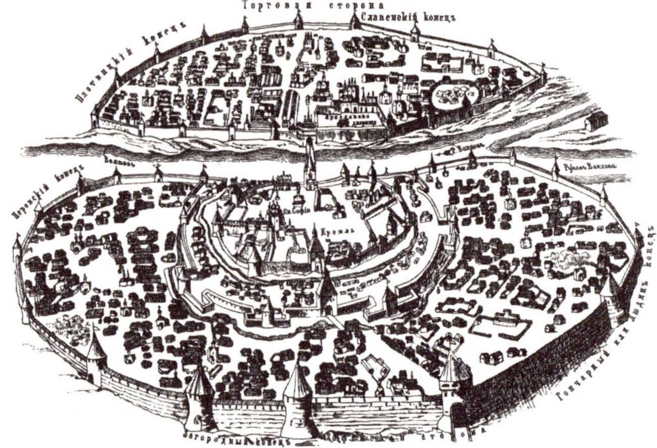

Russische Geschichte: Älteste Ansicht von Nowgorod: Oben das Kaufmannsviertel, durch den Wolchow getrennt vom Kreml und der Sophienstadt

Russische Geschichte: Ermordung des Zarensohns Demetrius Iwanowitsch 1591 (Ikone, Moskauer Schule, 17. Jh.). Paris, Bibliothèque Slave

Osten, wo der Zugriff der Mongolen (Tataren) am stärksten spürbar war, eine Kolonisationsbewegung nach NO ein, wobei die alten Stammesunterschiede vielfach verwischt und finn. Völkerschaften assimiliert wurden. Im 14./15. Jh. entstand als Folge davon im Raum etwa zw. oberem Dnjepr, Ilmen-, Ladoga- und Onegasee, Oka und oberer Wolga als neue sprachl. und ethn. Einheit das Volk der R. oder *Großrussen*, das sich in den folgenden Jh. über große Teile Eurasiens bis an den Pazif. Ozean ausbreitete.

Russenbluse (*Russenkittel*), kittelförmige, weite Bluse mit Stehkragen und tief angesetzten Ärmeln, Ränder und Bündchen oft bestickt; russ. Nationaltracht.

russische Geschichte, im 6./7. Jh. n. Chr. Einwanderung von Ostslawen (wahrsch. vom Nordhang der Karpaten) in die Waldzone der russ. Tiefebene, die vorwiegend von finn. und balt. Stämmen bevölkert war. Die Steppe südl. Kiew wurde von Turkvölkern durchzogen und beherrscht, die →Skythen, →Sarmaten und →Goten abgelöst hatten. An der Schwarzmeerküste waren schon in vorchristl. Zeit griech. Kolonien entstanden. Um 900 lockere Stammesverbände unter Führung von Nordgermanen (→Warägern), die die russ. Wasserstraßen als Handelswege in

Vollzug der Prügelstrafe vor den Toren des Kremls (17./18. Jh.); Empfang einer europäischen Gesandtschaft durch Zar Michael III. Fjodorowitsch (1634)

den S benutzten und zunächst von Nowgorod, dann von Kiew aus zu staatl. Einheit organisiert wurden (→Rurik, →Oleg). Handelsbeziehungen und Kämpfe mit Byzanz und dem Reich der →Chasaren an der unteren Wolga. 988/989 Übernahme des Christentums aus Byzanz. Höhepunkt des Kiewer Reiches unter →Jaroslaw I. (†1054). Danach allmähl. Zerfall in zahlr. Teilfürstentümer und Herausbildung neuer Zentren in Wladimir-Susdal, Halitsch (Galitsch)-Wolynien und Nowgorod. 1237–40 verheerender Einfall der Mongolen (in Rußland →Tataren gen.) und Aufrichtung einer drükkenden Tributherrschaft der →Goldenen Horde bis ins 15. Jh. hinein. West- und SW-Rußland suchten Schutz beim mächtig aufstrebenden litauischen Großreich, was zur Entfremdung dieser Teile und schließl. zur Herausbildung des ukrain. und weißruss. Volkes führte. Im NO entwickelte sich dagegen unter Einschmelzung finn. Stämme das Großrussentum. Zunehmende Verselbständigung Nowgorods, das den N erschloß und kolonisierte und Beziehungen zur →Hanse pflegte. Im 14. Jh. übernahm das verkehrsgünstig gelegene und den Tatareneinfällen weniger ausgesetzte Moskau die Führung (→Iwan I.). Von hier aus glückte es 1380 erstm., den Tataren milit. Widerstand zu leisten (→Demetrius). →Iwan III. schüttelte 1480 endgültig das Joch der inzw. zersplitterten Goldenen Horde ab, erhob als Gatte der Sophie Paläolog ideelle Ansprüche auf die Nachfolge Ostroms. Dieselben Ziele hatte sein Enkel →Iwan IV. Ihm gelangen Eroberungen im O und SO (Kasan 1552, Astrachan 1556, Teil Sibiriens 1582). Im Inneren wurde im Kampf gegen die Hocharistokratie (→Bojaren) die Alleinherrschaft des Zaren (seit 1547 trägt Iwan diesen Titel) durchgesetzt. Nowgorod, von Iwan III. 1478 erobert, verlor endgültig seine Bedeutung. Mit Iwans Sohn Fjodor erlosch 1598 die Rurikdynastie. 1589 Errichtung des Patriarchats von Moskau. Die Zwischenherrschaft von →Boris Godunow endete 1605 mit dem Auftreten des sog. falschen →Demetrius, der von Polen unterstützt wurde. Die Zeit der Wirren, sozialer Erhebungen und Eingriffe fremder Mächte fand 1613 mit der Wahl Michail Romanows (→Michael III.) zum Zaren ihren Abschluß. Unter seinem Sohn →Alexej Anschluß der Ukraine li. des Dnjepr an Moskau (1654), kirchliche Spaltung (→Altgläubige), Gewinnung größerer Territorien von Polen und zunehmende Verwestlichung. Letztere trieb vor allem →Peter d. Gr. voran, der 1703 Petersburg als neue Residenz gründete und im Frieden von Nystad 1721 die schwed. Provinzen Livland, Estland und Ingermanland gewann.

Als europäische Großmacht und umworbener Bündnispartner nahm Rußland in der Folgezeit an fast allen politischen und kriegerischen Verwicklungen des Kontinents teil; daneben verfolgte es seine Interessen am Schwarzen Meer gegenüber der Türkei und in Asien, wo bereits 1689 der Amur erreicht und ein Vertrag mit China unterzeichnet worden war. →Katharina II. vermochte durch Eroberung der Krim 1783 und maßgebl. Beteiligung an den poln. Teilungen (1772/93/95) den russ. Einflußbereich weit auszudehnen. Die Teilnahme Rußlands an den Koalitionskriegen gegen das revolutionäre Frkr. (→Frz. Revolutionskriege) führte zwangsläufig auch zu Auseinandersetzungen mit Napoleon (→Napoleon. Kriege), der schließl. trotz der Eroberung von Moskau (1812) mit dem Versuch der Unterwerfung Rußlands scheiterte. Der Wiener Kongreß (1815) brachte weiteren Gebietszuwachs im Westen (*Kongreßpolen*). →Alexander I., der Hauptinitiator der →Hl. Allianz, bestimmte zunächst in enger Zusammenarbeit mit dem Metternichschen Österr. und Preußen die weitere Politik in Europa. Ab den 20er Jahren wurde Rußlands Verhältnis zu Österr. durch die russ. Politik auf dem Balkan und gegenüber der Türkei belastet. Rußlands Bestreben, das Osman. Reich zu zerschlagen, führte zum →Krimkrieg (1853–56), der mit einer Niederlage Rußlands endete. Unter →Alexander II. zunächst Hinwendung zu den dringlich gewordenen Problemen der Innenpolitik (u. a. Aufhebung der Leibeigenschaft 1861), gleichzeitig Ausdehnung des russ. Machtbereichs gegenüber China und in Mittelasien (worüber es zu Rivalität mit England kam). Ein erneuter Vorstoß auf dem

Osterprozession im Moskau des 18. Jahrhunderts

Balkan (1877/78) wurde durch den →Berliner Kongreß (1878) in seinen Auswirkungen gebremst. Meerengenfrage, Einfluß auf dem Balkan und Schicksal der Türkei waren dann Grund für die Teilnahme am I. Weltkrieg. 1907 Einigung mit England über die gegenseitigen Interessensphären in Asien (→Dreiverband). Im Innern fortdauernde revolutionäre Gärung vor allem in Kreisen der Gebildeten, aber auch unter den Bauern, denen die Reformen von 1861 nicht die erwünschte wirtschaftl. Sicherung gebracht hatten. Die Agrarreform →Stolypins 1906 wurde in ihren Auswirkungen durch den Krieg gehemmt. Wirtschaftl. Aufschwung und zunehmende Indu-

Krimkrieg: Schlacht um Sewastopol, Erstürmung der Bastion Malakow am 8.9.1855 durch das englisch-französische Expeditionskorps

Peter I., Ausschnitt aus einem Gemälde von P. Gobert (1662–1744). Versailles, Schloß

Peter I. schneidet einem Bojaren den Bart ab, zeitgenössische Karikatur auf den Reformeifer des Zaren (Holzschnitt)

Krönung Katharinas II. Gemälde von Stefano Torelli (1712–1784) Leningrad, Akademie

1

2

3

1 Katharina II. (Miniatur); 2 Alexander I. (Stich); 3 Einzug Napoleons I. in Moskau

Sturm der Rotgardisten auf das Winterpalais in St. Petersburg, 7.11.1917

strialisierung förderten die Entstehung einer Arbeiterklasse. Die Schwächung des Regimes infolge der Niederlage im Krieg gegen Japan (1904/05) und der Feuerbefehl gegen eine friedl. Arbeiterdemonstration im Jan. 1905 nutzten versch. polit. Gruppen zur Entfesselung einer Revolution mit Streiks und erstmaliger Bildung von Arbeiterräten (vielfach unter Führung von Marxisten). Nikolaus II. sah sich gezwungen, eine Verfassung zu proklamieren, die jedoch die oppositionellen Gruppen nicht befriedigte. Das neugeschaffene Parlament (→Duma) mußte mehrmals aufgelöst werden. Niederlagen und hohe Blutverluste im I. Weltkrieg und Versorgungsschwierigkeiten schufen die Voraussetzungen für eine neue Revolution (März 1917) zunächst unter bürgerl. liberaler Führung. Am 15.3.1917 Abdankung des Zaren. Rußland wurde Republik.

Lenin spricht am 5.5.1920 in Moskau zu den Soldaten der Roten Armee

Die provisor. Regierung (ab Juli unter →Kerenskij) wurde der zunehmenden Radikalisierung der Volksstimmung und der Nebenregierung durch die Sowjets (Arbeiter- und Soldatenräte) nicht Herr, bes. da sie unter dem Druck der Alliierten und aus eigenen Erwägungen an der Fortsetzung des unpopulären Krieges festhielt. In den Sowjets gewannen die Bolschewiki immer größeren Einfluß, vor allem dank den Parolen →Lenins, der sofortige Friedensverhandlungen forderte. Am 7.11.17 Machtergreifung durch die Bolschewisten (nach julian. Kalender: *Oktoberrevolution*). 8.11. Dekret über die Enteignung des Großgrundbesitzes. Am 25.11. Wahlen zur Konstituierenden Versammlung, bei denen die Bolschewisten jedoch nur 25% der Stimmen erhielten, was Lenin veranlaßte, die Konstituierende Versammlung bereits bei ihrem ersten Zusammentritt (18.1.18) aufzulösen. Im Frieden von Brest-Litowsk mit den Mittelmächten (3.3.18) schied Rußland aus dem I. Weltkrieg aus. Bürgerkrieg, ausländ. Interventionen und Verselbständigung nichtruss. Teile des Reiches kennzeichnen die Periode des Kriegskommunismus bis 1921, die zwar mit einem Sieg des bolschewist. Regimes endete, aber die Einführung der *Neuen Ökonomischen Politik* (→NEP) mit Zugeständnissen an die Bauern notwendig machte. 1928 Beginn des 1. Fünfjahresplans mit Industrialisierung und Kollektivierung der Landw. 35 zur Steigerung der Arbeitsproduktivität →Stachanowbewegung. Nach dem Tod Lenins (21.1.24) gelang es →Stalin, seinen Rivalen →Trotzkij in jahrelangemKampf bis 1927 aus allen Stellungen zu verdrängen und schließl. aus der Partei auszustoßen. 1936–38 Säuberung von Partei und Armee von oppositionellen Kräften. Die Teilnahme am II. Weltkrieg von 1941–45 brachte eine große Zunahme der sowjetruss. Macht in Europa und in der übrigen Welt. Die Sowjetunion schuf sich in den Nachkriegsjahren im Vorfeld ihres Staatsgebiets einen Gürtel kommunistisch regierter Staaten. Unter der Herrschaft kommunist. Parteien entstanden in Ost- und Südosteuropa die Volksdemokratien →Polen, →Rumänien, →Bulgarien, →Ungarn, →Tschechoslowakei,

A. Stachanow erklärt Genossen im Donez-Kohlenrevier das System seiner Arbeit (1935)

→Albanien, die Moskau durch eine Wirtschaftsgemeinschaft (→COMECON) und durch ein Militärbündnis (→Warschauer Pakt) von sich abhängig machte. Doch der Führungsanspruch der Sowjetunion im osteurop. Raum wurde des öfteren in Frage gestellt. Die Aufstände in der DDR (17.6.1953) und in Ungarn (Nov. 1956) sowie das reformkommunist. Modell→Dubčeks, das durch milit. Besetzung der Tschechoslowakei liqui-

Bei Stalins Beisetzung wird der Sarg von L.-P. Berija, G. M. Malenkow, einem Sohn Stalins, W. M. Molotow, N. A. Bulganin getragen (*von rechts*)

diert wurde (Aug. 68), dokumentieren Versuche, sich sowjet. Herrschaft zu entledigen. Mit Verschlechterung des ideolog. und außenpolit. Verhältnisses zur VR China seit 1957 versuchte die Sowjetunion, die eigene Macht- und Einflußsphäre zu festigen und auszuweiten. Diesem Ziel dient einerseits eine Entspannungspolitik gegenüber den NATO-Staaten, die in Abrüstungsvereinbarungen seit 1963, im →Moskauer Vertrag mit der BRD (1970) und im →Berlin-Abkommen (72) sowie in Bemühungen um das Zustandekommen einer europ. Sicherheitskonferenz (→KSZE) Ausdruck findet, andrerseits ein starkes Engagement im Bereich der arab. Staaten, des ind. Subkontinents und in SO-Asien. So unterstützte die Sowjetunion die arab. Staaten im israel.-arab. Krieg im Juni 1967 und im *Jom-Kippur-Krieg* 1973 mit Waffen, desgleichen Nord-Vietnam und den Vietcong im →Vietnamkrieg. Im Krieg zw. Indien und Pakistan (1971/72) ergriff die Sowjetunion Partei für Indien und begünstigte damit die Entstehung des Staates →Bangla Desch.
Im Innern der Sowjetunion setzte nach dem II. Weltkrieg verschärfter Terror ein, der fast die Ausmaße der Zeit der 'Säuberungen' und Schauprozesse annahm. Stalins Tod (März 1953) brachte neue Männer an die Spitze, unter denen N. →Chruschtschow bis zu seinem Sturz (Okt. 1964) die Schlüsselfigur war. Unter seinen Nachfolgern L. →Breschnew und A. →Kossygin erfolgte ein langsamer Prozeß der Restalinisierung, der seit Ende der 60er Jahre zur Entstehung einer Opposition aus Angehörigen der wissenschaftl.-künstler., aber auch techn.-ökonom. Intelligenz führte, die vor allem die Verwirklichung der allg. Menschenrechte fordert. Als ihre wichtigsten Vertreter gelten A. →Solschenizyn, die Historiker *A. Amalrik* und *R. Medwedew* sowie A. →Sacharow, die in ihrer Absicht, das augenblickl. System zu reformieren, mit der sowjet. Partei- und Staatsdoktrin in Konflikt gerieten und als *Dissidenten* eingestuft wurden. Ihre Schriften werden in der Sowjetunion nur im →Samisdat verbreitet.

russische Kirche, Teil der →orth. Kirche. 988/89 wurde das byzantin. Christentum durch →Wladimir von Kiew übernommen. Kiew wurde 1037 Sitz eines Metropoliten (zunächst meist Griechen). Das →Kirchenslawische als liturg. Sprache wirkte schon früh als einigendes Band über die Grenzen der territorialen Fürstentümer hinweg, bes. z. Z. der Mongolenherrschaft (→russ. Gesch.). Für die Christianisierung des Volkes und die Entwicklung relig. Lebens war von Anfang an das russ. Mönchtum bedeutsam, das den asket. Idealen des östl. Christentums folgte. 1328 wurde Moskau kirchl. Zentrum; 1589 Errichtung des Patriarchats. Die Reformen des Patriarchen →Nikon führten 1654 zur Abspaltung der →Altgläubigen. 1721 schaffte Peter d. Gr. das Patriarchat ab und führte die kollegiale Behörde des →Hl. Synod ein, in dem ein Laie als Oberprokuror entscheidende Bed. erlangte; enge Bindung der Kirche an den Staat. 1917 Wiedererrichtung des Patriarchats; 18 Trennung von Kirche und Staat, Verfolgung durch die bolschewist. Regierung. 1943 schloß der Staat einen Kompromiß mit der r. K. und billigte ihr gewisse Rechte zu, die neuerdings jedoch wieder stark eingeschränkt sind.

russische Kunst, Kunst der Russen und der mit ihnen eng verwandten slaw. Stämme. Von der vorchristl. slaw. Kunst ist nur wenig bekannt, da die zumeist hölzernen Zeugnisse untergegangen sind; erst mit der Christianisierung 988 entwickelte sich die *altruss. Kunst*, in der bes. bei den ersten Baudenkmälern (1. Hälfte des 11. Jh.) der byzantin. Einfluß dominierte. Die Sophienkathedralen in Kiew (1017–37) und Nowgorod (1045–52) wurden als Kreuzkuppelkirchen von byzant. Baumeistern erbaut. Allmählich trat eine Vereinfachung des Baustils ein, der auch roman. und armen. Elemente aufnahm (Demetriuskirche und Koimesiskathedrale in Wladimir u. a.). An der Umfassungsmauer des Kreml wirkten Ende des 15. Jh. ital. Baumeister mit; *A. Fioravante* schuf die Uspenskij-Kathedrale des Kreml (1475–79). Die Zwiebelkuppeln entstanden im 15. Jh. Immer mehr suchte man die Außengestalt der Kirche zu erhöhen, wodurch oft turmartige, sich nach oben verjüngende Zeltdachkirchen entstanden (Himmelfahrtskirche in

Russische Kunst: *Oben links*: Trinkschale Iwan des Schrecklichen, 1563 aus dem Gold der eroberten Stadt Polozk gearbeitet und mit Saphiren besetzt, Dresden, Grünes Gewölbe; *oben rechts*: Karl Pawlowitsch Brüllow (1799–1852): Die Reiterin (1832), Moskau, Trjetjakow-Galerie; *unten*: Viktor Jefimowitsch Popkow (*1932): Die Erbauer von Bratsk (1957), Moskau, Trjetjakow-Galerie

Westseite der Sophienkathedrale in Kiew (1017–37, mehrmals wiederaufgebaut); Goldenes Tor in Wladimir (1164)

Kolomenskoje, 1532), die auch got. Anregungen verarbeiteten (Kreuzgewölbe). Durch die →Ikonostase im Innern der Kirche wurde der Priesterchor vom Gemeinderaum getrennt. Bekanntestes Beispiel für das Zusammentreffen verschiedenster Bauelemente ist die Basilius-Kathedrale (russ.: *Wassilij Blaschennij*) in Moskau (1555–60), deren mehrkuppelige Anlagen fast ganz in Türme aufgelöst sind. Erst im 16. Jh. wird unter Aufnahme islam. u. a. fremder Einflüsse ein nationaler Stil erkennbar, der die Mannigfaltigkeit der Formen und Farben zu einer einheitl. Wirkung zu-

Titelblatt des Johannesevangeliums im Evangeliar eines Moskauer Meisters (Pergamenthandschrift, 1. Hälfte des 16. Jh.), Moskau, Staatliche Bibliothek W. I. Lenin; Fresko an der Südwand der Erzengelkirche im Moskauer Kreml (17. Jh.)

sammenschließt. Die *Plastik* des mittelalterl. Rußland beschränkt sich auf das Relief (Bauplastik in Wladimir-Susdal, 12./13. Jh., Sarkophag Jaroslaws des Weisen, 10. Jh., Kiew). Im Einflußgebiet Nowgorods zeigte sich abendländ. Einfluß in Holzplastiken. Auch die *Malerei* stand zunächst unter rein byzantin. Einfluß (Mosaiken [1017–37] und Fresken [1073–78] der Sophienkirche in Kiew), der in Nowgorod auf westeurop.-roman. Einflüsse traf. Im 14. Jh. Blütezeit der Moskauer Malerei (A. →Rubljow). Im 17. Jh. beginnender Niedergang der starr gewordenen altruss. Kunst.

Für die *neuruss. Kunst*, die mit der Gründung von Petersburg (1703) begann, war westeurop., bes. holländ. Einfluß maßgebend. Ihm folgte mit der nächsten Generation das noch von ausländ. Architekten getragene russ. Rokoko mit seinem Hauptvertreter →Rastrelli (Schloß Peterhof, um 1750), während dem Klassizismus durch russ. Architekten ein national-russ. Charakter gegeben wurde, der die russ. Baukunst bis in die Gegenwart beeinflußte (*A. Kaskow*, Moskauer Senatsgebäude, 1776 bis 89; *W. Stassow*, Taurisches Palais, St. Petersburg, 1783–88; *A. →Sacharow*: Admiralität in St. Petersburg, 1806–20).

Vom 2. Drittel des 19. Jh. an war die russ. Architektur stark von den Wandlungen Westeuropas beeinflußt. Erst die Sowjetunion kehrte nach anfängl. Hinwendung zur modernen Architektur zu repräsentativen Bauformen der Vergangenheit zurück ('Zuckerbäckerstil'). – Die *Bildhauerkunst* wurde nach den Reformen Peters d. Gr. zunächst von Ausländern bestimmt (→Falconet: Reiterdenkmal Peters d. Gr. in St. Petersburg), einheim. Künstler traten seit der 2. Hälfte des 18. Jh. hervor (→Koslowskij). Seit Peter d. Gr. stand das Porträt (*D. Lewitzkij*) im Vordergrund der *Malerei*. Im 19. Jh. wandten sich die russ. Realisten der Sittenschilderung und dem Volksleben zu, anfängl. biedermeierl.-naiv, später kritisch, repräsentiert durch die Künstlergruppe der *Peredwischniki*. I. →Repin vertrat eine naturalist. Historienmalerei.

Im 20. Jh. hatten russ. Künstler wie A. →Archipenko, Naum →Gabo, A. →Pevsner wesentl. Anteil an der Begründung der modernen Kunst; auch nach der Revolution von 1917 fanden

Behälter zur Aufbewahrung von Salböl (1767), Moskau Kreml; Plakat 'Hilfe', von D. S. Moor (1922); sowjetisches Ehrenmal in Berlin-Treptow (1946–49), von J. W. Wutschetitsch (1908–74)

Russische Kunst: J. N. Kromskoj, Skizze eines Bauernkopfes (1882/83), Kiew, Russisches Museum; A. Radakow: 'Wissen wird die Ketten der Sklaverei durchbrechen' (Plakat, 1920)

Strömungen wie der Expressionismus in Rußland noch fruchtbaren Boden, wurden jedoch bald vom →sozialistischen Realismus abgelöst, den die KPdSU für die darstellende Kunst dekretierte, so daß zwei Hauptvertreter der russ. Malerei des 20. Jh., W. →Kandinsky und M. →Chagall, in Westeuropa und Amerika ihre großen Erfolge hatten. Die seit den 50er Jahren eingetretene Lockerung der offiziellen Kunstdoktrin hat den Künstlern eine größere Vielfalt der Ausdrucksformen ermöglicht. Bekanntgeworden sind u. a. bes. die Bildhauer *E. Neiswestnij* (*1925) und *V. Sidur* (*1924).

russische Literatur, nach der Christianisierung des Kiewer Reiches Ende des 10. Jh. entstand eine an byzantin. Vorbildern orientierte Lit. in einer vom Altkirchenslawischen (→Kirchenslawisch) bestimmten Sprache (Nestorchronik, Predigten von Ilarion und Kirill von Turow, Heiligenleben im Kiewer Paterikon). Sie überdeckte die ältere volkssprachl. Dichtung, die nur mündl. tradiert und erst im 17. Jh. aufgezeichnet wurde (→Byline). Einziges erhaltenes weltl. Kunstepos ist das →Igorlied. Der durch den Mongoleneinfall 1237 bewirkte Stillstand wurde erst Ende des 14. Jh. überwunden. Im 15. und 16. Jh. Erweiterung der Thematik von relig.-kirchlichen Fragen auch auf polit., so im Briefwechsel →Iwans IV. mit dem Fürsten *Andrej Kurbskij*, und Entstehung einer weltl. Unterhaltungs-Lit. Im 17. Jh. zunehmender Gebrauch der Volkssprache in der Lit. (so z. B. in der Autobiographie des Führers der →Altgläubigen →Awwakum), gleichzeitig Verwestlichung durch Übernahme von Stoffen (Ritter- und Abenteuerromane) und lit. Gattungen, z. B. in dem vielseitigen Werk des gelehrten Theologen und Hofdichters *Simeon Polozkij* (†1680). Die Umgestaltungen unter →Peter d. Gr. brachten auch eine Reform des russ. Verses (*W. Tredjakowskij*) und der Schriftsprache in Gang (→Lomonosow, →Karamsin) und begünstigten fremde Einflüsse in der Lit.: dt. Barock (Oden Lomonosows), frz. Klassizismus (Tragödien →Sumarokows). Gegen Ende des 18. Jh. gewann sie jedoch in den Komödien →Fonwisins und der reichen Lyrik →Derschawins immer mehr an Originalität, die durch die fruchtbaren Einwirkungen der engl. und dt. Empfindsamkeit und Romantik (Vermittler: Karamsin, →Schukowskij) weiter gefördert wurde. Mit →Puschkin, in dessen vielseitigem Werk fast alle Themen und Tendenzen späterer Zeit angedeutet sind, beginnt die große r. L. des 19. Jh. Bei aller myst. Hintergründigkeit wurde →Gogol zum Wegbereiter des russ. Realismus, der in Ermangelung einer freien Presse und unter dem Einfluß von Kritikern wie →Belinskij auch einen sozialkrit. Charakter annahm, bei den größten Vertretern wie L. →Tolstoj und →Dostojewskij jedoch durch die Frage nach dem Sinn menschl. Lebens überhöht wurde. Weitere Meister realist.-psychol. Schilderung: →Lermontow, →Turgenjew, →Gontscharow, →Leskow, →Saltykow, →Tschechow, im Drama →Ostrowskij. Der Prosa stand die Lyrik (Lermontow, →Tjutschew, →Fet) qualitätsmäßig nicht nach. Um 1900 erlebte sie eine neue Blütezeit, wobei alle zeitgenöss. gesamteurop. Strömungen vom Symbolismus bis zum Futurismus formvollendeten und eigentüml. Ausdruck fanden (→Achmatowa, →Belyi, →Blok, →Brjusow, →Gumilew, →Chlebnikow). Jüngere Lyriker wie →Jessenin, →Majakowskij, →Mandelstam, →Pasternak wirkten unmittelbar in die Sowjetzeit hinüber, zu der auch das Werk →Gorkijs einen Übergang bildete. Der von ihm 1934 verkündete →sozialistische Realismus wurde von Stalins Kulturdiktator →Schdanow zum verbindl. Stilprinzip erhoben, bes. ab 1946 im Sinne eines Optimismus um jeden Preis ausgelegt und erstickte die zwar von Anfang an polit. bestimmte, aber diskutier- und experimentierfreudige Lit. der 20er Jahre (→Babel, →Bulgakow, →Olescha, →Pilnjak, →Soschtschenko, →Samjatin, *M. Zwetajewa*, 1892 bis 1941), die Gorkij selbst gefördert hatte. Erst Stalins Tod und der 20. Parteitag 1956 bewirkten das 'Tauwetter' (nach dem gleichnamigen Roman von →Ehrenburg). Die Partei erhob zwar weiterhin ihren Führungsanspruch auch in der Lit., ideolog. Diskussion und formale Experimente blieben unerwünscht, doch wurde eine wahrheitsgetreue Darstellung des Lebens und rein menschl. Probleme z.T. möglich. U. a. veröffentlichten →Dudinzew, V. P. →Nekrassow, →Panowa, →Simonow, →Tendrjakow, →Solschenizyn. Weitere bed. Autoren der sowjetrussischen Lit. sind: *O. Bergholz* (*1910), →Fadejew, →Fedin, →Glad-

W. W. Majakowski, Agitationsplakat für das Fenster der Nachrichtenagentur ROSTA in Petrograd (1919–22). Der Text, ebenfalls von Majakowski, lautet: 1) Wenn wir dem Weißgardisten nicht endgültig aufs Haupt schlagen 2) dann wird er sich wieder erheben 3) Wenn wir mit den Grundherren Schluß machen, dann aber stehen bleiben 4) wird Wrangel nach dem Arbeiter greifen 5) Solange die Rote Fahne nicht fest steht, dürfen wir das Gewehr nicht aus der Hand legen.

kow, W. W. →Iwanow, →Katajew, →Kawerin, →Leonow, →Paustowskij, →Schklowskij, →Scholochow, A. N. →Tolstoj, *N. Tichonow* (*1896), →Twardowskij; unter den jüngeren: *B. Achmadulina* (*1934), →Aksjonow, *G. Baklanow* (*1923), *J. Bondarew* (*1924), J. →Jewtuschenko, *J. P. Kasakow* (*1927), *B. Okudschawa* (*1924), *J. Trifonow* (*1925), *W. Woinowitsch* (*1932), *A. Wosnessenskij* (*1933) u.a. Die alte Emigranten-Lit. weist neben Klassikern wie →Bunin jüngere Talente wie →Nabokow auf. In den 70er Jahren verließen die UdSSR u. a. Solschenizyn, →Sinjawskij, *W. Maximow* (*1932) und V. P. Nekrassow. Sie geben die Zschr. *Kontinent* heraus.

russische Musik, die russ. Volksmusik weist, entspr. der Verschiedenheit der Völker Rußlands, große Vielfalt auf; verbreitete Instrumente sind Bajan (eine Ziehharmonika bes. Bauart), →Balalaika, →Gusli und →Pandora. Der Kirchengesang ist eine im 18./19. Jh. von westeurop. Musik beeinflußte Sonderform des byzantin. Kirchengesangs (→byzantin. Musik). Weltl. Kunstmusik ist erst seit dem 18. Jh. bekannt, wobei zunächst der mittel- und westeurop. Einfluß überwog. Der St. Petersburger Hof als russ. Musikzentrum pflegte vor allem die ital. →Oper sowie dt. und frz. Instrumentalmusik, vielfach von ital., dt. und frz. Musikern komponiert und vorgetragen. Von diesen Einflüssen löste sich die russ. Musik erst durch die Entstehung nationaler Schulen unter dem Einfluß der dt. →Romantik. Als erster bedeutender Komponist russ. Musik trat um 1840 →Glinka mit Opern hervor, gefolgt u. a. von →Mussorgsky, →Cui, →Balakirew, →Borodin, →Rimskij-Korsakow und →Skrjabin, wogegen sich →Tschaikowsky und →Glasunow stärker an die mittel- und westeurop. Musik anlehnten. Nach der Oktoberrevolution setzte eine Zeit großer Originalität und künstler. Freiheit ein, die bald von einer Epoche des Zwangs, im Stile des →sozialist. Realismus zu komponieren, abgelöst wurde. In den letzten Jahren wurde diese Forderung etwas abgeschwächt. Zahlr. Musiker emigrierten aus Rußland, u. a. →Rachmaninow, →Strawinsky, →Tscherepnin, *A. Gretschaninow* (1864–1956) und zeitweise →Prokofjew; in Rußland blieben u. a. →Glière, *N. J. Mjaskowskij* (1881–1950), →Schostakowitsch, →Chatschaturjan.

russische Philosophie, eine eigenständige r. Ph. entstand erst im 19. Jh.; bis dahin hatte die Theol. der orth. Kirche das russ. Denken beherrscht. – Die Strömungen der r. Ph. des 19. Jh., aus der Berührung mit der mitteleurop. Philos. (vor allem dem →Dt. Idealismus) erwachsen, sind weitgehend gekennzeichnet durch spekulativ-relig. (anti-rationalist.) Züge sowie durch die Betonung anthropolog. und eth. Probleme. Zahlr. Denker versuchten, die nationale und relig. Sonderstellung des russ. Volkes philos. zu begründen. Zu den ersten selbständigen Philosophen gehörten *D. M. Wellanskij* (1774–1847), an Schelling anknüpfend, und *P. J. Tschaadajew* (1794–1856). Unter den von Hegel ausgehenden philos. Schriftst. gab es zwei Gruppen, die →Slawophilen, die eine Anthropologie und Metaphysik auf der Grundlage des östl. Christentums erstrebten (Kritik am Rationalismus ebenso wie an polit. Institutionen des Westens), und die →Westler, die mit der mittel- und westeurop. Geisteshaltung sympathisierten. Slawophile waren u. a. *I. W. Kirejewskij* (1806–56), →Chomjakow und *J. F. Samarin* (1819–76); Westler waren →Belinskij, →Herzen, →Bakunin. Positivisten bzw. Materialisten waren *N. A. Dobroljubow* (1836 bis 61), →Tschernyschewskij, *R. P. Lawrow* (1823–1900), *N. K. Michailowskij* (1842 bis 1904), *D. I. Pisarew* (1840–68), *M. M. Filippow* (1858 bis 1903) und →Plechanow (der eigtl. Begr. des russ. Marxismus). Die meisten dieser Denker waren zugleich Sozialrevolutionäre. – Starke Impulse für die r. Ph. gingen auch von den Dichtern →Dostojewskij und L. N. →Tolstoj aus. – Der bedeutendste russ. Philos. war →Solowjow; seine mystisch-theosoph. Metaphysik beeinflußte →Berdjajew, *L. J. Schestow* (1868–1938), *S. L. Frank* (1877 bis 1950) und N. O. →Lossky. – Seit der Revolution ist in Rußland der Marxismus-Leninismus bestimmend (→Bolschewismus).

Russisches Ballett (*Ballets Russes*), Bez. für die Truppe →Diaghilews; sie erstrebte eine Einheit von Tanz, Musik und Bühnenbild. Bed. Tänzer: →Nijinskij, →Fokin, →Lifar.

Russische Sozialistische Föderative Sowjetrepublik (Abk. *RSFSR*), größte der 15 Unionsrepubliken der UdSSR, erstreckt sich von der Ostsee und dem Schwarzen Meer bis zum Pazif. Ozean über rd. 10000 km, umfaßt den größten Teil Osteuropas, Nordasien (Sibirien) und den Sowjet. Fernen Osten, 17075400 km² (etwa ³/₄ der Union) mit 133 Mio. E. (1974), Hptst. →Moskau; gliedert sich in 16 →Autonome Sozialist. Sowjetrepubliken (ASSR), 6 →Kraj

Zeche im Kusnezkbecken (Kusbass)

Neusiedlung in Sibirien

und 48 →Oblast mit 5 →Autonomen Oblast und 10 →Nationalkreisen; neben Russen leben auf dem Gebiet der RSFSR als größte Volksgruppen: Juden, Karelier, Syrjänen, Wotjaken, Tscheremissen, Mordwinen, Tschuwaschen, Baschkiren, Tataren, Kalmücken, Dagestaner, Tscherkessen, Kabardiner und Balkaren, Tschetschenen und Inguschen, Osseten, Tuwiner, Jakuten und Burjaten. Wirtschaftl. ist die RSFSR die stärkste der Unionsrepubliken, sowohl auf industriellem wie landw. Sektor: auf sie entfallen 70% der Ind.-Produktion und Energieerzeugung sowie fast 70% der Anbaufläche der UdSSR; im Maschinenbau, der Edelstahlgewinnung und Nichteisenmetallurgie steht sie an erster Stelle, desgleichen in der chem., Holz- und Konsumgüterindustrie. Die wichtigsten sowjet. Ind.-Gebiete befinden sich ebenso wie die größten und bedeutendsten Vorkommen an Bodenschätzen (ausgenommen →Donezbecken, →Kriwoj Rog, Halbinsel →Apscheron) auf dem Territorium der RSFSR; neben Moskau im Industriellen Zentrum und Leningrad entwickelten sich große Ind.-Standorte auf der Basis der reichen Bodenschätze: im →Ural (Eisen, Kupfer, Platin, Asbest, Nickel, Chrom, Mangan), im →Kusnezkbekken (Kohle) und in den neuerschlossenen Erdölgebieten des Nordkaukasus (→Grosnyj, →Majkop) und im Wolgaraum ('Zweites Baku'); reich auch an chem. Rohstoffen: Apatite und Phosphorite (Halbinsel →Kola), Stein- (untere Wolga), Kali- und Glaubersalz, Chromite, Schwefelkies; für die Holzwirtschaft sind die riesigen Wälder der Taiga ein unerschöpfl. Reservoir. Die RSFSR hat zu den anderen Unionsrep. enge wirtschaftl. Beziehungen und ist mit ihnen durch alle Verkehrsarten verbunden; die gewaltigen Ströme (Wolga, Ob, Jenisej, Lena, Amur) sind für den Transport von überragender Bed., an den Schnittpunkten mit den großen Überlandverkehrswegen entstanden wichtige Umschlagszentren. Die vielseitige russ. Ind. fertigt insbes. Maschinen, Transportmittel und Ausrüstungen

Wolgograd: Denkmal auf dem Mamaj-Hügel (1972)

Russische Sozialistische Föderative Sowjetrepublik: Holzverarbeitungs-Kombinat in Bratsk; Nowodewitschi-Kloster (gegründet 1524) in Moskau

(bes. Kraftfahrzeuge, Flugzeuge, Lokomotiven, Waggons, Walzstraßen, Präzisionsmaschinen, Automaten, Werkzeuge usw.), chem. Erzeugnisse (Düngemittel, Farben), Holzwaren, Textilien, Papier und Bücher. Einfuhrgüter sind vor allem Agrarprodukte (daneben Erdöl, Kohle, Kupfer, Blei), obwohl die RSFSR im S über fruchtbare und ertragreiche Schwarzerdeböden in den Steppengebieten verfügt; Anbau von Weizen, Mais, Sonnenblumen und Zuckerrüben mit Milch- oder Mastviehwirtschaft. Große Stauanlagen in allen Teilen des Landes speisen vielverzweigte Bewässerungssysteme und schaffen die Voraussetzung für die Erschließung der weiten Trokkengebiete.

russische Sprache, bildet mit dem Ukrainischen und Weißrussischen die ostslaw. Sprachengruppe. Die heutige russ. Schriftsprache geht auf die Moskauer Kanzleisprache des 17. Jh. zurück und trägt daher Kennzeichen des Moskauer Dialekts, daneben zahlr. kirchenslaw. Elemente in Wortschatz und Lautstand. Heute Staatssprache der UdSSR (→kyrill. Schrift).

Russische Staatsbank, Staatsbank und Zentralnotenbank der UdSSR (*Gosbank*), Moskau, gegr. 1922; Nachfolgeinstitut der 1860 gegr. Russischen Reichsbank. Die R. St. ist neben einigen Spezialinstituten die einzige Bank der UdSSR und verwaltet die Kassen aller Unternehmen, bei denen sie auch eine Kontrollfunktion ausübt.

Rußland (russ. *Rossija*), das ehem. Zarenreich in Osteuropa, Nord- und Mittelasien, mit der Hptst. St. Petersburg; i. e. S. nur etwa das Gebiet der heutigen Russ. SFSR, dazu Ukrain. und Weißruss. SSR.

Russolo, Luigi, ital. Maler, *30.4. 1885 Portogruaro (bei Venedig), †4. 2.1947 Cerro di Laveno; Mitbegr. und einer der Hauptvertreter des →Futurismus. (Bild S. 5182)

Russische Sozialistische Föderative Sowjetrepublik: Besucher in der Eremitage, Leningrad

Rust, Stadt am Westufer des →Neusiedler Sees im Burgenland, mit 1700 E. (1974); Fischerkirche (auf roman. Anlage); Weinbau, Fremdenverkehr.

Rustawi, junge Industriestadt (1945 gegr.) in der →Grusin. SSR, an der →Kura südöstl. Tiflis, 105000 E. (1973); Eisenhütten-, Stahl- und Walzwerk (nahtlose Rohre), chem. Ind., Maschinenbau.

Rustenburg, Stadt in →Transvaal, Rep. Südafrika, westl. von →Pretoria, am Rande der *Magaliesberge* (rd. 1300 m ü. M.), 207000 E. (1972; davon 30000 Weiße); aufstrebende, moderne Landstadt (gegr. 1851); im Bezirk von R. Chromerz- und Nickellagerstätten, Obst-, Gemüse- und Tabakfarmen.

Rustika [lat.] *die*, **1)** aus unregelmäßigen Natursteinquadern aufgeführte Mauer oder Vorderwand mit roh behauener Fläche; schon bei röm. Bauten und Wehrmauern des MA verwendet, dann bei Häusern und Palästen der ital. Renaissance und des Barock (→Bosse). **2)** *Capitalis rustica*, von der röm. Kapitalschrift abgeleitete Rohrfederschrift des 2.–6. Jahrhunderts.

rustikal [lat.], ländlich, bäuerlich.

Rute, 1) altes dt. Längenmaß: 2,5 bis 5,7 m; Österr.: 3,793 m; Schweiz: 3,00 m; **2)** der Schwanz beim Hund und Haarraubwild (ausgenommen Fuchs). **3)** →Penis bei vielen Tieren, insbes. bei →Schalen- und →Raubwild sowie beim Hund (hier auch *Fruchtglied* genannt).

Rutebeuf [rütböf] (*Rustebeuf*), frz. Dichter, *um 1230, †um 1285; Pariser Spielmann und Bohemien, Vorläufer →Villons; überwand in seinen Gedichten die erstarrten Formen der Troubadourdichtung; griff in dem Spottgedicht 'Le testament de l'âne' die Diener der Kirche an; seine Berühmtheit verdankt er dem Mirakelspiel 'Miracle de Théophile' (Fauststoff); Heiligenlegenden, Kreuzzugslieder u. a.

Rutenkaktus (*Rhipsalis*), als →Epiphyten lebende Kakteengattung mit schlanken, rutenförmigen Sprossen; in Südamerika heim., durch Samenverschleppung (Vögel) jedoch nach Afrika und Ceylon gelangt; versch. Arten in Kultur.

Rutenstuhl, Webstuhl zur Herstellung von Flor-, Plüsch- und Samtgeweben.

Ruth, Buch im A. T., erzählt in Novellenform die Gesch. der Moabiterin R., die z. Z. der →Richter als Witwe ihre Schwiegermutter *Noëmi* nach →Bethlehem begleitet, dort den Israeliten *Boas* heiratet und Stammmutter →Davids wird. Entstehungszeit umstritten.

Ruthenium (*Ru*), sehr seltenes, meist vierwertiges Element der leichten →Platinmetalle; Ordnungszahl 44, Atomgewicht 101,07, Dichte 12,41; sehr hartes und sprödes, silberweißes Metall, Schmelzpunkt 2250° C, Siedepunkt um 3900° C; in Säuren (außer Königswasser) unlöslich; dient als Legierungsbestandteil für Füllfederhalterspitzen und Spinndüsen, zur Herst. feuerfester keram. Farbstoffe. 1845 von dem russ. Chemiker C. Claus entdeckt.

Rutherford [radh^{er}f^{er}d], Ernest, Lord of Nelson (seit 1931), engl. Physikochemiker, *30.8.1871 Nelson (Neuseeland), †19.10.1937 Cambridge; entdeckte und untersuchte den radioaktiven Zerfall der Elemente und teilte die dabei emittierte Strahlung in α-, β- und γ-Strahlen ein (→Radioaktivität). Aus der Beobachtung der Streuung von Alphateilchen an Atomkernen entwickelte er das *Rutherfordsche Atommodell*: das Atom besitzt einen positiv gela-

Rwanda: Goma, im Hintergrund der Vulkan Karisimbi

Luigi Russolo: Häuser, Lichter und Himmel (1912/13), Basel, Kunstmuseum

denen, relativ schweren Kern, der von elektr. negativen Teilchen kleiner Masse (→Elektronen) umgeben ist; dieses Modell entwickelten N. →Bohr und A. →Sommerfeld weiter. 1919 gelang R. die erste künstl. →Kernreaktion durch Beschießen von Stickstoffkernen mit Alphateilchen. 1908 Nobelpreis für Chemie. (Bild S. 5163)

Rutil *der*, gelbl. bis blutrotes Mineral, meist nadel- oder säulenförmig, oft verzwillingt, chem. Titandioxid. Sehr starke Lichtbrechung, daher Diamantglanz. Schöne R.-Kristalle findet man u. a. in Tirol und in der Steiermark.

Rutin, wichtiger Stoff der →Vitamin-P-Gruppe, bes. in Buchweizen, Orangen, Zitronen, schwarzen Johannisbeeren; bewirkt Herabsetzung der Durchlässigkeit aller Grenzflächen zw. Zellsystemen und Verminderung der Brüchigkeit von Blutgefäßen; Mangelerscheinungen: →Ödeme, vermehrte Blutungen ins Gewebe. Therapeut. Anwendung zur →Apoplexie-Prophylaxe und bei hämorrhagischen →Diathesen.

Rutland [ratlend], mittelengl. Gft., 397 km², 27800 E. (1973), Hptst. *Oakham* (4000 E.), nordöstl. von →Leicester; kleinste Gft. Englands.

Rutsche, Gleitbahn im Bergbau zur Beförderung von Schüttgut über Gefällstrecken. Zur Horizontalbeförderung werden →Förderband oder →Schüttelrinne verwendet.

Rutte (*Aalrutte*, *Aalquappe*, *Quappe*, *Trüsche*; *Lota lota*), einzige Art der →Dorsche im Süßwasser; nächtl. Raubfisch, Bodenbewohner; bis 1 m lang; nördl. Erdhälfte.

Ruttmann, Walter, Filmregisseur, *28.12.1887 Frankfurt, †15.6.1941 Berlin; schuf den für Dtld. charakterist. Typus einer Filmmontage, den *Querschnittfilm*: Impressionen, kaleidoskopartig montiert, durch formale und inhaltl. Kontraste oder Analogien verbunden (‘Berlin, die Symphonie einer Großstadt’, 1927).

Ruwenzori [-so-] (*Runsoro*), Gebirgsmassiv zw. →Edwardsee und →Albertsee, Uganda, Ostafrika, 5119 m hoch; bis 4000 m feuchte, dichte Regenwälder, vereiste Gipfel.

Ruwer *die*, re. Zufluß der Mosel, 40 km lang, entspringt im *Osburger Hochwald*, mündet unterhalb von Trier; Weinbaugebiet.

Ruyter [röiter], Michiel Adrianszoon de, niederländ. Admiral, *24.3. 1607 Vlissingen, †29.4.76 Syrakus; kämpfte in den drei engl.-holländ. Seekriegen (1652–54, 64–67, 72–74) erfolgreich gegen England und drang Juni 1667 sogar in die Themse ein. Während des Krieges gegen Frkr. (*Holländ. Krieg* 1672–78/79) in der Seeschlacht bei Augusta (nördl. Syrakus) tödl. verwundet.

Ružička [rusehitschka], Leopold, kroat.-schweiz. Biochemiker, *13.9. 1887 Vukovar, 26.9.1976 Mammern (Kt. Thurgau); arbeitete über →Geschlechtshormone und vielgliedrige Kohlenstoffringe; Nobelpreis 1939 zus. mit →Butenandt.

Rwanda (*Ruanda*; amtl. frz. *République Rwandaise* [repüblik rwãdãs]), Republik in Äquatorialafrika, zw. den Republiken Zaire und Tansania, 26338 km², 4,20 Mio. E. (1975), das dichtest besiedelte Land Afrikas (159 E./km²), Hptst. →Kigali. Trop. Hochland, von O nach W von 1500 m ü. M. in mehreren Bruchstufen auf 3000 m ansteigend, im Vulkan *Karisimbi* 4507 m hoch. Bev. hauptsächl. →Bantu-Stämme (90% *Bahutu*), rd. 9% hamit. →Watussi, kleine Gruppen von →Pygmäen. Rd. die Hälfte der Bev. ist kath., das Erziehungswesen vorwiegend in Händen der kath. Kirche. Amtssprachen: Kinjarwanda und Frz.; dazu Suaheli. Der Staatsstreich der Armee 1973 setzte die Präsidialverfassung von 1962 außer Kraft, löste Parlament und Parteien auf; Regierung aus Offizieren und Zivilisten. 10 Verw.-Bezirke. Die kleinbäuerl. Landw. erzeugt Bananen, Mais, Hirse, Bataten für den Eigenbedarf; Kaffee, Tee und Baumwolle in Plantagen; die Watussi züchten Vieh; Bodenschätze: Gold, Zinn; Industrie (Textil- und Zementfabrik, Aufbereitungsanlagen) im Aufbau; Verbesserung der Energieversorgung und der Verkehrswege 1965 in Angriff genommen; Export: Häute, Kaffee, Tee, Baumwolle, Mineralien. – *Gesch.*: R. gehörte (wie das benachbarte →Burundi) von 1890 bis 1920 zum ehem. *Deutsch-Ostafrika*; nach 1923 mit Burundi Völkerbundsmandat, später UN-Treuhandgebiet unter belg. Verwaltung (*Ruanda-Urundi*). 60 bekam R. innere Autonomie, Trennung von Burundi; seit 1.7.62 unabhängige Republik. Mitglied der →UN. (Bild S. 5181)

Rybinsk [ri̥-] (1946–57 *Schtscherbakow*), Stadt in der Russ. SFSR, unterhalb des →RybinskerStausees, 229000 E. (1973); Umschlaghafen; Schiff- und Maschinenbau, Metall- (Nägel, Draht), Nahrungsmittel-, Holz-, Lederindustrie.

Rybinsker Stausee, von der oberen Wolga und ihren Nebenflüssen *Scheksna* und *Mologa* oberhalb →Rybinsk gebildeter Stausee, über 70 km breit, Seefläche rd. 4550 km², Stauhöhe 14 m, Fassungsvermögen 25,4 Mrd. m³; 1941 Inbetriebnahme des Kraftwerks, seit 1951 mit 6 Aggregaten volle Leistung 330000 kW, jährl. Stromerzeugung 1,1 Mrd. kWh. Der R. St. ist in das →Marienkanalsystem einbezogen.

Rybnik [ri̥b-], poln. Industriestadt im Oberschles. Industriegebiet, südwestl. von Gleiwitz, mit 44600 E. (1973); Steinkohlenbergbau, Maschinen-, chem., Möbelindustrie.

Rychner, Max, Schriftst., *8.4.1897 Lichtensteig (Kt. St. Gallen), †10.6. 1965 Zürich; Lyrik, bes. aber kultur- und literaturkrit. Essays.

Rydberg [rüdbärj], **1)** Abraham Viktor, schwed. Dichter, *18.12.1828 Jönköping, †21.9.95 Djursholm; suchte einen Ausgleich zw. antikem Humanismus und christl. Glauben. Romane: ‘Singoalla’ (1857), ‘Der letzte Athener’(Den siste atenaren, 59),‘Der Waffenschmied’ (Vapensmeden, 91).

M. A. de Ruyter

Martin Ryle

2) Johannes Robert, schwed. Physiker, *8.11.1854 Halmstad, †28.12. 1919 Lund; Arbeiten über Spektren von Atomen; bei ihrer math. Beschreibung tritt eine nach ihm benannte charakterist. Frequenzkonstante (*Rydberg-Konstante*) auf.

Rykow [ri̥kof], Alexej Iwanowitsch, sowjetischer Politiker, *13.2.1881 Saratow, †(erschossen) 15.3.1938 Moskau; 1924–30 als Nachfolger →Lenins Vors. des Rates der Volkskommissare. Bereits 29 als Rechtsabweicher zus. mit dem Parteitheoretiker N. J. →Bucharin von Stalin gemaßregelt, dann in einem Schauprozeß 38 zum Tode verurteilt.

Ryle [rail], **1)** Gilbert, engl. Philosoph, *19.8.1900 Brighton; Vertreter des engl. Neurealismus in der Sprachphilosophie. – *W*: Der Begriff des Geistes (The Concept of Mind, 1949). **2)** Sir Martin, engl. Physiker, *27. 9.1918 Brighton; seit 1959 Prof. für Radioastronomie in Cambridge; entwickelte neue Methoden zur Aufnahme kosm. Radiosignale; 1974 Nobelpreis, zus. mit *A. Hewish* (*1924).

Rysanek, Leonie, Sopranistin, *14. 11.1926 Wien; seit 1954 an der Wiener Staatsoper, insbes. als Wagnerinterpretin bekannt.

Rzeszów [schäschuf], Hptst. der südpoln. Woiwodschaft *R.* (18646 km², 1,80 Mio. E.), im Karpatenvorland (Galizien), 85000 E. (1973); TH; Metall-, Fahrzeug- und Lebensmittel-Ind., in der Nähe Erdölvorkommen. Berühmt durch Töpferwaren. – R. gehörte von 1795 bis 1918 zu Österreich.

S, 1) neunzehnter Buchstabe im Alphabet, entstanden aus dem griech. Sigma; **2)** internat. Kfz-Zeichen für Schweden; **3)** Abk. für den österr. →Schilling; **4)** *Geogr.*: Süden; **5)** Abk. für Seite; San, Santo u. ä. (→Sankt); **6)** *Physik*: →Formelzeichen; Abk. für →Siemens; **7)** *Chemie*: →Schwefel.

s, 1) Abk. für Shilling (engl.); **2)** Abk. für 'siehe'; **3)** Abk. für →Sekunde.

SA (Abk. für *S*turm*a*bteilung), nat.-soz. Wehrverband. 1921 vorwiegend aus ehem. →Freikorps-Leuten gegr., nach dem Hitlerputsch vom 8./9.11. 23 aufgelöst, Neuorganisation 1925. Oberster SA-Führer (OSAF) ab 1.11.26 *Franz Pfeffer von Salomon*, ab 2.9.30 Hitler selbst. Am 5.1.31 wurde E. →Röhm, der schon in den 20er Jahren wesentl. am Aufbau der SA mitgewirkt hatte, zum Stabschef berufen. Röhm übernahm damit die eigtl. Führung der Organisation. Das Verbot durch die Reichsregierung →Brüning vom 13.4.32 wurde bereits am 17.6.32 von der Regierung →Papen wieder aufgehoben. Durch die Arbeitslosigkeit wuchs die SA zu einem Massenheer an, das durch Terror und Propaganda die Machtergreifung Hitlers erhebl. förderte. In ihren Erwartungen nach einem eigenständigen Aufgabenbereich unter der Kanzlerschaft Hitlers enttäuscht, erstrebte sie eine 'zweite Revolution' und die Verschmelzung mit der →Reichswehr zu einer Art →Miliz. Hitler unterband diese Entwicklung durch Ermordung der SA-Führer im sog. Röhm-Putsch (30.6.34). Die SA war danach zu polit. Bedeutungslosigkeit verurteilt. Unter ihrem Stabschef *Viktor Lutze* (1934–43) diente sie nur noch als Staffage bei den Massenfeiern des Dritten Reiches. Der Internationale Militärgerichtshof in Nürnberg erklärte die SA nicht zur verbrecher. Organisation.

S. A. (Abk. für *S*ociété *A*nonyme), frz. Bez. für →Aktiengesellschaft.

Saalach *die*, li. Nebenfluß der →Salzach, 100 km lang, entspringt bei *Saalbach* im *Glemmtal* (→Kitzbüheler Alpen), durchfließt den Mitterpinzgau und das *Reichenhaller Becken*, mündet bei Salzburg.

Saalburg, 1897–1907 auf alten Grundmauern wiedererrichtetes Römerkastell am →Limes im Taunus, bei Bad →Homburg.

Saale *die*, **1)** *Thür.* oder *Sächs. S.*, li. Nebenfluß der Elbe, größter Fluß Thüringens, 427 km lang, entspringt im nördl. →Fichtelgeb. (*Waldstein*), mündet bei →Barby; im Oberlauf durch *Bleiloch-* (Stauinhalt 215 Mio. m³, Fläche 920 ha, max. Stauhöhe 59 m) und *Hohenwarte-Talsperre* (182 Mio. m³, 730 ha, 66 m max. Stauhöhe) aufgestaut, 175 km schiffbar, ab Halle kanalisiert. **2)** *Fränk. S.*, re. Nebenfluß des Mains in Unterfranken, 135 km lang, entspringt im N der →Haßberge, mündet bei →Gemünden.

Saalfeld/*Saale*, thür. Krst. im Bz. Gera, an der Saale, 33600 E. (1975); Barfüßerkirche (1275), got. Johan-

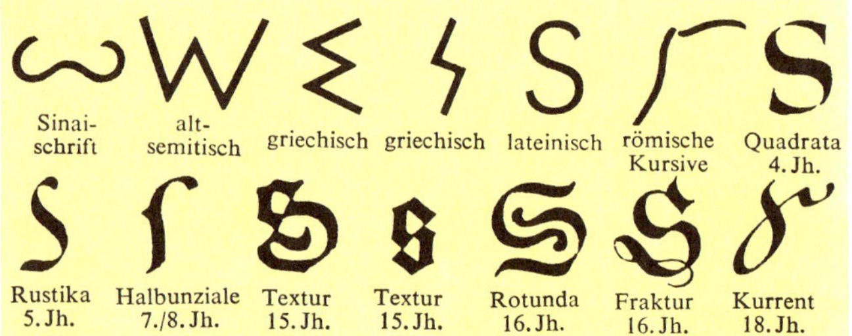

niskirche (1389–1456), Rathaus (1537), Renaissanceschloß Kitzerstein (16. Jh.), Barockschloß (17./18. Jh.); Maschinen-, Farben-, Elektromotoren-, feinmechan., opt., Schokoladen-Ind.; nahebei Maxhütte *Unterwellenborn.* Südwestl. die *Feengrotten,* farbige Tropfsteinhöhlen mit Heilquellen.

Saalfẹlden, Marktgemeinde im Bz. →Zell am See, Land Salzburg, mit 10500 E. (1975); Textil-Ind., Fremdenverkehr.

Saalkirche, einschiffige Kirche; als Predigtkirche, Typ der prot. Kirche.

Saane (frz. *La Sarine*), li. Nebenfluß der Aare, 129 km lang, entspringt in den westl. Berner Alpen (*Col du Sanetsch*), wird im *Lac de la Gruyère* (9,5 km²) gestaut, mündet westl. Bern; 1892 km² Einzugsgebiet. (→La Gruyère, Bild)

Saanen (frz. *Gessenay*), Bezirksort im Kt. Bern, an der oberen →Saane, mit 5900 E. (1975); Fremdenverkehrsorte →Gstaad, *Saanenmöser.*

Saar, Ferdinand von, Schriftst., *30.9.1833 Wien, †(Freitod) 24.7. 1906 Döbling (bei Wien); Lyrik der Dekadenz ('Wiener Elegien', 1893), schwermütige, realist.-psychol. Erzählungen ('Camera Obscura', 1901); Vorläufer des Wiener →Impressionismus.

Saar (frz. *Sarre* [ßa̲r]) *die,* re. Nebenfluß der Mosel, 246 km lang, entspringt als *Weiße* und *Rote S.* in den nördl. Vogesen, ab →Saargemünd auf rd. 45 km bis →Völklingen schiffbar; durch den *S.-Kohlenkanal* mit dem →Rhein-Marne-Kanal verbunden.

Saarbrücken, Hptst. des Saarlandes und Zentrum des Stadtverbandes S., an der Saar, mit rd. 205000 E. (1975); Stiftskirche St. Arnual (13./14. Jh.), Schloßkirche (15. Jh.), Ludwigskirche (1762–65), Alte Kirche St. Johann (1758), Altes Rathaus und Erbprinzenpalais (beide 18. Jh.); kultureller und wirtschaftl. Mittelpunkt des Saarlandes; Sitz der Landesregierung, Univ. (1947/48 gegr.), Hochsch. für Musik, Staatl. Sportschule, 2 Hochsch. für Lehrerbildung, Stadttheater, Moderne Galerie, Museen, Zool. Garten, Saarland- und Kongreßhalle; Verkehrsknotenpunkt mit Saarhafen und Flugplatz; Sitz der Saargrubenverwaltung; Eisen-, Stahlwerke, Maschinen- und Fahrzeugbau, Metall-, Leder-, Papier-, Textil-, elektrotechn., optische Industrie, Brauereien. (Bild S. 5189)

Saastal mit Allalinhorn

Saarburg, Stadt im Kr. *Trier-S.,* Rheinl.-Pf., an der unteren Saar, 6000 E. (1975); Garnisonstadt; Glokken-, Tempergießerei, Kunststoffpreßwerk, Weinbau und -handel. (Bild S. 5188)

Saargemụ̈nd (frz. *Sarreguemines* [ßarg^e^mi̲n]), Stadt in O-Frkr., an der Mündung der *Blies* in die Saar, südöstl. von →Saarbrücken, 25500 E. (1973); bed. Porzellan- und Steingutfabrikation, chem. Industrie.

Sa̲a̲rinen, 1) Eero, finn.-amerik. Architekt, Sohn von 2), *20.8.1910 Kirkkonummi (Finnland), †1.9.61 Ann Arbor (Mich.); Industrie- und

Saale bei Bad Kösen mit Rudelsburg und Ruine Saaleck

Schulbauten unter Verwendung neuer Baustoffe (Bauten für →General Motors in Detroit, Columbia-Univ., New York, u. a.).
2) Eliel, finn. Architekt, *20.8.1873 Rantasalmi, †30.6.1950 Michigan; ab 1923 in den USA; sein Bahnhof in Helsinki bezeichnet den Beginn der neuen finn. Architektur.

Saarland (*Saargebiet*, 'Die Saar'), Land der BRD, am 1.1.1957 als zehntes Land in die BRD aufgenommen, mit 2568 km² und 1,1 Mio. E. (1975), Hptst. →Saarbrücken.
Landesnatur: An die südl. Ausläufer des Hunsrück im N schließt sich, den größten Teil des Landes einnehmend, das wellige Saar-Nahe-Bergland (→Pfälzer Bergland) an mit mächtigen Steinkohlenlagern in einem SW–NO (von Saarbrücken bis Neunkirchen) streichenden Sattel; südöstl. davon und entlang dem Saartal Teile des zum Lothring. Schichtstufenland zählenden fruchtbaren Muschelkalks und des bewaldeten Buntsandsteins.
Bevölkerung: nach Nordrh.-Westf. dichtestbesiedeltes Land der BRD (428 E./km²), rd. 80% Städter; zahlr. Kleinstädte und Groß-Gem., Ind.-Gasse an der Saar und im Kohlenrevier; etwa ³/₄ der Bev. katholisch.
Verwaltung: Stadtverband Saarbrükken, 5 Landkreise, 50 Gemeinden.
Rechtsprechung: Oberlandes- und Landgericht Saarbrücken; Oberverwaltungs- und Verwaltungsgericht in Saarlouis.
Bildungswesen: 'Univ. des S.' (1947/48 gegr.) und Hochsch. für Musik in Saarbrücken, Pädag. Hochschulen.
Wirtschaft: Hochindustrialisierter Wirtschaftsraum, gestützt auf die Schwer-Ind. des Steinkohlenreviers zw. der Saar und Neunkirchen; 6 Hüttenwerke (Dillingen, Neunkirchen, Völklingen, Saarbrücken [2], St. Ingbert), Eisen- und Stahlherst. (Neunkirchen, Saartal, St. Ingbert), eisenverarbeitende Ind.: Stahl- und Maschinenbau, Draht- und Röhrenwerke; außerdem elektrotechn., chem., keram., Glas-, Textil-, Schuh- und Zementindustrie. Die Zufuhr von Erzen, versch. Grundstoffen und Konsumgütern von außen ist erforderlich. Heute wirtschaftl. Verflechtungstendenz nach O in den Mannheim-Ludwigshafener Industrieraum, begünstigt durch die Weiterführung der Autobahn bis Saarbrücken. Verbindung zum frz. Kanalnetz über den Saarkohlenkanal (→Saar).
Geschichte: Der Versailler Vertrag bildete aus Teilen der preuß. Rhein-Prov. (1465 km²) und der bayer. Rheinpfalz (416 km²) das S. und unterstellte es ab 10.1.1920 einer vom Völkerbund ernannten Regierungskommission. Die Kohlengruben fielen mit allen Anlagen lastenfrei an den frz. Staat. Über den endgültigen Status des S. sollte eine Volksabstimmung nach 15 Jahren entscheiden. Bei der Abstimmung unter internationaler Kontrolle am 13.1.35 stimmten über 90% für den Anschluß an Dtld. Die Kohlengruben kaufte Dtld. für 900 Mio. Francs zurück. Nach dem II. Weltkrieg besetzte Frkr. das S., errichtete am 22.12.46 eine Zollgrenze gegenüber Dtld. und ließ eine Verfassung ausarbeiten, die ein autonomes S. in Wirtschaftsunion mit Frkr. vorsah und am 8.11.47 vom saarländ. Landtag angenommen wurde. Eine Reihe von Abkommen verstärkte in den folgenden Jahren die Bindung des S. an Frkr. Schließl. aber einigten sich Frkr. und die BRD im Rahmen der Pariser Verträge auf die Europäisierung des S. im sog. *Saarstatut* (Okt. 54), das von der Bev. des S. in der Abstimmung vom 23.10.55 mit 67,7% der Stimmen abgelehnt wurde. Frkr. gab daraufhin 56 der Eingliederung des S. in die BRD statt, die am 1.1.57 in Form eines eigenen Bundeslandes erfolgte. (Bilder, Karte S. 5188/89)

Saarlouis [-lu̯i] (1936 bis 45 *Saarlautern*), saarländ. Krst. an der Saar, 40200 E. (1975); Kohlenbergbau, Metall-, Glas-, Tabak-, Holz-Ind., Gemüsebau. – 1680–86 von Ludwig XIV. als Festung auf lothringischem Boden angelegt.

Saastal, Hochtal in den Walliser Alpen, rd. 37 km lang, von der *Saaser Vispa* durchflossen, mündet ins *Nikolaital* (Visp); zw. 1400 und 1800 m mehrere Kurorte, darunter *Saas-Fee*, *Saas-Almagell*. (Bild S. 5185)

Saateule (*Agrotis segetum*), 4 cm spannender →Eulenfalter, Vorderflügel gelbl.- oder graubraun; Raupe frißt bes. an jungen Pflanzen, zuweilen schädlich in Getreidefeldern.

Saatgut, Samen, Früchte, Knollen u. a., die zur Pflanzenzucht bestimmt sind. S. muß sortenrein, gut keimfähig, gesund und widerstandsfähig gegen Krankheiten (→Beizen) sein; das zum Handel zugelassene sog. *Original-S.* wird amtl. laufend geprüft und ins Sortenregister eingetragen.

Saatrübe, 1. (*Brassica rapa* var. *rapifera*), im Spätsommer als Zwischenfrucht angebauter →Rübenkohl; 2. samentragende Rübenpflanze; Blüten und Früchte entwickeln sich in der zweiten Vegetationsperiode.

Saavedra, Ángel de, Herzog von Rivas, span. Dichter und Staatsmann, *10.5.1791 Córdoba, †22.6. 1865 Madrid; bis 1834 im Exil, später Min., Botschafter und Präs. des Staatsrates; von der engl. und frz. Romantik beeinflußter Lyriker und Dramatiker: 'Romances históricos' (1841) nach Chroniken des MA, Tragödie 'Don Álvaro o la fuerza del sino' (35, Vorlage für →Verdis Oper 'Die Macht des Schicksals').

Saaz (tschech. *Žatec*), nordböhm. Stadt an der Eger, ČSSR, 16200 E. (1972); Hopfenhandel, Brauereien.

Saba, Umberto, ital. Lyriker, *9.3. 1883 Triest, †25.8.1957 Görz; feinfühlige melanchol. Gedichte ('Il Canzoniere', 1945).

Saba (*Sabäa*), altarab. Landschaft der *Sabäer* in Jemen, Hptst. *Marib* (*Mareb*); seit 1928 Ausgrabungen.

Sabadell, Stadt in NO-Spanien, nordwestl. von Barcelona, 162000 E. (1972); Textil- und Metallindustrie.

Sabadill *der*, (*Sabadilla officinalis*), mittelamerik. Liliengewächs; an →Alkaloiden reiche, giftige Samen (*Läusesamen*); Mittel gegen Läuse.

Sabah (bis 1963 *Britisch-Nordborneo*), neugebildeter Staat innerhalb der Föderation →Malaysia, im N von →Borneo, einschließl. der Insel *Labuan* (75 km²) rd. 80520 km² mit 685000 E. (1972; 68% *Dusun* u. a. eingeborene Völker, 23% Chinesen), Hptst. *Kota Kinibalu* (44000 E.); im Innern gebirgig (*Kinabalu*, 4101 m hoch), überwiegend von Regenwald bedeckt, an der Küste Reis-, Zuckerrohr-, Tabakanbau; Erdölvorkommen; Ausfuhr bes. von Kautschuk, Kopra, Manilahanf, Edelhölzern.

Sabas (*Sabbas*), christl. Mönch, *439 Kappadokien, †5.12.532 Sabas-Kloster; gründete 483 das nach ihm benannte S.-Kloster südl. Jerusalem beim Toten Meer. Heiliger. (Bild S. 5192)

Eero Saarinen: Empfangsgebäude des Flughafens J. F. Kennedy, New York (1956–62)

Sabata, Victor de, ital. Dirigent und Komponist, *10.4.1892 Triest, †11. 12.1967 Santa Margherita Ligure; 1927–57 Dirigent der Mailänder Scala; Oper 'Lysistrata' nach Aristophanes, Ballett '1001 Nacht'.

Sabatier [-tje], Paul, frz. Chemiker, *5.11.1854 Carcassonne, †14.8.1941 Toulouse; erforschte die katalyt. Wirkung feinverteilter Metalle, insbes. bei der →Hydrierung organ. Verbindungen. 1912 zusammen mit V. →Grignard Nobelpreis.

Sábato, Ernesto, argentin. Schriftsteller, *24.6.1911 Rojas (Prov. Buenos Aires); scharfe Analysen des vereinsamten Menschen in komplizierten Erzählstrukturen. Romane wie 'Über Helden und Gräber' (Sobre héroes y tumbas, 1961); Essays.

Sabaudia, ital. Ort im SW des →Agro Pontino in →Latium, am Ostufer des *S.-Sees*, 10200 E. (1973); neben →Latina der bedeutendste neue Ort (1934 gegr.) in den →Pontin. Sümpfen.

Sabbat (hebräisch *Schabbath*, jidd. *Schabbes*), siebter Tag der jüd. Woche (Freitag- bis Samstagabend), Feiertag für Jahwe und strenger Ruhetag.

Sabbatai Zwi, jüd. Sektengründer, *1626 İzmir, †1676 Dulcigno (Albanien); gab sich 1648 für den von den Kabbalisten erwarteten →Messias aus; trat 66, um der Todesstrafe zu entgehen, zum Islam über; begr. die jüd.-islam. Sekte der *Sabbatianer* (türk. *Dönmeh* 'Abtrünnige').

Sabbatisten (*Sabbatarier*, *Siebentagsbaptisten*), sektenhafte Absplitterung von den →Baptisten, die die Wiederkunft Christi von der Erfüllung des Sabbatgebots des A. T. auch durch die Christen abhängig macht.

Sabbatjahr, seit der →Babylon. Gefangenschaft Bez. für das jüd. *Erlaßjahr* (jedes 7. Jahr), in dem aus kult. Gründen die Felder brach lagen, israelit. Sklaven befreit und Schulden

erlassen wurden. Auf jedes 7. S. folgte ein →Jubeljahr.

Sabeller, Sammelbez. für die mittelital. Stammesgruppe der →Italiker (bestehend u. a. aus →Umbrer, →Sabiner, →Marser, →Äquer, →Volsker, →Samniten, *Päligner*, *Herniker*) mit Siedlungsgebiet im Apennin; von den Römern vom 4. Jh. n. Chr. an unterworfen.

SABENA (Abk. für *Société Anonyme Belge d'Exploitation de la Navigation Aérienne*), staatl. belgische Luftverkehrs-Ges., Sitz: Brüssel; Umsatz: 9,4 Mrd. bfrs.; Beschäftigte: 10200 (1974).

Sabine *River* [ßäbin riwer], Fluß im S der USA, 880 km lang, entspringt im nordöstl. Texas, bildet im Unterlauf die Grenze zw. Texas und Louisiana, mündet in den Golf von Mexiko. S. Pass, S. Lake und S. River bilden den *S. Neches Waterway*.

Sabiner, Stamm der →Italiker im NW Roms, zu den →Sabellern gehörig, soll bei der Gründung Roms beteiligt gewesen sein. Nach dem 3. →Samniten-Krieg erhielten die S. 268 v. Chr. das röm. Bürgerrecht ohne Stimmrecht, 241 v. Chr. wurden sie röm. Vollbürger.

Sabinerberge (*Sabinergebirge*; ital. *Monti Sabini*), Vorberge des mittl. Apennin, nordöstl. von Rom, von →Macchia bedeckt, sonst kahle Kalkkette; im *Monte Pellecchia* 1368 m hoch. Die ergiebigen Quellen der Bergfußzone versorgen Rom und die röm. Campagna.

Sabotage [frz., -tasche] *die*, Störung oder Zerstörung von Produktions-, Verkehrs-, Versorgungs- oder milit. Einrichtungen (auch durch →passive Resistenz). S.-Akte hinter der feindl. Front gelten als legitim, wenn die Täter →Kombattanten sind und Uniform tragen. – *Recht*: Polit. S. mit Freiheitsstrafe bis 5 Jahre bedroht (§§ 87, 88 StGB).

Sá-Carneiro [-nairu], Mário de, portug. Dichter, *19.5.1890 Lissabon, †(Freitod) 26.4.1916 Paris; bedeutendster Vertreter des portug.

Saarland: Saarburg

Saarland: Saarbrücken mit Autobahnauffahrt

→Symbolismus; gehörte mit →Pessoa zum Kreis der modernist. Zschr. 'Orpheu' (1915). Gedichte: 'Dispersão' (1914), 'Indícios de oiro' (37).

Saccharide [-eha-] (*Kohlenhydrate*), primäre Oxidationsprodukte mehrwertiger →Alkohole (Oxidation einer OH-Gruppe); werden nach ihrer Molekülgröße eingeteilt: 1. *Mono-S.* (*einfache Zucker*) sind aus einer Kette mit 2–6 Kohlenstoffatomen (*Biose*, *Triose* usw.), mehreren OH-Gruppen und einer Aldehydgruppe –CHO (→Aldosen) oder Ketogruppe C=O (Ketosen, z. B. Fructose) aufgebaut; 2. *Oligo-S.* (*Zucker*) entstehen durch Kondensation von 2–7 gleichen oder versch. Monosaccharidmolekülen unter Wasseraustritt (*Di-*, *Tri-*, *Tetra-S.* usw.) und können durch →Hydrolyse wieder in Mono-S. gespalten werden, z. B. die *Di-*

Saarland: Völklingen, Industrielandschaft

saccharide: Rohr-, Milch-, Malzzucker; 3. *Poly-S.* sind aus zahlr. gleichen oder versch. Monosaccharidresten in Form langer, oft verzweigter Ketten kristallin aufgebaut und durch →Enzyme (z. B. Amylase) spaltbar, z. B. die aus 2000 bis 5000 Glucoseresten (→Traubenzucker) aufgebaute →Cellulose, →Stärke, das →Glykogen, die →Pektine.

Saccharimeter, Gerät zur Bestimmung des Zuckergehalts wäßriger Lösungen: →Polarimeter, →Aräometer.

Saccharin *das*, (*Süßstoff*, *o-Benzoesäuresulfimid*), $C_7H_5NO_3S$, farblose, schwer wasserlösl. Kristalle, deren Süßkraft etwa 500mal größer ist als die des Rohrzuckers. S. wird unverändert wieder ausgeschieden, besitzt also keinen Nährwert; insbes. bei →Zuckerkrankheit verwendet, heute z. T. bereits durch andere synthet. Süßstoffe ersetzt.

Sacchetti [ßaketi], Franco, ital. Dichter, *um 1330 Florenz, †1.9.1400 ebenda; schrieb nach dem Vorbild G. →Boccaccios in der neuen ital. Kunstprosa. – Hauptwerk: 'Trecento Novelle'.

Sacco di Roma [ital. 'Plünderung Roms'], Plünderung Roms durch dt. und spanische Landsknechte im Dienste →Karls V. in der Zeit vom 6.5.1527 bis 17.2.1528.

SACEUR (Abk. für *S*upreme *A*llied *C*ommander *Eur*ope), Oberster Befehlshaber der alliierten Streitkräfte in Europa (→NATO).

Sachalin (jap. *Karafuto*), langgestreckte Insel im Sowjet. Fernen Osten, zw. Ochotsk. und Jap. Meer, vom Festland durch den →Tatar. Sund, von der jap. Insel →Hokkaido durch die La-Pérouse-Straße getrennt, rd. 76000 km² mit 690000 E. (1973; Russen, →Giljaken, →Ainu), Hptst. →Juschno-Sachalinsk. Überwiegend gebirgig, in der *Gora Lopatina* 1609 m hoch, stark bewaldet (Laubmisch-, Nadelwälder, im N Lärchentaiga); rauhes, naßkaltes und nebelreiches Klima; bed. Kohlen- und Erdölvorkommen (Pipeline von *Ocha* durch den Tatar. Sund nach →Chabarowsk); Rentierzucht, Pelztierjagd, Fischfang, im S geringer Ackerbau, in den Städten Holz-, Cellulose-, Papier-, fischverarbeitende Industrie. – 1643 von dem Holländer *de Vries* entdeckt, 1875 an Rußland, Südteil 1905–45 jap.; bildet heute administrativ zus. mit den →Kurilen eine →Oblast der Russ. SFSR.

Sachanlagen, das materielle Anlagevermögen (Grundstücke, Gebäude, Maschinen, Werkzeuge u. a.).

Sacharja [hebr.] (griech. *Zacharias*), im A. T. einer der 12 Kleinen Propheten; Kap. 1–8 aus nachexil. Zeit, 9–14 etwa 2. Jh. v. Chr. (→Zacharias).

Sacharow, 1) Adrian, russ. Architekt, *8.8.1761 St. Petersburg, †27.8. 1811 ebenda; Vertreter des russ. Klassizismus.

2) Andrej Dimitrijewitsch, sowjet. Atomphysiker, *21.5.1921 Moskau; als Mitarbeiter von L. D. →Landau und I. J. →Tamm maßgebend beteiligt an der Entwicklung der sowjet. Wasserstoffbombe; gründete 1970 in Moskau das den Prinzipien der UNO-Deklaration der Menschenrechte verpflichtete inoffizielle 'Komitee für Menschenrechte'. 1975 Friedensnobelpreis.

3) Matwej W., sowjet. Marschall, *17.8.1898 Wojlowo (Kalinin), †31. 1.1972 Moskau; 1957–60 Kommandeur der sowjet. Besatzungstruppen in Dtld.; 60–63, 64–71 Chef des Generalstabs, seit 61 im →ZK der KPdSU.

Sachbeschädigung, vorsätzl. und rechtswidrige Beschädigung oder Zerstörung einer fremden Sache, mit Geldstrafe oder Freiheitsstrafe bis zu 2 Jahren geahndet. Die Verfolgung tritt nur auf Antrag ein (§ 303 StGB). Beschädigung von öffentl. Sachen und die Zerstörung von Bauwerken wird schwerer bestraft (§§ 304, 305 StGB). – Ähnl. *Österr.* (§§ 85f. StG), *Schweiz* (Art. 145 StGB).

Sachbuch, i. w. S. jedes Buch, das über Tatsachen berichtet (im Ggs. zur →Belletristik); i. e. S. für einen breiten Leserkreis bestimmtes und verständl. Buch über ein Sachgebiet.

Sache, im bürgerl. Recht jeder körperl. Gegenstand, gleich ob fest, flüssig oder gasförmig. Schall, Wärme, Elektrizität, freie Luft, frei fließendes Wasser gelten im Rechtssinne nicht als S. (§ 90 BGB, *Schweiz*: Art. 713 ZGB, in *Österr.* gilt Elektrizität als Sache). Man unterscheidet *bewegl.* und *unbewegl. S.* Die bewegl. S. werden unterteilt in *vertretbare S.*, d. h. solche, die im Verkehr nach Zahl, Maß oder Gewicht bestimmt sind (Geld, Getreide), und *nicht vertretbare S.*, die nach ihrer Individualität bestimmbar sind, z. B. Kunstwerke.

Hans Sachs

Nelly Sachs

Der Begriff der *öffentl. S.* umfaßt die S., die der öffentl. Gewalt unterliegen und einem öffentl. Zweck dienen (z. B. Straßen, öffentl. Gebäude).

Sachenrecht, Vorschriften, die die Herrschaftsrechte von Personen über Sachen regeln, die sog. →dingl. Rechte; geregelt im 3. Buch des BGB. Unterschiedl. Behandlung von *bewegl. Sachen* (Fahrnis) und *unbewegl. Sachen* (Grundstücke, Liegenschaften). Der Erwerb und die Änderung von Grundstücksrechten setzt eine Einigung über den Rechtsübergang (Auflassung) und die Eintragung im →Grundbuch voraus (§ 873 BGB, *Österr.*: § 431 ABGB, *Schweiz*: Art. 656 ZGB). Die gleiche Bed. wie das Grundbuch hat das →Schiffsregister für Schiffe.

Sacher, Paul, Dirigent, *28.4.1906 Basel; Gründer des Basler Kammerorchesters (1926) und der Schola Cantorum Basiliensis (33); fördert zahlr. zeitgenöss. Musiker.

Sacher-Masoch, Leopold, Ritter von, Schriftst., *27.1.1836 Lemberg, †9.3.95 Lindheim (Hessen); eindrucksvolle Schilderungen Galiziens; später erot. Themen mit sexualpatholog. Einschlag (→Masochismus): 'Venus im Pelz' (1870), 'Frau von Soldan' 84), 'Grausame Frauen' (1907).

Sachfirma, Firmen-Bez., die auf den Gegenstand des Unternehmens hinweist (z. B. 'Münchener Hochbau'); Ggs. →Personenfirma.

Sachgründung, Gründungsform bei Kapital-Ges., bei der im Ggs. zur Bargründung das Eigenkapital in Form von Sachwerten (*Sacheinlagen*) eingebracht wird. Da hierbei das Problem der angemessenen Bewertung entsteht, schreibt § 25 AktG bei S. die Prüfung des Gründungsvorgangs durch einen unabhängigen Gründungsprüfer vor. In *Österr.* in § 25 Aktiengesetz von 1965, in der *Schweiz* in Art. 628, 778 OR geregelt.

Sachkonto, in der Buchführung ein Konto, auf dem Sachwerte verbucht werden; z. B. Waren-, Forderungen-, Kassenkonto (Ggs. →Personenkonto).

Sachlegitimation, im Prozeßrecht die Frage nach dem richtigen Kläger (*Aktivlegitimation*) und dem richtigen Beklagten (*Passivlegitimation*). Das Vorliegen der S. ist Voraussetzung für die Begründetheit der Klage.

Sachmet, altägypt., löwenköpfige Göttin; Hauptkultort war →Memphis, wo sie mit →Ptah und *Nefertem* eine göttl. Dreiheit bildete.

Sachs, 1) Curt, dt. Musikwissenschaftler, *29.6.1881 Berlin, †5.2. 1959 New York; emigrierte 1933; führender Forscher der Musikinstrumentenkunde. – *W*: Reallexikon der Musikinstrumente (1913).

2) Hans, Meistersinger, *5.11.1494 in Nürnberg, †19.1.1576 ebenda; Schuster; Mitglied der Meistersingerzunft (→Meistergesang). Sein umfangreiches Werk (rd. 200 Dramen, 1800 Spruchgedichte und 4275 Meisterlieder) stellt den Höhepunkt des Meisterliedes und Fastnachtsspiels dar. S. verarbeitete antike, bibl. und volkstüml. Stoffe in Knittelversen; seine Schwänke und Fastnachtsspiele verbinden derben Humor mit lehrhafter Schlußmoral ('Das Narrenschneiden', 1534; 'Das Kälberbrüten', 51); in hoher Dramatik weniger glücklich.

3) Nelly, Dichterin, *10.12.1891 Berlin, †12.5.1970 Stockholm; emigrierte 1940 nach Schweden; schrieb Gedichte und Szenen in beschwörend bildhafter, an A. T. und →Chassidismus geschulter Sprache, getragen von kosm. Gefühl, das Leben und Tod versöhnt. 1965 Friedenspreis des dt. Buchhandels, 66 Nobelpreis (zus. mit S. J. →Agnon). – *W*: Legenden und Erzählungen (1921); Eli. Ein Mysterium vom Leiden Israels (51, auch vertont); Fahrt ins Staublose (Gesammelte Gedichte, 61); Späte Gedichte (65).

Sachsen, german. Volksstamm, erstm. von dem Geographen →Ptolemäus (Mitte des 2. Jh. n. Chr.) erwähnt, siedelten im westl. Holstein. Mit den S. verschmolzen wahrsch. die Chauken, Angrivarier, Cherusker und eine Reihe kleinerer, südl. der Elbe wohnende Germanen-

Sabas-Kloster

stämme; sie dehnten sich im 3./4. Jh. über ganz NW-Dtld. (mit Ausnahme Frieslands) aus. Teile des Stammes besetzten im 5./6. Jh. neben Angeln und Jüten das von den Römern verlassene Britannien, während die auf dem Festland zurückgebliebenen Stammesgenossen 531 gemeinsam mit den Franken das großthüring. Reich vernichteten und dessen nördl. Teil bis zur Unstrut besetzten. Später wurden sie den Franken tributpflichtig. 772–804 unter →Karl d. Gr. mit Waffengewalt unterworfen, dem Fränk. Reich eingegliedert und dem Christentum gewonnen. Normannen- und Slawengefahr sowie die schwindende Macht des ostfränk. Königtums führten nach Mitte des 9. Jh. zur Bildung des sächs. Stammesherzogtums der →Liudolfinger, die 919 die dt. Königswürde erwarben, ohne auf ihr sächs. Hzgt. zu verzichten. →Otto d. Gr. (936–973) betraute jedoch den Markgrafen →Hermann Billung mit der Wahrnehmung der herzogl. militär. Befugnisse, der im Kampf gegen die Slawen weit nach O über die Elbe vordringen konnte. Durch den Slawenaufstand von 983 gingen die ostelb. Eroberungen größtenteils wieder verloren. Als der letzte männl. Billunger *Magnus* 1106 starb, erhielt →Lothar von Supplinburg (später Kaiser →Lothar III.) den Herrschaftsbereich des billung. Hauses ohne dessen →Allodien von König →Heinrich V. zu Lehen. Lothar wurde 1137 von seinem Schwiegersohn, dem →Welfen →Heinrich dem Stolzen von Bayern, beerbt. Dessen Sohn →Heinrich der Löwe dehnte sein Hzgt. im Kampf gegen die Slawen nach N und NO aus und nutzte die Rechte des Stammesoberhaupts zum Aufbau eines modernen Territorialstaates. Bei seinem Sturz 1180 verblieben den Welfen nur die Hausgüter Braunschweig und Lüneburg. Der westl. Teil des alten Hzgt. kam als Hzgt. Westfalen an das Erzstift Köln. Die sächs. Hzg.-Gewalt ging mit den östl., an der Elbe gelegenen Teilen des Territoriums an die →Askanier über (Bernhard von Askanien, den zweiten Sohn →Albrechts des Bären); Hzgt. und Name beschränkten sich somit nun auf die alten billung. Gebiete. Durch Erbteilung entstanden 1260 das Hzgt. *S.-Lauenburg* (das ab dem 14. Jh. als Niedersachsen bezeichnet und nach Aussterben der Lauenburger 1689 dem welf. Hzgt. Braunschweig-Lüneburg einverleibt wurde) und das Hzgt. *S.-Wittenberg.*

Sachsen, 1) bis 1945 Land des Dt. Reiches mit 14994 km² und 5,23 Mio. E. (1939); bis 1952, um den westl. der Neiße gelegenen Teil Schlesiens vergrößert, Land der SBZ mit 16992 km² und 5,51 Mio. E. (1946). Mit der Neugliederung der DDR am 23.7. 1952 im wesentl. in die Bz. Chemnitz, Dresden und Leipzig geteilt, kleinere Teile kamen zu den Bz. Gera und Cottbus. Landes-Hptst. war Dresden. *Landesnatur*: Überwiegend Mittelgeb.-Charakter, im N geringer Anteil am Norddt. Tiefland; insgesamt Anstieg des Landes von N nach S, im W fast unmerkl. von der →Leipziger Tieflandsbucht über das mittelsächs. Bergland zu den Höhen des Erzgeb. (im →Fichtelberg 1214 m hoch), im O von der flachwelligen Oberlausitz über das →Lausitzer Bergland zum Lausitzer Geb.; dazwischen das →Elbsandsteingeb. (Kreide), dessen Tafellandcharakter in der *Sächs. Schweiz* bes. reizvoll ausgebildet ist, und die klimat. begünstigte Elbtalweitung unterhalb von Pirna. Wenig ertragreich der Moränensaum im N, am fruchtbarsten der Lößgürtel im Bereich der Gebirgsvorländer. Hauptentwässerungsrichtung nach N und NW (Elbe, →Mulde, Weiße →Elster, →Pleiße, Lausitzer →Neiße). *Wirtschaft*: Hochentwickelte Landw. auf den fruchtbaren Lehm- und Löß-

Sachsen: Annaberg-Buchholz im Erzgebirge; Braunkohlentagebau bei Borna (Bezirk Leipzig)

böden (Weizen, Zuckerrüben) im Übergang zum Tiefland, intensiver Obst- und Gemüsebau in der Elbtalweitung, zw. Dresden und Meißen Weinbau; auf den sandigen Böden im N (bes. östl. der Elbe) Roggen- und Kartoffelbau; in größeren Höhen des Erzgeb. überwiegt die Grünlandwirtschaft mit Viehzucht. Bodenschätze: Anteil an den großen Braunkohlenlagern im NO und NW, Steinkohlenvorkommen im Zwickauer und Lugau-Oelsnitzer Gebiet sowie bei →Freital; durch sowjet. Initiative wurde der ehem. bed. Erzbergbau im Erzgeb. neu belebt (Uran, Wolfram, Wismut, Zink). Haupterwerbszweig ist die Industrie (über 50% aller Erwerbstätigen): im Vordergrund Schwer-Ind. um Leipzig, Zwickau/Chemnitz, Plauen und Riesa und der Maschinen- und Fahrzeugbau (unteres Erzgeb. und Sächs. Bergland), gefolgt von Textil- und chem. Ind., Herst. von Spielwaren im östl., von Musikinstrumenten im westl. Erzgeb., Porzellan- (→Meißen), Stein- (Granit, Sandstein östl. der Elbe), Holz-, Papier- und Heim-Ind. (Erzgeb.). Städt. Zentren: Leipzig (Messestadt), Dresden, Chemnitz, Zwickau, Plauen; Riesa ist wichtiger Umschlagplatz und Binnenhafen.

Geschichte: Der hist. Kern des Hzgt., Kurfürstentums, Kgr. und schließl. des Freistaates Sachsen ist die Mark Meißen. Sie entstand um die von König →Heinrich I. in slaw. besiedeltem Gebiet gegr. Burg Meißen, als nach dem Tode des von Kaiser →Otto I. eingesetzten Markgrafen →Gero 965 dessen Herrschaftsbereich aufgeteilt wurde. Kaiser →Heinrich IV. verlieh die Mark 1089 dem Wettiner Heinrich von Eilenburg. Mit Vogteiverfassung und Städtegründungen legte der Wettiner Dietrich von Weißenfels um 1200 den Grund für den inzwischen weitgehend eingedeutschten wettin. Territorialstaat, den Markgraf Heinrich der Erlauchte (1221–88), der 1243 das Pleißener Land und 1247–64 die Landgrafschaft Thür. dazugewann, weiter ausbaute. Zwist im Hause Wettin veranlaßte die Könige →Adolf von Nassau und →Albrecht I. von Habsburg zum Eingreifen, doch konnte Markgraf Friedrich der Freidige Anf. des 14. Jh. sein Territorium bis auf die Niederlausitz zurückgewinnen. Für Verdienste in den →Hussiten-Kriegen erhielt 1423 →Friedrich der Streitbare (1381–1428) nach Aussterben der →Askanier das Hzgt. S.-Wittenberg zus. mit der Kurwürde. Der Name S. wurde jetzt auf alle wettin. Besitzungen übertragen, deren wirtschaftl. Bed. in den Silbergruben des Erzgebirges bestand. Bei der sog. sächs. oder Leipziger Erbteilung von 1485 zw. den Brüdern Ernst und Albrecht kamen Kurwürde, das Hzgt. S., das mittl. und südl. Thür., der Hauptteil des Osterlandes (des alten Pleißener Landes), das Vogtland und fränk. Gebiete an die ernestin., die Mark Meißen, der kleinere nördl. Teil des Osterlandes (Leipzig) und das nördl. Thür. an die albertin. Linie. In der →Reformation rückte S. in den Mittelpunkt europ. Interesses. Kurfürst →Friedrich der Weise (1486–1525) schützte →Luther. Kurfürst →Johann der Beständige (1525–32) errichtete die vorbildl. luther. Landeskirche und schloß 1531 mit Landgraf →Philipp von Hessen und anderen prot. Reichsständen den →Schmalkaldischen Bund. Im albertin. Sachsen war Hzg. Georg der Bärtige (1500 bis

39) ein Gegner der Reformation, die erst sein Bruder und Nachfolger Heinrich der Fromme (1539–41) einführte. Trotz seines prot. Bekenntnisses stand dessen Sohn →Moritz (1541–53) im →Schmalkaldischen Krieg auf der Seite →Karls V. und erhielt dafür in der Wittenberger Kapitulation 1547 die Kurwürde und eine Vergrößerung seiner Lande um den östl. Teil der ernestin. Besitzungen. Den Ernestinern blieb nur Thür. Sie verloren in der Folge durch zahlr. Erbteilungen (1572, 1596, 1603, 1640, 1672, 1680) jegl. polit. Bed.; Thür. wurde zum Muster dt. Kleinstaaterei. Die Neuteilung von 1826 schuf neben dem Groß-Hzgt. S.-Weimar-Eisenach (seit 1815) die Hzgt. S.-Altenburg, S.-Meiningen, S.-Coburg und Gotha. Die ernestin. Staaten bildeten 1920 zus. mit →Schwarzburg-Rudolstadt, Schwarzburg-Sondershausen und den beiden →Reuß (mit Ausnahme von Coburg, das sich Bayern anschloß) den Freistaat Thür., der 1952 in die Bezirke Erfurt, Gera und Suhl zerschlagen wurde.

Den Kurstaat S. mit Dresden als Hptst. rundete Kurfürst →August (1553–86) durch den Erwerb eines Teils der Gft. Henneberg, des Vogtlandes, der Halberstädter Lehen der Mansfelder Grafen und der Hochstifte Naumburg, Merseburg und Meißen ab. Im →Dreißigjährigen Krieg stand Kur-S. bis 1629 auf habsburg., dann auf schwed. Seite. 1635 erhielt es im Prager Frieden die →Lausitz. Kurfürst Friedrich →August I. (1694–1733) erlangte 1697 nach Übertritt zum kath. Glauben die poln. Königskrone, verwickelte aber S. durch sein Großmachtstreben in den →Nord. Krieg. Sein Sohn August II. (1733–63) behauptete Polen im sog. →Poln. Thronfolgekrieg (1733–35/38) gegen →Stanislaus Leszczyński. S. erlebte unter den beiden kunstsinnigen Kurfürsten eine große Kulturblüte (→Pöppelmann, →Permoser, Meißner Porzellan). Der Merkantilismus hob den Reichtum des Landes, das im Siebenjährigen Krieg schwer verwüstet wurde. Während der →Frz. Revolutionskriege schloß sich S. Preußen an. Nach der Niederlage bei Jena 1806 trat es dem →Rheinbund bei. Der Kurfürst nahm die Königswürde an und wurde von Napoleon gegen Abtretung nordwestl. Gebiete mit dem neuerrichteten Hzgt. Warschau entschädigt. Seine Bündnistreue gegenüber Napoleon in den →Befreiungskriegen kostete ihm auf dem Wiener Kongreß 1815 die nördl. Hälfte des Kgr., die an Preußen fiel. Am 4.9.1831 erhielt S. eine Verfassung. 1849 kam es zum Dresdener Maiaufstand, der durch preuß. Truppen unterdrückt wurde. Unter dem Min. →Beust schlug S. einen schroff antipreuß. Kurs ein, kämpfte 1866 auf österr. Seite und wurde nach dem →Dt. Krieg gezwungen, in den →Norddeutschen Bund einzutreten. Die rasche Industrialisierung führte zu sozialer Gärung und polit. Radikalismus; der Marxismus fand starken Widerhall. Am 9.11.1918 wurde die Republik ausgerufen und am 1.11.20 eine neue Verfassung erlassen. In den folgenden Jahren kam es in S. mehrfach zu sozialist. Erhebungen. Als 23 die sozialist.-kommunist. Koalitionsregierung Zeigner proletar. Hundertschaften bewaffnete, löste die Reichswehr unter dem Ausnahmezustand diese Verbände auf und zwang die Regierung zum Rücktritt. Die folgenden Regierungen fanden keine Mehrheiten mehr, bis 33 die Nationalsozialisten die Macht übernahmen. 45 wurde S. Teil der sowjet. Besatzungszone, 52 in Bezirke aufgeteilt.

2) *Provinz S.*, ehem. preuß. Prov. mit 25528 km² und 3,62 Mio. E. (1939), umfaßte die Reg.-Bz. Magdeburg, Merseburg und Erfurt, Hptst. war Magdeburg; am 1.7.1944 wurde die Prov. S. aufgelöst; der Reg.-Bz. Erfurt kam zu Thür., die beiden neugebildeten Prov. *Magdeburg* und *Halle-Merseburg* wurden 1945 mit dem Land →Anhalt zu →S.-Anhalt vereinigt.

Sachsen-Anhalt, 1947–52 Land der SBZ, mit 24669 km² und rd. 4 Mio. E. (1947); bei der Neugliederung der DDR am 23.7.52 in die Bz. Magdeburg und Halle geteilt, der SO-Zipfel kam zu den Bz. Leipzig und Cottbus. S.-A. entstand 1945 durch Vereinigung des Landes →Anhalt mit den Prov. Magdeburg und Halle-Merseburg, die bis 1.7.44 den Hauptteil der Prov. →Sachsen bildeten.

Landesnatur: Der größte Teil des

Landes gehört dem Norddt. Tiefland an und erstreckt sich zu beiden Seiten der mittleren Elbe (→Altmark, →Fläming, westl. und nördl. Teil der →Leipziger Tieflandsbucht); damit Anteil an Urstromtalniederungen (Elbe, Schwarze →Elster, →Ohre), fruchtbaren Geschiebelehmplatten und kiefernreichen Endmoränenzügen im Bereich des Südl. Landrükkens (*Colbitz-Letzlinger Heide*, Fläming, *Dübener Heide*). Nördl. und südöstl. des →Harzes das weitgehend lößbedeckte, fruchtbare Mittelgebirgsvorland: die →Magdeburger Börde, das nördl. Harzvorland mit den Muschelkalkhöhen des →Huy (314 m) und *Hackel* (237 m), im S das Senkungsfeld der →Goldenen Aue, südöstl. die Buntsandsteinausläufer des →Thüringer Beckens.

Wirtschaft: Intensive Landw. im W des Landes auf den ausgezeichneten Böden der Lößbörden. Im Vordergrund steht der Anbau von Zuckerrüben (Zucker-Ind.) und Weizen; auf ertragsärmeren Böden Kartoffel-, Roggen- und Haferanbau; Viehzucht in den Flußniederungen, Forstwirtschaft vor allem im Harz und im Fläming. Bodenschätze: Abbau der ausgedehnten Braunkohlenlager im Tagebau bei →Merseburg, Halle und →Bitterfeld sowie von Kali und Steinsalz bei →Staßfurt-→Bernburg und südwestl. von Halle, Gewinnung von Kupferschiefer bei →Mansfeld. Gestützt auf die Kohlenvorkommen in der Umgebung bed. chem. Ind. in →Leuna und →Schkopau und das Großkraftwerk →Zschornewitz; in Halle und Magdeburg Eisen-, Maschinen-, chem. und Nahrungsmittelindustrie.

Sachsenchronik (*Sächs. Weltchronik*), erste Prosachronik (→Chronik) in niederdt. Sprache, um 1230 wahrsch. von →Eike von Repgow verfaßt; reicht bis 1225; später versch. Fortsetzungen bis Mitte 13. Jh.

Sachsen-Meiningen, durch Erbteilung des ernestin. (→Wettiner) Hzgt. →Gotha 1680/81 entstandenes thüring. Hzgt. mit eigener Landeshoheit und Reichsstandschaft; ging 1920 im Freistaat Thür. auf.

Sachsenring, 8,7 km lange Motorradrennstrecke bei →Hohenstein-Ernstthal.

Sachsenspiegel, das älteste und bedeutendste Rechtsbuch des dt. MA;

Sachsenspiegel
(Dresdener Bilderhandschrift)

zw. 1220–35 von dem sächs. Ritter und Schöffen →Eike von Repgow in lat. Sprache verfaßt und von ihm ins Niederdeutsche übersetzt. Der S. enthält in zwei Teilen das sächs. Land- und Lehensrecht (fußend auf dem Recht der ostfäl. Heimat des Verf.); erlangte bald gesetzesgleiches Ansehen, wurde das Vorbild der beiden oberdt. Rechtsbücher →Deutschenspiegel und →Schwabenspiegel. Sein Geltungsbereich erstreckte sich über den dt. Sprachbereich hinaus in die Rechtsbücher des europ. Ostens.

Sachversicherung, →Schadenversicherung von Sachinteressen; umfaßt u. a. →Feuer-, →Maschinen- und →Transportversicherung.

Sachverständigenrat, durch BG vom 14.8.1963 zur Begutachtung der gesamtwirtschaftl. Entwicklung gebildetes Gremium von fünf Wirtschaftswissenschaftlern (die *fünf Weisen*), das jährlich einen Bericht über die Verwirklichung der wirtschaftspolit. Ziele (*Jahresgutachten*) erstellt. Daneben nimmt der S. in Sondergutachten zu Einzelproblemen Stellung.

Sachwert, der von Geldwertschwankungen unabhängige Wert eines Gutes, wie er im Wertverhältnis zu anderen Gütern und/oder in seinem →Gebrauchswert zum Ausdruck kommt.

Sacramento: Stadtzentrum mit Kapitol, im Hintergrund der Sacramento River

Sack, 1) Erna, Sängerin, *6.2.1903 Berlin-Spandau, †2.3.72 Wiesbaden; Koloratursopranistin (ihre Stimme reichte bis zum viergestrichenen C), u. a. an den Opern in Dresden und Berlin; weltweite Gastspiele.
2) Gustav, Schriftst., *28.10.1885 Schermbeck (bei Wesel), †(gefallen) 5.12.1916 bei Finta Mare (Rumänien); verband in seinem Werk, das den Expressionismus prägend beeinflußte, philos. Reflexion mit Poesie; schrieb Romane ('Ein verbummelter Student', 17; 'Ein Namenloser', 19), Gedichte ('Die drei Reiter', 58), das Drama 'Der Refraktär' (71) und Essays.

Sackkrebse (*Sacculina*), in anderen Krebsen (bes. Krabben) parasitierende Gattung der Wurzelkrebse.

Sackträger (*Sackspinner*; *Psychidae*), Fam. kleiner, mottenartiger Schmetterlinge; Raupen spinnen Schutzhülle, verpuppen sich darin. Die schlüpfenden, vollgeflügelten männl. Falter verlassen den Sack und suchen Weibchen auf, die meist in ihren Säcken bleiben und rückgebildete Flügel haben.

Sackville [ßä̤kwil], Thomas, Earl of Dorset, Lord Buckhurst, engl. Politiker und Schriftst., *1536 Buckhurst (Sussex), †19.4.1608 London; schrieb gemeinsam mit *Th. Norton* nach dem Vorbild Senecas die erste engl. Tragödie 'Gorboduc' (1562).

Sackville-West [ßä̤kwil-], Victoria Mary, engl. Schriftst., *9.3.1892 Knole Castle (Kent), †2.6.1962 Sissinghurst Castle; hist. Romane, u. a. 'Schloß Chevron' (The Edwardians, 1930), Lyrik, biographische Studien.

SACLANT (*S*upreme *A*llied *C*om*m*ander *At*lant*ic*), Oberster Befehlshaber der alliierten Streitkräfte im Atlantik (→NATO).

Saclay [ßaklä̲] (*CENS*), Forschungszentrum des frz. Atomkommissariats, südl. von Paris.

Sa̲cra Conversazio̲ne [ital. 'Heilige Unterhaltung'], Darstellung der Madonna mit Heiligen, bes. 15./16. Jh.

Sacramento [ßäkr^e^me̤nto^u^], **1)** Hptst. des Staates Kalifornien (USA), am S. River, 260000 E. (1973); Handelszentrum, Obst- und Gemüsekonserven, Mühlen, Holzverarbeitung, Flugzeugbau. Seit 1963 durch einen 146 km langen Kanal unmittelbar mit dem Pazif. Ozean verbunden.
2) *S. River*, Fluß im →S. Valley, dem nördl. Teil des Kaliforn. Längstales (→Great Valley), USA, mit Quellflüssen über 600 km lang, entspringt in der →Sierra Nevada, mündet in die Bucht von San Francisco.

Sacramento Valley [ßäkr^e^me̤nto^u^ wä̤li], nördl. Teil des Kalifornischen Längstales (→Great Valley), zw. der →Coast Range und der →Sierra Neva-

Sackträger: Schneckensackträger

Sacra Conversazione. Gemälde von V. Carpaccio. Caen, Musée des Beaux Arts

da, vom →Sacramento River durchflossen. Landw. neben extensiver Viehzucht; durch Bewässerungsanlagen (→Shasta-Stausee) intensiver Anbau von Weizen, Gerste und Reis, daneben Obst- und Gemüsekulturen; Konservenfabriken. Wirtschaftl. Mittelpunkt ist →Sacramento. In *Davis* Staatsuniversität.

Sacrificium [lat.], kult. →Opfer; *S. intellectus*, Opfer des Verstandes, Unterwerfung unter eine Entscheidung entgegen der eigenen Überzeugung.

Sadat, Anwar es-, ägypt. Politiker, *25.12.1918 Talah Monufija; 1954 bis 56 Staats-Min. in der 2. Regierung →Nasser; 60–61, 64–69 Präs. der Nationalversammlung; 69 Vize-Präs. der VAR, 70 Staatspräsident. Sucht Ausgleich mit Israel.

Sadduzäer, konservativer Standesverband der jüd. höheren Priesterschaft, entstanden im 2. Jh. v. Chr. in Gegnerschaft zu →Schriftgelehrten und →Pharisäern, deren mündl. Überlieferung (→Halacha) sie ebenso verwarfen wie die von außen ins Judentum eingedrungenen Lehren über Engel, Geister und Auferstehung. Möglicherweise gingen Reste der S. in den →Karäern auf.

Sade [ßad], Donatien-Alphonse-François, Marquis de, frz. Schriftst., *2.6.1740 Paris, †2.12.1814 Charenton; wegen seiner Ausschweifungen und polit. Delikte 27 Jahre in Haft. Berüchtigt für seine Schilderungen pervertierter Grausamkeit, u. a. 'Justine ou les malheurs de la vertu' (1791); →Sadismus. (Bild S. 5198)

Sadebaum (*Sabinerbaum*; *Juniperus sabina*), bis 3 m hoher →Wacholder, mit niederliegendem Stamm und aufsteigenden Ästen; Blätter schuppenförmig; in europ. und asiat. Hochgebirgen heim., häufig gepflanzt. Blätter und junge Triebe giftig, Zweigspitzen wegen ihres äther. Öles bes. in der Tierheilkunde als harntreibendes Mittel verwendet.

Sá de Miranda, Francisco de, portug. Dichter, *27.10.1481 Coimbra, †15.3.1558 Tapada (Minho); er-

Marquis de Sade

neuerte die portug. Lyrik durch Einführung ital. Dichtungsformen; Komödien nach dem Vorbild von →Plautus und →Terenz.

Sadhu [Sanskrit 'gut'] *der*, in Indien Bez. für meist umherziehende und von Almosen lebende Asketen.

Sadi (*Saadi*), pers. Dichter, *zw. 1213 und 19 Schiras, †9.12.1292 ebenda; durch seine lehrhaften Dichtungen 'Nutzgarten' (Bostan, 1258) und 'Rosengarten' (Gulistan, 1259) einer der bekanntesten Dichter Irans. Daneben, in einem 'Diwan' vereint, Gedichte(→Kassiden und→Ghaselen).

Sadismus, nach de →Sade benannte geschlechtl. →Perversion: sexuelle Befriedigung durch Mißhandlung anderer Menschen (nach S. →Freud auf Grund einer fehlerhaften Kopplung von →Sexualität und →Aggressivität); i. w. S. lustbetontes Quälen von Menschen oder Tieren; →Masochismus.

Sado, 1) jap. Insel im Jap. Meer, vor der NW-Küste der Hauptinsel Hondo, rd. 700 km² und 97000 E. (1973), Hptst. *Aikawa*; gebirgig, im *Kimpokusan* 1173 m; Bergbau auf Gold und Silber. **2)** *S.*, *Rio*, Fluß in S-Portugal, 180 km lang, entspringt in der *Serra Caldeirão*, mündet bei →Setúbal mit einer weiten Trichtermündung in den Atlant. Ozean.

Sadoveanu, Mihail, rumän. Schriftsteller, *5.11.1880 Pascani, †19.10. 1961 Bukarest; volkskundl. beeinflußte Erzählungen aus seiner engeren Heimat, der Moldau; hist. Romane.

SAE (*Society of Automotive Engeneers*), Normenausschuß der Fahrzeug-Ing. der USA.

Säbel [von ungar. száblya], aus dem Orient stammende, Anfang des 16. Jh. nach Europa gelangte, gekrümmte, einschneidige Hiebwaffe mit Griffschutz durch Korb oder Bügel mit Parierstange (→Degen, →Schwert; →Fechten).

Säbelschnäbler (*Recurvirostridae*), Fam. etwa taubengroßer Strandvögel: hohe Beine, langer Schnabel mit aufwärts gebogener Spitze, auffällige Färbung; S. leben gesellig, bes. an Flachküsten, fischen Kleintiere. Zu ihnen zählen u. a. der *Eigentliche S.* (*Säbler, Avosette*; *Recurvirostra avosetta*), bis 43 cm lang, weiß-schwarz gefärbt, europ. und westasiat. Küsten und salzige Seen bis Indien und Afrika; der *Stelzenläufer* (*Strandreiter*; *Himantopus himantopus*), etwa 38 cm lang, verbreitet in wärmeren Gebieten, auch an Süßwasser; der *Ibisschnabel* (*Ibidorhynchus struthersii*) an Bächen zentralasiat. Hochgebirge zw. 2500 und 4300 m. (Bild S. 5200)

Säbelzahntiger (*Machairodus*), ausgestorbene große Raubkatze mit riesigen oberen Eckzähnen; verbreitet im →Tertiär.

sächsische Kaiser und Könige, die dt. Könige bzw. röm.-dt. Kaiser

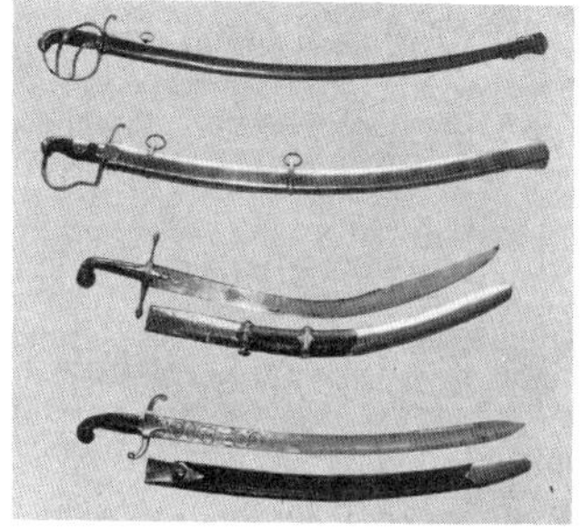
Säbel (*von unten*): Grenadiersäbel (Anfang 18. Jh.); türkischer Krummsäbel (Anfang 19. Jh.); preußischer Kavalleriesäbel (1811, Blüchersäbel); bayerischer Artilleriesäbel (um 1908). Bayer. Armeemuseum

aus dem sächs. Geschlecht der →Liudolfinger (919–1024).

sächsischer Genitiv, in der engl. Sprache der einzige noch durch Beugung gebildete Kasus; durch Anhängung eines s gekennzeichnet (z. B. my father'*s* house).

Säckelblume (*Ceanothus*), Gattung der *Kreuzdorngewächse* (*Rhamnaceae*); in Nord- und Mittelamerika heim. Sträucher mit kleinen weißen, blauen oder rosaroten Blüten in Rispen; Zierpflanzen.

Säckingen, Stadt im Reg.-Bz. Freiburg, Baden-Württ., am Hochrhein, 14000 E. (1975); altes Stadtbild mit Fridolinsmünster (17. Jh.), spätgot. Hallenkirche, Schloß *Schönau* (17./18. Jh., 'Trompeterschlößchen'); Textil-, chem. und Metall-Ind., Maschinenbau, zwei Kraftwerke; Mineralquellen.

Säge, Werkzeug zum Durchtrennen von massiven Stoffen, bes. Holz und Metallen, mit schmalem Stahlblatt (*Sägeblatt*), das an seiner Schneide eingefräste Zähne hat und in der Sägespur Materialspäne abhebt. Die Zähne sind abwechselnd nach links und rechts ausgebogen (geschränkt), um ein Klemmen des Sägeblattes zu verhindern. Bei der *Spann-S.* wird das Sägeblatt durch eine Holzkonstruktion in Spannung gehalten, bei den *Bügel-S.* durch vorgespannte Metallrohrrahmen. Der *Fuchsschwanz* ist eine kurze Hand-S. mit breitem, nicht vorgespanntem Sägeblatt, die *Laubsäge* ermöglicht durch feines Sägeblatt gekurvte Schnitte. *Metall-S.* haben eine feinere Verzahnung als *Holz-S.*; *Glas-S.* und *Diamant-S.* haben Sägeblätter mit diamantbesetzten Zähnen. *Maschinen-S.* arbeiten überwiegend mit endlos umlaufenden Sägeblättern; bei der *Band-S.* über Rollen laufendes Stahlband, bei *Kreis-S.* rotierende Stahlscheibe mit verzahntem Umfang, bei *Motor-S.* (bes. für den Holzeinschlag) Rollenkette mit verzahnten Laschen, angetrieben durch Verbrennungsmotor. Zum Zerteilen von Baumstämmen werden bei der *Gatter-S.* mehrere Blätter parallel im Abstand der Brettdicken maschinell auf und ab bewegt.

Sägefische (*Pristidae*), Fam. der →Rochen mit sechs Arten, verbreitet in trop. Gewässern; bis 10 m lang, Oberkiefer schwertähnl. mit einer Zahnreihe auf jeder Seite, zum Aufstöbern und Erschlagen der Beutefische; Kiemenöffnungen unter den großen Brustflossen. S. sind *ovovivipar*: Junge schlüpfen bereits im Mutterleib aus den Eiern.

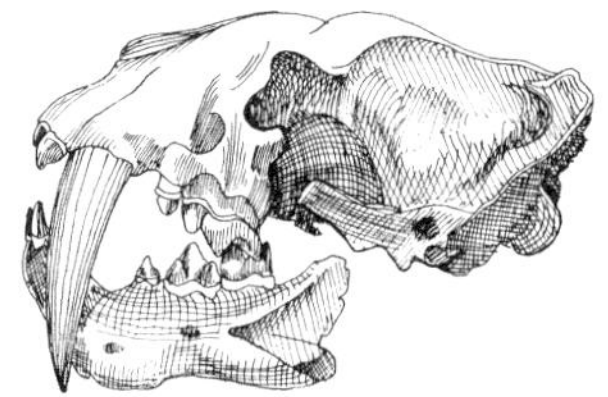

Säbelzahntiger, Schädel (Knochen zum Teil unvollständig)

Sägehaie (*Pristiophoridae*), Fam. der →Haie, vier Arten bekannt; bis 1,5 m lang, Oberkiefer sägeähnlich verlängert (vermutl. zum Aufwühlen des Grundes bei der Nahrungssuche), trägt beiderseits eine Reihe kräftiger Hautzähne und je einen langen Bartfaden; Kiemenöffnungen über den kleinen Brustflossen.

Säger (*Mergus*), Gattung der Entenvögel, Fischfänger mit langem, spitzem Schnabel; bis 66 cm lang der *Gänse-S.* (Mergus merganser), auf klaren, tiefen Binnengewässern nördl. Gebiete, auch der Alpen und Südosteuropas; 41 cm lang der *Zwerg-S.* (Mergus albellus) des nördl. Eurasien.

Sägeracken (*Motmots*; *Momotidae*), Familie insektenfressender Vögel; meist mit rotbrauner Unter- und grüner Oberseite; Wälder Mittel- und Südamerikas.

SAE-Grad (*SAE-Viskosität*), Ziffern-Bez. für die Leichtflüssigkeit (→Viskosität) von Kfz-Motorölen nach der internat. gültigen Normung der →SAE (mit zunehmender Dickflüssigkeit bei steigenden Zahlen): SAE 5, SAE 10 (für nicht eingelaufene Motoren oder Betrieb bei strenger Kälte), SAE 20, SAE 30 sowie SAE 40 (für Betrieb bei hohen Temp.). Mehrbereichsöle zeigen über einen größeren Temp.-Bereich annähernd gleiche Viskosität und umfassen mehrere Zahlenbereiche (z. B. SAE 5/20, SAE 20/50). Dickflüssige Schmieröle für Getriebe u. a. sind mit SAE 80, 90 und 140 bezeichnet.

säkular [lat.], **1)** alle 100 Jahre wiederkehrend; einmalig innerhalb eines großen Zeitraums; **2)** weltlich.

Säbelschnäbler: Säbler mit Jungem

Säkularisation [lat. 'Verweltlichung'], **1)** *Geschichte*: i. w. S. allg. die Einziehung bzw. Aufhebung kirchl. Besitzungen, Vermögen oder Rechte durch die staatl. Gewalt; i. e. S. Entschädigung der von linksrhein. Gebietsverlusten betroffenen, weltl. dt. Reichsfürsten (→Lunéville 1801) mit rechtsrhein. geistl. Territorien auf Grund des →Reichsdeputationshauptschlusses von 1803. Bis auf drei (Hochstift Regensburg, Besitzungen des Malteser- und des Dt. Ordens) wurden damals sämtl. geistl. Gebiete auf Reichsboden eingezogen. **2)** *Soziologie*: die in hist. Ges. allg. nachweisbare Entwicklung, daß sich kulturelle Inhalte von ihrer urspr. relig. Fundierung lösen und verselbständigen. Damit verliert die Relig. ihre Bed. als allgemeinverbindl. und umfassendes, alles durchdringendes Zentrum. Für die europ. Gesch. seit dem MA eine wesentl. Voraussetzung für die wissenschaftl., techn. und ökonom. Entwicklung. Die S. steht in engem Zusammenhang mit der fortschreitenden gesellschaftl. →Arbeitsteilung und dem →Pluralismus. **3)** *kath. Kirchenrecht*: Erlaubnis für Ordensgeistliche, in den Weltklerus überzutreten.

Säkulum [lat.] *das*, Mz. *-la*, Jahrhundert; Zeitalter.

Sämaschine, landw. Maschine zur gleichmäßigen Ausbringung von Saatgut (→Dibbeln, →Drillsaat).

Sämischleder, fettgegerbtes, weiches, stoffähnl. Wild- oder Ziegenleder (Handschuhe, Fensterleder).

Sänfte, (meist von einem Gehäuse umgebener) Tragsessel; von Menschen oder Tieren befördert.

Sänger(in), Berufsmusiker, in der Regel mit entspr. Ausbildung; solist. Auftreten (→Oper, Liedersänger, Schlagersänger) oder als Angehöriger eines →Chors (→Lied).

Sängerkrieg auf der Wartburg (*Wartburgkrieg*), anonymes mhd. Gedicht nach 1250; angeblich hist. Wettstreit (1205 oder 1208) großer dt. Minnesänger auf der Wartburg.

Saenredam [ßanr^{e}dam], Pieter Janszoon, holländ. Maler, *9.6.1597 Assendelft, †(beerdigt) 31.5.1665 Haarlem; perspektiv. durchkomponierte, architekton. genaue Darstellungen vom Inneren und Äußeren von Bauwerken, vor allem mittelalterl. Kirchen.

Säntis, höchster Gipfel der →Alpstein-Gruppe in den *Appenzeller Alpen*, 2502 m hoch, Wetterwarte, Fernsehsender; Seilschwebebahn.

SAE-PS, Leistungseinheit bei Verbrennungsmotoren, die nach den Vorschriften der →SAE, d. h. also ohne Belastung des Motors durch Hilfsaggregate (z. B. Luftfilter, Ölpumpe, Kühlwasserpumpe, Ventilator, Lichtmaschine) ermittelt wurde;

Sänfte: Chinesische Schattenspielfiguren, Peking (19. Jh.). München, Stadtmuseum

liegt je nach Motorenkonstruktion 10 bis 25% über der Leistungsangabe nach →DIN-PS (→Pferdestärke). Die Leistungseinheit PS soll nicht mehr verwendet werden (→Watt).

Sättigung, 1) *Physik*: Grenzzustand mancher physik. Größen. So kann z. B. die →Magnetisierung eines Eisenstücks durch Verstärkung des Magnetfeldes nur so lange gesteigert werden, bis sich alle →Elementarmagnete in dessen Richtung gedreht haben (→Hysterese; *S.-Magnetisierung*); auf ähnl. Mechanismen beruhen auch der *Sättigungsdruck* eines →Dampfes, der *S.-Strom* z. B. beim Aufladen von →Akkumulatoren u. ä. **2)** *Farbenlehre*: →Farbe. **3)** *Chemie*: Zustand einer Lösung, in dem das Lösungsmittel keine weitere Substanz mehr aufnehmen kann; ist von Druck und Temp. abhängig (gesättigte →Lösung).

Sättigungsdefizit, in der →Meteorologie die Differenz zw. dem bei der herrschenden Temp. max. möglichen und dem gemessenen →Dampfdruck; bestimmt u. a. die →Verdunstung.

Säuerling, Quelle mit starkem →Kohlendioxid-Gehalt (mehr als 1 g pro Liter Wasser); oft radioaktiv, auch mit anderen Beimischungen (Jod, Brom u.a.).

Säugetiere (*Säuger*; *Mammalia*), höchstentwickelte Klasse der →Wirbeltiere; gebären ihre Jungen (mit Ausnahme bei den →Kloakentieren); Weibchen besitzen zur Aufzucht der Jungen →Milchdrüsen, die bei den niedersten Formen (Kloakentiere) auf einem Drüsenfeld, bei →Beuteltieren in Drüsentasche, bei allen anderen in bes. Hauterhebungen (*Zitzen*) ausmünden; S. haben mehrschichtige, drüsenreiche Haut, in der Regel von →Haaren (*Haartiere*), selten von Hornschuppen bedeckt (Schuppentiere) oder nackt; Atmung durch Lungen; Herz besteht aus zwei Kammern und zwei Vorkammern, linke Seite arteriell; Bauch- und Brusthöhle durch Zwerchfell getrennt; gewöhnl. sieben Halswirbel; meist zwei Zahngenerationen (Milch- und Dauergebiß), Zähne sehr differenziert (→Gebiß); stark entwickeltes Vorderhirn (Großhirn), Rinde bei höheren Formen gefurcht; Mittelohr immer, äußeres Ohr meist vorhanden; zwei Paar Gliedmaßen (*Vierfüßer*), die auch als Flossen (Robben), als Flug- (Fledermäuse) oder Greiforgane (Affen) ausgebildet sein können; Harnblase stets vorhanden, ebenso bei den Männchen Kopulationsorgan; Scheide der Weibchen bei primitiven Formen noch nicht differenziert: *Monotremata* (Kloakentiere) oder doppelt: *Didelphia* (Beuteltiere); bei höheren Formen unpaar ausgebildet: *Monodelphia* (→Plazentalier); Blut gleichbleibend warm und rot, Körper-Temp. sinkt nur bei Winterschläfern ab. – Heute etwa 6000 (ausgestorben 10000) Arten, die durch große Anpassungsfähigkeit alle Lebensräume (meist auf dem Land) besiedeln; viele S. leben gesellig, viele Arten nächtlich; große S. haben oft nur wenige, kleine S. viele Junge (→Brutfürsorge, →Trächtigkeit). – Die ersten einfachen S. entstanden vor etwa 180 Mio. Jahren (Trias) aus Reptilienformen und waren vermutl. maus- bis rattengroß; Beuteltiere und Insektenfresser entwickelten sich im Jura; die Entfaltung der S. in die verschiedensten Richtungen begann vor 60 Mio. Jahren (Tertiär) nach Aussterben der →Saurier (→Abstammung, Bild). *System* der rezenten S., 19 Ordnungen:

P. J. Saenredam: St.-Lorenz-Kirche in Alkmaar. Rotterdam, Museum Boymans-van Beuningen

Klasse Mammalia

Unterklasse Prototheria (eierlegend)

1. Monotremata, Kloakentiere

Unterklasse Theria (lebendgebärend)

Metatheria

2. Didelphia, Beuteltiere

Eutheria, S. mit Plazenta (Monodelphia, Plazentalier)

3. Insectivora, Insektenfresser
4. Chiroptera, Flattertiere
5. Dermaptera, Pelzflatterer
6. Tupaioidea, Spitzhörnchen
7. Primates, Herrentiere (Primaten)
8. Edentata, Zahnarme
9. Pholidota, Schuppentiere
10. Lagomorpha, Hasenartige
11. Rodentia, Nagetiere
12. Carnivora, Raubtiere
13. Cetacea, Wale
14. Tubulidentata, Röhrenzähner (Erdferkel)
15. Perissodactyla, Unpaarzehige Huftiere (Unpaarhufer)
16. Artiodactyla, Paarzehige Huftiere (Paarhufer)
17. Sirenia, Seekühe
18. Hyracoidea, Schliefer
19. Proboscidea, Rüsseltiere

Säugling, Bez. für ein Kind im ersten Lebensjahr; bis zur Heilung der Nabelwunde (nach etwa 14 Tagen) *Neugeborenes.* Ein normal ausgetragenes Kind wiegt bei der Geburt etwa 3 kg; dieses Gewicht vermindert sich bis zum 5. Tag infolge Wasserverlustes durch Haut, Lungen, Harn und →Kindspech bei nur geringer Milchaufnahme um 200–400 g, nach 5 Monaten soll es sich verdoppelt, nach einem Jahr verdreifacht haben. Die Länge, bei der Geburt rd. 50 cm, soll nach einem Jahr rd. 75 cm betragen. Die →Gelbsucht der Neugeborenen als Umstellungsfolge tritt am 2. oder 3. Tag auf und ist harmlos, während sofort oder kurz nach der Geburt auftretende Gelbfärbung der Haut auf Erkrankung hinweist (→Rhesusfaktor). Pulsfrequenz nach der Geburt 120–140 Schläge pro Minute, nach 12 Monaten 110–120. Der Rest der →Nabelschnur fällt nach Mumifikation meist zw. dem 4. und 11. Tag ab. Die erste Entleerung von Darminhalt (Kindspech) erfolgt in den ersten 24 Stunden; vom 3. Tag an wird Stuhl entleert, der bei künstl. Ernährung fester und gelber ist als beim →Stillen. Jeder S. hat sein individuelles Entwicklungstempo. Das Nervengewebe für Gesichts- und Gehörsinn ist zunächst noch nicht funktionsfähig, während Tast- und Geschmacksinn schon ausgebildet sind; im zweiten Monat meist erste Gehörreaktionen, im dritten Verfolgen bewegter Gegenstände mit den Augen. Im 4.–5. Monat: Beobachtung und Aufmerksamkeit, erste Bildung von Vokalen; 6.–8. Monat: Beginn freien Sitzens, zweihändiges Spielen, Zunahme der Lautbildung; 9.–12. Monat: Vermehrung des Wortverständnisses, Gehversuche (bei Unterstützung). Die ersten Zähne brechen im allg. im 3. Vierteljahr durch. →Muttermilch ist immer noch von hohem Wert für den S.; das seelische Gedeihen wird in erster Linie durch den engen Kontakt zw. Mutter und Kind beeinflußt.

Säuglingsfürsorge, Teil der Gesundheitsfürsorge, ausgeübt durch Mütterberatungsstellen. Maßnahmen: Untersuchung von Säuglingen, Beratung der Mütter; notfalls Aufnahme in Säuglingsheime.

Säuglingssterblichkeit, auf je 1000 Lebendgeburten bezogene durchschnittl. Zahl an Todesfällen bei Säuglingen (bei Knaben durchschnittl. höher als bei Mädchen); BRD 1973: 22 (1946: 97), davon etwa $^2/_3$ Todesfälle im ersten Lebensmonat; ähnl. in den übrigen europ. Industrieländern und den USA.

Säule, tragende oder dekorative Stütze mit rundem oder mehreckigem Querschnitt (rechteckig: →Pfeiler); *Bündel-S.*: mehrere S. und →Dienste um einen zentralen S.-Kern. Bestandteile einer S. sind: der *S.-Schaft* mit und ohne →Kannelierung und Verjüngung, aus einem Steinblock gefertigt (*monolith. S.*) oder aus mehreren Blöcken (*S.-Trommeln*) zusammengefügt, das im allg. künstler. gestaltete →Kapitell am S.-Haupt, das die Verbindung zu dem darüberliegenden Gebälk oder Bogen (mit →Kämpfer) herstellt und die Basis mit Wulsten und Hohlkehlen, mit und ohne Fußplatte (*Plinthe*) am S.-Fuß. Neben freistehenden S. in Reihung mit Gebälk oder →Archivolten, auch einzeln als Trophäe oder Träger von Standbildern (*Sieges-S.*, *Triumph-S.*, *Ehren-S.*), auch *Wand-S.* mit vollrundem, dreiviertel- oder halbkreisförmigem Querschnitt, die einer Mauerfläche vorgelagert sind (→S.-Ordnung).

Säulenkakteen: Saguaro

Säulen des Herkules, antike Bez. für versch. Punkte am Rande des Erdkreises, bes. für die Felsen beiderseits der Straße von Gibraltar.

Säulenheilige (*Styliten* [griech. stylos 'Säule']), seit dem 5. Jh. christl. Einsiedler, die ihr Leben auf einer Säule verbrachten; Begr. →Simeon der Stylit. Diese Art der Askese wurde im Orient bis ins 12., vereinzelt (Mesopotamien, Rußland) bis ins 16. Jh. geübt.

Säulenkakteen, hohe, säulenförmige Kakteen der Wüsten und Halbwüsten (südwestl. USA bis Chile); früher in der Gattung *Cereus* zusammengefaßt, heute in mehrere Gattungen aufgespalten. Der *Orgelpfeifenkaktus* (*Lemaireocereus thurberi*) in Kalifornien, Arizona und Mexiko wird bis 5 m hoch; seine Stammgruppen erinnern an Orgelpfeifen. 10 m hoch und mehrere 100 Jahre alt wird der *Riesenkaktus* (*Saguaro*; *Carnegiea gigantea*) in Arizona, Kalifornien und Nordmexiko; er kann fünf Jahre ohne Regen überdauern; Früchte werden von Indianern gegessen, Stamm z. T. als Bau- und Brennmaterial verwendet. Ebenso hoch werden viele südamerik. Cereus-Arten. (→Arizona, Bild)

Säulenordnung, Säulen- und Gebälksystem der antiken Baukunst und der von ihr abgeleiteten Bauformen; urspr. nur tekton., in neuerer Zeit auch rein dekorativ verwendet. Die Griechen kannten 3 S., die von den Römern übernommen wurden. 1. dorische S.: kannelierter Schaft ohne Basis, abgeschrägtes Kapitell, einfache quadrat. Deckplatte; älteste Beispiele um 525 v. Chr. 2. ionische Ordnung: Säulen mit Kanneluren, zwei nach den Seiten ausladende Voluten am Kapitell, etwa ab 570 v. Chr. nachzuweisen. 3. korinth. Ordnung: Kapitell mit Akanthusblättern; dekorativer als 1. und 2., ab 400 v. Chr. nachweisbar.

Säuling, 2047 m hoher Berggipfel im →Ammergebirge.

Säure, flüssige oder feste, Wasserstoff (H) enthaltende chem. Verbindung, die in mindestens 1 Proton (H^+) und ihren *S.-Rest* dissoziiert (→Dissoziation): z. B. HCl in H^+ und Cl^-. Die Wasserstoffionen bewirken den sauren Geschmack der Lösung und lassen sich durch →Indikatoren oder →pH-Wert-Messungen nachweisen. Die S.-Reste bedingen das charakterist. chem. Verhalten. Das Ausmaß der Dissoziation bestimmt die Stärke einer S. Man unterscheidet Sauerstoff-S. (z. B. H_2SO_4) und sauerstofffreie S. (z. B. HCl), ferner anorgan. und organ. S. (z. B. Essig-S.). Nach der Zahl der nacheinander ablösbaren Wasserstoffionen spricht man von ein-, zwei-, drei- und mehrbasischen S. Mit Metallen, Metalloxiden und -hydroxiden bilden die S. →Salze; →Anhydride.

Säulenheiliger Simeon, Goldikone des georgischen Meisters Philipp (um 1020)

Säure-Basen-Theorie, von dem Dänen *J. N. Brønsted* (1879–1947) entwickelte Theorie, wonach →Säuren Stoffe sind, die →Protonen (Wasserstoffionen) an das Lösungsmittel, fast immer Wasser, abgeben und mit diesem unter Entstehung eines *Hydro-*

Sagorsk: Kloster Troize-Sergijewa Lawra

nium-Ions (H_3O^+) reagieren, z. B. $HCl + H_2O \rightleftarrows H_3O^+ + Cl^-$. Entspr. sind →Basen Stoffe, die von Wassermolekülen Protonen aufnehmen, wodurch *Hydroxid-Ionen* (OH^-) entstehen, z. B. $NH_3 + H_2O \rightleftarrows NH_4^+ + OH^-$. In allg. Form besteht also die Beziehung: Säuren ⇄ Basen + Protonen. Eine weitere systemat. Behandlung dieser Beziehungen führt zu den Begriffen *Neutral-*, *Anion-* und *Kationsäuren* bzw. *-basen*.

Säurebeständigkeit, wertvolle Eigenschaft gewisser Stoffe, durch Säuren, vor allem →Mineralsäuren, nicht angegriffen zu werden.

Säurezahl (*SZ*), Kennzahl der →Fette und fetten Öle; sie entspricht der Menge Kaliumhydroxid (KOH; →Kalium) in mg, die zur Neutralisation der in 1 g Fett enthaltenen freien Fettsäuren gebraucht wird.

Saftmale der Sumpfdotterblume, im UV-Licht aufgenommen; es werden dabei Farbmuster sichtbar, die das Menschenauge nicht wahrnehmen kann, wohl aber das blütenbesuchende Insekt, das UV-Licht wahrnimmt

Safari [arab. 'Reise'] *die*, urspr. Überlandreise (mit Trägerkarawane) in Ostafrika; heute auch Bez. für Jagdausflüge und Gesellschaftsreisen ins Innere Afrikas.

Safawiden (*Sefewiden*), iran. Dynastie (→iran. Gesch.), 1501–1722. Unter den S. letzte Blütezeit der →iran. Kunst; bes. in der damaligen Hptst. →Isfahan entstand der in Palästen und Moscheen am besten repräsentierte S.-Stil.

Safe [engl., ßeˡf], Stahlbehälter zur Aufbewahrung von Wertsachen; verschließbares Fach in den Stahlkammern der Banken; feuer- und diebstahlsicherer, in die Wand eingemauerter Tresor.

Safeway Stores, Lebensmittelhandelsges. mit 2037 Selbstbedienungsläden in den USA und Kanada; Sitz: Oakland (Calif.). Umsatz: 7,44 Mrd. $; Beschäftigte: 117000 (1974).

Saffianleder (*Saffian*), durchgefärbtes, schwach gefettetes Ziegenleder mit herausgearbeiteten Narben; mit →Sumach gegerbt, für feine Lederwaren verwendet.

Safi (*Saffi*, arab. *Asfi*), Hafenstadt in W-Marokko, am Atlant. Ozean, südwestl. von Casablanca, 134000 E. (1972); befestigte Altstadt; Leder-Ind. (→Maroquin), Töpferei, Sardinenfischerei, Phosphatausfuhr.

Safid Kuh [pers. 'weißer Berg'] (*Sefid Kuh*, *Safed Koh*), **1)** bis 4760 m hohes Gebirge an der pakistan.-afghan. Grenze südl. des Kabul-Flusses; **2)** bis 3300 m hohe Gebirgskette in NW-Afghanistan.

Safid Rud [pers. 'weißer Fluß'] (*Sefid Rud*, *Safed Rod*, im Mittellauf türk. *Kisil Usen*), Fluß in NW-Iran, rd. 650 km lang, entspringt im östl. Kurdistan, durchbricht den Elburs, mündet ins Kaspische Meer; Staudamm.

Safran [arab.] *der*, die getrockneten Blütennarben des *S.-Krokus*; enthalten u. a. den Farbstoff *Crocin* bes. früher zum Färben für Backwaren und als Gewürz verwendet.

Saftmale, Farbmuster auf Blütenblättern (als Punkte, Striche, Flekken), weisen den bestäubenden Insekten den Weg zum Nektar im Blüteninnern.

Saga, jap. Prov.-Hptst. im NW der Hauptinsel Kiuschu, südl. von Fukuoka, 149000 E. (1973); Zentrum eines bed. Reisanbaugebietes.

Saga [isländ.] *die*, Mz. *-as*, Geschichten oder Romane der →isländ. Lit., die auf mündl. Erzähltradition zurückgehen (→altnord. Schrifttum). Über 30 Isländersagas (*Islendingasögur*) sind erhalten, als umfangreichste die *Njálssaga*, *Grettissaga*, *Egilssaga* und *Laxdölasaga*, dazu etwa 40 Kurzerzählungen, sog. Isländernovellen (*Islendingathættir*); sie berichten knapp, realist., dialogreich von Kampf, Rache und held. Sterben isländ. Bauern (zw. 900 und 1030); im Anschluß daran norweg. Königssagas (*Konungasögur*), darunter →Heimskringla von →Snorri Sturluson. Jüngere Nacherzählungen altnord. Heldendichtung nennt man *Fornaldarsögur* (seit 1250 nachweisbar), z. B. *Thidrekssaga*, →Vǫlsunga saga und →Frithjofssaga.

Sagan [ßagã], Françoise (eigtl. *F. Quoirez*), frz. Schriftst., *21.6.1935 Cajarc (Dép. Lot); Romane aus der Erfahrung melanchol. Langeweile und Illusionslosigkeit. 'Bonjour Tristesse' (1954), 'Ein gewisses Lächeln' (Un certain sourire, 55), 'Lieben Sie Brahms?' (Aimez-vous Brahms?, 59), 'Chamade' (La chamade, 65); Bühnenstücke: 'Ein Schloß in Schweden' (Un château en Suède, 60), 'Ein Klavier im Grünen' (Un piano dans l'herbe, 70); Reportagen, Drehbücher. – *WW*: Der Wächter des Herzens (68); Blaue Flecken auf der Seele (73). (Bild S. 5207)

Sagan, ehem. Krst. in Niederschlesien, am →Bober, 22000 E. (1973), seit 1945 unter poln. Verwaltung (*Żagań*, Woiwodschaft Grünberg); spätgot. Pfarrkirche, Gymnasialkirche (um 1500), 'Wallensteinschloß' (17./18. Jh.); Textil-, Papier-, Glasindustrie.

Sagasik (*Es-S.*, *Zagazig*), Hptst. der Prov. *Scharkija* in Unterägypten, im östl. Nildelta, nordöstl. von Kairo, 168000 E. (1972); Textil-Ind., Baumwoll- und Getreidehandel.

Sage, urspr. 'gesagte', d. h. mündl. Erzählung außergewöhnl. Inhalts, die – im Ggs. zum →Märchen – an reale Orte und hist. Personen anknüpft und geglaubt sein will. Sie schildert in schlichter Form als Erlebnissage meist einen Zusammenprall des Menschen mit dem Numinosen (Geister, Riesen, Teufel) oder gibt als Erklärungssage (ätiolog. S.) eine übernatürl. Begründung für auffällige Erscheinungen. Viele Sagenmotive sind im Überlieferungsprozeß gewandert und an versch. Orten heimisch geworden.

Saginaw [ßäginå], Stadt in Michigan (USA), am *S. River* südl. der *S.-Bai* (Bucht des →Huronsees), nordwestl. von →Detroit, 94000 E. (1973); Landw.-Zentrum, Salz- und Kohlenbergbau, Graphitverarbeitung, Eisen-, Kfz-Industrie.

sagittal [lat. 'in Pfeilrichtung'], anatom. Bez. für Verlaufsrichtung von vorn nach hinten, z. B. der Mittelnaht der Schädelknochen (*Sagittalnaht*, *Pfeilnaht*); *Sagittalschnitt*, Schnitt parallel zur →Medianebene.

Sago [malaiisch] (*Palmstärke*), Stärkemehl aus dem Mark versch. Bäume (z. B. →Raphia, →Sagopalme); wird aus den zerkleinerten Stämmen ausgeschlämmt und kommt flockig (*Flocken-S.*) oder körnig (*Perl-S.*) auf den Markt.

Sagopalme (*Metroxylon*), indomalaiische Gattung der Palmen; bis 15 m hohe Bäume mit Fiederblättern; entwickeln erst nach mehreren Jahren einen mächtigen, endständigen Blütenstand und sterben dann ab; aus dem Stammark mehrerer Arten wird →Sago gewonnen.

Sagorsk (früher *Sergijew*), Stadt in der Russ. SFSR, nordöstl. von Moskau, 92000 E. (1973); berühmtes Kloster, Sitz eines Patriarchen; Baumwoll-Ind., Landmaschinenbau.

Sagrosgebirge (*Zagrosgebirge*), rd. 1200 km langes, von NW nach SO streichendes Faltengebirge im westl. Iran, zw. östl. Taurus und südiran. Randgebirge, bis über 4500 m ü. M. ansteigend; im SW bed. Erdöllagerstätten.

Sagunto: Befestigungsanlagen und römisches Theater

Sagunto, Stadt in der span. Prov. Valencia mit 48000 E. (1972). – Das antike *Saguntum* stellte sich 229 v. Chr. gegen →Karthago unter röm. Schutz, wurde jedoch 219 von →Hannibal erobert; gab damit Veranlassung zum 2. →Pun. Krieg. Im MA verödet, bis 1877 *Murviedro* genannt. (Bild S. 5205)

Saha, Meghnad, ind. Physiker, *10. 10.1893 Sevratali, †17.2.1956 Kodaikanal; seine Ionisationsgleichung ermöglichte die Berechnung des Ionisationsgrades und damit die Erklärung der unterschiedl. →Spektren der Sterne versch. →Spektralklassen.

Sahagún, Bernardino de, span. Franziskanermönch, *um 1498, †1590 Mexiko; missionierte seit 1529 in Mexiko. Sein Hauptwerk ('Historia de las cosas de Nueva España'; aztek. und span.) ist die wichtigste Quelle für die Erforschung von Kultur und Sprache Altmexikos.

Sahara [auch sa-, arab. sahra 'Wüste'] *die*, die größte Wüste der Erde, erstreckt sich in 4500 bis 5500 km W-O-Ausdehnung vom Atlantischen Ozean bis zum →Roten Meer und in 1500 bis 2000 km N-S-Ausdehnung vom →Atlas und Mittelmeer bis zur Steppenlandschaft des →Sudan quer durch Nordafrika mit rd. 8,7 Mio. km². Sie ist größtenteils ein Tafelland aus flachlagernden Sandsteinen, mit eingelagerten Becken und Schwellen. Von SO nach NW ziehend, erhebt sich die über 2500 km lange *Mittel-S.-Schwelle*, ein präkambrisch gefaltetes, von vulkan. Decken überlagertes Grundgebirge, gegliedert in die Gebirgsländer von *Ennedi* (bis 1450 m hoch), →Tibesti (im *Emi Koussi*, der höchsten Erhebung der S., 3415 m), →Aïr (bis 1800 m), →Tassili n'Ajjer (bis über 2000 m), das →Ahaggar-Massiv (bis 3000 m) und das *Plateau du Tademaït* (um 800 m). Die Ausläufer der Schwelle trennen die großen Beckenlandschaften Libyens, der West-S. und des Tschad voneinander ab. Infolge der vorherrschenden niederschlagsarmen NO-Passate ist die S. eines der heißesten Trockengebiete der Erde; große tägl. Temp.-Schwankungen zw. 0° C (im Winter auch Frost) und bis über 50° C; von erhebl. landschaftsgestaltender Wirkung die ständigen Winde und berüchtigten Stürme (→Chamsin, →Samum, →Schirokko, *Ghibli*): durch Auswehung des Feinmaterials entstehen ebene Geröllwüsten (→Serir im O, *Reg* im W; bis 100000 km²), trümmerhafte Steinwüsten (→Hammada) und wandernde Dünenmeere (→Erg). Lange, von den Geb. auslaufende Trockenflußbetten (→Wadis mit period. Wasserführung) zeigen, daß die S. in vorgeschichtl. Zeit wasserreicher war. Einziger Dauerfluß ist der →Nil, in dessen Bereich sowie in den Oasen, wo Grundwasser austritt oder durch →artes. Brunnen erschlossen worden ist, allein Anbau von Getreide und Obst (Weintrauben, Melonen) möglich ist; hier gedeihen über 25 Mio. Dattelpalmen (1/3 des Weltbestandes). Bev.: von den rd. 16 Mio. →Arabern, →Berbern, →Tuareg und dunkelhäutigen Angehörigen einer Urrasse, die die S. bevölkern, leben etwa 14 Mio. in bewehrten Dörfern im Nilgebiet, die übrigen in den Oasen oder als wandernde Viehzüchter in den steppenhaften Wüstenrandgebieten. In der nördl. S. (Algerien, Tunesien, Libyen), wo der Verfall klass. Kulturbodens weniger der Klimaverschlechterung als vielmehr der Vernachlässigung der Bewässerungsanlagen seit den Arabereinfällen (7. Jh.) zuzuschreiben ist, haben Frkr. und Italien als ehem. Hoheitsmächte eine Vielzahl von Oasen geschaffen oder wiederbelebt. Für die wirtschaftl. Erschließung der S. bedeutsam sind die reichen Bodenschätze (Steinkohle, Mangan-, Kupfer-, Eisenerze u. a.), von denen bisher allerdings nur die großen Erdöl- (→Hassi-Messaoud) und Erdgasvorkommen (*Hassi-R'Mel*) ausgebeutet werden (Pipelines zur Küste). Verkehrsträger: Flugzeug (zahlr. Oasenflugplätze), Lastkraftwagen (N-S-Autopisten) und (in abnehmendem Maße) Kamelkarawanen. Polit. haben an der S. Anteil: →Ägypten, →Algerien, →Libyen, →Mali, →Marokko, →Mauretanien, →Niger, →Sudan, →Tschad, →Tunesien sowie Westsahara (ehem. →Spanisch-S.). (Bild S. 5208)

Saharanpur, Stadt im ind. Unionsstaat →Uttar Pradesch, nördl. von Delhi, mit 245000 E. (1973); Papierfabrikation; Bahnknotenpunkt.

Sahib [arab. 'Herr'], in Vorderindien und von ihm kulturell beeinflußten Gebieten Anrede für Europäer.

Sahle (*Zahlé*), libanes. Stadt mit rd. 42000 E. (1972) am Ostfuß des Libanon-Geb.; Sommerkurort.

Saiblinge (*Salvelinus*), Gattung der →Lachsfische, in Seen und Flüssen kühlerer Gebiete der Nordhalbkugel. In Europa verbreitet *Bach-S.* (*Salvelinus fontinalis*) und *See-* oder *Wander-S.* (*Rotforelle, Schwarzreuter*; *Salvelinus alpinus*), meist in größerer Tiefe; gute Speisefische. (Bild S.5208)

Saida, Distrikt-Hptst. im südl. Libanon und Hafenstadt am Mittelmeer, inmitten ausgedehnter Gärten (bes. Agrumen), mit rd. 31000 E. (1972); Endpunkt einer Ölleitung vom Pers. Golf (*Transarabian Pipeline*) und von →Kirkuk (Irak). – Alte phöniz. Handelskolonie (*Sidon*). Neben zahlr. anderen Funden Königssarkophage aus der Perserzeit (6.–4. Jh. v. Chr.).

Saidenbach-Talsperre, Stauanlage an einem re. Zufluß der Flöha im Erzgeb., nordwestl. von →Olbernhau, 1929–33 err.; Stauinhalt 22,4 Mio. m³, Fläche 150 ha, größte Stauhöhe 47 m.

Saiga (*Steppenantilope*; *S. tatarica*), Antilopenart osteurop.-asiat. Steppen; schafgroß, mit rüsselartiger Nase; nur Männchen tragen Hörner.

Saigon (*S.-Ho-Tschi-Minh-Stadt*), größte Stadt Vietnams, am *S.-Fluß* 45 km oberhalb seiner Mündung ins Südchines. Meer, bildete mit →Cholon (*S.-Cholon*) bis 1976 die Hptst. Süd-Vietnams, zus. 1,85 Mio. E. (1973; mit Vororten rd. 2 Mio. E.); kath. Erzbischofssitz, Univ., TH; Reismühlen, Sägewerke, Färbereien und Gerbereien, Zigaretten-, Kautschuk-, Seifen-, Glas-Ind., Ausfuhr bes. von Reis, auch Kopra, Kautschuk, Edelhölzern. (Bild S. 5209)

Saiko, George, Schriftst., *5.2.1892 Seestadtl (Erzgeb.), †23.12.1962 Rekawinkel (bei Wien); analyt. Romane in der Nachfolge →Musils aus dem Österr. nach 1918: 'Auf dem Floß' (1948), 'Der Mann im Schilf' (55); Essays.

Sailer, 1) Johann Michael, kath. Theologe, *17.11.1751 Aresing (Obb.), †20.5.1832 Regensburg; Jesuit bis zur Aufhebung des Ordens (1773), dann Prof., schließl. Bischof von Regensburg (1829–32). Trotz vielfacher Anfeindungen wegen seiner Versöhnlichkeit gegenüber Protestantismus und Aufklärung

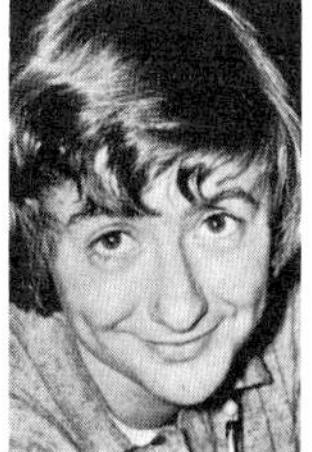
Françoise Sagan

J. M. Sailer

wurde S. mit seiner verinnerlichten Religiosität Wegbereiter der kath. Erneuerungsbewegung im 19. Jh.
2) Sebastian (eigtl. *Johann Valentin S.*), oberschwäb. Mundartdichter, *12.2.1714 Weißenhorn (Schwaben), †7.3.1777 Marchthal (Donau); volkstüml. kath. Prediger; Verf. von Singspielen und Schwänken.

Saimaasee, mit 1760 km² größter der drei großen südfinn. Seen, umfaßt mit zahlreichen Nebenbecken, Buchten und Inseln insgesamt 4400 km²; er entwässert über den →Vuoksi zum Ladogasee in Sowjet.-Karelien. Der *Saimaakanal* (59 km lang) verbindet *Lappeenranta* am S. mit Wyborg am Finn. Meerbusen. (Bild S. 5209)

Saint Albans [ßᵉnt ålbᵉns], Stadt in S-England, nordwestl. von London, 51000 E. (1973); normann. Kathedrale (11./12. Jh.), zahlr. Reste röm. Bauten; Hut-, Seiden- und Lederindustrie.

Saint Andrews [ßᵉnt ändruhs], schott. Seebad an der Nordsee, südöstl. von →Dundee, 12100 E. (1973); älteste schott. Univ. (gegr. 1410), Reste einer Kathedrale aus dem 12. Jh. u. a. alter Bauwerke.

Saint-Brieuc [ßãbriö], Hptst. des nordwestfrz. Dép. →Côtes-du-Nord, am Golf von →Saint-Malo (Bretagne), 53000 E. (1973); Bischofssitz, Kathedrale (13.–15. Jh.); Metall-Ind., im Vorort *Le Légué* Flußhafen und Austernzucht.

Saint Clair River [ßᵉnt klär riwᵉʳ], rd. 50 km lange kanalisierte Wasserstraße zw. →Huronsee und dem *St.-Clair-See* (1060 km²); bildet Grenze zw. USA und Kanada.

Saint-Cloud [ßãklu], Stadt im westl. Vorortbereich von Paris, 30000 E. (1973); Wohn- und Erholungsort der Pariser, Pferderennbahn. (Bild S. 5209)

Sahara: Atlas (Aufnahme von Gemini 7)

Saint-Émilion: Weinlese

Saint Croix [ßᵉnt krọi] (span. *Santa Cruz*), zu den USA gehörende Insel der Gruppe der →Jungferninseln, Kleine Antillen, 212 km² mit 20000 E. (1973); Zuckerrohr, Baumwolle.
Saint-Cyr-l'École [ßäßir lekọl], Ort südwestl. von Paris, 8000 E. (1973); von 1808 bis 1946 Sitz der Militärakademie.
Saint-Denis [ßädᵉni̱], Stadt im nördl. Vorortbereich von Paris, 95000 E. (1973); von etwa 624 bis 1789 Benediktinerabtei mit got. Kirche (→Suger), Grablege merowing. und frz. Könige; Metall-, Maschinen-, chem. Industrie. (Bild S. 5210)
Saint-Dié [ßädje̱], Stadt in O-Frkr., an der →Meurthe, südwestl. von Straßburg, 26000 E. (1973); Bischofssitz, Kathedrale (12./16. Jh.); Metall-, Bekleidungsindustrie.
Saint-Dizier [ßädisje̱], Stadt in O-Frkr., an der →Marne, östl. →Nancy, 38700 E. (1973); Eisenindustrie.
Sainte-Beuve [ßätbö̱w], Charles Augustin de, frz. Kritiker und Schriftst., *23.12.1804 Boulogne-sur-Mer, †13.10.69 Paris; einer der ersten Verf. krit.-wissenschaftl. Interpretationen lit. Werke auf Grund ihrer Entstehungsbedingungen: 'Chateaubriand et son groupe littéraire' (60). (Bild S. 5212)

Saiblinge: Bachsaibling

Sainte-Croix [ßätkroa̱], Industriegemeinde nordwestl. von →Orbe, im Kt. Waadt, 5700 E. (1975); Herst. feinmechan. Geräte und mechan. Musikinstrumente.
Saint Elias Mountains [ßᵉnt ilaieß mauntins] (*Eliaskette*), Gebirgskette im Grenzgebiet Kanada–Alaska, höchste Erhebungen Mount →Logan (6050 m) und *Mount St. Elias* (5489 m); stark vergletschert (→Malaspinagletscher).
Saint-Émilion [ßätemiljõ̱], Gem. im frz. Dép. Gironde, über der Dordogne, 3600 E. (1972); hist. Gebäude; Weinbau. – Name auch geschützte Bez. der Weine von 15 Gem. um S.-E.; schon im 4. Jh. von →Ausonius gerühmt.
Saintes [ßät], Stadt in W-Frkr., an der →Charente, nördl. von →Bordeaux, 28500 E. (1973); mehrere sehenswerte alte Kirchen, Reste einer röm. Arena, röm. Triumphbogen; keram. Ind., Branntweinherstellung.
Saintes-Maries-de-la-Mer [ßätmari̱ dᵉlamä̱r], frz. Ort am Mittelmeer, im Rhônedelta, südl. von →Nîmes, 2000 E. (1973); befestigte Kirche (10. Jh.), Wallfahrtsort (Zigeunerwallfahrten). (Bild S. 5210)
Saint-Étienne [ßätetjä̱n], Hptst. des frz. Dép. →Loire, südwestl. von →Lyon, 224000 E. (1973); Steinkoh-

len-, Eisenbergbau, Stahl-, Waffen-, Fahrrad- und Glasindustrie, Bandwebereien.

Saint-Exupéry [ßãtegsüperi], Antoine-Marie-Roger de, frz. Schriftst., *29.6.1900 Lyon, †(vermißt) 31.7. 1944 bei Korsika; Romane, die aus seinen Erlebnissen als Flieger in Nordafrika und Übersee den auf sich allein gestellten Menschen mit Technik und Naturgewalten konfrontieren. Verherrlicher des heroischen Lebens; u. a. 'Wind, Sand und Sterne' (Terre des hommes, 1939). Märchen 'Der kleine Prinz' (Le Petit Prince, 43). (Bild S. 5212)

Saint-Germain-en-Laye [ßãschärmã ãlä], Stadt im westl. Vorortbereich von Paris, 40000 E. (1973); einst Sommerresidenz der frz. Könige; Schloß (16. Jh.) mit Museum für Vor- und Frühgeschichte. – In S.-G. am 10.9.1919 Friedensvertrag zw. den Alliierten und Österr. Seine wichtigsten Bestimmungen: Beschränkung der Wehrmacht auf 30000 Mann, Internationalisierung der Donau, Einsetzung einer internat. Reparationskommission und Festlegung territorialer Abtretungen: Südtirol, Görz und Triest an Italien, Südsteiermark an Serbien, Teile des nördl. Niederösterreich an die ČSSR.

Saint-Gobain, Compagnie de Saint-Gobain-Pont-à-Mousson S. A. [kõpanji deßãgobã põtamußõ], frz. Unternehmen der Glas-, Chemie-, Getränke-, Papier-Ind. und des Metallbaus. Sitz: Paris; Umsatz 12,35 Mrd. DM; Beschäftigte: 143000 (1975).

Saint Helens [ßent helins], mittelengl. Stadt, nordöstl. von →Liverpool, 105000 E. (1973); bed. Glas-Ind., Metallverarbeitung, chem.-pharm., ferner keram., Baustoff- sowie Textilindustrie.

Saint-Hélier [ßãtelje], Monique (eigtl. *Betty Briod*), Schriftst., *2.9. 1895 La Chaux-de-Fonds, †9.3. 1955 Chambines (bei Pacy-sur-Eure); unter dem Einfluß M. →Prousts Romane um Schweizer Familien. (Bild S. 5212)

Saint Imier, Vallon de [walõ de ßãtimje] (dt. *Sankt-Immer-Tal*), von der *Suze* (*Schüß*) durchflossenes Juratal im Kt. Bern, zw. →Chasseral-Kette und *Montagne du Droit*, rd. 50 km lang; Hauptort *St.-Imier* mit Uhrenindustrie.

Saigon: Stadt und Hafen

Saimaasee mit Flößen

Saint-Cloud: Schloß und Gärten um 1700. Gemälde von Étienne Allegrain (1653 bis 1736). Versailles, Schloß

Saint-Denis: Abteikirche

Saint-Jean-de-Luz [ßãschã d^e^lüs], frz. Hafenstadt am Golf von →Biscaya, 12200 E. (1973); Seebad, Winterkurort; Fischereihafen für Sardinen- und Thunfischfang.

Saint John [ß^e^nt dsehon], Stadt in der kanad. Prov. Neubraunschweig, mit Vororten 104000 E. (1973), an der Mündung des *St. J. River* (670 km) in die →Fundybai gelegen; bed., eisfreier Hafen, Baumwoll-, Papier-, Zucker-Ind., Schiffbau.

Saint-John Perse [ßãdsehon pärß] (eigtl. *Marie-René-Alexis Saint-Léger*), frz. Dichter, *31.5.1887 Pointe-à-Pitre (Guadeloupe), †20.9.1975 Giens (Dép. Var); ab 1914 im diplomatischen Dienst; Mitarbeiter von A. →Briand; 40–59 in den USA; preist in feierl. Rhythmen und bilderreicher Sprache die Natur und eine neue, alle Kulturen umfassende poet. Welt. 60 Nobelpreis. – *W*: Anabasis (Anabase, 1924); Winde (Vents, 46); See-Marken (Amers, 57). (Bild S. 5212)

Saintes-Maries-de-la-Mer: Befestigte Kirche (10. Jh.)

Saint John's [ß^e^nt dsehons], Hptst. der kanad. Prov. Neufundland mit 108000 E. (1973), auf der →Avalonhalbinsel gelegen; Univ. (gegr. 1924); günstiger natürl. Hafen, Schiff- und Maschinenbau, Fischindustrie. (→Neufundland, Bild)

Saint Johns *River* [ß^e^nt dsehons riw^er^], Fluß im östl. Florida (USA), 640 km lang, entspringt südwestl. von Kap →Canaveral, läuft parallel zur Küste nach N, durchfließt zahlr. Seen und mündet bei →Jacksonville in den Atlant. Ozean.

Saint Joseph [ß^e^nt dseho^u^s^e^f], Stadt im NW von Missouri (USA), am →Missouri River, 74000 E. (1973); Bischofssitz; landw. Zentrum, Schlachthöfe, Mühlen, Elektro-Ind.

Saint-Just [ßã schüßt], Louis Antoine Léon de, frz. Revolutionär, *25.8.1767 Decize (Nivernais), †(hingerichtet) 28.7.94 Paris; Schriftst.; 1792 Mitgl. des Nationalkonvents; bildete 93 mit →Robespierre und *G. Couthon* im →Wohlfahrtsausschuß ein Triumvirat; er forderte mit Erfolg vom Konvent den Sturz der →Girondisten und der →Cordeliers sowie die Enteignung der Emigranten; 93/94 als Konventskommissar bei der Rhein- und Nordarmee; zus. mit Robespierre enthauptet. (Bild S. 5212)

Saint Kitts [ß^e^nt –] (*Saint Christopher*), Insel der brit. →Leeward Islands, Kleine →Antillen, 176 km², 41000 E. (1973), Hauptort *Basseterre* (18000 E.); Anbau von Baumwolle und Zuckerrohr.

Saint Laurent [ßã lorã], Yves, frz. Modeschöpfer; *1.8.1936 Oran (Algerien); Mitarbeiter von →Dior; entwirft heute meist für die Konfektion.

Saint-Lô [ßãlo], Hptst. des nordwestfrz. Dép. →Manche, im Zentrum der Halbinsel →Cotentin, 20400 E. (1973); Textilind., Pferdezucht.

Saint Louis [ß^e^nt luiß], Stadt im O von Missouri (USA), am Mississippi River südl. des Zusammenflusses mit dem Missouri River, 631000 E.

(1973; städt. Agglomeration 2,35 Mio.); Erzbischofssitz, zwei Univ. (gegr. 1818 bzw. 53); bed. Handelszentrum, Kfz-, Maschinen-, Elektro-, Lebensmittel-, chem. Industrie – 1764 von Franzosen gegründet. (Bild S. 5213)

Saint-Louis [ßãlui], Hafenstadt der Rep. Senegal, Westafrika, an der Mündung des Senegal in den Atlantik, 85000 E. (1972); Fischfang, Konserven- und Leder-Ind.; Ausfuhr: Erdnüsse, Gummiarabicum, Häute.

Saint Lucia [ßᵉnt lusch ᵉ] (*Santa Lucia*), Insel der brit. →Windward Islands, Kleine →Antillen, südl. von →Martinique, mit 616 km², 117000 E. (1973), Hptst. und Hafen *Castries* (30500 E.); Anbau von Bananen, Kakao, Kokospalmen. (Bild S. 5213)

Saint-Malo [ßã-], frz. Hafenstadt an der Nordküste der →Bretagne, am *Golf von S.-M.* (*Golfe de S.-M.*), 46000 E. (1973); die Granitinsel ist durch einen Damm mit dem Festland verbunden; Schloß (14./15. Jh.); Fischerei- und Handelshafen, Seebad. In der *Rance*-Mündung das erste →Gezeitenkraftwerk der Welt (mittl. Tidenhub von 7–8 m).

Saint-Martin [ßãmartã], Insel der Kleinen →Antillen, östl. von →Puerto Rico, 86 km²; geteilt: frz. Nordteil, 52 km², 4800 E.; niederländ. Südteil, 34 km², 3900 E. (1972).

Saint-Maur-des-Fossés [ßãmor defoße], Stadt im südöstl. Vorortbereich von Paris, 83000 E. (1973); Wohnstadt; Spielzeug-, Möbel- und Lederindustrie.

Saint-Maurice [ßãmoriß], Bezirksort im Kt. Wallis, am Nordeingang zum Rhonedurchbruchstal, 3800 E. (1974); Anf. des 6. Jh. gegr. Kloster (1128 endgültig in ein Augustinerchorherrenstift umgewandelt) mit reichem Kirchenschatz.

Saint-Nazaire [ßãnasär], Hafenstadt in W-Frkr., an der Mündung der →Loire, 66000 E. (1973); Handels- und Passagierhafen, größte Schiffswerften Frkr., chem. Ind.

Saint-Omer [ßãtomär], Stadt in N-Frkr., südöstl. von →Calais, 17300 E. (1973); got. Basilika (13.–15. Jh.), Kunstmuseum; Glasindustrie.

Saint-Ouen [ßãtᵘã], Stadt im nördl. Vorortbereich von Paris, 45000 E. (1973); Elektro-, chem. Industrie.

Saint Paul, 1) [ßᵉnt pål], Hptst. des Staates Minnesota (USA), am Mississippi River, 315000 E. (1973), mit →Minneapolis zusammengewachsen (städt. Agglomeration 1,52 Mio. E.); Erzbischofssitz, methodist. Univ. (gegr. 1854), landw. Abt. der Staats-Univ., Museen; bed. Verkehrsknotenpunkt und Handelszentrum, Endpunkt der Mississippischiffahrt, Maschinen- und Lebensmittelindustrie. **2)** (*S.-P.*) [ßã pol], rd. 7 km² große frz. (seit 1893) Insel im südl. Teil des Ind. Ozeans, südl. von →Neu-Amsterdam; vulkan. Ursprungs, bis 250 m hoch, unbewohnt, Stützpunkt von Walfängern. – 1633 entdeckt.

Saint Peter Port [engl., ßᵉnt pitᵉʳ poʳt] (frz. *Saint Pierre*), Hptst. der

Saint-Malo: Festung

Saint Paul (Minn.): Kapitol

Saint-Just. Zeichnung von Christophe Guérin. Paris, Musée Carnavalet

brit. Kanalinsel →Guernsey, 16200 E. (1973); Hafen, landw. Zentrum.

Saint Petersburg [ßent pitersbörg], Stadt an der Westküste von Florida (USA), an der *Tampabai*, 220000 E. (1973); Kurort, vielseitige Klein-Ind., Fischerei.

Saint Phalle [ßã fal], Niki de, frz. Künstlerin, *29.10.1930 Neuilly-sur-Seine (Dép. Hauts-de-Seine); Gipsbilder, grellbemalte Monsterakte aus Kunststoff ('Nanas'), Theaterdekorationen.

Saint-Pierre [ßãpjär], **1)** Charles Irénée Castel, Abbé de, frz. Schriftst., *18.2.1658 Saint-Pierre-Église, †29.4.1743 Paris; verkündete die Fähigkeit des Menschen, sich zu vervollkommnen und durch die Ausschaltung von Vorurteilen und Unwissenheit wunschlos glücklich zu werden; schlug vor, durch einen europ. Staatenbund Kriege unmögl. zu machen. **2)** Jacques Henri Bernardin de, frz. Schriftst., *19.1.1737 Le Havre, †21.1.1814 Eragny-sur-Oise; berühmt durch den exot. Roman 'Paul et Virginie' (1787), eine Naturidylle im Geiste J.-J. →Rousseaus.

Saint-Pierre [ßãpjär], ehem. Hptst. der Insel →Martinique, Kleine →Antillen, rd. 3000 E. (1974); 1902 durch Ausbruch des Vulkans →Mont Pelée (1463 m) vernichtet.

Saint-Pierre und Miquelon [ßã pjär – miklõ], die beiden größten einer aus 8 felsigen Inseln bestehenden Inselgruppe südlich Neufundlands (Kanada), insgesamt 242 km², rd. 5500 E. (1974), seit 1635 in frz. Besitz; Stützpunkt intensiver Kabeljaufischerei, Schutzhafen.

Saint-Quentin [ßãkãtã], Stadt in N-Frkr., an der →Somme, nordöstl. von Paris, 66000 E. (1973); got. Kollegiatkirche (12.–15. Jh.), spätgot. Rathaus (14./15. Jh.); Textil-, Metall-, chem. Industrie.

Saint-Saëns [ßãßãß], Camille, frz. Komponist, *9.10.1835 Paris, †16.12.1921 Algier; zunächst Pianist und Organist, dann als Komponist erfolgreicher Vertreter des frz. Klassizismus: Opern ('Samson et Dalila', 1877), Violin-, Violoncello- und Klavierkonzerte, 5 Symphonien, symphon. Dichtungen ('Danse macabre'), Kammer-, Klavier- und Chormusik. (Bild S. 5214)

Saint-Simon [ßãßimõ], **1)** Claude-Henri de Rouvroy, Comte de, frz. Sozialphilosoph, Enkel von 2), *17.10.1760 Paris, †19.5.1825 ebenda; beteiligte sich am amerik. Unabhängigkeitskampf; begr. eine religiös fundierte Soziallehre: durch Aufhe-

Sainte-Beuve

Saint-Exupéry

Saint-Hélier

Saint-John Perse

bung des Privaterbrechts und einer Entlohnung nach der Arbeitsleistung sollte eine klassenlose Ges. erreicht werden. Beeinflußte →Comte und →Marx. – *W*: Catéchisme des industriels (4 Hefte, 1823/24); Nouveau Christianisme (1825, dt. 1911). (Bild S. 5214)

2) Louis de Rouvroy, Duc de, frz. Schriftst., *16.1.1675 Versailles, †2.3. 1755 Paris; Offizier und Hofmann; schrieb kulturhist. wertvolle, psychol. meisterhaft beobachtete 'Mémoires sur le siècle de Louis XIV et la Régence' (1829/30).

Saint Thomas [ßᵉnt tọmᵉß], eine der →Jungferninseln, Kleine →Antillen, 83 km² mit 30 000 E. (1972), Hptst. und Hafen *Charlotte Amalie* (18 000 E.); seit 1917 zu den USA gehörig.

Saint-Tropez [ßẫtropẹ], Seebad und Fischereihafen an der frz. Riviera (→Côte d'Azur), südwestl. von →Cannes, 6000 E. (1973).

Saint Vincent [ßᵉnt wịnßᵉnt], Insel der brit. →Windward Islands, Kleine →Antillen, 389 km² mit 97 000 E. (1973), Hptst. und Hafen *Kingstown* (13 000 E.); Baumwoll-, Zuckerrohr-, Kakaopflanzungen.

Saipan, eine der Hauptinseln der →Marianen im Pazif. Ozean, 185 km², rd. 10 000 E. (1972), Hauptort *Garapan*; Anbau von Zuckerrohr und Kokospalmen.

Sais, altägypt. Stadt im westlichen Nildelta, Residenzstadt der Könige der 26. Dynastie (→Psammetich); Hauptkultstätte der Göttin →Neith.

Saison [frz., ßäsõ̱], jahreszeitl. bedingter Höhepunkt im Geschäftsleben, Kur- und Urlaubsbetrieb, Verkehr usw.

Saint Louis: Ölraffinerien am Mississippi

Saisonbetriebe, Betriebe, die nur während eines begrenzten Zeitraums innerhalb eines Jahres voll arbeiten (Zucker-, Konserven-, Fremdenverkehrsbetriebe).

Saisonkrankheiten, vorwiegend in bestimmten Jahreszeiten auftretende Erkrankungen; z. B. Erkältungskrankheiten in der kalten, Darminfektionen in der warmen Jahreszeit, Kinderlähmung im Frühherbst.

Saint Lucia

Saint-Tropez

C. Saint-Saëns

Saint-Simon (1)

Saiteninstrumente, Musikinstrumente, deren Körper durch (primär schwingende) Darm- oder Metallsaiten zum Schwingen gebracht werden, also vor allem →Zupf- (z. B. →Gitarre, →Laute, →Zither) und →Streichinstrumente (z. B. →Violine, →Viola, →Violoncello, →Kontrabaß), auch Tasteninstrumente (→Klavier, →Cembalo).

Saitenwürmer (*Nematomorpha*), eine Klasse der →Schlauchwürmer, werden bei 1–3 mm ∅ bis 1,5 m lang; parasitieren in Insekten, marine S. in Krebsen. Larven entwickeln sich im Wasser, bohren sich in Wirte ein; können Austrocknung als →Zysten an Pflanzen überdauern und so in Landinsekten gelangen. Geschlechtsreife S. werden vom Wirt in Gräben und Pfützen entleert, dort treten sie plötzl. massenhaft in wirren Knäueln auf; bekannteste Art: das *Wasserkalb* (*Gordius aquaticus*).

Sajama, Nevado [-cha-], erloschener Vulkan in den bolivian. Anden, auf der Grenze gegen Chile, 6520 m hoch.

Sajan (*Sajanisches Gebirge*), waldreiches Gebirgssystem im südl. Sibirien, zw. →Altai und Baikalsee; gliedert sich in den *Westlichen S.*, der vom oberen →Jenisej durchbrochen wird, und den *Östlichen S.* mit dem *Munku-Sardyk* (3492 m hoch) auf der sowjet.-mongol. Grenze; Turk- und mongol. Bev., Viehzüchter und Nomaden.

Sakai, jap. Hafenstadt auf der Hauptinsel Hondo, südl. von Osaka, 618000 E. (1973); Textil-, Gummi-, chem., Maschinen-Ind., Erdölraffinerie.

Sakarya (*Sakaria*; der antike *Sangarius*), Fluß im NW der Türkei, 520 km lang, durchbricht die nordanatol. Randgebirge und mündet östl. von İstanbul ins Schwarze Meer; im Mittellauf aufgestaut.

Sake (*Saki, Reiswein*), chines.-jap. Getränk aus vergorenem Reis, enthält 11–17% Alkohol, wird meist warm getrunken.

Saken, im Altertum iran. bzw. ostskythisches Volk von →Reiternomaden nördl. des Aralsees.

Sakkara (*Saqqara*), Dorf westlich der Ruinen von →Memphis, eine der ausgedehntesten →Nekropolen Altägyptens (→Imhotep, Bild), von der 1. Dynastie bis in griech.-röm. Zeit belegt. (Bild S. 5216)

Sakko *der*, Jacke des Herren-Straßenanzugs.

sakral [lat.], **1)** *Relig.*: heilig, geweiht; **2)** *Med.*: das →Kreuzbein betreffend, zu ihm gehörend.

Sakralbau, kirchl.-religiöses Bauwerk, z. B. Kirche, Kapelle, Kloster, Synagoge, Tempel.

Sakrament [lat.] *das*, Gnadenmittel der christl. Kirchen, das durch ein von Christus angeordnetes, sinnfälliges, rituell vollzogenes Zeichen (Handlung und Gebet bzw. Worte) die Heiligung des Empfängers bewirkt. *Kath.* und *orth. Kirche* kennen 7 S. (→Taufe, →Firmung, →Eucharistie, →Buße, →Letzte Ölung, *Priesterweihe* [→Ordination], →Ehe), die *ex opere operato* wirken, d.h., ihre Wirkursache ist nicht die innere Verfassung von Spender oder Empfänger, sondern die sakramentale Handlung als solche, wenngleich der S.-Empfang durch einen Todsünder dem Wirksamwerden der Gnade einen Riegel vorschiebt. Das *Luthertum* hat nur 2 S. beibehalten: Taufe und →Abendmahl. Sie sind nach Luther 'verba visibilia' (sichtbare Worte) und haben keinen grundsätzl. andersartigen Charakter als die Predigt; ihre Wirksamkeit gründet im Glauben, nicht im Vollzug der sakramentalen Handlung. Der *Calvinismus* sieht in Taufe und Abendmahl ledigl. den Glauben stützende und bezeugende Symbole, durch die der Hl. Geist auf die Seele einwirkt.

Sakramentalien Einz. *das -ıale*, in der kath. Kirche sakramentsähnl. Handlungen oder Gegenstände zur Segnung oder zum Schutz des Gläubigen, z. B. Weihwasser.

Sakramentshäuschen, urspr. Behälter zur Aufbewahrung der Hostie, zunächst über dem Altar, dann in einer Chornische. In got. Kirchen ein reichverzierter, turmartiger Bau aus Stein, auch Holz; z. B. von A. →Krafft in der St.-Lorenz-Kirche zu Nürnberg (1493–96).

Sakrausky, Oskar, ev. Theologe, *24.3.1914 Scharten (Oberösterr.); seit 1968 Bischof der →Ev. Kirche in Österreich.

Sakrileg [lat.] *das*, Entweihung von hl. Stätten, Namen, Gegenständen, Gebräuchen durch Wort oder Tat.

Sakristei [lat.], Nebenraum der Kirche; dient als Umkleideraum von Pfarrern und Altardienern sowie zur Aufbewahrung von liturg. Geräten und Gewändern.

sakrosankt [lat.], unverletzl., heilig.

Saladin (arab. *Salahaddin*), Gründer der →Aijubiden-Dynastie, *um 1138, †März 1193; beseitigte 1171 die →Fatimiden-Herrschaft in Ägypten; 75 vom Kalifen als Sultan über Ägypten, Syrien und Palästina anerkannt; besiegte 87 die Kreuzfahrer bei Hattin und eroberte Jerusalem; wegen seines ritterl. Charakters von beiden Seiten hochgeachtet.

Salär [frz.] *das*, Gehalt, Lohn.

Salamanca, Hptst. der nordspan. Prov. *S.* (12336 km², 380000 E.) in Altkastilien, am *Río Tormes*, nordwestl. von Madrid, 128000 E. (1972); Bischofssitz, Alte und Neue Kathedrale (12., 16./18. Jh.), im 13. Jh. gegr. Univ.; zahlr. Baudenkmäler (→Plateresken-Stil, Bild), z. T. aus röm. Zeit; Lebensmittel-, chem. Ind., Maschinenbau. (Bild S. 5216)

Salamander (*Erdmolche*; *Salamandra*), Gattung der →Schwanzlurche mit rundem Schwanz, ohne Brustbein, Trommelfell und Stimmbänder; bewohnen feuchte Orte auf dem Land; heimisch zwei Arten: →Alpen-S. und →Feuer-S.; beide geschützt.

Salami [ital.] *die*, stark gewürzte Dauerwurst aus Rind-, Schweine-, Eselsfleisch, an der Luft getrocknet.

Salamis, 1) antike Hafenstadt an der Ostküste von Zypern. (Bild S. 5216) **2)** (neugriech. *Kuluri*), griech. Insel im →Saron. Golf vor der Südküste Attikas, 102 km², 16500 E. (1973), Hauptort *S.*; Anbau von Wein, Oliven und Weizen (→Perserkriege).

Salan [ßalã], Raoul, frz. General, *10.6.1899 Roquecourbe (Dép. Tarn); 1945–54 in Indochina, 56–58 Oberkommandierender in Algerien. Gegner von de Gaulles Algerienpolitik, Mitgründer der →OAS; 62 zum Tode verurteilt, zu lebenslängl. Haft begnadigt, aus dieser 68 entlassen.

A. de Salazar

R. A. T. Salisbury

Salandra, Antonio, ital. Staatsmann, *13.8.1853 Troia (bei Foggia), †9.12.1931 Rom; Jurist; ab 1899 mehrmals Min.; als Min.-Präsident 1914–16 führte er Italien durch den Londoner Vertrag vom 26.4.15 an die Seite der →Entente, da Österr. seinen territorialen Forderungen nicht entsprach; er prägte das Wort vom 'Sacro egoismo'.

Salanganen (*Collocalia*), Vogelgattung der →Segler, Südasien bis Nordaustralien; manche Arten bauen aus (rasch erhärtendem) Speichel Nester, die als ind. Vogelnester (*Schwalbennester*) gegessen werden.

Salat [arab.] *die*, im Islam für den Gläubigen vorgeschriebenes, aus festgelegten Handlungen und Formeln bestehendes Gebet, an fünf Tageszeiten zu verrichten.

Salate [ital.], zum Rohgenuß verwendete, zerkleinerte Pflanzenteile, mit Essig, Öl, Gewürzen u. a. zubereitet; insbes. grüne Blätter; vitaminreich, jedoch kalorienarm.

Sala y Gómez [– gomäth], unbewohnte, vulkan. Felseninsel im östl. Pazifik mit 4 km²; gehört zu Chile.

Salazar [-sar], Antonio de Oliveira, portug. Nationalökonom und Politiker, *28.4.1889 Vimeiro (Prov. Beira), †27.7.1970 Lissabon; als Finanz-Minister (1928) sanierte S. die Staatsfinanzen; 1932–68 als Nachfolger →Carmonas Minister-Präs., gab Portugal eine 'korporative Verfassung' (33); regierte autoritär und konservativ.

Salband, Grenzfläche eines Erzganges gegen das Nebengestein.

Salamanca am Río Tormes mit Alter und (im Hintergrund) Neuer Kathedrale

Salbaum (*Saulbaum*; *Shorea*), südostasiat. Baumgattung, liefert das Harz →Dammar.

Salbe (*Unguentum*), meist fetthaltige, streichbare Arzneimittelzubereitung, die auf die Haut aufgetragen wird.

Salbei *der* oder *die*, (*Salvia*), Gattung der →Lippenblütler mit etwa 500 Arten, Stauden oder Sträucher der warmen und gemäßigten Zonen. Auf trockenen Wiesen und an Feldrändern der *Wiesen-S.* (Salvia pratensis) mit dunkelblauen, selten weißen oder rosaroten Blüten. Mediterran der stark riechende, blau blühende *Echte S.* (Salvia officinalis); Blätter enthalten äther. Öle, Gerbstoffe, Harze u.a., werden als Gewürz, in der Med. (S.-Tee) bei Mund- und Racheninfektionen verwendet; Zierpflanze. Der amerik. *Scharlach-S.* (Salvia splendens) mit leuchtend roten Hochblättern und Blüten, →Bestäubung durch →Kolibris; Zierpflanze. – Blüten besitzen meist bes. Einrichtungen zur Bestäubung. (Bilder S. 5217)

Salbengesicht, auf Grund einer gesteigerten Talgabsonderung glänzendes Aussehen der Gesichtshaut (bes. bei →Parkinsonscher Krankheit).

Salbücher, im MA Bücher mit den Abschriften der Grundstückserwerbsurkunden.

Salbung, bei vielen Völkern übl. Handlung der Körperreinigung (auch S. des Leichnams, →Totenverehrung), oft als Zeremonie der Machtübertragung (Königs-S.) oder Heiligung (Priester-S.); in der kath. Kirche Sakramentshandlung bei

Sakkara: Stufenmastaba

Salamis (Zypern): Theater

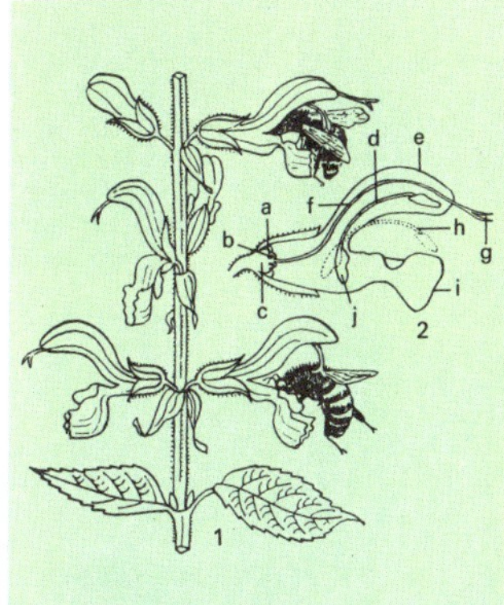

Salbei: *Links* (Wiesensalbei) **1** *blühendes Sproßstück*: *oben* jüngere Blüten im männl. Zustand (Staubblätter durch Drehgelenk beweglich, reife Staubbeutel bepudern Bienenrücken mit Pollen), *unten* ältere Blüten im weibl. Zustand (Übertragung des Pollens vom Rücken der Biene auf Narbenäste der Blüte); **2** *einzelne Blüte im Schnitt*: **a** Nektar, **b** Fruchtknoten, **c** Nektardrüse, **d** oberer Hebelarm (Staubblätter), **e** Oberlippe, **f** Griffel, **g** Narbe, **h** von Insekt herabgebogenes Staubblatt (punktiert), **i** Unterlippe, **j** unterer Hebelarm, bewegt bei Druck das Drehgelenk; *rechts* Wiesensalbei

→Taufe, →Firmung, →Ordination, →Letzter Ölung; →Chrisam.

Saldanha-Rhodesia-Gruppe [ßaldanja], Gruppe afrik. →Euhomininen (→Rhodesia-Mensch).

Saldo [ital.] *der*, Differenz zw. den (End-)Summen beider Seiten eines →Kontos; wird beim Abschluß als *Soll-S.* (*Aktiv-S.*) bei größerer Sollseite oder als *Haben-S.* (*Passiv-S.*) bei größerer Habenseite auf der Gegenseite des Kontos zu dessen Ausgleich eingesetzt.

Salé (*Saleh*; arab. *Sala, Sla*), Hafenstadt in W-Marokko, nördl. Nachbarstadt von Rabat, an der Mündung des *Bou Regreg* (*Bu Regreg*) in den Atlantik, 58000 E. (1972; darunter 2000 Europäer); alte Moscheen; Teppich- und Mattenknüpfereien, Fischkonserven-Herst.; Flughafen.

Salechard [-ehard] (bis 1936 *Obdorsk*), Hptst. des →Jamal-Nenzen-Nationalkreises in der Russ. SFSR, im nördl. Westsibirien nahe der Obmündung, rd. 20000 E. (1973); Hafen; fischverarbeitende, Holz-Ind., Stahlwerk; Stichbahn von →Workuta.

Salem [hebr.], im A. T. Deckname für Jerusalem (Gen. 14; Ps. 76).

Salem, 1) Gemeinde im Reg.-Bz. Tübingen, Baden-Württ., nordöstl. des →Überlinger Sees mit 6700 E. (1975); das ehem. Zisterzienserkloster *S.* (1134–1803) ist heute Internatsschule (1920 nach engl. Vorbild gegr.). **2)** [ßeiläm], Hptst. des Staates Oregon (USA), am *Willamette River*, südwestl. von →Portland, 70000 E. (1973); Methodisten-Univ. (seit 1853); landw. Zentrum, Lebensmittel-, Papier-, Metall-Ind. **3)** Stadt im NO von Massachusetts (USA), nord-

Salem: Ehem. Zisterzienserkloster

östl. von →Boston, am Atlantik, 42000 E. (1973); Textil-, Leder-Ind. – Gegr. 1626.

Salep [arab.] *der*, med. Bez. für die stark schleimhaltigen Knollen versch. Erdorchideen (→Orchideen) und die durch Trocknung und Pulverisierung daraus gewonnene →Droge, die als Abkochung gegen Durchfälle gegeben wird; bes. bei Kindern angewandt (→Mucilaginosa).

Saleph (heute *Göksu*, der antike *Kalykadnos*), Fluß in Südanatolien, entspringt im kilik. Taurus, mündet bei *Silifke* ins Mittelmeer.

Salerno, Hptst. der südital. Prov. *S.* (4923 km², 936000 E.) und Hafenstadt in Kampanien, im N des *Golfs von S.*, mit 160000 E. (1973); Erzbischofssitz, Univ. (gegr. 1944), Med. Hochschule seit dem 9. Jh. (Blüte im 11.–14. Jh.), Dom (11. Jh.); Textil-, Papier-, Lebensmittel-, Metall-Ind., Verkehrszentrum. – Ab 194 v. Chr. röm. Kolonie, im Früh-MA langobard. Herzogtum, 1077 normannisch (→Neapel). (Bild S. 5220)

Sales Manager [engl., seils mänidscher], Bez. für Vertriebs- oder Verkaufsleiter.

Sales Promotion [engl., seils promouschen], Maßnahmen, die die Absatzwerbung ergänzen und unterstützen, z. B. Schulung der Verkäufer, Beratung bei der Schaufensterdekoration, *Sales Promoter*, Angestellter oder freiberufl. Tätiger, der Maßnahmen zur Verkaufsförderung plant, durchführt und kontrolliert.

Salford [ßålferd], grafschaftsfreie Stadt im NW Englands, unmittelbar westl. von →Manchester, 133000 E. (1973); Univ. (seit 1967), Kunstgalerie; Herst. von Textilien, Baumwoll-Ind., Spinnereien, Bleichereien, Färbereien, Maschinenbau, Gummi- und Papierindustrie.

Salgótarján [scholgohtorjahn], Komitats-Hptst. und Ind.-Stadt in Nordungarn mit 37300 E. (1973); Schwer-Ind. auf der Basis von Eisenerz und Braunkohle.

Salicylsäure (*Orthohydroxybenzoesäure, Phenolcarbonsäure*), HO–C_6H_4–COOH, feine, süßsauer schmeckende farblose Kristallnadeln; in heißem Wasser löslich; kommt in äther. Ölen, Wurzeln, Blüten und Blättern vor und wird synthetisch aus *Natriumphenolat* (C_6H_5ONa) und Kohlendioxid hergestellt. S. wirkt bakterizid, ihre Verwendung als Konservierungsmittel ist jedoch verboten. Infolge ihrer hautauflösenden Eigenschaften (keratolytisch) wird S. zur Entfernung von Hühneraugen verwendet. Sie wirkt wie einige ihrer Derivate (z. B. →Aspirin) schmerzstillend, entzündungshemmend und mildert allerg. Reaktionen (→Rheumatismus).

Sali|er, 1) im antiken Rom je 12 Priester des →Mars und des →Quirinus, die die Feste dieser Götter in altröm. Kriegstracht mit Tänzen und alten, z. T. noch erhaltenen Gesängen feierten. **2)** Führender Teilstamm der →Franken, dem das Königsgeschlecht der →Merowinger (481/482–751) entstammte. **3)** *Salische* bzw. *Fränkische Kaiser und Könige*, in der 1. Hälfte des 12. Jh. dem rheinfränk. Geschlecht, das von 1024 bis 1125 die dt. Könige (→Konrad II., →Heinrich III., IV. und V.) stellte, beigelegte Bez. in Erinnerung an den fränk. Teilstamm der S.

Salieri, Antonio, ital. Komponist, *18.8.1750 Legnano (bei Venedig), †7.5.1825 Wien; Hofkapellmeister in Wien, Lehrer von Beethoven, Schubert und Liszt. 39 Opern, Kirchen- und Instrumentalmusik.

Salinas, Pedro, span. Dichter, *27. 11.1892 Madrid, †4.12.1951 Boston (USA); neben J. →Guillén Vertreter einer spezif. modernen, intellektuellen Lyrik; auch Dramatiker, Erzähler und Kritiker. Zentralthema seiner Dichtung ist die Liebe.

Saline [lat.] *die*, Anlage zur Gewinnung von →Steinsalz (→Kochsalz) aus →Sole oder Meerwasser durch Verdunstung, durch Eindampfen in Pfannen oder Verdampferapparaten. Trocknen des Salzbreis erfolgt in Zentrifugen und Öfen. Oft sehr nieder konzentrierte *natürliche* Solen werden in →Gradierwerken durch Verdunstung angereichert.

Salinger [sälindscher], Jerome David, amerik. Romanschriftst., *1.1. 1919 New York; stellt in Romanen und Erzählungen die aufständ. Haltung der Jugendlichen in den 50er Jahren und ihre Probleme dar. – *W*: Der Fänger im Roggen (The Catcher in the Rye, 51); Franny and Zooey (62).

Salis (*von S.*), Graubündner Adelsgeschlecht aus der bischöfl.-chur. Ministerialität; rang im 16./17. Jh. an der Spitze der frz.-venezian.-prot.

Partei mit den *Planta* um die Macht in Rätien.

Salisbury [ßålsbᵉri], **1)** Robert Cecil, Earl of (seit 1605), engl. Staatsmann, *1.6.1563(?), †24.5.1612 Marlborough; zweiter Sohn Lord →Burghleys, dem er 1598 als leitender Min. unter Elisabeth I. (später auch unter →Jakob I.) folgte.
2) Robert Arthur Talbot Gascoyne-Cecil, Marquess of, brit. Staatsmann, *3.2.1830 Hatfield, †22.8.1903 ebenda; ab 1866 wiederholt Min., ab 1881 Führer der Konservativen; 1885/86, 1886–92 und 1895–1902 Premier- und bis 1900 fast immer zugleich Außen-Min. Vertrat mit Erfolg eine imperialist. Kolonialpolitik (Erwerb von Britisch-Ostafrika, Unterwerfung des Sudans, →Burenkrieg); gegenüber den anderen europ. Großmächten verfolgte er eine Politik der →Splendid Isolation, trotz lockerer Anlehnung an den →Dreibund durch das →Mittelmeerabkommen. (Bild S. 5215)

Salisbury [ßålsbᵉri], **1)** Hptst. der südengl. Gft. →Wiltshire, am *Avon*, nordwestlich von →Southampton, 35500 E. (1973); Bischofssitz, Kathedrale (13. Jh.); Metall-, Lederwaren- und feinmechan. Ind. (Bild S. 5221)
2) Hptst. von Rhodesien, Südafrika, 417000 E. (1972; davon 99000 Weiße); kulturelles und wirtschaftl. Zentrum des Landes; kath. Erzbischofssitz, Univ. (für alle Rassen), Bibl., Museen; ansteigende Industrialisierung (insbes. Verbrauchsgüter-Ind.), landw. Großumschlagsplatz; Eisenbahnknotenpunkt, internat. Flugplatz. Im Umkreis von S. Goldminen, Chromerzbergwerke. (Bild S. 5221)

Salisches Gesetz (lat. *Lex Salica*), **1)** →Volksrecht der salischen Franken, wahrsch. im 6. Jh. zuerst aufgeschrieben (in Latein); **2)** Thronfolgeregelung, nach der nur männl. Nachkommen nachfolgeberechtigt sind (1317 erstm. in Frkr. Gesetz gegen engl. Ansprüche).

Salis-Seewis, Johann Gaudenz, Frhr. von, Lyriker, *16.12.1762 Schloß Bothmar (bei Malans, Kt. Graubünden), †29.1.1834 ebenda; Naturlyrik, vaterländ. Gedichte.

Salland (*Terra salica*), im MA das im Eigenbetrieb der Grundherrn bewirtschaftete Land im Ggs. zu den bäuerl. Zinsgütern.

Saller, Karl Felix, Anthropologe und Arzt, *3.9.1902 Kempten (Allgäu), †20.10.69 München; Arbeiten insbes. über Rassen-Gesch. und angewandte Anthropologie (Humangenetik).

Sallust, Gajus Sallustius Crispus, röm. Geschichtsschreiber, *86 v. Chr. Amiternum, †34; begann 52 v. Chr. die polit. Laufbahn als Volkstribun (→Tribun), wurde 46 von →Cäsar zum Prätor und Statthalter der neuen Prov. Africa ernannt. Nach Cäsars Ermordung widmete er sich ausschließl. der Geschichtsschreibung. Hauptwerke: 'Die Catilinar. Verschwörung', 'Der Jugurthin. Krieg', sowie eine Zeitgeschichte der Jahre 78–67, die nur in Bruchstücken erhalten ist.

Salmanassar, assyr. Könige:
1) *S. I.* (um 1274–1245 v. Chr.), unterwarf Mesopotamien und →Urartu im Kampf mit den →Hethitern.
2) *S. III.* (858–824 v. Chr.), kämpfte in Syrien; machte Tyros und Sidon, das Reich Israel und Kilikien tributpflichtig, stand an den Tigrisquellen erstm. Persern und Medern als Gegner gegenüber; wurde zuletzt durch Aufstand assyr. Städte (827) auf ein kleines Gebiet um Kalach eingeschränkt.
3) *S. V.* (726–722 v. Chr.), während der Belagerung von Samaria von einem seiner Generale, dem späteren →Sargon II., gestürzt.

Salmann [ahd.], im älteren dt. Recht Treuhänder, entspr. dem heutigen Testamentsvollstrecker.

Salman und Morolf (*Salomo und Markolf*), mhd. Spielmannsepos von rheinfränk. Verf.; wahrsch. Ende 12. Jh.; an spätjüd. Salomolegende anknüpfend.

Salmiakgeist (*Ammoniakwasser*), stechend riechende Lösung von →Ammoniak in Wasser; wird in Reinigungsmitteln, gegen Insektenstiche und in der Tiermedizin als Husten- und Ätzmittel verwendet.

Salminen, Sally, finn.-schwed. Erzählerin, *25.4.1906 Vårdö (Åland); z. T. autobiograph. Romane, 'Katrina' (1936), 'Lars Laurila' (43), 'Am Meer' (Vid havet, 63) u. a., aus der åländ. Inselwelt.

Salmler (*Characidae*), Familie der *Karpfenähnlichen* (*Cyprinoidea*); Süßwasserfische Afrikas, Mittel- und Südamerikas, etwa 1500 Arten; meist

Golf von Salerno

mit kleiner Fettflosse, im Ggs. zu Karpfenfischen bezahnte Kiefer und keine Barteln. Viele Arten klein, wegen ihrer leuchtenden Farben als Aquariumfische beliebt, z. B. der →Neon-S. Die meisten S. friedl. Schwarmfische; Raubfische sind die →Piranhas.

Salmonellen Einz. *die -nella*, stäbchenförmige →Bakterien, die Traubenzucker zerlegen; beweglich, nicht sporenbildend. S. verursachen Darmerkrankungen, z. B. →Typhus, →Paratyphus, und etwa 75% aller bakteriellen →Vergiftungen durch Nahrungsmittel. Bei Tieren z. B. →Kükenruhr, seuchenhaftes Verwerfen der Schafe und Pferde, *Ferkeltyphus*

Salmler: Metynnis schreitmuelleri

und die meldepflichtige *Salmonellose* der Rinder; letztere ist auf den Menschen übertragbar, führt bei Genuß von infiziertem Fleisch bereits nach wenigen Stunden zu Infektionen des Magen-Darm-Trakts mit hohem Fieber. Beim Rind sind S. oft unschädl. Darmbewohner, die sich erst durch äußere Einflüsse (z. B. Futter- und Klimawechsel, Parasitenbefall) stark vermehren und dann das spezif. Krankheitsbild hervorrufen; Bekämpfung mit →Antibiotika (z. B. *Chloramphenicol*) nur bedingt erfolgreich. Nach Überstehen der akuten Form werden die Rinder zu Dauerausscheidern und somit zu gefährl. Infektionsquellen.

Salò, ital. Kurort am Westufer des Gardasees, nordöstl. von Brescia, 10200 E. (1973); got. Pfarrkirche.

Salome, Frauen des N. T.:

1) Jüngerin Jesu, Zeugin seiner Kreuzigung und Auferstehung; vermutl. die Schwester →Marias, der Mutter Jesu, und selbst Mutter der Söhne des →Zebedäus.

2) von Flavius →Josephus überlieferter Name der Tochter der →Herodias, die auf Geheiß ihrer Mutter den Kopf →Johannes' des Täufers forderte.

Salomo, israelit. König (965–926 v. Chr.), Sohn des →David. Unter S.

Salisbury (Großbritannien)

Salisbury (Rhodesien)

erlebte das Reich Israel-Juda seinen Höhepunkt: absolutist. Machtentfaltung mit eindrucksvoller Bautätigkeit (Tempel und Palast in Jerusalem), ausgedehntem Handel, straffer Verwaltung, friedl. Außenpolitik. Der Nachwelt galt S. als Psalmendichter und Weisheitslehrer.

Salomon, Ernst von, Schriftst., *25.9.1902 Kiel, †9.8.72 Stöckte (Niedersachsen); wegen Beihilfe zur Ermordung Rathenaus 1922 zu fünf Jahren Zuchthaus verurteilt. Autobiograph. Zeitromane 'Die Geächteten' (1930), 'Der Fragebogen' (51). – *WW*: Die Kette der tausend Kraniche (72); Der tote Preuße (73).

Salomonen (*Salomoninseln*; engl. *Solomon Islands*), melanes. Inselgruppe im Pazif. Ozean östl. von Neuguinea, in eine nördl. Inselreihe (→Bougainville, *Choiseul*, *Santa Isabel*, *Malaita*) und eine südl. (→Guadalcanal, →San Cristóbal u. a.) gegliedert, mit zus. 40350 km², 260000 E. (1975); gebirgig, mit tätigen Vulkanen (*Balbi*, 3123 m hoch), trop. Klima; Anbau von Kokospalmen, Bananen und Taro. Die nördl. Inseln Bougainville und *Buka* waren nach 1884 dt. Schutzgebiet, 1920–1975 unter austr. Treuhandverwaltung (zus. mit NO-Neuguinea, →Papua-Neuguinea); alle übrigen Inseln sind britisch.

salomonisches Urteil, weises, gerechtes Urteil; nach A.T. 1. Kön. 3.

Salon [frz., -lõ] *der*, **1)** Besuchs-, Empfangszimmer; **2)** seit dem 17. Jh. Bez. für gesellschaftl.-lit.-polit. Zusammenkünfte in den Häusern von Damen der Ges.; hatten im 18. Jh. für die Entwicklung und Verbreitung aufklärer. und revolutionärer Ideen (→Frz. Revolution) und als Stätten der Meinungsbildung große Bed.

Salona(e) (jugoslaw. *Solin*), jugoslaw. Ort in Dalmatien, nördl. von Split. In röm. Zeit Hptst. der Provinz Dalmatien.

Saloniki (seit 1937 *Thessaloniki*), zweitgrößter Hafen Griechenlands, mit Freihafen für Jugoslawien, und Hptst. der griech. Prov. *S.* (3501 km², 720000 E.) in Makedonien, am *Golf*

Ernst von Salomon

P. A. Samuelson

von S. (*Thermäischer Golf*), 345 000 E. (1973); bed. Handelszentrum für SO-Europa; Reste früher byzantin. Baukunst in der Sophienkirche (6. Jh.) und Demetrios-Basilika (5.–7. Jh.); Erzbischofssitz, Univ.; bed. Ind. (Textilien, Maschinen, Leder, Tabak, Raffinerie, Stahlwerk). – Das antike *Thessalonike* 315 v. Chr. von →Kassander gegr., 148 v. Chr. Hptst. der röm. Prov. Macedonia, letzte Blüte unter →Justinian; byzantin.; im MA u. a. von Genua und Venedig beherrscht; 1430–1912 türkisch.

salopp [frz.], ungezwungen, lässig; unordentlich.

Salpausselkä, über 500 km langer, doppelter Höhenrücken in Südfinnland, die Seenplatte umschließend und bei →Hangö zur Ostsee ausstreichend; markanter Endmoränenzug, höchste Erhebung: *Tiirismaa*, 223 m.

Salpen (*Thaliacea*), Klasse der →Manteltiere, meist glasartig durchsichtige Tiere der Hochsee mit tonnen- oder walzenförmigem Körper, schwimmen nach Rückstoßprinzip; →Generationswechsel zw. einer ungeschlechtl. Einzel- (Amme) und einer geschlechtl. Kettenform.

Salpeter [lat. sal petrae 'Felsensalz'], Handels-Bez. für techn. wichtige →Nitrate wie Ammon-S. (Ammoniumnitrat, →Ammonium), Natron-S. (Natriumnitrat, →Chile-S.) und Kali-S. (Kaliumnitrat), die in der Feuerwerkerei als Bestandteil von →Schießpulver und im Pökelsalz verwendet werden.

Salpeter-Prozeß, nach *E. E. Salpeter* benannter Kernprozeß, in dem (bei rd. 100 Mio. Grad) Kohlenstoffkerne ^{12}C aus Heliumkernen ^{4}He unter starker Energieproduktion aufgebaut werden (→Kernverschmelzung). Die Bildung führt über das Berylliumisotop ^{8}Be:

$$^{4}He + {}^{4}He \rightarrow {}^{8}Be + \gamma$$
$$^{8}Be + {}^{4}He \rightarrow {}^{12}C + \gamma$$

Salpetersäure (*Acidum nitricum*), HNO_3, wasserhelle, stechend riechende, stark ätzende Säure; kommt meist als *konzentrierte S.*, spez. Gew. 1,41 (mit 69,2% HNO_3-Gehalt), in den Handel. Durch Vakuumdestillation mit wasserentziehenden Mitteln erhält man reine *wasserfreie S.*, spez. Gew. 1,522, Schmelzpunkt – 41,1° C, Siedepunkt 84° C; rote *rauchende S.* entsteht beim Sieden der S. durch Anreicherung mit Stickstoffdioxid (NO_2). Die S. ist ein starkes →Oxidationsmittel. Sie löst alle Metalle außer Gold und Platin unter Entwicklung von Stickoxid (→Scheidewasser, →Königswasser). Da einige unedle Metalle durch S. passiviert werden (→Passivität), kann konzentrierte S. in Aluminiumfässern transportiert werden. Darstellung: Durch katalyt. Ammoniakverbrennung (bei 600° C; Platin-Rhodium-Netz-Katalysator, →Ostwald-Verfahren) oder durch Luftverbrennung im Lichtbogen (*Nitrum-Verfahren*). Die Salze der S. heißen →Nitrate; die meisten werden aus S. hergestellt (→Salpeter). Ferner wird S. zur Herstellung von Sprengstoffen (→Trinitrotoluol, →Nitrocellulose, →Nitroglycerin), Celluloid, Kunstleder, →Anilin, Nitrocellulose-Lacken, Nitriersäure (→Nitrierung) u. a. verwendet.

Saloniki: Rundkirche des hl. Georg (4. Jh.)

Salpeterstrauch (*Nitraria schoberi*), Art der Jochblattgewächse, 2–3 m hoher Strauch in Salzsteppen (Südrußland bis Ostsibirien); aus Trieben wurde früher Soda gewonnen.

salpetrige Säure, HNO_2, einbasige Säure; kann sowohl als Oxidations- wie als Reduktionsmittel wirken. Ihre Salze heißen →Nitrite.

Salpingographie [griech.], Sichtbarmachen der →Eileiter durch Röntgenkontrastbild (*Salpingogramm*); bes. bei Sterilität, wenn Verdacht auf Verwachsungen besteht.

Salpinx [griech.] *die*, **1)** *Musik*: altgriech. trompetenartiges, metallenes Blasinstrument mit Mundstück, nach unten trichterförmig auslaufend; **2)** *Med.*: anatom. Bez. für röhrenförmige Organe: →Eustachische Röhre, →Eileiter.

Salsette [ßålßet], Insel an der Westküste Vorderindiens, rd. 625 km² groß, dicht bewohnt; mit der Insel Bombay und dem Festland durch Brücken und Dämme verbunden; buddhist. Höhlentempel aus dem 2.–9. Jh. n. Chr.

Salsomaggiore [ßalßomadschore], oberital. Badeort westl. von →Parma, 20500 E. (1973); starke jod-, brom- und salzhaltige Quellen.

SALT (*S*trategic *A*rms *L*imitation *T*alks), Bez. für die seit 1969 abwechselnd in Wien und Helsinki zw. den USA und der UdSSR geführten Gespräche über einen Vertrag zur Begrenzung und zum Abbau strateg. Waffensysteme. 72 wurden zwei Abkommen ausgehandelt, in denen sich die beiden Staaten verpflichten: 1. nur zwei Gruppen von Antiraketen mit insgesamt höchstens 200 Raketen zu unterhalten, 2. den Bau von Interkontinentalraketen, Abschußsilos und U-Booten für den Abschuß von Interkontinentalraketen auf 5 Jahre einzustellen. Fortsetzung der Verhandlungen als SALT II.

Salta, Hptst. der nordwestargentin. Prov. *S.* (154775 km², 523000 E.), in den östl. Anden, 1187 m ü. M., 78000 E. (1973); Erzbischofssitz; landw. Handelszentrum.

Salta [lat. 'spring!'], Brettspiel auf einem Damebrett mit 100 Feldern; 2 Spieler versuchen mit je 15 Steinen die Ausgangsfelder des Gegners zu besetzen.

Saltarello [ital.] *der*, Springtanz in schnellem 3/8- oder 6/8-Takt, der →Tarantella und →Gigue verwandt, oft als Nachtanz (*Proporz*) der →Pavane.

saltato [ital.], Vortrags-Bez. für Streichinstrumente: mit springendem Bogen.

Saltillo [-tiljo], Hptst. des mexikan. Gliedstaates →Coahuila, 144000 E. (1972); Baumwollindustrie.

Salt Lake City [ßålt leik ßiti 'Salzseestadt'], Hptst. des Staates Utah (USA), am *Jordan River*, südöstl. des →Großen Salzsees, 179000 E. (1973); 1847 von →Mormonen gegr., heute Hauptsitz dieser Glaubensgemeinschaft (Temple Square mit Mormonentempel und Tabernakel); kath. Bischofssitz, Staats-Univ.; Ölraffinerien, Verarbeitung von Edelmetallen, Eisen-, Stahl-, Textil-, Lebensmittelindustrie. (Bild S. 5225)

Salto, Hptst. des Dep. *S.* (12603 km², 115000 E.) im W der südamerik. Rep. Uruguay, am Río Uruguay, 68000 E. (1972).

Salto [ital.] *der*, freier Überschlag des Körpers mit Drehung um die Querachse (vor- oder rückwärts). *S. mortale* ('Todessprung'): doppelter Salto.

Saltykow [-kof], Michail Jewgrafowitsch (Pseud. *N. Schtschedrin*), russ. Schriftst., *27.1.1826 Spas-Ugol (Gouv. Twer), †10.5.89 St. Petersburg; schrieb beißende polit.-soziale Satiren: 'Geschichte einer Stadt' (1869/70); kraß naturalist. Roman: 'Die Herren Golowljow' (80).

saluber [lat.], heilsam, gesund; *Salubrität*, gesunde Beschaffenheit (des Körpers).

Saluen (*Salwen*, *Salween*), Strom in Hinterindien, 2500 km lang, entspringt mit zwei Quellflüssen in Osttibet, durchfließt als *Nagtschu* (tibet.), später als *Nukiang* (chines.) das chines. Autonome Gebiet →Tschamdo und die Prov. →Jünnan, dann tief eingesenkt als S. das östl. Birma, wo er im Unterlauf ein Stück die Grenze gegen Thailand bildet, mündet bei →Moulmein in den Golf von →Martaban (*Andamanensee*); streckenweise schiffbar.

Salurner Klause, Engtalstrecke der Etsch bei *Salurn* (ital. *Salorno*), südl. von Bozen; dt.-ital. Sprachgrenze zw. Südtirol und dem Trentino.

Salus [lat. 'Heil', 'Wohlfahrt'], altröm. Göttin, Verkörperung des allg. Staatswohles; unter Augustus zus. mit →Pax und →Concordia verehrt; als Regierungsdevise auf spätantiken Kaisermünzen.

Salut [lat.-frz.] *der*, milit. Ehrengruß für hohe Repräsentanten eines Staates durch Abfeuern einer Folge von Einzelschüssen oder Salven aus Geschützen entspr. dem internat. See- und Landzeremoniell; innerstaatl. auch als Freuden-S., z. B. bei Geburten im Herrscherhaus, als Trauer-S. bei der Beisetzung hoher Persönlichkeiten.

salutieren, früher allg. für 'milit. grüßen', später beschränkt auf bestimmte Ehrenbezeigungen, vor allem das Senken des Degens oder der Fahne.

Salvador (*São S. da Bahia*, auch *Bahia*), Hptst. und wichtigster Hafen des brasilian. Staates →Bahia, an der Atlantikküste, 1,09 Mio. E. (1972); Erzbischofssitz, Univ.; zahlr. Bauten aus der Kolonialzeit; Baumwoll- und Tabak-Ind., Kakaoverarbeitung.

Salvarsan®, Arsen-Benzol-Verbindung; von P. →Ehrlich und S. →Hata erstm. dargestelltes Arzneimittel zur Bekämpfung von krankheitserregenden →Geißelträgern (→Spirochäten, →Leishmania u. a.). Früher zur Behandlung der →Syphilis angewendet, wegen schädlicher Nebenwirkungen durch →Antibiotika ersetzt.

1

2

3

Salz: 1 Salzgärten am Ostrand des Rhônedeltas; 2 Abbau im Steinsalzbergwerk Bad Friedrichshall-Kochendorf; 3 Siedepfanne mit mechanisierter Ausziehvorrichtung (Saline Bad Rappenau)

Salvator [lat. 'Retter'], Christus als Heiland und Erlöser.

Salve [lat.-frz.] *die*, auf Kommando erfolgende, gleichzeitige Feuerabgabe aus mehreren Geschützen oder Gewehren (→Feuerarten).

salve! [lat.], heil dir!, sei gegrüßt!

Salviati, Francesco (eigtl. *F. di Rossi*, auch gen. *Checchino S.*), ital. Maler, *1510 Florenz, †11.11.1563 Rom; Schüler von A. del →Sarto; Manierist. Fresken und Tafelbilder.

Salvinia (*Schwimmfarn*), Gattung der →Wasserfarne; zierl. Schwimmpflanzen; Blätter stehen dicht in 3zähligen Quirlen, zwei davon sind Schwimmblätter und dienen der →Assimilation, das 3. ist untergetaucht und wurzelartig zerschlitzt; sehr selten in Altwässern und langsam fließenden Gewässern *S. natans*.

Salz, 1. *allg.*: →Salze; 2. →Kochsalz; wurde in vorgeschichtl. Zeit aus Pflanzenasche, Quell- und Meerwasser gewonnen; war bei fast allen bäuerl. Völkern bekannt, nicht aber bei den Jägern, bei denen der große Anteil an tier. Nahrung den S.-Bedarf weithin deckte. S. ist eines der ältesten Handelsgüter. S.-Gewinnung und -Handel wurde schon früh fiskalisch genutzt; zur besseren Kontrolle wurden vom MA bis ins 19. Jh. von den Landesherrn Zwangswege (*Salzstraßen*) für den S.-Handel festgelegt (→Salzauslaugung, →Salzgestein, →Steinsalz, →Bergbau).

Salza *die*, re. Nebenfluß der →Enns, rd. 70 km lang, entspringt bei →Mariazell in den Steirisch-Niederösterr. Kalkalpen, mündet bei *Großreifling*.

Salzach *die*, re. Nebenfluß des Inn, 225 km lang, entspringt am *Salzachgeier* (2469 m ü. M.) in den →Kitzbüheler Alpen, durchfließt →Pinzgau und →Pongau, den Paß →Lueg, die Stadt →Salzburg, bildet im Unterlauf die dt.-österr. Grenze und mündet unterhalb →Burghausen.

Salzauslaugung, Lösung und Abbau unterird. Salzlager durch Zutritt von Grundwasser, meist begleitet von einem Nachsinken des Hangenden über den eingestürzten Hohlräumen; dadurch Bildung von 'Auslaugungssenken', z. B. im Verbreitungsgebiet der großen mitteldt. Kali- und Steinsalzlager des →Zechsteins (Goldene Aue, Niederung der

Salt Lake City: Tempel der Mormonen

Salzburg: Dom

mittl. Unstrut, Mansfelder Seen; →Lüneburg).

Salzbrunn, Bad (bis 1935 *Obersalzbrunn*), Mineralbad im →Waldenburger Bergland, 9200 E. (1974), seit 1945 unter poln. Verwaltung (*Szczawno Zdrój*, Woiwodschaft Breslau); Glas-, Metallindustrie.

Salzburg, 1) österreichisches Bundesland, grenzt im N an Oberösterr., im O an Steiermark, im S an Kärnten, Osttirol, Italien (Südtirol) und im W an Tirol und Bayern, 7155 km^2 mit 402000 E. (1971), Hptst. Salzburg. S. hat Anteil an den Zentralalpen und greift im →Lungau über den Alpenhauptkamm, umfaßt die Salzburger Schieferalpen (Kitzbüheler Alpen, *Dientener Berge*), die Salzburger Kalkalpen und reicht im N noch in das Alpenvorland (→Flachgau). Hauptsiedlungsgebiet sind die großen Flußtäler. Vorherrschend Viehwirtschaft, 40% der Landesfläche sind Wiesen, Weiden und Almen, das Ackerland nimmt nur 7,2% der Fläche ein; Viehzucht bes. im →Pinzgau und Lungau; Holz-, Textil-, Metall-Ind. (*Sulzau*, *Lend*), Glaserzeugung; Bergbau auf Kupfer (→Mitterberg) und Salz (→Hallein). Lebhafter Fremdenverkehr, vor allem im Gasteiner Tal und →Zell am See. S. ist in 5 polit. Bezirke und 1 Stadt mit eigenem Status (Salzburg) gegliedert. (Tabelle S. 5226)

2) Hauptstadt des österreichischen Bundeslandes S., am Austritt der →Salzach aus den Alpen, 422 m ü. M., 140000 E. (1975). Sitz der Landesregierung, eines Erzbischofs; Univ. (1623–1810 und seit 1963, zwischen-

F. Salviati: Barmherzigkeit. Florenz, Palazzo Pitti

Polit. Bezirke (1971)	Fläche km²	Einw. (in 1000)
Salzburg Stadt	66	128,8
Hallein	668	40,5
Salzburg Umgebung	1004	84,6
Sankt Johann im Pongau	1755	62,8
Tamsweg	1020	19,0
Zell am See	2642	66,0
Salzburg	7155	401,7

zeitl. nur theol. Fak.), Musik-Akad. (*Mozarteum*); Landestheater, Museen. Seit 1920 Salzburger Festspiele (Max →Reinhardt, Herbert v. →Karajan); äußerst lebhafter Fremdenverkehr (1971 rd. 2,5 Mio. Übernachtungen). Metall-, Textil-, Lebensmittel- und holzverarbeitende Industrie. *Mönchs-* und *Kapuzinerberg* und die Feste *Hohensalzburg* (1077 angelegt, um 1500 ausgebaut) umgeben die Altstadt am Salzachufer. Mittelpunkt ist der Residenzplatz mit erzbischöfl. Residenz (1596 bis 1619) und Dom (1614–28); Benediktiner-Erzabtei St. Peter (gegr. um 700) mit roman., barockisierter Stiftskirche, got. Franziskanerkirche, Kollegienkirche (1694–1707), Festspielhaus; im SO Benediktinerinnenkloster Nonnberg (gegr. um 700); bis 6stöckige Bürgerhäuser vom Inn-Salzach-Typ. In der Neustadt Barockschloß *Mirabell* (1721 bis 27); in der Umgebung die Schlösser *Kleßheim*, *Leopoldskron* und →Hellbrunn.

Geschichte: Auf dem Boden des röm. *Juvavum*, das unter Kaiser →Claudius (41–54) zum Munizipium erhoben wurde, gründete der fränkische Glaubensbote →Rupert um 700 die Klöster St. Peter und Nonnberg. Als Bischofssitz endgültig von →Bonifatius 739 eingerichtet, widmete sich S. ab Mitte des 8. Jh. bes. der Mission von Karantanien; 798 wurde es Erzbistum. Schon von Hzg. Theodo III. von Bayern (†717) mit Salzpfannen in Reichenhall beschenkt, wurde S. der Salzlieferant Bayerns und erhielt dadurch seinen heutigen Namen. Der Grundbesitz des Erzbistums reichte bis Krain und Friaul. Von Karl d. Gr. mit der →Immunität ausgestattet, errichteten die Salzburger Erzbischöfe ihren Territorialstaat durch Entvogtung, Kauf der Grafschaften Ober- und Unterpinzgau und des Lungaus, vor allem aber durch den Ausbau ihres Forstrechts im Pongau. 996 erhielt die Stadt das Marktrecht. In der Neuzeit konnten die Erzbischöfe das Eindringen der neuen Glaubenslehre nicht verhindern, zwangen aber die Protestanten 1684/85 und 1731/32 zur Auswanderung. Durch die Erzbischöfe *Wolf Dietrich von Raitenau* (1587–1612), *Mark Sittich Graf von Hohenems* (1612–19), *Paris Graf v. Lodron* (1619–53) und *Johann Ernst Graf v. Thun* (1687–1709) erhielt die Stadt ihr barockes Gepräge. 1803 wurde das Erzstift säkularisiert (→Säkularisation) und als Kurfürstentum an Ferdinand von Toskana gegeben, der es 1805 an Österr. abtreten mußte. 1809 fiel S. an Bayern, 1816 wieder an Österr., 1850 wurde es eigenes Kronland, 1920 Bundesland der Republik Österreich.

Salzburger Kalkalpen, Teil der →Nördl.Kalkalpen, von den →Loferer und Leoganger Steinbergen im W bis zum →Tennengebirge im O; Höhlen (→Eisriesenwelt) und Baustoffgewinnung (*Adneter Marmor*).

Salzdetfurth, Bad, niedersächs. Stadt im Reg.-Bz. Hildesheim, südl. von Hildesheim, mit 14600 E. (1975); Sol- und Moorbad; Kaliwerke, Elektroindustrie.

Salze, feste chem. Verbindungen aus Säureresten (→Anionen) und →Kationen von Metallen (auch Ammonium, NH_4^+) oder organ.-chem. Gruppen; werden durch Ionenbindung (→chem. Bindung) zusammengehalten; verdampfen infolge des polaren Charakters erst bei hohen Temp. und sind in wäßriger Lösung vollständig in die Ionenbestandteile zerfallen (→*Dissoziation*, daher Stromleitung). Lösungen von S. reagieren je nach dem Grad der →Hydrolyse sauer, neutral oder alkalisch. S. entstehen 1. bei der Reaktion von Säuren mit Basen (→Neutralisation), z. B. $NaOH + HCl \rightarrow NaCl$ (*Natriumchlorid*) $+ H_2O$; 2. aus Metallen und Säuren, z. B. $Mg + H_2SO_4 \rightarrow MgSO_4$ (*Magnesiumsulfat*) $+ H_2$; 3. aus den Elementen, z. B. $Zn + Cl_2 \rightarrow ZnCl_2$ (*Zinkchlorid*) und 4. bei der Verdrängung einer schwachen Säure oder Base aus ihren S. durch stärkere Säuren bzw. Basen, z. B. KCN (*Kaliumcyanid*) $+ HCl \rightarrow HCN + KCl$ (*Kaliumchlorid*). Die meisten S. bilden Kristalle, oft unter Einbau von →Kristallwasser in das Kristallgitter.

Salzgesteine, Sedimentgesteine, die aus Salzverbindungen aufgebaut sind; sie entstehen durch Ausscheidung aus dem Wasser infolge Änderung der physik. Bedingungen oder infolge Verdunstung des Wassers. Die bekanntesten S. sind →Travertin, →Steinsalz, →Anhydrit, →Gips und die →Kalisalze.

Salzgitter (bis 1951 *Watenstedt-S.*), kreisfreie niedersächs. Industriestadt südwestl. von Braunschweig, 119000 E. (1975); 1942 aus 27 Dörfern und der Kleinstadt S. gebildet. Die seit 1937 aufgebauten Erzgruben und Eisenhütten beuten das drittgrößte Eisenerzvorkommen Europas aus. Neben der eisenschaffenden und -verarbeitenden Ind. Erdölförderung, Textil- und pharm. Ind.; Solquellen in *S.-Bad.* (Bild S. 5228)

Salzgitter AG, Berlin/Salzgitter-Drütte, bundeseigene Holding-Ges. der Schwer-Ind.; Vorläufer gegr. 1937 als ‘Reichswerke’. Umsatz: 9 Mrd. DM; Beschäftigte: 55000 (1975/76).

Salzkammergut, Alpenlandschaft in Oberösterr., Salzburg und Steiermark, im Gebiet der oberen Traun, vom Alpenrand im N bis zum Dachstein im S. Umfaßt die verkarsteten Kalkstöcke des →Höllengebirges, →Toten Gebirges und des →Dachsteins; dazwischen über 40 Seen teils glazialer Entstehung wie →Atter-, →Traun-, →Wolfgang-, →Mond-, →Hallstätter und →Grundlsee. Hauptorte mit lebhaftem Fremdenverkehr sind Bad →Ischl, Bad →Goisern, →St. Wolfgang, Bad →Aussee, →Gmunden; Waldreichtum, Salzgewinnung. – Das S. wurde urspr. von der landesfürstl. Salzkammer verwaltet.

Salzkraut (*Salsola kali*), 1jähriges →Gänsefußgewächs; 25–60 cm hohe Salzpflanze mit schmalen, fleischigen Blättern, die in Dornen auslaufen, und unscheinbaren Blüten; Küsten, Salzstellen des Binnenlandes.

Salzkrebschen (*Salinenkrebs*; *Artemia salina*), Art aus einer urtüml. Unterklasse der →Krebse, den *Kiemenfüßern* (*Anostraca*). Lebt in salzigen Binnenseen, Salinen und Lagunen; schwimmt mit dem Bauch nach oben und filtert mit Hilfe der Blattbeinpaare Geschwebe aus dem Wasser. Beliebtes Futter für Aquarientiere.

Salzmann, Christian Gotthilf, Pädagoge, *1.6.1744 Sömmerda (Thür.), †31.10.1811 Schnepfenthal; bed. Vertreter der dt. Aufklärungs-Pädag. und des →Philanthropismus; gründete 1784 die Anstalt Schnepfenthal bei Gotha.

Salzmelde (*Obione*), Gattung der →Gänsefußgewächse; meldenähnl. Salzpflanzen der Küste, selten im Binnenland.

Salzsäure (*Chlorwasserstoffsäure*), HCl, farblose, stechend riechende, wäßrige Lösung von Chlorwasserstoff; *rohe S.* ist durch Eisen(III)-Chlorid gelb gefärbt. Die *konzentrierte rauchende S.* ist 38%ig (spez. Gew. 1,19), die offizinelle *verdünnte S.* 7%ig (spez. Gew. 1,035). Die S. löst die meisten unedlen Metalle unter Bildung von Wasserstoff. Die dabei entstehenden Salze heißen *Chloride.* Sie sind mit fast 2% an der Bildung der Erdrinde (einschließl. der Meere) beteiligt. Die wichtigsten davon sind das *Natriumchlorid* (→Kochsalz, →Steinsalz) und das *Kaliumchlorid* (→Sylvin). Physiologisch bedeutsam ist der Gehalt von 0,3% S. im Magensaft (→Sodbrennen). Man gewinnt S. bei der Produktion von →Glaubersalz aus Kochsalz und Schwefelsäure, aus Chlorwasserstoff enthaltenden Gasen und als oft lästiges Nebenprodukt vieler chem. Prozesse und verwendet sie u. a. bei der →Holzverzuckerung, bei der Herst. von →Polyvinylchlorid, als

Samarkand: Gur-Emir, Mausoleum von Timur Lenk

Salzgitter: Hochofengruppe mit Gichtgasbehälter

Ätzmittel im graph. Gewerbe, als Lösungsmittel und Titriersäure im chem. Labor, für Farbstoffsynthesen, zur Darstellung von Chloriden und Chlor, bei der Erzaufbereitung, zur Beseitigung von Kesselsteinen, in der Photographie sowie beim Galvanisieren.

Salzschlirf, Bad, hess. Gemeinde im Kr. →Fulda, Kurort am NO-Fuß des →Vogelsberges, 2500 E. (1975); kohlensaure Solquellen und Moorbäder, bes. für Rheuma-, Herz-, Stoffwechsel- und Frauenleiden.

Salzschmelze, zum Abdecken und Reinigen geschmolzenen Metalls verwendetes, verflüssigtes Salz.

Salzsee, abflußloser, daher salzreicher See im →ariden Klimabereich; der Salzgehalt entsteht durch Anreicherung der im Flußwasser enthaltenen Mineralsalze infolge hoher Verdunstung. Bekannte S. sind der →Aralsee und das →Tote Meer. Durch Austrocknung kann sich vorübergehend ein *Salzsumpf* (z. B. die →Kewire des Iran und die →Schotts im alger. Hochland), dann auch eine *Salzpfanne* oder *Salztonebene* mit festem Boden bilden.

Salzsteppenstrauch (*Salzstrauch, Saxaul*; *Haloxylon ammodendron*), →Gänsefußgewächs asiat. Salzsteppen; Wuchs krüppelhaft.

Salzsteuer, Verbrauchsteuer auf Salz; in der BRD geregelt im *S.-Gesetz* (Fassung vom 25.1.1960). Die S. wird als →Fabrikatsteuer mit einem Satz von 12 DM je dz erhoben. Das dem Bund zufließende Aufkommen betrug 1975 42 Mio. DM. Die S. hat sich aus dem *Salzregal* (→Regalien) entwickelt. In einigen Ländern, z. B. Italien und *Österr.*, besteht ein staatl. *Salzmonopol*, das Produktion und Vertrieb umfaßt, in anderen, z. B. in der *Schweiz*, das Handelsmonopol einiger Kantone.

Salzuflen, Bad, Stadt im Reg.-Bz. →Detmold, Nordrh.-Westf., südöstl. von →Herford, 51 500 E. (1975); Thermal- und Solquellen; Möbel- und Stärkeherstellung.

Salzungen, Bad, thür. Krst. im Bz. →Suhl, an der →Werra, 17 300 E. (1975); Solbad; Gradierwerk, Metall- und Maschinenindustrie.

Salzwedel, Krst. im Bz. Magdeburg, Sachs.-Anh., an der →Jeetze im NW der →Altmark, 21 700 E. (1975); altes Stadtbild, zwei Pfarrkirchen (13. bis 15. Jh.), Stadttore; Maschinen-, Zucker-, chem. Industrie.

Samaden (rätoroman. *Samedan*), Gemeinde und Kurort im Kt. Graubünden, im Oberengadin, 1721 m ü. M., 2570 E. (1975); Museum.

Samaniden, pers. Herrscherhaus in NO-Iran (874–999), dehnte unter *Naßr II.* (914–43) seine Macht über den größeren Teil Irans aus.

Samar, östl. Insel der Philippinen, 13075 km² mit rd. 450000 E. (1972), Hptst. *Catbalogan*; Eisenerzvorkommen; Anbau von Reis und Zuckerrohr, Kopragewinnung.

Samaria, 1) nach →Sichem Hptst. des Nordreichs →Israel, um 880 v. Chr. von König *Omri* erbaut, 722 v. Chr. von →Assyrien zerstört, unter →Herodes d. Gr. wiederaufgebaut; **2)** nach 1) benannte Landschaft im mittleren Palästina.

Samariter (*Samaritaner*), Bev. der Landschaft →Samaria, seit der Unterwerfung durch Assyrien Mischvolk, das den Juden Jerusalems als 'unrein' galt und sich auf dem →Garizim ein eigenes Heiligtum baute; hielten aber am →Jahwe-Glauben sowie dem →Pentateuch als hl. Schrift fest.

Samarium (*Sm*), meist dreiwertiges, metallisches Element aus der Gruppe der →Metalle der Seltenen Erden; Ordnungszahl 62, Atomgewicht 150,35; Schmelzpunkt 1072° C, Siedepunkt bei etwa 1900° C, Dichte 7,5; kommt vor allem in den norweg. Mineralien der Ceriterden vor (*Samarskit*). Für →Laser, →Katalysatoren und in Kernreaktoren verwendet.

Samar: Mit Nippa gedeckte Fischerhütten

Samaden

Samarkand, Stadt in der →Usbek. SSR, im Tal des →Serawschan, Zentrum einer großen Oase, 281000 E. (1973); alte Handelsmetropole, Verkehrsmittelpunkt an der Transkasp. Bahn; 1369–1405 Residenz →Timurs (mit dessen Grabstätte), zahlr. Moscheen u. a. islam. Prachtbauten; Univ.; Baumwoll-, Seiden-, Teppich-, Nahrungsmittelindustrie, Maschinenbau. (Bild S. 5227)

Samarra, irak. Stadt am mittl. Tigris, nordwestl. von Bagdad, mit rd. 15000 E. (1972); schiitischer Wallfahrtsort (Grabmoschee des 10. und 11. Imam), ausgedehnte Ruinenfelder der →Abbasiden-Residenz des 9. Jh.; vorgeschichtliche Siedlung des 4. Jt. v. Chr.

Samba (*Abachi*), leichtes, weiches Holz, im Kern gelbl., im Splint weißl., arbeitet wenig; Verwendung für Sperrholz, Möbel usw.; gewonnen von *Triplochiton scleroxylon*, einem bis 50 m hohen Sterkuliengewächs Westafrikas. (→Holz, Bild)

Samba *die*, moderner Gesellschaftstanz im $^4/_4$-Takt, ursprünglich brasilianischer Volkstanz.

Sambesi (engl. *Zambezi*, portug. *Rio Zambeze*), größter Fluß Südafrikas, 2660 km lang, Einzugsgebiet 1,33 Mio. km², entspringt auf der →Lundaschwelle an der Grenze zw. der Rep. Zaire und Angola, durchfließt das östl. Sambia und bildet von den →Victoriafällen ab über rd. 800 km die Grenze zw. Sambia und Rhodesien, mündet in 800 km² großem Delta bei *Chinde* (Moçambique) in den Ind. Ozean; riesige Stauanlage in der →Kariba-Schlucht, im Unter-

Sambesi: Victoriafälle

lauf ab *Tete* schiffbar. Wichtigste Nebenflüsse: re. →Cuando; li. *Kafue*, →Luangwa, →Schire.

Sambia (amtl. engl. *Republic of Zambia* [ripablik ow sambjᵉ]; früher *Nordrhodesien*), Republik in Südafrika, mit 752614 km² und 4,90 Mio. E. (1975; davon gut 40000 Weiße), Hptst. →Lusaka; umgrenzt von Rhodesien, Botswana, Angola, Zaire, Tansania, Malawi, Moçambique.

Landesnatur: S. umfaßt die Stromgebiete von *Kafue* und →Luangwa, der li. Nebenflüsse des die Grenze gegen Rhodesien bildenden Sambesi. Hügelige, seenreiche, bis 1300 m ü. M. liegende Gras- und Baumsteppen, in den *Muchingabergen* (O) und südl. des →Tanganjikasees (N) bis über 1800 m ansteigend; der →Bangweulusee entwässert über den →Luapula zum Kongobecken. Obwohl S. in den Tropen liegt, ist das Klima auf Grund der allg. Höhenlage temperiert, nur in den Tälern trop. warm; Niederschläge hauptsächl. Nov. bis März. Die zu den größten der Welt zählenden Kupfervorkommen im N erstrecken sich im 'Copperbelt' von *Ndola* nach →Katanga (Rep. Zaire).

Bevölkerung: Viehzüchtende →Bantu-Stämme, in der Mehrzahl Barotse, Matabele, Schona. 1965 wanderten 5000 Weiße ab, vor allem nach Südrhodesien.

Verfassung, Verwaltung: Präsidial-Rep., der Staats-Präs. ernennt den Regierungschef; Einkammerparlament; 73 Umwandlung in einen Einparteienstaat; Verwaltungsgliederung in 8 Provinzen. Sicherheitstruppe von 6000 Mann. Staatssprache ist Englisch; zahlr. Stammessprachen.

Wirtschaft: An der Spitze der Landw. die wert- und mengenmäßig zunehmende Tabakerzeugung; Reis, Mais, Getreide, Gemüse, Fleisch müssen trotz Förderung des Anbaus und der hochentwickelten Viehzucht zeitweilig zusätzl. eingeführt werden. Im Bergbau steht vor Gold, Zink, Blei, Kobalt, Vanadium und Kohle das Kupfer an hervorragender Stelle: 4 staatliche Minenbetriebe mit Verarbeitung, Kupfererzeugung 669000 t (1975). Eisenverarbeitende und Kupfer-Ind.; Textil- und Düngemittelfabrikation; Stahl- und Eisenwalzwerk bei Lusaka. Ind. und Bergbau bedürfen auswärtiger Kohle und der Energiebelieferung aus dem →Kariba-Kraftwerk (Sambesi). Verkehr: 5 Eisenbahnlinien verbinden den Binnenstaat S. mit den Weltmeeren: über Katanga (Shaba) nach Zaire sowie nach Angola (→Benguela-Bahn), durch Mocambique nach Beira, durch Botswana zur Rep. Südafrika und (seit 1976) von Ndola durch Tansania nach Daressalam (*Tansam*, 1860 km lang). Straßen: 35000 km, davon 1000 km modern ausgebaut. Internat. Flughafen bei Lusaka. Handel vorwiegend mit Großbritannien, Japan, Südafrika, BRD, USA, Rhodesien und China. 95% des Ausfuhrwertes bestreitet das Kupfer; Einfuhr von Textilien, Lebensmitteln, Maschinen, Minenbedarf.

Religion, Unterrichtswesen: Vorherrschend →Animismus (vor allem unter den Barotse); etwa ¼ Protestanten und Katholiken; islam. und jüd. Minderheiten. Zahlr. christl. Missionsstationen mit Krankenhäusern und Schulen. 1974 bestanden insgesamt 3000 einfache, mittl. Schulen, Fachschulen und Lehrerseminare.

Geschichte: Aus dem Kongobecken in das Einzugsgebiet des Sambesi eingewanderte Bantustämme erreichten den Strom um 1600; um 1850 fielen vorübergehend Araber vom Ind. Ozean her ein. Das von der *Brit.-Südafrik. Ges.* 1891–98 nördl. des Sambesi erworbene →Barotseland wurde 1911 mit anliegenden Gebieten unter dem Namen *Nordrhodesien* vereinigt, 23 zur brit. Kronkolonie erklärt. 1953 schlossen sich Süd-, Nordrhodesien und Njassaland zur →Zentralafrik. Föderation zus., die 1963 infolge Ausscheidens von Njassaland (als Rep. →Malawi) zerfiel. Die in der Londoner Verfassungskonferenz von 1962 den Afrikanern Nordrhodesiens gewährte Parlamentsmehrheit drängte auf völlige Autonomie; am 24.10.64 wurde Nordrhodesien als S. unabhängig. 73 Grenzkonflikt mit (S-)Rhodesien.

Sambo [russ. *sam*osastschita *b*es *o*ruschija 'Selbstverteidigung ohne Waffen'] *das*, aus traditionellen russ. Ringkampfarten um 1930 entwickelter, dem →Judo verwandter Zweikampfsport.

Sambre [ßãbrᵉ] *die*, (fläm. *Samber*), li. Nebenfluß der →Maas, 185 km lang, entspringt in den →Ardennen in NO-Frkr., durchfließt das nordfrz. und belg. Kohlenbecken und mündet bei →Namur; mit der →Oise durch Schiffahrtskanal verbunden.

Samen, 1) *Bot.*: der Verbreitung dienendes Produkt der Höheren Pflanzen (→Blütenpflanzen), bestehend aus einem ruhenden, von einer Schale umschlossenen Keimling und Nährgewebe. Der S. entsteht aus einer S.-Anlage des Fruchtknotens (→Blüte): aus der im →Embryosack befindl. Eizelle entwickelt sich (meist nach →Befruchtung) durch wiederholte Teilungen der Keimling, an dem ein Würzelchen sowie ein oder zwei Keimblätter (*Kotyledonen*) und manchmal weitere Blattanlagen angelegt sind; aus dem Embryosackkern entsteht das Nährgewebe (→Endosperm); die umschließenden Hüllen (→Integumente) der S.-Anlage bilden sich zur festen S.-Schale um. Oft wird das Nährgewebe noch während der S.-Reife verbraucht, die Nährstoffe werden dann in den Keimblättern gespeichert (z. B. Hülsenfrüchtler); Reservestoffe sind bes. Eiweiß, Stärke (Getreide etwa 70%, Bohne 47%), Öl (Nüsse 50–60%) und (für den Menschen unverwertbare) Reservecellulose; sie dienen als Baustoffe für den Keimling. Bei der Reifung verliert der S. Wasser, alle Lebensäußerungen klingen ab: *S.-Ruhe*; der S. ist in diesem Zustand äußerst widerstandsfähig gegen Kälte, Trockenheit u. a. Einflüsse; nun erfolgt Ablösung von der Mutterpflanze. Die S.-Ruhe kann wenige Tage oder Wochen (Weide, Pappel), aber auch Jahrzehnte (Lotos 250 Jahre) anhalten. Ohne Ruhepause, bereits auf der Mutterpflanze, keimen die S. der →Mangroven; manche S. keimen erst nach Frost (*Frostkeimer*), andere nach Lichtbestrahlung (*Lichtkeimer*); die meisten S. sind sehr klein und leicht: meist weniger als 1 g, bei versch. trop. Orchideen 0,002 mg und weniger; extrem groß sind viele Palmen-S.: Kokosnuß etwa 500 g. Gleichzeitig mit der S.-Reifung erfolgt auch die Bildung der →Frucht, die dem Schutz und der Verbreitung der S. dient (→Keimung, →Einkeimblättrige Pflanzen, →Zweikeimblättrige Pflanzen, →Bestäubung; →Fortpflanzung, Bild). **2)** *Zool.* und *Med.*: männl. Keimzellen, →S.-Zellen.

Samenanlage, Teil eines Fruchtblattes (→Blüte), bringt die Eizelle hervor und entwickelt sich nach Befruchtung zum →Samen; besteht aus schützenden Hüllen (→Integumente) und zentralem Gewebe (*Nucellus*), das den →Embryosack (samt Eiapparat) ausbildet; sitzt mit einem Stielchen (*Funiculus*) an bestimmter Stelle (*Plazenta*) des Fruchtblattes. (→Fortpflanzung, Bild)

Sambia: Lusaka

Samenblasen, zwei der Unterfläche der männl. Harnblase anliegende Drüsen, deren Ausführungsgänge in die Samenleiter münden; ihr alkal. Sekret versetzt die Samenzellen in den Zustand aktiver Bewegung, vermehrt die Samenflüssigkeit.

Samenfarne (*Pteridospermae*), ausgestorbene Klasse primitiv gebauter →Nacktsamer des Erdaltertums; Holzpflanzen mit farnartigen Blättern, baumförmig oder lianenartig kletternd; vermitteln zw. Farnen und eigtl. Nacktsamern.

Samenfluß (*Spermatorrhoe*), Abgang der Samenflüssigkeit (→Sperma) ohne →Erektion und →Orgasmus. S. tritt bei seel. Störungen auf, auch durch Erniedrigung der Reizschwelle im Ejakulationszentrum.

Samenkäfer (*Bruchidae*), den →Blattkäfern verwandte Insektenfamilie mit über 900 Arten; als Larven fast stets in Pflanzensamen; vermehren sich rasch (jährl. bis 6 Generationen); Vorratsschädlinge sind bes. →Erbsen- und →Bohnenkäfer.

Samentasche (*Spermienbehälter*; *Receptaculum seminis*), taschenarti-

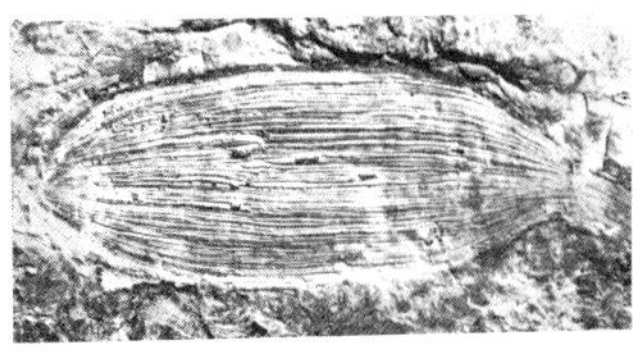

Samenfarne: Frucht aus dem Karbon

ges Organ bei weibl. Tieren (bes. Insekten) zur Aufbewahrung der Samenzellen nach der →Begattung.

Samenzelle (*Spermium*, Mz. *-mien*; *Spermatozoon*, Mz. *-zoen*), männl. Keimzelle (→Gamet) der mehrzelligen Tiere und des Menschen; beim Menschen besteht sie aus dem *Kopf* (Zellkern mit einem →haploiden →Chromosomen-Satz, Kopfkappe), dem *Hals* mit dem Zentralkörperchen, dem *Mittelstück*, das den Achsenfaden aus 2 Zentralfibrillen (umgeben von energiespendenden →Mitochondrien), mehrere Begleitfibrillen und einen Spiralfaden enthält, und dem *Schwanz* als Bewegungsorgan. Die menschl. S. sind etwa 0,002 mm lang, sie reifen im →Hoden unter dem Einfluß der →Hypophyse und der →Nebennieren aus den Ursamenzellen (*Spermatogonien*) über mehrere Zwischenstadien heran, werden im Nebenhoden gespeichert und bei der →Ejakulation durch Kontraktion von Nebenhodengang und Samenleiter ausgetrieben. Ihre Bewegungsfähigkeit (3–4 mm pro Minute), die ihnen das Auffinden der Eizelle ermöglicht, erhalten sie durch die alkalischen Sekrete von →Samenblasen und →Prostata; in saurem Milieu sind sie unbeweglich. Ein Ejakulat (etwa 3,5 cm³) enthält normalerweise 100 Mio. (bis zu 300 Mio.) S., darunter 20% unreife und Fehlformen; 60% der reifen S., deren Eindringen in die Eizellen durch →Hyaluronidase ermöglicht wird, sind nach 6 Stunden noch beweglich. Die S. schwimmt gegen den Flimmerstrom des Eileiters und wird durch Befruchtungsstoffe (*Gamone*) angezogen (*Chemotaxis*).

Samenzelle (Mensch): *Rechts* oberer Teil etwa 8000fach vergrößert: **1** Kopf, **2** Randreifen, **3** Becherhülse, **4** Hals, **5** Verbindungsstück mit Achsenfaden, Spiralfaden, Plasmahülle, **6** Schlußring, **7** Teil des Schwanzes, **8** Zentralfibrille, **9** Achsenfaden, **10** Schwanzhülle

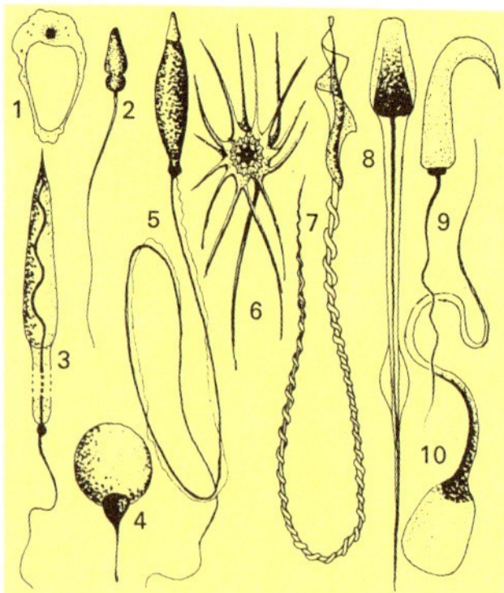

Samenzelle (verschiedene Tiere): **1** Spulwurm; **2** Seeigel; **3** Weichtier; **4** Termite; **5** die meisten Insekten; **6** Flußkrebs; **7** Buchfink; **8** Fledermaus; **9** Ratte; **10** Rind

Samisdat [russ. 'Selbstverlag'] *der*, Bez. für Herst. und Verbreitung aller Publikationen in der Sowjetunion, die wegen der Zensur nicht von den staatseigenen Verlagen veröffentlicht, sondern im Untergrund hand- oder maschinenschriftlich vervielfältigt werden.

Samjatin (*Zamjatin*), Jewgenij Iwanowitsch, russ. Schriftst., *20.1.1884 Lebedjan (Gouv. Tambow), †10.3. 1937 Paris; kritisierte, obwohl urspr. selbst Parteimitglied, die Unterdrükkung der menschl. Individualität durch den Bolschewismus in dem utop. Roman 'Wir' (1920), konnte 1932 emigrieren. Nähe zum →Surrealismus.

Samland, Halbinsel in →Ostpreußen zw. dem →Frischen Haff und der →Kurischen Nehrung, rd. 2300 km²; flache Sandküsten, der eiszeitl. überlagerte tertiäre Sockel im *Galtgraben* 110 m hoch, im W Steilabfall zur Ostsee hin (→Bernsteinküste); Seebäder, Bernsteingewinnung im Tagebau bei →Palmnicken. Seit 1945 unter sowjet. Verwaltung.

Sammartini, Giovanni Battista, ital. Komponist, *1698 Mailand, †15.1.1775 ebenda; Kapellmeister und Organist in Mailand; Lehrer Glucks; in seiner Instrumentalmusik Vorläufer der musikal. →Klassik.

Sammelgut, Stückgüter, die bei einem Spediteur gesammelt und als

Sammelladung zu ermäßigtem Tarif befördert werden.

Sammellinse, →Linse, die in der Mitte dicker ist als am Rand (meist →konvex); parallel auftreffende Strahlen werden durch sie in einem Brennpunkt vereinigt (→Lupe).

Samnaun, re. Seitental des Unterengadins, 14 km lang, im Kt. Graubünden; Zollausschlußgebiet.

Samniten, Volksstamm der →Italiker in den →Abruzzen, der umbrosabell. Sprachgruppe angehörig. Im 5./4. Jh. v. Chr. dehnten sich die S. nach Apulien und Kampanien aus, wodurch es zum Zusammenstoß mit Rom kam. In drei Kriegen (*Samnitenkriege*: 343–341; 326–304; 298 bis 291) wurden sie von den Römern in schweren Kämpfen in ihr Gebiet (*Samnium*) zurückgedrängt und gerieten in Abhängigkeit von Rom. 90 v. Chr. traten sie im 3. →Bundesgenossenkrieg an die Spitze der um das röm. Bürgerrecht kämpfenden Italiker. 82 v. Chr. in der Schlacht am Collinischen Tor von →Sulla endgültig unterworfen und nahezu ausgerottet.

Samo, fränk. Kaufmann aus Sens an der Yonne (südöstl. Paris); von den Westslawen um 623/624 im Kampf gegen die →Awaren zum König erhoben. Sein Reich erstreckte sich wahrsch. über Böhmen und Mähren und grenzte im N an Thür. Konnte sich 631/632 gegen Angriffe der Franken behaupten.

Samoainseln, polynes. Inselgruppe vulkan. Ursprungs im Pazif. Ozean, nordöstl. der Fidschiinseln, 3039 km², 182000 E. (1974); polit. geteilt in das selbständige →*Westsamoa* mit den Inseln →Savaii, →Upolu, *Manong* und *Apolima* (2842 km², rd. 150000 E.), Hptst. →Apia, und in *Amerikanisch-Samoa* mit den Inseln →Tutuila, *Tau*, der *Manuagruppe* u. a. (197 km², rd. 30000 E.), Hauptort →Pago Pago; trop. Klima, Anbau von Kokospalmen, Bananen, Tabak, Kakao und Zuckerrohr. – 1722 von Holländern entdeckt, 1899 zw. Dtld. und den USA aufgeteilt; dt. Anteil 1919–62 neuseeländ. Mandats- bzw. Treuhandgebiet, seitdem unabhängig.

Samoainseln: Bucht von Pago Pago

Samojeden, sibiride Nomadenvölker an der Küste des Nordpolarmeers, Jäger, Fischer und Rentierzüchter, leben in Stangenzelten, besitzen Hundeschlitten, Schneeschuhe; vier kulturelle Gruppen: *Nenzen* (*Juraken*), *Selkupen* (*Ostjak-S.*), *Enez* (*Jenisej-S.*), *Nganassen* (*Twagy-S.*)

Samland: Bernsteinküste

Samos: Pythagonion an der Südküste

Russischer Samowar

samojedische Sprachen, zum →uralischen Sprachstamm gehörender Sprachzweig, den →finn.-ugr. Sprachen nächstverwandt; im Norden des euras. Kontinents vom Weißen Meer bis zur Chatanga-Bucht gesprochen.
Samokow [-kof], bulgar. Stadt nördl. des →Rila-Geb., 25400 E. (1972); vom 17. bis 19. Jh. Zentrum des Handwerks und Eisenbergbaus.
Samos, gebirgige Insel der griech. →Sporaden, vor der Westküste Kleinasiens, 468 km², 42000 E. (1973), Hptst. und Hafen *Vathy* (2500 E.); Wein, Tabak, Oliven. (Bild S. 5233)
Samosch *der*, (ungar. *Szamos*, rumän. *Someș*), li. Nebenfluß der Theiß, 418 km lang, entspringt mit einem Quellfluß im *Rodnaer Geb.*, mit dem anderen im →Bihorgeb. (Rumänien), passiert →Klausenburg und →Sathmar und mündet als Tieflandsfluß im *Nyírség* (Ungarn); stark schwankende Wasserführung.
Samothrake, griech. Insel im nordöstl. Ägäischen Meer, 177 km², rd. 4000 E. (1973), Hauptort *Chora*; gebirgig, bis 1600 m hoch; Schaf- und Ziegenzucht. In der Antike Mysterienheiligtum, Fundort der →Nike von S., heute im Louvre.
Samowar [russ. 'Selbstkocher'] *der*, Metallkessel zum Kochen und Warmhalten des Teewassers; mit Holzkohle beheizt.
Sample [engl., ßampl] *das*, (*Stichprobe*), statist. Begriff; aus einer Grundgesamtheit (Bev., Serie von Fällen) ausgewählte Teilmenge, die mit einer gewissen →Wahrscheinlichkeit und innerhalb eines bestimmten Fehlerspielraums die Ausgangsgesamtheit repräsentiert.
Samsø (*Samsö*), 112 km² große dän. Insel im Kattegat südöstl. Århus, mit 5200 E. (1973), Hauptort *Tranebjerg* (750 E.); Landw., etwas Fischerei.
Samstag [vulgär-griech. sambaton 'Sabbat'], süddt. Bez. des 7. (in der BRD: 6.) Tages der →Woche; in Norddtld.: *Sonnabend*
Samsun, Hptst. der türk. Prov. *S.* im nördl. Anatolien und Hafenstadt am Schwarzen Meer, 141000 E. (1972); Handelszentrum, bes. Ausfuhr von Tabak.
Samt, Gewebe aus Seide oder Baumwolle mit dichter, weicher Faserdecke auf einer Seite (*Flor*), das aus den Fasern beim Weben entstandener und aufgeschnittener Schlaufen einer gesonderten Polfadenkette besteht; Kleider- sowie Möbelspannstoff. *Cord-S.* (*Manchester*) für strapazierfähige, sportl. Anzugstoffe besitzt eine gerippte Flordecke, *Velour* stark glänzenden Seidenflor.
Samtmilbe (*Trombidium holosericeum*), eine rotbehaarte →Laufmilbe; Blattlausjäger.
Samu|el, israelit. Richter und Prophet, um 1000 v. Chr.; salbte Saul und David zum König; die 2 nach S. benannten Bücher im A. T. enthalten die Gesch. Israels von der Zeit seiner Jugend bis zum Tode Davids.
Samuelson, Paul A., amerik. Wirtschaftswissenschaftler, *15.5.1914 Gary (Ind.); seit 1940 Prof. am →MIT, Wirtschaftsberater der NATO, der Präs. Eisenhower und Kennedy; 1970 Nobelpreis für die Verbindung stat. und dynam. Analyse. (Bild S. 5221)
Samum [arab.] *der*, heißer, trockener Wüstenwind, der oft große Sandmengen mit sich führt; Vorkommen: Wüstengebiete Afrikas und Arabiens.
Samurai [jap. 'Diensttuender'], in der jap. Feudalzeit allg. Bez. für Angehörige des Kriegerstandes (Buke), i. e. S. die Vasallen des →Schogun und der →Daimio; sie unterstanden einem strengen Ehrenkodex (→Buschido).
San *der*, re. Nebenfluß der Weichsel, 440 km lang, entspringt am →Uschokpaß in den Waldkarpaten, bildet im Oberlauf die Grenze zw. Polen und der UdSSR, mündet bei →Sandomir;

stark wechselnde Wasserführung (31–1300m³/s); Energiegewinnung.

Sana (*Sanaa*), Hptst. des nördl. →Jemen, in einem 2300 m hoch gelegenen fruchtbaren Grabenbecken des *Djof* (*Djauf*), mit rd. 100000 E. (1972; bes. Saiditen); besteht aus einer schönen mittelalterl.-islam. Altstadt und einer Gartenstadt; zwei Flugplätze. (Bild S. 5236)

San Antonio [ßän ᵉntoᵘnjoᵘ], Stadt im südl. Texas (USA), südwestl. von →Austin, 670000 E. (1973); Erzbischofssitz, zwei Univ.; Lebensmittel-, Maschinen-Ind., Wollmarkt; bed. Ausbildungszentrum der Luftwaffe; binnenländ. Freihandelszone für den Mexiko-Handel.

San Bernardino [ßän börᵐnᵉdinoᵘ], Stadt im südl. Kalifornien (USA), östl. von →Los Angeles, am Fuße der *S. B. Mountains* (3506 m), 106000 E. (1973); drei Univ.; Handelszentrum in einem Gebiet mit →Agrumen, Getreide und Holzwirtschaft; Lebensmittel-Ind., Eisenbahnwerkstätten.

San Bernardino (dt. *St. Bernhardin*), Straßenpaß im Kt. Graubünden, 2065 m hoch, zw. dem →Rheinwald und Val →Mesolcina; seit 1968 6,6 km langer Straßentunnel.

San Carlos, philippin. Hafenstadt an der NO-Küste der Insel →Negros mit 186000 E. (1972); Zentrum des wichtigsten Zuckerrohranbaugebiets der Philippinen, Zuckerraffinerie.

Sánchez Ferlosio [ßantschäth], Rafael, span. Schriftst., *4.12.1927 Rom; setzte mit 'Abenteuer und Wanderungen des Alfanhui' (Industrias y andanzas de Alfanhui, 1951) die Tradition des span. →Schelmenromans fort; näherte sich einem objektiven Realismus in dem Roman 'Am Jarama' (El Jarama, 56).

Sancho [ßantscho], iber. Könige, u. a.: *S. III., der Ältere*, König von Navarra (1000–1035), der Kastilien und die bask. Gebiete von León mit Navarra vereinigte. Machte diesen Ansatz zur Einigung Spaniens aber selbst zunichte, indem er sein Reich unter seinen vier Söhnen in →Navarra, →Kastilien, →Aragonien und Sobrarbe-Ribagorza teilte.

Sancho Pansa [ßantscho], der bauernschlaue, derbe Knappe des →Don Quijote.

San Cristóbal, 1) Hptst. des venezolan. Gliedstaates *Táchira* (11100 km², 374000 E.), am Südrand der Cordillera de Mérida, mit 168000 E. (1972). **2)** (*Bauro*), südl. Insel der →Salomonen im Pazif. Ozean, 3050 km²; vulkan. Ursprungs; Anbau von Kokospalmen und Südfrüchten.

Samurai und Diener, japanische Spielzeugfiguren (19. Jh.). Nürnberg, Spielzeugmuseum

sancta simplicitas [lat.], 'heilige Einfalt'.

Sand, 1) [ßãd] George (eigtl. *Amandine-Lucie-Aurore Dupin*), frz. Schriftst., *1.7.1804 Paris, †7.6.76 Schloß Nohant (Dép. Indre); leidenschaftl. Beziehungen zu →Musset und →Chopin. Setzte sich in Romanen für freie Liebe, Emanzipation der Frau und soziale Gerechtigkeit ein; auch Theaterstücke. (Bild S. 5237)

2) Karl Ludwig, Theologiestudent und Burschenschaftler, *5.10.1795 Wunsiedel, †(hingerichtet) 20.5.1820 Mannheim; unter dem Einfluß →Follens stehender polit. Schwärmer; erdolchte am 23.3.1819 den Lustspieldichter →Kotzebue, in dem er einen russ. Spion und Hauptverantwortlichen für die Reaktion in Dtld. sah. Seine Tat gab Anlaß zur Demagogenverfolgung und zu den →Karlsbader Beschlüssen.

Sand, lockeres Trümmergestein mit einem Korndurchmesser von 0,02 bis 2 mm; grober S., teilweise bis über 2 mm ∅, heißt *Grand*; S. entsteht bei der Verwitterung der Gesteine, wird durch Wind und Wasser transportiert und angehäuft (Dünen-, Fluß-, Meeres-S.). Die meisten S. haben einen hohen Anteil an Quarz (*Quarz-S.*), Feldspat-S. heißt →Arkose. S. sind wasserdurchlässig und ergeben trokkene Böden. Verwendung bes. in der Baustoff- und Glas-Ind., aber auch z. B. für Filter bei Trinkwasseranlagen (→Sandstein).

Sandaale (*Ammodytidae*), Fam. der

Sana: Schloß des Imam

Barschartigen Fische; Körper aalähnlich, Kiefer zahnlos, keine Schwimmblase; leben gesellig in ufernahen Zonen gemäßigter Meere und im Ind. Ozean, graben sich bei Ebbe sehr rasch in Sand ein; Nahrung: bes. Würmer, kleine Krebse, Fische. In Nord- und Ostsee der bis 30 cm lange *Große Sandaal* (*Großer Tobiasfisch*; Ammodytes lancea) und der bis 20 cm lange *Kleine Sandaal* (*Kleiner Tobiasfisch*; Ammodytes tobianus), beide eßbar.

Sandạkan, Hafenstadt in →Sabah, Nordborneo, an der Sulusee, 43000 E. (1972); Ausfuhr von Zuckerrohr, Manilahanf und Kautschuk.

Sạndarak [Sanskrit-lat.] *der*, Harz der *S.-Zypresse* (*Tetraclinis articulata*); an der Luft rasch erhärtend, wohlriechend; verwendet für Pflaster, Räuchermittel, Lacke.

Sandawe (*Wassandaui*), Volk in N-Tansania, etwa 30000, negrid mit Buschmann-Zügen; die S. sprechen eine →Khoisan-Sprache; urspr. Jäger, haben sie von den Bantu Hackbau und Viehzucht übernommen.

Sandbad, 1) *Med.*: eine Form der →Wärmebehandlung bei bestimmten Muskel- und Gelenkerkrankungen; **2)** *Chemie*: mit feinem Sand gefüllter Blech- oder Porzellantopf; dient zum vorsichtigen Erhitzen eines in den Sand gebetteten Kochkolbens.

Sandblätter, unterste Blätter der Tabakpflanze; für Deckblätter von Zigarren und zweitklassigen Tabak.

Sandburg [ßạndbö^r^g], Carl, amerik. Lyriker, *6.1.1878 Galesburg (Ill.), †22.7.1967 Flat Rock (N. C.); schilderte in freien Versen das amerik. Leben: 'Chicago Poems' (1916), 'The American Songbag' (27), 'Guten Morgen, Amerika' (Good Morning, America, 28), 'The complete poems of C. S.' (70).

Sanddorn (*Seedorn, Stranddorn*; *Hippophae rhamnoides*), einzige heim. Art der *Ölweidengewächse*; dorniger Strauch mit schmalen, auf der Unterseite silbergrau behaarten Blättern; orangerote Steinfrüchte reich an Vitamin C, daher für Säfte u. a. verwendet; Holz für Drechslerarbeiten; auf Kies- und Sandböden, bes. der Küsten und Alpen.

Sandel, Cora (eigtl. *Sara Fabricius*), norweg. Schriftst., *20.12.1880 Oslo; Malerin; seit 1922 in Schweden; schrieb u. a. das feinsinnige psychol. Frauenporträt 'Alberte' (Alberte og Jakob, 1926; Alberte og friheten, 31; Bare Alberte, 39) und die ironisch-liebenswürdige Schilderung der norweg. Kleinbürgerwelt 'Kranes konditori' (45).

Sandelholz, 1. (*Santal-, Citrinholz*), Nutzholz des im indomalai. Gebiet heim. und kultivierten *Sandelbaums* (*Santalum album*); das weiße Splintholz (*Weißes S.*) für Schnitzereien u. dgl.; das gelbl. Kernholz (*Gelbes S.*) in buddhist. Ländern für Räucherwerk, das aus ihm gewonnene, rosenartig duftende *S.-Öl* in Med. und Parfümerie verwendet. 2. (*Rotes S.*), Farbholz des ind. Schmetterlingsblütlers *Pterocarpus santalinus*.

Sandfloh (*Sarcopsylla penetrans*), im trop. Amerika heim., auch in Afrika und Asien verbreiteter Floh; 1 mm lang, saugt an Säugetieren, auch Menschen: Weibchen bohrt sich tief in die Haut (bes. zw. Zehen und unter Fußnägeln) ein, wird durch seine reifenden Eier erbsengroß und ruft gefährl. Entzündungen hervor.

Sandgräber (*Bathyergidae*), Fam. der →Nagetiere im östl. Afrika, mit starker Anpassung an unterird. Lebensweise. So besitzt der 30 cm lange, walzenförmige *Strandgräber* (*Bathyergus*) scharfe Scharrnägel und weit vorragende Nagezähne, mit denen er die Erde lockert; seine Augen sind winzig klein. Ähnlich, aber kleiner: *Bleßmull* (*Georhychus*), *Graumull* (*Cryptomys*), *Erdbohrer* (*Heliophobius*) und →*Nacktmull*.

Sandguß, Gießverfahren, bei dem das Modell in Formsand abgedrückt und der entstandene Hohlraum mit flüssigem Metall ausgegossen wird; bes. für die Einzel- und Kleinserienfertigung sowie für den Abguß großer Teile.

Sandhose, senkrechter Luftwirbel, entsteht durch starke Konvektion in trockenen, sandigen Gebieten; dabei werden Sand und Staub emporgerissen. Durchmesser meist unter 10 m, max. Höhe etwa 600 m (→Trombe).

San Diego [ßän dje̲ⁱgoᵘ], Hafenstadt im südl. Kalifornien (USA), am Pazifik, nahe der mexikan. Grenze, 1,37 Mio. E. (1973); zwei Univ., Museen; bed. Marinestützpunkt, Werften, Fischerei, Flugzeug-, Elektro-, Lebensmittelindustrie.

Sandkraut (*Arenaria*), Gattung der →Nelkengewächse; kleine, z. T. rasenbildende Kräuter oder Stauden; auf Schutt und Geröll, besonders der Alpen.

Sandläufer (*Sandlaufkäfer*; *Cicindelidae*), weltweit verbreitete Käferfamilie mit etwa 1300 Arten; oft bunt gefärbt, auch schillernd, meist schlank mit langen, dünnen Beinen und scharfen Kiefern; S. jagen im Laufen, können bei Störung schnell auffliegen. Weibchen legen Eier in selbstgegrabene Löcher in trockenem Boden; Larven leben in senkrechten, bis 40 cm langen Röhren, lauern am Eingang auf kleine Insekten u. dgl. In Europa häufig *Feld-S.* (*Cicindela campestris*), 12–15 mm lang, grün mit kleinen weißen Flecken, und

J. v. Sandrart: November. München, Bayerische Staatsgemäldesammlungen

G. Sand. Porträt von A. Charpentier (Ausschnitt, 1832). Paris, Musée Carnavalet

Wald-S. (*Cicindela silvicola*), grün mit Bronzeschimmer und weißen Binden.

Sandomi̤r (poln. *Sandomierz*), Krst. in Südpolen, nahe dem Zusammenfluß von Weichsel und →San, mit 17 300 E. (1973); got. Kathedrale; Zentrum eines Obstbaugebietes mit entspr. Verarbeitung, Glas-, Porzellan- und elektrotechn. Industrie.

Sandoz AG, schweiz. Chemiekonzern, gegr. 1886, Sitz: Basel. Zahlr. Beteiligungen im Ausland; Umsatz: 4,0 Mrd. sfr; Beschäftigte: 31 500 (1974).

Sandpapier, Papierbogen mit aufgeklebter Sandschicht zum Schleifen, heute allg. durch →Schleifleinen ersetzt.

Sandr [isländ.] (*Sandar*, *Sander*, *Sandur*), Sand- oder Schotterfläche vor den Endmoränen eines Gletschers, entsteht durch Aufschüttung von Gletscherbächen.

Sa̤ndrart, Joachim von, Maler und Kupferstecher, *12.5.1606 Frank-

Adele Sandrock

Frederick Sanger

furt a. M., †14.10.88 Nürnberg; erster dt. Kunstgeschichtsschreiber; seine 'Teutsche Academie der edlen Bau-, Bild- und Mahlerey-Künste' (1675–79) wichtige Quelle für die Gesch. der dt. Kunst.

Sandringham Hall [ßändring^e^m hål], Landsitz des engl. Königs in der Gft. Norfolk, nordöstlich von Kings Lynn.

Sandrock, Adele, Schauspielerin, *19.8.1864 Rotterdam, †30.8.1937 Berlin; am Burgtheater und am Dt. Theater Berlin in klass. Rollen und in Ges.-Stücken; später als 'komische Alte' erfolgreich im Film.

Sandschak [türk. 'Fahne'], bei den Türken urspr. Fahne als Symbol der Souveränität, dann der Belehnung; schließl. Bez. für die Lehnsgebiete (später der Verwaltungs-Bz.). Für einige Gebiete wurde S. als Name schlechthin üblich.

Sandstein, verbreitetes →Sedimentgestein, das durch Verfestigung von →Sand mit Hilfe eines Bindemittels (Kalk, Mergel, Kieselsäure) entstanden ist. S. können sehr verschiedenfarbig (braun, grau, grün, rot) und von unterschiedl. Festigkeit sein; im allg. gut zu bearbeiten, deshalb in großem Maß als Baustein verwendet.

Sandstrahlen, das Arbeiten mit Sandstrahlgebläse.

Sandstrahlgebläse, Gerät zum Reinigen bzw. Aufrauhen harter Oberflächen durch Aufblasen von Sand mit Hilfe von Druckluft. Sand wird wegen der gesundheitsschädigenden Wirkung des feinen Sandstaubes (→Silikose) heute oft durch Stahlgrieß ersetzt.

Sanduhr, einfaches Zeitmeßgerät, bei dem feiner Sand in einer bestimmten Zeit durch eine enge Öffnung von einem oberen in ein unteres Gefäß fließt.

Sandviper (*Sandotter: Vipera ammodytes*), zu den →Vipern zählende Schlange, bis 90 cm lang; Körper gedrungen, graubraun, oft mit Zickzackband; Schnauze aufgebogen, mit beschupptem Horn; SO-Europa, Westasien. (Bild S. 5241)

Sandwich [ßäntwitsch] *das*, zwei zusammengelegte Weißbrotschnitten mit Aufstrich und Belag dazwischen; gen. nach dem 4. Earl of Sandwich.

Sandwichbauweise, Bauweise für vibrationsarme, leichte, drehsteife Konstruktionen (bes. im Flugzeugbau) aus großflächigen Formteilen, die aus zwei Deckplatten (z. B. aus Sperrholz, Metall, Kunstharz mit Glasfasereinlage u. a.) mit dazwischengeklebter dicker Kernschicht aus wabenartigem Kunststoff, Kunstschaum u. a. bestehen. Die Deckplatten nehmen Zug- und Druckkräfte auf, die Kernschicht hält sie großflächig in günstigem Abstand für erhöhte Biegefestigkeit.

Sandwichverbindungen, chem. Verbindungen mit sandwichartiger Molekularstruktur: ein Metallatom ist jeweils zw. zwei meist parallel angeordneten aromatischen Ringmolekülen eingebettet. Typische Vertreter sind das *Ferrocen*, $Fe(C_5H_5)_2$ und das *Dibenzolchrom*, $Cr(C_6H_6)_2$. Die Chemie der S. wurde vor allem von E. →Fischer und G. →Wilkinson begründet.

Sandwurm (*Sandpier*, *Pier*, *Köderwurm*; *Arenicola marina*), bis 35 cm langer →Borstenwurm; lebt in der Gezeitenzone u. a. an Nord- und Ostsee, gräbt in den Sand senkrechten Gang mit anschließender, waagrechter Wohnröhre, legt charakterist. Kothäufchen ab. Der S. wird häufig als Angelköder verwendet.

Sanetsch, Col du, Paß zw. Berner →Saanen-Land und mittl. Wallis, 2243 m hoch.

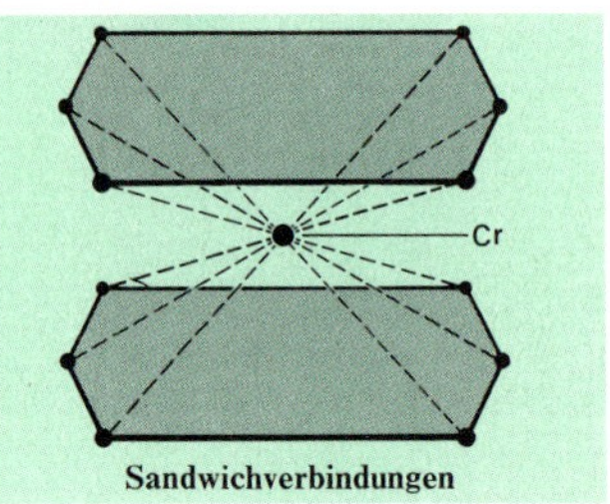

Sandwichverbindungen

Sanfedisten [ital. 'Streiter für den heiligen Glauben'], urspr. eine 1799 vom neapolitan. Königshof auf Sizilien organisierte Volksbewegung gegen die frz. Fremdherrschaft in Italien; zw. 1815 und 1870 von den Regierungen des Kirchenstaats und des Kgr. beider Sizilien geförderte, konservativ-reaktionäre Geheimbünde, die mit Mitteln des Terrors für die Erhaltung der bestehenden Zustände kämpften; erbittertste Gegner der →Karbonari.

San Felipe, Hptst. des venezolan. Gliedstaates *Yaracuy* (7100 km², 246000 E.), nordöstl. von Barquisimeto, 32000 E. (1972).

San Fernando, 1) Hafenstadt in SW-Spanien, an der Bucht von →Cádiz, 61500 E. (1972); bed. Zentrum der Kriegsmarine, Salzgärten. **2)** (*S. F. de Apure*), Hptst. des venezolan. Gliedstaates →Apure, am Río Apure, 26700 E. (1972); Flußhafen.

Sanforisieren, Ausrüstungsverfahren für Gewebe, das durch trockene Hitze so geschrumpft wird, daß bei der Wäsche höchstens bis zu 1% der Gewebefläche einlaufen kann; bes. für Hemdenstoffe.

San Francisco [ßän frenßißkou] (*S. Franzisko*, volkstüml. *Frisco*), Hafenstadt im mittl. Kalifornien (USA), 730000 E. (1973; mit Vororten 3,16 Mio.); S. F. liegt auf einer Halbinsel, auf mehreren Hügeln erbaut, zw. dem Pazif. Ozean und der *Bucht von S. F.* (*S.-F.-Bai*); Erzbischofssitz, drei Univ., zahlr. Museen, größte Hängebrücke der Welt (→Golden Gate); nach Los Angeles bedeutendster Pazifikhafen der USA; Schiffbau, Maschinen-, Erdöl-, Lebensmittel-, chem. Industrie. (Bild und Karte S. 5240)

Sangallo, Architektenfamilie der ital. Renaissance:

1) Antonio da S. d. Ä., Bruder von 3), *1455 Florenz, †27.12.1534 ebenda; Kreuzkuppelkirche S. Biagio in Montepulciano.

2) Antonio da S. d. J., Neffe von 1) und 3), *1483 Florenz, †3.8.1546 Terni; leitete seit 1520 (nach →Raffaels Tod) den Bau der Peterskirche in Rom, begann den Palazzo Farnese, den nach seinem Tode →Michelangelo zu Ende führte. Stand im Stilübergang von der Hochrenaissance zum Frühbarock. (→Kuppel, Bild)

3) Giuliano da S., *1445 Florenz, †20.10.1516 ebenda; kirchl. Kuppelbauten in der Nachfolge →Brunelleschis, Villen. (Bild S. 5241)

Sanger [ßänger], Frederick, engl. Biochemiker, *13.8.1918 Rendcomb (Gloucestershire); Arbeiten zur Aufklärung der Struktur des Insulins u.a. Eiweißkörper; 1958 Nobelpreis.

Sangerhausen, Krst. im Bz. Halle, Sachs.-Anh., am Südrand des Unterharzes, 32100 E. (1974); roman. Ulrichskirche (11. Jh.); Rosenzucht; Kupferschieferbergbau (60% der DDR-Förderung), Maschinen-, Textil-, Lederwarenindustrie.

Sangha (*Sanga*), re. Nebenfluß des unteren Kongo, 1200 km lang, entspringt im NW der Zentralafrik. Rep., bildet im Mittellauf die Grenze zw. Kamerun und der VR Kongo, mündet bei *Mossaka*.

Sangiheinseln, indones. Inselgruppe im O der Celebessee, südl. der Philippinen, zus. rd. 1050 km² mit etwa 120000 E. (1972); größte der gebirgigen Inseln *Sangihe* (bis 1860 m hoch) mit dem Hauptort *Kaluwatu*; Kopragewinnung.

San Gimignano [dschiminjano], mittelital. Stadt in der Toskana, nordwestl. von →Siena, 8000 E. (1973); mittelalterl. Stadtbild mit 13 (ehem. etwa 60) Geschlechtertürmen (festungsartige Bauten des Stadtadels), Dom, Rathaus. (Bild S. 5241)

San Giuliano, Bagni di [banji di ßan dschuljano] (*S. G. Terme*), mittelital. Badeort in der Toskana, nordöstl. von Pisa, rd. 24000 E. (1973); schwefel- und kalkhaltige radioaktive Quellen.

Sanguineti, Edoardo, ital. Schriftsteller, *9.12.1930 Genua; begann mit formal von →Pound beeinflußter programmat. Lyrik ('Laborintus', 1956); Theoretiker des *Gruppo 63*. Schrieb von einem durch Tiefenpsychol. und Marxismus markierten Standort aus u. a. den Roman 'Capriccio italiano' (63) sowie die 111 Kurztexte 'Das Gänsespiel' (Il Giuoco dell'oca, 67), die sich krit.-parodist. mit der Kulturindustrie auseinandersetzen; Opernlibretto für L. →Berio; Bühnentexte; Essays.

Sanguiniker [lat.], leicht erregbarer Mensch mit heftigen, kurzdauernden Affektreaktionen und heiterer Stimmungslage (→Temperament). Eigw. *sanguinisch*.

Sanherib, assyr. König (705–681 v. Chr.), Sohn und Nachfolger →Sargons II.; zahlr. Feldzüge, um das von seinem Vater geschaffene Reich unter seiner Botmäßigkeit zu halten; zerstörte 689 →Babylon und machte →Ninive zur Hauptstadt. Bewies großes Interesse für Technik (Bewässerungsanlagen, Belagerungsmaschinen); wurde von seinen Söhnen ermordet.

Sanidin *der*, glasiggraues Mineral aus der Gruppe der →Kalifeldspäte; häufig verzwillingt (→Karlsbader Zwillinge).

San Francisco: 48stöckiges Hochhaus

Sanierung [lat.], **1)** *allg.*: Gesundung, Heilung; *sanieren*, wieder leistungsfähig machen. **2)** *Med.*: Wiederherstellung gesunder Verhältnisse durch Beseitigung von Krankheitsherden (→Fokus), Seuchenherden (z. B. →Malaria), Elendsvierteln u. a. **3)** *Betriebswirtschaft*: finanzwirtschaftl. Maßnahmen zur Wiederherstellung der Leistungsfähigkeit einer notleidenden Unternehmung; i. w. S. auch die Maßnahmen personeller, organisator., techn. und absatzwirtschaftl. Art. Bei Personen-Ges. sind als S.-Maßnahmen neue Zuführung von Mitteln, Schuldenstundung, Umwandlung kurzfristiger in langfristige Schulden und Beteiligung eines gesunden Unternehmens üblich, bei Kapital-Ges. Kapitalherabsetzung (Zusammenlegung oder Herunterstempelung des Aktiennennbetrags) mit oder ohne Neuzuführung von Mitteln in Form neuer Aktien, Schuldumwandlung und →Fusion.

Sanikel (*Sanickel*; *Sanicula europaea*), ausdauerndes Doldengewächs; Blätter handförmig, Blüten weiß bis rötlich, in kopfigen Döldchen; Volksheilmittel bei Katarrhen u. a.; in schattigen Mischwäldern.

San Ildefonso (auch *La Granja*), Stadt im mittl. Spanien, in der Sierra de →Guadarrama, nordwestl. von Madrid, 4000 E. (1973); Schloß (1721–23) mit großen Parkanlagen und berühmten Wasserspielen, Sommerresidenz der span. Könige.

Sanitäter, zur ersten Betreuung Kranker und Verletzter ausgebildeter Mann (→Sanitätspersonal, →Erste Hilfe, →Rotes Kreuz).

Sanitätsoffizier (*Militärarzt*), in die Streitkräfte eingegliederter, bei den meisten Armeen im Offiziersrang stehender Arzt (Zahnarzt, Tierarzt, Apotheker).

Sanitätspersonal, durch die →Genfer Konventionen von 1949 geschützte, äußerl. durch Armbinde mit →Rotem Kreuz auf weißem Grund kenntl., in der Verwundeten- und Krankenbetreuung tätige Angehörige der Sanitätstruppe und entspr. Organisationen nationaler Rotkreuz-Ges.; S. gilt, wenn es in Feindeshand gerät, nicht als kriegsgefangen.

Sanitätstruppe, Gesamtheit der

G. da Sangallo: Villa di Poggio a Caiano

San Gimignano: Geschlechtertürme

milit. Sanitätseinheiten und -verbände (→Militärsanitätswesen).

Sanitätswesen, Gesamtheit der Vorkehrungen und Einrichtungen zur Förderung und Erhaltung der Volksgesundheit und der Krankenfürsorge (→Gesundheitsdienst, →Militärsanitätswesen).

San Joaquin Valley [ßän dschoekin wäli], südl. Teil des Kaliforn. Längstales (→Great Valley), zw. der →Coast Range und der →Sierra Nevada, vom 560 km langen *S. J. River* durchflossen. Wegen der großen Trockenheit wird das Wasser des →Sacramento River durch gewaltige Pumpstationen in den →Delta-Mendota-Kanal geleitet, der wiederum das Wasser dem mittl. S. J. River zuführt; Anbau von Weizen, Baumwolle, Südfrüchten, daneben Viehzucht auf der Grundlage von Futteranbau.

San Jose [ßän dsehouse], Stadt im mittl. Kalifornien (USA), südöstl. von →San Francisco, 454000 E. (1973); zwei Univ.; bed. Zentrum für Trockenfrüchte, Obstkonserven, neuerdings auch Elektro-, Kfz-, Flugzeug-Ind. und Raketentechnik.

Sandviper

San José [ehoße] (*S. J. de Costa Rica*), Hptst. der mittelamerik. Rep. →Costa Rica, am Fuß der Zentralkordillere, 1165 m ü. M., 219000 E. (1972); Erzbischofssitz, Univ.; Kaffeehandel. (Bild S. 5243)

San-José-Schildlaus (*Quadraspidiotus perniciosus*), Art der →Schildläuse; aus Nordchina stammender, 1873 in San Jose, Kalifornien, eingeschleppter, heute weltweit verbreiteter Obstbaumschädling; die sehr widerstandsfähigen, zurückgebildeten Weibchen sind lebendgebärend, können in einem Jahr 3 Mrd. Nachkommen (6 Generationen) zur Welt bringen; Bekämpfung durch Schlupfwespen und Insektizide.

San Juan [ehuan], **1)** (*S. J. de Puerto Rico*), Hptst. und moderne Hafenstadt von →Puerto Rico, Westindien, an der Nordküste gelegen, mit 455000 E. (1972); Bischofssitz, Univ.; alte Bauwerke aus der span. Kolonialzeit; bed. Handelszentrum mit Ausfuhr von Kaffee, Zucker, Tabak und Südfrüchten; internat. Flughafen, Flottenstützpunkt der USA. – Gegr. 1508. (Bild S. 5244) **2)** Hptst. der argentin. Prov. *S.J.* (86137 km², 394000 E.), nördl. von →Mendoza, 123000 E. (1972); Verarbeitung landw. Produkte, Bergbauzentrum.

Sankhja *das*, (*Sankhya*), ältestes der 6 klass. Systeme der →indischen Philos., begr. von *Kapila* (zw. 800 und 500 v. Chr.); lehrt unüberwindbaren Dualismus zw. Urmaterie (*Prakriti*) und Geist (*Puruscha*) sowie Erlösung des Menschen von der ständigen Wiedergeburt durch Erkenntnis.

Sankt [lat. 'sanctus', 'sancta'] (Abk. *St.*), heilig; gebräuchl. vor Heiligennamen und in geogr. Namen. Ital. *San*, *Santo*, *Santa* (*S.*), Mz. *Santi*, *Sante* (*SS.*); span. *San* (*S.*), *Santo* (*Sto.*), *Santa* (*Sta.*); portug. *São* [ßãu], *Santo* [ßantu] (*S.*), *Santa* (*Sta.*); engl. *Saint* [ßᵉnt] (*St.*); frz. *Saint* [ßã] (*St*), *Sainte* [ßãt] (*Ste*).

Sankt Andreasberg, niedersächs. Stadt im Verw.-Bz. Braunschweig, im Oberharz, 3300 E. (1975); heilklimat. Kurort und Wintersportplatz; Kanarienvogelzucht (*Harzer Roller*); Holz- und Elektroindustrie.

Sankt Anton *am Arlberg*, Wintersportplatz (Skischule) und Sommerfrische im →Stanzer Tal in Tirol, 1304 m ü. M., mit 2500 E. (1975); eingemeindet der um das Paß-Hospiz entstandene Ort *Sankt Christoph*.

Sankt Augustin, Gemeinde im Reg.-Bz. Köln, Nordrh.-Westf., an der unteren →Sieg, 43 900 E. (1975); Theol. Hochsch., Anthropos-Inst. für völkerkundl. Forschungen.

Sankt Bernhard, zwei wichtige Pässe der Westalpen: *Großer S. B.* (frz. *Col du Grand Saint Bernard*), verbindet Rhonetal (bei →Martigny) mit dem Tal der →Dora Baltea (bei →Aosta). Auf dem 2469 m hohen Paß Hospiz der Augustiner-Chorherren, im 10./11. Jh. gegr. (→Bernhardiner). Seit 1964 wird der Paß durch einen 5,8 km langen Straßentunnel mit Pipeline unterfahren, dessen Portale im N in 1918 m, im S in 1875 m ü. M. liegen. *Kleiner S. B.* (frz. *Col du Petit Saint Bernard*), 2188 m hoch, verbindet das Tal der →Isère (Frkr.) mit dem der Dora Baltea (Italien). (Bild S. 5244)

Sankt Blasien, Kleinstadt und Kurort im Reg.-Bz. Freiburg, Baden-Württ., am Oberlauf der *Alb*, im Südschwarzwald, 4100 E. (1975); ehemalige Benediktinerabtei, alte roman. Klosteranlagen niedergebrannt; 1768–83 frühklassizist. Neubau von Kirche (Kuppeldom) und Kloster. Jesuiteninternat.

Sankt Florian, Marktgemeinde bei Linz, Oberösterr., mit 3960 E. (1975). In S. F. urspr. karoling. Kloster, seit 1071 Augustiner-Chorherrenstift; heutige Anlage Barockbau von J. →Prandtauer und den Brüdern →Carlone (17./18. Jh.); bed. Bibl. und Galerie (bes. A. →Altdorfer und →Donauschule). Die Stiftskirche steht der Legende nach über dem Grab des hl. *Florian* (christl. Märtyrer, †um 304, Schutzpatron in Feuer- und Wassernot, Heiliger 4.5.). Jagdmuseum Schloß Hohenbrunn. (Bild S. 5244)

Sankt Gallen, 1) Kanton im NO der Schweiz, zw. Boden-, Zürichsee und Alpenrhein, mit 2016 km² und 388 000 dt.-sprachigen E. (1975; davon 60% kath.); hat Anteil am Hochgebirge (→Glarner Alpen), Voralpen (→Churfirsten, →Alpstein) und Alpenvorland mit dem Molassebergland von Appenzell; S. G. umschließt Appenzell als Enklave; Weidewirtschaft, Obst- und Weinbau; am Bodensee und in den großen Tallandschaften von Rhein, Walensee und Thur frühe Leinen- und Baumwoll- sowie Stickerei-(Heim-)Ind., dort auch heute Textil- und Maschinen-Ind.; bed. Verkehrsaufkommen, Fremdenverkehr. **2)** Hptst. des Kt. S. G., 676 m ü. M., im Hochtal der *Steinach* über dem südl. Bodensee, mit 79 000 E. (1975); von der Altstadt umschlossene, ausgedehnte ehem. Benediktinerabtei (heute Bischofssitz), hier auch die Kantonalbehörden; große Bibl. (→Bibliothek, Bild); Stiftskirche; Wirtschaftshochschule. Textilfachschulen, Textil- und Metallwaren-Ind., landw. Messe. – *Gesch.*: Als Gründer von S. G. gilt der hl. →Gallus, der Begleiter →Columbans d. J.; er errichtete 612 nach irischem Muster eine Siedlung, die nach ihrem Verfall von dem Alemannen →Otmar 719 mit Einverständnis →Karl Martells erneuert wurde. Otmar ersetzte die irische Regel durch die röm. des hl. →Benedikt. Der Aufstieg des Klosters begann mit der freien Abtwahl, die →Ludwig der Fromme 816 gewährte. Im 9. Jh. wurde S. G. nach einem um 820 von dem Reichenauer Abt Heito übersandten Idealplan großzügig ausgebaut; die Anlage wurde vorbildlich für die süddt. Klosterbauten. Vom 9. bis 11. Jh. reiche lit. Tätigkeit (→Ratpert, Tutilo, →Notker I., →Notker III., →Ekkehard IV.). Mit der Erhebung des Abts zum Reichsfürsten 1206 zeichnete sich die Entwicklung zum Territorialstaat ab. Der Abt herrschte bis 1411 über Appenzell, seit 1468 über die Gft. Toggenburg. Dagegen erkämpfte sich die bereits 1180 als Reichsstadt gen. und durch ihren Leinwandhandel bedeutsame

San José, Hauptstadt von Costa Rica

Stadt selbst im 13. Jh. weitgehende Unabhängigkeit von der Abtei. 1451 wurde das Stift zugewandter Ort der Eidgenossenschaft (1454 auch die Stadt zugewandter Ort). In den Wirren der Reformation wurde das Kloster 1530 aufgehoben, doch bereits 1531 nach dem 2. →Kappeler Krieg wiederhergestellt. Der Einmarsch der frz. Revolutionsarmee in die Schweiz beendete die fürstäbtl. Herrschaft. Die Mediationsakte von 1803 schuf den heutigen Kanton S. G. 1805 wurde das Stift aufgehoben. (Bild S. 5244)

Sankt-Georgs-Kanal (engl. *Saint George's Channel* [ß^{e}nt dseho^{r}dsehis tschän^{e}l], auch *Südkanal*), 80–150 km breite Meeresstraße zw. Irland und Wales, verbindet die Irische See mit dem Atlant. Ozean.

Sankt Goar, Stadt im Rhein-Hunsrück-Kr., Rheinl.-Pf., am Rhein, alter Weinort mit 3500 E. (1975); ehem. Stiftskirche (roman. Krypta). Über der Stadt die Ruine *Rheinfels*.

Sankt Goarshausen, Stadt im Rhein-Lahn-Kr., Reg.-Bz. Koblenz, Rheinl.-Pf., re. des Rheins, 1900 E. (1975); Weinbau und -handel, Holz-, Mühlen-Ind., Fremdenverkehr. Über S. G. die Burg *Katz*, nahebei Burg *Maus*, stromaufwärts die →Lorelei.

Sankt Gotthard (ital. *Passo del San Gottardo*), schweiz. Straßenpaß im →Gotthard-Massiv, 2108 m ü. M., verbindet →Urseren-Tal (Reuss) mit dem Val →Bedretto (Tessin). Seit dem 13. Jh. wichtigster Übergang der Schweizer Alpen (→Gotthardbahn). (Bild S. 5245)

Sankt Helena (engl. *Saint Helena*), brit. Felseninsel im Atlant. Ozean, westl. der Küste SW-Afrikas, 122 km^{2} mit 5200 E. (1975; hauptsächl. Neger und Mulatten), Hptst. *Jamestown*; vulkan., bis 824 m hoch; Anbau von Flachs, Gemüse und Obst, Fischerei; Kabel- und Funkstation. – 1815 bis 21 Verbannungsort Napoleons I. (Bild S. 5245)

Sankt Ingbert, saarländ. Stadt am *Rohrbach*, nordöstl. von Saarbrükken, 43500 E. (1975); Eisen-, Stahl-, Maschinen-, Textil-, Baustoff-Ind.

Sanktion [lat.], **1)** *allg.*: Vergeltungsaktion, z. B. gegen einen Staat; **2)** Verleihung der Rechtskraft an ein Gesetz; **3)** Bez. für manche Staatsgesetze (→Pragmatische Sanktion); **4)** *Soziologie*: jede Art strafender Reaktionen, die in einem sozialen Zusammenhang auf abweichendes, regelwidriges Verhalten, d. h. Verletzung von →Normen, zu folgen pflegen. Die Skala mögl. Sanktionen reicht von einfachen Formen, wie Ermahnung, Kritik, Spott oder Mißbilligung, bis zu schweren, wie Ächtung, Ausstoßung, Tötung oder strafrechtl. Verurteilung. Wirksame S. sind dabei wesentl. an →Herrschaft und Macht gebunden. Funktion der S. ist u. a., daß sie die Regelwidrigkeit eines Verhaltens bewußt macht und einen Druck ausübt, der Wiederholungen verhindern soll. Der Druck geht dabei in erster Linie von der Drohung aus, daß jedes normwidrige Verhalten S. nach sich zieht. Diese Drohung ist allerdings nur wirksam, wenn ausreichende →soziale Kontrolle vorhanden ist.

Sankt Joachimsthal (tschech. *Jáchymov*), Stadt im böhm. Erzgebirge, ČSSR, 8000 E. (1972); Radiumbad, jetzt wegen Uranbergbau gesperrt; bes. im 16. Jh. bed. Silber- und Kupferbergbau, ab 1517 Prägung von silbernen Münzen, den 'Joachimsthalern' (→Taler).

Kleiner Sankt Bernhard mit Montblanc

Sankt Gallen: Benediktinerabtei

Sankt Johạnn, 1) *S. J. im Pongau,* Bezirksort im Salzachtal, Land Salzburg, mit 7050 E. (1975); höhere Schulen, versch. Ind.; →Liechtensteinklamm. **2)** *S. J. in Tirol,* Marktgem. bei →Kitzbühel, 6400 E. (1975); bed. Fremdenverkehr.

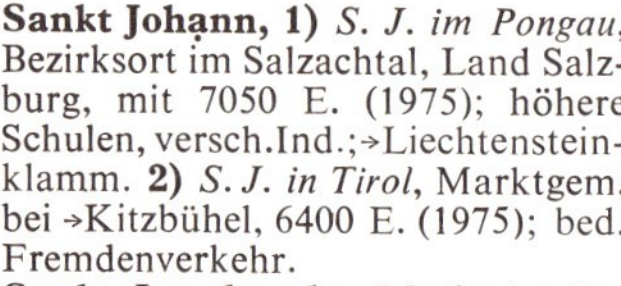

Sankt Lambrecht, Markt im Bz. Murau, Land Steiermark, 2200 E. (1975); Benediktinerkloster, um 1100 gegr.

Sankt Leonhard 1) *Bad S. L. im Lavanttal,* Stadt im Bz. Wolfsberg, Land Kärnten, mit 3600 E. (1975); Sommerfrische, Heilbad mit Schwefelquelle gegen rheumat. Erkrankungen; Schleifmittel-Ind.; Kirche (1139 gegr.) mit reicher Innenausstattung (14.–18. Jh.). Nahebei Ruine *Gamarn* (15. Jh.) und Schloß *Ehrenfels* (16. Jh.). **2)** *S. L. im Passeier* (*San Leonardo in Passiria*), Gem. und Hauptort im →Passeiertal, Südtirol, 3000 E. (1974).

Sankt-Lorenz-Golf (engl. *Gulf of Saint Lawrence* [gạlf ow ß^{e}nt lår^{e}nß]), 230000 km^2 große Bucht des Atlant. Ozeans an der kanad. Ostküste zw. →Akadien und →Neufundland, mit dem Mündungstrichter des →St.-Lorenz-Stroms, bis 475 m tief, Dez. bis April eisbedeckt; größte Inseln: →Anticosti, →Prinz-Edward-Insel.

Sankt-Lorenz-Strom (engl. *Saint Lawrence Rịver* [ß^{e}nt lår^{e}nß –]), wichtigster Strom Kanadas, verbindet die Großen Seen Nordamerikas mit dem Atlant. Ozean, mit seinem Quellfluß *Saint Louis River* (zum Oberen See) 3138 km lang, Einzugsgebiet 1,3 Mio. km^2, breite Trichtermündung in den →St.-Lorenz-Golf; mehrere Stromschnellen, von Mitte

San Juan (Puerto Rico)

Sankt Florian: Treppenaufgang des Stifts

Sankt Gotthard

Sankt Moritz mit Piz Güglia

Dez. bis Mitte April vereist. Ausbau als moderne Schiffahrtsstraße 1959 mit der Eröffnung des *St.-Lorenz-Seeweges* vorläufig abgeschlossen; Ozeanschiffe können heute mit Hilfe von 8 Schleusen (mit 9,4 m Tiefe) die Häfen der Großen Seen erreichen (Güterverkehr über 50 Mio. t); Kanalverbindung zum →Hudson River; versch. Großkraftwerke.

Sankt Moritz (rätoroman. *San Murezzan*), Kurort und Wintersportplatz am *S.-M.-See* im Oberengadin, Kt. Graubünden, 6000 E. (1975); Ortsteile: *S. M.-Dorf* (1822 m ü. M.), *S. M.-Bad* (1772 m, Eisensäuerling) sowie *Chasellas* und *Champfèr*; 1975: 840000 Übernachtungen. Endpunkt der Albula- und Berninabahn. Olymp. Winterspiele 1928 und 48.

Sankt Paul *im Lavanttal*, Marktgemeinde im Tal der →Lavant, Kärnten, 5700 E. (1975); Fremdenverkehr; Benediktinerabtei (gegr. 1091) mit roman.-got. Kirche, bed. Bibliothek.

Sankt Pauli, Stadtteil von →Hamburg, Hafenviertel an der Elbe mit den S.-P.-Landungsbrücken, dem Ausgangspunkt des gesamten Hafen- und Unterelbeverkehrs sowie des 450 m langen →Elbtunnels; Vergnügungsviertel (→Reeperbahn).

Sankt Peter, 1) Kurort im Reg.-Bz. Freiburg, Baden-Württ., im Südschwarzwald, nordöstl. Freiburg i. Br., 2000 E. (1975); ehem. Benediktinerabtei (jetzt Priesterseminar) mit Barockkirche (1724–27). **2)** *S. P. in Holz*, Ort im Drautal 4 km nordwestl. Spittal (Kärnten). Kelt. Gründung, von den Römern Mitte des 1. nachchristl. Jh. als *Teurnia* (Name vorröm., später in Tiburnia abgewandelt) zum →Munizipium, dann zur Colonia erhoben. Im 5. Jh. Bischofssitz. Nach Eindringen der Slawen in das Alpengebiet Ende des 6. Jh. Untergang von Stadt und christl. Gem. Im Zuge der baier. Ostkolonisation weihte der Salzburger Chorbischof *Modestus* bereits kurz nach Mitte des 8. Jh. an der Stelle der frühchristl. Bischofskirche eine neue Kirche (St. Peter). Grabungen.

Sankt Pölten, Bezirksstadt und Stadt mit eigenem Stadtrecht im niederösterr. Alpenvorland, an der →Traisen, 50000 E. (1975); seit 1785 Bischofssitz mit roman., von J. →Prandtauer barockisiertem Dom; Maschinenbau, Kunstseidenerzeugung, Papier- und Holzverarbeitung;

Sankt Helena: Sandy Bay

Hauptwerkstätte der Österr. Bundesbahnen.

Sanktuarium [lat. 'Heiligtum'] *das, kath. Kirche*: 1. Altar- oder Chorraum; 2. Aufbewahrungsort für Reliquien.

Sankt Valentin, Ort in Niederösterr., zw. →Amstetten und Linz. 8800 E. (1975); Bahnknotenpunkt, Landmaschinenbau.

Sankt Veit *an der Glan*, Bezirksstadt in Kärnten, 476 m ü. M., 12000 E. (1975); Textil- und holzverarbeitende Industrie. – Bis 1518 Hptst. von Kärnten.

Sankt Wendel, saarländ. Krst. an der oberen *Blies*, 27700 E. (1975); Wendelsdom (14./15. Jh.); Bekleidungs-, Möbel-, elektrotechn. Industrie.

Sankt Wolfgang *im Salzkammergut*, Marktgem. am →Wolfgangsee im oberösterr. Salzkammergut, 549 m ü.M., 3000 E. (1975); in der got. Pfarrkirche Flügelaltar von M. →Pacher.

Sanlúcar de Barrameda, Hafenstadt in SW-Spanien, an der Mündung des Río →Guadalquivir in den Golf von →Cádiz, 42000 E. (1972); bed. Weinausfuhr.

San Luis, Hptst. der zentralargentin. Prov. *S. L.* (76748 km², 188000 E.), südwestl. von Córdoba, 46100 E. (1972); Zentrum eines Bergbaugebiets (Gold, Silber, Kupfer, Blei).

San Luis Potosí, 1) mexikanischer Gliedstaat im nördl. Hochland mit 62848 km² und 1,54 Mio. E. (1972); größtenteils Hochland, im O an die →Sierra Madre Oriental reichend, stark bewaldet; Anbau von Mais, Weizen, Reis, Zuckerrohr, Kaffee; Bergbau auf Kupfer, Blei, Silber und Gold. **2)** Hptst. des gleichnamigen mexikan. Staates, 204000 E. (1974); Bischofssitz; Textil- und Schuh-Ind., Erzverarbeitung (Arsenerzeugung).

San Marino (amtl. *Repubblica di S. M.*), Zwergrepublik im nordöstl. Mittelitalien, am NO-Hang des Apennin auf dem *Monte Titano*, in 600–756 m Höhe, südwestl. von Rimini, 61 km² mit 20000 E. (1975), Hptst. *S. M.* (4400 E.). Ital.-stämmige Bev. (überwiegend röm.-kath.), Dichte 328 E./km², über 20000 Bürger leben im Ausland (bes. in Italien); Ital. Amtssprache. S. M. ist eine parlamentar. Rep. unter dem Schutze Italiens; die Verfassung beruht auf dem 1939 abgeänderten Statut von

San Marino

1599. Staatsoberhaupt sind 2 auf jeweils 6 Monate gewählte 'Capitani reggenti'; sie werden vom 'Großen Rat' ('Consiglio Grande e Generale') gewählt, der aus 60 Mitgl. besteht; die Regierung obliegt dem Staatsrat ('Congresso di Stato'). Oberstes Gericht ist der 'Rat der Zwölf', es gilt ital. Recht. Keine allg. Wehrpflicht; Miliz mit rd. 900 Mann, bei der im Notfall alle Bürger zw. 16 und 55 Jahren zu dienen verpflichtet sind; stehende Truppe von 180 Mann zum Wach- und Ehrendienst. Wirtschaft: Fremdenverkehr und Briefmarkenverkauf sind am bedeutendsten; daneben Ackerbau, Viehzucht, Steinbrüche; Haupterzeugnisse: Wein, Getreide, Olivenöl, Käse; Textil-, keram. und Nahrungsmittel-Ind.; Ausfuhr von Wein, Vieh, Keramik. Eine elektr. Bahn verbindet S. M. mit Rimini.

Geschichte: Der hist. Kern ist das gleichnamige Kloster, das nach legendärer Überlieferung im 4. Jh. gegründet wurde, doch erstm. 885 genannt wird. Mitte des 13. Jh. trat es in den Schutz der Grafen von Urbino; die Päpste bestätigten nach Eingliederung Urbinos in den Kirchenstaat 1631 die Unabhängigkeit von S. M. 1862 schloß es mit Italien eine Zollunion, am 28.6.1897 einen Freundschaftsvertrag, der am 31.3.1939 erneuert wurde. (Bild S. 5248)

San Martín, José de, südamerik. General, *25.2.1778 Yapeyú (Corrientes), †17.8.1850 Boulogne-sur-Mer; kehrte 1812 aus Spanien, wo er als Offizier gegen Napoleon gekämpft hatte, nach Buenos Aires zurück und führte ab 1814 an der Spitze der argentin. Truppen den Freiheitskampf gegen die Spanier; Anf. 1817 überschritt er die Anden und befreite auch Chile von der span. Herrschaft (am 12.2.18 Proklamation der Unabhängigkeit Chiles); 1820 führte er sein Heer zu Schiff nach Peru, vertrieb den Vizekönig und zog im Juli 21 in Lima ein. Er wurde zum Protektor ausgerufen, konnte sich aber bei einer Zusammenkunft mit Bolívar im Juli 22 nicht über die künftige Staatsform Perus einigen und ging ins Exil.

San Miguel, Hptst. des Dep. *S. M.* (2167 km², 300000 E.) in der mittelamerik. Rep. →El Salvador, 115000 E. (1972); Handel mit landw. Erzeugnissen.

Sannazaro, Jacopo, ital. Dichter, *28.7.1456 Neapel, †24.4.1530 ebenda; begr. mit dem Schäferroman 'Arcadia' (1502) die neue europ. Hirtendichtung; von den antiken Klassikern und →Petrarca geprägtes Naturgefühl.

San Pedro Sula, Hptst. des Dep. *Cortés* (210000 E.) im NW der mittelamerik. Rep. →Honduras, 105000 E. (1972); Bananen- und Zuckerrohrhandel.

San Pietro, ital. Trachyt-Insel vor der SW-Küste Sardiniens, 52 km² mit 6500 E. (1973), Hauptort *Carloforte*; bed. Thunfischfang.

San Remo, ital. Kurort an der Riviera di Ponente, Ligurien, 64000 E. (1973); maler. Altstadt; Spielbank, berühmte Blumenzucht. Mildes Klima, üppige subtrop. Vegetation. (Bild S. 5248)

Sansa *die*, afrik. Musikinstrument, Holzbrett mit Resonanzkörper aus Kürbisschale; auf dem Brett abgestimmte Holz- oder Eisenzungen, die mit dem Daumen gezupft werden.

San Salvador, 1) Hptst. der mittelamerik. Rep. →El Salvador mit 335000 E. (1972); Erzbischofssitz, Univ., Kathedrale; Kaffeehandel, Textil- und Tabakindustrie. (Bild S. 5249) **2)** (*Watlinginsel, Guanahani*), eine der →Bahamainseln; auf S. S. betrat →Kolumbus am 12.10.1492 erstmals amerikanischen Boden.

Sansanding, Ort in der Rep. Mali, Westafrika, am mittl. →Niger nordwestl. von →Bamako. Der Staudamm von S. (rd. 2800 m lang; Schiffahrtsschleusen von 2600 m Länge) mit verzweigtem Kanalsystem ermöglicht die Bewässerung von 500 km² Baumwoll- und Reisanbauland.

Sansara [ind.] *der*, (*Samsara*), in der →indischen Philos. Bez. für den Kreislauf des Lebens (durch die Wiedergeburt); Ggs. →Nirwana.

Sansculotten [frz., ßãkülotᵉn 'ohne Kniehosen'], in der Frz. Revolution aufgekommener Spottname für radikale Republikaner, die statt der Kniehosen der Aristokraten lange Hosen (*Pantalons*) trugen. (Bild S. 5249)

San Sebastián, Hptst. der nordspan. Prov. →Guipúzcoa, westl. der frz. Grenze, 170000 E. (1972); Bischofssitz, Sommersitz der span. Regierung und der diplomat. Vertretungen, bedeutendstes Seebad Spaniens; Hafen, Maschinenbau.

San Sebastián

Sansevier(i)a (*Bogenhanf*), Gattung der Liliengewächse, meist im trop. Afrika heim., mit langen fleischigen Blättern; einige Arten als Faserpflanzen kultiviert; versch. Arten sind Zimmerpflanzen (→Bajonettpflanze).

Sansibar (engl. *Zanzibar* [sänsibahr]), **1)** Insel vor der ostafrik. Küste, im Ind. Ozean, Landesteil der Rep. →Tansania; mit der Nachbarinsel →Pemba 2643 km² und 405000 E. (1974), Hptst. S. Die flache, aus Korallenkalk aufgebaute Insel ist im W von fruchtbaren Lehmböden bedeckt. Das Klima ist tropisch; reichl. Niederschläge. Bev.: →Bantu von auf dem Festland beheimateten Stämmen, Araber, Parsen, Inder, wenige Europäer. Relig. Bekenntnis fast ausschließl. zum Islam. Amtssprache →Suaheli; als Bildungs- und Verkehrssprache Englisch. 50% der Fläche sind landw. genutzt; an erster Stelle steht der Anbau von Gewürznelken (80% der Ausfuhr); daneben Kokospalmen, Vanille, Zimt; Viehzucht, Fischerei. Gewerbe: Elfenbein- und Ebenholzschnitzerei, Silberarbeiten. – *Gesch.*: Seit dem 10. Jh. arab., wurde S. 1503 portug., 1784 wieder arab. (Sultane von Maskat).

San Marino: Befestigungsturm

San Remo: Altstadt

Ab 1832 selbständiges Sultanat; Machtentfaltung über die ostafrik. Küste bis zum Kongo. 1885–90 stand S. unter dt. Schutzherrschaft, wurde dann (zus. mit den dt. Interessen in Kenia und Uganda) im Tausch gegen →Helgoland an England abgetreten (*Helgoland-S.-Vertrag*). Bis 1963 brit. Protektorat, erhielt das Sultanat S. am 9.12.63 die Unabhängigkeit; 12.1.64 Sturz des Sultans und Ausrufung einer östl. orientierten Volksrepublik. 25.4.64 Vereinigung mit der Rep. →Tanganjika unter dem Namen →Tansania. **2)** Hptst. und Überseehafen an der Westküste der Insel S., Ostafrika, 73000 E. (1972); prunkvoller Sultanspalast; Ausfuhr von Gewürznelken; Flugplatz. Bis ins 19. Jh. größter Sklavenmarkt Ostafrikas. (Bild S. 5252)

Sạnskrit [‘opferrein’, ‘regelmäßig geformt’] *das*, (*Altindisch*), indogerman. Sprache der indo-iran. Untergruppe. Infolge reichen Formenschatzes und früher Belege (→Rigweda) wurde die Kenntnis des S. Ausgangspunkt der →Indogermanistik. Urspr. in hl. Texten verwendete Hochsprache, dann klass. ind. Lit.- und Gelehrtensprache (→ind. Lit.; →Prakrit).

Sansovịno, 1) (eigtl. *Contucci*), Andrea, ital. Bildhauer und Architekt, *um 1460 bei Monte Sansavino (Prov. Arezzo), †um 1529 ebenda; übertrug die in der Archit. erarbeiteten Gesetzmäßigkeiten der Hochrenaissance auf die Plastik. – *W*: Marmorgruppe der Taufe Christi am Baptisterium, Florenz; Gräber in S. Maria del Popolo, Rom.
2) (eigtl. *Tatti*), Jacopo, ital. Baumeister und Bildhauer, *1486 Florenz, †27.11.1570 Venedig; Schüler von 1); entwickelte seinen plast. Stil von der Hochrenaissance zum →Manierismus, der auch seine Bauten bestimmte. – *W*: Bibliothek von S. Marco (seit 1536), Venedig; Standbilder, Reliefe, Grabmäler. (Bild S. 5250)

Sanssouci [frz., ßa̱ßußi ‘ohne Sorge’], Schloß →Friedrichs d. Gr. bei Potsdam, 1745–47 von G. W. von →Knobelsdorff errichtet; Hauptwerk des friderizian. Rokoko. In dem von →Lenné angelegten Park weitere Bauten: Bildergalerie (1755–64), *Neues Palais* (1763–69), *Charlottenhof* (1823 bis 29), Orangerie (1851–56), Friedenskirche (1845–48).

San Stẹfano (türk. *Yeşilköy*), südwestl. Vorort von İstanbul, am Marmarameer. Der *Friede von S. St.* 1878 beendete den Russ.-Türk. Krieg (1877/78); →Berliner Kongreß.

Sạnta Ạna, 1) Stadt in der mittelamerik. Rep. →El Salvador, nordwestl. von San Salvador, am Fuße des gleichnamigen Vulkans (2386 m),

San Salvador: Moderne Kirche und Freiheitsdenkmal

Sansculottes. Ausschnitt aus einem Gemälde von Telliers im Schloß zu Versailles

175000 E. (1972). **2)** [ßạnt^{e} ạn^{e}], Stadt im südl. Kalifornien (USA), südöstl. von →Los Angeles, 160000 E. (1973); Lebensmittel-Ind., Bau von Raketenteilen und elektronischen Geräten.

Santa Barbara [ßạnt^{e} ba̲^{r}b^{e}r^{e}], Stadt in Kalifornien (USA), am *S.-B.-Kanal*, mit 71500 E. (1973).

Santa Catarina, südbrasilian. Staat am Atlantik, mit 95985 km² und 3,08 Mio. E. (1972; rd. 15% dt. Abstammung), umfaßt auch die vorgelagerten Inseln *São Francisco do Sul* und *S. C.* mit der Hptst. →Florianópolis; Hochland bis zu 2000 m ansteigend, mit Steilabfall zur Küstenniederung; in dem subtrop. Klima Anbau von Getreide, Hülsenfrüchten, Maniok, Zuckerrohr, Reis, Südfrüchten, Kaffee, Baumwolle und Tabak; Mategewinnung, Viehzucht; Bergbau auf Kohle, Kupfer und Blei. Zahlr. dt. Siedlungen (→Blumenau).

Santa Clara, 1) Hptst. der Prov. *Las Villas* im Zentrum der Rep. Kuba, mit 133000 E. (1970); Zucker- und Tabakhandel. **2)** [ßạnt^{e} klä̲r^{e}], Stadt im mittl. Kalifornien (USA), südöstl. von →San Francisco, 90000 E. (1973); Univ. (seit 1885); Metall-, Elektro-, Papier-, chem. Industrie.

Santa Cruz [krụth], **1)** Prov. in Südargentinien, im südl. →Patagonien, mit 201613 km² und 86000 E. (1972), Hptst. *Río Gallegos* (10000

Schloß Sanssouci, Park: Bildergalerie

J. Sansovino: Bibliothek von San Marco

E.); Schafzucht. **2)** (*S. C. de la Sierra*), Hptst. des ostbolivian. Dep. *S.C.* (370621 km², 500000 E.), östl. von Cochabamba in den *Llanos de Chiquitos*, 130000 E. (1972); Univ.; Ausfuhr von Kaffee und Zucker, Erdölraffinerie.

Santa Cruz de Tenerife [kruth], **1)** Prov. der zu Spanien gehörenden →Kanarischen Inseln, 3208 km², 600000 E. (1972); umfaßt die vier größten westlichen Inseln →Teneriffa, →La Palma, →Gomera und →Ferro. **2)** Hptst. der Prov. S. C. de T. und der Insel Teneriffa, im NO der Insel gelegen, 190000 E. (1972); bed. Hafen: Stützpunkt für die Atlantik-Schiffahrt, Ausfuhr von Bananen und Gemüse.

Santa-Cruz-Inseln [ßänte krus –] (früher *Königin-Charlotte-Inseln*), brit. Inselgruppe im Pazif. Ozean, nördl. der →Neuen Hebriden, 940 km², 9500 E. (1972), vorwiegend Melanesier; die größten Inseln *Ndeni* (*Santa Cruz*), *Vanikoro* und *Utupua* sind vulkan. Ursprungs, die kleineren Koralleninseln; Anbau von Kokospalmen und Nutzhölzern.

Santa Fe [ßänte fei], Hptst. des Staates New Mexico (USA), nordöstl. von →Albuquerque, 43600 E. (1972); Erzbischofssitz; Fremdenverkehr. – 1610 von Spaniern gegründet.

Santa Fé, Hptst. der ostargentin. Prov. *S. F.* (133 007 km², 2,13 Mio. E.) und Hafenstadt an der Mündung des →Río Salado in den Río Paraná, 214000 E. (1972); Erzbischofssitz, Univ.; bed. Handelszentrum mit Nahrungsmittel-, Textil-, Leder-, Maschinen-Ind., Ausfuhr von Holz und Getreide.

Santa Isabel (heute *Malabo*), Hptst. der Guineainsel →Fernando Póo, im *Golf von Biafra*, Westafrika, 40000 E. (1974); Sitz der Regierung von →Äquatorialguinea; Ausfuhrhafen für Kakao, Kaffee, Palmöl.

Santa Margherita Ligure, ital. Kurort und Seebad an der Riviera di Levante, südwestl. von →Rapallo, 15300 E. (1973).

Santa Maria, 1) östlichste Insel der portug. →Azoren, 108 km², 15000 E. (1972). **2)** Stadt im Zentrum des südbrasilian. Staates Rio Grande do Sul, 153000 E. (1972; zahlr. E. dt. Abstammung); Zentrum eines Teeanbaugebiets.

Santa Marta, Hptst. des nordkolumbian. Dep. *Magdalena* (46803 km², 958000 E.) und Hafenstadt am Karib. Meer, 159000 E. (1972); Ausfuhr von Kaffee und Südfrüchten.

Santa Monica [ßänte mounike], Stadt im südl. Kalifornien (USA), nordwestl. von →Los Angeles, 90000 E. (1973); Kurort, Wohnstadt von Los Angeles; Flugzeug-, Leicht-Ind.

Santander, Hptst. der nordspan. Prov. *S.* (auch *La Montaña* gen.; 5289 km², 477000 E.), am Golf von Biscaya, 153000 E. (1972); Bischofssitz, Kathedrale (Teile aus dem 12. Jh.), Bibl., Museen, wissenschaftl. Inst.; bed. Hafen, Erzausfuhr, Fisch-, Maschinen-Ind., Schiffbau. (Bild S. 5252)

Santarém, 1) Hptst. des Distr. *S.* (6689 km², 444000 E.) und der Prov. →Ribatejo im mittl. Portugal, 17300 E. (1972); spätgot. Kirche, Schloßruine; landw. Zentrum. **2)** Stadt und bed. Flußhafen im nordbrasilian. Staat Pará, an der Mündung des →Tapajós in den Amazonas, 120000 E. (1972); Handelszentrum.

Santayana, George, amerik. Dichter und Philosoph span. Herkunft, *16.12.1863 Madrid, †26.9.1952 Rom; neben Lyrik und Romanen philos. Schriften, die platon., materialist.

George Santayana

Giuseppe Saragat

und skept. Motive vereinigen; anthropolog., ästhet. und wertphilos. Probleme stehen dabei im Vordergrund. – Hauptwerk: 'The Life of Reason' (1905/06, ²56).

Santiago (auch *S. de Compostela*), Stadt in NW-Spanien, südl. von →La Coruña, einstige Hptst. des Kgr. Galicien, 72500 E. (1972); Erzbischofssitz, Kathedrale (11./13. Jh., außen barockisiert), zahlr. weitere Kirchen, Univ. (gegr. 1532). Einer der berühmtesten Wallfahrtsorte der christl. Welt.

Santiago de Chile

Santiago de Chile [– tschile], Hptst. der südamerik. Rep. →Chile, in der östl. *Cordillera de la Costa*, 626 m ü. M., 1,76 Mio. E. (1972; städt. Agglomeration 3,70 Mio.); Erzbischofssitz, 2 Univ.; schachbrettartiger Grundriß; Textil-, Leder-, Maschinen-, Eisen-Ind., Verarbeitung landw. Produkte. – Gegr. 1541. (Farbbild S. 5252)

Santiago de Cuba, Hptst. der Prov. *Oriente* (2,7 Mio. E.) und Hafenstadt in der Rep. Kuba, an der SO-Küste, mit 280000 E. (1970); Univ.; Maschinen-, Schiffbau, Erdölraffinerie, Ausfuhr von Kaffee, Zucker, Tabak, Rum und Edelhölzern, Fischerei.

Santiago del Estero, Hptst. der argentin. Prov. *S. del E.* (135254 km², 507000 E.), südöstl. von Tucumán, am *Río Dulce*, 82000 E. (1972); landw. Handelsplatz.

Santiago de los Caballeros [-lje-], zweitgrößte Stadt der Dominikan. Rep., am Nordrand der *Cordillera Central*, 163000 E. (1972); Univ. (gegr. 1962); Tabakindustrie.

Santillana [ßantiljana], Iñigo López de Mendoza, Marqués de, span. Dichter, *19.8.1398 Carrión de los Condes (Palencia), †25.3.1458 Guadalajara; allegor. und didakt. Dichtungen in Sonetten, der Kleinform der 'Serranillas' und in kurzen Liebesgedichten in höf. Ton.

Santo Amaro, Stadt im ostbrasilian. Staat Bahia, nordwestl. von →Salvador, 20000 E. (1972); Zucker-Ind., Eisenverarbeitung.

Santo André, Stadt im brasilian. Staat São Paulo, südöstl. von São Paulo, 307000 E. (1972); chem., Elektro-, Maschinen- u. a. Industrie.

Santo Domingo (1936–61 *Ciudad Trujillo* [thiudad truehiljo]), Hptst. und wichtigster Seehafen der →Dominikan. Rep., an der Südküste, 700000 E. (1972); Erzbischofssitz, Univ. (1538 gegr.); Kathedrale (15. Jh.); Ausfuhr von Kaffee, Rum, Zucker. – Älteste span. Kolonialstadt (1496).

Santorin [ital.] (neugriech. *Thera*), südl. Insel der griech. →Kykladen, rd. 75 km² mit 8000 E. (1973), Hauptort und Hafen *Thera* (orth. und röm.-kath.-Bischofssitz), bildet mit der Insel *Therasia* den Kraterrest eines unterseeischen Vulkans, dessen Ausbruch um 1500 v. Chr. auch auf Kreta (Flutwelle) starke Zerstörungen bewirkte (letzter Ausbruch 1925–28);

Santorin: Thera

Sansibar

Santander

auf dem fruchtbaren vulkan. Boden bed. Weinanbau (→Malvasier). – S. gehörte im 2. Jt. v. Chr. zur →kret.-myken. Kultur (seit 1970 Funde bed. Wandfresken); im MA venetian., später türkisch.

Sạntos, bed. Hafenstadt im brasilian. Staat São Paulo, auf der Küsteninsel *São Vicente*, mit 333000 E. (72); Ausfuhr: Kaffee, Gefrierfleisch, Baumwolle, Tabak, Südfrüchte.

San Vicente [-thẹnte], Hptst. des Dep. *S. V.* (1207 km², 158000 E.) in der mittelamerik. Rep. →El Salvador, 42000 E. (1972); Tabakindustrie.

São Francisco, *Rio* [ßã̲u fräßịßku], Strom in Ostbrasilien, 2920 km lang,

Santiago de Chile: Kathedrale

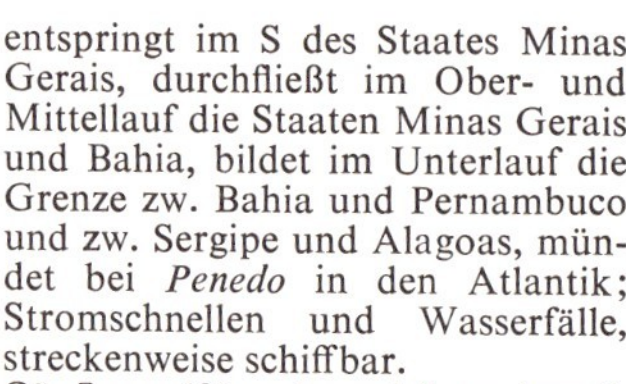

entspringt im S des Staates Minas Gerais, durchfließt im Ober- und Mittellauf die Staaten Minas Gerais und Bahia, bildet im Unterlauf die Grenze zw. Bahia und Pernambuco und zw. Sergipe und Alagoas, mündet bei *Penedo* in den Atlantik; Stromschnellen und Wasserfälle, streckenweise schiffbar.

São Jorge [ßã̲u sehọrsehi], nordwestl. Insel der →Azoren, 240 km², 19000 E. (1972); vulkan., bis über 1000 m aufragend.

São Leopọldo [ßã̲u -du], Stadt im brasilian. Staat Rio Grande do Sul, nördl. von Porto Alegre, mit 74000 E. (1972; vorwiegend dt.); Leder-, Möbelindustrie.

São Luịs [ßã̲u –], Hptst. und Hafenstadt des nordostbrasilian. Staates →Maranhão, auf einer Insel gelegen, 233000 E. (1972); Erzbischofssitz; Tabak-, Textil-Ind., Ausfuhr von Baumwolle und Zucker.

São Miguẹl [ßã̲u –], größte Insel der Azoren, 777 km², 190000 E. (1972), Hptst. →Ponta Delgada; vulkan.; Anbau von Mais, Zuckerrüben, Tee, Südfrüchten. (→Azoren, Bild)

Saône [ßo̲n], re. Nebenfluß der →Rhône in Ostfrankreich, 480 km lang, entspringt in den *Monts Faucilles* westl. der →Vogesen, mündet bei →Lyon; fast 400 km schiffbar, durch Kanäle mit Loire, Seine, Mosel und Rhein verbunden.

Saône-et-Loire [ßo̲n eloa̲r], Dép. in Ostfrankreich, 8627 km², 565000 E. (1973), Hptst. →Mâcon.

São Pa̲ulo [ßã̲u –], **1)** Staat im O Brasiliens, am Atlantik, mit 247898 km² und 18,7 Mio. E. (1972), Hptst. S. P.; nach NW abfallendes Steppenhochland, urwaldbedeckter Steilab-

São Paulo

fall zum schmalen Küstensaum; an der Küste feuchtheißes, im Hochland gesundes trop. Klima; Anbau bes. von Kaffee, daneben Zuckerrohr, Getreide, Mais, Reis und Tabak; bed. Viehzucht. S. P. ist der kulturell und wirtschaftl. wichtigste Staat Brasiliens; rasche Entwicklung der Ind. Die Bev. besteht aus vorwiegend europ. (großenteils dt.) Einwanderern. **2)** Hptst. des brasilian. Staates S. P., mit 6,24 Mio. E. (1972) größte Stadt Brasiliens; Erzbischofssitz; 3 Univ., TH, bed. Serum-Inst. (größte Schlangenfarm der Erde); industrielles Zentrum Brasiliens mit Textil-, Nahrungsmittel-, Maschinen-, Kfz-, Metall-, elektrotechn., chem., Holz-, Leder-Ind., Mittelpunkt des Kaffeehandels; Ausfuhrhafen →Santos. – S. wurde 1554 als Jesuitenmission gegründet.

São Tiago [ßãu –], mit rd. 990 km² größte der →Kapverdischen Inseln, 78000 E. (1972), Hptst. *Praia* (5000 E.); Anbau von Bananen, Zuckerrohr, Kaffee, Mais und Südfrüchten; Fischerei.

São Tomé [ßãu –], zweitgrößte der Guineainseln, im Golf von Guinea, Westafrika, 836 km² mit 78000 E. (1975; Afrikaner, Mulatten), Hptst. und Hafen *S. T.* (20000 E.); vulkan. Ursprungs, urwaldbedeckte Berge, bis über 2000 m hoch, Kraterseen; an der feuchtheißen Küste Anbau von Kakao, Zuckerrohr, Kokos- und Ölpalmen, in höheren Lagen Kaffee, Chinarinde, Kola- und Muskatnüsse, Zimt; Seeschildkrötenfang, Schildpatt-Ind. S.T. bildete zus. mit der benachbarten Insel →Principe die portug. Übersee-Prov. *S. T. und Principe* seit 12.7.1975 unabhängig.

São Vicente, Kap [ßãu wißẹnti] (portug. *Cabo de S. V.*), felsige Landspitze im äußersten SW Portugals.

Sapelli, Holz von *Entandrophragma cylindricum*, einem bis 60 m hohen trop.-afrik. Baum (Zedrachgewächs); braunrot mit Goldglanz, oft mit regelmäßiger Streifung; bes. als Furnier für Möbel, Vertäfelungen usw. (→Holz, Bild)

Saphir, Moritz Gottlieb (eigtl. *Moses S.*), Schriftst., *8.2.1795 Lovas-Berény (Ungarn), †5.9.1858 Baden (bei Wien); Journalist und Kritiker, wegen seines satir. Witzes gefürchtet. 1837–58 Hrsg. der Zschr. 'Der Humorist'.

Saphir [auch safir] *der*, blaues, hartes Mineral aus der Gruppe der →Korunde, beliebter Edelstein.

sapiẹnti sat [lat. 'dem Weisen (ist es) genug'], für den Eingeweihten ist keine weitere Erklärung nötig.

Sapporo: Sprungschanze, erbaut für die Olympischen Winterspiele 1972

Saponine, in zahlr. Pflanzen vorkommende →Glykoside, die aus Kohlenhydraten (meist →Traubenzucker) und einer Komponente mit Steroid- (z. B. *Digitonin*) oder Triterpenstruktur (z. B. *Hederin*) aufgebaut sind (→Steroide, →Terpene); in wäßriger Lösung stark schäumende, für das Blut giftige Verbindungen (Auflösung roter Blutkörperchen), die als →Waschmittel, →Netzmittel, med. als schleimlösende und harntreibende Mittel verwendet werden.

Saporoschje (bis 1922 *Alexandrowsk*), Industriestadt in der Ukrain. SSR, am →Kachowkaer Stausee (Dnjepr), 700000 E. (1973); Hauptstromabnehmer des Großkraftwerks *Dnjeproges* oberhalb S. ist das riesige Dnjepr-Ind.-Kombinat (Erzeugung von Eisen, Stahl, Aluminium, Koks, Baustoffen), außerdem chem. Ind., Maschinen-, Automobil-, Landmaschinen- und Schiffbau.

Sapotengewächse (*Sapotaceae*), Pflanzenfamilie der Tropen mit etwa 600 Arten; Milchsaft führende Holzgewächse; z. T. Nutzpflanzen: apfelgroße Früchte (*Breiäpfel*) und Milchsaft (→Chicle) liefert der *Sapotillbaum* (*Achras sapota*); wohlschmeckende Früchte (*Marmeladenpflaumen*) auch die *Sapote* (*Lucuma mammosa*); Fett wird aus den Samen des →Sheabutterbaumes u. a. Butterbäumen gewonnen; Möbelholz (→Makoré) von *Mimusops heckelii* (Baum der Guineaküste); andere Arten liefern →Guttapercha und →Balata.

Sappanholz (*Ostind. Rotholz, Gabanholz*), Holz des ind. Baumes →*Caesalpinia sappan*; Möbelholz.

Sappe [frz.] *die*, enger Laufgraben zur gedeckten Annäherung an feindl. Stellungen oder für vorgeschobene Posten.

Sappho [sapfo], griech. Lyrikerin, um 600 v. Chr., aus Mytilene (auf Lesbos); floh während polit. Unruhen auf Lesbos nach Sizilien, kehrte aber später nach Mytilene zurück. Versammelte junge Mädchen um sich zu einer Gemeinschaft, die der →Aphrodite und den Musen geweiht war, und unterwies sie bis zum Eintritt in die Ehe. Ihre Gedichte sind z. T. in der nach ihr benannten *Sapphischen Strophe* abgefaßt: Hochzeits- und Liebeslieder in der Form von Gebeten und Götterhymnen mit leidenschaftl. Äußerungen eigenen Gefühls. Neben einem vollständigen Gedicht sind zahlr. Fragmente erhalten.

Sapporo, bedeutendste Stadt der nördl. jap. Hauptinsel →Hokkaido, im SW der Insel, 1,12 Mio. E. (1973); Univ. (gegr. 1918); Maschinen-, Textil-, Leder-, Holz-, Nahrungsmittel-Ind., Flugzeugbau. Olymp. Winterspiele 1972.

Saprobi|en [griech.] (*Fäulnisbewohner, Saprobionten*), Organismen, die sich von toten organ. Stoffen ernähren; →*Saprophyten*: pflanzl. S.; *Saprozoen*: tier. S., so viele Amöben.

Saprophyten [griech.] (*Moderpflanzen, Verwesungspflanzen*), Pflanzen, die →heterotroph sind und sich von toter organ. Substanz ernähren: Bakterien, Pilze, einige Samenpflanzen (so →Fichtenspargel, versch. Orchideen, z. B. →Nestwurz).

Sara [hebr. 'Fürstin'], Frau →Abrahams, Mutter →Isaaks.

Sarabande [span.] *die*, gravität., urspr. span.(-mexikan.) Tanz in einem charakterist. Dreiertakt; hochstilisiert auch Suitensatz, z. B. bei J. S. Bach.

Sarafan *der*, ärmelloser Leibchenrock; gehörte zur Tracht der russ. Bäuerin.

Saragat, Giuseppe, ital. Politiker (Sozialist), *19.9.1898 Turin; 1930

Sarajevo

bis 43 emigriert. Seit 44 mehrfach Min., Führer des revisionist. Flügels der Sozialist. Partei, den er 47 als Ital. Sozialist. Arbeiterpartei von den kommunistenfreundl. →Nenni-Sozialisten trennte. 1951 Zusammenschluß mit sozialist. Splittergruppen zur Sozialdemokrat. Partei Italiens. 57 deren Generalsekretär, Verfechter der europ. Einigung. 64–71 Staatspräsident. (Bild S. 5250)

Sarajevo (*Sarajewo*), Hptst. der jugoslaw. Glied-Rep. Bosnien und Herzegowina, im Talkessel der *Miljacka*, zw. 537 und 682 m ü. M., mit 248000 E. (1973; davon etwa je ein Drittel röm.-kath., orth. u. islamisch); oriental. Altstadt mit zahlr. Moscheen und Basaren, Mittelpunkt des Islam in Jugoslawien; auch bed. Kirchen der christl. Konfessionen (Erzbischofssitz), Univ., Bibl.; Tabakverarbeitung, Leder-, Textil-, Teppich-, Elektrogeräte-, Stickstoffindustrie (→Franz Ferdinand).

Saransk, Hptst. der →Mordwin. ASSR, nördl. von →Pensa, 203000 E. (1973); Univ. (gegr. 1957); Textil-, Nahrungsmittelindustrie.

Sarapul, Stadt in der →Udmurt. ASSR, an der unteren →Kama, 98000 E. (1973); Hafen; Maschinen-, Holz-, Leder-, Nahrungsmittel-Ind.

Sarasate, Pablo de, span. Geiger, *10.3.1844 Pamplona, †20.9.1908 Biarritz; meistgefeierter Geiger seiner Zeit, komponierte virtuose Violinstücke.

Sarasin, Fritz, Zoologe und Völkerkundler, *3.12.1859 Basel, †23.3.1942 Lugano; bereiste zus. mit seinem Vetter *Paul S.* (1856–1929; Begr. des schweiz. Naturschutzes) wiederholt seit 1883 Ceylon und Celebes, später Neukaledonien und Siam.

Saratow [-tof], Industriestadt in der Russ. SFSR, am Bergufer der Wolga, 800000 E. (1973); kulturelles und wirtschaftl. Zentrum, Umschlaghafen (Erdöl, landw. Erzeugnisse); Univ. u. a. Hochsch., Forschungs-Inst., Museen; Eisengießereien, Maschinen-, Elektro-, chem., Glas-, Holz-, Textil-, Leder- und Nahrungsmittel-Ind., Erdölverarbeitung; Wasserkraftwerk. In der Nähe Erdgasvorkommen mit Fernleitung nach Moskau. – Gegr. 1590 als befestigter Handelsplatz, 1780 Statthalterei, dann Gouvernementshauptstadt.

Sarawak, neugebildeter Staat innerhalb der Föderation →Malaysia, im NW von →Borneo, rd. 121900 km² mit 995000 E. (1972; 45% →Dajak u. a. eingeborene Völker, 32% Chinesen, 18% Malaien), Hptst. →Kuching; weithin versumpfte Schwemmlandebenen, an der Küste Mangrovendickicht, im Innern urwaldbedeckte Gebirgszüge (*Mulu*, 2371 m hoch); trop. Klima; Anbau von Reis, Zuckerrohr und Gewürzen, Kautschukplantagen; Ausfuhr insbes. von Erdöl, Gold, Bauxit, Edelhölzern, Kautschuk, Pfeffer, Kopra und Sago.

Sarazenen [arab. 'die Östlichen'], im Altertum Bez. für die Araber auf der Sinai-Halbinsel, im MA auf alle Araber und schließl. auf alle Mohammedaner des Mittelmeerraumes ausgedehnt.

Sarcina *die*, (*Sarzina*), Gattung kugelförmiger Bakterien (*Kokken*), bilden würfelförmige Zellpakete; gehören zur normalen Flora der Haut und der Schleimhäute, gelegentl. auch des

Saratow

Sardine: Kopf eines Jungfisches

Magens und der Blase (→Bakterienflora).

Sardanapal, 1) griech. Name für →Assurbanipal; **2)** legendärer assyr. König, der sich selbst verbrannt haben soll.

Sardellen (*Engraulidae*), Fam. der *Heringsartigen*, kleine Schwarmfische vor allem trop. Meere, einige Arten auch im Süßwasser; Speise- und Köderfische, wichtiger Nutzfisch bes. die *Europ. S.* (→Anchovis).

Sardes, im Altertum Königsstadt in →Lydien, etwa 100 km vom Ägäischen Meer entfernt, am *Hermos* und seinem Goldsand führenden Nebenfluß *Paktolos* gelegen; seit →Gyges Hptst. des Lyd. Reiches, nach 547 v. Chr. Residenz der pers., nach Alexander d. Gr. der seleukid. →Satrapen; fiel 188 an →Pergamon und wurde (nach 133) mit dem Pergamen. Reich in die röm. Prov. Asia eingegliedert; um 1402 n. Chr. von →Timur zerstört. Amerik. Ausgrabungen 1910–14 und seit 1958.

Sardine (*Pilchard*; *Sardina pilchardus*), bis 30 cm langer Heringsfisch; lebt bes. in gemäßigten Meeren (Mittelmeer, Küstengewässer SW-Europas), zieht auch in subtrop. Meere (westl. bis zu den Azoren, südl. bis zu den Kanaren); wird in Olivenöl gekocht (*Öl-S.*), auch gesalzen oder mariniert; Verarbeitung bes. in West- und Südeuropa.

Sardinien (ital. *Sardegna* [sardẹnja]), mit 23 818 km² zweitgrößte Insel Italiens, im Tyrrhen. Meer, durch die Straße von Bonifacio von der frz. Insel Korsika getrennt, 1,47 Mio. E. (1973; *Sarden*), Hptst. →Cagliari; S. umfaßt die 3 Prov.: Cagliari, →Nuoro und →Sassari. Das aus altkristallinen und altvulkan. Gesteinen aufgebaute, von Macchien überzogene Gebirgsland, das im SW von der 20 km breiten *Campidano-Senke* gegliedert wird, kulminiert in den bis zu 1834 m hohen Monti di →Gennargentu, den NW nimmt das *Logudoro* ein. Die gegen Italien weisende Ostküste ist hafenarm. Schaf- und Ziegenzucht im Geb., Anbau von Weizen, Mais, Tabak, Oliven, Agrumen und Wein im Bewässerungs- und Tiefland; Sardinen-, Langusten-, Thunfischfang, reicher Bergbau auf Zink, Blei, Mangan, Antimon. (Wirtsch.-Karte S. 2899). – *Geschichte*: Die prähist. Kultur der Insel bezeugen die hauptsächl. zw. 1600 und 900 v. Chr. entstandenen

Sardinien: Salzgewinnung bei Cagliari; Castelsardo

zahlr. →Nuragen. Seiner Eisen-, Blei- und Silbervorkommen wegen begehrt, kam S. gegen Ende des 6. Jh. v. Chr. unter die Herrschaft der →Karthager, die es aber 238 v. Chr. den Römern überlassen mußten. Mitte des 5. Jh. n. Chr. von →Wandalen, 534 von Ostrom in Besitz genommen. Von Anf. des 8. Jh. bis Anf. des 11. Jh. immer wieder von Sarazenen heimgesucht, die sich teilweise in den Küstenorten festsetzten. Nach dem Seesieg Pisas und Genuas über die Araber (1016) war S. zw. den beiden rivalisierenden ital. Seerepubliken hart umstritten. 1164 erhob Kaiser →Friedrich I. S., über das die Päpste seit →Gregor VII. eine Oberlehnshoheit beanspruchten, zum Königreich. Kaiser →Friedrichs II. natürl. Sohn →Enzio brachte 1238 durch Heirat der sard. Fürstin *Adelasia*, der Erbin von Torre und Gallura (des größten Teils von S.), die Insel unter seine Herrschaft. Nach seiner Gefangennahme (1249) war S. wieder Streitobjekt zw. Pisa und Genua, bis →Bonifatius VIII. 1296 die Könige von Aragonien mit der Insel belehnte, die sie tatsächl. aber erst in der 1. Hälfte des 14. Jh. in ihren Besitz bringen konnten. Bis zum Utrechter Frieden 1713/14 in aragones. bzw. span. Hand, dann österreichisch. 1720 im Tausch gegen Sizilien an das Haus Savoyen, das den Königstitel für S. annahm und die Insel 1861 in das neuerrichtete Kgr. Italien einbrachte. 1948 wurde S. autonome Region.

Sardona, Piz (dt. *Surenstock*), Zentralgipfel der *Sardonagruppe*, 3056 m hoch, in den Glarner Alpen.

sardonisch [griech.], höhnisch, grimmig; *s. Lachen* (*Risus sardonicus*), zu einem Grinsen verzerrtes Gesicht bei →Gesichtsmuskelkrampf (z. B. →Wundstarrkrampf); allg. für höhnisches, bösartiges Lachen.

Sardou [ßardu], Victorien, frz. Dramatiker, *7.9.1831 Paris, †8.11.1908 ebenda. Effektvolle Gesellschaftskomödien: 'Cyprienne' (Divorçons, 1880) und hist. Stücke: 'La Tosca' (87), 'Madame Sans-Gêne' (93).

Sarg, Behältnis für einen Leichnam, gefertigt aus Holz (→Baumsarg, Brettersarg), Stein (→Sarkophag, →Steinkiste), Ton u. a. Material; fast weltweit verbreitet, seit mindestens fünf Jt. bezeugt; →Urne.

Sargans, Bezirksort im Kt. St. Gallen, im Rheintal am Eingang zum *Seeztal*, mit 4670 E. (1975); Verkehrsknotenpunkt; Schloß (12. Jh.).

Sargans: Schloß

Sargassosee (*Sargassomeer*) [portug. sargaço 'Tang'], Teil des westl. Atlant. Ozeans, etwa zw. Bermuda- und Bahamainseln; Laichgebiet des Flußaals, Massenvorkommen von →Beerentang.

Sargent [ßa^{r}dsch^{e}nt], **1)** John Singer, amerik. Maler, *12.1.1856 Florenz, †15.4.1925 London; Bildnisse der mondänen angelsächs. Gesellschaft.

2) Sir Malcolm, engl. Dirigent, *29.4.1895 London, †3.10.1967 ebenda; wirkte vor allem in London und Manchester; 1950–57 Chefdirigent der →BBC.

Sarghoda (*Sargodha*), pakistanische Stadt im →Pandschab, 226000 E. (1973); Natriumsulfitwerk.

Sargon, altoriental. Könige:

1) *S. I.*, König von →Akkad (um 2340 bis 2284 v. Chr.); unterwarf die sumer. Stadtkönige in Mesopotamien und begr. die Herrschaft der →Semiten im Zweistromland; schuf ein Großreich, das vom pers. Randgebirge bis Syrien und Kleinasien reichte.

2) *S. II.*, König von Assyrien (722 bis 705 v. Chr.); General unter →Salmanassar V., den er während der Belagerung Samarias stürzte; schlug die Ägypter in Palästina zurück; Feldzug gegen →Urartu; unterwarf im Kampf gegen →Elam Babylonien wieder, machte Syrien, Zypern und König →Midas tributpflichtig. Baute

William Saroyan

Nathalie Sarraute

aus Sicherheitsgründen Dur-Scharrukin ('Sargonsburg', →Chorsabad) nordöstl. von Mossul zur neuen Hptst. seines Reiches aus.

Sari *der*, ind. Frauengewand aus *einer* gewickelten Stoffbahn.

Sarkasmus [griech. 'Zerfleischung'] *der*, beißender Spott; Eigw. *sarkastisch*.

Sarkom [griech.] *das*, bösartige Geschwulst des Bindegewebes, bildet sehr schnell Tochtergeschwülste; z.B. Fibrosarkom (→Fasergeschwulst).

Sarkophag [griech. 'Fleischzehrer'] *der*, Sarg aus Stein, Marmor, Ton, Bronze u. a. Material; stammt wahrsch. aus Ägypten; war von Anfang an Gegenstand künstler. Betätigung: Reliefe mit figürl. Darstellungen und Ornamenten (→Alexander-S., Bild), bei den →Etruskern auch vollplast. Darstellungen. Von den Römern seit dem 3. Jh. auch für das christl. Begräbnis verwendet, bis zum 5. Jh. mit wichtigen Beispielen frühchristl. Reliefplastik.

Sarmaten, antike iran. Reiternomaden in der südruss.-westsibir. Steppe, um Christi Geburt an der Donaumündung; bedrohten im 3. und 4. Jh. das Röm. Reich und gingen in der Völkerwanderung unter.

Sarmiento, Domingo Faustino, argentin. Staatsmann und Schriftst., *15.2.1811 San Juan, †12.9.88 Asunción (Paraguay); 1868–74 Präs. der Republik; suchte in Roman und Essay die europ. geformte Kultur der Städte mit der ländl. der Gauchos zu versöhnen; Hauptwerk: Roman 'Civilización y barbarie: Vida de Juan Facundo Quiroga' (1845).

Sarnen, Hauptort des Halbkantons Obwalden, am *Sarnersee* (7,7 km²), mit 7000 E. (1975); zwei Klöster, Benediktiner-Gymnasium; Holz-Ind. (Bild S. 5260)

Sarnia [ßa^r^nj^e^], Stadt in der kanad. Prov. Ontario mit 56500 E. (1973); Endpunkt der von →Alberta ausgehenden Ölleitung; Ölraffinerien, petrochem. Industrie.

Sarntal (ital. *Valle Sarentina*), von der *Talfer* durchflossenes Tal in Südtirol, li. Nebental der Etsch nördl. von Bozen, Zentralort *Sarnthein* (ital. *Sarentino*).

Sarong *der*, gewickeltes, rockähnl. Kleidungsstück indones. Frauen.

Saronischer Golf (*Golf von Ägina*), Teil des Ägäischen Meeres zw. den Halbinseln Attika und Argolis.

Saroyan [ß^e^roi^e^n], William, amerik. Schriftst., *31.8.1908 Fresno (Calif.); schildert mit lebensbejahendem Realismus und gütigem Humor, oft autobiograph., den amerik. Alltag: Kurzgeschichten, u. a. 'Ich heiße Aram' (My Name is Aram, 1940); Romane 'Menschl. Komödie' (The Human Comedy, 43), 'Rock Wagram' (51) und 'Days of Life and Death and Escape to the Moon' (70).

Šar Planina [schar –], Geb. an der Grenze von Serbien und Makedonien, im *Titov* (dritthöchster Berg Jugoslawiens) 2747 m hoch.

Sarpsborg, Industriestadt in SO-Norwegen, an der unteren Glomma, 13400 E. (1973); Schwerpunkt der norweg. Cellulose- und Papier-Ind.; Wasserkraftwerk.

Sarracenie|e (*Sarracenia*), nordamerik. Gattung →fleischfressender Pflanzen; Blätter zu schmalen, hohen Trichtern umgebildet, mit leuchtend rotem Randwulst, von buntem Endlappen überragt. Insekten werden angelockt, rutschen jedoch vom glatten Rand ins wassergefüllte Innere; dort werden ihre Weichteile aufgelöst. In Gewächshäusern häufig das *Trompetenblatt* (S. purpurea). (Bild S. 5260)

Sarraute [ßarot], Nathalie, frz. Schriftst., *18.7.1902 Iwanowo-Wosnesensk (Rußland); Vertreterin des →Nouveau roman mit: 'Tropismes' (1938), 'Portrait d'un inconnu' (48), 'Martereau' (53), 'Das Planetarium' (Le Planétarium, 59), 'Die goldenen Früchte' (Les fruits d'or, 61), 'Zwischen Leben und Tod' (Entre la vie et la mort, 68), 'Hören Sie das?' (Vous les entendez?, 72); Bühnenstücke; Essays.

Sarstedt, niedersächs. Stadt im Reg.-Bz. Hildesheim, an der *Innerste* südöstl. von Hannover, 17000 E. (1975); Hochsch. für Gartenbau; Öfen- und Herdfabrikation, Baustoff-, Gummiindustrie.

Sarthe [ßart], **1)** Dép. im nordwestl. Frkr., 6245 km², 475000 E. (1973), Hptst. →Le Mans. **2)** Fluß in NW-Frankreich, 280 km lang, entspringt im Hügelland von →Perche und vereinigt sich bei Angers mit der →Mayenne zur →Maine.

Sarto, Andrea del, ital. Maler und Zeichner, *16.7.1486 Florenz, †29.9. 1530 ebenda; große Fresken im Stil der Hochrenaissance, von →Michelangelo und →Dürer beeinflußt; Tafelbilder in einem milden Helldunkel. Einer der bedeutendsten Koloristen seiner Zeit. (Bild S. 5261)

Sartre [ßartr^e^], Jean-Paul, frz. Schriftst. und Philosoph, *21.6.1905 Paris; wurde durch den Roman 'Der Ekel' (La nausée, 1938) und seine Dramen 'Die Fliegen' (Les mouches, 43) und 'Geschlossene Gesellschaft' (Huis-clos, 44) bekannt, in denen er die Sinnlosigkeit der Existenz und zugleich das Wagnis und die moral. Verantwortung der Freiheit hervorhebt. In seinem 1. philos. Hauptwerk 'Das Sein und das Nichts' (L'être et le néant, 43), das ihn als Begr. und Hauptvertreter des →Existenzialismus ausweist, entwickelt S., ausgehend von →Husserl, →Hegel und bes. →Heidegger, die Grundzüge seiner Philos. der Freiheit: Der Mensch hat kein von vornherein festgelegtes Wesen, sondern ist ständig gezwungen, sich verantwortl. zu entscheiden und dadurch selbst zu entwerfen. In weiteren Romanen 'Die Wege der Freiheit' (Les chemins de la liberté, 45–47), Dramen 'Die ehrbare Dirne' (La putain respectueuse, 46), 'Die schmutzigen Hände' (Les mains sales, 48), 'Die Eingeschlossenen' (Les séquestrés d'Altona, 59), Essays (bes. als Hrsg. der Zschr. *Les Temps Modernes*) und Filmdrehbüchern baute S. seine Theorie aus und betonte die Bed. des gesellschaftl.-polit. Engagements. Sein 2. philos. Hauptwerk 'Critique de la raison dialectique' setzt sich im Bd. I 'Theorie der gesellschaftl. Praxis' (Théorie des ensembles pratiques, 60) u. a. mit Strukturalismus und Marxismus auseinander. S. wandte sich 67 zus. mit B. →Russell gegen Kriegsverbrechen der USA in Vietnam; vertritt seit

Jean-Paul Sartre

F. Sauerbruch

Ende der 60er Jahre politisch maoistischen Tendenzen (Ztg. *Libération*). Autobiogr. 'Die Wörter' (Les mots, 64) und 'Die Sachen' (Les choses, 65). 1964 Nobelpreis, den er ausschlug. – *WW*: Situations (7 Bde., 1947–64); L'idiot de la famille. G. Flaubert des 1821 à 1857 (3 Bde.; 2 Bde. 1971).

SAS (Abk. für S*candinavian* A*irlines* S*ystem*), skand. Luftverkehrs-Ges., gegr. 1946 durch Zusammenschluß der schwed., norweg. und dän. Luftverkehrs-Ges., Sitz Stockholm; Umsatz: 1,1 Mrd. DM; Beschäftigte: 14400 (1976).

Sasaniden (*Sassaniden*), iran. Herrscherhaus, das vom Sieg →Ardaschirs I. (224 n. Chr.) über den letzten →Arsakiden *Ardawan* bis zum Einbruch der islam. Araber und zum Tode *Jasdegirds III.* (651) über das 2. iran. Großreich regierte (→iranische Geschichte).

sasanidische Kunst, die iran. Kunst z. Z. der →Sasaniden. Baukunst: Ruinen von →Ktesiphon mit Thronhalle von 26 m Bogenspannweite (→Architektur, Bild), Firusabad, Sarwistan; bildende Kunst: Felsreliefe von Naksch-e Rostam bei Persepolis, Taq-e Bostan bei Kirmanschah;

Sasanidische Kunst: Die römischen Kaiser Valerian und Philippus Arabs als Gefangene vor Schapur I., Felsrelief von Naksch-e Rostam

Sarnen

Kunsthandwerk: Gold- und Silberschalen, bes. mit Jagdszenen. Die s. K. wirkte nach China, Byzanz, Ägypten und Europa. Auch nach dem Zusammenbruch des Reichs lebte sie im Iran weiter und beeinflußte die entstehende islam. Kunst maßgeblich.

Sasebo, jap. Hafenstadt an der NW-Küste der Hauptinsel Kiuschu, 258000 E. (1973); Maschinen-, chem. Ind., Schiffswerften, Zentrum eines Kohlenbergbaugebietes.

Saskatchewan [ßeßkätschewen], **1)** mittelkanad. Prov. mit 652000 km² und 940000 E. (1973), Hptst. →Regina; im S altes Prärieland, jetzt Viehzucht- und Weizenanbaugebiet, über 50% der kanad. Weizenernte stammen aus diesem Raum, im N ausgedehnte Wälder und Seen; Verarbeitung landw. Produkte, ferner Erdöl- und Erdgas-, Braunkohlen-, Kalisalz-, Erzgewinnung (Gold, Kupfer, Zink, Uran). **2)** *S. River*, Fluß im Mittleren Westen Kanadas, entspringt mit 2 Quellflüssen (*South S.* und *North S.*) in den Rocky Mountains, mündet in den →Winnipegsee; mit dem →Nelson River eine rd. 2500 km lange, wichtige Wasserstraße.

Saskatoon [ßäßketun], Stadt in der kanad. Prov. →Saskatchewan mit 132000 E. (1973); Univ. (seit 1907); Nahrungsmittel-, Möbel-, Textil-Ind.

Sasolburg, Industriestadt im →Oranje-Freistaat, Rep. Südafrika, am →Vaal, südl. von Johannesburg, 26500 E. (1972; davon 13000 Weiße). Gegr. 1950 als Township (Wohnbereich) der von der Regierung ins Leben gerufenen *South African Coal, Oil and Gas Corporation, Ltd.*, (*SASOL*), liegt S. über einem Kohlenfeld von etwa 700 Mio. t.

Sasonow, Sergej Dmitrijewitsch, russ. Staatsmann, *29.7.1861 Gouv. Rjasan, †25.12.1927 Nizza; 1910–16 Außen-Min.; maßvoller als sein Vorgänger →Iswolskij konnte er doch nicht den Ausbruch des I. Weltkrieges verhindern.

Sassafras *der*, (*Fenchelholzbaum*; *S. officinale*), →Lorbeergewächs, Baum des atlant. Nordamerika; Wurzelrinde (*Fenchelholzrinde*) und Wurzelholz (*Fenchelholz*) als mildes harntreibendes Mittel; das durch Destillation aus den Wurzeln gewonnene, wohlriechende Öl für Parfüms, Arzneien.

Sassari, Hptst. der bergbaureichen ital. Prov. *S.* (7519 km², 398000 E.) im NW der Insel Sardinien und deren zweitgrößte Stadt mit 110000 E. (1973); Erzbischofssitz, Univ. (gegr. 1677); Tabak-, Oliven-, Korkhandel; in der Umgebung Blei- und Zinkerzbergbau, Weinbau. Nordwestl. von S., am *Asinaragolf*, der Ausfuhrhafen *Porto Torres* (10000 E.).

Saßnitz, Stadt (seit 1957) im Bz. Rostock, Ostseebad im NO (Jasmund) der Insel →Rügen, 13800 E. (1975); Eisenbahnfähre nach →Trelleborg (107 km); Fischereikombinat, Kreideindustrie.

Sassoon [ßeßun], Siegfried Lorraine, engl. Schriftst., *8.9.1886 Brenchley (Kent), †2.9.1967 Warminster (Wiltshire); satir. Gedichte pazifist. Tendenz gegen falsche Kriegsromantik. Autobiographie 'Vom Krieg zum Frieden' (Siegfried's Journey, 1916 bis 20), 'Collected Poems' (60).

Satan [hebr. 'Widersacher'] (arab. *Schaitan*), im A. T. ein Engel, der

Sarracenie: Sarracenia spec.

Hiob bei Gott verklagt; im N. T. Bez. für den →Teufel.

Satansaffe (*Chiropotes satanas*), etwa 60 cm langer, schwarzer Neuweltaffe (→Affen) mit langem Schwanz; mittl. Amazonas- und Orinocogebiet.

Satanspilz (*Satansröhrling, Blutschwamm, Waldteufel; Boletus satanas*), giftiger →Röhrenpilz, Hutoberseite hellgrau bis -braun, Unterseite blaßgelb bis blutrot, im Alter schmutziggrün; dicker Stiel mit rötl. Netzmuster; Pilz wird bei Druck blau; auf Kalkboden in lichten Laubwäldern, Juli bis September.

Satellit [lat.] (*Trabant*), Himmelskörper, der einen →Planeten umläuft ('Mond'); in unserem Sonnensystem zählt man bis heute 32; ihre Durchmesser reichen von 8 km (beim →Mars) bis 5000 km (beim →Saturn), ihre Umlaufzeiten von 0,32 bis 755 Tage. Die ersten S. wurden von →Galilei entdeckt (beim →Jupiter 1610), der bisher letzte 1974 (beim Jupiter); →Mond, →Uranus, →Neptun. *Künstl. S.* (*Erd-S.*), →Weltraumfahrt.

Satelliten-Fernsehen, Fernsehübertragungen durch die seit 1957 im Erdumlauf befindl. Nachrichtenträger, mit denen der kommerzielle Fernmeldebetrieb zw. Nordamerika und Europa am 26. Juni 1965 aufgenommen wurde ('Intelsat I', 'Early Bird').

Satellitenstaat (früher auch *Vasallenstaat*), ein formell selbständiger, tatsächl. von einer anderen Macht abhängiger Staat; z. B. die Ostblockstaaten im Verhältnis zur Sowjetunion.

Saterland, niedersächs. Geest- und Moorlandschaft in Oldenburg, südöstl. von →Leer.

Sathmar (rumän. *Satu Mare*, ungar. *Szatmárnémeti*), rumän. Stadt am →Samosch, nahe der ungar. Grenze, mit 81 000 E. (1973); Holz-(Möbel-), Leder-, Textil- und Nahrungsmittel-Ind., Maschinenbau. Dt. Stadtgründung des 13. Jh. neben ungar. Burg aus dem 11. Jh.; ab 1711 zweite dt. Siedlerwelle (Sathmarer Schwaben). Bis 1919 und 1940–45 ungarisch.

Satie, Eric, frz. Komponist, *17.5. 1866 Honfleur (Dép. Calvados), †1.7. 1925 Paris; Führer der 'Groupe des Six', von starkem Einfluß auf die neueren frz. Komponisten, aber auch Strawinsky u. a.; Lieder, Chor-, Orchester- und Klaviermusik, Ballette, u. a. 'Parade' (1917, mit →Cocteau, →Picasso und dem Choreographen *L. Massine*).

A. del Sarto: Harpyenmadonna (1517). Florenz, Uffizien

Satin [arab.-frz., ßatã] *der*, feinfädiger, glatter, stark glänzender Stoff in →Atlasbindung.

Satinieren, 1) Flachpressen der Ledernarben, um dem Leder eine glatte Oberfläche zu geben; **2)** Glätten des →Papiers unter Druck auf dem →Kalander.

Satire [von mlat. satira 'Tadel'], scharfe lit. Kritik an Entartungserscheinungen der Umwelt, auch an lit. Werken (*Lit.-S.*) mittels ätzendem Spott, Übertreibung oder Parodie; nicht gattunggebunden (bes. als *satir. Roman*); gibt das Dargestellte der Verachtung und Lächerlichkeit preis. Ansätze bereits in der griech. Dichtung (→Archilochos, →Aristophanes), bes. gepflegt in der röm. Lit. Im MA bes. *Tier-S.* ('Reinke de Vos') und *Stände-S.* (→Neidhart von Reuental). Bed. Entwicklung der S. am Beginn der Neuzeit (in Dtld. Humanismus und Reformation): Fastnachtsspiel (H. →Sachs); Romane (→Fischart, →Cervantes,

→Rabelais); Narrenliteratur (→Brant, →Murner, →Erasmus von Rotterdam). Im Barock Verspottung der Fremdsucht durch die *Alamode-S.* (→Logau, →Moscherosch, Chr. →Reuter). Im 18. Jh. neuer Höhepunkt mit →Lessing, →Lichtenberg, →Wieland, →Goethe und →Schiller in Dtld., →Voltaire in Frkr. und →Pope, →Swift, →Defoe, →Gay, →Fielding in England. Bed. Satiriker des 19. Jh. waren →Heine und →Nestroy, in Rußland →Saltykow und →Gogol, in England →Thackeray und Ch. →Dickens; 20. Jh.: G. B. →Shaw, A. →Huxley (England), →Soschtschenko (Rußland), H. →Mann, →Wedekind, →Sternheim, →Tucholsky, K. →Kraus, Erich →Kästner, →Brecht, →Böll.

Satisfaktion [lat.] *die*, Genugtuung, Wiederherstellung der Ehre einer beleidigten Person, bes. durch →Duell.

Sạtledsch (engl. *Sutlej*), li. Nebenfluß des Indus im östl. →Pandschab, 1450 km lang, entspringt in SW-Tibet, mündet zus. mit →Tschinab als Pandschnad südl. →Multan; die Wasserentnahme für Bewässerungszwecke ist zw. Indien (Oberlauf) und Pakistan (Unterlauf) vertragl. geregelt.

Sato, Eisaku, jap. Politiker (liberaldemokrat.), *27.3.1901 Tabuse (Prov. Jamaguchi), †2.6.75 Tokio; 1949 Mitgl. des Parlaments, 51–64 wiederholt Min., 64–72 Min.-Präs.; erreichte Normalisierung der Beziehungen zu Südkorea (65), Rückgabe der Bonin- und Riukiuinseln (72), begann Annäherung zur VR China. 1974 Friedensnobelpreis, zus. mit S. →McBride.

Satrap [pers. 'Schirmer der Herrschaft'], im altpers. Reich kgl. Statthalter in den Prov. mit administrativer, richterl. und milit. Gewalt.

Satrapie, altpers. Prov. (Statthalterschaft) unter der Leitung eines →Satrapen. Die S. mußten eine festgelegte Jahressteuer abliefern und ein Heereskontingent stellen.

Sattel, 1) Sitz- bzw. Tragevorrichtung zum Reiten oder Befördern von Lasten. Man unterscheidet bei den Reit-S. den *Englischen S.* und den *Bock-S.*; der leichtere Engl. S. ermöglicht bessere Fühlung des Reiters mit dem Pferd. Der *Damen-S.* ist zum Auflegen des rechten Oberschenkels und zum Halten des linken Knies mit sog. Hörnern versehen. **2)** Sitzvorrichtung auf dem Fahr- und Motorrad. **3)** *Geogr.*: Einsenkung (Einsattelung) auf einer Wasserscheide im Gebirge (→Joch, →Paß). **4)** *Geol.*: aufgewölbter Teil (→Antiklinale) einer →Falte (→geol. Strukturen, Bild). **5)** *Musik*: bei Streichinstrumenten die in der Nähe des Wirbelkastens befindl., aus dem Griffbrett ausgearbeitete Erhöhung. Die nicht-gedrückten Saiten schwingen zw. S. und Steg.

Sattelschlepper, Lastzug für Straßentransport; der vordere Teil des Anhängers liegt dem hinteren Teil der Zugmaschine drehbar gelagert auf; →Lastkraftwagen.

Sattler (*Riemer*), handwerkl. Ausbildungsberuf (3 Jahre); verarbeitet Grobleder zu Sätteln, Geschirren für Zug- und Reittiere, Koffern u. a.; Feinlederverarbeiter: *Feintaschner* (*Portefeuiller*).

Saturday Evening Post, amerik. illustrierte Wochenzeitschrift, erschien in Philadelphia (Pa.); gegr. 1728 als *Pennsylvania Gazette* (bis 1821) von B. →Franklin; 1969 eingestellt.

Satụrn (lat. *Saturnus*), altröm. Gott des Acker-, Obst- und Weinbaus, wahrsch. von den →Etruskern übernommen; später dem griech. →Kronos gleichgesetzt; Vater des →Jupiter. In der Sage der Urkönig Italiens. Sein Fest, die sog. *Saturnalien*, feierte man am 17. Dez.; es zog sich weitere sieben Tage in karnevalähnl. Weise hin, die Sklaven genossen Narrenfreiheit, alle sozialen Unterschiede waren aufgehoben.

Saturn, 1) *Astron.*: bezügl. seines Abstandes von der Sonne der 6. Planet unseres Sonnensystems, Zeichen ♄, erscheint dem bloßen Auge als heller, gelbl. Stern (Größenklasse

Satyr: Vasenbild des Amasismalers (um 530–520 v. Chr.)

um 0). Er umläuft die Sonne auf einer ellipt. Bahn (Exzentrizität 0,056) im mittleren Abstand von 1427 Mio. km in der Zeit von 29,46 Jahren. Seine Rotationszeit beträgt am Äquator nur 10 h 14 min; dies macht verständl., daß der S. um fast $^1/_{10}$ abgeplattet ist (Äquator-Durchmesser 120670 km). Trotz der geringen mittleren Dichte von 0,7 g/cm³ besitzt er eine über 95mal größere Masse als die Erde. Wie →Jupiter ist der S. von einer dichten Atmosphäre bedeckt (Wasserstoff, Helium, Methan, Ammoniakkristalle?), die äquatoriale Streifen, mitunter auch große weiße Flecken zeigt. Eine einmalige Erscheinung unter den Planeten bildet das Ringsystem des S. (*Saturnring*, Dicke etwa 20 km, äußerer Durchmesser 272000 km). Es besteht aus einer Unzahl kleinster Satelliten, die den Planeten umkreisen, geteilt durch die →Cassinische Trennungslinie (4000 km breit). Außerdem besitzt der Planet noch weitere 10 Satelliten (der letzte 1966 entdeckt). Der größte Satellit (*Titan*) hat einen Durchmesser von 5000 km. (→Planeten, Bild) **2)** *Raumfahrt*: bes. für die bemannte amerik. Mondlandung unter Wernher von →Braun entwickelte dreistufige große →Rakete; die Version *Saturn V* ist 85,85 m hoch (mit →Apollo 111,252 m), hat einen Schub von 35 Mio. N bei einem Gewicht von 29 Mio. N und kann 120 t Nutzlast in eine Erd- oder rd. 45 t in eine Mond-Umlaufbahn tragen.

Saturni|er, ältestes röm. Versmaß, in dem →Livius Andronicus seine Odyssee-Übers. und →Naevius sein Epos vom Pun. Krieg verfaßte; seit →Ennius durch den →Hexameter abgelöst. Schema: ⏑–⏑–⏑––|–⏑–⏑––.

Satyr (griech. *Satyros*), Fruchtbarkeitsdämon, später lüsterner, derbspaßhafter Begleiter des →Dionysos, dargestellt als Mensch mit Pferdeohren, -hufen und -schwanz. Als Vater der Satyrn gilt der →Silen, mit dem die S. oft auch gleichgesetzt werden.

Satyrspiel, in der griech. Antike ein heiteres Bühnenstück, in dessen Mittelpunkt ein Chor von →Satyrn steht; wurde nach einer Tragödientrilogie (→Tetralogie) aufgeführt.

Satz, 1) *Musik*: 1. eine in sich geschlossene musikal. Einheit als Teil einer Komposition (Sonate, Suite, Symphonie); 2. die Technik, in der

Satyr-Maske von Christoph Angermair (um 1630). München, Nationalmuseum

ein Musikstück gearbeitet ist, z. B. strenger, freier, homophoner, polyphoner, ein- oder mehrstimmiger S. **2)** *Drucktechnik*: der nach dem →Manuskript aus einzelnen Schriftzeichen einer →Druckschrift zu Zeilen und →Kolumnen zusammengesetzte, für die Vervielfältigung mittels der →Druckverfahren bestimmte Text. Man unterscheidet Handsatz und →Maschinensatz (→Setzmaschine). **3)** *Sprachlehre*: jede Kombination von Sprachzeichen, die einen für sich allein verständl. Sachverhalt setzt, sei es als wirklich, möglich, erwünscht oder gewollt. Im Extremfall kann der S. aus einem Wort bestehen: *Schweinerei!* Die einzelnen Satztypen (Behauptungssatz, Fragesatz, Befehlssatz) sind durch versch. Ton- und Stärkeverläufe des Satzakzents gekennzeichnet.

Satzung, schriftl. niedergelegtes, gesetztes Recht; 1. im älteren dt. Recht das Pfandrecht bei Liegenschaften (daher *versetzen* soviel wie verpfänden); 2. bei öffentl.-rechtl. Körperschaften (Gem., Anstalten) das Verfassungs- und Organisationsrecht; 3. bei privatrechtl. Verbänden (Vereine usw.) sind das Zustandekommen und der Mindestinhalt der S. gesetzl. geregelt (§§ 57 ff. BGB). – *Österr.*: Vereinsgesetz, Aktiengesetz von 1965. – *Schweiz*: Art. 60 ZGB.

Satzzeichen, in der Schrift benutzte Zeichen zur leichteren Erfassung des log. Satzzusammenhanges (Frage-, Ausrufezeichen, Punkt, Komma, Strichpunkt, Gedankenstrich).

Saualpe, bis 2081 m hohe, sanft geformte Gebirgsgruppe der →Norischen Alpen, zw. Gurk- und Lavanttal in Kärnten.

Saudisch-Arabien (*Saudi-Arabien*; arab. *Arabija as Saudija*), Königreich auf der Halbinsel →Arabien mit 2149690 km² und etwa 8,5 Mio. E. (1975; nach anderen Schätzungen 6–7 Mio. E.), Hptst. ist →Riad, Haupthafen →Dschidda am Roten

Meer. S.-A. umfaßt die beiden ehem. Kgr. →Nedschd und →Hedschas, das ehem. Emirat →Asir und weite, wüstenhafte Randgebiete. Sieht man vom Erdöl ab, so ist S.-A. noch ein ausgesprochenes Agrarland, obgleich nur 0,13% der Landesfläche dem Anbau (insbes. von Datteln, Weizen, Hirse, Mais und Südfrüchten) dienen; 58,2% sind als extensives Weideland (Schafe, Ziegen, Kamele, Pferde) nutzbar. Das Dauersiedelland der bewässerten Küstenebenen und Oasengruppen zeichnet sich durch alte Stadtkulturen, das weite unfruchtbare, großen tägl. Temperaturschwankungen ausgesetzte und vielfach gebirgige Wüstensteppen- und Wüstenland des Innern, das von 3000 m im W allmähl. nach O hin bis zum Pers. Golf abfällt, durch Nomadismus aus. Die innere Spannung zw. den drei traditionellen Lebensformen von Städtern, Fellachen und Beduinen verschärfen die relig. Gegensätze zw. der puritan. Sekte der Wahhabiten im Nedschd mit dem Königshaus, den →Schiiten-Gruppen in den Randlandschaften und den rechtgläubigen Muslimen im Hedschas mit den hl. Stätten →Mekka und →Medina. Stammesverfassung der versch. Beduinenstämme, sektierer. Fanatismus und Feudalismus ließen mittelalterl. Recht und Sitte überdauern und behindern noch heute stark die zivilisator. Entwicklung. Mit der Ausbeutung der gewaltigen Erdölvorkommen seit 1933 durch die *Arabian American Oil Company* (*ARAMCO*) begann für S.-A. ein neuer Zeitabschnitt (Jahresförderung 1975: rd. 337 Mio. t). Die Staatseinnahmen aus der Erdölförderung übertreffen bei weitem die aus dem Pilgerverkehr sowie aus der Ausfuhr von Häuten und Datteln. Die allmähl. wirtschaftl. und finanzielle Stabilisierung schafft die Voraussetzungen für die Bewältigung der vordringlichsten Aufgaben (Erschließung neuer Wasserquellen, Seßhaftmachung der Beduinen, Volksbildung). (Wirtschaftskarte Seite 274). – *Geschichte*: Als England nach 1918 dem Scherifen →Husein ibn-Ali, seinem Bundesgenossen gegen die Türken, wegen dessen panarab. Plänen die Unterstützung entzog, nutzte der →Wahhabiten-Herrscher →Ibn Saud von Zentralarabien die Gelegenheit und eroberte 1924/25 den Hedschas, 26–28 das Emirat von Asir. Seit 1927 nannte er sich 'König von Hedschas und Nedschd und seiner Nebenländer'; 32 änderte er die Staats-Bez. in S.-A. 62 Abschaffung der Sklaverei; 64–75 König →Faisal ibn Abdalasis al-Saud, seitdem *Khalid ibn Abdalasis*; 66 Aufteilung der Neutralen Zone zw. S.-A. und Kuwait (→OPEC).

Sauer *die*, (frz. *Sûre* [ßṳr]), li. Nebenfluß der Mosel, 173 km lang, entspringt im belg. Teil der →Ardennen, durchfließt Luxemburg und mündet südwestl. von Trier.

Sauerbruch, Ferdinand, Chirurg, *3.7.1875 Barmen, †2.7.1951 Berlin; führte das Druckdifferenzverfahren (→Lungenoperationen) u. a. neue Methoden in die Chirurgie ein, entwarf eine Armprothese (*S.-Arm*), die durch restl. Muskeln betätigt werden kann. (Bild S. 5259)

Sauerklee (*Oxalis*), Gattung der *S.-Gewächse*, Kräuter oder Stauden mit kleeähnl. dreiteiligen Blättern; der *Wald-S.* (Oxalis acetosella) bes. in Buchenwäldern: ausdauerndes Pflänzchen mit weißen oder rosa Blüten; Blätter und Stiele enthalten →Oxalsäure und →Kleesalz, schmekken daher säuerl. und schädigen in größeren Mengen gegessen die Nieren; versch. amerik. Arten Topfpflanzen (→Glücksklee). (Bild S. 5266)

Saudisch-Arabien: Felsendorf, die Palmen sterben wegen der Salzhaltigkeit des Bodens ab; Hafenstadt Dschidda

Sauerkraut (*Sauerkohl*), feingehobeltes Weißkraut, mit Salz und Gewürzen eingestampft, nach Milchsäuregärung haltbar.

Sauerland (*Söderland*), waldreiches Mittelgebirge im südl. Westf., der NO-Teil des →Rhein. Schiefergeb. zw. →Möhne und →Sieg; umfaßt den *Arnsberger Wald*, das →Ebbe- und →Lennegeb., die Hochfläche von Winterberg und das →Rothaargeb., höchste Erhebung →Kahler Asten mit 841 m; zahlr. Stauseen; Forstwirtschaft, Fremdenverkehr, in den Tälern Kleineisen-Ind.; Hauptorte: Iserlohn, Lüdenscheid, Hagen.

Sauerstoff (*Oxygenium*; *O*), zweiwertiges Element der Ordnungszahl 8, Atomgewicht 15,9994; ein farb-, geruch- und geschmackloses, aus O_2-Molekülen bestehendes Gas, etwa 1,1 mal schwerer als Luft (Litergewicht 1,42895 g unter Normalbedingungen), Schmelzpunkt –218,4° C, Siedepunkt –182,9° C; ist mit 23,2 Gew.-Prozent in der Luft, im Wasser mit 88,8 Gew.-Prozent enthalten und in weiteren Verbindungen mit 47,3 Gew.-Prozent an der äußeren festen Erdkruste beteiligt, womit es das häufigste Element der Erde ist (so häufig wie alle anderen Elemente zusammen). Die wichtigste Eigenschaft des S. ist seine Fähigkeit, sich mit den meisten Stoffen zu verbinden (→Verbrennung, →Oxidation), ein chem. Prozeß, der zu den unbedingt notwendigen Voraussetzungen menschl. und tier. Lebens gehört (→Atmung). Man gewinnt S. durch →Luftverflüssigung und anschließende fraktionierte →Destillation oder durch elektrolyt. Zerlegung des Wassers; im Labor durch Erhitzen von Kaliumchlorat oder -nitrat. In den Handel kommt S. in blauen Stahlflaschen, auf 150 at komprimiert. Er wird u. a. verwendet für Knallgasgebläse (z. B. zum Schweißen), für Raketenantriebe, zur Anreicherung des S.-Gehaltes der Luft bei metallurg. Prozessen (→Hochofen) und zur künstl. Beatmung. Seine Entdeckung geht auf →Scheele und Joseph →Priestley zurück; →Ozon.

Sauerstoffbehandlung, Einbringen von Sauerstoff in Blutgefäße zur Behandlung von →Arteriosklerose bes. der Beinarterien; auch bei →Winiwarter-Buergerscher Krankheit.

Sauerstoffgerät, tragbares Gerät zur Versorgung mit künstl. Atemluft in giftigen Gasatmosphären, in großen Höhen oder unter Wasser; die ausgeatmete Luft wird in einer Kalipatrone vom Kohlendioxid gereinigt, aus einer Gasflasche mit Sauerstoff neu angereichert und wieder der Atmung zugeführt. In der Med. Sauerstoffbeimengung zur Atemluft bei →Beatmung und →Narkose.

Sauerteig, durch Milchsäurebakterien gegorener Teig, als Treibmittel beim Backen von Brot verwendet.

Sauerklee: **1** ganze Pflanze mit Blüten, linkes Blatt in Schlafstellung; **2** reife Fruchtkapsel mit Samen

Sauginfusorien (*Suctoria*), Unterklasse der →Wimpertierchen; Jugendformen (Schwärmer) bewegen sich meist mit Wimpern, erwachsene S. meist festsitzend an Wasserpflanzen oder -tieren unter Wimpernverlust; Zellmund fehlt, Nahrungsaufnahme durch röhrenförmige *Saugtentakeln*; Vermehrung durch Knospung, selten durch Zweiteilung. Versch. S. leben parasitisch in Wimpertierchen.

Saugnapf, napfförmige, als →Haftorgan dienende Erhöhung der Körperoberfläche bei versch. Würmern (→Blutegel, →Bandwürmer), →Kopffüßern u. a. Tieren.

Saugrohr, Rohrleitung, in der Unterdruck herrscht; dient zum Fördern einer Flüssigkeit oder eines Gemisches von Flüssigkeit und festen Stoffen (z. B. eines Wasser-Kies-Gemenges).

Saugwürmer (*Trematodes*), Klasse der →Plattwürmer; 0,4 mm bis 1 m lange Parasiten mit Haftorganen (Saugnäpfen, Haken, Klebdrüsen); fast stets Zwitter, Entwicklung meist über →Metamorphose, oft mit →Generationswechsel; z. B. →Leberegel, →Bilharzien, →Doppeltier.

Sauhatz, früher verbreitete Hetzjagd mit vielen Hunden auf →Schwarzwild.

Saul, erster König →Israels, um 1000 v. Chr., von →Samuel gesalbt; Kriege mit →Ammonitern und →Philistern.

Saulgau, Stadt im Reg.-Bz. Tübingen, Baden-Württ., nördlich von →Ravensburg, 15700 E. (1975); Mittelpunkt einer landw. orientierten Umgebung, Landmaschinen-, Textil-, Werkzeug-, Möbel-, Holzindustrie.

Sault Sainte Marie [ßuße^{i}ntm^{e}ri], Stadt im nordöstl. Michigan (USA), am Südufer des *St. Mary's River*, dem Wasserweg zw. →Oberem See und →Huronsee, 15400 E. (1973). Ein Kanal (*St. Mary's Falls Canal*, volkstüml. *Soo locks*) mit vier Großschleusen umgeht die Stromschnellen bei S. S. M. und ermöglicht den Schiffsverkehr zw. den Großen Seen.

Sault-Sainte-Marie [ßuße^{i}ntm^{e}ri], kanad. Stadt in der Provinz Ontario, am Nordufer des *St. Mary's River*, gegenüber dem US-amerik. →Sault Sainte Marie, 77000 E. (1973); Eisen- und Stahl-, Papier-, chem. Industrie.

Saumriff, ein →Korallenriff, das die Küste als schmaler Saum begleitet. (→Atoll, Bild)

Saumur [ßomür], westfrz. Stadt an der Loire, südöstl. von →Angers, 22400 E. (1973); Schloß (14. Jh.), Rathaus (16. Jh.), Museen, Kavallerieschule; Weißweine (→Gotik, Bild).

Sauna *die*, finn. Badehaus; auch die dort angewandte Bademethode, die in viele Länder Eingang gefunden hat: trockene Hitze (um 80° C) im Wechsel mit Wasserdampf (durch Übergießen heißer Steine erzeugt), Kaltwassergüssen, auch leichtem Klopfen der Haut mit Birkenreisern; regt die Durchblutung und damit Stoffwechsel und Infektionsabwehr an, führt zu starker Wasserausscheidung durch die Schweißdrüsen; günstige Wirkungen bei Hautkrankheiten, Muskel- und Gelenkerkrankungen, ungünstige bei Herz- und Kreislaufbeschwerden.

Saunders [ßånd^{er}s], James, engl. Schriftst., *8.1.1925 Islington (Groß-London); verbindet in der Nachfolge →Becketts und →Ionescos das absurde Theater mit dem herkömml. Unterhaltungsstück in Schauspielen wie 'Ein Eremit wird entdeckt' (Next Time I'll Sing to You, 1962) und 'Ein Duft von Blumen' (A Scent of Flowers', 64); auch Einakter, Hör- und Fernsehspiele.

Sauri|er, 1. (*Sauria*), wissenschaftl. Bez. für die →Echsen; 2. volkstüml. Bez. für ausgestorbene, oft riesenhafte Reptilien, im Erdmittelalter (→Mesozoikum) als Land-, Wasser- und Flugtiere verbreitet. Am primitivsten waren die →Kotylo-S., aus denen die eigtl. S. und die rezenten Reptilien hervorgingen; die meisten Landreptilien des Mesozoikums waren →Ar-

Sauna in Finnland

chosaurier; aus ihnen entwickelten sich u. a. die →Dinosaurier und die →Flugsaurier; nachträglich zum Wasserleben zurückgekehrt sind →Plesiosaurier und insbes. →Fischsaurier. (→Abstammung, →Fossilien, Bild)

Sauropsi̱den, zusammenfassende Bez. für die nahe miteinander verwandten Wirbeltierklassen Vögel und Reptilien.

Sauter, Ferdinand, Lyriker, *6.5. 1804 Werfen (Salzburg), †30.10.54 Hernals (bei Wien); Lieder zw. Wehmut und Zynismus, Gedankenlyrik und polit. Gedichte.

Sauvagnargues [ßowanja̱rg^e], Jean, frz. Diplomat, *2.4.1915 Paris; 70–74 Botschafter in Bonn, 74–76 Außenminister.

Savạii (*Sawaii*), größte der pazif. →Samoainseln, 1715 km^2, 40000 E. (1972), Hauptort *Matautu*; gehört zu →Westsamoa.

Savannah [ß^{e}wạn^e], Hafenstadt im nördl. Georgia (USA), an der Mündung des *S. River* (725 km lang) in den Atlantik, 120000 E. (1973); Schiffbau, Papier-, Nahrungsmittel-, chem. Industrie.

Savạnne [indian.], Vegetationstyp der wechselfeuchten Tropen: Grasland mit Wald- und Gebüschformationen versch. Art und unterschiedl. Umfangs. *Feucht-S.* (Trockenzeit $2^1/_2$–5 Monate): meterhohe, harte Büschelgräser, hochwüchsiger, artenreicher Laubmischwald; *Trokken-S.* (5–$7^1/_2$ aride Monate): geschlossener, niedriger Grasteppich, lichter, laubwerfender Wald; *Dorn-S.* (*Dornbuschsteppe*; mehr als $7^1/_2$ aride Monate): nicht mehr geschlossene, kurze bis kniehohe Grasdecke, Dorngewächse als niedriges Gebüsch oder weitständiger Wald. S. kommen in allen Kontinenten mit Anteil an den Tropen vor; die versch. Typen sind bes. deutl. im Sudan ausgeprägt; zahlreiche Übergangsformen. (Bild S. 5268)

Savart [ßawa̱r], Félix, frz. Physiker, *30.6.1791 Mézières, †16.3.1841 Paris; formulierte gemeinsam mit →Biot das *Biot-Savartsche Gesetz* (Berechnung des →Magnetfeldes eines stromdurchflossenen Drahtes).

Save *die*, (früher dt. *Sau*, serbokroat. *Sava*), re. Nebenfluß der Donau, 940 km lang, entspringt in den Julischen Alpen, mündet bei Belgrad; von der *Kupa*-Mündung bei *Sisak* an 592 km schiffbar. (Bild S. 5268)

Savigny [ßạwinji], Friedrich Carl von, Rechtslehrer und preuß. Staatsmann, *21.2.1779 Frankfurt a. M., †25.10.1861 Berlin; 1842–48 preuß. Min. für Gesetzgebung. Begr. der →Hist. Rechtsschule, nach der das Recht sich in der Gesch. entwickelt und als organ. Erzeugnis des Volksgeistes entsteht. – *W*: System des heutigen röm. Rechts (1840–49).

F. C. von Savigny

Savonarola

Savoie [ßawoạ], **1)** Dép. im mittl. Teil der frz. Alpen, 6188 km^2, 300000 E. (1973), Hptst. →Chambéry. **2)** frz. Name für die hist. Landschaft →Savoyen.

Savoir-vivre [frz., ßawoarwi̱wr^e 'zu leben wissen'] *das*, kultivierte Lebensart, Lebenskunst.

Savo̱na, Hptst. der nordital. Prov. *S.* (1544 km^2, 306000 E.) und bed. Hafenstadt an der Riviera di Ponente, Ligurien, südwestl. von Genua,

Savanne: Dornsavanne

82000 E. (1973); Eisen-, Stahl-, Glas-, chem. Ind., Seiden- und Südfrüchtehandel; Verkehrsbedeutung als Fußort zum *Altarepaß* (459 m).

Savonarola, Girolamo, ital. Dominikaner, *21.9.1452 Ferrara, †(hingerichtet) 23.5.1498 Florenz; nachdem er schon in den 80er Jahren als Bußprediger in Florenz gewirkt hatte, holte ihn Lorenzo de' →Medici 1490 auf Rat des →Pico della Mirandola in das Zentrum der Renaissance zurück. 1491 Prior des Klosters San Marco. S. prangerte in seinen Predigten die Laster der Ges. und die Sittenlosigkeit der Kurie an, prophezeite die Züchtigung und Reform der Kirche und bekämpfte die Herrschaft der Medici. Nach Vertreibung der Medici aus Florenz 1494 arbeitete er eine demokrat. Verfassung mit theokrat. Spitze aus. Vom Papst Alexander VI. exkommuniziert (1497) und wegen seiner asket. Strenge in Florenz angefeindet, wurde S. gefangengenommen und als Ketzer gehenkt und verbrannt. (Bild S. 5267)

Save-Quelle bei Podkoren in den Julischen Alpen

Savonlinna (schwed. *Nyslott*), finnische Stadt im Saimaasee (SO-Finnland), 18200 E. (1973); 1639 als Grenzfeste von Schweden gegründet.

Savoyen (frz. *Savoie* [ßawoa], ital. *Savoia*), hist. Landschaft in den frz. Alpen, im wesentl. zw. Genfersee und der →Isère mit dem Nebenfluß *Arc*, umfaßt die Dép. →Haute-Savoie und →Savoie. – *Gesch.*: Im Altertum von den kelt. →Allobrogern bewohnt, die 121 v. Chr. von den Römern unterworfen wurden. 443 ließ →Aetius den Rest der →Burgunden, die den Ansturm der →Hunnen 436 auf ihr mittelrhein. Gebiet überlebt hatten, als Foederati in S. (lat. *Sapaudia*) ansiedeln. 534 von den Franken erobert, ab 879 Teil des Kgr. →Arelat, mit dem es 1032 an das Dt. Reich fiel. 1091 wurde die Gft. S. mit Piemont verbunden. 1310/13 Erhebung zum Reichsfürstentum und 1416 unter →Amadeus VIII. zum Hzgt. In der Neuzeit trieb S. eine Schaukelpolitik zw. Frkr. und Habsburg. Im →Span. Erbfolgekrieg schwenkte es 1703 von Frkr. zur Großen Allianz um und gewann dafür 1713 Sizilien, das 1720 gegen das Kgr. →Sardinien ausgetauscht wurde. 1796 mußte König Viktor Amadeus III. nach seiner Niederlage gegen →Napoleon S. und Nizza an Frkr. abtreten; beide Gebiete wurden durch den 2. Pariser Frieden vom 20.11.1815 wieder zurückgegeben und fielen endgültig 1860 als Gegenleistung für die Hilfe →Napoleons III. im sardin.-österr. Krieg von 1859 an Frkr. (→Italien).

Savoyer Alpen, Gebirgszug in den frz. Alpen, zw. →Genfersee und →Isère; trägt die höchste Erhebung Europas, den →Montblanc mit 4810 m.

Sawa (*Sava*, urspr. *Rastko*), serb. Nationalheiliger, *um 1169, †1235 Tirnowo; 1192 Mönch auf dem Athos; erlangte 1219 als erster Metropolit Serbiens die Unabhängigkeit der serbischen Kirche von Konstantinopel.

Sawạllisch, Wolfgang, Dirigent, *26.8.1923 München; zunächst Pianist, dann Dirigent (Aachen, Wiesbaden, Köln, Bayreuth, Hamburg); seit 1971 Generalmusikdirektor der Bayer. Staatsoper.

Sawatch Mountains [ßewạtsch mauntins], Gebirgskette der →Rocky Mountains im mittl. Colorado mit dem *Mount Elbert* (4399 m), der höchsten Erhebung in den USA.

Sax (*Sachs*) *der*, Waffe der Völkerwanderungszeit; ein einschneidiges Kurzschwert mit breitem Klingenrücken; größere Form: *Scramasax*.

Sạxo Grammạticus, dän. Geschichtsschreiber, *um 1150, †um 1220; schrieb im Auftrag Erzbischof Absalons von Lund eine bis 1185 reichende dän. Geschichte ('Gesta Danorum'), deren erste 9 Bücher (bis 950) auf nord. Sagenüberlieferungen beruhen, während die Bücher 10–16 eine wichtige Geschichtsquelle sind.

saxonische Gebirgsbildung, ältere Bez. für →germanotype Tektonik.

Saxophon *das*, von *Adolphe Sax* (1814-94) um 1840 entwickeltes Blasinstrument aus Metall mit einfachem →Rohrblatt; wird in versch. Tonlagen gebaut und vor allem im Jazz verwendet.

Say [ßä], Jean Baptiste, frz. Volkswirtschaftler, *5.1.1767 Lyon, †15. 11.1832 Paris; Hauptvertreter der klass. Volkswirtschaftslehre in Frkr.; Grundlage der Wirtschaft ist die 'Produktion'; dabei unterscheidet S. zw. 'Kapitalisten' und 'Unternehmern', zw. 'Zins' und 'Unternehmergewinn' (Profit); Begr. der Theorie der Absatzwege (*Saysches Theorem*): die Produktion schafft sich selbst ihren Absatz; da das Angebot gesamtwirtschaftl. nie größer als die Nachfrage sein kann, gibt es keine Überproduktion, es sei denn, die Absatzwege wären 'verstopft'. – *W*: Traité d'économie politique (1803).

Sayers [ßeers], Dorothy Leigh, engl. Schriftst., *13.6.1893 Oxford, †17.12. 1957 Witham (Essex); schrieb Essays: 'Homo Creator' (The Mind of the Maker, 1941), relig. Versdramen: 'Zum König geboren' (The Man Born to be King, 43) und Detektivromane mit ausgezeichneten Charakterdarstellungen.

SBZ, Abk. für Sowjetische →Besatzungszone.

Scala [ital.] (*Teatro alla S.*), Opernhaus in Mailand, 1776–78 von *G. Piermarini* (1734–1808) im klassizist. Stil erbaut. (Bild S. 5270)

Sawa; von einer Ikone des Meisters Cosmas (1645). Kloster Morača, Montenegro

Scaliger (*della Scala*), ghibellin. Adelsfamilie, die von 1260–1387 die Stadtherrschaft in Verona innehatte. Ihr bedeutendster Vertreter war *Cangrande I.* (1291–1329), der seine Herrschaft um Vicenza und Padua erweiterte und Gelehrte, Künstler und Dichter (u. a. →Dante) an seinen Hof holte. Als seine Söhne *Mastino II.* und *Alberto* noch Brescia, Parma, Modena, Reggio, Lucca und Massa eroberten, vereinten sich 1336/37 die anderen oberital. Staaten zu einer Liga gegen die Übermacht der S. und beschränkten sie auf Verona und Vicenza. Die S., von deren Kunstsinn die spätgot. Monumentalgräber in Verona zeugen, wurden 1387 von den →Visconti gestürzt, traten daraufhin in bayer. Dienste und starben 1598 im Mannesstamme aus.

Scampi [ital., ßkạm-] Mz., eine Art kleiner, delikater Krebse.

Scandaglio [ital., -dạljo] *der*, *Fechten*: Klingenspiel vor Beginn des Gefechts.

Scandium (*Skandium*; *Sc*), dreiwertiges Element der Ordnungszahl 21,

Scala in Mailand

Atomgewicht 44,956; seltenes, silberweißes, gegen Luft korrosionsbeständiges Leichtmetall (Vertreter der →Metalle der Seltenen Erden), Dichte 2,99, Schmelzpunkt 1539° C, Siedepunkt bei 2700° C; kommt bes. in dem Silicatmineral *Thortveitit* (Norwegen, Madagaskar) vor.

Scanning [engl., ßkạ̈n-], Bez. für alle Verfahren, bei denen eine Abbildung dadurch entsteht, daß das Objekt zeilenweise abgetastet und aus den sich dabei ergebenden Signalen das Gesamtbild zeilenweise wieder aufgebaut wird. S.-Verfahren werden angewandt z. B. beim Fernsehen in der →Bildröhre und im Empfänger, beim Raster-Elektronenmikroskop, in Bildverstärkern, auch in der →Radioastronomie durch Abtasten eines bestimmten Himmelsgebietes.

Scapa Flow [ßkạ̈pᵉ flo̲ᵘ], von Inseln umlagerte Meeresbucht südl. der →Orkneyinsel Mainland; natürl. Hafen und günstiger Ankerplatz, Hauptstützpunkt der brit. Flotte im I. und II. Weltkrieg.

Scaramuccio [ital., -mụtscho] (*Skaramuz*, frz. *Scaramouche*), →Commedia dell'arte: Rolle des Aufschneiders, von der frz. Bühne übernommen; löste seit etwa 1640 den *Capitano* ab. (Bild S. 5272)

Scarborough [ßka̲ʳbᵉrᵉ], nordostengl. Hafenstadt und Seebad, nordöstl. von →York, 40700 E. (1973); Schiffbau, Fischerei.

Scarlạtti, 1) Alessandro, ital. Komponist, *2.5.1660 Palermo, †24.10. 1725 Neapel; Hauptvertreter der älteren neapolitan. Schule; 114 Opern, Oratorien und etwa 660 Kantaten.

2) Domenico, ital. Komponist, Sohn von 1), *26.10.1685 Neapel, †23.7. 1757 Madrid; Kapellmeister und Cembalist in Rom, Lissabon, Sevilla und Madrid; außer Opern und Kirchenmusik etwa 600 meist einsätzige Cembalostücke.

Scarpe [ßkạrp], li. Nebenfluß der →Schelde in Nordfrankreich, 100 km lang, größtenteils kanalisiert und schiffbar.

Scarron [ßkarõ̲], Paul, frz. Schriftst., *4.7.1610 Paris, †7.10.60 ebenda; Lustspiele, kom. Epen. Sein 'Roman comique' (1651–57) schildert die Welt der Schauspieler und des Provinzbürgertums.

Scat [engl., ßkạ̈t] *der*, von L. D. →Armstrong eingeführte Gesangstechnik des Jazz, bei der inhaltl. unzusammenhängende, beliebig aneinandergereihte Silben gesungen werden; bes. charakterist. im →Bebop (*Bop-Scat*).

Schaben (*Blattidae*), Fam. der →Geradflügler, nächtl. lebende Insekten mit abgeflachtem Körper, kauenden Mundwerkzeugen, fadenförmigen Fühlern, kräftigen Laufbeinen; Weibchen häufig mit rückgebildeten Flügeln; Allesfresser. Versch. Arten (bes. aus den Tropen) vom Menschen als Hausbewohner weltweit verschleppt, z. B. *Küchen-Sch.* (*Kakerlak*, *Orientalische Sch.*; *Blatta orientalis*), bis 30 mm lang; *Deutsche Sch.* (*Phyllodromia germanica*), 10–13 mm.

Schabkunst (*Mezzotinto*), →graph. Technik des →Tiefdrucks, die nicht auf der Linien-, sondern auf der Flächenwirkung aufgebaut ist: die Platte wird zunächst aufgerauht, worauf man die hellen Partien mit Schabeisen glättet. Je nach dem Grad der Glättung nehmen diese Stellen immer weniger Farbe auf, wodurch beim Druck eine 'malerische' Abstufung

A. Scarlatti

Hjalmar Schacht

von weich ineinander übergehenden Flächen entsteht. – Wahrsch. 1642 von *Ludwig von Siegen* entwickelt, im 17. und 18. Jh. auch als Reproduktionstechnik für Ölgemälde, originalgraph. von F. →Goya u. a.

Schablone, Vorlage aus Pappe, Holz, Metall oder Kunststoff zum wiederholten Nachbilden gleicher Formen oder Muster.

Schabracke [türk.] *die,* reichverzierte farbige Decke unter dem Reitersattel; *Schabrunke*: Decke über der Satteltasche.

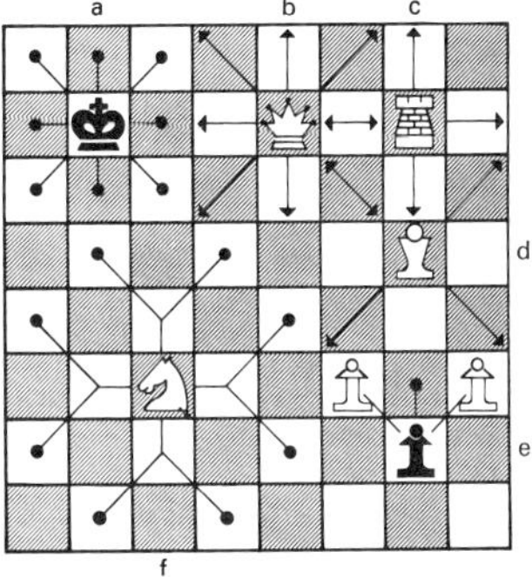

Schach, schematische Darstellung der Züge der einzelnen Schachfiguren: **a** König, **b** Dame, **c** Turm, **d** Läufer, **e** Bauer, **f** Springer

Schach [pers.], altes Brettspiel aus dem Orient für zwei Personen, Spielbrett mit 64 abwechselnd schwarzen und weißen Feldern (→Brettspiele, Bild); je 16 Figuren: König, Dame, 2 Türme, 2 Springer (*Rössel*), 2 Läufer, 8 Bauern, die jeweils einen Zug nach vorgeschriebenen Gangarten ziehen dürfen (Weiß stets zuerst). Freistehende (nicht gedeckte) Figuren werden geschlagen. Der Spielverlauf gliedert sich in Eröffnung, Mittelspiel und Endspiel. In der Eröffnung wird das Grundkonzept der Partie angelegt, während das Mittelspiel von kombinator. und takt. Wendungen beherrscht wird. Theoret. weitestgehend analysiert ist das Endspiel, mit bestimmten Gewinn- und Remisstellungen. Die Strategie des Spiels zielt darauf, den gegner. König 'matt' zu setzen, d. h. so anzugreifen, daß er nicht mehr ausweichen und keine seiner Figuren ihn retten kann. 'Patt' ist der Gegner, wenn der noch nicht bedrohte König beim nächsten folgenden Zug in Sch. gerät; das Spiel ist *remis* (unentschieden). – Im Turnierschach steht jedem Spieler eine festgelegte Zeit für eine vorgeschriebene Anzahl von Zügen (internat. $2\frac{1}{2}$ Stunden für 50 Züge) zur Verfügung. Gespielt wird auch *Blindschach* (ohne Ansicht von Brett und Figuren) und *Simultanschach* (ein Spieler gleichzeitig gegen mehrere Gegner, oft bis zu 50). Offizielle Weltmeisterschaften werden seit 1868 ausgetragen: W. Steinitz (1868–94), E. Lasker (1894–1921), J. R. Capablanca (1921–27), A. →Alechin (27 bis 35), M. Euwe (35–37), Alechin (37–46), M. →Botwinnik (48–57), W. Smyslow (57–58), Botwinnik (58–60), M. Tal (60–61), Botwinnik (61–63), T. Petrosjan (63–69), B. Spasskij (69 bis 72), R. Fischer (72–75), A. Karpow (seit 75, kampflos durch Entscheid der FIDE).

Schachblume (*Fritillaria meleagris*), heim. →Liliengewächs mit purpurroten (selten weißen), schachbrettartig gemusterten Blüten; auf feuchten Wiesen, zerstreut; geschützt. (Bild S. 5272)

Schachbrettfalter (*Schachbrett*; *Agapetes galathea*), von Juni bis Aug. fliegender, häufiger Tagfalter aus der Fam. der Augenfalter; trägt schwarzweiße, schachbrettähnl. Zeichnung auf den Flügeln; spannt 4,5–5 cm. (Bild S. 5272)

Schachbücher, das Schachspiel allegorisch auf Stände und Sozialverhältnisse des MA auslegende Dichtungen nach dem Vorbild des Schachbuchs von *Jacobus de Cessolis* (um 1275); mhd. Fassung das 'Schachzabelbuch' (1337) des *Konrad von Ammenhausen.*

Schacht, Hjalmar, dt. Bankier und Finanzpolitiker, *22.1.1877 Tingleff (Nordschleswig), †3.6.1970 München; 1923 Reichswährungskommissar, 23–30, 33–39 Reichsbank-Präs., 34–37 Reichswirtschafts- Min. Schuf die finanztechn. Voraussetzung für Arbeitsbeschaffung und Aufrüstung des nat.-soz. Dtld.; 44/45 im KZ. Vom →Nürnberger Militärtribunal freigesprochen.

Schacht, im Bergbau der die Verbindung zw. der Erdoberfläche und dem Untertagenetz herstellende Grubenbau, der sowohl senkrecht (seiger) als auch in der Neigung der Schichten

Scaramuccio (Stich, 18. Jh.). München, Theatermuseum

(tonnlägig) hergestellt wird. Schächte, die nur innerhalb des Grubengebäudes versch. →Sohlen miteinander verbinden, heißen *Blindschächte*. Die Herstellung von Schächten wird als →Abteufen bezeichnet. Blindschächte werden häufig mit hölzernen Rahmen, die übrigen Schächte mit Ziegelmauerwerk, selten mit Beton ausgebaut. In stark wasserführendem Gestein wird der Gußring- (Tübbing-) und neuerdings der Stahlringausbau verwendet. Die tiefsten Schächte liegen in Dtld. bei 1200 m, im südind. und afrik. Goldbergbau bei 3000 m. (→Bergbau, Bild)

Schachtbohrverfahren, Herstellen (→Abteufen) eines Schachts mittels maschineller Bohrer und Meißel; der Schacht wird in seinem vollen Querschnitt abwärtsgetrieben.

Schachtelbeteiligung, Beteiligung eines Unternehmens an einem anderen, das wiederum an einem dritten beteiligt ist (*Schachtelgesellschaften*); die Kette der Beteiligungen kann sehr weit ausgedehnt werden und ermöglicht mit relativ geringen Mitteln die Beherrschung von ganzen Unternehmungsgruppen (→Schachtelprivileg).

Schachtelhalm (*Equisetum*), Gattung der →Sch.-Gewächse mit 25 Arten; bäumchenartig verzweigte, ausdauernde Land- und Sumpfpflanzen mit hohlen, meist gerillten Stengeln und zu einer den Stengelknoten umfassenden Scheide verwachsenen Schuppenblättern; die →Epidermis enthält Kieselsäure; die fertilen Halme oder Halmteile sind unverzweigt, tragen endständige Ähren sporenbildender, schildförmiger Blätter (Sporophylle). An Wegen der *Acker-Sch.* (Equisetum arvense), bis 50 cm hoch, mit braunen fertilen Frühjahrs- und grünen sterilen Sommertrieben; früher zum Scheuern von Zinn- und Kupfergefäßen verwendet (*Zinnkraut*), Absud heute noch als Volksheilmittel. Auf Sumpfwiesen der *Sumpf-Sch.* (Equisetum palustre); in feucht-schattigen Wäldern der *Wald-Sch.* (Equisetum silvaticum)

Schachblume

Schachbrettfalter

und der bis 1,5 m hohe *Riesen-Sch.* (Equisetum maximum). (→Farnpflanzen, Bild)

Schachtelhalmgewächse (*Equisetinae*), Klasse der →Farnpflanzen; Sporenpflanzen mit kleinen, keilförmigen Blättern, quirliger Verzweigung und gegliedertem Stengel; Hauptentwicklung im →Paläozoikum (z. B. →Kalamiten), rezent nur noch die Gattung →Schachtelhalm.

Schachtelprivileg (*Schweiz*: *Holdingprivileg*), für Schachtel-Ges. mit einem Beteiligungsverhältnis von mindestens 25% (*Schweiz*: 20%) geltende Sonderregelung bezügl. der →Körperschaftsteuer (*Schweiz*: →Wehr- und kantonale Einkommensteuer). Ohne das Sch. würde an die Stelle der vom Gesetzgeber gewollten →Doppelbesteuerung der Kapitalges. eine mindestens dreifache Besteuerung treten.

Schachtofen, schachtförmiger Metallschmelzofen, der schichtweise von oben mit Schmelzgut und Brennstoffen beschickt und durch Abstich entleert wird (→Hochofen).

Schachty (früher *Alexandrowsk-Gruschewskij*), Bergbaustadt in der Russ. SFSR, im östl. Donezbecken, 215000 E. (1973); reiche Anthrazitlager mit zahlr. Zechen, Eisengießerei, Metallverarbeitung, Textil-, Leder- und Nahrungsmittelindustrie, Großkraftwerke.

Schack, Adolf Friedrich, Graf von, Schriftst. und Kunstsammler, *2.8. 1815 Brüsewitz (Meckl.), †14.4.94 Rom; Mitgl. des →Münchener Dichterkreises, Übersetzung aus der span. und oriental. Literatur, Begründer der Münchener Gemäldesammlung *Schack-Galerie*.

Schad, Christian, Maler und Graphiker, *21.8.1894 Miesbach; erfand eine bes. graph.-photograph. Technik (*Schadographie*); Vertreter der →Neuen Sachlichkeit; Bilder, Holzschnitte.

Schaden, jede Einbuße an rechtl. geschützten Gütern (Vermögensgüter und immaterielle Güter). Zum Schaden gehört auch der entgangene Gewinn.

Schadenersatz, Ausgleich eines Nachteils. Wer zum Sch. verpflichtet ist, hat den Zustand wiederherzustellen, der bestehen würde, wenn der zum Ersatz verpflichtende Umstand nicht eingetreten wäre. Ist wegen Verletzung einer Person oder wegen Beschädigung einer Sache Sch. zu leisten, so kann der Gläubiger statt der Herstellung den dazu erforderl. Geldbetrag verlangen. Der zu ersetzende Schaden umfaßt in bestimmten Fällen auch den entgangenen Gewinn. Wegen eines Schadens, der nicht Vermögensschaden ist, kann Entschädigung in Geld nur in den durch das Gesetz bestimmten Fällen gefordert werden (immaterieller Schaden), §§ 249 ff. BGB (→Schmerzensgeld). – *Österr.* (§§ 1293 ff. ABGB), *Schweiz* (Art. 28 ZGB und 41 ff. OR) ähnl. geregelt.

Schachtelhalm: Ackerschachtelhalm, Frühjahrstrieb

Schadenversicherung, Versicherung von konkreten Vermögenschäden; als solche durch Versicherungssumme, Versicherungswert und Schadenhöhe begrenzt. Im Ggs. zur →Summenversicherung gilt das *Bereicherungsverbot*: Der Geschädigte darf durch die Auszahlung der Versicherungssumme nicht besser gestellt werden, als er es vor Eintritt des Schadens war.

Schadow, 1) Johann Gottfried, Bildhauer, *20.5.1764 Berlin, †28.1.1850 ebenda; Studium in Rom; 1788 Hofbildhauer in Berlin, 1816 Dir. der Kgl. Kunstakademie ebenda. Hauptvertreter der dt. klassizist. Plastik, verband deren ästhet. Ideale mit einer frischen realist. Auffassung, bes. in den Standbildern preuß. Helden ('Friedrich d. Gr.', 'Zieten'); Bildnisbüsten, Radierungen, Lithographien, Zeichnungen, Karikaturen. – *WW*: (in Berlin) Grabmal des Grafen von der Mark (1788–91; →deutsche Kunst, Bild), Quadriga auf dem Brandenburger Tor (Entwurf 1789). **2)** Wilhelm von (seit 1845), Maler, Sohn von 1), *6.9.1789 Berlin, †19.3. 1862 Düsseldorf; gehörte zu den →Nazarenern, 1826 Dir. der Düsseldorfer Akademie; relig. Bilder und Fresken.

Schadrinsk, Stadt in der Russ. SFSR, in Westsibirien, südöstl. von →Kamensk-Uralskij, 73000 E.(1973); Walzwerk, Maschinen- und Apparatebau, Nahrungsmittelindustrie.

Schächten [hebr.], das Schlachten rituell reiner Tiere nach jüd. Relig.-Gesetz, wobei den Tieren ohne Betäubung durch einen schnellen Querschnitt von unten Halsschlagader, Speise- und Luftröhre bis zur Wirbelsäule durchtrennt werden, so daß das Fleisch ausbluten kann. Sch. wird auch in versch., bes. islam. Ländern als Schlachtmethode angewandt.

Schädel (lat. *Cranium*), knöchernes Gerüst des Kopfes, besteht aus vorwiegend paarigen Knochen, die beim Neugeborenen teilweise noch voneinander getrennt sind und dadurch Wachstumsspielraum haben (z. B. →Fontanellen); die Nähte verknöchern erst nach Beendigung des Wachstums. Der *Gehirn-Sch.* besteht aus dem *Sch.-Dach* (*Kalotte*: Stirn-, Schläfen-, Scheitel-, Hinterhauptbein) und der *Sch.-Basis*, die das Gehirn trägt, den Gesichts-Sch. überdacht und hauptsächlich von Joch-, Gaumen-, Keil-, Hinterhauptsbein gebildet wird. Zum *Gesichts-Sch.* gehören Nasenskelett (Nasen-, Sieb-, Tränenbein), Jochbein, Oberkiefer, Unterkiefer, Gaumenskelett, Zungenbein, Gehörknöchelchen. Ausschlaggebenden Anteil an der menschl. Sch.-Form hat die stammesgeschichtl. Entwicklung des Gehirns zus. mit seiner durch den aufrechten Gang bedingten Verlagerung über den Gesichtsschädel.

Schädelbruch, →Knochenbruch im Bereich des Gehirnschädels; 1. durch direkte Gewalteinwirkung, meist auf das Schädeldach, mit Riß-, Spalt- oder Trümmerbildung, wobei Gehirngewebe gepreßt oder durch Knochenteile verletzt werden kann; bei Eröffnung der Schädelschwarte *komplizierter Sch.* mit Infektionsgefahr; 2. durch indirekte Gewalteinwirkung, meist als *Schädelbasisbruch*, der vorwiegend durch Stauchung der Wirbelsäule oder Sturz auf den Kopf zustandekommt; bes. gefährl. wegen Zerreißung von Nervengewebe und Infektionsgefahr. Sch. ist immer von →Gehirnerschütterung begleitet und in vielen Fällen durch eine Röntgenaufnahme feststellbar. Kennzeichnend für Schädelbasisbruch sind Blutungen aus Nase und Ohren oder in die Augenhöhlen (*Brillenhämatom*). Bei jeder Schädelverletzung Kranken seitwärts lagern (wegen Gefahr des Erbrechens), sofort Arzt zuziehen.

Schädellose (*Acrania*), Unterstamm der →Chorda-Tiere, ohne gesonderten Kopfabschnitt, ohne Gehirn und Zentralherz, daher auch *Röhrenherzen* (*Leptocardia*) gen.; Hauptart →Lanzettfischchen.

Schädlinge, den Menschen direkt oder indirekt schädigende Organismen; tierische Sch. zählen häufig zu den →Wirbellosen, pflanzliche Sch. fast immer zu den →Pilzen oder →Bakterien; kleinste Sch. sind die Viren (→Virus). Lästige, jedoch unschädliche Tiere heißen *Lästlinge*. Sch. sind bes. arten- und zahlenreich vertreten in feuchten, heißen Klimaten; vor allem in neuerer Zeit werden viele Arten mit Nahrungsmitteln usw. importiert. Meist schaden Sch. erst durch Massenauftreten; Ursache dafür sind u. a. ungeeignete Maßnahmen (z. B. →Monokulturen).

1. *Gesundheitsschädlinge bei Mensch und Tier*, vor allem Viren, Bakterien, Einzeller (z. B. →Amöben, →Kokzidien, →Trichomonas); weiterhin Insekten, Würmer u. dgl. sowie Pilze (→Hautpilzerkrankungen). Versch. Schädlinge wechseln ihren Wirt (→Bandwurm); manche Arten sind nur durch Krankheitsübertragung schädlich (z. B. →Malariamücke). *Ektoparasiten* saugen Blut, fressen Haare usw.; *Endoparasiten* leben im menschl. oder tierischen Körper (→Spulwurm, →Leberegel, →Dasselfliege, →Milben).

2. *Pflanzenschädlinge*, vor allem Viren, Bakterien, Pilze, selten auch höhere Pflanzen (→Mistel); weiterhin Tiere durch Fraß, Krankheitsüber-

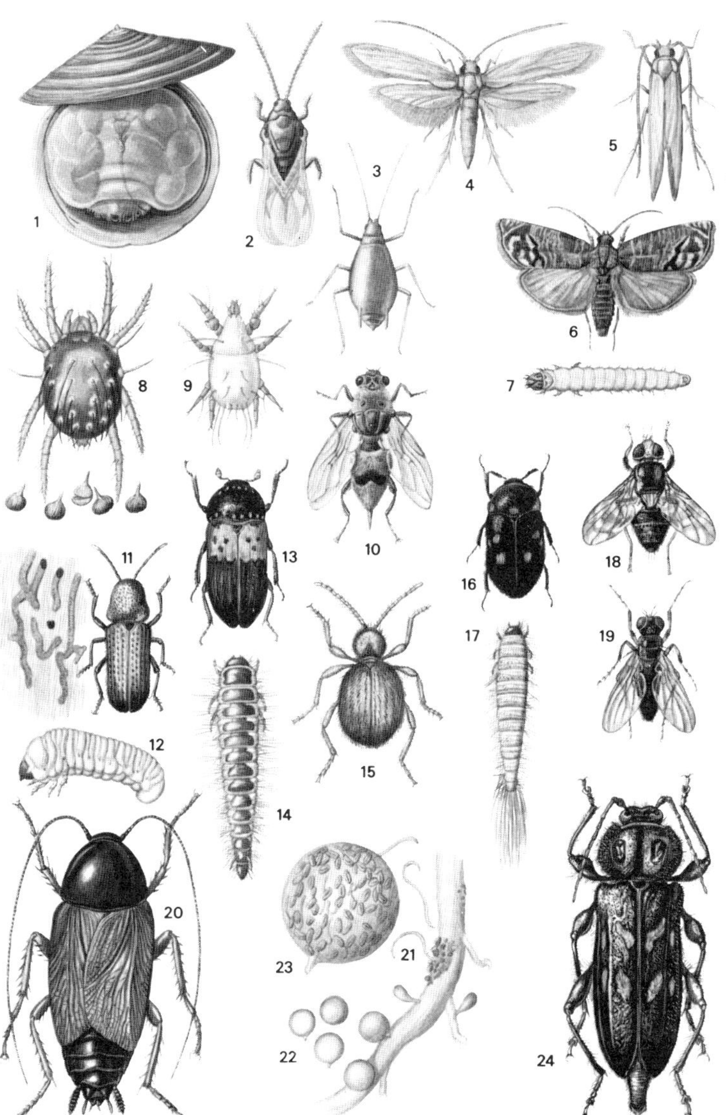

Schädlinge: 1, 2 San-José-Schildlaus: **1** Weibchen mit geöffnetem Rückenschild, **2** Männchen; **3** Pfirsichblattlaus; **4, 5** Kleidermotte mit ausgebreiteten bzw. angelegten Flügeln; **6, 7** Apfelwickler und Made; **8** Rote Spinne mit Eiern; **9** Mehlmilbe; **10** Rinder-Dasselfliege; **11, 12** Klopfkäfer (Anobium spec.) mit Made; **13, 14** Gewöhnl. Speckkäfer und Made; **15** Messingkäfer; **16, 17** Pelzkäfer und Larve; **18** Kirschfliege; **19** Käsefliege; **20** Küchenschabe; **21–23** Kartoffelälchen: **21** Älchen, **22** anhaftende sowie abgefallene Zysten an einem Wurzelstück, **23** einzelne Zyste mit Eiern und Larven; **24** Hausbock, Weibchen

tragung u. a. Nach ihren Schädlichkeitsbereichen unterscheidet man bei den Pflanzen-Sch. u. a.: →Forst-Sch.; landwirtschaftl. Sch.; Sch. im Gemüsebau, an Obst und Wein; Sch. an Zimmerpflanzen.
3. *Vorratsschädlinge* (*Nahrungsmittel-Sch.*) *und Material-Sch.*, vor allem Insekten, versch. Würmer u. a. Wirbellose, Mäuse, Ratten u. dgl., weiterhin Pilze (→Schimmelpilz, →Hausschwamm), gelegentlich Bakterien. Schäden entstehen durch Fraß, Verunreinigungen, Krankheitsübertragung, Materialzerstörung. Vor allem von Getreiden leben →Kornkäfer und →Kornwurm; im Mehl die →Mehlmotte und die *Mehlmilbe* (*Acarus siro*); in den Samen von Hülsenfrüchten leben →Erbsenkäfer u. a.; in säurehaltigen Vorräten →Drosophila und *Essigälchen* (*Anguillula aceti*); an Käse und Fleisch →Käsefliege und →Fleischfliege; an Pelzen, Leder usw. →Pelzkäfer, Gemeiner →Speckkäfer; an wollehaltigen Textilien →Kleidermotte; im Holz der Hausbock (→Bockkäfer), in Möbeln usw. der →Klopfkäfer u. a.; Allesfresser sind versch. Schaben, →Diebskäfer, so in letzter Zeit bes. der Messingkäfer. (→Schädlingsbekämpfung)

Schädlingsbekämpfung, Maßnahmen zum Schutz gegen →Schädlinge.
1. *Vorbeugung*: den Schädlingen werden die Ausbreitungs- und Betätigungsmöglichkeiten entzogen, z. B. durch Sauberkeit, Absperrungsmaßnahmen, Zerstörung von Unterschlupfmöglichkeiten, restlose Vernichtung der befallenen Pflanzen und Tiere, →Fruchtwechsel (gegen die auf bestimmte Nahrungspflanzen angewiesenen Schädlinge), Vermeidung von →Monokulturen, richtige Bodenbearbeitung, ständige Bodenkontrolle, geeignetes →Saatgut und günstige Zeitwahl für Aussaat und Ernte, Pflege der Obstbäume durch Abkratzen von Flechten u. dgl., Bestreichen von Wunden mit Baumwachs usw., Anbringen von →Leimringen an Stämmen, Anbau von Fangpflanzen, die Schädlinge anziehen sollen und dann zus. mit diesen vernichtet werden, Züchtung von schädlingsresistenten Tier- und Pflanzenrassen (→Resistenz). *Vorbeugung zum Schutz von Vorräten* geschieht z. B. durch geeignete Lagerung, Fliegengitter usw., Vernichten alter und verseuchter Vorräte, Durchschaufeln von Getreide usw.; *Schutz von Material* durch Imprägnieren, Anstreichen (Holz), Eulanisieren (→Eulan) u. a.
2. *Vernichtung der Schädlinge*: In neuerer Zeit spielen chem. Schädlingsbekämpfungsmittel eine große Rolle, z. B. →Insektenbekämpfungsmittel, →Fungizide, *Herbizide* (Unkrautbekämpfungsmittel), →Kontaktgifte usw., in Pulverform und in Lösungen (→Stäube-, Sprüh-, Spritzmittel), →systemische Schädlingsbekämpfungsmittel. Sch. auf chem. Weg bringt jedoch wesentl. Gefahren mit sich: es werden zahlr. unschädliche Arten (bes. auch natürliche Feinde der Schädlinge) mitbetroffen; gespritzte Früchte usw. und die Schädlingsbekämpfungsmittel selbst können für den Menschen giftig (bis tödlich) sein; langjährige Benützung der Mittel führt häufig zur

Schäferhunde: Altdeutscher Schäferhund; Deutscher Schäferhund

1 2

3 4

Schädlingsbekämpfung: 1 Großflächenbekämpfung mit Hubschrauber, dessen Rotor den 'Nebel' günstig ins Feld drückt (Baumwollpflanzung im Sudan); **2** Zapfwellenbetriebenes Anhängesprühgerät bei der Baumbehandlung in einer Obstplantage; **3** Getreidereinigungsanlage mit Beiztrommel, in der das Saatgut mit einem Spezialbeizmittel gegen verschiedene Pflanzenkrankheiten behandelt wird; **4** Schädlingsbekämpfung im Weinbau

Selektion resistenter Schädlingsrassen. Man ist daher bemüht, gefahrlose Methoden der Sch. zu finden: gegen einzelne Schädlingsgruppen spezifisch wirkende chem. Mittel (z. B. *Akarizide* gegen Milben, *Molluskizide* gegen Schnecken), ->biologische Sch.; Verwendung von *Attractants* (z. B. ->Sexuallockstoffe), d. h. von chem. Stoffen, durch die nur bestimmte Tierarten angelockt und dann vernichtet werden können; Verwendung von ->*Repellents*; *Sterilmale-Methode*, bei der sterilisierte, aber noch paarungsfähige Männchen in großer Überzahl in Schädlingsgebieten ausgesetzt werden: die meisten Weibchen bleiben dort dann ohne Nachkommen.

Schaefer, Oda, Schriftst., *21. 12. 1900 Berlin; verh. mit Horst ->Lange; zarte Gedichte von tiefem Naturempfinden ('Irdisches Geleit', 1946), Erzählungen, Hörspiele.

Schäfer, Wilhelm, Schriftst., *20.1. 1868 Ottrau (Hessen), †19.1.1952 Überlingen; schrieb den Pestalozzi-Roman 'Lebenstag eines Menschenfreundes' (1915), sprachlich prägnante Novellen und 'Anekdoten' (3 Bde., 43), meist nach hist. Stoffen. – *WW*: Die dreizehn Bücher der dt. Seele (1922); Der Hauptmann von Köpenick (30); Rechenschaft (48).

Schäferdichtung (*Hirtendichtung*, ->Bukolik), aus der Natursehnsucht der Stadtbevölkerung entstandene sentimental-lyrische Dichtung zum

Preise des natürl., naiven, glückl. Lebens der Hirten (→Idyll) in einer mit dem Menschen harmon. übereinstimmenden Landschaft (→Arkadien). Anregungen des *Stesichoros* (7., 6. Jh. v. Chr.) wurden in der griech. Spätzeit bes. in den Idyllen →Theokrits und im *Schäferroman* des *Longos* 'Daphnis und Chloe' weitergeführt, ebenso in den 'Bucolica' des Römers →Vergil. In der altfrz. →Pastourelle lebte die Sch. fort und seit der Renaissance bei →Petrarca, →Boccaccio, H. d' →Urfé, den barokken Schäferorden und den →Anakreontikern des Rokoko.

Schäferhunde, versch. Rassen großer, wolfsähnl. Hunde, meist in gedeckten Farben, kurz oder langhaarig, mit Steh- oder mindestens Kippohren; besitzen scharfe Sinne, sind ausdauernd, gelehrig und wachsam; sie werden vielseitig verwendet, z. B. als Wach-, Polizei- und Blindenhunde. Am bekanntesten der *Deutsche Sch.*, kräftig bemuskelt, Stehohren und Hängerute, versch. Farben, Rüde 60–65 cm Schulterhöhe, meist stock-, selten rauh- oder zottelhaarig (letzter auch 'Altdeutscher Sch.'; nahe stehen die belgischen Sch.: *Groenendael*, *Tervueren*, *Malinois*; die frz. Sch.: *Briard*, *Picard*; der austr. *Kelpie* (*austr. Sch.*) und der austr. *Cattledog* (*Viehhund*). Aus einem ähnl. Landschlag, dem *isländ. Sch.*, stammen auch →*Collie* und *Sheltie*, durch Einkreuzung von →Barsoi Ähnlichkeit jedoch vermindert. *Welsh Corgi* (Wales) und *Vellhund* (Schweden) sind kurzbeinige Züchtungen. (Bilder S. 5276)

Schaeffer, Albrecht, Schriftst., *6. 12. 1885 Elbing, †4. 12. 1950 München; 1939–50 als Emigrant in den USA. Formstrenger Lyriker, Dramatiker und Epiker ('Helianth', 1920ff.; 'Parzival', 22), der im Exil einen großen Teil seines erzählenden Werkes in Richtung auf einen präzislapidaren Stil umschrieb wie den Roman 'Janna du Cœur', 49 (urspr. 'Der Roßkamm von Lemgo', 33); übersetzte Homer. – *WW*: Aphaia (37); Mythos (58, Teil einer unveröffentlichten 'Schöpfungsgeschichte des Menschen').

Schäffer, Fritz, dt. Politiker (CSU), *12. 5. 1888 München, †29. 3. 1967 ebenda; 1949-57 Bundesfinanz-, 57–61 Bundesjustizminister.

Schäftlarn, Gemeinde im Reg.-Bz. Oberbayern, südwestlich von München, 4450 E. (1975). Benediktinerkloster (762 gegr.); Neubau 1702–10 durch A. →Viscardi, Kirche 1733–60 von F. →Cuvilliés d. Ä., J. M. →Fischer und *Johann Baptist Gunezrainer* (1692–1763) erbaut, Stuck und Fresko von J. B. →Zimmermann, Altar und Kanzel von J. B. →Straub.

Schäkel, U-förmiges Stahlglied mit Verschlußbolzen zur Verbindung z.B. von Kettenenden.

Schälen, *Landw.*, *Forstw.*: 1. Entfernen der →Spelzen bei Getreidekörnern; 2. Trennen der Rinde vom Baumstamm mit *Rindenschälern* oder *Schäleisen*, dient bei gefälltem Holz zur rascheren Austrocknung, Gewichtsverminderung (für den Transport) und Verhütung von Insektenschaden, bei stehenden Bäumen zur Gewinnung von Gerbrinde (→Schälwald); 3. Abfressen der Baumrinde durch Wild; 4. Abtragen von Torfschichten bei der →Moorkultur; 5. oberflächl. (etwa 5 cm tiefes) Umpflügen des Ackers nach dem Getreideschnitt; führt zum Absterben der Unkräuter, die später abgeeggt werden können.

Schälwald, etwa 15–20 Jahre alter →Niederwald aus Eichen, seltener Fichten, Edelkastanien, Birken oder Weiden; von den Stämmen wird im April und Mai durch Schälen Gerbrinde gewonnen.

Schändung, Entehrung und Verunglimpfung durch körperl. Ein- oder Angriff, z. B. bei Kirchen-, Grab- und Leichen-Sch. (§§ 166, 168 StGB; *Schweiz*: Art. 261 f. StGB); insbes. auch der Mißbrauch einer willenlosen, bewußtlosen oder geisteskranken Frau zum außerehel. Beischlaf; Freiheitsstrafe von 1–10 Jahren (§ 179 Abs. 2 StGB; *Schweiz*: Artikel 189 StGB). – *Österr.*: geschlechtl. Mißbrauch eines Kindes oder einer wehrlosen Person; Strafe: bis 20 Jahre schwerer Kerker (§ 128 StG).

Schärding, Bezirksstadt in Oberösterr., am Inn, mit 6000 E. (1975); altertüml. Stadtbild mit Umwallung, barocke Pfarrkirche; Erholungsort.

Schären [schwed.] Mz., vom Gletschereis abgerundete kleine Felsbukkel (→Rundhöcker), die durch Ansteigen des Meeresspiegels im Bereich der Küste zu Inseln wurden (ertrun-

Schafe: **1** Ostfriesisches Milchschaf; **2** Heidschnucke, Widder; **3** Schwarzkopfschaf; **4** Stawropol-Widder; **5** Dickhornschaf; **6** Karakul-Lamm

kene Rundhöckerlandschaft). Bes. zahlr. sind die Sch. an der schwed. und finn. Ostseeküste.

Schärf, Adolf, österr. Politiker (Sozialdemokrat), *20.4.1890 Nikolsburg (Mähren), †28.2.1965 Wien; Anwalt; 1945–57 Vors. der SPÖ, 45–57 Vizekanzler, 57–65 Bundespräsident.

Schärfentiefe (*Tiefenschärfe*), in der Optik derjenige Bereich vor und hinter dem Objekt, der dem Beobachter scharf erscheint. Bei Photoapparaten steigt die Sch. bei Verkleinerung der Blende.

Schärpe [frz.], um den Leib oder schräg über der Schulter getragenes Band; aus der →Feldbinde entwickelt.

Schäßburg (rumän. *Sighişoara*, ungar. *Segesvár*), Stadt in Siebenbürgen (Rumänien), 1191 von Deutschen gegr., 30000 E. (1973); mittelalterl.

Stadtbild; Lebensmittel-, Textil- und bes. Fayence-Ind., Aufbau chem. Ind. auf der Grundlage naher Erdgasvorkommen.

Schätzwert (*Taxwert*), der Wert einer Sache, der durch Schätzung, bei wertvollen Objekten mit Hilfe von Sachverständigen, festgestellt wird.

Schäuf(f)elein (*Schäufelin*), Hans Leonhard, Maler und Zeichner, *um 1483 wahrsch. Nürnberg, †um 1539 Nördlingen; Altarbilder; Holzschnittillustrationen zu Kaiser →Maximilians I. 'Weißkunig' und 'Theuerdank' unter dem Einfluß A. →Dürers; Bildnisse.

Schafberg, 1783 m hoher Aussichtsberg im Salzkammergut zw. →Mond-, →Atter- und →Wolfgangsee; Zahnradbahn von St. Wolfgang.

Schafe (*Ovis*), Gattung wiederkäuender →Paarhufer; Männchen (*Böcke*, *Widder*) meist mit schneckenförmig gedrehten Hörnern; Herdentiere. *Wild-Sch.* sind Bewohner grasbewachsener Bergländer: das braune *Dickhorn-Sch.* (*Bighorn*; *Ovis canadensis*) in versch. Abarten im westl. Nordamerika und im NO von Sibirien, die nördlichste Form (*Schneeschaf*) trägt grauweißes Winterkleid; der eurasiat. →*Mufflon* und das mittelasiat. *Kreishornschaf* (*Argali*) sind Ahnen des Haus-Sch.; →*Mähnen-Sch.* und *Blau-Sch.* (→Nahur) sind eigtl. Ziegen. Sch. und Ziegen werden als *Caprini* zusammengefaßt. Das *Haus-Sch.* ist in Europa und Nordafrika seit der Jungsteinzeit bekannt; guter Futterverwerter, widerstandsfähig gegen Trockenheit, empfindl. gegen Nässe; zahlr. Zuchtrassen. Sch. geben 5–8 Liter Milch pro Tag (5–6% Fettgehalt); als Trinkmilch, für Schafbutter und Schafkäse verwendet. Wolle an Keulen und Becken am dichtesten, an Schultern und Seiten dünner, an Beinen meist fehlend (Wollqualität: →Wolle). →Pelze bevorzugt von versch. ausländ. Schafen. Einteilung der Schafrassen z. B. nach Beschaffenheit des Haarkleides: 1. *Haarschafe* mit grobem, glattem, kurzem Oberhaar und feinem, gekräuseltem Unterhaar (→Haar); so die meisten afrik. Schafe. 2. *Mischwollige Sch.*, Ober- und feineres Unterhaar nahezu gleich lang; z. B. das Nordische Heideschaf, →Fettschwanzschaf und Zackelschafe. 3. *Schlichtwollige Sch.*, glänzende, wellige, mittellange Wolle, keine deutl. Unterschiede zw. Ober- und Unterhaar; z. B. Bergamasker-Sch. (Hängeohr-Sch.), Marsch-Sch., Deutsches Weißköpfiges Fleisch-Sch., Leine -und Rhön-Sch. 4. *Reinwollige* oder *Merinowollige Sch.*, →Vlies nur aus langem, gekräuseltem Unterhaar; z. B. →Merino-Sch., Merinofleisch-Sch., Dt. Veredeltes Landschaf. – Trächtigkeitsdauer der Sch. 145–155 Tage, Lammung vorwiegend im Frühjahr (meist zwei Laufjunge); kastrierte Sch. heißen *Hammel*. – Weltschafbestand 1950: 687 Mio., 1972/73: 1,1 Mrd.; Bestand der BRD 1950: 2,5 Mio., 1973: 1,2 Mio. Sch. (Bilder S. 5279)

Schaffhausen: Figurenbrunnen

Schaffhausen, 1) Kanton im N der Schweiz, im rechtsrhein. Brückenkopf dreiseitig von dt. Gebiet umschlossen, 298 km² mit 71 500 E. (1975; dt.-sprachig und zu 71% prot.); Getreide-, Obst- und Weinbau; Stahl-, Maschinen-, Textil- und Uhren-Ind., Instrumentenherstellung. **2)** Hptst. des Kt. Sch., am re. Rheinufer, 404 m ü. M., 34 600 E. (1975); altertüml. Stadtbild: ehem. Klosterkirche Allerheiligen (11./12. Jh.), Rathaus, Zeughaus, Figurenbrunnen, Tortürme; überragt von der Rundfeste *Munot* (16. Jh.) auf dem *Emmersberg*; vielseitige Ind. Unweit von Sch. der →Rheinfall.